現代国際法論集

開発・文化・人道

西海 真樹 著

日本比較法研究所
研究叢書
107

中央大学出版部

装幀　道吉　剛

はじめに

本書は、私が1985年から2015年までの間に書いた論文のうちの主なものを、開発、文化、人道の3つのテーマ別に収録したものである。各論文の背景、内容を簡潔に記したい。

第Ⅰ部：開発の国際法理論は、交換留学生としてフランスのエクス・マルセイユ第3大学（現在のエクス・マルセイユ大学）に留学したときに、モリース・フロリー教授のゼミで初めて学んだ。それは、国内社会法に着想を得て、実質的平等の観点から先進国・途上国間の経済格差の縮減を唱えるものだった。私は、同理論のなかの「規範の二重性（dualité des normes）」という考え方に惹かれた。それは南北問題という文脈での実質的平等論である。もっともそれは武力紛争法においても用いられており、第Ⅲ部第1章の論文執筆時にそれを知っていた私は、同じ発想をここに見いだし、知的刺激を得た。「『開発の国際法』における補償的不平等観念――二重規範論をてがかりにして――」（第1章）は、この規範の二重性を論じている。「『開発の国際法』論争――南北経済関係における国際法の役割とその限界――」（第2章）は、開発の国際法の実定性およびその現実の機能をめぐる論争を整理したものである。「南北問題と国際立法――開発の国際法の視点より――」（第3章）は、「規範の二重性」の延長上に「規範の多重性（pluralité des normes）」というものを設定し、それが国際労働法、国際貿易法、国際環境法のなかにどのように取り入れられているかを考察している。「『持続可能な開発』の法的意義」（第4章）は、持続可能な開発を国際法の観点からとりあげ、それがどのように形成・発展してきたか、そのなかに開発の国際法的要素がどの程度継承されているかを検討している。「『天然の富と資源に対する恒久主権』の現代的意義」（第5章）は、自決権や開発の国際法の法的源泉ととらえられる天然の富と資源にたいする恒久主権概念を、国際投資法や先住民族の権利にみられる新たな展開をふまえて再検討したものである。

第Ⅱ部：文化の問題に関心を抱いたのは、経済産業省内の経済産業研究所のプロジェクト「新時代の通商法を考える」(1999～2001年。プロジェクト代表は故小寺彰東京大学教授)において、ウルグアイ・ラウンドのサービス貿易交渉における貿易と文化の議論に接したことがきっかけである。同ラウンドにおいて、フランスやカナダは、文化的例外という観念に依拠して、自国のオーディオ・ビジュアル産業を自由貿易の対象から除き、特別な保護の下におくことを強力に主張していた。それにたいして米国や日本は、そのような例外を認めることに反対し、オーディオ・ビジュアル分野も自由貿易の対象に含めるべきであると主張していた。このような議論をたどることにより、私は文化にかんする国際法に関心を抱いた。「持続可能な開発と文化」(第1章)は、人間が文化的存在である以上、社会の持続可能性を考えるさいにはその文化的側面も考慮に入れるべきである、という視点から、持続可能な開発の文化的側面を考察する。「文化と国際機構」(第2章)は、文化についての自由論と規制論が、さまざまな国際機構のなかでどのように展開してきたかをたどるものである。「UNESCO文化多様性条約の意義―― Hélène RUIZ-FABRI論文に即して――」(第3章)は、フランスにおけるこの問題の第一人者であるエレーヌ・リュイーズ-ファブリの文化多様性条約にかんする論文を紹介・検討する。“The Cultural Aspects of Sustainable Development”(第4章)は、2013年にニューデリーで開催されたアジア国際法学会第4回研究大会での報告原稿。内容は第1章とほとんど重なるが、文化多様性条約へのアジア諸国の態度を考察した部分が付加されている。« Réception et application du droit international moderne par le Japon : son attitude évolutive de 1858 à 1945 »(第5章)は、2008年にハイデルベルクで開催されたヨーロッパ国際法学会第3回研究大会での報告原稿。日本が近代国際法をどのように受容し、その後、大東亜共栄圏・大東亜国際法の構想とともに、それをどのように否認していったかを紹介している。

第Ⅲ部：自決権について私は学部のゼミ時代から関心を抱いており（何がきっかけだったかは定かではないが）、修士論文は、外的自決権（分離権）と領土保全との矛盾をテーマにした。「武力不行使原則の現代的変容――民族解放戦争の位置づけをめぐって――」（第1章）は、その延長上に、自決権行使としての民族解放戦争が、武力不行使原則にどのような影響をおよぼしているのかを考察したものである。1980年代末から1990年代初頭にかけて、フランスでは介入義務（devoir d'ingérence）の議論が盛んに行われ、それは湾岸戦争時のクルド人保護をめぐって頂点に達した。フランソワ・ミテラン、ジャック・シラク、ロラン・デュマ、ベルナール・クシュネールなどの政治家は、人道的救援権をとりこんだ新たな国際法の構築が求められているといったコメント・論説をル・モンドなどに発表していた。当時、フランス政府給費留学生としてエクス・マルセイユ大学欧州国際関係研究所に留学していた私はこれらの動きに興味をひかれた。「人道的救援権の提唱」（第2章）、「人道的救援権の法的構成の試み――フランス語圏の諸学説を手がかりにして――」（第3章）、「人道的救援と国連」（第4章）は、いずれもそのような経緯から書かれており、人道NGOが犠牲者を救援する権利と領域国主権との間の緊張関係を分析・考察している。「国内避難民（IDP）への人道的救援―― Katja LUOPAJÄRVIの所論に即して――」（第5章）は、科研費「国内避難民の研究」（1999～2001年。研究代表は島田征夫早稲田大学教授（当時））に参加し、そのなかで国内避難民の保護の問題と人道的救援権の問題を比較考察したものである。

拙いながらもこれらの論文を書くことができたのは、多くの方々のおかげである。故佐藤由須計先生は、学部の講義・ゼミを通して、そして大学院時代の指導教授として、国際法の学び方の基礎を教えてくださった。故高柳先男先生には、大学院の国際政治学のゼミのなかで、現実（事実）を踏まえた規範主義の考え方を学んだ。モリース・フロリー先生（エクス・マルセイユ大学名誉教授）からは、上に述べたように、開発の国際法および規範の二重性の基本的な考え方を学んだ。エマニュエル・トゥルム－ジュアネ（パリ政治学院教授）は、19

世紀末～20世紀初頭において、植民地化や文明国概念を当時の欧州国際法学者がどのようにとらえていたか、新たな開発の国際法理論や少数者の承認の理論とはいかなるものかについて、いつも私に貴重な示唆を与えてくれる友人である。松井芳郎先生（名古屋大学名誉教授）は、本書第Ⅲ部第1章の若書きの論文に詳細な論評・批判をし、私を励ましてくださった。本書のどのテーマについても、私は先生の研究成果から多くを学んでいる。大沼保昭先生（明治大学特任教授）には、その鋭い欧米中心主義批判や国内モデル批判を通じて、これまでの国際法のあり方を批判的に考察する視点を学んだ。中央大学の同僚、元同僚である大内和臣、折田正樹、北村泰三、武山眞行、宮野洋一、目賀田周一郎、柳井俊二、横田洋三の各氏からは、中央大学国際関係法研究会や日本比較法研究所シンポジウムでの議論、日々のおつきあいを通じて、多くの知的刺激を得ている。これらの方々に、心からの感謝の意を表したい。

私は昨年還暦を迎えた。これまでのように、怠惰にさまざまな課題を先送りすることはもはやできない歳になったと実感している。今後は、本書に収めた諸論文のささやかな成果をふまえつつ、持続可能な開発の国際法理論、文化の国際法、国家平等論という3つの研究テーマにとりくむことで、残された約10年の中大教員生活を過ごしたいと思っている。なお、本書に収めた各論文は、執筆時期や初出媒体が異なるため、漢字・ひらがなの用い方や、数字・註の表記のしかたが異なっていた。これらはできるだけ統一するよう努めたが、なお差異が残っている箇所があるかもしれない。ご海容いただきたい。

本書の編集・刊行については、日本比較法研究所と中央大学出版部の皆さんに大変お世話になった。深くお礼申し上げる。

2016年1月6日

西　海　真　樹

現代国際法論集

開発・文化・人道

目　　次

第Ⅰ部　開　発

第Ⅱ部　文　化

第 3 章　UNESCO 文化多様性条約の意義
―― Hélène RUIZ-FABRI 論文に即して――

第 4 章　The Cultural Aspects of Sustainable Development

第 5 章　Réception et application du droit international moderne par le Japon : son attitude évolutive de 1858 à 1945

第Ⅲ部　人　道

第 I 部

開　発

第1章

「開発の国際法」における補償的不平等観念
——二重規範論をてがかりにして——

序

発展途上国の政治的覚醒のもとに、南北間の経済格差を是正し、経済的自立を獲得するための「南」から「北」への諸要求という形をとってあらわれた南北問題は、その後、搾取と不平等に満ちた先進国本位の国際経済秩序を、より平等で民主主義的なものへ変えていこうとする「新国際経済秩序」の樹立運動へと発展した。この既存の国際秩序の構造的な変革要求は、以後、新たに生じた多様で複雑な諸問題に直面し曲折をへているものの、依然として重要な国際的課題であり続けている。

このように南北問題が新しい秩序を模索する動きであり、かつ一般に法が秩序を支える規範体系である以上、現代国際法がこの南北問題をその射程に入れることになるのは当然であった。「南」の低開発性を克服して発展途上国の真の独立を実現するという究極目標をもつ「開発の国際法」が生成したのは、まさにこの文脈においてである[1)]。それは、およそ開発にかかわるあらゆる国際

1) 「開発の国際法」という名称をはじめて用いたのは、第1回国連貿易開発会議（UNCTAD）のフランス代表であったA・フィリップである（A. PHILIP, «Les Nations unies et les pays en voie de développement», *L' adaptation de* 1' *ONU au monde d' aujoura'hui*, Pedone, 1965, pp. 131-132.）。ここで彼は、経済の近代化を望む途上国が、投資、計画経済、国内構造の見直し等の一連の近代化の問題を抱えていることを指摘した上で、われわれ先進工業国にとって重要なのは、両者に共通する機構の平面で、そして開発の国際法が生成したことから、われわれがなしうるこ

法領域をみずからの対象領域とし、南北間に存在する経済格差＝発展[2]の不平等の認識を出発点として真の平等＝発展の平等を諸国家間にもたらすという目的を有する現代国際法（学）の一分野である[3]。このような定義づけによって「開発の国際法」は、以下に示される固有の性格を帯びることになる[4]。

とがらを見定めることである、と述べる（傍点筆者）。以来、とりわけフランス、ベルギー、マグレブ諸国においてこの分野の研究が精力的に続けられている。この名称を用いるか否かはともかくとして、わが国においても途上国の発展の問題についての国際法研究が蓄積されつつある（それらの文献については、『アジア経済』第27巻第9・10号、1986年の、文献リスト〈第三世界と国際法〉を参照)。とくに本章の問題関心と密接に関連するものとして、以下の文献を参照。吾郷真一「最遅開発国と開発の国際法」(『アジア経済』第21巻第9号、1980年)、同「南北経済紛争回避のための法的枠組」(『国際法外交雑誌』第84巻第2号、1985年)、安藤勝美「新国際経済秩序における国家の『発展』の権利」(安藤勝美編『新国際経済秩序と恒久主権』、アジア経済研究所、1979年)、位田隆一「国際経済機構における実質的平等の主張――国連貿易開発会議の成立(1)(2)完」(『法学論叢』第96巻第3号、第97巻第3号、1974、75年)、同「新国際経済秩序の機構的インプリメンテーション――平等参加権と国際農業開発基金」(『岡山大学法学会雑誌』第29巻第1号、1979年)、同「新国際経済秩序の法的構造――国家の経済的権利義務憲章を素材として」(『法学と政治学の現代的展開』、有斐閣、1982年)、同「開発の国際法における発展途上国の法的地位――国家の平等と発展の不平等」(『法学論叢』第116巻第1号、1985年)、杉山肇「開発問題と国際法の変容――国際開発法序説」(『国際学論集』第16号、1986年)。

2) 本章では「開発」と「発展」とを等価に用いるが、筆者の抱く語感からは、両者のあいだには以下のニュアンスがある。第1に、前者においては開発する主体と客体が異なり、それゆえに他律性・外発性が感じられるのにたいして、後者においては発展の主体と客体が一致し、それゆえに自律性・内発性が感じられること、第2に、前者がもっぱら経済的意味で用いられるのにたいして、後者はそれ以外に社会・政治・文化的意味も込めて用いられることである。いずれにしても、「途上国（人民）の潜在的自己実現可能性と現実の自己実現との間の格差を狭める過程」を意味する語として本章では両者を用いる。

3) このことから容易にわかるように、「開発の国際法」はそのすべてが条約あるいは慣習法として実定法化されているとは到底いえず、諸学説に依拠して主張される部分を多く有している。本章でこの名称に符号を付したのも、この実定性への留保の念からである。

4) Guy FEUER et Hervé CASSAN, *Droit international du développement,* Précis Dalloz 1985, pp. 25-29.

第１にあげられるのは、規律する対象領域によってというよりはむしろ追求する目標によって「開発の国際法」が定義づけられるという意味での〈志向性〉である[5)]。この法にたいして第３世界諸国が与えた〈志向性〉は、当初はきわめてイデオロギー色の濃いものであった。彼らにとって伝統的国際法とは、それが現存秩序を根本的に変革することなくもっぱら維持・管理しようとしているがゆえに本質的に保守的であるのにたいし、「開発の国際法」は彼らのめざす将来の社会像によって全面的に支えられていた。その意味でこの法は、「将来を先どりする法」であり、同時に「目的追求の法」でもあることになる[6)]。

第２にあげるべき性格は、この法が一般に相違なる法秩序に属すると考えられている諸法規から成っているという意味での〈混合性〉である[7)]。したがって「開発の国際法」は体系的で統一された同質の集合体を構成するものではなく、一見したところ「雑多な諸要素から成る寄せ木細工」の観を呈している。しかし、現実にはいずれかひとつの規範体系にもっぱら帰属する分野は少ないのであって、「開発の国際法」はそのような現実を反映し、複数の法秩序を貫いて存在しているのである。その結果、この法においては国内法と国際法のあいだの往復運動が絶えずくりかえされることになる[8)]。

---

5) 実際、「開発の国際法」の対象領域は特定の分野に限定されず、食料や農業、工業、貿易や国際通貨、海洋や宇宙空間の利用、人権など広範な領域におよんでいる。

6) この傾向は、非同盟諸国首脳会議の諸宣言、国連貿易開発会議の作業、それに新国際経済秩序に関する国連総会諸決議にみてとることができる。

7) これらの諸法規は、本来の国際公法に属するもの（国際組織設立条約中の基本原則、技術・財政援助、国際貿易等を規律する諸法規）、国内法に属するもの（途上国への派遣員の地位、投資、国有化に関する諸規則）および脱国境法に属するもの（途上国と外国私企業との間の、または私企業間の経済開発協定――たとえば投資、技術移転、サービス供与に関する諸契約――を規律する諸法規）から構成される。

8) この運動はまた、現実の政治論理の反映でもある。つまり、途上国は、以前は先進国の国内法が規制していた諸問題（開発援助、技術移転、多国籍企業の地位など）を国際化しようと努める一方で、かつては国際法上の問題であったもの（海域、国有化など）を主権の名において彼らに固有の国内法で規律しようと努めるのである。これらの行動が、両秩序の境界の透過性をいっそう高めているといえよう。

第3の性格は、この法がそもそも第三世界によって切望されたものであって、それの実現にたいして西欧先進国がしばしば反意を表明してきたことに由来する〈反抗性〉である。この途上国と先進国との対立の源泉は、前者がこの新しい法のなかに経済格差是正のための介入主義的概念を導入しようとした一方で、後者の多数が全体として自由主義経済に固執し続けたことに求められる。この結果、「開発の国際法」のいくつかの規則は、独特でしばしば先進国側を当惑させるような形成態様をとることになる。すなわち、第三世界諸国が国際社会に受諾させたいと考える諸規範を彼らが多数派を占める国際組織の諸決議によって法規範化しようとする場合である。ところがそのような決議がそれじたいとして法的拘束力を有さない以上、そこで表明された諸規範は、単なる勧告にとどまり続けるか、あるいは次第に実定法のなかに具現されるにいたるのかのいずれかの道をたどる[9)]。このような状況は、暗黙のうちに実定法規範と前望的規範のふたつの規範群の並存という微妙な状態をもたらすことになる[10)]。この規範の二分状態のなかで、先進国と途上国が、たとえば国有化や開発協定の準拠法などの同一の問題を解決するのに異なる諸規範に依拠するという事態が生じる。この観点から、「開発の国際法」が、国際社会を支配する力関係をよく反映していること、および、絶えず変動するこの世界を一貫した法秩序に従わせることがいかに困難であるかを示していることがわかるであろう。

さて、以上のような〈志向性〉〈混合性〉および〈反抗性〉という性格をあわせもつ「開発の国際法」の理論は、その用語じたいは伝統的国際法のそれと変わることのない「主権」「平等」および「連帯」という三つの主要な観念から成り立っているが、ここで重要なのは、これらの観念が従来の意味で用いら

---

9) この過程の進展の度合は、問題となる規範をめぐっての両者の対立の程度に密接に依存することになる。

10) ある場合には、前望的規範が徐々に実定法規範に浸透し（天然資源にたいする恒久主権、排他的経済水域、一般特恵制度、一次産品共通基金など）、他の場合には、両規範がそれぞれの論理に従って相独立して発展する結果、同様の決議の累積にもかかわらずその内容がいっこうに実定法化しないことになる。

れると同時に新たな意味をも受容していることである。それはひとことでいえば、従来の国際法においてはこれらの観念は静的、形式的かつ現状維持的であるのにたいして、「開発の国際法」においては動的、具体的かつ進歩主義的な意味をもあわせもつということである[11]。

ここでとりわけ注目されるのは、再定義された平等観念の重要な構成因子である「補償的不平等観念」およびそこから導かれるところの「二重規範論」である[12]。形式的国家平等原則が主権国家保護の役割を果たす[13]一方で、事実上の不平等を隠蔽し国家間の発展格差を拡大する機能をも営んでいることをあばいて、諸国家のあいだに存在する発展の不平等を補償するための差別待遇が認められるべきであるという補償的不平等観念から、先進国間関係と先進国＝途上国間関係には異なる規範を適用すべきであるという二重規範論がひきだされることになる。

以上の内容をもつ「開発の国際法」が唱えられ、かつそのうちのいくつかの部門が実定法化されてからほぼ20年の歳月が流れたのであるが、それではこの法の究極目的である「南北間の経済発展格差の是正」に現実世界は少しでも

11) 主権については、その政治的側面とともに経済的側面が特に強調され、そこから政治・経済制度の自由選択権、天然資源および自国領域内での経済活動にたいする恒久主権が導かれる。平等については、同一の権利・義務をすべての国家に与える従来の平等を維持しながらも発展の問題については新たに補償的不平等観念がとり入れられる。そして連帯については、発展の不平等という不正義の根絶が国際社会全体の責務であるという倫理的要請と、南北関係も含めた国際関係に遍在する相互依存状態という所与の事実に立脚して、その名が語られるのである（Guy FEUER et Hervé CASSAN, *op. cit.* (note 4), pp. 29-35. また、これら三つの概念を「国家の経済的権利義務憲章」に即して考察した、位田「新国際経済秩序の法的構造」、前掲（註1)、第１、２章も参照)。この補償的不平等、連帯および相互依存といった観念が、後に批判の対象となるのである（Ⅱを参照)。

12) これらの観念に言及している邦語文献として、とりわけ位田「新国際経済秩序の機構的インプリメンテーション」「新国際経済秩序の法的構造」「開発の国際法における発展途上国の法的地位」、前掲（註1)、を参照。位田氏の視点が新国際経済秩序に関する諸決議の成立過程や国際機構の制度的側面におもに向けられているのにたいして、本章はこれらの観念の現実の動態に焦点をあてるものである。

13) Maurice FLORY, *Droit international du développement*, PUF, 1977. pp. 19, 23.

近づいたのだろうか。答えは「否」である。さまざまな国際統計が示す数字は、両者の格差が狭まるどころかむしろ広がっていることを示している[14)]。この「新国際経済秩序」樹立運動の停滞・挫折という現状を前にして、経済学・政治学の観点からの「新国際経済秩序」批判[15)]とともに、国際法学の立場からの「開発の国際法」批判があらわれたのは、いわば当然のなりゆきといえる。

本章の問題関心は、この「開発の国際法」批判、とりわけ補償的不平等観念への批判の内容を検討することによって、補償的不平等観念および二重規範論が現実にどのような機能を営んでいるのかをさぐることにある。そのため、まず補償的不平等観念そのものの形成過程とその具体的実施の様態をあとづけ(I)、ついでこの観念への批判内容を検討する(II)。それらの作業をふまえた上で、この観念のいとなむ現実的機能について、なんらかの評価が与えられることになるであろう（結）。

---

14)　World Development Report (World Bank) および Handbook of International Trade and Development Statistics (UN) の資料にもとづいて、一次産品・工業製品の輸出問題を例にとれば、石油以外の一次産品価格は 70 年代半ばに一時的に上昇したもののそれ以後は下落しており、鉱物原料にいたっては 70 年価格水準の 3 分の 2 まで落ち込んでいる。その結果、途上国の交易条件は産油国を除いて急速に悪化し、大多数を占める非産油途上国の世界輸出に占めるシェアは、50 年の 23.6% から 80 年には半分以下の 11.4% へと低落した。こうしたことの結果、非産油途上国の貿易収支は、70 年に 78 億ドルであった赤字が 70 年代を通じて急激に増大し、80 年代には年間 700 億ドル前後に達して、途上国の対外累積債務（86 年末に 1 兆ドルを突破）を重大化させる原因となっている（山形正宏「『新国際経済秩序』の歴史と今日の特徴（上)」『前衛』第 538 号、1986 年、227-230 頁参照)。

15)　さしあたり、以下の論文を参照。川田侃・村井吉敬「新国際経済秩序の問題性」(日本平和学会編集委員会編『平和学』、早稲田大学出版部、1983 年)、佐藤幸男「国連システムと南北問題―― NIEO を基点として」(『国際問題』第 292 号、1984 年)、山形、前掲論文（下)（『前衛』第 541 号、1986 年、158-160 頁)。

I 補償的不平等観念の形成

補償的不平等観念は、「開発の国際法」の中核をなす観念であり、それは、抽象的な国家観にもとづく伝統的国家平等原則にたいして、重大な修正をせまるものである。さらに、この観念を母体として、同観念を具体化する法原則である二重規範論が生まれた(1)。この法原則は、多様な対象領域に適用される諸規範によってささえられているが、それらの領域のひとつである南北貿易に適用されるいくつかの規範は、二重規範論ひいては補償的不平等観念の内容をもっともよく具現している(2)。

(1) 補償的不平等観念と二重規範論

補償的不平等観念は、脱植民地化による多数の新興諸国の出現と彼らのおかれた政治的・経済的状況とを背景にして、従来の国家平等原則が有している形式性・抽象性にたいする抗議観念としてあらわれる(i)。この観念の法的表現である二重規範論とは、すべての国家を一律にあつかう従来の法原則に背馳して、先進国と途上国というふたつの範疇に諸国家を分けることにもとづいた新しい法原則である(ii)。

(i) 抗議観念としての補償的不平等

伝統的国家平等原則は、法の適用の平等、法の内容の平等および法の定立における平等という三つの要素から構成され[16]、それは主権国家の並存からみちびかれる論理的帰結として当然視されていた[17]。この原則のもとで、すべての

16) それぞれ、法の前の平等、法の内の平等および法形成への参加の平等といいかえることが可能である。国家平等原則の成立経過とその基本的性格については、田畑茂二郎『国家平等思想の史的系譜』(南信堂、1960年)を参照。なお、以下の記述は、位田「開発の国際法における…」、前掲(註1)、612-615頁に負うところが大きい。

17) M. FLORY, « Inégalité économique et évolution du droit international », *Pays en voie*

国家にとって平等な内容の法規が、すべての国家の参加によって定立され、そしてそれがすべての国家に等しく適用されることが想定されたのである[18)]。したがってこの原則は、同質かつ対等なものとして主権国家をとらえており、たとえそこでの国家間に事実上の不平等があっても、それはほぼ同一の経済・社会・文化的条件のもとでの単なる程度の問題として捨象された[19)]。伝統的国家平等原則の形式性・抽象性とは、このような国家観の反映である。以上の内容をもつ伝統的国家平等原則は、国際関係が欧州の枠を越えて全世界的な枠に拡大しても、その形式的・抽象的性格をそこなうことなく存続した。国家はその規模や力の大小にかかわらず、主権国家として承認されれば同一能力をもつものとみなされ、一律に主権平等が保障される。このことは、事実上の差異が存在しても国家間に差別を禁止するという点で、主権国家を保護する意味をもった[20)]。つまり、伝統的国家平等原則は、国家を抽象的にとらえることによって

---

de développement et transformation du droit international, Pedone, 1974, p. 14 ; et id, *Droit international du développement, op cit.* (note 13), p. 16.

18) かくしてこの原則は、相互主義と無差別原則の一般的かつ絶対的な適用を、実際には意味することになる（Brigitte STERN, *Un nouvel ordre économique international?,* Economica, 1983, Vol. 1, LIV）。

19) このことは、国際法（学）が事実上の不平等の存在を無視していたことを意味しない。ピィエ（A. Pillet）、ロリマー（J. Lorimer）などが、前世紀から、国家平等原則が事実上の不平等を考慮にいれていないがゆえに現実に照応していないとして、同原則の虚偽性を指摘していたことは、彼らが事実上の不平等を十分認識していたことのあらわれである（田畑、前掲、5-9 頁）。このような視点は、政治的現実を捨象した法体系が信頼を失うことになる危険性を述べた上で、「全国家の法的・理論的平等」と「彼らの力に関しての事実的不平等」とのあいだに均衡をうちたてることに、国際法がどの程度成功しているのかを問う現代の研究者にもうけつがれている（W. Friedman. *De l'efficacité des institutions internationales,* Colin, 1970, p. 59）。このような事実上の不平等による侵害を避けるために、平等原則は抽象化・形式化の道をあゆむのであり、現実世界の影響を受けないという意味での自立的観念になる。この自立性こそが事実上の不可避の不平等から同原則を免れさせ、弱者保護の機能を備えたものとして同原則を今日まで存続させている。その意味で同原則は、その形式性・抽象性ゆえに時間・空間を越えた普遍性を獲得したのだといえよう。なお、まったく逆の動機から力の不平等を考慮した法原則として機能的平等がある。これについては、註 27）を参照。

平等な法の平等な定立・適用を確保し、弱者への最小限の保護を与えることをみずからの役割としていたのであり、法の適用の後に得られる果実の平等は、そこでは考慮の外におかれていたのである。

このような形式的・抽象的国家平等観が問題視されることになるのは、1950年代を通じての脱植民地化が進み、新興諸国が国際場裡に登場してからである。なぜなら彼らは、それまで潜在していた低開発性という新たな次元の不平等をともなってあらわれたからである。この発展の不平等は、これまでの国家平等観が無視してきた力の不平等と同様に、いずれも事実上の不平等に属する点では共通しているものの、両者の性質はおおいに異なる[21]。後者にたいしては、その物理的差異の解消が不可能である以上、伝統的国家平等原則がそうしてきたように法原則の平面でその不平等を捨象することによってその実際上の効果を減少させ、弱者の保護をはかる以外にはない。しかし、国民の生活水準にかかわる前者にたいしては、もはやその不平等を無視することが問題となるのではなく、その不平等の是正が法に求められることになる。つまり、法は、その基本原則である国家平等の実質的確保に向けて、積極的に働くことが期待されている。それは、法の適用レベルまでの従来の平等ではもはやありえず、得られる果実の平等がめざされることになる。法はそこで現状維持のためではなく、発展の不平等をあらわにしている現状を変革し、発展の平等を志向するものになるのである。以上の文脈において、抽象的国家観に依拠する伝統的国家平等原則だけに固執することは、むしろこの発展の不平等を拡大する結果をもたらし、平等によって不平等が進むという逆説的状況が生じることになる。かくして、発展の不平等の前に伝統的国家平等原則が動揺し、その中味が問い直されることになる。

20） 途上国が伝統的国家平等観の修正を要求する一方で、それに強く執着しているのは、このためである。この保護的性格は、脱植民地化の結果成立した新興諸国にとって、旧植民地本国の干渉を排除し、獲得した主権を維持する上で不可欠のものであった（位田「開発の国際法における…」、前掲（註1）、613頁）。

21） 発展の不平等の基礎的指標として、たとえば国民一人あたりの国民総生産があげられる。

ここで、伝統的国家平等観への抗議観念としてあらわれたのが、補償的不平等観念にほかならない。それは、「将来、真の平等に到達するために、現在の不平等を埋め合わせる特権待遇」[22]を意味し、「もっとも不利な状況下にある者がみずからの諸権利の効果的な行使を妨げられる場合に法じたいがうちたてる不平等であって、それは補償が行われるために（事実上の不平等とは）逆の方向性をもった不平等、もっとも弱い者にたいするより大きな保護を確保するための不平等」[23]であり、あるいは「不均等な発展段階にある国家間関係が問題となる場合に、この現実の不平等を考慮にいれて、伝統的諸原則がそれを永続させようとしたのに代わって、この不平等の補償をめざす新原則を適用し、もってその不平等を減じる」[24]もの、とも表現される。このように弱者に有利な積極的差別を意味する補償的不平等観念においては、国家はもはやかつてのような抽象的・同質的な主権国家としてではなく、事実上の差異が考慮された具体的国家としてとらえられることになる。

以上のように伝統的国家平等原則への抗議観念としてあらわれた補償的不平等は、従来の国家平等観念とともに「開発の国際法」における新たな平等原則を構成している。そこにおいて伝統的平等観念は、経済協力協定の交渉や総会での投票のさいに、力や発展の差異にかかわらず同一の権利義務がすべての国家に認められるという形で存続している。そしてさらに、この伝統的平等観念から、途上国は、とりわけ国際経済決定過程への平等な参加という考えをひきだすのである。というのも、「開発の国際法」じたいが、国力の欠如や経済発展の遅れを理由として一定の利益もしくは意思決定過程から国家がへだてられた状態とたたかうことをめざしているからである[25]。それにたいして補償的不

22）　Guy L. DE LACHARRIÈRE, « L'influence de l'inégalité de développement des Etats sur le droit international », *RCADI,* 1973. II, p. 253.

23）　M. VIRALLY, « La Charte des droits et devoirs économique de Etats – notes de lecture », *AFDI* 1974, p. 77.

24）　G. MERLOZ, *La CNUCED droit international et développement,* Bruylant-Bruxelles, 1980, p. 375.

25）　たとえば、国家の経済的権利義務憲章（Res. 3281, XXIX）第10条を参照。

平等観念からは、先進国と途上国という国家の二つの範疇が生じ、これにたいして(ii)で扱う二重規範原則が適用されることになる。

このように「開発の国際法」における平等は、伝統的平等と補償的不平等という一見相矛盾しているようにみえる２者からなりなっているものの、それは理論上なんら矛盾を生じない[26]。「平等」がつねに唱えられるのは、それがなによりも事実上の不平等のおよぼす影響を排除し、あるいはそれをうめあわせるための手段だからである。このことは、法が、不平等の存在を真に無視することを意味するのではない。「平等」の強調は、そもそもは法が差異を認め、それを考慮にいれることの拒絶を意味した。このような態度は、その差異が弱者の権利行使を阻害しない程度にとどまるかぎり、なんら問題とはならなかった。しかし、その逆の場合には、「法の前の平等」はもはや擬餌、つまり虚偽でしかない。補償的不平等が介入するのは、まさにそのような場合である。それは、伝統的平等とは技法が異なるものの、めざす目標はつねに同一である。すなわち、社会的不平等を法的行為によってつぐなうことである。それゆえ、両者のあいだの矛盾はうわべだけのものにすぎない。

しかしながら、法の理想が公正・無差別な法的平等にある以上、補償的不平等は、不正義や偽善をともなわずに再度法的平等をうちたてるために、現存する差異を十分に減少させるという目的においてのみ用いられ、すくなくとも理論上は、その適用は暫定的なものとみなされることになる[27]。

---

26) M. VIRALLY, *op. cit.* (note 23), p. 77.

27) 補償的不平等を含む新しい平等観念の生成を、異質なものに混成した国際社会の当然の要請ととらえるだけでなく、それを現代法の一般傾向のなかでとらえる考えがある。その傾向とは、画一的な性格の法規を抽象的に定式化することで満足せず、具体的現実と追求される社会目的にもとづいて法規を形成しようとする傾向である。この「具体的状況の考慮」と「抽象的方式の放棄」から、一般的解決ではなく差異のある解決が採用される。補償的不平等＝二重規範論の関係は、その典型といえよう。以下を参照。C. A. COLLIARD, “Egalité ou Spécificité des Etats dans le droit international public actuel”, *Mélanges Trotabas*, LGDJ, 1970, *et id*, « Spécificité des Etats — théorie des statuts juridiques particuliers et d'inégalité compensatrice », *Mélanges P. Reuter,* Pedone, 1981, pp. 154, 179–180.

以上みてきた補償的不平等観念を基礎にして「開発の国際法」の主要な法原則である二重規範論がみちびかれることになる。

(ii)　補償的不平等観念の具体化としての二重規範論

二重規範論は、先進国が代償を求めることなしに、途上国に有利な待遇を与えることを目的とする原則である[28]。したがってそれは、一方当事者の債務が他方当事者の債務に対応するという、通常、契約が有している相互授受の性質を排除する。この二重規範論がなりたつためには、まず、先進国間関係において、形式的平等、とりわけ相互主義原則が十分に適用されていなければならない。それを前提にして、ついで先進国＝途上国関係においては、発展の不平等を是正するための補償的不平等が適用される。つまり先進国は、みずからが得る以上のものを途上国に提供しなければならない。それぞれの債務は相互主義

なお本文ではあつかわなかったが、機能的平等というもうひとつの重要な平等観念がある。安全保障理事会の拒否権やIMF, IBRD, ECの加重投票制にみられるような国際機構における国家平等の制度を、機構の機能遂行を確保する観点から正当化するこの平等観念は、現実の力の不平等を認識し、それを（捨象したり是正するのではなく）強化して国際法平面にそのまま反映させたものといえる。それゆえ、事実上の差異の認識という出発点では補償的不平等観念と共通するものの、その法効果はまったく逆になる。結局、国家平等をめぐる諸問題は、国家間の事実上の差異をいかに評価し、それにいかなる法効果を与えるかという問題に帰結し、それを決定するさいに配慮されるのが「最低限の弱者保護」「発展格差の是正」あるいは「機能性の確保」であるということになろう。以下を参照。B. Stern, *op. cit.*, pp. LV–LVI, 大谷良雄「国家の平等権」（寺沢・内田編『国際法の基本問題』、有斐閣、1986年）。

28)　ここでまず問題となるのが、何をもって先進国、途上国という範疇を決定するかということである。客観的で広く受諾されうる基準をそこにうちたてることは容易ではない（UNCTAD、UNIDOをはじめとする国際機構での、さまざまな基準——たとえば一人あたりのGNP、識字率、国家リスト制、自己選択制など——導入の作業については、位田「開発の国際法における…」、前掲（註1）、621–634頁を参照）。さらにそれぞれの範疇の内部には、いくつかの下位範疇が採用されている（先進国のなかには「市場経済国」と「集権的計画経済国」が、途上国のなかには「後発途上国」「経済危機によってもっとも深刻な影響を受けた国」「内陸国」「島嶼途上国」が下位範疇としてとりいれられている）。

的なものではなく、それゆえ途上国は追加された利益を得ることになる。つまり二重規範とは、「あらゆる国家間関係を一様に規律してきた単一の規則群に代わって、以後、ふたつの等価の規則群が並存することを意味する。一方の規則群は先進国間関係を規律し、他方のそれは、先進国＝途上国間関係および途上国間関係を規律する」[29]のである。以上からわかるように、二重規範論は、国際関係を規律する諸法規を途上国の経済状況に適合したものへと変革しようとする諸国家の意志のあらわれであって、その意味で補償的不平等観念を具体化するものといえよう[30]。

このような二重規範論の究極目的は、いうまでもなく低開発性の縮減・消滅であり、途上国の経済的社会的発展である。そのため、国際貿易領域での二重規範論は、まず途上国製品の輸出促進をめざすことになる。二重規範論にもとづいて途上国に有利に制度化された特恵により、途上国製品の輸出拡大がはかられ、それによって途上国自身の発展が加速することが期待される。したがって二重規範論は、「貿易による発展」命題を法的に表現するための一手段でもある[31]。ついで、二重規範論がめざすのは、途上国の幼稚産業の保護である。幼稚産業がそのコスト高のために自国市場での保護を必要とする場合に、自国

29） G. FEUER, « Les principes fondamentaux dans le droit international du développement », *Pays en voie de développement . . . , op. cit.*, p. 225.

30） したがって当然に二重規範論は、海洋法、技術移転、援助などの多くの対象領域をもつことになる。ここでは、とくにその性格がはっきりとあらわれる南北貿易領域を中心にあつかう。以下を参照。Madjid BENCHIKH, *Droit international du sous-développement : Nouvel ordre dans la dépendance,* Berger-Levrault, 1983, pp. 67-71. また、この書物全体の内容については、次を参照。渡辺司「現代国際関係と『低開発の国際法』理論の形成(1)(2)」、『早稲田大学大学院法研論集』、第40、41号、1987年。

31） ここに述べる「貿易による発展」命題から、二重規範論のひとつの具体的表現である特恵制度をとらえているのが、ラウル・プレビッシュである（R. PREBISCH, *Vers une nouvelle politique commerciale en vue de développement,* CNUCED, Editions Dunod. 1965.『――プレビッシュ報告――新しい貿易政策をもとめて』、国際日本協会、1964年、113-143頁を参照）。この命題そのものの考察については、本章Ⅱ(2)を参照。

市場のみならず途上国あるいは先進国の外国市場においてもその幼稚産業を保護することが当然もとめられる。それを行うのが特恵待遇の形をとってあらわれる二重規範論である。つまり、途上国の発展という究極目的に向けて、二重規範論は、先進国が徐々に自国製品の一部または全部を放棄し、それによって途上国がより大きな利益を得るという結果を想定しているのであり、それゆえ二重規範論は、結局のところ国際分業の変更をせまることになる[32)]。

このように、「貿易による発展」命題の法的表現である二重規範論の戦略は、諸国家が連帯と相互依存を認識してはじめて可能となる。つまりこの命題は、途上国の国内レベルの努力だけでは途上国の発展はけっして実現せず、外国とりわけ先進国側の協同が不可欠であるとの考えの上になりたっている。さらにここで重要なのは、二重規範論が「開発の国際法」のなかで唱えられるさい、そこには途上国が先進国と同様の過程をへて同じ型の発展にいたるという見通しが含意されていることである[33)]。

以上のように、途上国を利する形で待遇の不平等と非相互主義を導入する二重規範論は、その産みの親たる補償的不平等観念がそうであるように実質的平等を模索し、積極的にその建設に介入するのであるが、少なくとも理論上は、この平等が実現されるまでのあいだにのみ妥当する暫定的・一時的な法原則である。

前述の諸目的を達成するために、二重規範論は、従来の国際法が無関心であり、かつ無力であった不等価交換の濫用とたたかうことになる。つまりそこでは、交易条件の悪化、制限的商慣行などのような、途上国の貿易や工業の発展を阻害する諸要因の除去が求められるのである。

これらのきわめて明確な領域において、二重規範論は、当事者間の発展の不

32）　M. BENCHIKH, *op. cit.* (note 30), p. 68.

33）　このことは、「開発の国際法」が、国際分業の変革と先進国から途上国への技術の効果的移転をもめざしていることから裏づけられる。つまり、このみとおしのなかでは、労働と移転された技術とが、先進国のたどった発展過程に密接に結びついているからである（BENCHIKH, *ibid.*, p. 70)。

平等を是正するためのしくみを配置することによって、市場法則に介入する。かくして二重規範論は、現代国際社会の最も重要な問題のひとつである南北問題の解決の一翼をになうことになる。しかものその解決のしかたは、ただ一般的な原則や規範を並べるだけの抽象的なやり方ではなくて、それらの原則・規範から生じるさまざまなしくみやその実施の方法を具体的に勧告するというものでなければならない。「開発の国際法」に特有の、介入的・具体的なこの方法はまた、きわめて重要な結果をともなうことになる。すなわち「開発の国際法」は、一定の規範やそのしくみが途上国の発展にたいしていかなる効果をおよぼすか、ということをつねに検証しなければならない。その意味で「開発の国際法」は、従来の国際法にくらべてはるかに現実世界に密着しているのである。しかし、現実世界に身を沈めることを余儀なくされるとはいえ、「開発の国際法」は、途上国にとってあまりにも不利な現実の力に服従してはならない。なぜなら、この法は、そのような現実を変革するためにこそ生まれたはずだからである[34)]。

さて、以上のような性格をもった二重規範論を、広く南北関係を規制する法原則として実定国際法にとりいれるさいに、次の疑問が生じるであろう。それは、この原則を現存の諸法規にたいする単なる部分的修正として導入するのか、それともその定義のとおりに、それらと等価で並ぶ新法規の定立を意味するものとして導入するのか、との問いであり、いいかえれば、法規の統一性を破ることなく、法規の定式化やとりわけその適用において、途上国の状態を考慮したいっそうの柔軟さを導入すれば十分なのか、あるいは、諸法規の二重性という概念をそのまま認めなければならないのか、という問いである[35)]。この原則の二重性が発展の不平等という相対的な考えに由来している以上、すべての国家を途上国と先進国というふたつの範疇に分けることは、なんら最終的に確定されるものではない。このように二重規範論の分析を進めていけば、それ

34） *ibid.*, p. 71.

35） M. VIRALLY, « Conclusions du colloque », *SFDI, Pays en voie de développement. . .*, *op. cit.* (note 17), p. 309.

が多重規範論にいたり、ひいては個別の名宛人に応じて形成されるさまざまな法規を導入するという結果にたどりつくであろう。そのような法規の細片化は、法の客観性やその公正な適用を害することにならないだろうか[36)]。

この問いにたいして現時点でいえることは、法規の統一性は、そのような細分化への道を徐々に歩む傾向にあるとはいえ、いまだ全面的には破られていないということである。それは、二重規範論が具体的にどのような形で実施されているのかをみることによって確認されるであろう。

(2)　南北貿易関係における二重規範論

二重規範論は、それが「開発の国際法」の中核をなす補償的不平等観念を具体化する法原則であることからして、そこからさまざまな領域を適用対象とする諸規範や諸制度が形成される[37)]。ここでは、南北貿易に適用される諸規範・諸制度とその実施態様を考察する。途上国の貿易流通への加入を促進するために、一般に従来の法原則、たとえば相互主義、最恵国待遇とは正反対の内容からなるそれらのものは、大きくいって三つある。第1のものは、非相互主義である。1964年の第1回UNCTADで確認され、同じ時期にGATT第36条第8項に挿入されたこの規範は、GATTの基本原則としてその前文でうたわれている相互主義とあきらかに矛盾するものである[38)]。第2のものとしてあげられる

---

36)　G. Merloz, *La CNUCED : Droit international et développement, op. cit.* (note 24), p. 382.

37)　以後の考察の対象である南北貿易以外の分野では、たとえば、国有化や国際投資（天然の富と資源にたいする恒久主権にもとづく途上国の国内法による規律の主張）、融資（たとえば国際農業開発基金における、出資義務のみをもつ国と融資を受ける権利のみをもつ国、さらにその両者をあわせもつ国という三つの区分の導入）、通貨（8条国に移行した途上国にたいしても一定の場合に自国通貨の交換停止を認めたIMF協定の改定14条）、技術移転（多国籍企業の行動規制を含む技術移転手続の簡素化・低廉化要求）、工業化促進のための経済援助（とりわけODAの供与増大要求）、さらに海洋法（国連海洋法条約のなかの諸規定――たとえば200カイリを超える大陸棚や深海底の資源開発など――にみられる途上国への配慮）などの多様な領域において、二重規範論の適用（の要求）がみいだされる。

38)　第1回UNCTADで採択された一般原則第8を参照。なお、ここで否定される相

のが、GATT 第1条にかかげられている最恵国待遇とまっこうから衝突することになる特恵待遇であり[39]、それは、特定の諸国が一定の諸国にたいして、他の相手国（最恵国待遇関係にある国を含む）には与えない特別な利益——たとえば関税の引下げ——を与えることを意味する[40]。この特恵が、途上国からのみかえりを求めず（非相互主義）、途上国間に無差別に適用されたものが一般特恵制度である。第3にあげられるのが、途上国の輸出所得安定化制度である。これが前2者よりも限られた適用領域しかもたないのは、ひとつにはこの譲歩の代価を測定するのがきわめて困難だからであり、もうひとつにはそれが国際市場の法則をまったく変えてしまうことになるからだと思われる[41]。

互主義じたいは、相互にほぼ等価の利益または負担をわかちもつことを意味する。しかし、のちのGATTケネディーラウンド（1967）と東京ラウンド（1979）の多角的貿易交渉では、途上国の交渉に参加する機会が十分に与えられないまま、もっぱら先進国の意向にそった合意が行われたにすぎなかった（この点については、佐分晴夫「GATTと発展途上国」、『国際法外交雑誌』第82巻第2号、1983年、45-47、62-63頁を参照）。つまり、そこで実現されたのは、「合意内容における途上国に有利な非相互主義」ではなくて、「交渉経過における途上国に不利な非相互主義」でしかなかった。しかし、この新規範は、GATTの枠を越え、1975、79、84年と3度にわたって更新されたロメ協定全般に大きな影響を与えている。1970年にUNCTADで合意され、先進国ならびにヨーロッパ共同体が実施している一般特恵制度は、この非相互主義を指導原理とするものである。

39) GATT第1条は、例外として、先進国と旧植民地地域とのあいだの既存の特恵およびラテンアメリカ諸国間、アラブ諸国間の特恵を同条第2-4項で認めている。しかしこの例外規定は、ITO（国際貿易機構）憲章の起草過程で途上国が要求した途上国間特恵と既存の特恵との妥協の産物であり、最恵国待遇の例外を設定する一般的基準をもつものではなかった（佐分、同上、48頁）。

40) GATT上の義務と特恵との関係の調整をせまられたGATT締約国団は、1971年にGATT第25条第5項のウェーバー（義務免除）方式で、ついで、東京ラウンドにおいて授権条項方式（GATT規程とは別個に特恵を制度的に認めるもの）で両者の調整を行った（佐分、同上、59-64頁、位田「開発の国際法における…」、前掲（註1）、637頁、村瀬信也「特恵制度の展開と多辺的最恵国原則」、『立教法学』、第15号、1976年、66-68頁）。

41) 途上国が、同制度によって、途上国の輸出品の価格を輸入品の価格に応じてスライドさせるという価格インデクセイションを要求しているのにたいして、先進国はこれをきわめて限定的にしか認めない。次を参照。Nguyen Quoc DINH, Patrick

ここでは、以上の三つの規範・制度が現実の南北貿易関係のなかでどのような態様をもって実施されているのかを概観する。そのさい、南北貿易関係を一次産品貿易(i)と製品貿易(ii)に分けた上で、それぞれについて考察を加えることにする。

(i)　一次産品貿易を規律する規範・制度

製品・半製品貿易にくらべれば、一次産品貿易への二重規範論の導入は、きわだった形ではあわられていない。UNCTADでの一次産品問題に関する議論は、それが途上国の経済発展の問題として行われている点で従来の議論とは截然と区別されるものの[42)]、UNCTADのもとで一次産品協定締結のための交渉が行われたということだけでは、それが途上国の発展のための法的手段となっているとはいえないであろう。というのも、一次産品協定は、実際にきわめて広範に消費国と生産国の法的平等、すなわち、両者のあいだの抽象的均衡に依拠しており、その市場統制のしくみも途上国に有利な形で市場法則を体系的に修正していくものではないからである[43)]。一般に一次産品協定は、単一産品だけを対象とすることによって、一次産品貿易あるいは途上国の低開発性の問題についての包括的みとおしを提示するのを避けている。この種の商品協定がめざす直接目標はあくまでも価格の安定が望まれる産品の国際市場への援助であ

DAILLIER, Alain PELLET, *Droit international public*, 3e édition, LGDJ, 1987, p. 902.

42)　従来の一次産品協定をめぐる議論は、自由主義経済理念を前提にした世界経済の安定を目標としての議論であり、そこでは一次産品貿易の統制も、やむをえない例外ととらえていたのにたいし、UNCTADにおいては、一次産品価格の低下による途上国の交易条件悪化が途上国の発展を阻害するゆえに、途上国の経済開発の促進のためには商品協定による一次産品価格の引上げと安定が必要であるとの考え方がとられている（『プレビッシュ報告』、前掲、107-112頁）。なお、一次産品問題の世界経済における位置づけの変遷については、石田暁恵「一次産品総合計画――NIEOにおける一次産品問題――」（安藤編『発展途上国と国際法制度の変革』、アジア経済研究所、1986年）、56-63頁を参照。

43)　M. BENCHIKH, *op. cit.* (note 30), pp. 76-77. かつての天然ゴム協定においては、緩衝在庫基金はもっぱら生産国が負担していたことを思えば、この法的平等がなりたっていたことすら疑わしい（石田、前掲（註42)、71頁）。

って、途上国の発展への援助ではない。それらは、消費国と生産国との協調の協定、相場の急変や過熱を回避するための市場統制協定であって、価格帯内取引、輸出割当、緩衝在庫といった協定上の手段もこのためにある[44]。

1976年の第4回UNCTADが採択した「一次産品総合計画に関する決議93(Ⅳ)」[45]は、個別の商品協定がもつ以上のような不十分さを克服し、みずからを発展の手段と位置づけるものであった。それは、商品協定交渉をUNCTADのもとで一括して進めるだけでなく、各商品協定が有する緩衝在庫にたいする融資源として共通基金を設立し、対象18品目の価格安定化を通じて途上国の経済発展をめざしている。この一次産品総合計画は、一次産品、とりわけ農産物および鉱物についての南北貿易領域に二重規範論を導入している[46]。同計画は、その目的のひとつとして、「一次産品貿易の枠内での需要と供給の均衡」を促進しつつ「生産者にとって採算のとれ公正で、消費者にとって衡平な価格」とともに「一次産品貿易の安定性を確保すること」をあげている。この表現じたいは、とくに二重規範論に固有のものではない。しかしながら、この目的を達成するための明示的に述べられた方法をみれば、そこに二重規範論がとりいれられているのがわかる。同計画は、その方法のひとつとして、「世界的インフレーションおよび世界の経済通貨状況に生じる変動を考慮に入れなければならない」と述べる。それは、国際経済上の諸事実が一次産品貿易におよぼす影響を考慮することを意味し、そのような諸事実を考慮に入れることこそ、二重規範論的接近方法なのである。二重規範論の源泉が、強者に有利なものへと法的平等を歪めてしまう事実上の不平等の認識と、弱者を補償する形でそのような現実に介入する補償的不平等観念とにあることを忘れてはならない[47]。

44) この種の協定として、すず、ココア、天然ゴムについての国際協定があげられる。

45) Res. 93 (IV) Integrated Programme for Commodities, in UNCTAD IV, vol. 1, Report and Annexes, 1977, pp. 6-9. 日本語訳は次を参照。『月刊国際問題資料』、1976年7月号。

46) M. BENCHIKH, *op. cit.* (note 30), pp. 79-80.

47) 同計画が二重規範論的接近方法、すなわち「開発の国際法」的視座を有している証拠は、以上のほかにもある（たとえば同計画がその目的の2、3および6におい

それでは、同計画にもとづいてつくられた一次産品共通基金協定[48]（1980年作成・87年5月現在未発効）において、二重規範論がどれほど制度的に具体化されているのであろうか。同基金は、一次産品国際緩衝在庫への資金供与を目的とする第一勘定と、それ以外の措置のための資金供与を目的とする第二勘定とから構成される。したがって前者を利用できるのは、緩衝在庫を有している一次産品協定の機関であって[49]、かつこの基金との提携協定を結んだものに限られてしまう。個別の一次産品協定の並存がもつ不十分さを克服するための「総合計画」のひとつである共通基金の、その重要な一角が、個々の協定の態様に依存するという逆説が、そこにみいだされるのである。共通基金協定がもつ唯一の二重規範論的側面は、基金のすべての権限が属している総務会での票数の配分構成にあらわれている。同協定の交渉段階では、いずれの国家グループも単独では全票数の過半数を取得しえないことを確保しつつ、財政的寄与と票数とを切りはなす方式が唱えられていた。それを受けた同協定は、各加盟国にたいし、150票を基本票にしてそれに資金の寄与分に応じた若干票を加えるという票の配分規則を定め、それにしたがって163カ国をもとにした票の割当て表を作成した。それによれば、77カ国グループ（途上国）に45%、Bグループ（市場経済先進国）に40.2%、Dグループ（ソ連および東欧社会主義国）に7.7%、中国に2.9%、以上のいずれにも属さない国（バチカン市国、イスラエル、南アフ

て、「輸出所得の増加を通じての途上国の実質所得の改善・維持」「途上国の必要と利益を勘案しての一次産品の市場アクセスの改善」「一次産品分野の市場構造の改善」をあげていること）。これらから、同計画が、自由主義的国際貿易原則、すなわち形式的・法的な当事者平等や相互主義の克服をめざしていることがわかるのである。

48）　Agreement Establishing the Common Fund for Commodities, TD/IPC/CF/CONF/25, 1981.　一次産品の価格変動を防止するために個別の商品協定で設けられた国際緩衝在庫への必要資金の融資を主目的とするこの共通基金制度の概要については、石田、前掲（註42）、66-69頁を参照。

49）　そのような緩衝在庫を有している一次産品協定は、現在、すず、ココア、天然ゴムの三つだけである（石田、同上）、ジュート協定（1982）や熱帯木材協定（1983）は、研究開発協定であり、第2勘定しか利用できない。

リカ、モンゴルなど）に4.2％の割合で票が配分されることになる[50]。この配分比は、それぞれのグループの資金寄与分の比率が32.1％、51.4％、9.8％、3.4％、3.3％であること[51]を考慮すれば、途上国にとっては過大代表、市場経済先進国にとっては過小代表を意味することになる。そして、それはとりもなおさず、前者を後者より有利にあつかうという二重規範論の制度的反映であるといえよう[52]。このような票数の配分方式は、国際農業開発基金におけるそれとともに[53]、機構面での二重規範論の重要な発顕形態となっているのである[54]。

50） 同協定第21条第1項および付属書Dを参照、同協定を作成した交渉会議での「共通基金の基本要素についての決議」（Res. 1-III, TD/IPC/CF/CONF/19, Annex 1）においては、票の割当てはそれぞれのグループごとに47％、42％、8％、3％とあらかじめ定められており、いずれにも属さない国という区分は設けられていなかった。しかし同協定ではこのような配分比は明示されず、あくまでも結果的に同決議の配分比を修正する新しい配分比が生じたのである。

51） 同協定付属書Aを参照。

52） もっとも同協定第21条第2項および第23条第2項が、総務会および理事会での意思決定を「可能なかぎり表決に付すことなく行う」と述べていることからして、二重規範論のこの制度的反映のもつ効果も制限されることになろう。

53） これについては次を参照。位田「新国際経済秩序の機構的インプリメンテイション」、前掲（註12）、101-109頁。

54） 本文ではとりあげなかったが、欧州共同体とアフリカ・カリブ海・太平洋諸国（ACP諸国）との間に結ばれたロメ協定（現在の第3次協定は1984年に締結。第1次、第2次協定は、それぞれ1975、1979年に締結）は、一次産品の生産能力、輸出能力および輸出所得を安定化するための―― 一次産品の価格じたいの安定化のためではない――ふたつの固有の制度を有している。ひとつは、STABEXとよばれる農林水産物輸出所得安定化制度であり、ACP諸国経済が依存し、価格または数量の変動に影響されるACP諸国産の農産物の輸出所得の安定化を保証するために、補償融資をECが行うものである（第3次協定第147条）。もうひとつは、SYSMINとよばれる鉱産物援助制度であり、ACP諸国の依存する鉱産物の生産能力、輸出能力および輸出所得のそれぞれの低下にたいする補償融資をECが行うものである（同176条）、EC―ACP間の発展格差の認識にたって、後者の発展の実現のために、前者から後者へのさまざまな利益供与（非相互主義、特恵）を明示する同協定は、二重規範論が国際法規範生成の王道たる合意の道をへて、広範な規模で適用されている点で重要な実施事例である。とりわけ前述のSTABEXおよびSYSMINは、途上国による一次産品交易条件悪化の改善要求を少なくとも制度上は実現している点で、二重規範論の狭義の実施事例である貿易特恵の段階を一歩越えたものといえよう。

(ii)　製品貿易を規律する規範・制度

二重規範論の南北貿易への導入とその適用領域の拡大に向けて、UNCTADの果たしてきた役割は大きい。それは前述の一次産品貿易における総合計画の成立と同様、製品貿易における一般特恵制度の確立過程にみてとることができる。途上国からの製品・半製品にたいして特恵を供与するという考えは、第1回UNCTAD（1964年）で採択された一般原則の第8に密接にかかわっている。それは、国際貿易における最恵国待遇と相互主義を確認しつつも、南北貿易においては先進国が途上国全体にたいして非相互主義および特恵待遇を与えるべきであると述べているからである[55]。非相互主義原則が一般特恵制度より広い概念であるにしても、この第8原則は、同原則の貿易領域への導入が発展格差のある南北貿易での特恵制度にほかならないことを確認したのである。しかしこの一般原則は国際組織の勧告であって法的拘束力はない[56]。それゆえこれによって非相互主義が新しい原則として承認されたとはいえず、特恵付与の問題も翌年に設置された特恵特別委員会に委ねられた。

その後、1967年の米国の特恵支持への政策転換[57]、OECDの特恵効果の承

しかし一方では、これらふたつの制度において実際に融資が行われるためには、さまざまな条件を満たさなければならず、このことが同制度の有効範囲を狭めている（たとえば、STABEXの適用要件と適用対象要件――同161、165条――、融資要請要件――同162条、さらに一定の場合の同制度の資金補充義務――同172、174条――など）。この点について、以下を参照、落合淳隆「一次産品輸出所得補償制度――ロメ協定について――」（安藤勝美編『発展途上国と…』、前掲（註42）、106-112頁、田中素香『欧州統合』有斐閣、1982年、319-327および337-348頁、金丸輝男編著『EC欧州統合の現在』、創元社、1987年、178-185頁）。なお、註78）をも参照。

55）　ただし、先進国と途上国の2群に国家を分けた上で、後者が前者からの特恵の供与を要求するという図式は、第2次世界大戦直後のITO憲章の起草過程にすでにあらわれていた（佐分「国際貿易憲章と『発展途上国』」、『国際法外交雑誌』、第77巻第2号、1978年、17-18頁。

56）　反対・棄権に回った国家にとってはなおさらそうである（総会での第8原則についての投票結果は、賛成78、反対は米、英、加、豪など11、棄権は日、仏、西独、ブラジル、トルコなど23。in UNCTAD I, vol. 1, 1964, p. 20）。

57）　1967年のプンタ・デル・エステ会議の後に、ジョンソン大統領が、関税特恵が途

認[58]をへて特恵制度導入の気運が高まるなかで、1968年の第2回UNCTADは、一般特恵制度の承認を全会一致で決議した[59]。同決議は、特恵制度の目的として、途上国の輸出所得の増加や工業化の促進、経済成長率の加速をあげ、特恵付与のさいの原則としてすべての途上国への一般化・非相互主義・無差別を定めたが、その具体的実施方法については、特恵特別委員会に委ねることになった[60]。

同委員会のてこ入れのもとでOECD加盟先進国は、1969年、UNCTAD事務局に特恵についてのOECD提案を付託[61]し、これを審査した特恵特別委員会が翌70年に「合意された結論」[62]を採択し、それを最終的に貿易開発理事会が同年の第4特別会期において承認したのである[63]。ここにおいて、二重規範論はもはや途上国の単なる要求項目ではなくなったものの、それを各国が実施するには、GATTが依拠する基本原則との調整が不可欠のものとなる。

GATTの目的が自由主義貿易にもとづく加盟国間の生産と交換の拡大にあることからして、それが最恵国待遇・相互主義・無差別をみずからの基本原則としたことは当然であった。このようなGATTの基本原則は、非相互主義や特恵などにあらわれる二重規範論とあきらかにあい容れない。しかしながら、独立を達成した多くの途上国がGATTに加盟するにともない、GATTみずから

上国の貿易拡大のための手段であるとの考えをはじめて表明したといわれる（Benchikh, *op. cit.*, p. 74）。

58） OECD特恵小グループは、1967年の報告書において、特恵制度が途上国の製品・半製品輸出の拡大を促進しうるとして特恵の効果を認めた（TD/56, in UNCTAD II, vol. 3, 1968, pp. 78-84）。

59） Res. 21 (II), in UNCTAD II, vol. 1, Report and Annexes, 1968, p. 38.

60） *ibid.*

61） TD/B/AC. 5/24 and Add. 1-3, Add. 4 and Corr. 1, Add. 5 and Corr. 1 and Add. 5 (A), Add. 6, Add 7 and Corr. 1 and Add. 8-11.

62） Agreed Conclusions of the Special Committee on Preference, TD/B/329/Rev. 1, pp. 3-6.

63） Decision 75. S. IV.（in TD/B/332. 1970. pp. 1-5.）そこでは、自己選択制による受益国の選択、10年の適用期間および供与国の緊急輸入制限措置の承認をふまえて、各国が個別の国内法にもとづいて特恵制度を設定することになった。

が新しい国際経済関係にそれらの基本原則を適合させねばならない必要に迫られた。GATT 加盟国が南北貿易関係を規律する規範群を作成し、それらを 3 条からなる GATT 第 4 部として 1965 年の特別総会で正式採択したのは、この文脈においてであった[64]。

南北貿易において「相互主義を期待しない」と明言する[65]第 4 部の採択は、非相互主義・差別的な貿易の実施にたいして法的基礎を与えている点で重要である[66]。

さて、一般特恵という GATT 体系とは本質的に矛盾する制度にたいして、GATT はどのような措置をとったのであろうか。そこでは、次の三つの方法が可能であった[67]。それは、——最恵国待遇を想定する協定第 1 条の改定、——第 4 部第 36 条を適用するものとして一般特恵制度を認める締約国団の宣言、——第 25 条第 5 項の義務免除（ウェーバー）条項の援用、の三つである。前二者の採用が、先進市場経済諸国の固執する自由主義貿易秩序を規律する一般原則に背馳することを嫌った先進国は、三番目の方法をとることを望み[68]、結局、1971 年にこれが採用された[69]。しかし、この方式では一般特恵制度が恒常的なものとして基礎づけられないとする途上国が、同制度のより確固とした法的保障を求めた結果、GATT 締約国団は、1979 年 11 月の東京ラウンド最終文書に

64）ここには、前年の第 1 回 UNCTAD が強く反映しているといえよう。

65）GATT 第 36 条第 8 項。

66）しかし、別の見方をすれば、第 4 部の採択は、GATT 体系およびそれを支える経済的諸力が、国際社会の変動に適応したことを意味するともいえる。この場合、適応のしかたには、ふたつの向きが考えられる。ひとつは、GATT がその主要加盟先進国の利益を減少する方向で諸原則および国際貿易構造の是正をうけいれる形をとる適応であり、もうひとつは、GATT 主要先進国が、自身の体系のうちに、国際社会の変動をよりうまく同化する方向での適応である。Ⅱ⑵でとりあげる補償的不平等批判は、後者の視点にたっている。

67）G. FEUER et H. CASSAN, *op. cit.* (note 4), pp. 607-608.

68）前述の UNCTAD における「合意された結論」に述べられている先進国側の要望——暫定的・非拘束的でウェーバー条項による特恵——に一致した選択である。

69）Decision L/3545.（BISD18S/24-26.）それは、GATT の他の条項を侵害することなく、10 年間、第 1 条の適用除外としての関税特恵を認める趣旨のものである。

おいて、ウエーバー方式にとってかわる授権条項方式を採択した。これによって、10年間の暫定的な（GATT原則の）適用除外に依拠していた一般特恵制度は、一応の安定した合法的地位が認められることになったのである[70]。

以上のようにGATTの枠内に位置づけられた一般特恵制度の主要な特徴のひとつは、それが国際法上の権利義務関係として設定されてはいない、つまり国際法上の拘束力をもたないという点にある。この非拘束性という特徴は、以下の三つの相にあらわれている[71]。

第1に一般特恵の供与が義務的なものとしてあらわれないことである。これは、一方では、特恵供与国が途上国側の自己選択性になんら拘束されず、したがって、みずからを特恵受益有資格国と主張する途上国にたいして供与を拒否しうることを意味し[72]、他方では、先進国が同制度を設立する諸文書に法的には拘束されないことを意味する[73]。

第2に特恵内容を供与国自身が決定できることである。つまり、供与国自らがそれぞれ固有の特恵計画をうちだし、一方的にその性質・範囲を定めるのである。そして各供与国は、自国の特恵供与表を変更し、ときには特恵の全部または一部の供与を拒んだり撤回したりする自由をも有している[74]。

70） Decision L/4903.（BISD26S/203-205.）

71） G. FEUER et H. CASSAN, *op. cit.* (note 4), pp. 611-613.

72） たとえば、米国の特恵計画（1976年より発効）では、共産圏諸国（ブルガリア、キューバ、モンゴル、ベトナム、北朝鮮など）およびOPEC諸国、それに一定要件を満たす生産国同盟加盟国が特恵供与対象から排除される（TD/B/C.5/38, Scheme of Generalized Preferences of the USA, 1975）。

73） 前述のRes. 21（Ⅱ）も「合意された結論」も少なくとも採択時には法的拘束力のあるものとはみなされない。つまり、それらは勧告にすぎない。しかし後に、先進国が一般特恵制度にたいして、たとえ国内法にもとづく一方行為としてであれ、一定の効果を与えだしたことは、同制度を法として確立過程にあるもの、法と非法のあいだに位置するものととらえることを可能にしたとはいえる。が、だからといって、一般特恵制度が義務的なものになったとは依然としていえない。

74） 各先進国は、個別に、さまざまな特恵計画を採用している。たとえばわが国は、1971年より関税暫定措置法にもとづいて一般特恵を実施している。1986年現在で、18の計画が発効している（EC、六つの共産主義諸国、その他の市場経済諸国）。そ

第3の相は、一般特恵制度の適用が途上国の発展レベルのどの段階で停止するのかについてなんら明確な基準が示されないまま、先進国は、特恵受益国の発展にともなって特恵は消滅するという考えをとっていることである。つまり、一般特恵制度をあくまでも暫定的・一時的なものととらえているのである[75)]。たしかに適用期間があまりにも短いなら途上国がその利益を真に享受することが妨げられようし、逆に期間が長すぎると制度じたいの採用にたいしての先進国側の抵抗が増大するであろう。UNCTADの「合意された結論」や1971年のGATT決定が10年という適用期間を定めているのは、この問題への過渡的な解決方法を提示するものである[76)]。

以上の考察から、(1)の末尾でとりあげた疑問への答えがひきだされるであろう。同一範疇に属する国家間の関係と異なる範疇に属する国家間の関係には別個の規範が適用されるべきであるという二重規範論は、現時点では多重規範への道を歩むにはいたらず、先進国と途上国という二範疇間の二重性に、それも等価の二規範群にはほど遠い状態[77)]にとどまっている。このことから、問題

れらの委細については、次を参照。TD/B/C.5/100. *Operation and effects of the generalized system of preferences, seventh and eighth reviews.* UN. 1985.

75) 前述の日本法の名称がそのような考えをよくあらわしている。

76) 1975年の国連総会決議3362（S-VII）は、当初予定の10年が経過したからといって一般特恵を終了させてはならない旨を述べている。1976年のUNCTAD決議（96 Ⅳ）も同趣旨である。また、UNCTAD特恵特別委員会は、1980年に、次の点で合意に達した（Res. 6-IX）。すなわち、一般特恵制度延長の法的基礎は、東京ラウンドにおける国際貿易の法的枠組に関する諸合意にあり、同制度にとって、それらの合意は、継続的基盤となっているという点である。同年の国連第3次国際開発戦略（Res. 35/56）は、同制度の統合的適用を要求する一方で、1990年に行われる予定の「目標および政策の再検討および評価」に同制度を含ませることを勧告している。

77)「非相互主義や特恵などの新しい諸原則は、途上国を援助し、彼らを劣悪な経済状態から救いだし、共通規則を彼らが支持することを可能にする発展水準に彼らを接近させるために用意された、共通規則にたいする一時的な特例と考えられる」（Thiébaut FLORY, chronique de droit international économique. *AFDI,* 1968, p. 597）という見解は、その後の国家実行によっていっそう支持されることになった。先にみたとおり、たとえば特恵待遇は、法規範としてではなく最恵国待遇にたいする特

関心は、二重規範論の将来的展望よりもむしろ二重規範論およびその母体たる補償的不平等観念じたいの法的・現実的有効性の考察へと向かうことになる[78]。

Ⅱ　補償的不平等観念への批判

補償的不平等観念およびそれを具体化する法原則である二重規範論は、途上国の低開発性の克服をめざして、南北関係を規律する国際法領域に導入されたにもかかわらず、実際の南北間の開発格差は、それによって縮まるどころか全体としてみればむしろ拡大している[79]。その上、南北問題の具体的実践として

例もしくは例外として認められたのであり、一般特恵制度も権利として途上国に供与されたのではなく無差別原則にたいする特例としてなのである。かくして、GATT 先進国は途上国への一般特恵供与の可否を決定する主人であり続け、途上国の特恵への権利は認知されず、無差別原則や最恵国待遇の一時的例外の地位にとどまることになる（G. MERLOZ, *op. cit.* (note 24), pp. 382-383）。

78）　本文ではとりあげなかったが、ロメ協定は、前述の一般特恵制度とは異なる特別特恵制度を有している（つまり EC は、ACP 諸国にたいする特別法としての特別特恵制度と、それ以外の途上国にたいする一般法としての一般特恵制度を同時に実施している）。同協定は、通商協力の目的として「ACP 諸国と EC のそれぞれの開発レベルを考慮しつつ、両者の間および ACP 諸国間の貿易を促進すること」（第３次協定第 129 条第１項）をあげている点で発展の不平等を考慮にいれる締約国の意思をあらわしている。同協定は、この目的達成のために特別の利益が ACP 諸国に払われること（同条第２項）、ACP 諸国原産の産品には関税その他の賦課金が免除されること（同 130 条）、途上国貿易の拡大を阻害する数量制限の撤廃（同第 131 条第１項）などの規定によって ACP 諸国に利益を供与する一方で、彼らが EC 産品を輸入するさいには、「現在の開発の必要性にかんがみ」（同第 136 条第１項）彼らに同様の義務を負うことを要求しない（非相互主義の採用）。さらに同協定は、緊急輸入制限措置（同 139 条）および原産地規則（同第１議定書）の適用についても、一般特恵制度のそれに比べてより、ACP 諸国側に配慮をした条件を定めている（G. FEUER et H. CASSAN, *op. cit.* (note 4), pp. 622-625. なお、以下を参照。田中素香『欧州統合』、前掲、305-318 頁、金丸輝男編著『EC 欧州統合の現在』、前掲、同頁）。

79）　途上国の GDP 成長率は、79-84 年に先進資本主義諸国の２％にたいして 1.4％に落ち、１人当たりの絶対額でも低下し、80 年代へのかわり目には先進資本主義諸国

の「新国際経済秩序」樹立運動は、1980年代に入って当初予想できなかった新しい事態の出現[80)]のせいもあって、依然としてその実現にはほど遠い状況にある。

「開発の国際法」が現実の開発格差を認識し、その縮減をめざすという意味で、伝統的国際法にくらべて、より動的・具体的な〈現実立脚性〉および〈目的志向性〉をその性格としている以上、この現実の挫折・停滞が、「開発の国際法」を構成する諸観念の有効性の再考をうながすにいたるのはいわば当然であった。

ここでは、この「開発の国際法」への諸批判、とりわけその中核をなす補償的不平等観念および二重規範論への諸批判をとりあげて考察する。それらの批判は、その内容からみて大きくふたつに分けられる。第1の批判は、これらの観念・原則からひきだされる規範・制度の実定性の欠如およびその実施の不十分さに向けてのものである。この実定性の欠如・実施の不完全性という共通の

との格差は11.3対1であったのに、80年代半ばには14対1に拡大した（山形、前掲（上）、240頁）。なお、1980年代前半の途上国経済の悪化については、次を参照。大島清編『現代世界経済』、東大出版会、1987年、331-343頁。

80）債務危機の深刻化や多国籍企業の支配とならんで重要なのが、かつては「南」として結束していた途上国の分化傾向である。70年代前半の新国際経済秩序樹立運動の原動力となったOPEC諸国は、二度の石油ショックにもかかわらず先進国の省エネ・資源政策の進展や非OPEC石油の進出とともにその力を弱め、そのなかのいくつかの国はオイル・ダラーの還流を通じてむしろ国際金融資本との結合関係を強めた。一方、多国籍企業の投資が集中したアジア・ラテンアメリカの少数国は、新興工業諸国（NICS）として、多国籍企業の戦略にしたがった従属的発展の方向ではあれ、中進国へとみずからの地位を向上させた。それゆえ現在、途上国は、その発展段階にしたがって後発途上国（LDC）、最貧国、中進国、資本余剰産油国などに分けられる（南南問題）ほか、政治・社会的側面でも社会主義諸国、資本主義発展をめざす諸国および従属的中進資本主義諸国に分化している。ここにおいて南北問題は、途上国間格差の問題と錯綜し、以前のような南北間の垂直関係というとらえ方はもはやなりたたない。以下を参照。坂田幹雄「南北問題と世界経済秩序」（本多健吉編著『南北問題の現代的構造』、日本評論社、1983年、247-251頁）、川田侃・涂照彦『現代国際社会と経済』（御茶の水書房、1983年、139-142頁）、山形、前掲論文（下）、148-152頁。

現実認識からふたつの異なる方向の評価がひきだされる。一方は、補償的不平等観念や二重規範論がもつ積極的価値を認めた上で、それらを具体化する規範・制度のよりいっそうの実定化を求める[81]のにたいし、他方は、逆に、実

---

81)　たとえば以下の言説を参照。「一般特恵の分野における実質的平等の確保は、既に原則や目的のレベルから、具体的実施のレベルに移ってはいるが、開発の国際法の一方の主体たる途上国の側からは、いまだ受動的レベルにとどまっていることになろう。（略）以上のことは、開発の国際法の基本原則としての規範の二重性又は多重性に対する先進国と途上国の評価や位置づけの差の一端を示すものなのである」（位田、「開発の国際法…」、前掲（註 1）、638 頁）、「以上のように現行の特恵システムには様々の問題点が指摘され、10 年余の歳月と 3 回の大がかりな国際会議を経たのちの成果というには余りにも乏しいものと言わざるを得ない。しかしともかくも先進諸国が非相互的な特恵という国際経済に全く新たな原則を承認するに至ったこと、そしてそのシステム全体が現実に動き出していること、それをむしろ積極的に評価すべきであろうと思われる」（村瀬、前掲（註 40）、62-63 頁）、「他方、新国際経済秩序樹立の一貫としての貿易秩序の変革という観点から今日の GATT を見ると、たしかに、途上国を他の国と区別して扱うことが定着しつつあるが、しかし、途上国の権利として一般的非相互主義的特恵が認められているわけでもなく、また実際の貿易交渉への途上国の参加の実現も不十分であり、GATT における先進国の一連の譲歩を、新国際経済秩序の実現として評価するのは、安易に過ぎると言わざるを得ない」（佐分、前掲、74 頁）、「そういう（「開発の国際法」の）指導原則のひとつに「実質的平等権」とでもいうべき原則がある。つまり、南北経済格差の現状の下では、（略）法を差別的に作成・適用することが望ましい、という理念である。（略）「実質的平等」の理念にしても「開発の国際法」の原則のひとつと考えられるが、まだ確立した法原則であるとはいえない。こういう状態において、その原則を具体化することになる一定の法的措置（略）が考案されることは、法原則の確立という観点からみても大きい意味を持つということができるだろう」（吾郷、前掲、64 頁）、「（1971 年に行なわれたウェーバー方式による GATT の義務と特恵の調整を評して）このような条件下で、一般特恵制度に二重規範原則の導入の兆候をみるのは尚早である。（略）なぜなら、ここでの一般特恵制度は、GATT 規則の不確定で一時的な特例としか考えられていないからである」（Mohamed BENNOUNA, *Droit international du développement*, Berger-Levrault, 1983, p. 217）。

このほかにも「開発の国際法」推進論者（Maurice et Thiébaut FLORY, G. FEUER, G. MERLOZ etc.）は、おしなべてこの見解にくみしている。彼らは、先進国の二重規範論へのためらい（消極的姿勢）がその実施の不完全さの源泉なのであり、そのようなためらいがなければ、二重規範論は途上国の発展に大いに資するであろうと考える。したがって厳密にいえば、彼らは、二重規範論を批判しているの

定性の欠如を理由にそれらの観念・原則のみならず「開発の国際法」という存在そのものを否定する(1)。

第2の批判は、「低開発を克服するための法的手段としての二重規範論」という命題じたいを疑問視し、低開発を、「世界資本主義体制」の「周辺」と位置づける立場から、二重規範論ひいては補償的不平等観念が現実に果たしている役割を問い直すものである(2)。

(1) 補償的不平等観念の実定性への批判

この批判は、徹底した法実証主義の観点から行われ、その具体的な標的としては、「開発の国際法」の主要な法源である国連総会やUNCTADなどの決議と(i)、「開発の国際法」の実在の前提ともいうべき連帯＝国際共同体の観念(ii)があげられる。それらへの否定的評価は、当然のことながら、補償的不平等観念および二重規範論の実定性にたいしてもおよぶことになる。

(i) 法源としての国際組織決議の非有効性

主権国家の並存という水平構造の社会から生成した国際法規範は、そのような社会構造に由来するさまざまな弱点を一般に有している。それらの弱点としてはたとえば、制裁のしくみがきわめて不十分であること、いわゆる法の欠缺が頻繁にみうけられること、諸国家の行為を有効に規律するにはその内容があまりにも不明確または論争的な規範が多々あることなどをあげることができる[82)]。このような構造上の弱点とともに注目されるのが、規範を把握するさいのある種の寛容主義に由来する概念上の弱点であり、そのひとつが、規範と非規範とを厳密に区分しない最近の傾向にあらわれている[83)]。現代的法実証主義

ではなく、むしろその徹底を奨励しているのである。

82) この系列に属する批判としては、以下を参照。Prosper WEIL, «Vers une normativité relative en droit international?», *RGDIP,* Tom. LXXXVI, 1982. pp. 5-47 ; Brigitte STERN, «Le droit international du developpement, un droit de finalité?», *La formation des normes en droit international du développement*, CNRS, 1984, pp. 43-51, 374-375. ここではおもに前者に依拠して論を進める。

は、以上の動機にもとづいて、規範性の閾（＝法と法にあらざるものとのあいだの境界――法実証主義にとってこれがきわめて重要なものであることは論をまたない――）をいたずらに低め、ひいては国際法規範全体の相対化・希薄化をもたらすものとして、国際組織の決議を国際法の法源[84]に含めようとする動きを激しく論難する[85]。いま少し、その論拠を追うこととしよう。

法的権利・義務を創出する決定と、その実施義務を創出しない勧告（＝決議）とを区分することは、長いあいだ支配的と考えられてきたが、今日、それはより柔軟な考え方によってしりぞけられようとしている。この新しい考え方のひとつによれば、いくつかの決議は、それらの決議によってもあるいは同一の決議の規定によっても変化しうるものの、「なんらかの法的価値」を有している。したがって、規範と非規範とのあいだの境界を精密に画定する明確な法的基準はもはやなく、そこには不透明で過渡的な中間状態があるのみである。または、決議はたしかに十全の規範性を有するにはいたらないものの、それらが「生成途上の、あるいは萌芽期の規範」を構成する場合がある[86]。要するに、国際組織の議事録が規範的価値をもつか否かという問題にはもはや一義的には答えられず、これからは、それは程度の問題となる[87]。あるいは他の考え方によれば、決議には「許容的」なものや、既存の規範を「廃止しうる」ものがある。つまり、ある場合には、決議は、義務を創出しないまでも少なくとも権原

83）　P. WEIL, *op. cit.* (note 82), p. 9.

84）　ここでは「法源」を、「国際法規の成立形式」という通常の意味で用いている。

85）　とはいっても、非法的文書が国家行動に与えうる大きな影響力を彼はけっして軽視しているわけではない（P. Weil, *op. cit*, p. 10）。

86）　J. CASTAÑEDA, « La valeur juridique des résolutions des Nations Unies », *RCADI*, 1970-I, t. 129, p. 320.

87）　リビア国有化事件仲裁裁判でのR・J・デュプュイ裁定は、次のように述べる。「どのような国連決議にも法的価値を認めないという考えは、（略）この機構の発する相違なる文書に応じた微妙な差異をうけいれるべきである。それらの文書はきわめて多様であり、一律でない法的価値を帯びている（略）。諸決議になんらかの法的価値を認めることが、いまや可能である。（略）この法的価値には（略）さまざまのものがある」（*JDI* 1977, p. 376, para. 83, et p. 378, para. 86.）。なお、次も参照。川岸繁雄「リビア国有化事件仲裁判断」、『神戸学院法学』第10巻第1号、1979年。

を構成し、それゆえにある国家が（既存の規範に抵触する）その決議内容にしたがった行動をとっても、それは国際違法行為にはならない。別の場合には、決議は、新規範をつくりだせはしないものの、少なくとも既存の規範を廃止しうる。その結果、諸国は、もはやその規範を遵守しなくてもよい[88)]。

国際組織の決議になんらかの法的価値を付与しようとするこれらの試み[89)]を、法実証主義は、「言葉の遊戯」[90)]であると一言のもとにきりすてる。許容規範とは、それじたい別のひとつの規範であり、ただ規範のみが他の規範を廃止しうる以上、一定の決議に「許容的」あるいは既存規範を「廃止しうる」価値を付与することは、とりもなおさずそれらの決議に十全の規範価値を認めることを意味する[91)]。

ついでいえるのは、この種の接近方法がある混同にもとづいていることである。たしかにある種の決議は、既存の諸規範の廃止や新しい規範の形成を準備したり、あるいはそれを加速したりしうるだろう。だれもこのことは否定しない。また、それゆえにこそ、既存の法が変更されるのを望まない国家は、その決議の採択に反対したり、留保を付したりするのである。つまり、そのような決議は、何らかの傾向、意図、願望の政治的・社会学的なあらわれであって、国際規範の形成過程のなかの重要な一段階となりうる。しかし、だからといってその決議が新しい規範の法源であるということはできない。国際組織は一定の国家にとって「望ましい法」を定めることはできるものの、それを「確立された法」へ変えるという立法権能はもたない。それゆえ、決議に規範価値を付

88） R. J. DUPUY, « Droit déclaratoire et droit programmatoire : de la coutume sauvage á la soft law », *L'élaboration du droit international public*, Pedone, 1975, pp. 146-147 ; Nguyen Quoc DINH, P. DAILLIER et A. PELLET, *Droit international public, op. cit.* (note 41), pp. 347-349 ; A. PELLET, *Le droit international du développement*, puf, 1978, pp. 63-64.

89） これらの試みが、決議に述べられる国有化の権利、特恵、非相互主義などに法的価値を与えるという動機に裏づけられていることはいうまでもない。

90） P. WEIL, *op. cit.* (note 82), p. 11.

91） *ibid.*

与することは、つまるところ、現行法（レクス・ラータ）とあるべき法（レクス・フェレンダ）との区別を否認することを意味する[92]。したがって、「開発の国際法」においても、条約法規および慣習法規と、（規範性を有さない）決議とを同列に扱うことはできない。このような決議がくりかえされ、累積したとしても、それだけでは法をつくりだすのに十分ではないのである[93]。

最後に考慮すべき点は、規範と非規範との差異を諸国家がつねに認識しつづけていることである。さもなければ、ある決議なり宣言なりに自国が法的に拘束されない旨を承認させるためになされる国家の努力をどのように説明するのか。つまり、そのような留保つきである決議に同意した（あるいは反対しなかった）ことは、その国家が法的な約束を行う意識や意思を有していたことをなんら意味しないのである[94]。

たしかに、法といまだ法にならざるものとの境界の線引きをすることがつねに容易とはかぎらない。だからこそ法は、閾という技術に訴えるのである。この境界の下流では、法的義務が生まれ、法主体は裁判官または裁定者の前でそれをよりどころにすることができる。そしてそのような法的義務の無視は、国際違法行為を構成し、そこから国際責任が発生する。この境界の上流においては、そのような義務はいっさい生じないのである[95]。

以上が、「開発の国際法」の主要な法源である国際組織の決議にたいして向けられた法実証主義からの批判である。このような観点にたてば、規範形成のさいの原則はあくまでも主権国家間の合意であって、国際法は、国家間の厳格な合意規範であり続けることになる。そこでの規範は、簡潔かつ明確に定義され、実定性の閾も精密に定められる。その結果、法は、到達可能な願望の限度をさし示すことができるのである[96]。しかしその一方で、このような接近方法

92） *ibid.*, p. 12.

93） *ibid.*

94） *ibid.*

95） *ibid.*, p. 13.

96） M. FLORY, « Introduction générale », *La formation des normes. . . . op. cit.* (note 82), p. 11.

は、「開発の国際法」の多くの部分が国際組織の決議をみずからの法源とせざるをえなかった諸事情――たとえば、国際的社会経済関係の進展への法の迅速な適応が求められたことや、「開発の国際法」が国家や企業などの性質の異なる行為主体のあいだの脱国境的関係を規律対象としていることなど[97] ――をなんら考慮に入れていない点で、反批判をひきおこさずにはいられなかった[98]。

(ii) 連帯＝国際共同体観念の危険性

法実証主義は、連帯＝国際共同体観念への批判にさきだって、国際法の基本的な機能を次のふたつのものに求める。すなわち、ひとつは異質でかつ対等な主権国家の共存の機能であり、いまひとつは、国際社会の構成員の共通目的追求の機能である[99]。それらじたい異論の余地のないこのふたつの機能は、とりわけ第２次世界大戦後の国際社会の変動にもかかわらず、近代国際法の誕生以来、変わらずに存続してきた。これらの機能を果たすために国際法がみずから備えるにいたった三つの特徴がある。第１のものが「諸国家を拘束する法規はそれらの国家の意思から生じる」という意味での意思主義であり、第２の特徴が多元的社会において平和共存を確保するのに必要なイデオロギー中立性であり、第３のものが、国際法を実定法＝現行法規範の総体ととらえる実定法主義である[100]。

以上のように、国際法の基本機能とそれに由来する本質的特徴を確認したうえで、法実証主義は、これらの機能および特徴を脅かす最近の傾向として、ふ

97） M. BENNOUNA, *op. cit.* (note 81), pp. 83-84.

98） たとえば、以下の論文を参照。M. BENNOUNA, *ibid.*, pp. 24-31 ; et id « Défi du développement et volontarisme norma tif? », *La formation des normes. . .* , *op. cit.* (note 82), pp. 111-119 ; P. M. DUPUY, "Sur la spécificité de la norme en droit international du développement", *ibid.*, pp. 131-143.

99） ロチュース号事件判決においてもこのことは確認される。「国際法は、独立国家間の関係を統御し（略）これらの独立した共同体の共存の規律または共通目的の追求をめざすものである」(C. P. J. I., Série A, nº 10, p. 18)。

100） P. WEIL, *op. cit.* (note 82), p. 16.

たつのものをあげる。そのひとつが従来、単一でひとかたまりのものと考えられていた規範性の序列化である[101]。

これを行うことになるのが、強行規範と単に義務的な規範とを区別する「ユス・コーゲンスの理論」であり、基本利益保護のための重要な義務を創出する規範とより重要でない義務を創出する規範とを区別する「国際犯罪と国際不法行為の理論」である。このふたつの理論の導入により、かつての規範がもっていた単一性は破砕され、以後、規範相互のあいだに段差が設けられることになった。最近の傾向のもうひとつのものが、規範性の希薄化である[102]。従来の国際法規範は、それぞれ確定された能動・受動主体を有していた[103]のであるが、これらの主体の不確定化の傾向が現在あらわれている。すべてのものにたいする（エルガ・オムネス）義務観念の登場は、その一例である。この観念によれば、いくつかの義務は、国家を区別することなしにすべての国家にたいして強いられることになる。その一方で、慣習法規と条約法規の相互浸透がもたらす「特別法の一般法化」によって、一般的（オムニウム）義務観念が生じている。以上に述べた規範性の序列化・希薄化があいまって、結果として規範性の相対化が進むことになる。

法実証主義は、このような規範性の相対化現象の動因として、「法的良心」や「道徳的価値」をひからびた実定法よりも優先させようとする考え方をあげる。優越する道徳価値がなければ国際法は魂の奪われたひとつのしくみにすぎない、という主張が、上に掲げた新しい理論・観念に通底しているのである。そこで前面におしだされることになるのが、連帯＝国際共同体の観念である。

このような文脈からなされる法実証主義のこの観念への批判を追ってみよう[104]。規範性の序列化を促す前述のふたつの理論は、特定の規範を通常の地位

101） *ibid.*, pp. 19–29.

102） *ibid.*, pp. 30–44.

103） 条約の相対的効果、慣習法規の対抗可能性および国際請求の資格要件などを規律する諸原則は、この権利義務当事者の個別的決定をよく示している（*ibid.*, p. 18）。

104） *ibid.*, pp. 23–25, 44–46.

から優越的地位へと移行させるのであるが、これらの理論によれば、この移行を実現するのが「国により構成される国際共同体全体」の承認[105]である。また国際共同体は、ある国際義務にたいして、国際共同体の基本利益の保護にとって不可欠の性格を認める[106]。さらに国際司法裁判所は、国家が国際共同体にたいして義務を有し、約束を行うことができると述べる[107]。このように述べられる国際共同体とは、「人類の共同遺産」[108]や「全人類に認められる活動分野」[109]などの表現にあらわれる人類とほぼ同義と考えられるが、適切な代表機関が欠けているために、共同体じたいとその構成員たる国家とは区別しえない。つまり、国際共同体は諸国家にほかならない。さて、それはすべての国家なのか、あるいはいくつかの国家なのか。後者の場合には、具体的にどの国家が該当するのか。この問いにたいする国際法委員会の見解によれば、「国際共同体の全体」とは、国際共同体の主要な構成者を意味する[110]。したがって、ある規範の優越性を「国際共同体のすべての主要な構成者」が受けいれ、かつ、認めたときに、その規範は強行性または優越性を獲得することになる。しかしながら、ある国家がこの「国際共同体の主要な構成者」の一員であるか否かを決定するさいに、それが地理的・イデオロギー的・経済的あるいはその他のどのような要因にもとづいて行われるのかがなんら示されない以上、結局のところは、いくつかの国家（かならずしも多数派とはかぎらない）が他の諸国家の加入を否認する形でこの「主要な構成者」の地位を独占することになるだろう。そしてここから追放された諸国家には、自分たちが通常の規範性すら認める意思のない「法規」の強行規範性を認めるよう強制される場合すら生じるであろう。いいかえれば、国際共同体が実際において明確な意味をもたない実体にと

105） ウィーン条約法条約第 53 条を参照。

106） 国家責任についての条文章案第 19 条第 2 項を参照（*Annuaire CDI,* 1976, vol. II, 2^{e} partie, pp. 95-122）。

107） バルセロナ・トラクション事件判決（CIJ, *Recueil* 1970, p. 32）。

108） 国連海洋法条約第 136 条。

109） 宇宙条約第 1 条。

110） *Annuaire CDI, op. cit.,* p. 110.

どまるかぎり、その不明確な実体に名目上与えられる規範認定権能は、実は寡頭政治を意図する少数の権力者に与えられることになる。その結果、(i)でとりあげたレクス・ラータとレクス・フェレンダの区別が、ここにおいても不明瞭なものになる。なぜなら、いくつかの国家によって「望まれる法」が他のすべての国家にとって「確立した法」と化すからである。

このような混乱がもたらす結果はもはや明らかである。諸国の主権平等は名ばかりのものとなり、国際共同体の名の下に立法権能という特権を有することになった国家は、自分たちに固有の価値体系を優先させ、それの遵守を他の国家に強要する権利を不当に手にいれる。つまり、「法的良心」「国際共同体」の名目のもとで、いくつかの国家は、国際社会に固有の多元主義を否定するイデオロギー法を樹立しようと試みるにちがいない。これらの新しい観念は、それらが現代的魅力を帯びているがゆえに、力の弱い低開発諸国を偽りの修辞の幻想のなかに浸らせることになる。しかし、現実に強者と弱者のあいだで弱者を保護し、かつ解放してくれるのは、厳正な法なのである。たしかに伝統的国際法は、戦争を防止できなかったり、強国の利益の正当化に寄与したりした点で、みずからの機能を完全には果たしてこなかった。が、だからといって、国際法自身の実定的な側面を放棄しても今後においてはさして重大な結果をひきおこすことはない、とはいえないのである。

以上が、法実証主義からの国際共同体観念への批判である。(i)でみた国際組織の法源性の否定とともに、「開発の国際法」の実在のための前提ともいえる連帯の観念を危険視するこの法実証主義の立場からは、その批判が「開発の国際法」に正面から向けられてはいないにもかかわらず、「開発の国際法」そのものがその実定性の欠如ゆえにきわめて貧弱な内容しかもたないものとなる。Ⅰ(2)で検討した南北貿易関係における二重規範論の実施事例のなかで、この観点から実定国際法上の規範として認められるのは、せいぜいロメ協定中のいくつかのものにかぎられてしまうであろう。その形式主義と中立性の名のもとに、法の目的志向性、発展、連帯といった考えは拒絶される。法実証主義にとって、それらは法ではなく政治あるいは道徳の領域に属することがらなのである。同様に、発展の不平等という現実も諸国の主権平等という口実を援用することによって、法とはつながりのない無縁のものとなる[111)]。ところがそもそも「発展の国際法」がそのような事実上の不平等を直視し、それの縮減をめざすために生じたのであることを思えば、「発展の国際法」とりわけその補償的不平等観念を重視するものにとって、このような法実証主義からの批判がなんら説得力をもってせまるものではなかったことは容易に想像できよう[112)]。

(2)　補償的不平等観念の機能への批判

すでにみてきたように補償的不平等観念およびその具体的表現である二重規範論は、現実をまず直視し、ついで一定の目的に向けてその変革をめざす点で、伝統的・静的な法分析の方法とは異なる新たな方法を採用している。したがってこのような法観念・法原則を批判することは、法実証主義の立場がまさにそうであったように、その方法および目的志向性を否認するものにもっぱら思われがちである。しかし、ここで考察するいまひとつの批判——それは新従属論[113)]の洗礼を受けた第三世界の国際法学からの批判である——は、そのよ

111）　M. FLORY, « Introduction. . . », *op. cit.* (note 96), p. 11.

112）「開発の国際法」の推進論者からは、法実証主義者にたいして、「発展および連帯という論理的帰結を否認し、国際法を堕落させるもの」(M. Flory)、「国際法を糾問する新しい現実を無視するもの」(M. BENNOUNA)、「支配が平穏に行われた古き良き時代へ向かう反動法」(A. Peller) などの痛罵が浴びせられる。これにたいしてヴェイユ (P. WEIL) は、これらの非難を根拠のないものと決めつけた上で以下のように反論する。自分が「法およびその技術的性質の一貫性を擁護」し、「法と非法、レクス・ラータとレクス・フェレンダをそれぞれ区別する意思主義およびイデオロギー中立性を堅持」しようとするのは、「今も昔も変わらぬ国際法の基本機能のひとつとして全国家の共通利益の擁護に向けての協力」や「大国の支配からの小国の、多数者からの少数者の擁護」のためであって、スターン (B. STERN) がきわめて正当にも強調するとおり、法実証主義は保守主義と同義ではなく、規範構造としての国際法は「保守的」でも「反動的」でもなければ「革命的」でも「異議を申したてるもの」でもない (P. WEIL, « Conclusion », *La formation des normes. . . , op. cit.* (note 82), pp. 363-365)。

113）　ここで新従属論とは、ヨーロッパ大陸経済学の伝統的理論の流れをくみつつ、従来のマルクス主義帝国主義理論を途上国の現実に照らして修正・適用しようとする

うなものとは性質を異にする。それは、「開発の国際法」の方法および目的を全面的に承認するものの、二重規範論にあらわれる補償的不平等観念において、低開発性がいかに認識されているのかを問うものである。したがってこの批判は、まず二重規範論のよってたつ理論的根拠を分析し(i)、ついで、二重規範論が現実の南北関係において果たしている実際の機能の検討へと向かう(ii)。

(i)　没歴史的・イデオロギー的な二重規範論の根拠

二重規範論が先進国と途上国のあいだの発展の不平等＝不均等発展という現状認識によってたつものであることは、すでにみてきたとおりである。しかしこの認識は、それじたいとしては表面的なものにとどまり、低開発の進行過程をも含めた総体的な認識とはいえない。両者のあいだの不均等発展を考慮に入れた上で均衡のとれた関係をそこにうちたてるといっても、それは、天秤において発展度の劣る側の皿におもりをいくつか追加することによってえられるような均衡[114)]ではない。その意味でおもてにあらわれる発展格差だけに注目することは、その背後にある途上国の搾取という本質を見落とすことになってしまう。それでは、国際関係におけるこの搾取は、なにに由来しどのように行われてきたのであろうか。この問いに答えることは、この搾取の縮減に向けての法的手段をうちたてるためには避けて通れない。いいかえれば、低開発を歴史的にとらえる視座が不可欠なのである。他方において二重規範論は、諸国家（あるいは諸人民）のあいだの連帯の上になりたつものとされるが、これも、国

経済学派をさしている。サミール・アミン（Samir AMIN）に代表されるこの派の影響を受けた国際法研究者が、ここでとりあげるアルジェリアのマジド・ベンシク（Madjid Benchikh）とアハメド・マヒウ（Ahmed MAHIOU）である。なお、（新）従属論については、さしあたり以下を参照。本多健吉『資本主義と南北問題』（新評論、1986年、127頁以降）、川田・涂『現代国際社会…』（前掲（註80）、153-158頁）、佐藤幸男「世界秩序の問題展望」（日本平和学会編集委員会編『新国際経済秩序と平和』、早稲田大学出版部、15-22頁）、サミール・アミン（西川潤訳）『不均等発展　周辺資本主義の社会構成体に関する試論』（東洋経済新報社、1983年）。

114)　M. BENCHIKH, *op. cit.* (note 30), p. 96.

内レベル・国際レベルで展開される階級闘争を無視した観念といわざるをえない。以上のような問題意識から、ここでの批判は、まず二重規範論のよってたつ現状認識の没歴史性を、ついでその根拠としてあげられる連帯や相互依存の観念のイデオロギー性を指摘することになる[115]。

先進国は、途上国に有利な特恵あるいはその他の付加利益を途上国に与える義務を負うが、後者は同種の義務を前者にたいして負わないという義務の非対称性を特徴とする二重規範論は、それによって後者の弱い経済力を補償しようとする点で、まさに補償的不平等を具現するものである。しかし、二重規範論が両当事者間の事実上の不平等を考慮した上でそこの法的関係をうちたて、それを通じて事実上の不平等の是正をめざすさいに確認しておかねばならない重要なことがらがある。それは、発展の不平等をつくりだしているものは何かということである。というのもこれが確認されてはじめてどのような補償がふさわしいかがわかるであろうからである[116]。この低開発性の形成過程をたどることで明らかになるのは、南北貿易が、低開発地域の経済活動を欧州・米国そして日本といった先進地域の要求にかなうものへと方向づけるための一手段であるということである。いいかえれば、低開発とは資本主義発展の歴史的所産であり、途上国の経済活動が産出した資源と剰余価値の先進国への移転の結果[117]なのである。この認識にたてば、発展格差を縮減して低開発を克服するための法的しくみは、まずなによりも「南北貿易の拡大が経済的支配の一要因であり、それは中立的なものではありえない」ことを考慮した上で、「不等価

115） *ibid.* pp. 96-104.

116） *ibid.* p. 97. 発展格差の原因についての考察は、国際法学の立場からはいままではほとんど行われてこなかった。わずかにアラン・ペレ（Alain PELLET）が「一方の低開発は、それを糧にする他方の超開発によってはじめて存在し、説明されるのである」と延べ（*op. cit.*, p. 3）、モハメド・ベジャウイ（Mohammed BEDJAOUI）が「二重規範の諸手段が知らずにいるのは、先進国の経済主体が途上国との関係からひきだす剰余価値の評価である」（M. BEDJAOUI, *Pour un nouvel ordre économique international*, UNESCO, 1978, pp. 259-263）と主張して、彼らが低開発の歴史的形成過程を考慮に入れていたことがうかがえる程度である。

117） M. BENCHIKH, *op. cit.* (note 30), pp. 97-98.

交換を通じて途上国から収奪された剰余価値に相当する補償」の供与を制度化するものでなければならない[118)]。そして、もし、二重規範論が低開発形成の歴史経過をふまえて実施されるなら、そこからは国際資本の途上国搾取に終止符をうつ規範が生まれるはずである。ところが一般特恵制度や一次産品総合計画のような二重規範論の具体的実施事例は、いかなるときにも、先進国が途上国から収奪した剰余価値の評価をその目的とはしていない。それらの事例の目的は、とりわけ途上国の貿易の拡大による先進国市場への途上国産品の接近の促進にとどまり、不等価交換じたいを問題視するものではない。また、関税の引下げや撤廃、数量制限、輸出所得の安定化のいずれも、途上国の社会構成体[119)]に浸透する資本主義の発展がまきおこす物的人的資源の搾取と両立してしまうのである。結局、歴史的視座を欠いている二重規範論は、低開発を一面的・皮相的にしかとらえていないがゆえに低開発を克服する有効な規範を生みだすことができず[120)]、人類の連帯という観念に訴えることによって自らの存続をはからざるをえない。

特恵や一次産品総合計画をはじめとする二重規範論の実施を求める

118) *ibid.* p. 98.

119) 社会構成体とは、支配的な生産様式と、その生産様式の周辺でそれに従属している諸生産様式の複雑な集合が組みあわされるなかで、支配的生産様式によって組織され、特徴づけられる具体的な構造をさす（アミン、前掲、10-17 頁）。

120) 二重規範論がプレビッシュの「貿易による開発」命題の法的表現であることからして、これは、とりもなおさずプレビッシュ命題の限界を意味した。すなわち、プレビッシュは、世界を工業化した「中心」とそこにもっぱら原料を供給する「周辺」とに分け、原料・一次産品の対製品交易条件が不安定であることから、「周辺」は工業化しないかぎり発展の道はありえないとして前述の命題をうちだしたのである。第三世界の「正統派」にたちまちのしあがったプレビッシュ学派にたいして、ラテン・アメリカをはじめとする第三世界諸地域から、「周辺」はただ非工業的であるのではなく「中心に支配されているからこそ遅れた状態にあり、それゆえ、「中心」（および多国籍企業）に工業化等の発展格差是正のための手助けを期待するのは無益であるばかりか、経済的従属をいっそう強めることになる、とする従属論からの批判が続々とあらわれた。新従属論も、この延長線上に位置しているのである（アミン、前掲（註 113)、401-402 頁)。次を参照。本多、前掲（註 113)、127-156 頁。

UNCTAD、UNIDOおよび国連総会の諸決議は、おしなべて先進国と途上国の共同行動の必要性を強調している。つまり、両者の連帯と相互依存の自覚とを訴えることが、二重規範論を含みもつ文書の基本的かつ一貫した特徴となっているのである[121]。この連帯および相互依存の観念を、新従属論は、Ⅱ(1)でみた法実証主義とは異なる観点から批判的に分析する。

第1に指摘されることは、連帯には多様な次元のものがあるということである。そこには国連システムにみられるような普遍的規模のものもあれば、より限定的規模のものもある。77カ国グループや非同盟諸国あるいは生産国同盟などの途上国間の連帯には、市場経済先進国間の連帯が対抗している。これらの連帯はそれぞれ異なる内容をもち、しばしば相互に矛盾する目標を追求しているのである[122]。そのような視点からみれば、前述の諸決議に掲げられた連帯観念は、その実体が不明確であり、非実現的なものであるといわねばならない。

第2にとりあげられるのが、この連帯観念の強調を正当化するものとしてあげられる相互依存観念である。一国に生じた重要なできごとが隣国あるいはその他の諸国の利害に影響をおよぼす場合があるという意味では、国際社会にはたしかに相互依存的側面がある。しかし開発と低開発の問題からは、相互依存の観念で覆われる外観の中身が問われることになる。つまり、先進国の途上国への依存内容と途上国の先進国への依存内容とを均衡のとれたものとみなしうるか否かと、ということである。

ともかく、ひとまずは先進国と途上国とのあいだに相互依存があるとしよう。この相互依存は何からなりたっていて、どのような基盤の上に機能しているのだろうか。この問いに答えることで、はじめて、その相互依存が当事者相互の利益にもとづく均衡のとれた状態を指しているか否かがわかるであろ

121)　M. BENCHIKH, *op. cit.* (note 30), pp. 100-101.

122)　連帯観念の多様な用い方については、次を参照。C. A. COLLIARD, « Vers de nouveaux principes du droit international », La *crise de l'énergie et le droit international.*, Pedone, 1976, p. 288.

う[123]。このように問いを設定した上で、新従属論からの批判は以下のように説を展開する。

先進国が途上国産の一次産品を必要としていることはたしかである。しかしこの状態は、西洋資本主義の発展様式の所産であり、いいかえれば、先進国がみずからの経済的欲求を満たすためにつくりだした途上国経済の外向性[124]の結果なのである。したがって、そのような途上国経済の外向性をあわせもつ相互依存の内容は、先進国によってひろく決定されることになる[125]。

さらにいえるのは、相互依存が付加価値の乏しい（あるいはともなわない）一次産品と備品・技術・工場などとのあいだの交換においてみいだされるとすれば、この相互依存は搾取と支配を生みだしているということである[126]。それゆえ、このふたつの依存の内容は、まったく比較しえない異質のものであり、にもかかわらずそれを相互依存と称することは、イデオロギー性を帯びることになる。つまりそれは、均衡のとれた状態や同一の運命の共有を外見上予想させ、その結果として現状維持やせいぜい協調的で節度ある変更の可能性をほのめかすものの、けっして根本的で革命的な変革を示唆することはないのである。したがって、このような連帯や相互依存から生みだされる規範や制度も、低開発を根本的に変革するものとはならない[127]。

最後にあげられるのが、国内レベルでの諸階級間におけるのと同様に国際レベルでの先進国と途上国のあいだにおいても、連帯や相互依存は、社会平和にとって有利な条件をつくりだす、という言説にたいする批判である。このような言説は、国内レベルでは、社会的諸関係の実現を隠蔽し、この諸関係の変革をめざす階級闘争の役割を最小化しようとするのと同様に、国際レベルでは、

123） M. BENCHIKH, *op. cit.* (note 30), p. 103.

124） 途上国経済の外向性とは、対外市場の要求に順応して形成される途上国の経済構造全体にたいする輸出部門の量的質的な優位性をさす（アミン、前掲（註113）、193-200、206-242頁）。

125） M. BENCHIKH, *op. cit.* (note 30), p. 103.

126） *ibid.*

127） *ibid.*

現存の支配関係体系を解体させる恐れのある闘争や対立を阻止しようとする役割を果たす。このような状況において、なんらかの改革への動きを正当化する連帯あるいは相互依存は、結果的には、その改革が問うことのない搾取関係を覆い隠すのに役立つことになる[128)]。

かくして、この新従属論の見地からは、補償的不平等や二重規範論の根拠となる「貿易による開発」命題や連帯・相互依存などの観念は、現代の支配関係体系の維持・再編に役立つものとしてとらえ直されることになるのである。

(ii)　従属の維持・再編に寄与する二重規範論の現実の機能

新従属論は、西洋先進諸国の支配する市場から彼らがつくりだす諸規範や諸制度を、支配関係体系とよぶ[129)]。世界のあらゆる地域がこの市場に従属しているため、それは世界規模の市場となる。さらにこの市場は資本主義生産様式が生みだしたものであるがゆえに、途上国がこの市場とのあいだに確立した諸関係を支配する諸規範および諸制度――当然、二重規範論を反映する規範・制度がここに含まれる――は、この市場を支配する経済構造に奉仕するものとなる。しかし、そうであるとすればなぜ、米国をはじめとする先進市場経済国は、二重規範論の一般化を阻むようなさまざまな障害を設けるのであろうか。以上のような二重規範論の現実の機能にかかわる諸問題について新従属論は、次の三つの観点から順を追って説明している。

第1の観点は、南北関係の変化と二重規範論との両立性である[130)]。先進市場経済国の経済構造の変化と南北間の交換構造の変化および南北貿易を規律する新規範の実施要求という3者のあいだには密接な相互連関がある。

まず1950年代の末になると、先進市場経済国の経済構造には、経済活動の性格および経済活動の主体に関してあきらかな変化があらわれる。具体的にはこの変化は、経済装置の急速な現代化と技術革新によってひきおこされた。そ

---

128)　*ibid.*, pp. 103-104.

129)　*ibid.*, p. 104.

130)　*ibid.*, pp. 105-106.

こでは、もっとも収益性の高い経済分野として電子工業、情報処理、オートメーションなどが登場する一方で、他のいくつかの産業や技術方式は、価値を低下させた。その結果、経済主体の組織化や一連の産業集中が行われ、それと同時に先進工業大国は多国籍企業をもつようになった。

このような条件下で、価値の低下した旧式の技術をもつ産業や労働集約産業の収益性を改善するために、これらの産業の途上国への位置移動を行うことが必要になった。この位置移動は、先進市場経済国が多国籍企業を擁することでいっそう推進・管理されることになる。

以上のようなさまざまな動きの結果、途上国は、工業製品輸出国にもなることになった。この輸出は、途上国の公私企業によってだけでなく多国籍企業の系列企業によっても行われるのである。そして、交換構造においてこれらの変化を受けいれる能力をもつ途上国群は、次第にその力量を高め、ときにはそれら途上国の要求を先進国が統御できない場合が生じるにいたる。

ここであらわれるのが、途上国の内部でこの新しい促進から利益を得る階層が行うさまざまな特恵待遇要求である。これらの特恵や途上国への援助要求は多様な広がりをもつので、諸国はこれらを国際貿易の諸規範の変更過程に組み入れることになる。つまり、国際貿易規範の変化は、一方で先進国の経済装置の合理化とその途上国の経済領域への浸透能力に、他方で新貿易構造においてみずからの場所をみいだすという途上国の経済能力に密接にかかわっているのである。

このような視座からは、二重規範論は先進国の経済構造の変化と両立しうるのみならず、この変化を支えるための必要物であるとさえいうことができよう。さらにここで見落としてはならないことがある。それは、産業の位置移動のもっとも頻繁に行われるのが途上国と多国籍企業とのあいだの契約の枠においてであること、および、途上国への特恵の供与が実はしばしば直接間接にこの多国籍企業への供与になっていることである。しかしながら、二重規範論が多くの途上国自身によって「自国の経済発展および新国際経済秩序の樹立に寄与する点で国際関係を変革するもの」としてとらえられているので、二重規範論が低開発の維持と両立しうるということは、かたすみに追いやられるかあるいは知覚されないのである。

第2の観点は、従属調整手段としての二重規範論である[131]。すでにみてきたように、二重規範論の根拠は、低開発についての歴史的・構造的視点を欠いているために二重規範論じたいも途上国への支配と搾取を縮減することができない。またこのことは、二重規範論の根拠が搾取される国と搾取する国とのあいだの連帯に求められていることからも、剰余価値を評価する形での二重規範論の実施がけっしてみられないことからも確認される。つまり、二重規範論は、低開発の真の原因を把握しえないために、せいぜい途上国の従属を調整することしかできないのである。そうはいっても、二重規範論の制度化がもたらす利益は、先進国が相互主義の名のもとに「第三世界の略奪」を行っていた1950-60年代にくらべれば途上国になにほどかの向上をもたらしたとはいえるであろう。しかし、まさにこの利益ゆえに、二重規範論は「輸出のための生産」を継続する途上国経済の外向性を維持することになる。その意味で二重規範論は、途上国の脆弱な経済と先進国のもっとも強力な諸経済主体の支配する国外市場とのきずなを固めるのに寄与するのである、したがって、途上国の国外市場への従属に調整を施しつつ、これを維持することに役立っているのである。

この従属への調整の施し方としては、以下のものがあげられる。第1に先進国経済の再編およびオートメーション、電子工学、情報処理の方向への利潤源泉の場の移行を考慮してのもの、第2に先進国が途上国の国家装置や諸経済主体とのあいだで交渉を行い、ときには二重規範の枠内で得られた利益の一部をそれらと分かち合う必要性を考慮してのもの、第3に途上国が被る圧力と途上国内部でくり広げられる経済的政治的社会的闘争を考慮してのもの、以上である。ところで二重規範論や「開発の国際法」に関する内容を含む国際組織の決議の適用様式やその適用への先進国側の抵抗をみれば、上述の一般傾向を確認し、そのいくつかの側面をあきらかにすることができるであろう。そこで第3

131） *ibid.*, pp. 106-108.

の観点としてあげられるのが、二重規範論の一般化への抵抗である[132]。

二重規範論の出現のさいにも、また、それをより強固な形で一般化しようとする動きにたいしても、そこにはつねに先進国側の抵抗がみられた。このことは、一見、先進国側が二重規範論を自分たちの利益に反するものと考えていることを示しているかのようである。しかし実は、この先進国の抵抗には別の理由があるのである。事実、先進国は、長年にわたって貿易関係を規律する、とりわけ慣習法としての法規や原則——たとえば最恵国待遇、相互主義など——をつくりあげてきた。これらのものを問題視することは、先進国の経済・貿易構造や利益そのものがこれらの諸原則にもとづいている以上、衝激を与えずにはおかない。それゆえ、たとえ新しい規律や制度が従来からの国際関係の本質を問題にするものではなくても、いくつかの先進国やそれらの経済主体は、新しい条件から利益をひきだす準備ができていない場合があるからである。このことは、次のようにいいかえることができよう。すなわち、先進国の二重規範論の導入・一般化への躊躇を理解するには、彼らの生産力の状態、とりわけ国内経済の再編がどの段階にあるのかに注意を向ける必要があると[133]。

次に、二重規範論を含む決議の採択に先進国が積極的に反対しなかった場合はどうであろうか。この場合には、上述の躊躇の基本的理由が消滅したかあるいは減少したことがいちおう考えられよう。にもかかわらず、それらの決議の実施にさいして先進国は、特恵輸入量の上限設定、受益国の一方的決定、緊急輸入制限、関税非関税利益の制限など、多岐にわたって二重規範論の効果を減少させる措置をとるのはなぜであろうか。その理由としては、前述の先進国の

132) *ibid.*, pp. 108-110.

133) たとえば、繊維、皮革、製靴、トランジスターなどの部門は、二重規範論が実施されれば困難に遭遇するであろう。その一方で、再編にすでに着手し、新技術を自己の生産体系に組みいれた企業は、国際的規模で自己の活動を企画だてることができるので、国際貿易構造の再調整からただちに利益をひきだしうるのであろう。つまり、先進国内部においてもさまざまな経済部門のあいだにはなんらかの不均衡が存在するのであり、このことが「開発の国際法」の規則の出現を前にして先進国が示すためらいの根本的理由であるように思われるのである（*ibid.*）。

経済再編段階に起因する国内生産者の要請をここでもあげることができるものの、より本質的な理由は、次の点にあるように思われる。すなわち、二重規範論の効果を減少させるような先進国のとる一連の措置は、なによりもこの二重規範論の適用を先進国経済の諸目標やその状態に服させようとする先進国の意思のあらわれである。この考えにたてば、先進国の国際貿易もその本質は依然として、先進国自身の自律的発展の枠内で定められる欲求と経済能力とに結びついているのである。その結果、二重規範論を具現する新規範をとりまくイデオロギー的言説ゆえにその効果や影響を危惧する声がたとえあっても、新規範の適用条件やその実施のしくみを決定する権限はつねに先進国が握っているのであり、それによって新規範の先進国の国内市場での効果が測られ調整されることになる。それゆえ、このような視座にたつことによって、先進国が一方で二重規範論をみずからの国際関係体系に組みいれてそれを自国の発展に役立つ手段とし、他方で二重規範論を組みいれたその体系によって途上国経済の特定部門の外向性を維持し、結果として途上国内部でのその部門と他の部門との非接合を継続するという、二重規範論の果たす現実の機能をとらえることができるのである[134]。

結

本章の問題関心は、「開発の国際法」において再定義された平等概念の重要な構成因子である補償的不平等観念とそこから導かれる二重規範論が、現実にどのような機能を果たしているのかをさぐることにあった。そのために、まず補償的不平等観念の形成過程をたどり、ついで同観念および二重規範論にたいしてなされた批判内容を考察した。

伝統的国家平等観念にたいする抗議観念としての性格をもつ補償的不平等観

134)　このような機能をいとなむ二重規範論にとってかわる発展戦略として提起されるのが、「支配関係体系、すなわち世界資本からの離脱過程に入ること」を意味する「集団的自立」である（*ibid.*, p. 199）。

念は、前者がすべての主権国家を対等のものとして抽象的・形式的にとらえるのにたいして、後者は、発展の不平等という事実上の不平等の認識にたって、それを補償するための差別待遇を認めるという点で具体的・現状変革的に国家をとらえるものであった。そこから導かれる二重規範論は、補償的不平等観念を具体化する法原則であって「開発の国際法」の主要な法原則としてとりわけ南北貿易関係を規律する規範・制度に反映した。

このような補償的不平等観念および二重規範論へ向けられた批判のひとつは伝統的法実証主義の立場からのものであり、これは、補償的不平等観念や二重規範論を直接の対象とするというよりもむしろ「開発の国際法」じたいの実定性を問題視し、法の形式主義と中立性の名のもとに法の目的志向化を否認した。その結果、法の厳格な規範性は回復されるものの、国家間の開発格差という当面の重要な問題が無視されることになり、それがこれへの「開発の国際法」推進論者からの反批判の音量を高めた。もうひとつの批判は、新従属論の観点からなされ、二重規範論にたいして法理論から接近するのではなくそれが現実の支配関係体系のなかで果たしている機能に焦点をあてるものであった。そこでは、二重規範論は低開発の真の原因を考慮しない没歴史的・イデオロギー的な根拠に立脚しており、それは、途上国経済の外向性および輸出産業の非接合の継続を通じて途上国の先進国への従属の維持・再編に寄与するものでしかないとされた。

このふたつの批判は、まったく異なる観点からなされており、したがってそのよってたつ論拠も当然異なるものの、「開発の国際法」の有効性についての否定的評価に帰着している点では符号している。伝統的国際法が経済的社会的現実を考慮の外においたことと比較すれば、「開発の国際法」は、抽象性の殻を破り、それとはしばしば対立する現実を認識し、かつ現実の発展格差の縮減を志向する点で新しい次元の接近方法を導入したといえる。その意味では「開発の国際法」は、形式主義と抽象論に支配され、国家間関係の中身とその射程を問うことなく国家間関係の規律のみに追われていた国際法（学）にとって、ひとつの突破口となったのである。

しかしながら、そのような新しい側面をもちながらも、「開発の国際法」は、伝統的国際法に忠実な側面をも合わせもっている。なぜなら、それは、「国際社会が組織化され、秩序づけられて、そのすべての構成員がいささかでもより正義にかなった世界のなかで調和しつつ生存していくためには、特定の規則なり制度なりに変更あるいは改良を加えるだけで足りる」という考え方にたっているからである。この点で、「開発の国際法」は、国内平面での社会法と同一の機能を果たしている。つまり、社会法が経済生活の不測の事態から国民を保護し、利益の最良の再配分を行い、社会的不平等を縮減させ、諸個人および社会階級のあいだに一定の社会正義を確保しようとするのと同様に、「開発の国際法」も必要な変更を施した上で国際平面において社会法と同種の目的を追求するのであるから、それはいわば「国際社会法」としてたちあらわれたものということができよう[135)]。

それにたいして法実証主義は、法的には対等なものの経済力や発展水準が不平等で、政治経済体制の異なる主権国家のあいだに秩序だった関係を確保することと、それらの国家の共通利益を保護し発展させるために協力を樹立することとを今も昔も変わらぬ国際法に固有の基本機能ととらえ、国際法のその他の目標——発展も含む——を歴史のそれぞれの時点での諸国家の政治意思にしたがって変化する二次的なものとみなす。つまり、不均等発展の是正という問題を国際法上あつかうさいにも、国家意思は、上述の基本機能をいとなみうる規範を通じてのみ制限されるのであって、そのような手段としての規範の有効性を失なわせることなく、それを主権国家の手に委ねることこそが、他の目標にとってはもちろん発展という目標にも役立つとする。そして、ユス・コーゲンスや国際犯罪の理論および一般国際法やエルガ・オムネルの義務の観念が、倫理的観点や国際社会の統一性の観点からはあきらかな進歩であることを認めつつも、それらが他方において、ある思惑をもった操作を通じてそれらの根本の意味が歪曲され、規律と協力という国際法の基本機能に本質的に反する政治的

135)　Ahmed MAHIOU, « Une finalité entre le développement et la dépendance », *La formation des normes. . . , op. cit.* (note 96), p. 22.

野心のための武器へと変えられてしまう事態を危惧し、規範の不安定化の背後で国際社会全体の政治の不安定化が生じると警告するのである[136]。法実証主義の強調する意思主義、価値中立性および実定法主義は、「開発の国際法」推進論者の口をきわめた非難にもかかわらず、その後の国際実行に照らしてみればあながち的はずれともいえない[137]。開発格差の是正を考えるさいの不可欠の視点である国際格差と国内格差の連動性の問題も[138]、主権国家という殻にのみ関心を集中する法実証主義にあっては、いともたやすく捨て去られるが、それは法実証主義の責に帰すべきよりも実定国際法じたいの現状の投影にほかならない。「開発の国際法」推進論者のさまざまの言説の多くがいまだに今日の日程にのぼってはいないことは、むしろ法実証主義の主張内容の信憑性を高めているとさえいえるであろう。

新従属論からの「開発の国際法」批判も、法実証主義のそれとは異なる視点からではあるが、この法の現状への不満足に発している点では共通している。そこでは、社会法としての「開発の国際法」の機能が否定的に評価される。

136） P. WEIL, “Conclusion”, *ibid.*, p. 365.

137） 二重規範論をはじめて明確に提示したフエール（G. Feuer）でさえ、現在では、新国際経済秩序の考えが国連の作業から着想を得るということはもはやなく、第6回国連特別総会で採択された戦略（新国際経済秩序樹立宣言）をいまだに語る者もない。1980年代以降、開発についての国連総会決議は、まったく関心の対象とはならなくなってしまった、と述べた上で、現在では、多辺的協力よりも2国間協力、とりわけ、投資、技術移転、銀行借款などにみられる私的取引が重要になってきていること、今日人々が言及するのは国連の教義ではなくて諸国家および企業の実行であること。したがって、「開発の国際法」も呪術的・予言的な宣言決議からもはや着想を汲むのではなくて、第三世界諸国の発展に協力する外からの寄与を導入するための手段としての、国家間協定あるいは国際契約の締結をつかさどる知恵からこそ汲んでいることを指摘する（G. FEUER, “Note de lecture, Sur l’évolution du droit international du développement,” *RGDIP*, Tome 89, 1985, pp. 822-825）。総会決議の法的効力の問題に固執することの空しさについては、新従属論の側も同意見であるといえる（A. MAHIOU, *op. cit.* (note 135), p. 26）。

138） これについては、以下を参照。A. MAHIOU（*ibid.*, pp. 25-26）、川田・村井「新国際経済秩序の問題性」（前掲（註15）、148-155頁）、本多健吉「南北問題解明の視角と方法」（本多編著『南北問題の現代的構造』、日本評論社、1983年、14-23頁）。

たしかにある変更や改善が、第三世界の発展に寄与するいくつかの要求や特別の事情の考慮されたなんらかの結果を生じる場合もあろう。しかし、それでもなお留意しておかねばならないのは、そのような結果がまれにであれ日の目をみるには、長期にわたる国際組織でのたたかいやそれ以外の場での南北対話をへなければならないことである。さらに重要なのは、そのような国際的改革が、その意図はともかく結果的には支配の圧力を緩和させてそれをより受けいれやすくさせる点で現在の不均等発展を生みだしている構造をむしろ支え、強化していることである。そうであれば、「開発の国際法」は、客観的にみてその善意とはうらはらに国際体系における異議申立てを一定方向に集めて規律する安全弁[139]となる。いくつかのものは変わるが、本質、すなわち不均等な相互依存は存続する。ここにおいて「開発の国際法」は「低開発の国際法」になりつつあるのである[140]。

最恵国待遇に一般特恵制度と対置することに典型的にあらわれる二重規範論の「改革要求」にもこのことは当然あてはまる。現在の支配的規範は先進国の作品であり、それは途上国からの抵抗を受けている。この抵抗を緩和しあるいは解消させるには、二重規範論という間接的な方法で一律に適用されるいくつかの特例（＝従来の規範の適用除外）を認めれば十分である。これによって議論の対象となった従来の規範は、つねに基本規範となり、途上国に有利な例外を支えることになる。この例外を受けいれることで、途上国は、意識的であると否とを問わず、基本規範にしたがうことになるのである。かくして仮象作用がいとなまれる。第三世界諸国は、二重規範論の一定の具体化によって国際規範の形成に加わったものと思っているものの、実は、彼らは、既存の規範を彼らに受けいれさせるために導入された例外のたんなる名宛人にすぎないのである[141]。また、二重規範論が途上国の実際の発展段階とその特殊性とを考慮に入れるという接近方法をとることじたいは積極的に評価されるものの、そこで考

139）　A. MAHIOU, *op. cit.* (note 96), p. 23.

140）　*ibid.*

141）　*ibid.*, p. 24 ; M. BEDJAOUI, *op. cit.* (note 116), p. 261.

慮される発展の型が問題視される。つまり、「開発の国際法」においては「南」の諸国の特殊性は、「北」の諸国のたどった発展過程における遅滞の結果ととらえられる。二重規範論は、その特殊性を吸収解消する方向でこの歴史的なずれをとりこみ、そのために例外を採用する。そして、このような低開発観およびその解決方法こそが、「北」の発展と「南」の低開発の相互関連を把握していないがゆえに誤りであるとみなされるのである[142)]。

それでは新従属論自身は低開発へどのような解決方法を構想しているのであろうか。それは、「集団的自力更正」の道である。この急進的見解によれば、「周辺」諸国は「中心」諸国と経済的・技術的・文化的に完全に断絶し、みずからに固有の力をあてにするのでなければ、どのような救済もない。このつらくかつ必要な自閉こそが、一方では「南」内部の潜在能力全体を発見しそれを活用するための、他方では「北」の強いる支配と模倣から免れて自律的発展に向けてそれを用いるための唯一の道であるとされるのである[143)]。ただ、この構想は経済的性格のものであり、そのような断絶戦略が国際法上どのような意味をもつのかということについてはあきらかでない。というのも国際法からみれば、各国は自由に自国経済体制を組織化することができる以上、資本主義体系との断続もそこでの一選択肢にすぎないからである。また、そのような孤立をあえて選ぶ途上国も数少ないであろう[144)]。それゆえ、「開発の国際法」推進論の側がこの断絶戦略を「生成途上の新しい秩序がきわめて不完全にしかあらわれていない現実に、観念論に属する解決方法を対置している」と批判する[145)]のもうなずけるのである。

---

142)　A. MAHIOU, *loc. cit.*

143)　*ibid.*, p. 21.

144)　マヒウの見解によれば、この「集団的自力更生」の時期をへて、統合された自律的国家経済が形成された後には、「南」の諸国は、自己の要求に沿って世界市場との再結を検討しうる。また、このような道へ足を踏みだす前提として、国内において、この構想の遂行に社会階級が権力を掌握しなければならない（*ibid.*）。

145)　M. FLORY, “Note de lecture, Droit international et dépendence”, *RGDIP*, Tome 89/1985/2, p. 559.

結局のところ、南北問題への国際法（学）の接近方法は、新従属論が国際法平面に新たな道――たとえば「従属」にいかなる法内容を与えうるか、中心＝周辺の観念を国際法に移しかえることができるか、なんらかの社会階級の脱国境的な連帯現象を国際法上考慮しうるか、断絶の法的戦略およびその法的効果はなにか、といった問い[146)]にたいする答え――をきりひらくことができるか否か、あるいは「開発の国際法」の改良主義的な道に進路をとるのがあくまでも現実的で賢明であるのか否かにかかっているといえよう。補償的不平等観念および二重規範論をめぐる議論が示唆しているのは、まさにこのことであるように思われるのである。

146）　*ibid.*

第２章

「開発の国際法」論争
――南北経済関係における国際法の役割とその限界――

序　「開発の国際法」論争の背景

1980年代以降の途上国経済は、アジアNIESに代表されるような一部の地域での経済環境の好転がみられたものの、全体としては石油・一次産品価格の趨勢的低下や累積債務の増大などの構造的諸問題が未解決のまま現在にいたっている[1)]。経済成長の緩慢化、１人あたりの国民総生産の低下、先進国からの途上国向け純資金フローの減少といった経済指標からうかがうことのできる事態を前に、途上国においては、ここ四半世紀にわたってさまざまな国際機構が提起してきた開発戦略にたいする幻滅感が広がっている。それと並んでいえるのが、開発の基準として従来承認されてきたものが、現在経済成長を維持している諸国も含めて、いたるところで疑義を受けていることである。そこでは追求される経済目標を達成することの困難さが問われているばかりではない。社会構造の解体、環境破壊、先進国への従属、文化的伝統の喪失、政治的権威主義などのような、当初考えられることのなかった経済成長にともなうさまざまな犠牲――開発の代償――が現在問題とされているのである[2)]。

1）　通商産業省『経済協力の現状と問題点（1987）〈総論〉』、通商産業調査会、1988年、1-30、119-131頁。

2）　Christian COMELIAU, « Une seul politique : l'ajustement structurel », *le monde diplomatique,* févier, 1989.　現在、このような問題意識によって自然環境との調和や文化遺産の継承を重視し、他者への依存や従属を拒否する発展のありかたが提唱されている。この内発的発展論については次を参照。鶴見和子・川田侃編『内発的発

先進国と途上国とのあいだのはなはだしい経済格差を直視し、その縮小・克服を究極目的とする開発の国際法[3]が提唱されてからやはり四半世紀の時間が流れた。その間に国際社会や諸理論が示した開発問題へのとりくみ方の変遷は、当然のことながら開発の国際法の位置づけや評価にも一定の影響をおよぼしている。

形式的国家平等原則は主権国家保護の機能をはたす一方で、開発格差という事実上の不平等を隠蔽し、むしろこれを拡大する機能をもいとなんでいる。開発の国際法はこのことをあばいて、途上国を利する形でこのような不平等を補償するための差別待遇が認められるべきであるという補償的不平等観念と、先進国間関係と先進国＝途上国間関係には異なる規範が適用されるべきであるという二重規範論——これは補償的不平等観念を具体化する法原則ということができる——とに依拠して、国際法全般にわたる「精力的な読み直し」[4]に着手したのである。

このような開発の国際法は、国際法学上の新しい理論運動にとどまるものではなかった。1960年代後半から1970年代前半にかけての、おもに数の優位による途上国の発言力の増大と、西欧諸国と米国とのあいだの対途上国政策の相違や企業集中・企業の多国籍化にともなう産業の位置移動にみてとれる先進国側の事情[5]とによって、開発の国際法は一定の実定法化をみるにいたった。そ

展論』、東京大学出版会、1989年。

3）　開発の国際法についてはさしあたり、以下を参照。位田隆一「開発の国際法における発展途上国の法的地位——国家の平等と発展の不平等——」(『法学論叢』116巻1号、1985年)、西海真樹「『開発の国際法』における補償的不平等観念——二重規範論をてがかりにして——」(『熊本法学』53号、1987年)、安藤勝美「多文化社会と規範の複合性——発展の国際法の視点より——」(『国際学研究』3号、1988年)。

4）　Maurice FLORY, *droit international du dévelopment,* PUF, 1977, p. 31.

5）　開発の国際法の実定法化の動因となったこのような先進国側の内部事情は、従来あまり語られてこなかったが、重要である。以下を参照。Madjid BENCHIKH, *droit international du sous-développement* -nouvel ordre dans la dépendance-, Berger-Levrault, 1983, pp. 105-110, et id., «vers un nouveau droit international? le droit international du développement», in *introduction critique au droit international,*

の主要例としては、途上国に有利な非相互主義的、差別的な貿易の実施に法的基礎を与えるGATT第4部(1965年採択)、GATTの基本原則である最恵国待遇と抵触する一般特恵制度を合法化する授権条項(1979年東京ラウンドで採択)、一次産品総合計画にもとづく一次産品共通基金協定(1989年6月19日発効)、欧州共同体とアフリカ・カリブ海・太平洋諸国(ACP諸国)とのロメ協定上の特恵制度や一次産品輸出所得安定化制度をあげることができる。

このように開発の国際法は、途上国の低開発性の克服をめざして南北経済関係を規律する国際法領域に導入されたにもかかわらず、実際の南北間の経済格差はそれによって縮小するどころか冒頭で述べたように全体としてみればむしろ拡大している。また、南北問題の具体的実践としての新国際経済秩序樹立運動は、途上国の分化傾向や途上国間格差の広がりにみられるような1980年代以後の新しい事態の出現のせいもあって、依然としてその実現にはほど遠い状況である。このような現実の挫折・停滞が開発の国際法を構成する諸観念の有効性の再考をうながすにいたるのは、いわば当然のなりゆきであった。

本章の問題関心は、この開発の国際法の有効性およびその現実の機能をめぐって、フランスおよびマグレブ諸国を中心におこなわれている「開発の国際法」論争を紹介・整理し、その考察を通じて南北経済関係における国際法の役割とその限界をみきわめることにある。そのため以下の本論においては、この論争を開発の国際法の実定性をめぐる論争(I)と、同法の現実の機能をめぐる論争(II)とに分けたうえで、それぞれの内容を検討していくことにする。

I 開発の国際法の実定性をめぐる論争

開発の国際法の法源を構成しているのは、一般に国連総会、国連貿易開発会議(UNCTAD)、国連工業開発機関(UNIDO)などの国際組織が採択する決議である。従来の法源である条約や慣習国際法に依拠して途上国の開発を促進する

Presse Universitaire de Lyon, 1986, pp. 94-99.

規範の形成を待つことは、当該規範が条約当事国しか拘束しない、あまりにも時間がかかりすぎる、あるいは当該規範の内容が不明確であるといった欠陥を有している[6]。このことを痛感した途上国は、彼らが数で優位を占める国際組織において、天然の富と資源にかんする恒久主権、国内法と国内裁判所のみにもとづく国有化、一般特恵制度などの自身に有利な新しい規範を決議としてくりかえし成立させてきた。途上国の意図とそのおかれた立場に共鳴する開発の国際法提唱者は、一方の当事者である先進国の反対や棄権をともなって採択されたこれらの決議に実効力を与えるため、さまざまな法理論を用いてこれらの決議が法的効力をもっていることを示そうと試みた。彼らと、あくまでも条約と慣習国際法のみを法源とする法実証主義的アプローチをとる者——後者が開発の国際法否定論者であるとはかぎらない——とのあいだに生じたのが国際組織決議の有効性についての論争である(1)。

また、これまでの国際法が、異質であるものの法的には対等な主権国家の平和的共存とそれら諸国の共通目的の追求というどちらかといえば現状維持的・静的な一般目的をもって[7]いるのにたいして、開発の国際法は、「南北経済格差の縮小・途上国の低開発性の克服」という、この法に固有の現状変革的な究極目的をもっている。いいかえれば、開発の国際法は配分的主義を満たすような「南北間の衡平の樹立」をめざすものである。このような究極目的や衡平といった観念を国際法に導入することについて、もうひとつの論争がおこなわれることになる(2)。

---

6) 途上国の望む規範の形成にとって、従来の法源が内包している不都合さについては以下を参照。Alain PELLET, «Le《bon droit》et l'ivraie-plaidoyer pour l'ivraie (remarques sur les quelques problèmes de méthode en droit international du développement» in *le droit des peuples à disposer d'eux-mêmes,* mélanges Ch. CHAUMONT Pedone, 1984, pp. 482-487. ; M. FLORY, «vers une norme de la Communauté internationale», in *la formation des normes en droit international du développement,* CNRS. 1984, p. 386.

7) ロチュース号事件においてこの一般目的は確認されている。(CPJI, *Série A,* no. 10, p. 18)。

(1) 法源としての国際組織決議の有効性について

国際組織決議に法的効力を備えさせるために、開発の国際法の提唱者はさまざまな新しい法理論を主張してきた。それらのいくつかを例示してみよう。国際組織決議は当該国際組織にたいしてと同様に加盟諸国にたいしても常に法的拘束力をもち、しばしば争われる決議の実施の問題は諸国の政治的意思に依存しているのであるから、決議の義務的価値と執行的価値とは分けて考えなければならない[8)]。法規範とそうでないものとの境界を精密に画定する法的基準は存在せず、そこには不明確な中間状態があるのみである。決議はたしかに十全の法的価値をもつものではないが、それらが「生成途上の、あるいは萌芽期の法規範」をあらわしている場合がある[9)]。それゆえ、決議が法的価値をもつか否かという問題にはもはや一義的には答えられない[10)]。決議には既存の法規範に違反してその決議内容にしたがった行動をとることを「許容」したり、新規範をつくりだせはしないものの少なくとも既存の法規範を「廃止」したりする効果をもつものがある[11)]。

このような決議の法的効力論を全面的に否認する代表的論者がプロスペール・ヴェイユである。厳格な法実証主義者である彼は、国際組織の決議を国際法の法源に含めようとする動きを、「法規範とそうでない規範とを厳密に区別しない最近の傾向」として、それが「規範性の閾――法と非法との境界――をいたずらに低め、ひいては国際法規範全体の相対化・希薄化をもたらす」、と

---

8) Mohammed BEDJAOUI, *Pour un nouvel ordre économique international,* UNESCO, 1979, p. 183.

9) Jorge CASTAÑEDA «La valeur juridique des résolutions des Nations Unies», *RCADI*, 1970-I, t. 129, p. 320.

10) リビア国有化事件仲裁裁判でのデュプュイ判決を参照（*JDI,* 1977, p. 376, para. 83, et p. 378, para 86）。

11) R. J. DUPUY, «Droit déclaratoire et droit programmatoire : de la coutume sauvage à la soft law», in *l'élaboration du droit international public,* Pedone, 1975, pp. 146-147 ; A. PELLET, *le droit international du développement,* PUF, 1978, pp. 63-64.

きびしく論難する。彼によれば、決議になんらかの法的価値を付与するためのそれらの試みはすべて「言葉の遊戯」であって、一定の行動を許容したり既存の法規範を廃止しうるのは法規範だけである。たしかにある種の決議は既存の法規範の廃止や新しい法規範の形成を準備したり加速したりする機能をはたすだろうし、その意味で国際法規範の形成過程の重要な一段階となりうるだろう。しかしだからといって、その決議が新しい法規範の法源であるとはいえない。国際組織はいくつかの国家にとって「望ましい法」を提起することはできるが、それを「確立された法」に変えるという立法権能はもたない。したがってそのような決議がくりかえし採択され累積したとしても、それだけでは法規範は創設されない。また、たしかに法と法でないものとの境界画定が容易でない場合があるだろう。が、それだからこそ、法は閾という技術に訴えるのである。この境界の下流では法的義務が生まれ、それへの違反は国際違法行為となり、国際責任を発生させる。この境界の上流においてはそのような義務はいっさい生じない[12)]。

ヴェイユほどの極論ではなくても、何人かの有力な論者はやはり法実証主義を重視する立場から国際組織決議の法的効果を否認する。たとえばミシェル・ヴィラリーをはじめとする論者は、開発の国際法における規範形成プロセスは国際法一般のそれに比べていかなる特殊性も有しないとのべる点、および、国際組織決議の法的効力論に固執することを「法律中心主義（juridicentrisme）」に陥るものと戒める点で共通している。

開発の国際法の理論形成に先駆的貢献をしたミシェル・ヴィラリーは、開発の国際法の特徴として以下の３点をあげる。すなわち、天然の富と資源にかんする恒久主権や補償的不平等観念などの原則の占める比重の大きいこと、市場経済先進国とグループ77とを主要なパートナーとする国家群間の交渉の結果生じたものであること、および、そのようなグループ間の交渉が二国間交渉に比べてより複雑かつ硬直したものとなりがちであって、往々にして克服しがた

12）　Prosper WEIL, “vers une normativité relative en droit international?” *RGDIP,* 82/1, 1982, pp. 11-13.

い利害対立を生じさせたこと、の3点である。その結果、開発の国際法には条約や慣習国際法といった従来の法源が十分には備わらなかったので、開発の国際法を推進しようとする者は法の領域を広げ、新しいアプローチで法の実定性を模索しようとする。彼らはみずからが望ましいと思う道に法がさきだって実在していることを望み、途上国代表者の決議採択までの努力がむだにならないようにとの願いのもとに、決議の法的効力論を展開するのである。このような試みの背後には、次のような黙示の確信があるように思われる。すなわち、採択された文書に法的価値がなければそれは何の意味もない、という確信である。このような態度は法律中心主義のそしりをまぬがれず、それは法的見地からしか現実社会をとらえていないという点であまりにも視野狭窄である。特定の例外を別にすれば、決議という一方行為による立法権能はけっして国際組織には承認されていないのであり、このことは諸国家の実行からも明らかである。このような試みの論理的動因は確かに正当なものであろう。しかし国家実行のなかで法規範と認められていないものを法の名でよぶことは、混乱と幻想とをもたらし、そのような「法」の名宛人＝先進国によって異議を唱えられた末に適用を回避されるだろう。それゆえ法の実効性の観点からは、決議を国際法の法源ととらえられることには何の益もない。このようにヴィラリーは決議の法的効力論を否定的に評価したうえで、法的合意よりもより柔軟な「純粋に政治的な合意」の考え方を提唱し、これを開発の国際法にも導入することの有用性を述べるのである[13)]。ブリジット・ステルンおよびジャン・トゥスコも、ほぼ同様に法の実定性を重視する観点から決議の効力の限界を指摘している[14)]。

---

13) Michel VIRALLY, « droit, politique et développement », in *la formation des normes, op. cit.* (note 6), pp. 157-160.

14) ステルンによれば、新国際経済秩序にかかわるいくつかの決議はたしかに政治的には重要なものの、だからといってそれをただちに法規範とみなすことはよい方策とは思えない。なぜなら規範の実施にとって不可欠な先進国の同意のないままでは、それらの規範は実施の段階で決定的に行き詰まってしまうからである。幻想から醒めなければならない。国際法においては、法規範の有効性はその実効性に大きく依

これらの法実証主義を重視する立場から国際組織決議の法的効力論へ向けられた諸批判[15]には、次のふたつの特徴があるように思われる。ひとつは、こ

存している。途上国にとっての法的信念を具現している国際組織決議は、それが先進国に対抗しうる法規範（慣習国際法）であるために必要な行為（慣行）をともなっていない。それどころか、そのような法的信念には先進国側の一貫した反対意思が対応しているのである。必要なのは、法実証主義を排斥することどころか、注意深い法実証主義的態度を維持することである（Brigitte STERN, «le droit international du développement, un droit de finalité? », in *la formation des normes…, op. cit.* (note 6), pp. 49-51)。またジャン・トゥスコは、開発問題における法と法律家の役割の重要性を指摘しつつも次のように述べる。法律家はこの役割の限界を知らなければならない。つまり、法は現実の一部であってすべてではなく、両者のあいだには必然的にへだたりがある。このことを理解せず、非法的現象を軽視し法的現象を過大視するのが法律中心主義であり、それは実効性をもとなわない規範体系を法的現実であるとする理想主義者の主張にみてとることができる。そのような法的虚構がきわだって可視的であればあるほど、それは現実から乖離する。法学の方法には実証主義しかありえない。法の実定性とは、当該社会においてある規範が関係当事者によって法であるとみなされるに足る十分な実効性と正当性とを有していることである。さまざまな法的文書の解釈・比較・序列化を通じてこのような実定性を確認することが法律家の大切な仕事なのである（Jean TOUSCOZ, «le rôle des acteurs internationaux non étatiques dans la formation de la norme en droit international du développement», in *la formation des normes…, op. cit.* (note 6), pp. 121-124)。

15） 国際組織決議の法的効力論にたいする消極的評価は、じつは以上のような法実証主義的立場からおこなわれるにとどまらない。新従属論の影響をうけた第三世界主義者（tiers-mondiste）は決議の実定性じたいをめぐって議論に加わるのではない。彼らは後述のように、そもそも開発の国際法が途上国の自立的発展という究極目的にとって寄与しているかどうか、という根本的な疑問を提起するのであり、それゆえに国際組織決議の法的効力論はさしたる意味をもたないという立場から、結果的には法実証主義的アプローチと同様の評価をこの問題にくだすことになる。たとえばアーメド・マヒウは、リビア国有化事件でルネ・ジャン・デュプュイ仲裁裁判官が下した判決にみられるような、決議の形成過程・採択状況・内容および後の慣行に着目する国際組織決議の法的評価方法を、「精緻で巧妙な分析」といいつつも、「問題が正しく提示されているのだろうか、ことによるとこのような分析方法は途上国を《気分転換の道》へ引き入れるためのものにすぎないのではないか」と冷ややかにとらえている。彼によればそれらの分析方法は、途上国がみずからの開発・発展を自律するための個別的・集団的な諸措置を問うのではなしに、法的形式主義が優勢になることがあらかじめわかりきっている推論方法にもとづいた、際限のな

れらの論者が法の実効性を重視し、それを実定性（有効性）の前提条件とみていることである。彼らにとっては、先進諸国の同意が新国際経済秩序をめぐる国際組織諸決議の法的価値について得られていないことが決定的なのである。国際法が本質的には依然として主権国家間の合意の法であり、一方当事者である先進諸国の同意がえられない以上、その文書はついに法的実効性を備えるにはいたらない。実効性の欠如した「法」がどうして実定法といえようか、というのが彼らのライトモチーフである。彼らの主張の妥当さは、決議成立後の（途上国をも含めての）諸国の実行によって証明されているといえよう[16]。もうひ

い、かつ地盤の定まらない議論のなかに埋没してしまっているからである（Ahmed MAHIOU, « une finalité entre le développement et la dépendence », in *la formation des normes…, op, cit.* (note 6), p. 26）。アジズ・ハスビもまた、ヴェイユの見解およびそれとは対照的なベジャウイのそれを紹介したうえで、これらの見解のいずれが妥当であるかを検討することは自分にとってさして重要とは思われない。というのも、このような議論の有用性の問題こそが提起されなければならないからである。決議の呪術的効果によって、あるいは言葉の遊戯によってこれらの決議に法的価値が備わるのだろうか。開発の国際法の名宛人は、そのような法的価値をまったく異論なく受けいれるのだろうか、と述べて、究極目的からみた場合のこのような議論の不毛さを示唆している（Aziz HASBI, « le droit international du développement entre l' adjuration et la conjuration : quelques acquis et beaucoup d'incertitudes », in mélanges Ch. CHAUMONT, *op. cit.* (note 6), pp. 339-342）。

16）決議採択後の諸国の実行にも着目して決議の法的価値を測定するのがパトリック・ジュイヤールである。彼は、決議の法的価値の最大化論者は先進国が数の上では少数派に転じたものの依然として力を保持し続けている国際社会の現実を軽視しているし、逆にその最小化論者は多数の主権国家の意思（途上国の法的信念）を無視していると述べたうえで、決議の法的価値は実はこの両者の中間に位置しているとする。ついで彼はこのような決議の法的価値を評価するための基準として、採択時の価値（= valeur donnée. 採択状況、内容、決議の実施を確保するためのメカニズムの有無という三つの指標から測定される）と採択後に付加される価値（= valeur ajoutée. 決議内容についての合意の拡大、決議の累積による決議内容の強化、採択後の行動による当該規範適用のコントロール強化というやはり三つの指標から測定される）という二つの基準を提示する。ある決議の法的価値はこれら二つの基準によって総合的に確定されることになる。このような分析視角から彼は、天然の富と資源にたいする恒久主権概念における国有化・収用の位置づけに反する法規範や制度の形成がみられること——具体的にはIMFや世界銀行などの専門機関が新

とつは、彼らが実定法領域を限定し、それをどのような意図にもとづいてであれむやみに拡大しようとする試みを「法律中心主義」として戒めていることである。ただここで留意しておくべきなのは、このことでは彼らの見解は一致しているものの、そこから導かれる「法律家としてとるべき態度」については、考え方がふたつに分かれていることである。ひとつはヴェイユのように、法律家は実定法を考察の対象としていれば足りるのであって、社会構造全体のなかでの実定法の位置づけやそのような実定法をもたらした社会的政治的経済的あるいは倫理的要因は法律家の考察の対象外である、といった態度[17)]であり、もうひとつは、ステルンが示唆しているように実定法領域を限定したうえでそのような実定法規範の形成プロセスをより動態的に把握しようとする態度[18)]である。これらふたつの態度のうち後者は、後述するように法実証主義アプローチからの批判をうけいれた開発の国際法推進論者が積極的にとりいれた態度に通じるものである。

さて、以上のような国際組織決議の有効性に向けられた諸批判にたいして、開発の国際法を支持する論者たちはどのように対応したのだろうか。開発の国

国際経済秩序にかんする諸決議がまるで存在しないかのような行動をとっていることや、私的投資家・投資家本国・投資受入国の3者のあいだの均衡にもとづいた2国間投資保護協定、あるいは投資紛争解決条約のような多国間投資保護協定の出現したこと——をおもな理由に、新国際経済秩序にかかわる諸決議の法的効力を否認する。彼によれば、開発途上諸国は、たとえどのような経済的従属関係や地理的位置にあろうとも国連総会決議にあらわれた恒久主権の見解から徐々に離れつつあるのであり、開発の国際法の柔軟さやその法形式主義批判は、実は、同法が実定法としての承認をえられなかったことのひとつの結果にすぎないことになる（Patrick JUILLARD, « rapport introductif », in *les nations unis et le droit international économique,* Pedone, 1986, pp. 120-129）。

17）　P. WEIL, *op. cit.* (note 12), pp. 16-17.

18）　ステルンは、法規範の形成プロセスを、ある規範についての諸国家のラディカルな対立→寛容さ→当該規範の受諾＝新しい法規範の成立という三つのレベルからとらえる。彼女によれば、国際法は現実の国際社会の実質的な力と倫理的・イデオロギー的な力との相互作用の結果生じる規範体系であり、そこにおいて決議は、倫理およびイデオロギーの媒体として新規範の生成過程のなかで重要な政治的役割をはたすことになる（B. STERN, *op. cit.* (note 14), p. 51）。

際法推進論者のこれらの批判への対応は、三つに分けることができるだろう。

第1にいえるのは、ヴェイユが主張するような法と法でないものとのあいだの閾は存在せず、両者のあいだにあるのは不明確な領域であるとの認識である。たとえばアラン・プレは、法と法でないものとのあいだに截然とした断絶はなく、そこにあるのは「規範の段階的変化（dégradé normatif）」であると考える。したがってそこにはさまざまな相対化された法規範があらわれることになる[19)]。また、モリース・フロリーによれば、閾が確定できないがゆえに、慣習国際法がいつどのようにして成り立ったのか——事実としての慣行からこの閾を超えることによって法にいたったのか——は知ることができない。法実証主義アプローチは国内秩序と国際秩序とのあいだの解消しがたい相違がもたらす状況をなんら変えるものではない。後者においては、ついには法規範となる実定法化のプロセスがあるのであって、その「ゆるやかな進展（lente progression）」が閾にとってかわるのである[20)]。ギイ・フーエもまた、レクス・ラータとレクス・フェレンダとの区別の重要さを認めつつも、両者のあいだには閾ではなくて「中間領域（zone intermédiaire）」があることを強調する。彼によれば、この中間領域は生成しつつある法の領域である。それは途上国の意思に由来するのではない。それは途上国の諸要求をうけいれないこと——先進国は法的、政治的、経済的には途上国の諸要求にたいして抵抗するための名分にこと欠かない——について先進国自身が感じている心理的、道徳的躊躇あるいは矛盾に由来するのである[21)]。

第2に、このような中間領域を認めることに続いて彼らはこの領域に属する規範にたいして十全ではないものの「相対的な」法的効果を認めていることがあげられる。たとえば決議の効力論においては実定性の閾を重視するピエー

19）　A. PELLET, « le《bon droit》et l'ivraie… », *op. cit.* (note 6), pp. 487-488.

20）　M. FLORY, « vers une norme de la Communauté internationale », *op. cit.* (note 6), p. 384.

21）　Guy FEUER, « technique juridique et valeurs morales en droit international du développement », in *droit et liberté á la fin du XX*ᵉ *siècle,,* mélanges C. A. COLLIARD, Pedone, 1984, pp. 244-245.

ル・デュプュイは、他方でレクス・ラータとレクス・フェレンダとが錯綜する場合にはこの閾を柔軟化する必要があるとして、生成途上の法がそれに対応する既存の実定法の解釈に影響を与える現象を「影響力の基準（critèrede l'incidence)」とよび、中間領域に属する規範がときには実定法規範に変更をもたらすという効果を認めている[22]。またプレによれば、レクス・デレンダ（既存の法）を遠ざけ、あるいは否認する内容を含む国際組織決議は、その決議の「当事国」の旧規範への反対意思をあらわしているだけでなく、その旧規範がもはや自分たちを拘束しないという彼らの法的信念をもあらわしている。それゆえこのような決議は、決議「当事国」への旧規範の抵抗力を喪失させる効果をもつのである[23]。さらにフーエは、中間領域に属する法規範のひとつとして先進国の途上国への援助義務をあげ、これが倫理規範、政治規範であるとともに「国際法によって命じられる一種の自然債務（obligation naturelle)」の性質をおびていると考える[24]。つまり、途上国の援助要求は裁判所の力によって実現されることはないが、だからといってその法的権利としての存在が完全に否定されるのではない。それは先進国の任意の援助をうけとることができるという不完全な法的権利なのである。

第3に認められるのは、以上のような性質をもつ国際組織決議を開発の国際法の規範形成プロセス全体のなかに位置づけようとする傾向である。フロリーは、開発促進のための法的手段を探求することによって法的戦略とよびうるような力学の存在していることがわかる、という。彼の思考を要約すれば次のよ

22） 彼は、1982年のチュニジア・リビア大陸棚事件の判決のなかで国際司法裁判所が、国連海洋条約草案の諸規定は既存のあるいは生成途上の慣習法規則を確認・結晶化するものであるがゆえに無視できない、と述べている部分を引用して自説を補強している（Paul-Marie DUPUY, « sur la spécificité de la norme en droit international du développement », in *la formation des normes…, op. cit.* (note 6), pp. 136-138)。

23） A. PELLET, "le《bon droit》et l'ivraie…", *op, cit.* (note 6), pp. 490-491. 決議がそれに賛成した諸国の法的信念をあらわす場合があり、それにもとづいて彼らのあいだで特別慣習国際法が成立する可能性を認める点では、ステルンも同様の見解を示している（B. TERN, *op. cit.* (note 14), pp. 50-51)。

24） G. FEUER, *op. cit.* (note 21), pp. 238-239.

うになる。ある規範が倫理・政治領域から法領域へ移行するさいにいくつかの段階を通過することになるが、ここでの法的戦略とはそのような過程を望む国家群にとってのそれである。これらの諸段階は、第1段階＝倫理、第2段階＝正当性、第3段階＝合法性または実定性の3段階からなる。それぞれの段階を規範が通過するさいの媒体が慣習法、決議、条約であり、これらの媒体はたがいに他を排除するのではなく相互に補完・継承しあう。第1段階では、学説とならんで議論が重要な役割をはたす。後者のための特別の場が国連総会、UNCTAD、UNIDOなどである。第2段階の正当性とは当該規範が特定の国家群だけでなく国際社会全体によって承認されることを意味する。ある規範がそのような正当性を獲得したことは、当該規範を具現する国際組織決議がコンセンサスあるいはそれを推定するにたる表決状況によって採択されたことで確認される。第2段階から第3段階への移行が実定性の閾の通過に対応するものである。ある規範がこの第3段階に入ったこと、すなわち実定法規範になったことは、主権国家が明示・黙示に当該規範に拘束されることへの同意を与えたことによって確定できる。規範媒体としての決議は他のふたつに比べて、理念の具体化からきわだって迅速に精密な形式の提案にいたるが、それだけでは規範を第3段階へ到達させることはできず、ただ第1段階から第2段階に規範を通過させることができるにとどまる。そのような限界はあるものの、決議は法的信念の程度を測定する最良の手段であり、他のふたつの媒体の作用と協同することによって規範形成プロセスを促進するという重要な役割をはたしているのである[25)]。

法実証主義のアプローチからなされた諸批判は、国際組織決議に過度の法的価値を与えうるという幻想におちいっていた開発の国際法論者を覚醒させるのに寄与したといえるだろう。それらの諸批判をふまえて再構成された彼らの決

25） M. FLORY, «vers une norme de la Communauté internationale», *op. cit.* (note 6), pp. 384-387. プレ（«le《bon droit》et l'ivraie…», *op. cit.* (note 6), p. 492）やフーエ（in «genèse et développement de la théorie de l'autonomie collective» cité par A. HASBI, *op. cit.* (note 15), p. 341）も同様の視点をもっている。

議の法的効力論は、冷静で客観的なものとなり、現実の検証に耐えうるものになったといえる。新しい規範を決議の採択に反対もしくは棄権した諸国に対抗しうる実定法規範にする能力は決議には備わっていない。だからといって決議にまったく法的価値がないわけではない。それは決議賛成国にとっての法的信念をあらわし、旧規範の彼らへの対抗力を喪失させるという重要な法効果をもつ場合がある。法規範とそうでないものとの区別を前提としながら、新しい法規範の形成プロセスおよび旧規範の対抗力喪失プロセスにおける決議の役割の重要性を認識させた点で、国際組織決議の有効性についての論争は有意義なものであったといえよう。

(2)　究極目的および衡平という観念の導入について

開発の国際法は、そもそも南北間の経済格差を縮小し途上国の低開発性を克服することをめざして提唱され推進されてきた。いわば国際社会における資源とそこから生みだされる剰余価値とをより衡平に配分することが主眼とされてきたのである。このことは、開発の国際法の達成目標とみなされた新国際経済秩序の中心概念が、「独立＝途上国の経済的主権の強化」と「協力＝先進国から途上国への特恵供与・工業化・技術移転の促進」のふたつであったことからもうかがうことができる。したがって開発の国際法の究極目的は衡平の実現であるといいかえられよう。フーエによれば、衡平という法と道徳の接点になる観念に訴えることを通して、第三世界諸国は国際論争や国際交渉のなかで彼らの論理的要求を法的命令にかえようとしたのである。ただし彼らがよりどころにする衡平とは、法の厳格さを和らげるためまたは法の欠缺を補うための裁判準則でも、大陸棚その他の境界画定を行うさいの法技術でもない。ここでの衡平は彼らのレクス・フェレンダと不可分一体であり、衡平でない法は排斥され、正義価値を包摂した法がそれにとってかわらなければならない[26)]。

このような動機から第三世界諸国は、国際金融組織の意志決定過程への平等

26)　G. FEUER, «technique juridique et valeurs morales... », *op. cit.* (note 21), pp. 242-243.

参加・非相互主義にもとづく特恵待遇・一次産品輸出所得の安定性・国有化のさいの収容国に有利な補償方式・人類の共同遺産観念にもとづく新改訂制度といった一連の変革要求を行うことになる。それゆえここでの衡平とは単なる抽象的原則ではなく、国際的行動のさまざまなメカニズムのなかに具体化されるべき観念である[27]。このような諸要求の総体としての新国際経済秩序とは彼らが希望する究極目的であり開発の国際法は、この究極目的実現のための法的手段にほかならない。そして開発の国際法提唱者のひとりであるクロード・アルベール・コリヤールがのべるように、そのような究極目的が高度工業化社会と発展途上社会からなる人間文明のあらたな構成を志向するものであるがゆえに、開発の国際法はその他の法に優越する法であることになる[28]。以上のような究極目的や世界規模での衡平が達成されるためには、各主権国家が自国の利益だけを考えるのではなく、それをこえた国際社会全体の利益が観念されなければならない。そこで開発の国際法の提唱者たちは、国際共同体や相互依存、諸国の連帯などの普遍人類的な上位概念を援用して、この究極目的の実現を図ろうとするのである[29]。

27） *ibid.*, p. 244. 第三世界諸国はまず意思主義を最大限に主張して既存の国際法のなかの彼らにとって不合理なものを排除し、ついで一連の変革要求を行うにさいして今度は意思主義とはあいいれないふたつの考え方を固執した。すなわち、規範定立のために全会一致は必要でなく大多数の承認があれば十分であるとして国連総会を「立法府」にしようとしたことと、伝統的国際法が価値中立的であったのにたいして彼らはみずからの大義から正当性の概念を国際法平面に導入したことである。ユス・コーゲンスや国際犯罪の観念にそれはみてとることができる。彼らの依拠する法理論のこのような変遷は、彼らが国際社会の少数派から多数派に移行したことに符合している。以下を参照。A. PELLET, “le《bon droit》et l'ivraie,...”, *op. cit.* (note 6), pp. 482-483.；Guy de LACHARRIERE, *la politique juridique extérieure,* Economica, 1983, p. 24. id., « tendances contradictoires en matière de consentement des Etats », in *l'élaboration du droit international public, op. cit.* (note 11), pp. 183-203.；B. STERN, *un nouvel ordre économique international?,* Economica, 1983, p. XLV.

28） l'intervention de Claude-Albert COLLIARD, in *aspects du droit international économique,* Pedone, 1972, pp. 150-153.

29） これらの概念についてはさしあたり以下を参照。Guy FEUER, « les principes fondamentaux dans le droit international du développement », in *pays en voie de*

しかしながらこのような開発の国際法の究極目的を重視するアプローチは、フーエも示唆しているように[30]、法実証主義志向の法律家たちの異議申立てをうけないわけにはいかなかった。たとえば国際法の基本機能を「異質でかつ対等な主権国家の共存の機能」と「諸国の共通目的の追求の機能」ととらえるヴェイユは、これらの機能をはたすために国際法がみずから備えるにいたった三つの特徴を意思主義、実定法主義および価値中立性であるとする。そして国際法のその他の諸目標——南北開発格差の縮小の問題も当然ここに含まれることになる——を歴史のそれぞれの時点での諸国の政治意思にしたがって変化する二次的なものとみなす。つまり、不均等発展の是正という問題を国際法上あつかうさいにも、国家意思は上述の基本機能をいとなみうる規範を通じてのみ制限されるのであって、そのような手段としての規範の有効性をそこなうことなくその問題を主権国家の手に委ねることが、他の目標にとってはもちろん発展という目標にも役立つのだと考える。そして、ユス・コーゲンス、国際犯罪およびエルガ・オムネスの義務などの観念が倫理的観点や国際社会の統一性の観点からはあきらかに進歩であると認めつつも、それらが他方において、ある思惑をもった操作を通じてそれらの根本の意味が歪曲され、規律と協力という国際法の基本機能に本質的に反する政治的野心のための道具に変えられてしまう事態を危惧する。そして規範の不安定化の背後で政治の不安定化が生じると警告するのである[31]。

ステルンは、ヴェイユとは異なる観点から開発の国際法の目的志向性を次のように批判する。開発の国際法だけが究極目的をもっているのではなくあらゆる法はそれぞれの理念または目標を有しているのであるから、ヴェイユのように価値中立の法をイデオロギー法に対置することには意味がない。ただいえる

---

développement et transformation du droit international", Pedone, 1974, p. 218. ; M. FLORY, *droit international du développement, op. cit.* (note 4), pp. 49-59., G. FEUER et Hervé CASSAN, *droit international du développement* Dalloz, 1985, pp. 34-38.

30) G. FEUER, « technique juidique et valeurs morales… », *op. cit.* (note 6), p. 244.

31) P. WEIL, "vers une normativité…", *op. cit.* (note 12), pp. 16, 19-29, 30-44. et id., « conclusion » in *la formation des normes…, op. cit.* (note 6), p. 365.

のは、法の目的は法システムの構造に応じて、つまりその法システムが規律する社会の異なる当事者間の関係に応じて異なるということである。一般に法は、現状強化、現状維持および現状変更という三つの目的を有している。これらの目的に対応して、既存の社会構造を強化する傾向のある保守的な法（droit conservateur)、現状維持の傾向をもつ中立的な法（droit neutre)、そして既存社会を変更しようとする目的追求の法（droit finalisé）がそれぞれ存在する[32)]。これらの法目的と現実社会との関係は現実社会じたいによって、すなわち法システムが規律することになる社会構造によって規定される。これら複数の法目的のうち、とくに目的追求の法である開発の国際法が他の法に優位するということはできない。法システムはその理想とする究極目的に適合することによって創設されるのではなく、それはみずからが規律することになる社会に存在する力関係によって生みだされる。開発の国際法の諸規範が途上国の諸利益を特別に考慮するのも、第三世界諸国の経済利益が先進国のそれよりも突如として尊重されるようになったからでもなければ、諸国が深い連帯や南北間に存在するあまりにも大きな不平等の倫理的耐えがたさを自覚したからでもない。それはなによりも第三世界諸国が国際関係において一定の重みをもつにいたり、いくつかの問題について発言力を有するようになったからである。したがって、開発の国際法をめぐる言説に必要以上の倫理的含意をもちこむことは適切ではない。彼女はこのようにのべて開発の国際法をその目的志向性ゆえに特別視する態度をしりぞけるのである[33)]。

このような開発の国際法の究極目的や衡平にむけられた諸批判にたいして開

32） あらゆる社会にとって不可避である事実上の不平等を国際法がどのように考慮しているのかという観点からは、これら三つの法はそれぞれ、安全保障理事会の拒否権や IMF・IBRD の加重投票制、あらゆる国家の形式的平等を意味する主権平等をはじめとする国際法の基本原則、そしてさまざまな経済的不平等の考慮にもとづいてそれに終止符をうつために補償的不平等を樹立させようとする開発の国際法の諸原則が対応している（B. STERN, « le droit international du développement, un droit de finalité? », *op. cit.* (note 14), pp. 44-45)。

33） *ibid.*, p. 46.

発の国際法論者はどのような反応を示したのだろうか。形式主義および法の中立性の要請のもとに法の目的志向性を排斥し、諸国の連帯を法ではなく政治あるいは道徳に属するものとわりきってしまうヴェイユの考え方にたてば、開発の国際法の出発点ともいえる南北間の発展の不平等という現実は、諸国の主権平等という口実のもとに法とはつながりのない無縁のものとなる[34)]。ところがそもそも開発の国際法がそのような事実上の不平等を直視し、その縮小をめざすために生じたのであることを思えば、開発の国際法論者とりわけその補償的不平等観念を重視するものにとって、このようなヴェイユからの批判がなんら説得力をもってせまるものではなかったことは容易に想像できよう。たとえばフロリーはヴェイユの考え方を次のようにうけとる。たしかにそのような視座にたてば、国際法規範の形成は十分に精密な形式的要求に応えるものとなるだろう。そのような要求のおもなものは、規範定立プロセスを完全に統御しつづける主権国家の同意である。こうして国際法は厳格な合意にもとづく国家間の法でありつづけることになる。国際法規範は均一の基準を満たすものとなり、分割されたり序列化されたりすることもない。それは簡潔で明確に定義づけられ、実定性の閾は精密に定められる。その結果、法はさまざまな野心的試みにたいしてその限界を示唆しうるものになるだろう[35)]。しかしそのような地位に安住してこの不条理きわまる南北間の不平等を国際法（学）の考慮のそとにおくことは、とうてい彼には容認できなかった。彼はヴェイユにみてとれる法実証主義的態度を評していう、国際法がその機能にふさわしくない不備な道具へ堕落してしまうことを惨憺たるやりかたで予告し、国際法の規範構造が解体しないように、そしてその諸機能が変質しないようにとの注意喚起を打ち砕くものであると[36)]。また彼はステルンの唱えるような、あらゆる法は法を超えた（政治的・倫理的な）目的をもっているという見解にたいして、形式的にはたしか

34）　M. FLORY, « introduction générale », in *la formation des normes…, op. cit.* (note 6), p. 11.

35）　*loc, cit.*

36）　*ibid.*, p. 12.

にそのとおりであると認めるものの、コリヤールが目的追求の法（droit de finalité）に言及したのはそのような自明のことを想起させるためではなく、目的の変遷を強調するためだった。つまり、伝統的国際法の目的は同様の文化と生活水準をもった諸国にかかわるものだったが、脱植民地化の後の国際社会における新しい目的はより複合的である。なぜならそれは、数が4倍になり基本的に異なる諸国の努力を開発・発展の方向に結びつけるものだからである、とのべて目的の質の相違に注意を喚起する[37)]。

モハメド・ベヌナは、現存秩序の告発やそれへの異議申立およびその秩序が生みだす不正義を前にして法律家はそれに目を向けずにいたり伝統的法実証主義の安楽のうちに逃避したりすることはもはやできないにもかかわらず、後衛戦（un combat d'arrière-garde）を行い続けている学者がいるとのべ、国際法の諸機能は国際社会の根底的変化にもかかわらず変わっていない、伝統的国際法に現代国際法を対置すること以上の誤りはない[38)]、と主張するヴェイユにたいして、伝統的国際法は南北の分裂や開発——低開発という問題群に直面することはなかった。これらの問題群は、ヨーロッパ協調の時代に列強間の均衡を規律したかつての国際法とはまったく異なる「規範定立的意思主義（volontarisme normatif）」を求めており、実際にそのような新しい現実が直接に国際法の正当性、基礎および目的を問いただしているのである。人類の3分の2を占める人びとにとって重要なのは、国際法規範や国際機構が低開発から脱しようとする途上国の努力にとってどの程度寄与しあるいは障害となっているのかということである。ヴェイユのいうように国際法規範が病にある[39)]わけではなく、国際社会の変動を把握しえない時代遅れのその方法に国際法は悩まされているのだ、と反駁する[40)]。ヴェイユにたいしてはこのほかにも「支配が平穏に行われ

37） *id.*, "vers une norme de la communauté internationale", *op. cit* (note 25)., p. 383.

38） P. WEIL, "vers une normativité relative…", *op. cit.* (note 12), p. 14.

39） *ibid.*, p. 6.

40） Mohamed BENNOUNA, « défi du développement et volontarisme normatif ». In *la formation des normes…, op. cit.* (note 6), p. 112. 彼の法実証主義一般への批判については、次を参照。*id., droit international du développement,* Berger-Levrault, 1983, pp.

た古き良き時代へ向かう反動法の擁護者」[41]（プレ）とか第三世界主義者からの「驚くべきことに法は純粋なものであり経済や開発のことなど気にかけなくてもよいと考える法律家がいまだにいる」[42]（マヒウ）といった痛罵が浴びせられる。

これにたいしてヴェイユは、これらの非難を根拠のないものと決めつけたうえで次のように反論する。自分が意思主義・イデオロギー中立性・実定法主義を堅持しようとするのはすべての国家の共通利益を擁護するため、そして、大国の支配から小国を、多数者から少数者を保護するためにほかならない。ステルンが正当にも主張するとおり[43]、法実証主義は保守主義と同義ではない。規範構造としての国際法は保守的でも反動的でもなければ革命的でも異議申立てをおこなうものでもない。それはひとつの技術的手段であり、できるかぎり良質のものであり続けなければならない。規範現象全体を無脊椎のとらえがたいものへと希釈してしまうような規範の相対化に抗して立ち上がらなければならない。このことはフロリーがいうような「法の惨憺たる堕落」ではけっしてない[44]。ステルンもまた自説を固執して次のようにいう。あらゆる法がその母体となった社会構造に密接に依存している一定の目的をもつものである以上、開発の国際法のみを「目的追求の法」と性質決定することはできない。開発の国際法が誕生したのは、いくつかの諸国がその実質的重みとイデオロギーの力によって国際社会の現実を超越する目的（すなわちあらゆる国家の発展）を考慮にいれさせる資格を備えたからにすぎず、国際社会は依然として主権国家からなる社会であるのだから開発の国際法の規範定立における新しい手続きも主権国家の意思を尊重するかぎりで承認されるにとどまる[45]。

ヴェイユとステルンの考え方は次のような共通点がうかがえる。すなわちそ

24-26.

41） A. PELLET, « conclusion », in *la formation des normes…, op. cit.* (note 6), p. 372.

42） A. MAHIOU, *ibid.*, p. 367.

43） B. STERN, *ibid.*, p. 374.

44） P. WEIL, *ibid.*, p. 365.

45） B. STERN, *ibid.*, p. 374.

れは、実定性の閾とそれへの主権国家の同意を重視することや法規範のイデオロギー中立性を堅持することが南北格差の縮小という開発の国際法の究極目的にとってけっして障害となるのではなく、むしろ有益なのだと考える点である[46]。たしかに実定法という実効性をともなった規範手段をできるかぎり活用しようとすることは反動的でもなければ法の堕落でもなく、開発・発展という目的にとっても意義あることに違いない。そのことじたいには開発の国際法論者にも異論はない[47]。ヴェイユやステルンの見解と開発の国際法論者のそれとの本質的な違いは、開発の国際法の究極目的とその他の法の目的とのあいだの質的相違ひいては優劣関係を重視するか否かにあるように思われる。開発・発展という目的は、前者にとっては国際法の基本機能に比べれば時とともに変わって行く二次的な目的にすぎないか、現状強化・現状維持・現状変更という3種類の法目的のひとつにすぎない。後者にとってそれは伝統的国際法の現状維持（強化）的・静的な目的とは質が異なる現状変革的・動的な究極目的であり、かつそれが全人類の3分の2の運命にかかわるものであるがゆえに他の諸目的に優位すると認識される。そしてこのような質的な違いを重視せず考慮のそとにおくことは、法的形式主義（formalisme juridique）[48]に陥っているとの非難を

46) 「実効力のある規範手段を自由に用いることが他の諸目的にとってと同様、発展という目的にとっても有用である」（P. WEIL, *op. cit.* (note 44), pp. 364-365）「法実証主義と保守主義とは同義ではない。とりわけ、発展の目的のために実定法を最大限に活用する道を追求することが保守的態度であるとは断じていえない。そのような道の追求は、法規範を装っているだけの諸原則を型通りに援用するよりもはるかに事を進展させる」（B. STERN, *ibid.* (note 45), p. 374）。

47) たとえばフロリーは、国際共同体によって決定される経済的・社会的な究極目的に貢献することは、法の領域を離れることを意味するものではない。それは法の技術的性質や国際法の諸原則との両立性をつねに意識しており、とりわけ法実証主義の方法論上のいくつかの要求はとりいれなければならない、と考えている（M. FLORY, « introduction générale » *op. cit.* (note 34), p. 13）。

48) シャルル・ショモンは法形式主義についてつぎのようにいう。法形式主義とは次の二つによって特徴づけられる国際法の状態である。すなわち、ひとつは現実にたいする外観の優位であり、もうひとつは、ある規則があらわれそれが適用されるための具体的条件やそこで問われる諸国家の構造および国際関係などが考慮にいれら

免れないことになる。問題は開発の国際法の究極目的が有している現状変革性についての合意形成がきわめて不十分にしか実現していないことである。これが開発の国際法の脆弱さであり、合意法としての国際法に属していることに由来する限界にほかならない。今後の国際社会が開発の国際法の究極目的を実現するような国際共同体（communauté internationale）へと移行していくのか[49]、それともそのような究極目的の達成からはほど遠い現状のままであり続けるのか[50]。これは認識主体の世界観をかけての選択の問題であり、どちらを選ぶか

れることなく規則が決定されることである（Charles CHAUMONT, « Cours général de droit international public », *RCADI,* 1970, vol. 1, pp. 344-345）。

49）国際共同体とはフロリーによれば国家主権の尊重を問い直すことや国内秩序の諸技術を用いてのいわば国際民主主義によって出現するものではない。いかなる国家もその主権を放棄せずそれを部分共同体（communautés partielles）のなかで行使する。部分共同体はそこに属する諸国家の共通の立場をひきだすことをその任務とし、その共通見解にもとづいて他の部分共同体とのあいだで交渉を行う。この作業を通じて部分共同体の全集合としての国際共同体の意思が表明される。つまり国際共同体は国家および部分共同体という二つの前段階をへて形成されることになる。部分共同体間の相互作用の実例は欧州共同体とACP諸国とのロメ協定をはじめ多く存在するが、部分共同体と国際共同体との関係はまだ規範定立的結果を生むにはいたらず、それは倫理レベルにとどまっている。しかし、宇宙条約や深海底制度にあらわれる「人類の共同遺産」やウィーン条約法条約上のユス・コーゲンス規定にみられる「国家により構成される国際共同体」などの概念が実定法のなかにとりいれられてきていることをふまえれば、国際共同体の意思としての普遍的規範が開発の国際法についてもいつかは定立されるであろう。彼はこのように述べて将来における国際共同体による規範形成を予見しているのである（M. FLORY, « conclusion », *op. cit.* (note 25), p. 387-390）。

50）モリース・トレッリは連帯の観念について、それはけっして国際社会に普遍的に存在するものではなく、それがあるとみられる国家群の内部においてさえ、じつはつねに緊張・対立・断絶の関係があることを指摘する。また彼はフーエと同様に衡平原則を開発の国際法を推進させるものととらえ、「相互の衡平な利益（l'avantage mutual et équitable）」の観念こそが新秩序の国際経済法にたいする寄与であると考える。しかし彼は衡平原則の限界を次のように指摘する。すなわち、あらかじめ定められるべき衡平原則の実質的な内容がない以上、その内容の確定は交渉に委ねられることになる（その意味で衡平は交渉義務の源泉でもある）が、その交渉は力関係を免れることができないと。「第3次国際開発戦略の包括交渉の失敗は地域主義

は法のレベルでは答えられない。その意味で、この論争は価値論争の性格を濃厚に帯びていたといわなければならない。

II 開発の国際法の現実の機能をめぐる論争

すでにみてきたように開発の国際法は南北間の不均等発展を直視しその是正をめざす点で、抽象的・静的な従来のそれとは異なる現状変革的・動的な方法を採用している。したがってこのような法観念・法原則を批判することは、法実証主義の立場がまさにそうであったように開発の国際法の方法および目的志向性を否認するものであると思われがちである。しかしここで考察するもうひとつの論争はそれらをめぐってのものではない。ここで開発の国際法にむけられる批判は、むしろこの法の方法および目的志向性を全面的に認めたうえで、補償的不平等観念および二重規範論を具体化する法規範・制度が現実の国際社会においてどのような機能をいとなんでいるのかに焦点をあてる。いいかえるなら、開発の国際法の原則を具体化するそれらの法規範や制度が途上国の自立的発展のために真に寄与しているのかどうか、それらの諸原則がむしろ低開発を強化・促進するものでしかないとしたらその代替物として何があるのかを問

的アプローチがもつ利点を再確認させた。そのような相互利益の承認は新秩序形成のためのイデオロギー的、攻撃的なアプローチにかわってより現実的な対話のアプローチが認められたことを示している。」彼はこのように述べてフロリーのいう部分共同体間の相互作用にあたる地域主義的アプローチを重視するものの、それを国際共同体形成の道程にあるものとはみていない（Maurice TORRELLI, «l'apport du nouvel ordre économique international au droit international économique», in *les nations unies et le droit international économique, op. cit.* (note 16), pp. 67-72)。パトリック・ジュイヤールは「衡平な配分（équitable répartition)」を新国際経済秩序の中心概念とみなし、国際貿易システムの改革においてはこの概念がある程度浸透したことを認めるものの、国際通貨システムの意思決定過程への途上国の全面的かつ実効的参加については現状はまったくこれを実現していないと評価する。そしてその原因を加重投票制や、基本的かつ重要な意思決定がIMFの外部で米国またはG10によって行われている事実に求め、そのような現状をすぐに変えることは不可能であると結論づける（P. JUILLARD, *op. cit.* (note 16), pp. 154-158)。

うものである。これらの問題提起は新従属論経済学[51]の分析枠組の影響を受けた第三世界の国際法研究者によって行われる。その内容をひとことでいえば、開発の国際法とは資本主義的支配秩序と国際法との妥協の所産にすぎず、そこでの新規範の形成がたとえ第三世界諸国の意向を汲んだものであっても、それが資本主義的秩序を再編成するものにとどまるかぎり結局のところその新規範は既存状態を強化するだけである。それゆえ低開発を克服する唯一の道は、現存システムとのあらゆる譲歩の拒絶、すなわち先進資本主義諸国との断絶（rupture）しかない。

ここではこれらの第三世界主義者（tiers-mondiste）から開発の国際法に向けられた問題提起を、おもに補償的不平等観念および二重規範論のとらえかたについてのもの⑴と、開発の国際法の代替物としての断絶戦略についてのもの⑵とに分けて考察する。

⑴　補償的不平等観念および二重規範論のとらえかたについて

第三世界主義者からの開発の国際法にむけられた諸批判は、次の五つに大別できよう。

第１のものは、二重規範論にみてとれるような規範の複合化傾向が法の一体性を喪失させ、ひいては途上国の開発問題を規律する諸規範の周辺化（marginalisation）をもたらすとの批判である。モハメド・ベジャウイは、開発の国際法の革新的要素は多様な国家間関係が抽象的な平等原則によって一様に規律されることの拒絶にあるとし、開発の国際法を特徴づける無差別――特恵、相互主義――非相互主義、独立――連帯などの対立する諸原則の調整は、衡平のようなより高次の原則を通じて行われる。つまりこれらの規範は弁証法的にむ

51）　ここで新従属論とはヨーロッパ大陸経済学の伝統的理論の流れを汲みつつ、従来のマルクス主義帝国主義理論を途上国の現実に照らして修正・適用しようとする経済学派をさす。（新）従属論についてはさしあたり以下を参照。本多健吉『資本主義と南北問題』（新評論、1986年、127頁以降）、川田侃・涂照彦『現代国際社会と経済』（御茶の水書房、1983年、153-158頁）サミール・アミン（西川潤訳）『不均等発展　周辺資本主義の社会構成体に関する試論』（東洋経済新報社、1983年）。

すびつき、それら全体が「あい反するものの統一体（l'unité des contraires)」を構成しているととらえる[52)]。このような観点から、彼はフーエが定式化した二重規範論[53)]をうけいれがたいとし、その理由を次のようにのべる。諸国家間に存在する経済的不平等を縮小するための特別の規範が必要であるということはたしかに現在の国際経済構造の枠のなかで承認されているが、新国際経済秩序を具現するための途上国向けの特殊規範の体系が先進国間関係を規律する諸規範のそれと同一の価値をもっていることを強調するためのものと二重規範論をとらえるなら、諸国はそれぞれが属する領域においてしか法の形成に参加しないことになる。そこでの諸問題は分離されたかたちであつかわれ、発展は「一元的（unidimensionnel)」なものになってしまう。途上国の進歩と国際共同体全体のそれとが相互に条件づけられるものであることを思えば、このような規範の国際的性格とその目的について躊躇しないわけにはいかない[54)]。いく人かの法学者は開発の国際法を調和のとれた伝統的法体系の付属物ととらえ、貧しき者たちからなる「別の世界」の諸関係を規律するためのものとしてだけその存在を認めようとする。このように開発の国際法を「隔離された法（droit de ghetto)」とみなすことは、懐古的で断片化された見方であり、とうてい認められない。国際法全体を一貫した体系の枠内および一様の歩みのなかに適合させ、より確固としたものにするための努力が緊急に求められているときに、二重規範論の推進者は、意識しているか否かにかかわらず国際法の細分化、破砕化に専心しているのである[55)]。ここでベジャウイは開発の国際法じたいを否認

52） M. BEDJAOUI, *op. cit.* (note 8), p. 259.

53） フーエによれば二重規範論とは、「あらゆる国家間関係を一様に規律してきた単一の規則群にかわって、以後、２つの等価の規則群が並存することを意味する。一方の規則群は先進国間関係を規律し、他方のそれは、先進国＝途上国間関係および途上国間関係を規律することになる。」(G. FEUER, «les principes fondamentaux . . . », *op. cit.* (note 29), p. 225)。

54） M. BEDJAOUI, *op. cit.* (note 8), p. 260.

55） 彼は、二重規範論が国際法上はじめてあらわれた議論ではなく、19世紀前半のラテン・アメリカ諸国の出現や1917年のロシア革命後の社会主義・共産主義国家の登場にともない、国際法の単一性または二元性をめぐって多くの議論が行われてき

していのではなく、二重規範論の特定の解釈によって開発の国際法が途上国だけにかかわる特殊規範に限定されてしまうことを危惧している。しかしⅠの(2)でみたように、フーエはけっしてそのような断片化した視点から二重規範論を唱えたのではなく、二重規範論が妥当する前提条件として衡平、正義などの上位観念を十分重視している。それにもかかわらず、二重規範論がベジャウイの危惧するような開発の国際法観に寄与してしまう危険性を指摘したものとして、この批判は考慮されるべきであろう。

第2の批判は、この二重規範論がはたす仮象的機能についてである。上述のように二重規範論の陥穽を指摘するベジャウイは、ついで、二重規範論を国際社会構造の一定の状態を安定化するためにつくりだされた新しい虚構であるととらえる。つまり、二重規範論の命題とはうらはらに、途上国＝先進国間関係を規律する新規範は先進国間関係を規律する諸規範と等価のものになったわけではけっしてなく、それらは原則規範にたいする例外規範にとどまっている。現実の途上国は一般原則を確認するいくつかの例外規範を定式化するかぎりで、開発の国際法の形成に参加しているにすぎないとすらいえるだろう。かくして先進国が定立した相互主義と無差別が共通規則であり続け、それにたいして途上国が例外規則――往々にして共通規則を単に緩和するにとどまる規則――を対置しようとする。以上の意味で、二重規範論は伝統的国際法の基礎であった主権平等にとってかわる新しい虚構となる。その使命は、国際法を区別されたふたつの領域に分裂させ、形式主義的・現状隠蔽的な法の命令体系を救済することである。そしてそのような虚構の陰では支配現象がつねに繁栄しているのである[56)]。アーメド・マヒウも同様の観点から二重規範論の虚構性をとらえている。彼によれば開発の国際法は現存の一般規則の例外の総和であっ

たこと、他方で、17世紀から19世紀にかけての国際法がもっぱらヨーロッパに適用され他の大陸は支配の対象としてのみ存在したことをあげ、「細分化された」国際法のこのような歴史的経験こそが、この法を「不平等と支配のための強力な補助手段」とするのに貢献したのだと述べている（*ibid.*, pp. 261-262）。

56)　*loc, cit.*

て、自立的で新しい規則の統一体を構成するものではない。開発の国際法は一時的な妥協物であり、そこには西欧諸国が定立した一般規則およびそれとあい矛盾する例外規則が並存している。途上国と先進国との矛盾の激化が妥協を変革し、さらに新規範を出現させるかどうかは途上国の力とその行動に依存している。その意味で現状の国際関係において存在しているのは、じつは二重規範（une dualité de normes）ではなく、「同一規範の内容の二重性（une dualité de contenu de la mêmenorme）」であって、同一規範の内容について、異なる解釈に依拠するのが新国際経済秩序の支持者とその敵視者なのである[57]。最恵国待遇に一般特恵制度を対置することに典型的にあらわれる二重規範論にもとづく改革要求にも、このことは当然あてはまる。現在の支配的規範は先進国の作品であり、それは途上国からの抵抗を受けている。この抵抗を緩和しあるいは解消させるには、二重規範論という間接的な方法で一律に適用されるいくつかの特例（従来の規則の適用除外）を認めれば十分である。これによって議論の対象となった従来の規範はつねに基本規範となり、途上国に有利な例外を支え続ける。この例外を受けいれることで、途上国は意識的であると否とを問わず、基本規範にしたがうことになる。かくして仮象作用がいとなまれる。途上国は二重規範論の一定の具体化によって新規範の定立に参加したものと思っているものの、じつは、既存規範を彼らに受けいれさせるために導入された例外のたんなる名宛人にすぎないのである[58]。

第3にあげられるのは、開発の国際法が途上国の低開発を生じさせた根本原因を無視しているとの批判である。マジッド・ベンシックはこの点について次のようにのべる。二重規範論が不均等発展の縮小をめざすさいに不可欠のことがらがある。それは不均等発展をつくりだしているものは何かということである。というのもこれが確認されてはじめてどのような補償がふさわしいかがわ

57） A. MAHIOU, « les implications du nouvel ordre économique et le droit international », in *RBDI* vol. XII, 1976-2, pp. 430-432.

58） *id.*, « une finalité entre le développement et la dépendance », in *la formation des normes…, op cit.* (note 6), p. 24.

かるからである。低開発の形成過程をたどることであきらかになるのは、南北貿易が低開発地域の経済活動をヨーロッパ、米国、そして日本といった先進地域の要求にかなうものに方向づけるための手段だということである。いいかえれば、低開発とは資本主義発達の歴史的所産であり、周辺での経済活動が産出した資源と剰余価値の中心への移転の結果なのである。このような認識にたてば低開発を克服する法制度は、まず何よりも南北貿易の拡大が経済支配の一手段でありそれは中立的なものではありえないということを考慮したうえで、不等価交換を通じて途上国から収奪された剰余価値に相当する補償の供与を制度化するものでなければならない。ところが一般特恵制度や一次産品総合計画のような二重規範論の実施事例は、そのような剰余価値を考慮にいれるものではない。それらの制度目的は、途上国の貿易の拡大による先進国市場への途上国産品の接近を促進することであり、不等価交換じたいは問題視されていない。関税の引き下げや撤廃、数量制限、輸出所得の安定化などの一見したところ途上国に有利な諸措置も、途上国の社会構成体に浸透する資本主義の進展がひきおこす物的人的資源の搾取と両立してしまう。このように低開発への歴史的視座を欠いた二重規範論は、低開発を一面的、皮相的にしかとらえられず、それを克服する有効な規範を生みだすことができない[59]。マヒウも、開発の国際法における開発の型およびそこで考慮される途上国の特殊性の不正確さを次のように指摘する。開発の国際法は南の諸国の特殊性を北の諸国のたどった発展過程の遅滞の結果ととらえ、二重規範論はこの特殊性を吸収解消する方向で歴史的な差をとりこみ、そのための例外を採用する。しかしこのような分析はそれ以外の開発の型やそれ以外の法的方法・法的技術を考慮にいれない点で欠陥をもち、考え違いをしている[60]。以上の主張からわかるように、彼らが問題とし

59） M. BENCHIKH, *droit international du sous-développement, op. cit.* (note 5), pp. 96-99, et id., « vers un nouveau droit international? le droit international du développement », *op. cit.* (note 5), p. 104. 二重規範論が剰余価値を無視していることはベジャウイも指摘している（M. BEDJAOUI, *op. cit.* (note 8), p. 263）。

60） A. MAHIOU, « une finalité entre le développement et la dépendance », *op. cit.* (note 6), p. 24.

ているのは、中心による周辺の搾取がどのように形成されてきたのかという歴史的視座が開発の国際法に欠けていることである。低開発が形成される諸条件と、それが存続するための諸要因の解明が開発の国際法の諸制度においては十分に行われていない。南北貿易において北が広範に南を規定し従属させてきたことを考慮にいれないまま、先進国と途上国との通商関係を強化しようとする法制度は、低開発の克服に寄与できない。補償的不平等および二重規範論の具体例が実際に何を補償しているのか。関税の引き下げや撤廃、制限的商慣行の縮小が補償するものは何か。この問いにたいする答はたしかに開発の国際法のなかにはみいだせないのである[61)]。

第 4 に批判が向けられるのは、開発の国際法がよりどころとしている連帯および相互依存にたいしてである。特恵や一次産品総合計画をはじめとする二重規範論の実施を求める国際組織の諸決議は、総じて先進国と途上国の共同行動の必要性を強調している。つまり、両者の連帯と相互依存に訴えることが二重規範論を含みもつ文書の基本的かつ一貫した特徴になっているのである。この連帯および相互依存をベンシックはⅠでみた法実証主義のそれとは異なる観点から次のように批判的に分析する。連帯には国連システムのような普遍的規模のものから、地理的・イデオロギー的により限定されたものまで多様な次元のものがある。グループ 77、非同盟諸国あるいは生産国同盟などの途上国間の連帯には、市場経済先進国間の連帯が対抗している。これらの連帯はそれぞれ異なる内容をもち、しばしば相互に矛盾する目標を追求している。それゆえ前述の諸決議に掲げられた連帯はその実態が不明確であり非現実的であるといわねばならない[62)]。次のこの連帯を正当化するものとしての相互依存がとりあげられる。先進国と途上国との相互依存は何からなりたっていて、どのような基盤のうえに機能しているのだろうか。先進国が途上国産の一次産品を必要としていることは確かである。しかしそれは西洋資本主義の発達様式の所産であ

61) M. BENCHIKH, « vers un nouveau droit international?... », *op. cit.* (note 5), pp. 115-116.

62) id., *le droit international du sous-développement, op. cit.* (note 5), pp. 99-102.

り、先進国がみずからの経済的欲求を満たすためにつくりだした途上国経済の外向性[63]の結果なのである。したがってそのような途上国経済の外向性をあわせもつ相互依存の内容は、先進国によってひろく決定されることになる。さらにこの相互依存が付加価値のとぼしい一次産品と備品・技術・工場などとの交換からなりたっているとすれば、それは搾取と支配を生みだす。それゆえこのふたつの依存内容はまったく比較しえない異質のものであり、にもかかわらずそれを相互依存と称することはイデオロギー性を帯びることになる。つまりそれは均衡のとれた状態や同一の運命の共有を外見上予想させ、その結果として現状維持やせいぜい協調的で節度ある変更の可能性をほのめかすものの、けっして根本的な変革を示唆するものではない。したがって、このような連帯や相互依存から生みだされた規範や制度は、低開発を真に克服するものにはならない[64]。すでにみたように、フロリー、フーエ、あるいはベジャウイが依拠する連帯、相互依存、衡平、国際共同体といった観念は開発の国際法をささえる理想主義的基礎である。しかしそのような観念が唱えられる一方で支配・搾取の関係が存続しているとすれば、それらの基礎はもうひとつの隠れた機能をいとなんでいることになる。ベンシックによれば、このような基礎のうえにつくられた諸制度が公言された自らの目的を実現することは不可能であり、先進国＝途上国間関係の従来の性格は不変である。先進国とその多国籍企業はすぐにこれらの新制度を利用して自らに固有の発展政策を追求するだろう。それゆえ開発の国際法を基礎づける連帯や相互依存は、現在国際社会の支配関係システムの維持に役立つものにほかならないことになる[65]。

最後に指摘できるのは、国際的不平等と国内的不平等との連動性への考慮が欠けているとの批判である。これをマヒウは次のように主張する。歴史が示し

63） 途上国経済の外向性とは、対外市場の要求に応じて輸出部門が途上国経済構造全体のなかで量的質的に優位を占めることをいう（アミン、前掲、193-200、206-242頁）。

64） M. BENCHIKH, *le droit international du sous-développement, op. cit.* (note 5), pp. 102-104.

65） id., «vers un nouveau droit international?…», *op. cit.* (note 5), pp. 116-119.

ているのは、発展がまず何よりも各国内部の人民の努力に依存していることである。したがって、途上国は自らの固有の力と潜在的可能性をまず頼りにしなければならない。過度で無益な犠牲を避けるための国際行動は、以上のことを前提にしたうえではじめて与えられるべきである[66]。けれども開発の国際法は、外発的発展がもつ幻想にたいして十分な注意を払ってはいない。なぜならそれは、依然として国内規則と国際規則とを截然とかつ人為的に分離しつづけているからである。しかしながら、南の諸国が自由にかつ十分に参加してはじめて開発の国際法の規範形成が衡平なものになるのと同様に、南の諸国だけでなくその人民が真に参加することによってはじめてそれらの規範の実施が実効性をともなうようになる。つまり国際関係の民主化と国内関係のそれとのあいだには密接なつながりがある。第三世界の権力者のなかにはこのことに気づかずに、国内レベルで独裁体制を樹立しながらも国際レベルで権力を民主化できると考えているものがいる[67]。マヒウがこのように指摘するとおり、新国際経済秩序は、国内秩序の民主化や国内での富や資源の衡平な分配についてほとんど触れていない。その理由はおそらく、新国際経済秩序を要求する第三世界の為政者が、国内の権力構造とりわけその特権層にかかわる問題への言及を意図的に回避したからであろう。なぜならそれを問うことは、自らの存在をゆるがすことになるからである[68]。このことは法的には国家主権の尊重および内政不干渉義務によって正当化される。すでに指摘したとおり、開発の国際法には主権国家間の合意法であることに由来する限界がある。それゆえ開発の国際法においては、途上国内部の権力構造は無視されるかきわめて楽観的にしか分析されない。またそこでは、世界資本主義の支配構造が中心と周辺の二極構造として

---

66) 開発の第一義的な責任を当該国家自身が負うことは以下の諸決議においても確認されている。国家の経済的権利義務憲章 7 条、第 2 次国連開発の 10 年のための国際開発戦略 11 項および第 3 次国連開発の 10 年のための国際開発戦略 9 項。

67) A. MAHIOU, « une finalité entre le développement et la dépendance », *op. cit.* (note 6), pp. 25-26.

68) 川田侃・村井吉敬「新国際経済秩序の問題性」(日本平和学会編集委員会編『平和学——理論と課題——』、早稲田大学出版部、1983 年、149-155 頁)。

のみとらえられ、周辺内部にも中心と周辺があってそこにも支配＝被支配の関係があるという事実がかえりみられることはないのである[69]。

(2)　開発の国際法の代替物としての断絶戦略について

伝統的国際法が諸国のおかれている経済的社会的現実を考慮の外においたことと比較すれば、開発の国際法は、抽象性の殻を破りそれとはしばしば対立する現実を認識し、かつ現実の発展格差の縮小を志向する点で、新しい次元の接近方法を国際法（学）に導入したということができる。しかしながらそのような新しい側面をもちながらも、開発の国際法は伝統的国際法に忠実な側面をあわせもっている。なぜならそれは、国際社会が組織化され秩序づけられてそのすべての構成員がより正義にかなった世界のなかで調和しつつ生きていくためには、特定の規則なり制度なりに変更あるいは改良を加えればよいという考え方にたっているからである。マヒウは開発の国際法のこの側面を国際的改良主義（réformisme international）ととらえ、その意味で開発の国際法が国内レベルでの社会法と同一の機能をはたしつつあると分析する[70]。しかしながら彼によ

69)　国際的不平等と国内的不平等との連動性については、たとえば次を参照。本多健吉「南北問題解明の視角と方法」（本多健吉編著『南北問題の現代的構造』、日本評論社、1983年、14-23頁）。また次も参照。A. PELLET « le《bon droit》et l'ivraie,... », *op. cit.* (note 6), p. 472. 平和研究における「中心――周辺理論」については次を参照。Johan GALTUNG, "A Structural Theory of Imperialism", *Journal of Peace Research,* VIII/2, 1971. また新国際経済秩序と途上国の国内秩序との関連を考察した興味深い論文として次を参照。A. MAHIOU, "nouvel ordre international et ordres internes des pays en développement", in *l'Etat moderne horizon 2000* -aspects internes et externes-, mélanges P. F. GONIDEC, LGDJ, 1985, pp. 511-522. ここでマヒウは、新国際経済秩序から国内秩序安定化要因と不安定化要因とを折出し、新国際経済秩序が途上国の不平等な国内秩序を一時的には強化するイデオロギー的・経済的機能をはたしていることを確認しつつも、国際民主主義、富と資源の衡平な分配および人権としての発展の権利を国際レベルで強調することが、途上国の国内秩序にたいして必然的に波及効果をもたらすことを論証している。

70)「社会法が経済生活の不足の事態から国民を保護し、利益の最良の再分配を行い、社会的不平等を縮小させることで諸個人のあいだに一定の社会正義を確保しようとするのと同様に、開発の国際法も必要な変更を現存制度に施したうえで、国際レベ

れば、そのような国際的改良主義は、その意図とはうらはらに結果的には支配の圧力を緩和させてそれをより受けいれやすくさせる点で、むしろ現在の不均等発展を生みだしている構造を支え、強化している。そのような観点からは開発の国際法は、客観的にみて国際システムにおける異議申立てを一定方向に集めて規律する安全弁の役割をはたしている。いくつかのものは変わるが本質、すなわち不均等な相互依存は存続する。ここにおいて開発の国際法は「低」開発の国際法になりつつあるのである[71)]。

それでは、欧米先進市場経済諸国がためらいをしめしつつも開発の国際法の規範を受けいれてきたこと、そして他方でなお彼らが二重規範論の一般化を阻むようなさまざまな障害を設けていることは、第三世界主義者の立場からはどのように把握されるのだろうか。ベンシックは、これらの問いを「先進国間の相互関係および各先進国の国際関係における地位」、「新しい国際分業をもたらした先進国の経済構造変動」および「先進国経済の自立的発展」という三つの観点から説明する。

脱植民地化の文脈においては、米国と西欧諸国とでは立場が異なる。それは、西欧諸国の植民地施政国としての権益維持が米国にとって何ら利益をもたらさないという意味においてである。脱植民地化の結果、それまで西欧諸国がもっぱら支配してきた地域とのあいだに相互主義・無差別・最恵国待遇の関係を樹立することは、先進国のなかでもっとも大きな効率を備えている米国にとって有利に作用することになる。それとは対照的に、西欧諸国は途上国をGATTの諸規則のもとに放置することの危険さを認識していただろう。彼らにとっては、米国とは逆にこれら新興諸国とのあいだに一般特恵制度を樹立することが、新しい状況下で途上国との連携関係を維持するためにはより好ましかったのである。したがって西欧諸国による非相互主義・差別待遇・一般特恵な

ルにおいて社会法と同種の目的を追求するのであるから、それはいわば国際社会法としての性質を帯びているということができよう」(A. MAHIOU, « une finalité entre le développement et la dépendance », *op. cit.* (note 6), p. 22)。

71) *ibid.*, p. 23.

どの受諾は、脱植民地化および他の先進諸国との力関係を考慮することによりはじめて理解可能となる。つまり、これら新規則は、途上国の発展のための対価なしの貢献ではなくて先進国側の経済的勢力圏の維持・拡大戦略の一要素なのである[72)]。

先進国では1950年代以降、経済装置の急速な近代化と技術革新によって経済主体の組織化や一連の企業集中が行われ、そこでは収益性の高いエレクトロニクスや情報処理、オートメーションなどの分野があらわれる一方で、他のいくつかの産業や技術は価値を低下させた。このため、そのような価値の低下した産業を途上国へ移動する必要が生じた。この位置移動は先進国が多国籍企業を擁することでいっそう推進・管理されることになる。これらの変化を受けいれる能力をもつ途上国群は次第にその力量を増大し、ときには彼らの要求を先進国が統御できない場合が生じるにいたる。途上国内部でこの新しい貿易から利益をえる階層はさまざまな特恵待遇を要求するようになる。つまり国際貿易規範の変化は、一方で先進国経済の合理化とその途上国経済への浸透能力に、他方で新貿易構造における途上国の経済能力に密接にかかわっているのである。このような視座からは、二重規範論は先進国の経済構造の変化と両立するだけでなく、その変化を支える必要物であるとさえいえる[73)]。

二重規範論の導入・一般化への先進国の躊躇を理解するには、彼らの生産力の状態とりわけ国内経済の再編がどの段階にあるのかということに注意を向ける必要がある。先進国は長年にわたって国際貿易を規律する相互主義や最恵国

72）　M. BENCHIKH, « vers un nouveau droit international?… », *op. cit.* (note 5), pp. 94-96.

73）　ibid., pp. 96-99. さらに見落としてはならないのは、産業の位置移動の多くが途上国と多国籍企業とのあいだの契約の枠内で行われることである。また途上国への特恵供与は、じつはしばしば直接間接にこの多国籍企業への供与になっている。しかしながら、二重規範論が多くの途上国により自国の経済発展に寄与するかたちで国際関係を変革するものととらえられているので、二重規範論が低開発の維持と両立しうるということはなかなか知覚されないのである（id., *droit international du sous-développement, op. cit.* (note 5), pp. 105-106）。

待遇などの法規範をつくりあげてきた。それらを問題視することは、先進国の経済・貿易構造がそれらの諸規則にもとづくものである以上、先進国に衝撃を与えずにはおかない。そのため、たとえ新しい規則や制度が従来の国際関係の本質を変えるものでなくても、先進国およびその経済主体には新しい条件から利益をひきだす準備ができていない場合がある。先進諸国が一般特恵制度を実施しながらも、特恵輸入量の上限設定、受益国の一方的決定、緊急輸入制限などのさまざまな二重規範論の効果を減少させる措置をとるのはなぜだろうか。これら一連の措置は、何よりも二重規範論の適用を先進国の経済状態やその諸目的に服させようとする先進国の意思のあらわれである。二重規範論を実施しつつも先進国の国際貿易は、依然として先進国自身の自立的発展の枠内であらわれる欲求と経済能力に結びついているのである[74)]。

このように、開発の国際法がはたす現実の機能についての第三世界主義者の見解はほぼ一貫している。彼らによれば、開発の国際法は低開発の真の原因を考慮しない没歴史的・イデオロギー的な根拠に立脚するものであって、それは先進国経済の自立的発展の手段であると同時に、途上国経済の外向性および途上国における輸出部門とそれ以外の部門との非接合を通じて途上国の先進国への従属を維持・再編するものにほかならないのである。

それでは第三世界主義者自身は低開発のどのような克服方法を構想しているのだろうか。それは自立的発展（développement autonome）の道である[75)]。この構想にはふたつの系譜がある。第1の系は「閉鎖的自立（autonomie autarcique)」であり、この急進的見解によれば、周辺諸国は中心諸国と経済的・技術的・文化的に完全に断絶してみずからに固有の力をあてにする以外にいかなる救済もない。この自閉こそが、一方では南の内部での潜在能力全体を発見しそれを活用するための、他方では北の強いる支配と模倣をまぬがれ自律的発展（développement autocentré）に向けてそれらを用いるための唯一の道である。こ

74） *ibid.*, pp. 108-110.

75） A. MAHIOU, « une finalite entre le développement et la dépendance », *op. cit.* (note 6), pp. 20-21.

の時期をへて統合された自立的国家経済が出現したのちに、南の諸国は外部に由来する要求にではなく自己の要求に沿って世界市場との再結合を検討することができる。サミール・アミンに代表されるこの閉鎖的自立構想[76]を、ベンシックは全面的に支持している[77]。彼は、途上国間協力を強調する新国際経済秩序にかんする国連総会諸決議やグループ77のアルーシャ計画にみられる集団的自立の観念を、「国際資本から離脱するのではなく、国際分業に修正を加えることによってそれに途上国経済を同化させるための手段」であるとして、否定的に評価する[78]。彼によれば、途上国経済が国際資本によって広く規定されている以上、途上国間貿易の強化は多国籍企業の戦略の一部分を構成するものにならざるをえない。そのような集団的自立が勧める一定の貿易は、直接間接に途上国に移植された多国籍企業の系列企業間の、または多国籍企業とその国の企業との貿易になる。この条件下では、途上国間に共同市場をつくろうとする試みは、途上国経済の外向性および非接合に終止符をうつことができない[79]。彼の唱える集団的自立としての断絶戦略＝自力更生とは、なによりも人

76） 自力更生論については以下を参照。Samir AMIN *Some Thought on Self-reliant Development,* Dakar, United Nations African Institute for Economic Development and Planning, Doc. R/2773, 1976, et id., « le nouvel ordre économique international Quel avenir? », *Tiers-Monde,* Vol. 21, 1980, pp. 40-61. ; Johan GALTUNG, Peter O'BRIEN and Roy PREISWEEK ed., *Self-Reliance : A Strategy for Development,* London, Bogle-l'Ouverture Publications, 1980.

77） 彼によれば途上国の集団的自立（autonomie collective）とは、世界の資本主義発達の歴史によって課せられる客観的かつ不可欠の条件であり、それは支配関係システムすなわち国際資本からの離脱を意味する。なぜそれが途上国の発展プロセスを推進する唯一の可能な道なのだろうか。その理由は、19世紀末から20世紀にかけて中心が資本主義的発達をとげたさいに、そのような発達をとげなかったかあるいはそのための資本蓄積過程に入らなかった地域が、それ以降、システムの周辺として位置づけられたからである。このことは、低開発国が周辺を形成するかぎり彼らの経済は中心に従属するものとなり、彼らの主権も他律的であり続けることを意味する。したがってこのような条件のもとでは、集団的自立は、周辺から離脱して発展するために必要不可欠の手段となる（M. BENCHIKH, *droit international du sous-développement, op. cit.* (note 5), pp. 198-199）。

78） *ibid.*, pp. 200-201.

民自決権の表明であり、真の人民民主主義とそれぞれの人民の権利および人権の尊重を要求するものである。そのような観点からは、新国際経済秩序は、途上国の先進国への従属の一調整手段としかとらえられないことになる[80)]。

第2の系は、「相互依存的自立（autonomie interdépendante)」である。この見解からは、第1の系の断絶戦略はさまざまな問題をふくみ、そのうえ実現不可能なものに映る。それにとってかわるのが、南北関係を問い直しそれを再定義するための包括戦略である。そのような問い直しは外部との関係の否認を意味するものではなく、国際経済の新しい基盤を樹立するための共同行動を意味する。自立的かつ相互依存的発展は、不均等な相互依存から生じた国際法関係に終止符を打つような新たな国際法関係の強化をも認める。このような新たなアプローチは新国際経済秩序のアプローチと同様のものである。ただし国内政策と国際政策とのあいだに設けられるべき連携によって、アプローチが更新され、より豊かなものになっている点が異なっている。このような視座にたてば、衡平な国際秩序は同様に衡平な国内秩序にもとづいてはじめて存在しうることになる。前述のように新国際経済秩序と国内秩序の相互連関性を重視し、自給自足経済を不可能で無意味なものとみなすマヒウはこの第2の系に属しているし[81)]、開発の国際法の可能性を自立的発展に向けての途上国間関係の規律にみいだそうとしているアジズ・ハスビもまた同様であると思われる[82)]。この相互依存的自立の系は、断絶戦略を採用せず、途上国の自律的発展に必要な法規範の新たな定立を通じて国際秩序の変革を志向するのであるから、それはけ

79） *ibid.*, p. 202.

80） *ibid.*, p. 203. et id., « vers un nouveau droit international?… », *op. cit.* (note 5), pp. 114-115.

81） 本章の註69）および次を参照。A. MAHIOU, « les implications du nouvel ordre économique et le droit international », *op. cit.* (note 57), p. 440.

82） A. HASBI, « le droit international du développement entre l'adjuraton et la conjuration… », *op. cit.* (note 15), p. 346, et *id.*, « de l'application du droit international du développement entre pays du tiers monde : problèm des échanges internationaux », in *la formation des normes…, op. cit.* (note 6), pp. 283-307.

っして開発の国際法推進論者とあいいれないものではない。したがって、開発の国際法推進論者からの第三世界主義者への反批判は、もっぱら閉鎖的自立の系すなわち断絶戦略の構想にたいして向けられることになる。

最後に、このような第三世界主義者からの開発の国際法批判およびその代替物としての断絶戦略にたいして、開発の国際法推進論者が示した対応を検討しておきたい。彼らは一般に第三世界主義者の鋭い現状分析とその告発を、法と経済のであう新たな地平を提示するものと評価し、そこに学ぶべき点のあることを認める。しかし改良主義としての開発の国際法の是非やそれにかわる断絶戦略については、当然のことながら一定の反論をしている。

たとえばフロリーは、ベンシックが「中心——周辺理論」にもとづいて国家主権や国際分業を分析しているのを国際法平面に新しい分析視角を導入するものと高く評価する一方で、彼の断絶戦略を次のようにうけとる。この戦略は経済的性質のものであってそれに法がしたがうものとされているが、この戦略が国際法上どのような意味をもつのかがあきらかではない。経済的意味をもつものであってもそれが国際法上も意味をもつとは限らない。各国は自由に自国の経済体制を組織化することができる以上、資本主義システムとの断絶もそこでの選択肢のひとつにすぎなくなるが、一国が他国にたいして自国の国際経済概念を強いることはできない。国際社会には諸国家が相互に承認した制度や法規範があり、このような社会からの孤立をあえて選ぶ国家は数少ないだろう。フロリーはこう述べて、断絶戦略を「生成途上の新しい秩序がきわめて不完全にしかあらわれていない現実に、観念論に属する解決方法を対置するもの」と批判するのである[83)]。

ヴィラリーは、開発の国際法はそもそも改良主義的な法なのであってそれ以外にありえないと考える。彼によれば、開発の国際法に期待されるのは、世界的生産と消費において途上国がより良い分配にあずかれるように途上国＝先進

83） M. FLORY, « le droit international et dépendance : à propos de deux ouvrages sur le droit international du développement », *RGDIP*, 85/2, 1985, pp. 553-559. et *id.*, « introduction générale », in *la formation géuérele des normes. . .* , *op. cit.* (note 6), p. 12.

国間関係をたてなおすことである。それがうまくいくかどうかは求められている役割を先進国が受けいれるか否かにかかっており、したがって先進国との交渉が不可避のものとなる。それゆえ開発の国際法は、必然的にまたその本質上、改良主義の法にならざるをえない。ついで彼は断絶戦略について次のようにいう。これを選択すれば当然のことながら南北間のかけ橋がとりはずされ、開発の国際法は完全に姿を消さないとしても、南南関係にかかわるのみとなる。集団的自給自足は魅惑的な観念だが、労働、時間そして自由の観点からみていったいどのような代償が求められるのか。またもっとも貧しい者がそれを払うのでないとして誰がそれを払うのか。そのような観念は実現性のある構想というよりむしろ夢、イデオロギー、あるいは議論のためのテーマであるといわねばならない。いかなる政府も自国の開発計画上、それを真剣に考慮してはこなかった。そのような幻想に浸らずに、開発の国際法の改良主義的な道にもどらねばならない[84)]。

ステルンは第三世界主義者の諸批判が、法秩序が広く社会構造に条件づけられていることを明らかにし、開発の国際法についてはあまり幸福感に浸っていてはならないことを想起させてくれた点でこれに積極的な意義を認める。その一方で彼女は次のように考える。彼らのように開発の国際法を決定的に批判しつくすことは、結果として法の目的には現存秩序の維持しかないことになるので、その他の目的を求める者は現存秩序との全面的断絶を選択せざるをえない。それは法的な議論がまったく無意味になってしまうことを意味する。たしかに法は歴史を推進する原動力にはなりえないものの、歴史の進行を加速する役割をになうことはできる。開発の国際法はこのような「歴史を加速する役割(role d'accélération de l'histoire)」をになっている[85)]。たしかに開発の国際法は、ステルンも強調しているように国際法一般に包摂されるのではなく、それは国

84） M. VIRALLY, « conclusion », *ibid.*, pp. 379-388. エドワール・ヴァン・ブーも同趣旨である（Edouward VAN BUU", « la notion de droit international du développement relecture d'un bilan », *ibid.*, p. 93）。

85） B. STERN, « le droit international du développement, un droit de finalité? », *ibid.*, p. 46.

際法一般の進化の方向をさししめす法であるように思われる。つまり、開発の国際法に固有の特徴はその萌芽的性格やそれが規律する経済領域に由来するのではない。それはこの法にみてとることができる国際社会の一般的な進化方向に由来するのだといえよう[86)]。

結　南北経済関係における国際法の役割とその限界

本章の問題関心は、開発の国際法の有効性と現実の機能をめぐって行われた論争の考察を通じて、南北経済関係における国際法の役割とその限界をさぐることにあった。そこで、本論での検討を通じてひきだすことのできるいくつかの結論にかわるものを、開発の国際法の今後の展望、法規論と社会構造およびイデオロギーとの関係のふたつに分けて述べてみたいと思う。

以上にみてきたような論争をへた開発の国際法は、今後どのようなものになるのだろうか。開発の国際法の展望については、この論争に加わった人々の意見が（第三世界主義者を別にすれば）大枠で一致しているように思われる。それはヴィラリーの言を借りれば、開発の国際法は英雄的、ロマン主義的な時期を終え、理性的、古典的な時期にはいりつつあるということである[87)]。1960年代の半ばに提唱されて以来、開発の国際法は長いあいだ実効性をともなった法というよりは「言説の法」であり続けた。その諸原則は国連総会などの国際組織の決議によって繰り返し宣言されたものの、それらが厳密に規定された法規範となることはまれだった。その諸原則やそれを支えるイデオロギー、あるいは潜在的権利義務の可能性がにぎやかに議論されたけれども、それらの大半は潜在的なものであり続けた。この法の究極目的についても多くが語られたが、その達成方法については控え目だった。また、この法に与えられた評価は、実際には法的なものというより道徳的次元に属するものがしばしばだった。しかしながら、次第に「言説の法」は精密化され、いくつかの分野では法規則という

86）　*ibid.*,

87）　M.VIRALLY, « conclusion », *ibid.*, pp. 380-381.

にあたいする規則の定立にともなって、均衡のとれた合意関係の樹立、実施のメカニズムおよび有効な紛争解決の整備などをめざす行動がとられるようになった[88]。そこにおいては、以前のように雄大な、そして往々にして実現不可能な展望が語られることはもはやなくなった。それにかわって諸国は、2国間あるいは多国籍企業との協力の道を選び、増加する2国間協定のなかで開発のための技術協定が大きな比重をしめるようになった。また途上国間関係においても、そこには次第に稠密な条約網が形成されるにいたっている。途上国と多国籍企業あるいは外国私企業とのあいだで結ばれる契約にも、途上国保護のための特別条項が挿入される場合が増えてきた[89]。

このような変遷が示しているように、たしかに開発の国際法はよりつつましく堅実な実定法化の道を歩んでいる。これはひとつのエポックの終焉を告げるものといえるだろう。つまり、それまでのイデオロギー的なアプローチに、よりプラグマチックな現実主義的アプローチがとってかわったということができよう[90]。その意味では、新国際経済秩序は依然として重要さを失ってはいないものの、以上の変遷をへて、それは限定されかつ精密な諸措置によって——つまりささやかな一歩に相当する政策によって——進められつつある。ヴィラリーのいうように、はるかな新秩序の地平に目を向けなければならないのと同様、それにさきだって達成されるべき中期的な諸目標も設定されなければならない。それらの作業を行うには、アマチュアリズムを脱したプロフェッショナリズムが求められることになるだろう[91]。

ところで今後の途上国＝先進国間関係について、ジュイヤールは興味ある仮説を提起している[92]。そのひとつは、先進国がまず作用をおよぼし、これにた

---

88) *ibid.*,

89) G. FEUER et H.CASSAN, *droit international du développement, op. cit.* (note 29), p. 22.

90) Jean TOUSCOZ, « les nations unies et le droit international économique », in *les nations unies et le droit international économique, op. cit.* (note 16), p. 29, 66.

91) M. VIRALLY, *loc. cit.* (note 87).

92) P. JUILLARD, *op. cit.* (note 16), pp. 163-165.

いして途上国が反作用をするというものである。それはこれまでの国際情勢の反転を意味している。つまりそこで作用をしかけるのは旧秩序の擁護者であって、かつて新国際経済秩序を提唱した途上国ではもはやない。彼らはすでに防御にまわっているのである。しかし、この仮説はジュイヤール自身も述べているようにあまり信憑性があるとはいえない。なぜならそれは、新国際経済秩序の支持者と旧秩序の支持者とをあい対立する勢力であるかのように描いており、それぞれの内側にも実は利益対立があることを考慮していないからである。それゆえ、彼は第2の仮説を提示する。それは作用をおよぼすのが米国であり、反作用の側が日本や欧州諸国といった他の先進諸国である。つまり、「新国際経済秩序の支持者対旧秩序の支持者」という構図はもはやなりたたず、米国と他の先進諸国との関係によって国際経済の枠組が規定されるというのである[93]。

開発の国際法がたどった変遷やジュイヤールの仮説に接すると、国際法とその規律対象である国際社会との相互作用について考えさせられる。一般に社会関係の整序を目的とする法はその規律の対象である社会の産物であり、その社会経済構造を反映する。つまりその社会の性格やそこでの諸関係がもつ構造は法に先だって存在し、それを規律するために法が生みだされるのである。革命や社会的変動はかならず法に大きな影響をおよぼすが、法の変動が社会関係の重要な変更に先だつことはほとんどないといえる[94]。その意味で、「法による国際秩序の変革」という命題は、法が上部構造に属していることを忘れている点で幻想にすぎない。法が現実の社会から生じるのであって決してその逆ではないことを考慮すれば、変革が単に法規範を変更することだけで可能であると考えることは危険ですらある。開発の国際法が世界経済危機にともなって停滞し、1960年代後半から70年代前半にかけてこの法がもっていた斬新さや現状変革性が失われつつあることは、現存力関係の構造だけでなく一時的な経済変動もまた法に影響をおよぼす場合があることを証している[95]。さらに開発の国

93)　*ibid.*

94)　G. J. van HOOF, *Rethinking the Source of International Law,* KLUWER, 1983, p. 21.

際法の場合には、それが生成途上にあるために実定法規範とは違って制度的・規範的硬直さがそれほど備わっていなかったことが、この現象をより顕著なものにしたといえるだろう[96]。

このようにたしかに法は社会的現実の所産なのだが、だからといって、法が力関係を登録するものにすぎないと決めつけることは適切でない。他の上部構造と同様、法はその機能を通じて社会構造に一定の反作用をおよぼす。つまり定立された法規範は、社会行為や政策にたいして一定の制約を課し、社会秩序にとって不可欠な規則性と予見性を提供することを通して、それらのものに影響をおよぼすことになる。さらには法が政治的決定に先行して社会構造の変化を方向づけるという「舵取り機能（steering function）」をいとなむ場合もある[97]。そこで、このような法と社会の相互作用の観点から開発の国際法の意味を問いなおすことが重要であると思われる。

この点についてモニク・シュミリエ・ジャンドゥローは興味深い洞察を行っている。

95） A. PELLET, Le《bon droit》et l'ivraie…", *op. cit.* (note 6), p. 473.

96） B. STERN, "le droit international du développement un droit de finalité?", *op. cit.* (note 14), pp. 46-47.

97） ヴァン・フーフは、法規則が舵取り機能をはたす場合として、当該領域の社会関係がどのように発展するべきか、またそこでの目標は何かということについての知覚内容が法規則のうちに規定される場合をあげる。なぜならそのような法規則は、当該社会の構成員の行動を現在の方向から、社会の存続により資すると考えられるにいたった新しい政策目標のほうへ向かわせようとするものだからである。したがってこのような法規則は、社会的諸関係を安定し秩序だったものとして維持するために必要な諸変更のための手段になる（van HOOF, *op. cit.* (note 84), pp. 27-28）。彼のこのような見解は、開発の国際法が歴史の流れを加速する役割をはたすものであるととらえ、その意味で国際法一般の変遷の方向をさし示すものとみるステルンの見解とあい通じるものがある。ただヴァン・フーフはそのような法規則が実定法規則であることを前提にしている点に留意しなければならない。開発の国際法あるいは新国際経済秩序の諸原則の場合は、そのような実定性が完全に得られていない点で、彼の想定する法規則がもつ舵取り機能をそのままあてはめることはできない。それゆえ、以下に述べるような実効性・執行性をもっていない「法規範」のもつ意味と機能を別個に考察することが必要となるのである。

彼女は法規範を、利益矛盾を一時的に克服するものととらえる。したがって法規範の存在理由は「たとえ皮相的であれ利益矛盾を平和裡に解決して社会的安定をもたらすこと」にある。ついで彼女はこのように想定される法規範の機能の観点から法とイデオロギーとの関係を考察する。彼女によれば法規範の義務意識をもたらし、その規範を執行力のあるものにするのは「矛盾運動に参加するメカニズム」である。原初矛盾（contradiction primitive）が結果矛盾（contradiction consécutive）をひきおこすまでのあいだ、その原初矛盾を止揚する法規範が存続する。そして、現実の力関係に密着しそれを忠実に反映する義務意識がこの法規範にともなってあらわれる。しかし、本来の義務意識が存続しているのにもかかわらず、他方でそれが社会的現実とのかかわりにおいて操作された結果、ある規範が法規範ではないのに法的義務的なものであるとの外観[98]を備えるにいたる場合がある。そのような仮象の義務意識がイデオロギーにほかならない。

彼女はこのように法とイデオロギーとの関係をとらえたうえで、法規範を「執行的規範（droit exécutoire）」と「言辞的規範（droit déclamatoire）」のふたつに分ける。執行的規範はその時点でもっとも強い矛盾を解決する規範であって、それらの矛盾は法規範のうちに止揚される。それらの法規則には、たとえば国際通貨制度や米国の一般特恵制度のようにいまだに新しい矛盾によって止揚されるにはいたっていない旧矛盾に対応するものと、たとえば原油価格を定める石油輸出国機構の諸決議のように原初矛盾にとってかわる新しい矛盾に対応するものとのふたつがある。これにたいして言辞的規範は、ある時点での支配的でない矛盾――表明されるに足るほどには重要であるが止揚されるにはいたっていない矛盾――をあらわすものであり、これも執行的規範と同様、2種類ある。ひとつは、従来の規則にとってかわるほど強くはない新しい矛盾に対応するものであって、新国際経済秩序や国家の経済的権利義務憲章にかかわる諸決議がこれにあたる。もうひとつは、旧矛盾はより強い矛盾によって止揚さ

98）　Monique CHEMILLIER-GENDREAU, « droit du développement et effectivité de la norme », in *la formation des normes…, op. cit.* (note 6), pp. 274-276.

れ新しい執行的規範が生じている一方で、依然として表明されている旧矛盾に対応するものである。この例としては、国有化にかんするいくつかの西欧の裁判判決があげられる。それらは、依然として国有化領域での既得権の観念を採用し続け、あるいは国有化のさいの事前の補償義務を明言し、それを欠く事態を違法視するものの、現実の国有化現象に新しい力関係があらわれつつあるのを阻止することはできない。いずれにしても、それらの言辞的規範は実効性を欠いているのである[99]。

それでは法的実効性がないと知りつつ、言辞的規範を宣言することの意味は何か。彼女はこれをイデオロギーと法の相互作用の観点から次のように説明する。執行的規範には現実の社会的力関係が反映しているが、言辞的規範には国際社会についての意図的に歪曲されたイメージが具現されている。それゆえ言辞的規範は真に有効な法規範ではなく、実はイデオロギーの覆いにほかならない。言辞的規範が唱えられる背後で、そこに描かれたものとは異なる力関係が恒常化する。新国際経済秩序にかんする諸決議は、諸人民の平等や恒久主権の名において力関係の転換を表明するものだが、それは法的実効力をともなわず、その背後での低開発の深化を妨げない。つまりそれは正義を渇望する人々の気持ちを静めるために必要なイデオロギーの覆いであって、その陰でパンや米に飢える人々の数が日毎に増大していくような力関係が恒常化されることになる[100]。

しかしながらイデオロギーの覆いとしての言辞的規範の役割は以上のような現状隠蔽機能にとどまるわけではない。それとは逆に、現実の力関係を変える方向で一定の効果を生じさせる場合がある。それは、その言説じたいがもつ力の作用によってである。支配的な諸国が自らの自由主義的・進歩主義的な行動と言説によってついには真の譲歩をするにいたり、ひいては国際社会構造の変動をもたらす場合がある。新たに執行的規範を定立するには、まずなによりも現実の力関係を変えなければならないが、そのさいに法の外観をとったイデオ

---

99) *ibid.*, p. 277.

100) *ibid.*, pp. 277-278.

ロギーとしての言辞的規範は無視しえない役割をはたすのである。つまり言辞的規範は力関係を変革する動因のひとつであり、執行的規範は力関係が変革された結果のひとつであるということができる[101]。

このような視座から開発問題にかんする国際法状況をみるなら、それは執行的規範と言辞的規範との共存状態[102]ということになろう。つまり一方では現状維持・強化を図ろうとする自由主義的な従来の規範が依然として存続し、他方では開発の国際法にみてとれるような現状変革的・介入主義的な規範があらわれつつある。いいかえれば、原初矛盾の止揚としての執行的規範が全面的にではないにしても維持されている一方で、結果矛盾にはいたってはいない新たな矛盾が公然化し、多様な言辞的規範があらわれているという状況である。このような不明確な法状況にあるからこそ、途上国と先進国のいずれもが衡平という曖昧で主観的な観念に訴えて、それぞれが維持あるいは創設したいと考える法規範を擁護するという現象が生じてくる。大陸棚の境界確定や第三次国連開発の10年あるいは国際投資法にみられるような衡平観念への頻繁な言及は、国際法システム全体が新しい諸矛盾の出現によって動揺していることを意味している。つまりそこで法規範や法システムの安定性を害しているのは衡平原則ではない。それらの法的安定性が問われているからこそ、一方はその変動を、他方はその現状維持を正当化するために衡平原則への訴えかけを行うのである[103]。そこにおいて開発の国際法は、理論的、実際的なさまざまな考察が交錯する工房にたとえられよう[104]。この工房から斬新的でより練りあげられた法的

101） *ibid.*, p. 278.

102） *ibid.*, p. 279. ジャン・ロベール・アンリーも伝統的国際法と開発の国際法の共存という設定のもとで、前者は後者にその法的修辞法を課し、後者は前者を豊富化するという両者の相互作用を考察している（Jean-Robert HENRY, « l'imaginaire juridique d'une société mutante », in *la formation des normes…, ibid.*, p. 40）。

103） M. CHEMILLIER-GENDREAU, *ibid.*, pp. 280-281.

104） M. FLORY, « le concept de droit international du développement-25 ans après »,『法学新報』、94巻11・12号、1988年、5頁。アンリーは、このような側面をもつ開発の国際法を「さまざまな企図の唱えられる舞台（théâtre d'enjeux)」と表現している（J. R. HENRY, *op. cit.* (note 102), p. 39）。

作品が生みだされることもあれば、それらにたいして手厳しい批判が浴びせられることもある。

現状がこのようなふたつの規範の共存状態にあることをふまえたうえで、そこにおいて言辞的規範のはたす諸機能に留意しながら南北経済関係を規律する具体的な諸規範の実状を分析・総合していくことが、今後に残された課題である。その作業を通して、途上国の自立的発展をもたらすような開発の国際法の実定法化がはたしてありえるのか否かが探求されなければならない。その意味で本章は、南北経済関係を規律する国際法規範の実状の分析・総合という、今後の課題の出発点となるものである。

第3章

南北問題と国際立法
――開発の国際法の視点より――

序

東西冷戦後の現在、国際社会が直面している問題群として、民族またはエスニックの間の武力紛争や地球環境問題がわれわれの耳目をひき続けている。しかし、それらと並ぶ重要な問題であって、かつ、往々にしてそれらの原因となっているものが南北問題である。この南北問題が、冷戦後といわれる現在以降の国際秩序を考えるうえで、避けて通れない課題であることは疑いをいれない。というのも、そのような秩序をより公平で平等なものとして構想するのであれば、世界総人口のうちで最富裕層の20％が世界総所得の85％を占め、最貧困層の20％がわずかに1.4％を占めるにすぎないというような巨大な不平等[1)]を放置することはできないはずだからである。

いうまでもなく南北問題とは、「先進国・途上国間の経済発展格差とそれに由来する政治的・社会的諸問題」を意味する。南北問題は植民地主義が清算される以前からあったものの、その多くは植民地施政国の国内問題にとどまっていた。その後、第2次世界大戦直後から1960年代にかけて脱植民地化が進展し、多数の新興諸国が国際社会に登場した結果、南北問題が国際社会に顕在化する。さらに、1960年代から1970年代にかけて、GATT第4部「貿易と開発」の追加、国連貿易開発会議の創設、それに国連総会における新国際経済秩序樹

1） UNDP, *Human Development Report,* Oxford University Press, 1996, p. 2.

立宣言の採択などを通じて、南北問題は、国際社会全体で対処すべき課題として定着するに至った。ところがその後の深刻な累積債務危機や、「南」の諸国の一体性の喪失などのさまざまな要因のために、南北問題が依然として解決困難な状況にあることは周知のとおりである[2)]。

一般に法がその規律対象である社会から生み出され、その社会の変動を反映するものである以上、このような南北問題の顕在化が現代国際法に影響を及ぼすことになるのはいわば当然のなりゆきだった。先進国・途上国間の発展格差の縮小を究極目的とする「開発の国際法」が、1960年代にフランスに誕生したのは、この文脈においてである[3)]。南北問題への接近方法のひとつであるこの国際法理論は、事実上の差異とりわけ発展の不平等を考慮に入れた具体的な国家観にもとづいて、途上国に有利な法的枠組を樹立するために国際法全般にわたる「精力的な読み直し」を行おうとした[4)]。ところが現実の南北問題の行き詰まりにともなって、この法は、1970年代末から1980年代前半にかけて、法実証主義者および第三世界主義者からの根底的批判にさらされた。前者はこの法の実定性を疑問視し、後者はこの法が果している現状強化機能を告発する

2）とりわけ1990年代になると、グローバリズムの名のもとに多国籍企業に有利な市場拡大政策がとられた結果、「北」の諸国内部では産業の空洞化や雇用の喪失が進んで貧富の格差が拡大した。他方、累積債務に悩む「南」の諸国はIMF・世界銀行の構造調整融資に頼ることを余儀なくされ、公共部門の民営化や規制緩和が強行された結果、「南」の諸国内部でも新たな貧富の格差拡大が生じている。このように南北問題は、いまや先進国対途上国という従来の図式だけではとらえきれない複雑な構造をなすに至っている。以下を参照。本間修一「南北問題の歴史的展開」『科学と思想』87号、1993年、恒川惠市「世界システムと南北問題」『国際問題』440号、1996年11月、安藤勝美「国際組織と南北問題」同前、青木一能「開発途上諸国の階層化と開発論の潮流」同前、堀中浩「グローバリズムと南北問題」『経済』16号、1997年1月、増田正人「市場拡大の時代と世界経済」同前。

3）Michel VIRALLY, « vers un droit international du développement », *AFDI,* 1965. その後、この開発の国際法（droit international du développement）について書かれた体系書として、以下を参照。Maurice FLORY (P.U.F., 1977), Mohamed BENNOUNA (Berger-Levrault, 1983), Alain PELLET (P.U.F., 1987), Guy FEUER et Hervé CASSAN (DALLOZ, 1991). 高島忠義『開発の国際法』慶應通信、1995年。

4）Maurice FLORY, *droit international du développement, op. cit.* (note 3), p. 31.

ものだった[5)]。1990年代に入って、いわゆる社会主義諸国の解体とともに市場経済・自由貿易至上主義的な傾向が強まると、開発の国際法の生彩はいっそう薄れた。この法の現状については、総論・原則レベルでは確立しているのだからその実定法化を推進すべきであるととらえるもの[6)]や、これまでの過剰なイデオロギーが払拭されて実定法化の道をたどる可能性が逆に高まったと評価するものがある[7)]。これらの評価も含めて、これまでのこの法の多くが実は前望的な規範群にとどまっていて、いまだに実定法を構成するには至っていないと認識する点には、ほぼ異論がないといえよう[8)]。

ところで、開発の国際法が依拠する基本原則のひとつが、「規範の二重性」または「多重性」である。開発の国際法は、先進国・途上国間の発展格差を考慮に入れて途上国に有利な差別待遇を認めることで、法の適用結果の平等、すなわち実質的平等[9)]を確保しようとする。そのため諸国は、経済的社会的発展の程度に応じて、まず先進国と途上国というふたつのカテゴリーに区分され、そのうちの相対的弱者である途上国にたいして、より有利な権利義務または待遇（たとえば、相互主義のかわりに非相互主義、最恵国待遇のかわりに特恵待遇）が設

5）この論争については以下を参照。Maurice FLORY, Ahmed MAHIOU, Jean Robert HENRY éd., *la formation des normes en droit international du développement,* CNRS, 1984 ; 西海真樹「開発の国際法論争――南北経済関係における国際法の役割とその限界――」『法学と政治学の諸相』、成文堂、1990年。

6）開発の国際法をいちはやく日本に紹介し、この法についてこれまで多くの論文を著している位田隆一の評価である（「『開発の国際法』理論――フランス国際法学の一端――」『日仏法学』16号、1989年、72頁）。

7）Guy FEUER et Hervé CASSAN, *op. cit.* (note 3), pp. 22-23. 高島忠義も同趣旨である（『開発の国際法』、前掲（註3）、23頁）。

8）たとえば以下を参照。Gérard BLANC, « Peut-on encore parler d'un droit du développement? », *JDI,* no. 4, 1991 ; Pierre-Marie DUPUY, *droit international public,* PRÉCIS DALLOZ, 1993, p. 476.

9）ここで実質的平等とは、多様な法主体の事実上の差異を考慮に入れて、相対的に弱い（あるいは不利な）法主体にたいしてより有利な差別待遇を認めることで、法の適用結果の平等を確保しようとする考え方をいう。次を参照。「実質的平等」『国際関係法辞典』三省堂、1995年。

定・適用される。これが規範の二重性である。さらに、途上国内部に後発途上国、内陸国、島嶼国などのサブカテゴリーが設定され、相対的弱者としてのこれらのサブカテゴリーに属する諸国にたいして、より有利な権利義務または待遇が重層的に設定・適用される。これが規範の多重性である[10)]。

以上のような「規範の二重性・多重性」とは、別のいいかたをすれば、実質的平等の発現形態にほかならない。それでは、南北問題の行き詰まりや開発の国際法の生彩の弱まりにともなって、この実質的平等の主張も勢いを失ってしまったのだろうか。本章は、南北問題の閉塞状況がいわれて久しい現在において、実質的平等の発現形態としての「規範の二重性・多重性」が、現実の法規範・制度のなかでどのように実現しているのかを検討するものである。いいかえれば、さまざまな形で主張されてきた現代国際法における実質的平等が、一体どのような状況にあるのかを確認すること、それが本章の目的である。以下の本論では、ILO 条約、WTO 協定および普遍的な地球環境保全条約の三つを検討素材として、それぞれの分野における規範の二重性・多重性の現状を明らかにする。検討の対象をこれらの分野に限定したおもな理由は、第１に、複雑化した南北問題がこれらの領域において顕在化しているからであり、第２に、これらの領域においては、個別国家の利益だけでなくすべての国家あるいは人類全体の利益が多かれ少なかれ観念されており、それゆえに、これらを広い意味での国際立法が行われている領域ととらえることができるからである。（結）においては、本論を通じて確認される「規範の二重性・多重性」のさまざまな発現形態を整理したうえで、国際立法におけるその意義を考える。これらの作業全体を通して、南北問題における国際立法の一側面を浮き彫りにしたい。

Ⅰ「規範の多重性」論の形成

「規範の多重性」論のもととなった「規範の二重性」論を最初に理論化した

10）次を参照。西海真樹「開発の国際法における『規範の多重性』論」『世界法年報』第 12 号、1992 年。以下のⅠは、この論文の 3-7 頁に依拠している。

のは、4年前に来日したパリ第五大学のギー・フエール（Gyu FEUER）教授である。ここでは、彼が1973年にフランス国際法学会で行った報告、および、彼と彼の同僚であるエルヴェ・カッサン（Hervé CASSAN）教授との共著『開発の国際法』に依拠して、まず開発の国際法における「規範の二重性」論の位置を確認する。ついで、その「規範の二重性」論が、必然的に「規範の多重性」論にいたることをふまえて、「規範の多重性」論のあらたな定義づけを行う。

⑴　開発の国際法における「規範の二重性」論

フエール教授は、1973年の「開発の国際法の基本原則」と題する報告のなかで、開発の国際法は伝統的国際法と同様、《主権》と《協力》との弁証法にもとづいている、と述べる。ただし、伝統的国際法のもとでは、抽象的で法的に平等な国家についてこの弁証法が考えられていたが、開発の国際法においては、さまざまな諸国間の不平等が考慮に入れられる。その結果、《主権》は、途上国がみずからの発展の手段を完全に掌握できるよう、より動的で具体的なものとなる。また、《協力》も、低開発に由来する不均衡を補償しその是正をめざす《連帯》の観念に包摂されるものとなる。開発の国際法を構成する諸原則は、このようにとらえなおされた《主権》と《連帯》というふたつの運動のなかに現れることになる[11)]。

このうち、《主権》の系に属する原則として、国際経済機構の意思決定過程への平等参加、援助のさいの受け入れ国の同意、国内管轄事項への不干渉、天然の富と資源にかんする恒久主権およびそこから導かれる国有化原則などがあげられる。いずれも、途上国の政治的・経済的主権を強化することを目的としたものである[12)]。《連帯》の系に属する諸原則には、「経済開発および社会的進歩が国際共同体全体の共通の関心事たるべき」との原則、「国際共同体および

---

11)　G. FEUER, « les principes fondamentaux dans le droit international du développement », in *pays en voie de développement et transformation du droit international*, PEDONE, 1974, p. 194.

12)　*ibid.*, pp. 197-218.

図１

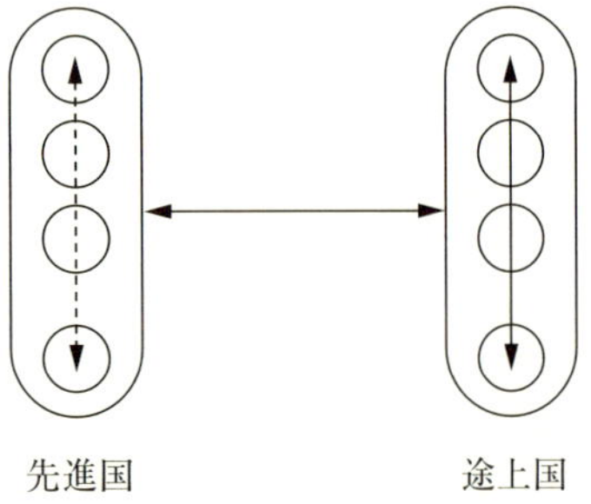

先進国が途上国への援助義務を負う」との原則、「途上国の開発については途上国自身が第一次的責任を負う」との原則、および、それに由来する途上国間協力などが列挙されている[13]。「規範の二重性」の原則は、これに引き続いてこの《連帯》の系に属する原則としてあげられることになる。

それでは開発の国際法を特徴づける「規範の二重性」原則とは何か。フエール教授の定義によれば、それは、「諸国のあらゆる関係を一様に規律する規則群にたいして、以後、権威において対等で並列的なふたつの規則群がとってかわる。このふたつの規則群のひとつは、先進国間関係を規律し、もうひとつは、先進国＝途上国間関係および途上国間関係を規律する」ということを意味する（**図１**）[14]。この２番目のものが、途上国の特別の利益を考慮に入れた、途上国に有利な規則群である。

一方、昨年に改訂版が出たフエール、カッサン両教授の共著『開発の国際法』[15]においては、この「規範の二重性」論は、次のように位置づけられている。そこではまず、開発の国際法が《志向性》《混合性》および《反抗性》といった固有の性格を帯びた法としてとらえられる。ここで《志向性》とは、同法が現状変革的な目的追求の法だという意味である。《混合性》とは、同法が、

13）　*ibid.*, pp. 218-224.

14）　*ibid.*, pp. 225.

15）　G. FEUER et H. CASSAN, *loc, cit* (note 7).

国際法のみならず国内法および国家と私人との関係を規律するトランスナショナルな法をも含んでいることを意味する。《反抗性》とは、同法が既存の法への異議申し立てという性格を有し、しばしば先進国の反対にあっていることを指している[16)]。そして、このような性格を有する開発の国際法の基本原則として、《主権》および《連帯》のふたつに加えてあらたに《平等》があげられている。これらの概念が、従来の意味で用いられると同時に新たな意味をも受容していることはいうまでもない[17)]。こうして、ここでの《平等》には、従来の形式的平等原則に加えて、いわゆる「補償的不平等」観念が含まれることになる。この観念から、「規範の二重性」論が導きだされる。開発の国際法がそれによって整序されるという意味で、「規範の二重性」論は、開発の国際法の主軸のひとつと位置づけられている[18)]。

以上からわかるように、「規範の二重性」論は、それが《連帯》から導かれるか、《平等》の構成因子としての「補償的不平等」観念から導かれるかの違いこそあれ、それが開発の国際法システムを支える基本原則であるということにかわりはない。さらに、その考え方の背後には、抽象的な国家観ではなく事実上の差異（とりわけここでは発展の不平等）が考慮に入れられた具体的な国家観にもとづいて、弱者に有利な消極的差別をうちたてていこうとする考え方が一貫して流れていることがわかる。

⑵「規範の二重性」論の論理的延長としての「規範の多重性」論

ところで、先進国間関係と先進国＝途上国間関係には異なる規範を適用するべきであるという「規範の二重性」論が、発展の不平等という相対的な考えに由来している以上、すべての国家を先進国と途上国というふたつのカテゴリーに分けることは、何ら最終的に確定されるものではない。とりわけ、途上国の分化傾向が著しいことは今日広く認められており、さまざまな国際機関は、そ

16） *ibid.*, pp. 23-28.
17） *ibid.*, pp. 28-38.
18） *ibid.*, pp. 33-34.

のような途上国内部のサブカテゴリーを設定している。したがって、「規範の二重性」論は、必然的に「規範の多重性」論にいたることになる。このことをふまえて、ここで、開発の国際法における「規範の多重性」論をあらためて定義づけるとすれば、それは、次の三つの要素から構成されるものと思われる。すなわちそれらは、《制度目的》《複数の国家カテゴリー》および《弱者に有利な規範群》の三つである。以下、それぞれの内容を説明してみよう。

まず、「規範の多重性」論がひとつの法制度を構成するものである以上、規範の多重性の導入によって実現されるべき目的が当然求められる。開発の国際法における「規範の多重性」論の制度目的は、一般的にいえば、「途上国の経済的・社会的発展」あるいは「途上国と先進国との間の経済格差の縮小」といった、開発の国際法の究極目的に一致することになるが、より具体的には、「途上国への援助・融資」「技術移転」「輸出の促進」および「一次産品所得の安定」などがそれぞれの制度に応じて定められることになる。さらに、開発の国際法を南北経済格差の是正のための法としてだけでなく、《さまざまな差異を有する具体的諸国家の福祉を実現し、その生存を確保するための法》として、いいかえれば広義の《国際社会法》としてとらえるならば、そこでの「規範の多重性」論の制度目的として、「人権保障」や「環境保護」などもあげられることになる。

次に《複数の国家カテゴリー》であるが、これはそもそも開発の国際法が具体的な国家間の発展の不平等の認識に出発していることから必要となる。周知のように、そのようなカテゴリーとして、まず、「先進国」と「途上国」というカテゴリーがあり、さらに「途上国」カテゴリーの内部に、「後発途上国」「内陸途上国」「島嶼途上国」といったサブカテゴリーが、さまざまな国際機構・機関によって設定されている。これらのカテゴリーへの帰属を決定するさいの基準としては、１人当たりの国民総生産あるいは国民所得の一定値や、国際機関による国名リストの作成、途上国の側の自己選択制などがある。いずれにせよ、これらのカテゴリーへの諸国の帰属はけっして確定的なものではない。また、同一の途上国が複数のサブカテゴリーに属するということも、実

図2

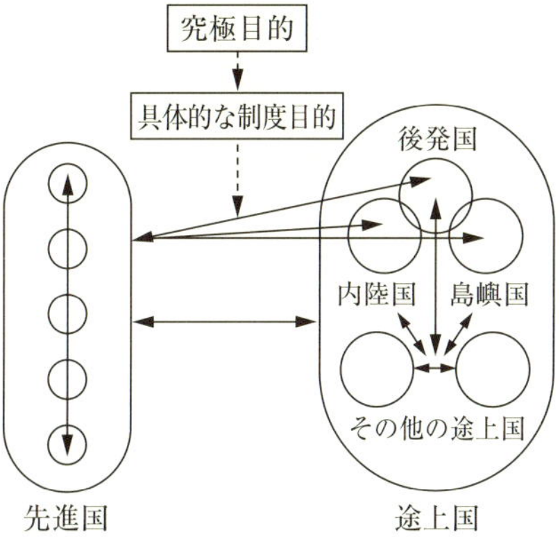

際、頻繁に生じている[19]。

「規範の多重性」論が成立するための3番目の要素が、上に述べた《制度目的》の実現に向けて《複数の国家カテゴリー》の間に適用されることになる、《弱者に有利な規範群》である。このような規範は、次のふたつに大別できると思われる。第1のものが、弱者の側の義務を免除あるいは軽減する規範群であり、たとえば、貿易分野での非相互主義原則によって、いくつかのGATT上の義務が途上国に免除される場合がこれに該当する。第2のものが、弱者の側に特権を付与する規範群であり、その典型例としては、一般特恵制度や輸出所得安定化制度があげられよう。このような《弱者に有利な規範群》が形式的平等原則を具現する従来の規範群と並存すること。これが「規範の多重性」論の成立のための第3の条件である。

以上の三つの要素の間の関係を図示したものが（**図2**）である。くりかえせば、開発の国際法における「規範の多重性」論とは、《途上国の経済的自立》という究極目的のもとで設定されたそれぞれの《制度目的》を実現するため

---

19)　以下を参照。M. FLORY, *op. cit.* (note 3), pp. 59-67. ; M. BENNOUNA. *op. cit.* (note 3), pp. 57-66. ; A. PELLET, *op. cit.* (note 3), pp. 65-69. ; G. FEUER et H. CASSAN, *op. cit.* (note 3), pp. 46-83.

に、《複数の国家カテゴリー》の間に適用される《弱者に有利な規範群》と、同一カテゴリーに属する国家間に適用される《平等規範群》との並存状態であるということができよう。

Ⅱ 国際労働機関（ILO）条約における規範の多重性

序で、南北問題が顕在化したのは脱植民地化が進展した1960年代以降であり、それにともなって「規範の二重性・多重性」に依拠する開発の国際法が提唱されるに至ったと述べた。しかしながら、この「規範の二重性・多重性」の考え方は、実は、それよりはるかに以前からILO条約において「規範の柔軟性」の名のもとに採用されてきたのである。ILOは、世界各国の労働条件の改善という社会正義を実現するために、これまで170を越える条約、180を越える勧告を採択してきた。これらの条約が法的、経済的、社会的条件の異なるさまざまな諸国によって批准されるためには、そのような条件を作成するさいに、条約の名宛人である諸国の発展の不平等を考慮に入れることがどうしても必要となる。つまり「規範の柔軟性」は、ILO条約の普遍的適用を確保するための代償となっている。ILO条約における「規範の柔軟性」の根拠は、ILO憲章第19条第3項にみいだされる。同項は、総会が条約を作成する場合に、気候条件とならんで「産業組織の不完全な発達または他の特殊の事情によって産業条件が実質的に異なる国について十分な考慮を払い、かつ、これらの国の事態に応ずるために必要と認める修正があるときは、その修正を示唆しなければならない」と述べている。この規定にもとづいて、「規範の柔軟性」が多くのILO条約にとりいれられてきた。これらの条約規定は、おおよそ以下の四つの類型に区分することができる[20)]。

20） このような類型化を行うにあたって、以下の文献を参考にした。飼手真吾・戸田義男『ILO国際労働機関』日本労働協会、1962年、ニコラス・バルティコス（吾郷真一訳・花見忠監修）『国際労働基準とILO』三省堂、1984年、57-61頁、Nicolas VALTICOS et Francis WOLF, « L'organisation international du travail et les pays en

第1の類型は、いくつかの加盟国を名指しで特定して、それらの国により緩やかな義務を課すという規定である。いわゆる特殊国条項である。たとえば、工業における労働時間を1日8時間・週48時間と定めた第1号条約第9条—13条、工業における就労最低年齢を定める第5号条約第5、6条、児童の夜間労働にかんする第6号条約第5、6条などがこの類型に該当する。これらの条約はいずれも1919年に採択されたものであり、興味深いことに、それぞれの条約で特定された加盟国のなかには、つねに日本が含まれている[21]。これら

---

voie de développement ; techniques d'élaboration et mise en œuvre de normes universelles», *pays en voie de développement et transformation du droit international,* Pedone, 1974 ; Diallo HAMADOUN, *pluralité des normes en droit international du travail,* thèse de 3e cycle, Université d'Aix-Marseille III, 1982.

21）第1号条約についていえば、日本の政府、使用者代表は、日本の資本主義の後進性を一貫して主張した。その結果、労働者代表の反対にもかかわらず、同条約の適用範囲を狭め、15才以上の労働者について週57時間、生糸工業では60時間までの労働を認めるなどの、日本についての特別規定を定める同条約第9条が採択された。次を参照。中山和久『ILO条約と日本』岩波書店、1983年、56-59頁。なお、同条約第9条の原文は次のとおり（ILO東京支局より入手）。

Article 9

In the application of this Convention to Japan the following modifications and conditions shall obtain :

(a) the term "industrial undertaking" includes particularly-the undertakings enumerated in paragraph (a) of Article 1 ; the undertakings enumerated in paragraph (b) of Article 1, provided there are at least ten workers employed ; the undertakings enumerated in paragraph (c) of Article 1, in so far as these undertakings shall be defined as "factories" by the competent authority ; the undertakings enumerated in paragraph (d) of Article 1 except transport of passengers or goods by road, handling of goods at docks, quays, wharves, and warehouses, and transport by hand ; and, regardless of the number of persons employed, such of the undertakings enumerated in paragraph (b) and (c) of Article 1 as may be declared by the competent authority either to be highly dangerous or to involve unhealthy processes.

(b) the actual working hours of persons of fifteen years of age or over in any public or private industrial undertaking, or in any branch thereof, shall not exceed fifty-seven in the week, except that in the raw-silk industry the limit may be sixty hours

の規定は、そこで特定された国の労働者にたいしてより不利な労働条件が課されるのをいわば公認するものであるから、当然、彼らはこのような規定に反対した。このように、いくつかの国を特定して義務を緩和するという特殊国条項方式がとられた条約は、その大部分がILO初期のものであり、しかもその多くはそこで特定された加盟国によって批准されないままである。このような状況やILO加盟国数の増加とともに、特殊国条項方式は、その後、利用されなくなった。

第2の類型として、名指しはしないものの、いくつかの条件を満たす加盟国にたいしてより緩やかな義務を課す条約規定がある。たとえば、条約の扱う事項についての規則が何ら存在しない国にたいして、一般的な基準以下の基準をとることを認めるもの（工業における児童および年少者の雇用適格のための健康検査にかんする第77号条約第9条第1項[22]など）、経済および医療設備が十分に発達していない国にたいして、条約中に用意されたいくつかの一時的な例外規定の適用を認めるもの（社会保障最低基準にかんする第102号条約第3条第1項[23]など）が

---

in the week ;

22）同条約の第9項第1項は、同条約の批准を可能とする法律もしくは規則が採択される日より前に、児童および年少者の工業における雇用適格のための健康検査にかんするいかなる法律もしくは規則も有さない加盟国にたいして、健康検査によって適格と判断されなければ雇用が許されない年齢の上限を通常の18歳より引き下げることができる旨を規定している。その原文は次のとおり（以下の条文はすべて次の書物から引用した。International Labour Organization, *International Labour Conventions and Recommendations* 1919-1991, vol. I, II, International Labour Office, 1992）。

Article 9

1. Any Member which, before the date of the adoption of the laws or regulations permitting the ratification of this Convention, had no laws or regulations concerning medical examination for fitness for employment in industry of children and young persons may, by a declaration accompanying its ratification, substitute an age lower than eighteen years, but in no case lower than sixteen years, for the age of eighteen years prescribed in Articles 2 and 3 and an age lower than twenty-one years, but in no case lower than nineteen years, for the age of twenty-one years prescribed in Article 4.

23）同条件の第3条第1項は、経済および医療設備が十分に発達していない加盟国に

ある。

第3に、加盟国が、条約批准時に、条約が提示したいくつかの部分のうち自らが受諾する部分を選択することを認めるという類型がある。社会保障最低基準にかんする第102号条約第2条[24]、有料職業紹介所にかんする第96号条約第2条第1項[25]などがこれに属する。前者においては、加盟国は、医療、疾病給付、失業給付、老齢給付などの九つの部のうち、最低三つを受諾することが求められている。後者においては、加盟国は、有料職業紹介所の漸進的廃止

たいして、その国の権限ある当局が必要と判断した場合に、より緩やかな義務を定めた一時的な例外条項のその国への適用を認めている。その原文は次のとおり。

Article 3

1. A Member whose economy and medical facilities are insufficiently developed may, if and for so long as the competent authority considers necessary, avail itself, by a declaration appended to its ratification, of the temporary exceptions provided for in the following Articles : 9 (*d*) ; 12 (2) ; 15 (*d*) ; 18 (2) ; 21 (*c*) ; 27 (*d*) ; 33 (*b*) ; 34 (3) ; 41 (*d*) ; 48 (*c*) ; 55 (*d*) ; and 61 (*d*).

24)　その原文は次のとおり。

Article 2

Each Member for which this Convention is in force —

(a) shall comply with —

(i) Part I ;

(ii) at least three of Parts II, III, IV, V, VI, VII, VIII, IX and X, including at least one of parts IV, V, VI, IX and X ;

(iii) the relevant provisions of Parts XI, XII and XIII ; and

(iv) Pari XIV ; and

(b) shall specify in its ratification in respect of which of Parts II to X it accepts the obligations of the Convention.

25)　その原文は次のとおり。

Article 2

1. Each Member ratifying this Convention shall indicate in its instrument of ratification whether it accepts the provisions of Part II of the Convention, providing for the progressive abolition of fee-charging employment agencies conducted with a view to profit and the regulation of other agencies, or the provisions of Part III, providing for the regulation of fee-charging employment agencies including agencies conducted with a view to profit.

および有料職業紹介所の規制について定めるふたつの部のうち、いずれかを受諾する自由が認められている。

最後に第4の類型として、条約の適用範囲について当事国の裁量を認める条約規定がある。たとえば、最低賃金決定制度の設立にかんする第26号条約第2条[26)]、第99号条約第1条第2項[27)]は、一定の協議を条件として、加盟国政府が、独自にそのような制度の適用範囲に決定することを認める。また、特定の人および企業を条約の適用対象から除いたり、逆に、特定の割合の賃金労働者またはその国の人口の一定部分だけに適用の対象を限定するもの、さらには、人口の希薄な地域や工業が十分に発達していない地域を適用対象から除外することを認めるもの（商工業における労働監督にかんする第81号条約第29条第1項）[28)]もある。

以上のようなILO条約における規範の柔軟性＝多重性をどう評価すべきだ

26）その原文は次のとおり。

Article 2

Each Member which ratifies this Convention shall be free to decide, after consultation with the organisations, if any, of workers and employers in the trade or part of trade concerned, in which trades or parts of trades, and in particular in which home working trades or parts of such trades, the minimum wage- fixing machinery referred to in Article 1 shall be applied.

27）その原文は次のとおり。

2. Each Member which ratifies this Convention shall be free to determine, after consultation with the most representative organisations of employers and workers concerned, where such exist, to which undertakings, occupations and categories of persons the minimum wage fixing machinery referred to in the preceding paragraph shall be applied.

28）その原文は次のとおり。

Article 29

1. In the case of a Member the territory of which includes large areas where, by reason of the sparseness of the population or the stage of development of the area, the competent authority considers it impracticable to enforce the provisions of this Convention, the authority may exempt such areas from the application of this Convention either generally or with such exceptions in respect of particular undertakings or occupations as it thinks fit.

ろうか。ILO 条約は、普遍的な基準を設定することを任務としており、地域的基準あるいは下位基準を正面から認めることには消極的である。なぜならばそれは、異なる地域間の差異を助長し、緊張を高め、ひいては世界的基準がもたらす競争への意欲を減じることになりかねないからである[29)]。しかしながら現実には、ILO 条約は、経済発展格差をはじめさまざまな差異を有する ILO 加盟国をその名宛人としなければならない。この場合に、条約法上の技術としては、留保を付したうえで条約を批准することで、条約と諸国の差異とを両立させることが考えられるが、ILO 条約には原則として留保を付すことが認められていない[30)]。したがって、上にみてきたような規範の柔軟性を ILO 条約が採用することは、異なる状況に一般的に対応し得るような世界的基準を作成するうえで不可避の方法だったといえよう。

ILO 条約における規範の多重性の特徴として、3 点、指摘することができる。第 1 に、結社の自由（第 87 号条約）や強制労働の廃止（第 105 号条約）などの基本権を定めた ILO 条約には、この規範の柔軟性はとりいれられていないということである[31)]。このことは、規範の多重性アプローチの有効範囲を示唆している点で興味深い。一般に、即座に達成すべき規範については、国ごとの具体的な多様性・異質性を考慮に入れる必要がない以上、規範の多重性は問題にならないといえよう。第 2 に、ILO 条約における規範の多重性は、上述の第 1 のカテゴリーに属する規定を除けば、その名宛人としての途上国を明示的に特定していない。その点で、後にみる WTO 諸協定や国際環境諸条約における規範の多重性とはその発現形態が明らかに異なっている。つまり途上国のみならず先進国もここにあげられた方式にしたがって、自国にとってより負担の軽

29） バルティコス、前掲（註 20）、54 頁。

30） バルティコスは、留保が認められない理由として、ILO 条約が国家の利益だけを具現している訳ではない 3 者構成の総会によって採択されること、ILO 条約全体の目的が留保と相いれないこと、のふたつをあげている。（同上、345-346 頁）。

31） Nicolas VALTICOS et Francis VOLF, *op cit.* (note 20), pp. 137-138 ; Nicolas VALTICOS, “Les conventions de l’organisation internationale du travail à la croisée des anniversaires”, *RGDIP,* 1996-1, p. 37.

い規範を選択し得るわけである。しかし実際にこれらの規範の多重性を利用しているのはそのほとんどが途上国である[32]。その意味で、ILO条約における規範の多重性は、いわば名宛人が潜在化した規範の多重性であるということができよう。第3に、ここでの規範の多重性とは、より負担の軽い基準の選択を許すという点で、あくまでも国レベルでの利益にとどまるということである。ILO条約によって究極的に保護されるべき労働者にとってみれば、より緩やかな保護しか享受できないのであるから、そのような多重性を認めることは、国のレベルとは逆にマイナスに作用する。後に考察する普遍的地球環境保全条約における規範の多重性についても同様のことがいえよう。労働基準や環境基準が緩やかであることを利用しようとして、多国籍企業が途上国にその生産拠点を移動していることは周知のとおりである。規範の多重性が途上国にとって有利な実質的平等のあらわれであることは確かだとしても、それはあくまでも国のレベルにおいてそういえるのであって、国家の殻を破って個人の視点から見た場合には、逆に、条約目的の実現を阻害する機能を営んでいることに十分留意する必要がある。

Ⅲ 世界貿易機関（WTO）協定における規範の多重性

WTO協定における規範の多重性の状況を考察する前に、1947年GATT（関税と貿易にかんする一般協定）のもとで、規範の多重性がどのように導入されてきたのかを概観しておこう[33]。

いうまでもなくGATTは、無条件無差別の最恵国待遇と相互主義にもとづ

32) バルティコス、前掲（註20）、60-61頁。

33) 1947年GATTへの規範の多重性の導入については、さしあたり以下を参照。佐分春夫「発展途上国問題とGATT」『貿易と関税』、1990年2月号、浦田秀次郎「GATTにおける発展途上国優遇措置」同前、1990年4月号、大隈宏「南北問題とGATT」同前、1990年5月号、高瀬保「GATTにおける開発途上国の取扱い」同前、1991年2月号、同「ガットと開発途上国」『国際経済法』第1号、1992年、ロバート・E・ヒュデック（小森光夫編訳）『ガットと途上国』信山社、1992年。

く関税の引き下げ、および、数量制限の一般的廃止を通じて、戦後の自由貿易体制の確立をめざすものだった。他方で GATT は、多数の途上国の加入にともない、原理的にはその基本原則と矛盾する規範の多重性を、GATT 規定の修正・追加によってとりいれてきた。このような規範の多重性の導入にかかわる修正は、ウルグアイ・ラウンド成立以前の時期において、大別して 4 度にわたって行われてきた。まず、1955 年の GATT 第 18 条改正の結果、一定の条件を満たす途上国にたいして、自国産業の保護・育成および国際収支の困難克服のために輸入制限や譲許表の修正・撤回を行うさいの要件が緩和された。ついで、1964 年に採択された「貿易および開発」と題する GATT 第 4 部は、その第 36 条第 8 項において、締約国を先進締約国と低開発締約国とに分けたうえで、前者が後者に相互主義を期待しないことを、いわば努力義務として規定した。これは、GATT の基本原則である相互主義および無差別最恵国待遇の適用を対途上国貿易から除外して、それにかわって非相互主義および途上国への特別待遇を認めるものだった。さらに 1971 年には、GATT 第 25 条第 5 項のウェーバー規定により、10 年の期限で一般特恵制度の導入を認めた。同制度は、相互主義および最恵国待遇という従来の平等規範の適用を、先進国向けに輸出される途上国産品について排除するものである。そこにおいては通常、後発途上国へのより有利な待遇が設けられている。この一般特恵制度は、後に、1979 年の東京ラウンドにおいて、いわゆる授権条項によって完全に合法化されるに至った。

それでは、ウルグアイ・ラウンドおよびその結果成立した WTO 協定においては、規範の多重性はどのように扱われているのだろうか。

ウルグアイ・ラウンドの開始を宣言した 1986 年 9 月のプンタデルエステ宣言（ウルグアイ・ラウンドにかんする閣僚宣言）は、交渉の一般原則として七つの原則を掲げているが、そのうち四つが途上国の特別の事情を考慮するものである[34)]。すなわち、第 4 原則は「異なる一層有利な待遇」の原則が交渉に適用さ

34)　津久井茂充『ガットの全貌〈コンメンタール・ガット〉』日本関税協会、1993 年、97 頁。

れることに合意する旨を述べ、スタンドスティルおよびロールバックの実施にあたっては、それが途上国の貿易を阻害するものにならないよう配慮することを求めている。第5原則は、先進国が途上国から相互主義を期待しないと述べる。第6原則は、いわゆる卒業条項である。第7原則は、後発途上国にたいして特別の配慮が払われるべきであると述べる。つまり、これらの原則は、1947年GATTのもとで導入されてきた規範の多重性が、ウルグアイ・ラウンドにおいても交渉原則として維持されるべきであると、そう各国の閣僚が一致して認識していることを意味しているのである。

実際、ウルグアイ・ラウンドの結果成立したWTO協定（世界貿易機関を設立するマラケシュ協定）には、「異なる一層有利な待遇」原則を反映した規定が多くみいだされる。まず、WTO設立協定じたいがその第11条第2項において、後発途上国が自らのかかえる事情を協定にもとづく約束や譲許に優先することを承認している。

WTO協定の付属書1は、物品（付属書1A)、サービス（同1B）および貿易関連知的所有権（同1C）にかんする協定からなりたっている。このうち、物品にかんする諸協定の冒頭におかれた1994年GATTは、その第1条において1994年GATTの構成要素を列挙しているが、そこには「1947年GATT」（第1条a）と「1947年GATTの締約国団が行った決定」（第1条b iv）が含まれている。これによって、1947年GATT第4部や一般特恵制度を公認する東京ラウンドの授権条項は、1994年GATTにおいてもその効力を維持することになる[35)]。

さて、物品にかんする諸協定のうち、農業、衛生植物検疫措置、繊維および繊維製品、貿易の技術的障害、貿易関連投資措置、1994年GATT第6条の実

35）　ちなみに、付属書1Aのなかの原産地規則協定の付属書Ⅱは、「特恵にかかわる原産地規則にかんする共同宣言」と題され、特恵にかかわる原産地規則を整備しているが、このことはとりも直さず、一般特恵制度の存続を前提としている。また、次も参照。氏家輝雄「ウルグアイ・ラウンド後の一般特恵制度（GSP）について（1）（2・完）」『貿易と関税』1995年12月号、1996年1月号。

施協定、同第7条の実施協定、補助金および相殺措置、ならびに、セーフガード協定において、それぞれ（後発）途上国に有利な待遇が規定されている。サービス貿易協定および貿易関連知的所有権協定についても同様である。さらに紛争解決にかかわる規則および手続にかんする了解（付属書2）においても、後発途上国にかかわる特別の手続が用意されている[36]。このように、WTO協定のほぼ全域にわたって「異なる一層有利な待遇」原則としての規範の多重性が導入されている。それらは、おおよそ以下の三つに類型化できよう。

第1の類型は、（後発）途上国への特別待遇を原則的に確認する規定である。この原則宣言型は、具体的権利義務を設定するには至らない。また、それは協定前文中によくみられるが、それに限られるわけではない。たとえば、農業協定の前文には「……開発途上国に対する特別のかつ異なる待遇が交渉の不可欠の要素であるという合意に配慮しつつ……」との文言がある[37]。衛生植物検疫措置協定第10条第1項は「衛生植物検疫措置の立案および適用に当たり、加盟国は、開発途上加盟国（特に後発開発途上加盟国）の特別のニーズを考慮する」と述べる[38]。これらの規定はいずれもこの原則宣言型に属する。

第2の類型として、（後発）途上国をはじめとするいくつかのカテゴリーに属する諸国にたいして協定上の義務を緩和する規定（《義務－α》型）がある。この《義務－α》型はさらに、①事項的優遇規定、②数量的優遇規定および③時間的優遇規定の三つに区分できる。①は、ある特定事項についての義務を部分的または全面的に免除する規定である。たとえば、補助金・相殺措置協定第27条第13項（途上国の民営化の枠組のもとで行われ、当該民営化計画と直接結びついている補助金にたいしては第3部を適用しない旨を定める）が義務の部分的免除規

36)　次を参照。岩沢雄司『WTOの紛争処理』三省堂、1995年、29頁。

37)　前文中にこの類型の規定を含むものとしては、この他に、繊維・繊維製品、貿易の技術的障害、貿易関連投資措置、それにサービス貿易の諸協定がある。

38)　協定本文中にこの類型の規定を含むものとしては、この他に、農業協定第15条第1項、貿易の技術的障害協定第12条第1、2、3項、1994年GATT第6条の実施協定第15条、補助金・相殺措置協定第27条第1項、サービス貿易協定第4条第3項がある。

定[39]に、貿易関連投資措置協定第4条（途上国にたいしてこの協定第2条からの逸脱を認める）が義務の全面的免除規定[40]にそれぞれ該当する。②の例としては、農業協定第6条第4項b（現行助成合計総量に含めなくてよい国内助成の割合につき、非途上国は生産総額の5％まで、途上国は10%までと定める）がある[41]。③には、「義務を実現するための期間の延長」と「義務の適用が停止されている期間の延長」というふたつの種類がある。前者の例として、貿易関連投資措置協定第5条第2項（自己が通報した貿易関連投資措置を、WTO協定発効日から先進国は2年以内、途上国は5年以内、後発途上国は7年以内に廃止すべきことを義務づける）があり[42]、後者の例としては、貿易関連知的所有権協定第65条第2項（非途上国は、WTO協定の発効日から1年の期間が満了する前にこの協定を適用する義務を負わないのにたいして、途上国は、さらに4年間その適用を延期することができる）がある[43]。

第3の類型として、（後発）途上国をはじめとするいくつかのカテゴリーに属する諸国にたいして協定上の権利（利益）を創設または追加する規定（《権利＋α》型）がある。先進国にたいして条約上の義務（責務）を創設または追加する規定（《義務＋α》型）も、この同じ類型に属する。この途上国にとっての《権利＋α》型と先進国にとっての《義務＋α》型は、対になっている場合もあるが一方に対応する他方がない場合もある。この第3の類型も、第2の類型である《義務－α》型と同様に、さらに、①事項的優遇規定、②数量的優遇

39） この類型の規定としては、この他に、農業協定第6条第2項、補助金・相殺措置協定第27条第7項、同条第9項がある。

40） この類型の規定としては、この他に、農業協定第15条第2項後段、補助金・相殺措置協定第27条第2項a、同条第8項がある。

41） この類型の規定としては、この他に、農業協定付属書5第B部第7項がある。

42） この類型の規定としては、この他に、農業協定第15条第2項前段、繊維・繊維製品協定第2条第7項b、同第6条第1項、貿易関連投資措置協定第5条第3項、補助金・相殺措置協定第27条第4項がある。

43） この類型の規定としては、この他に、農業協定付属書5第B部第7項、衛生植物検疫措置協定第14条、1994年GATT第7条実施協定第20条第1項、同第2項、同付属書Ⅲ第1項、補助金・相殺措置協定第27条第2項b、同第3項、貿易関連知的所有権協定第65条第3項、同第4項、同第66条第1項がある。

規定および③時間的優遇規定の三つに区分することができる。①は、ある特定事項についての権利を創設し、もしくは追加する規定である。たとえば、貿易の技術的障害協定第12条第4項（途上国にたいして国際規格とは別の特定の強制・任意規格を制定することを認める）が権利創設規定[44]に、衛生植物検疫措置協定第9条第1項（途上国への技術援助の供与促進）が権利追加規定にそれぞれ該当する。②の例としては、繊維・繊維製品協定第6条第6項（加盟国が経過的セーフガードを適用するさいには、後発途上国、小供給国その他のいくつかのカテゴリーに属する国にたいして、規制水準、伸び率、弾力性につき、他の加盟国と比べて特別の考慮を払うものとする）がある[45]。③としては、セーフガード協定第9条第2項（途上国にたいして、一方でセーフガードの適用期間の上限を越えてさらにこれを延長する権利を認め、他方で、同措置の再適用禁止期間を短縮している）がある。

以上のように、WTO協定では、通常の加盟国、途上国、後発途上国、市場経済移行国、などのさまざまな国家カテゴリーが設定され、それらのうち、相対的に不利な立場にあると認められたカテゴリーに属する諸国にたいして、より有利な権利義務が設定されている。このような「異なるいっそう有利な待遇」原則としての、規範の多重性のWTO協定への導入を、どのように評価すべきだろうか。もちろん、ここでの規範の多重性が相対的に不利な立場にある諸国を「優遇」する程度やそこにおいて果している機能は分野ごとに異なり、一概に論じることはできない。ただ、総じて次のように評価することは可能であると思われる。

WTO協定は、WTO加盟国ができるだけ均一で一様な法的地位にたつこと

---

44)　この類型の規定としては、この他に、衛生植物検疫措置協定第9条第2項、1994年GATT第7条実施協定第20条第3項、同付属書Ⅲ第2項、同第3項、同第4項、貿易関連知的所有権協定第66条第2項、同第67条がある。また、前述の「紛争解決にかかわる規則および手続にかんする了解」（付属書2）の第3条第12項、第24条第1項、同第2項も、紛争解決という特定事項にかんして（後発）途上国に特別の権利を付与している点で、この類型に含まれる。

45)　この類型の規定としては、この他に、同第1条第2項、第2条第18項、補助金・相殺措置協定第27条第11項、それにセーフガード協定第9条第1項がある。

を求めている。それを確保する手段がふたつとりいれられている。ひとつがいわゆる「一括受諾方式」(WTO 設立協定第 2 条第 2 項）である。WTO 加盟国となるためには、WTO 設立協定だけでなく多角的貿易諸協定、すなわち、付属書 1（物品貿易多角的諸協定、サービス貿易協定、貿易関連知的所有権協定)、付属書 2（紛争解決了解）および付属書 3（貿易政策検討制度）のすべての締約国とならなければならない。つまり WTO 加盟国は、WTO 設立協定およびこれに付属する 17 の多角的貿易協定のすべてを受諾しなければならず、自国にとって都合のいい協定には入るが不利益な協定には入らないという、いわゆる「つまみ食い」は認められない[46)]。もうひとつが「留保の原則的禁止」(WTO 設立協定第 16 条第 5 項）である。すなわち留保は WTO 設立協定には付すことができず、多角的貿易協定には「これらの協定に定めがある場合に限り、その限度において付すことができる」にとどまる[47)]。ところで、貿易関連投資措置、サービスおよび貿易関連知的所有権は、ウルグアイ・ラウンドにおいて初めて交渉の対象に含められた分野である。途上国は、一般にこれらの分野を交渉項目に含めることに反対もしくは消極的だった。したがって、上述の「一括受諾方式」と「留保の原則的禁止」という条件のもとで、さまざまな点で先進国とはその国内事情を異にしている途上国を説得し、ラウンド交渉を妥結させるためには、「異なる一層有利な待遇」としての規範の多重性を導入して、途上国の意向を反映させた規定をあらかじめ協定中にとりこんでおくことが不可欠だったとい

---

46)　この一括受諾方式は、東京ラウンド諸協定が自由参加方式をとったために生じた複雑な法的関係が再び生み出されることを回避し、加盟国間の権利義務関係をより一様で明確なものにするためにとられたのである。次を参照。外務省経済局国際機関第 1 課編『解説　WTO 協定』日本国際問題研究所、1996 年、13 頁。

47)　多角的貿易協定のうち留保の定めがあるものは、貿易の技術的障害協定第 15 条第 1 項、1994 年 GATT 第 6 条実施協定第 18 条第 2 項、1994 年 GATT 第 7 条実施協定第 21 条、同付属書Ⅲ第 2 項、同第 3 項、同第 4 項、輸入許可手続協定第 8 条、補助金・相殺措置協定第 32 条第 2 項および貿易関連知的所有権協定第 72 条である。これらの留保関連規定は、1994 年 GATT 第 7 条実施協定付属書Ⅲ第 2 項、同第 3 項、同第 4 項を除いてすべて、留保を付すためには「他のすべての加盟国の同意」が必要であるという厳格な条件を課している。

えよう。規範の多重性を具現するこれらの規定が、途上国にとって、実際どの程度の効果をもつことになるのかは、現時点では未知数である。それぞれの分野において実質的に途上国を保護する根拠となるのか、あるいは単なる象徴的規定にとどまるのか定かではない。それでも、「異なるいっそう有利な待遇」原則としての規範の多重性が、WTO協定において、法原則または法規範のレベルで確立しているということはできるだろう[48)]。

Ⅳ　普遍的な地球環境保全条約における規範の多重性

1970年代以降、オゾン層の破壊、地球温暖化、生物多様性の減少などの地球規模での環境破壊・汚染が国際的に注目されてきた。これらの環境破壊・汚染は、その加害国を特定できず、かつ、いずれの国もその破壊・汚染の影響から逃れられない、という意味ですべての国の利益にかかわる。さらにこれらは、将来世代にも影響をおよぼすことが避けられない。すなわち、これらの環境破壊・汚染は、時空を超えたすべての国家と人類の共通利益にかかわる問題である[49)]。したがって、これらの問題に対処するための国際条約を作成するさいには、作成者は、それができるだけ普遍的なもの、すなわちできるだけ多くの諸国が加わることの可能な条約となるよう工夫しなければならない。ところがそれらの諸国は文化的にも経済的にもそれぞれ多様であって、地球規模での

48)　なお、ウルグアイ・ラウンドにおける途上国の立場・主張については、次を参照。Terence P. Stewart ed., *The GATT, Uruguay Round A Negotiating History (1986–1992),* vol. I, II, III, Kluwer, 1993 ; Pierre-Louis GIRARD, “De Punta del Este à Marrakech : le processus de négociation 1986-1993”, in Thomas Cottier ed., *GATT-Uruguay Round,* Verlag Stämpfli + Cie AG Berm, 1995 ; John H. JACKSON, “From GATT to the World Trade Organization : Implications for the World Trading System”, *ibid.* また、WTO協定の英文については、以下を参照。Philip Raworth and Linda C. Reif, *The Law of the WTO, Final Text of the GATT Uruguay Round Agreements, Summary, & A Fully Searchable Diskette,* Oceana, 1995.

49)　岩間徹「国際環境法における国家主権の位相」『国際政治』101号、1992年、133頁。

環境破壊・汚染への「貢献度」もそれぞれ異なる。それゆえに、これらの諸国に地球環境保全のための一律の基準を課すことは困難である。このように地球規模での環境破壊・汚染に対処する条約を作成するさいにも、上で考察したILO条約、WTO協定と同様に、「現実の諸国の多様性」を前提として、「条約の一体性」を可能なかぎり保持しながら、「普遍的条約」を作成することが求められる。その結果、ここでも規範の多重性が導入されることになる。

地球環境保全の分野での規範の二重性・多重性は、まず、1972年の人間環境宣言（ストックホルム宣言）の第23項にみいだされる。同項は、国により異なる環境基準が設定されることを次のように肯定する。「国際社会において合意される基準または各国によって決定されるべき基準を害することなく、それぞれの国の一般的な価値体系を考慮し、また、もっとも進んだ先進国にとっては妥当であるが開発途上国にとっては不適当であり、かつ不当な社会的費用をもたらす基準の適用限度を考慮することがすべての場合に不可欠である」。ここには、先進国のかかえる環境問題と途上国のそれとを峻別すべきであるという途上国の意向が反映している。すなわち、途上国の環境問題が低開発に由来している以上、途上国は、環境保護の必要を念頭におきつつもまず開発を優先しなければならない。これにたいして、先進国の環境問題が工業化や技術進歩に由来し、かつ先進国が途上国の環境破壊の責任を負っている以上、先進国は、途上国との間の開発格差を縮めるよう努めなければならない、というのが途上国側の主張だった[50)]。後に提唱される「持続可能な開発」は、このように開発至上主義的な発想にたつ途上国を説得して環境への配慮に同調させるという機能を担っている。さらにこの人間環境宣言では、先進国にたいして、追加的な財政・技術援助（第9、12項）、経済的負担のない環境技術の提供（第20項）が求められている。これらは、後に成立する普遍的な地球環境保全条約上の諸規定に結実することになる。

ついで、この分野の規範の多重性は、「共通ではあるが差異ある責任」の原

50）　同宣言の前文第4項を参照。また、ストックホルム会議における途上国側の基本姿勢については、次を参照。高島忠義『開発の国際法』、前掲（註3）、424-426頁。

則の形をとってあらわれる。すなわちそれは、すべての国は地球環境の保護に共通して責任を負うものの、その責任の度合は、地球環境悪化への歴史的寄与および現在の寄与が国ごとに異なる以上、そこに差異が設けられるべきであるという原則である[51)]。第 2 回世界気候会議閣僚宣言（1990 年）は、第 5 項においてこの原則を承認している。また、「開発と環境にかんする北京閣僚宣言」（1991 年）は、その第 12 項において地球温暖化問題につき次のように述べ、より強い語調で先進国か負うべき主要な責任を強調している。「……温室効果ガスの排出にたいする責任は、歴史的かつ累積的な見地と現在の排出という見地の双方から考察されるべきである。平等の原則の基礎に立ち、より多くの汚染を引き起こすこれらの先進国が、より多くの責任を負うべきである」。

このような「国により異なる環境基準」および「共通ではあるが差異ある責任」は、1992 年の国連環境開発会議で採択された「環境と開発にかんするリオ宣言」にもとりいれられている。すなわち同宣言は、途上国の特別な状況を優先する旨を述べたうえで（第 6 原則）、各国が「共通ではあるが差異ある責任」を有し（第 7 原則）、「国により異なる環境基準」が設けられるべきこと（第 11 原則）をそれぞれ認めている。

以上のように、地球環境保全の分野では、宣言や決議という準国際立法のレベルで規範の多重性がすでに導入されていることがわかる。さらにそれは、国際立法のレベル、すなわち多国間条約においても同様である。ここでは、オゾン層保護のためのウィーン条約とそのモントリオール議定書、気候変動枠組条約、生物多様性条約および砂漠化防止条約を素材として、これらの普遍的な地球環境保全条約のなかに、規範の多重性がどのようにとりいれられているのかをみることにしよう。

これらの条約にみられる規範の多重性は、WTO 協定におけるそれと同様に、

---

51)　もっともこの原則の内容自体は、そのような原則として定式化される以前においても、上述の人間環境宣言や国連総会諸決議などにすでにみてとることができる。次を参照。清水康弘「地球温暖化防止のための国際的枠組」『ジュリスト』995 号、1992 年。

おおよそ以下の三つに類型化することができる。

第１の類型は、途上国、後発途上国、市場経済移行過程国、島嶼途上国、砂漠化の影響を被る途上国などのカテゴリーに属する国への特別待遇を原則的に確認する規定である。この原則宣言型は、具体的権利義務を設定するには至らない。また、それは条約前文中によくみられるが、それに限られるわけではない。たとえば、「途上国の事情及び特別な必要を考慮し」（オゾン層の保護のためのウィーン条約前文第３段）、「後発途上国及び島嶼国の特別な事情に留意し」（生物多様性条約前文第17段）などの表現が、ここで検討されるすべての条約前文中にみいだされる。さらに、気候変動枠組条約前文第10段は「国により異なる環境基準」の、同第３条第１項は「共通ではあるが差異ある責任」の原則をそれぞれ述べている。これらはいずれも、この原則宣言型に属する[52]。

第２の類型として、（後発）途上国をはじめとするいくつかのカテゴリーに属する国にたいして条約上の義務を緩和する規定（《義務－α》型）がある。この《義務－α》型は、さらに①事項的優遇規定、②数量的優遇規定および③時間的優遇規定の三つに区分できる。①は、ある特定事項についての義務を部分的または全面的に免除する規定である。たとえば、生物多様性条約第20条第２項中段（市場経済移行過程国を含む先進国以外の国にたいして、途上国への資金供与義務を任意のものとする）が義務の部分的免除規定[53]に、気候変動枠組条約第４条第２項g（付属書Ⅰの締約国以外の締約国にたいして、温室効果ガスの排出規制等を規定する同項aおよびbに自国が拘束されるか否かを自由に決定させる。これによって途上国は全面的に排出規制義務を免れることができる）が義務の全面的免除規定にそれぞれ該当する。②の例としては、気候変動枠組条約第４条第６項（市

52）　この原則宣言型に該当する規定としては、この他に、モントリオール議定書前文第６、７、９段、気候変動枠組条約前文第６段、同第３条第２、５項、同第４条第１、７、８、９、10項、生物多様性条約第20条第４、５、６、７項、砂漠化防止条約前文第７、17段、同第３条（d）、同第７条がある。

53）　気候変動枠組条約第４条第６項（市場経済移行過程国にたいして、温室効果ガス排出の抑制等の約束の履行について基準の弾力的適用を認める）もこの型に該当する場合が生じ得ると思われる。

場経済移行過程国にたいして、温室効果ガス排出量の基準となる過去の水準につき同条第2項の約束の履行を弾力的に解釈する）がある。③には、「義務を実現するための期間の延長」と「義務の適用が停止されている期間の延長」というふたつの種類がある。前者の例としては、気候変動枠組条約第12条第5項（付属書Ⅰの締約国、すなわち先進国と市場経済移行過程国には、条約が自国について発効した後6カ月以内に情報を送付しなければならないのにたいして、それ以外の締約国には、条約が自国について発効後または資金が利用可能となった後3年以内に情報送付を行えばよく、さらに後発途上国については、情報送付はその裁量に委ねられる）があり、後者の例としては、モントリオール議定書第5条第1項（規制物質の消費量について一定の条件を満たす途上国は、特定規制措置の実施時期を10年遅らせることができる）があげられる。

第3の類型として、（後発）途上国をはじめとするいくつかのカテゴリーに属する国にたいして条約上の権利（利益）を創設または追加する規定（《権利＋α》型）がある。先進国にたいして条約上の義務（責務）を創設または追加する規定（《義務＋α》型）も、この同じ類型に属する。この途上国にとっての《権利＋α》型と先進国にとっての《義務＋α》型は、対になっている場合もあるが一方に対応する他方がない場合もある。この第3の類型も、第2の類型である《義務－α》型と同様に、さらに、①事項的優遇規定、②数量的優遇規定および③時間的優遇既定の三つに区分することができるが、ここでの検討素材となった諸条件には①に該当する規定しかない。すなわちそれは、相対的弱者であるカテゴリーに属する国にたいして特定事項についての権利（利益）を創設または追加する規定（《権利＋α》型）か、あるいは、先進国にたいして特定事項についての義務（責務）を創設または追加する規定（《義務＋α》型）である。前者の例としては、生物多様性条約第16条第2、3、4項（技術取得の機会および移転について、途上国にたいして資金供与も含めたより有利な条件を認める）がある[54]。後者の例としては、気候変動枠組条約第4条第3、4、5項（先

54）　この類型に該当する規定としては、この他に、モントリオール議定書第5条第6項、気候変動枠組条約第12条第4項、生物多様性条約第17条第1項、第18条第

進国にたいして途上国がその義務を履行するために必要な資金を供与し技術移転を促進することを求める）があげられる[55]。

以上のように、普遍的な地球環境保全条約にみられる規範の多重性は、一方で弱者であるさまざまなカテゴリーに属する諸国にたいして環境保護措置にかんする義務を緩和させ、他方で、資金供与や技術協力・移転の分野での先進国の義務を強化するという形をとっている。このうち、途上国の義務の緩和としての規範の多重性は、ILO 条約の場合と同様、弱者たるカテゴリーに属する諸国を短期的に利することは確かだとしても、それは地球環境の保全という条約目的の実現を阻む効果をもっている。気候変動枠組条約において途上国が温室効果ガスの排出規制義務を完全に免れていることは上述したとおりである。したがって、これらの条約の目的達成の見地からは、先進国から途上国への資金供与や技術協力・移転を促進することによって途上国自身の環境保護能力を向上させ、その結果、上にみたような途上国の義務の緩和をできるだけ早く撤廃することが決定的に重要となろう。

ところで、ここで検討した条約のいずれも、留保を全面的に禁止している[56]。WTO 協定の場合と同様、条約目的を損なわずに条約としての一体性をできるだけ確保し、かつ、さまざまな点で先進国とはその国内事情を異にしている途上国をできるだけ多く条約に参加させるためには、そこに規範の多重性を導入して、それらの諸国の事情を反映させた規定をあらかじめ条約中にとりこむことが求められたのだといえよう。このように、地球環境保全の分野においても、規範の多重性は、法原則（「国により異なる環境基準」や「共通ではあるが

---

2 項、第 19 条第 1、2 項、第 20 条第 3 項、砂漠化防止条約第 4 条第 3 項などがある。

55）　この類型に該当する規定としては、この他に、ウィーン条約第 4 条第 2 項、同付属書Ⅰ第 3 項、モントリオール議定書第 9 条第 1 項、第 10 条、生物多様性条約第 12 条、第 20 条第 2 項前段、第 21 条第 1 項、砂漠化防止条約第 6 条、第 18 条などがある。

56）　ウィーン条約第 18 条、モントリオール議定書第 18 条、気候変動枠組条約第 24 条、生物多様性条約第 37 条、砂漠化防止条約第 37 条。

差異ある責任」）および法規範（「途上国の義務の緩和」と「先進国の義務の強化」）のそれぞれのレベルで確立しているのである[57]。

結　国際立法における規範の多重性の意義

かつて、パリ第１大学のクロード－アルベール・コリアール（Claude - Albert COLLIARD）教授が述べた次の言葉は、現代国際法学においても、今後とも有効であり続けると思われる。「均一の性格をもった抽象的な法規範をつくりだすことに満足せず、具体的現実から、そして、追求される社会目的の見地から法的地位を構成していこうとするのが、現代法の精神傾向である」[58]。

開発の国際法は、まさにそのような精神的傾向をもった国際法理論であった。

開発の国際法の提唱者の１人であるギィ・フエールによれば、規範の二重性・多重性とは現代的に修正された平等観念から導かれる法原則であって、開発の国際法がその周囲に整序されるところの主軸のひとつ（l'un des axes

---

57）　なお、環境と貿易を南北問題の視点から論じたものとして次を参照。Scott Vaughan, "Trade and Environment : Some North-South Considerations", *Cornell International Law Journal,* vol. 27, no. 3, 1994. 途上国の特別の地位を考慮に入れつつ大気汚染を規律する現代国際法を考慮するものとして、次を参照。Frand Biermann, *Saving the Atmosphere – International Law, Developing Countries and Air Pollution,* Peter Lang, 1995 ; Daniel Bodansky, "the United Nations Framework Convention on Climate Change : A Commentary", *Yale Journal of International Law,* vol. 18, no. 2, 1993. 国際法における持続可能な開発とそこでの途上国の地位について、以下を参照。Winfried Lang ed., *Sustainable Development and International Law,* Graham & Trotman/Martinus Nijhoff, 1995 ; Philippe Sands, "International Law in the Field of Sustainable Development", *British Yearbook of International Law,* 1994. 規範の多重性を含めた国際環境法の新たな傾向について、次を参照。Alexandre Kiss, "nouvelles tendences en droit international de l'environnement", *German Yearbook of International Law,* vol. 32, 1989.

58）　C. A. COLLIARD, "spécificité des Etats—théorie des statuts juridiques particuliers et d'inégalité compensatrice", in *mélanges P. REUTER*, P. U. F., 1981, p. 154.

principaux）と位置づけられていた[59]。それは、複数の国家カテゴリーを定めたうえで、相対的弱者であるカテゴリーに属する諸国にたいして、より有利な権利義務または待遇を設定・適用することを意味する。本論では、このような規範の多重性が、現実の法規範・制度のなかにどの程度実現しているのかを、普遍的な国際立法のいくつかを素材として考察した。その結果、規範の多重性は、いまや狭義の開発分野における法原則・指針であるにとどまらず、人権、貿易、地球環境保全の分野での国際立法において、不可欠の接近方法であると同時に法原則のひとつとして確立していることが明らかになった。

国際立法において規範の多重性がとりいれられる条件として、以下の四つが考えられる。第1に、その国際立法が、個別国家の利益だけでなく国際社会全体あるいは人類の利益（であるとある時点での支配的イデオロギーにおいて観念されるもの）の実現を目的としており、したがってできるだけ多数の諸国の参加が要請されること（条約の普遍性の要請）。第2に、これは条件というよりも事実そのものなのであるが、そこで参加が要請される諸国が、現実にはその経済力、技術力、文化伝統、地理的状況においてきわめて多様であって、一律一様の法規則の名宛人とはなり得ないこと（諸国の多様性という現実）。第3に、それにもかかわらず、条約目的の観点からは、その条約全体をできるだけ一体のものとして作成し、原則規定への例外をあらかじめ特定することが要請されること（条約の一体性の要請）。第4に、そのような観点からは、個々の国家によって行われる条約規定への留保を禁止するか、少なくともその許容範囲を限定することが要請されること（留保の禁止またはその許容範囲の限定の要請）。本論でとりあげた諸条約は、いずれも留保を禁止するかその許容範囲を明確に限定するものだった。周知のように、留保の許容性を判断する「両立性の基準」は、一般にそれを適用する客観的な判断機関がない以上、留保が許容されるか否かの判断は結局のところ各国に委ねられることになる。このことが留保国、留保受諾国および非受諾国の間に複雑な法関係を生じさせる。このような留保

59）　Guy FEUER et Hervé CASSAN, *droit international du développement, op. cit.* (note 3), pp. 33-34.

が、上述のような性質の国際立法を行うさいに多様な諸国の間で自由になされるならば、条約目的の実現はほとんど不可能になってしまう[60)]。これらの「条約の普遍性の要請」「諸国の多様性という現実」「条約の一体性の要請」および「留保の禁止またはその許容範囲の限定の要請」のもとで国際立法を行わなければならない場合に、規範の多重性は、留保にとってかわるものとして多様な諸国をできるだけ多く条約に参加させるという機能を果しているといえよう。

このような規範の多重性は、本論ⅢおよびⅣで試みたように、弱者であるカテゴリーに属する諸国に与えられる権利義務の観点から、「そのような諸国への特別待遇を原則的に確認する規定」「そのような諸国の義務を緩和する規定」および「そのような諸国の権利を強化する規定」の三つに類型化できる。さらに、それぞれの類型のなかに「事項的・数量的・時間的優遇規定」のような、さまざまな下位区分を設定することが可能である。これをより一般化すれば、「受益国」「利益の性質」「利益内容」「利益確保の手段」および「限界」の五つの観点から類型化することができよう。「受益国」とは、いうまでもなく規範の多重性のもとでより有利な待遇を享受できる諸国のことである。これが、それぞれの条約のなかで、途上国、後発途上国、島嶼途上国、内陸国、市場経済移行過程国などのさまざまなカテゴリーを構成していることは上にみたとおりである。「利益の性質」では、受益国に与えられる利益の具体性、抽象性、法的拘束力の程度（原則宣言的なものかあるいは権利義務の形をとるか）、時間的性質（過渡的なものか恒常的なものか）などがその要素として考えられる。「利益内容」とは、上に述べた《義務－ α 》型や《権利＋ α 》型のように類型化し得る。

60）　奥脇直也は、留保制度を論じるなかでウィーン条約法条約第20条第5項をとりあげて、この規定からうかがえるのは、①国家の多国間条約締結の意思が第一次的には条約が実現しようとする普遍的価値へのコミットメントにあり、②将来、ある条約につき留保にかかわる問題が発生すれば、その段階で留保と条約目的との両立性やその適用範囲および効果をめぐって国家間交渉がなされればよいという考えである、と鋭く洞察している（奥脇直也「国連システムと国際法」『社会変動のなかの法』岩波書店、1993年、67-72頁）。本章の文脈でいえば、ウィーン条約法条約上のこのような発想は本論で扱った国際立法においては維持されなかったことになる。

「利益確保の手段」とは、規範の多重性の実施を確保するための手段を指し、規範の多重性の実効性を判断するうえで重要である。これは、それぞれの条約が有している条約の実施体制や紛争解決制度が、規範の多重性をどのようにとらえるかに依存している。すなわち、問題専門家委員会による政府提出の報告の審査・評価方式（ILO方式）、ネガティブ・コンセンサス方式にもとづく小委員会・上級委員会による報告の採択や対抗措置の許可（WTO方式）、締約国会議による条約の実施状況の検討・交渉・斡旋または仲介・所定の手続による仲裁または調停・国際司法裁判所への付託（地球環境保全条約方式）などの、それぞれの条約の実施体制や紛争解決制度が、規範の多重性を具現する規定をどう解釈し、その違反をどのように認定し、どのような救済措置をとるかにかかっているといえよう。最後に「限界」とは、本論ⅡおよびⅣで指摘したように、規範の多重性が義務の緩和の形をとる場合、それが弱者たるカテゴリーに属する諸国を短期的には利するにしても、「労働者の保護」や「地球環境の保全」という条約目的の実現を阻む機能を営むことを指す。これは、国家を名宛人として構成される規範の多重性の限界にほかならない。従来の実質的平等論は、形式的平等の果す「事実上の不平等の隠蔽・拡大機能」の告発に熱心なあまり、このような規範の多重性の負の側面が言及されることはあまりなかった。規範の多重性はけっして万能薬ではない。そこには、究極の受益者である「人間」と条約実施主体である「国」とのずれに由来する限界があることに、留意する必要がある。

もっとも、本章における規範の多重性の考察は、成立した条約規定の検討・整理にとどまっており、その成立過程やそこでの各国の見解はまったく検討されていない。国際立法における規範の多重性の意義をより深くとらえるためにはそれらの作業が不可欠である。さらに、国際立法のレベルでの規範の多重性だけでなく、法適用レベル、紛争解決レベルでの規範の多重性のそれぞれの状況を分析・総合することによって、さまざまな差異を有した諸国の多元的関係という現代国際法の一側面がより包括的に明らかになるだろう。これはとりもなおさず今後の研究課題である。

最後に、このような規範の多重性の、いわば生みの母である開発の国際法の展望について述べたい。序で触れたように、1970年代末から1980年代の前半にかけて、開発の国際法は法実証主義者および第三世界主義者からの手厳しい批判の的になった。そこでの第三世界主義者からの批判のひとつに、規範の二重性・多重性は仮象的機能を果しているにすぎない、というものがある。たとえば、現国際司法裁判所所長であるモハメド・ベジャウイは、規範の二重性を国際社会構造の一定の状態を安定化させるために作りだされた新しい虚構であると述べた。つまり、等価のふたつの規範群が並存するという規範の二重性の命題とは裏腹に、途上国に付与された新しい規範は先進国を規律する規範と等価になったわけではけっしてなく、それらは原則規範にたいする例外規範にとどまっている、というのである[61)]。現国連国際法委員会委員の1人、アーメド・マヒウも同様の観点から規範の二重性の虚構性をとらえている。彼によれば、開発の国際法は現存する一般規則の例外の緩和であって、自立的で新しい規則の統一体を構成するものではない。妥協物としての開発の国際法には、西欧諸国が定立した一般規則と、それと相矛盾する例外規則が並存している。現在の支配的規範は先進諸国の産物であり、それは途上国からの抵抗を受けている。この抵抗を緩和し解消するには、規範の二重性という間接的な方法で一律に適用されるいくつかの特例（従来の規則の適用除外）を認めれば十分である。これによって議論の対象となった従来の規範はつねに基本規範となり、途上国に有利な例外を支え続ける。この例外を受け入れることで、途上国は意識的であると否とを問わず、基本規範にしたがうことになる。かくして仮象作用が営まれる。途上国は規範の二重性の一定の具体化によって新規範の定立に参加したと思っているものの、実は、既存規範を彼らに受け入れさせるために導入された例外の単なる名宛人にすぎない、というのが彼の批判の骨子だった[62)]。

61）Mohammed BEDJAOUI, *pour un nouvel ordre économique international,* UNESCO, 1979, pp. 261-262.

62）Ahmed MAHIOU, “les implications du nouvel ordre économique et le droit international”, *RBDI,* vol. XII, 1976-2, pp. 430-432 ; et id., “une finalité entre le

規範の二重性にたいするこのような批判を読み返してみると、彼らの批判があたっていたことを痛感させられる。経済発展を遂げた一部の諸国を別とすれば、途上国と先進国との経済格差は拡大し、人間発展指数（HDI）格差はせいぜい現状維持にとどまっている[63]。サハラ以南アフリカ諸国、ラテンアメリカ諸国の多くが累積債務に苦しみ、IMF・世界銀行の構造調整政策を受け入れる以外にない状況が生じている[64]。その結果、1984 年以降、先進国から途上国への中長期貸出の資源の純移転額がマイナスに転じて債務返済額が途上国への純フローを上回ることになり[65]、この部門では先進国が途上国を援助するのではなく、逆に、途上国が先進国を援助する[66]という事態に至っている。このような状況のなかで、ギィ・フエールがかつて理論化したような「あらゆる国家間関係を一様に規律してきた単一の規則群にかわって、以後、ふたつの等価な規則群が並存する。一方の規則群は先進国間関係を規律し、他方のそれは先進国＝途上国間関係および途上国間関係を規律する」[67]というような規範の二重性の実現は望むべくもない。市場経済至上主義を支える自由主義的規範がますます支配規範であり続け、途上国に宛てられた「弱者に有利な規範」はあくまでも例外にすぎない。その意味で、開発の国際法の諸原則は再検討を余儀なくされているといえよう。

---

développement et la dépendence", *la formation des normes en droit international du développement, op. cit.* (note 5), p. 24.

63）UNDP, *Human Development Report 1996, op. cit.* (note 1), pp. 2, 3, 15；恒川惠市「世界システムと南北問題」、前掲、3-4 頁。

64）Economic Commission for Africa, *Survey of Economic and Social Conditions in Africa 1989–1990,* U.N., 1992, p. 21, Table IV. 1；World Bank, *World Debt Tables 1996,* vol. 1, pp. 36, 204-207, 216-219；堀中浩「グローバリズムと南北問題」、前掲（註 2）、32-33 頁。

65）World Bank, *World Debt Tables 1990–91,* vol. I, p. 17, Table 4；*World Debt Tables 1992–93,* vol. 1, p. 19, Table 1. 7.

66）本間修一「南北問題の歴史的展開」、前掲（註 2）、15-18 頁。

67）Guy FEUER, « Les principes fondamentaux dans le droit international du développement », *op. cit.* (note 11), p. 225.

それでは、開発の国際法はグローバルな市場拡大の圧倒的な流れのなかで、消え去る運命にあるのだろうか。けっしてそうは思えない。なぜならば、ひとにぎりの新興工業諸国を別にすれば、100を越える諸国が低開発状態にとどまっており、全世界人口の3分の2がそこで暮らしているからである。市場経済至上主義は貧富の格差を拡大しこそすれ、これを縮小することはできない。そうであるとすれば、それを修正する装置がどうしても必要となる。いいかえれば、途上国が存続するかぎり、自由主義的法規範に修正をほどこす開発の国際法の存在理由はなくならない。開発の国際法の現在国際法への大きな寄与は、実質的平等の発想を体系だてて提供したことにある。伝統的国際法の形式性・抽象性の殻を破り、それとしばしば矛盾する現実を認識し、相対的弱者の保護をめざすという点で、国際法に新しい次元の接近方法を導入したことにある。その意味で、さまざまな差異を有する具体的諸国の福祉を実現し、その生存を確保するための法としての、つまり具体的国家を名宛人とする国際社会法としての開発の国際法の意義は、けっして小さくない[68]。ILO条約、WTO協定および地球環境保全条約において、弱者たるカテゴリーに属する諸国により有利な待遇を付与するという規範の多重性が全面的に採用されていることは、何よりもこのことを証している。そのような規範の多重性を具現する諸規定を、べ

68）　Maurice FLORY, "Quel droit pour le développement?", *aspects du système des Nations Unies dans le cadre de l'idée d'un nouvel ordre mondial,* Pedone, 1992 ; Guy FEUER, "Une nouvelle tâche pour l'ONU : repenser le droit international du développement", *ibid.* また、開発の国際法あるいは現代国際法の社会法的側面を論じたものとして次を参照。Rencontres internationales de l'Institut d'études politiques d'Aix-en-Provence, *Les Nations Unies et le développement social international,* Pedone, 1996 ; 芹田健太郎『普遍的国際社会の成立と国際法』有斐閣、1996年、232-252頁。芹田は、現代国際法を構成する規範群として、①抽象的国家観に基づく国際法規範　②非植民地化に伴う過渡期の国際法規範　③具体的国家観に基づく国際法規範　④普遍的への萌芽—環境、人権の国際法規範の四つをあげ、③の規範群を国際社会福祉あるいは国際社会保障的な法規範群を生み出すものと位置づけている（同前、250頁）。①から④までの各規範群が重層的に並存しているという芹田の認識を筆者も共有する。さらに、本章の検討によって、③が④に浸透しつつあることが明らかになったといえよう。

ジャウイやマヒウの危惧するような先進国や多国籍企業の途上国支配の道具に堕させてしまうか、あるいは、上に述べた本来の国際社会法として機能させるかは、基本的には、国内体制の民主化をめざす途上国国民とそれに連帯する先進国国民の力量しだいであるといえよう。

第4章

「持続可能な開発」の法的意義

序

2002年8月26日から9月4日まで、南アフリカのヨハネスブルクで「持続可能な開発にかんする世界サミット」(WSSD) が開かれた。1992年にブラジルのリオデジャネイロで開かれた「国連環境開発会議 (UNCED) からちょうど10年が過ぎたことをふまえて、UNCEDで採択された「アジェンダ21」の実施状況を検証し、「持続可能な開発 (Sustainable Development)」の原則を確実に実践することが今回のWSSDの目的だった。WSSDでは、各国の政治的意思表明である「政治宣言」および「持続可能な開発」のための具体的行動計画を盛り込んだ「実施計画」が紆余曲折の末に採択された。この成果については評価が分かれているものの、世界各国が地球環境の保全や貧困の解消のために新たな取り組みを開始しなければならないことは確かである。このWSSDに含まれている「持続可能な開発」とは何か。それはどのような経緯で提唱、展開され、いかなる内容からなりたっているのだろうか。

1970年代以降、オゾン層の破壊、地球温暖化、生物多様性の減少などの地球規模での環境破壊、汚染が国際的に注目されてきた。これらの環境破壊・汚染は、その加害国を特定できず、かつ、いずれの国もその破壊・汚染の影響から逃れられない、という意味で、すべての国の利益にかかわる。さらにそれらは、将来世代にも影響をおよぼすことが避けられない。すなわち、これらの環境破壊・汚染は時空を超えたすべての国家と人類の共通利益にかかわる問題である[1]。したがって、この地球環境問題に適切に対処するためには、国際法レベルにかぎってみてもこれまでの加害者・被害者関係を軸に作成されてきたルールでは不十分である。それとは異なる、より包括的で未来志向的な新たなルールを構築していかなければならない。こうして、1980 年代を通じて、地球環境保護の指導原則として提唱されてきたのが「持続可能な開発」である[2]。

「持続可能な開発」の概念は、1987 年の「環境と開発にかんする世界委員会」の報告書「われら共通の未来」[3]により提唱されて以来、急速に国際社会に広まり、今やそれは国際環境法の基本原則のひとつとなっている。「将来世代がその必要を満たす能力を損なうことなく、現在世代の必要を満たすような開発」[4]と定義されるこの考え方は、環境保全と開発とを調和させようとするものである。環境と開発は、相互に結びついている。一方で、悪化する環境資源に依拠して開発を継続することはできない。他方で、環境破壊のコストを考慮に入れない開発は環境を保護できない。「持続可能な開発」とは、このような認識にたって、環境政策と開発政策とを調和させようとする構想にほかならない[5]。

1）　岩間徹「国際環境法における国家主権の位相」『国際政治』101 号、1992 年、133 頁。

2）「持続可能な開発」についての文献は、枚挙のいとまがない。本章執筆にさいして多くを負っている文献として、以下を参照。岩間徹「持続可能な開発と国際環境法」『国際問題』390 号、1992 年；高村ゆかり「Sustainable Development と環境の利益」大谷良雄編著『共通利益概念と国際法』、1993 年；高島忠義「国際法における開発と環境」国際法学会編『日本と国際法の 100 年第 6 巻　開発と環境』、三省堂、2001 年；Konrad GINTHER, Erick DENTERS, Paul J. I. M. DE WAART ed., *Sustainable Development and Good Governance*, Martinus Nijhoff, 1995 ; Winfried LANG ed., *Sustainable Development and international Law*, Graham Trotman, 1995 ; Alan BOYLE, David Freestone ed., *International Law and Sustainable Development*, Oxford, 1999.

3）　The World Commission on Environment and Development, *Our Common Future*, Oxford, 1987 ;（邦訳）環境と開発に関する世界委員会（大来佐武郎監修）『地球の未来を守るために』、福武書店、1987 年。

4）　*Our Common Future*, *op. cit.*, p. 43.

5）　*ibid.*, pp. 43-46 ; 松井芳郎『国際法から世界を見る　市民のための国際法入門』、

「持続可能な開発」は、きわめて包括的な概念であって、その構成要素として、天然資源の持続可能な使用と保全、世代間・世代内衡平、共通だが差異ある責任、よい統治、予防原則などのさまざまなものが唱えられている。現時点では、その内容および法的効力について諸国の合意が成立しているとはいえない。さまざまな国際文書（リオ宣言、アジェンダ21、地球憲章、ヨハネスブルク宣言、生物多様性条約、気候変動枠組条約など）に取りいれられている点で、「持続可能な開発」は確かに法原則になったとはいえるものの、その射程および実効性については、なお未知の部分が多く、今後の実行の蓄積を待つ以外にない。

他方で、この概念は法原則であるにとどまらず、すぐれて現代的な倫理概念でもある。現実に生きる人間のみならず将来世代の生活の質をも考慮に入れている点（通時的側面）、および、環境保全か経済開発化の二者択一ではなく、両者を綜合し、一方では、人間らしい最低限度の生活すら奪われている「南」の人々にたいして開発と「よい統治」の必要性を強調し、他方で、大量生産・大量消費の生活様式をなお捨て切れないでいる「北」の人々にたいして生活様式の変革を迫る点（共通的側面）にそれはよく現われている。その意味で、この概念は、この世に生まれ、または将来生まれ出るすべての人々が、等しく人間としての自己実現の可能性を確保されるべきであるという人間観・世界観に立脚して、わたしたちの生活を全地球規模で見直すことを促しているのである。

本章では、まず、この概念の提唱と展開のプロセスをたどり、この概念の構成要素およびその相互関係を明らかにする（I）。ついで、この概念がどのように国際法の世界に組み入れられ、そこでどう解釈されているかを、地球環境保全条約および国際裁判・意見を手がかりにして検討する（II）。最後に、以上の検討をふまえて、この概念が有している意義について考えてみたい（結）。

東信堂、2001年、157-158頁。

I 「持続可能な開発」の概念

(1) 「持続可能な開発」の提唱と展開

国連人間環境会議――上述のように、「持続可能な開発」という概念が広まったきっかけとなったのは、1987年に刊行された「環境と開発にかんする世界委員会」の報告書「われら共通の未来」だった。しかしこの報告書が出される以前から、持続可能な開発にかんする国際的取組みは開始されていた。それを示すものが、1972年にストックホルムで開かれた「国連人間環境会議」である。同会議においては、科学技術の飛躍的進歩により人間活動が環境にたいして重大な損害を与える危険が高まっていること、したがって、環境保護が平和・開発とならぶ人類全体の課題であることについて、国際的合意が成立した。しかし、環境と開発との関係をめぐっては、先進国と途上国とのあいだに深刻な対立が生まれた。水と大気の深刻な汚染に苦しんでいた先進国側が環境への配慮を重視したのにたいして、途上国側は、環境への配慮により開発が遅れることを危惧した。同会議の結果採択された「人間環境宣言」の前文では、途上国の環境問題が低開発から生じているのにたいして、先進国のそれは工業化や技術開発に関連している旨が述べられ、それぞれの環境問題の質的相違が強調されている[6)]。会議参加国は、準備段階から、環境と開発の関係をどうとらえるかが決定的に重要であると認識していたものの、先進国と途上国とのあいだのこのような対立は、この会議ではついに克服することができなかった[7)]

それにもかかわらず、同会議は、環境と開発とが不可分の関係にあることをわたしたちに認識させてくれた点で大いに意義がある。「人間環境宣言」には、その言葉こそ用いられてはいないものの、「持続可能な開発」の考え方がとりいれられている。なぜならば、同宣言中の原則が開発と環境との調和に言及し

6) 同宣言前文第4項。

7) 高島忠義『開発の国際法』慶應通信、1995年、423-426頁;同「国際法における開発と環境」前掲、3頁。

ているからである。それらはすなわち、すべての国の環境政策は途上国の現在および将来の開発可能性を高めるものでなければならないこと、開発計画に環境保護を組み入れる途上国にたいして追加的な技術・資金援助を行う必要があること、開発計画の立案にさいして環境保護と開発とを両立し得るような統一感・調和的な政策を採用すること、および、合理的計画は開発の必要性と環境保護の必要性との矛盾を調和し得る不可欠の手段であること、の四つである[8)]。「人間環境会議」は、「持続可能な開発」に国際社会がとりくみにあたっての出発点だったのである。

われら共通の未来――「持続可能な開発」という言葉が国際社会において急速に認知されたのは、1987年の「環境と開発にかんする世界委員会」の報告書「われら共通の未来」によってだった。委員長（元ノルウェー首相）の名をとってブルントラント委員会と呼ばれた同委員会は、1983年の国連総会によって設立された[9)]。その任務は、「持続可能な開発」実現のための長期的な世界戦略を策定することだった。同報告書によれば、「持続可能な開発」とは「将来世代がその必要を満たす能力を損なうことなく、現在世代の必要を満たすような開発」である。そこにはふたつの鍵概念がある。ひとつが、「何よりも優先されるべき世界の貧しい人々にとっての基本的必要」であり、もうひとつが、「現在および将来の世代の必要を満たす環境能力に課される制限」である[10)]。「基本的必要」は、生計（雇用）、食糧、エネルギー、住居、水、公衆衛生、保健など、人間が生きていくうえで必要不可欠なものを指す[11)]。他方、「環境能力に課される制限」とは、技術および社会組織の現状が環境資源に課すところの制限、および、人間活動の影響を吸収する生物圏の能力により課される制限を意味する[12)]。これらの制限を越えることは、生態学的破綻をきたし、地球上

8）同宣言の11、12、13、14原則である。次を参照。岩間徹「持続可能な開発と国際環境法」前掲、52-53頁。

9）国連総会決議38／161。同委員会は世界の有識者による「賢人会議」のかたちをとり、21人の委員により構成された。

10）*Our Common Future, op. cit.*, p. 43.

11）*ibid.*, pp. 54-55.

の生命を支えている生命維持システムを危険に陥らせてしまうことになる[13)]

同報告書は、「持続可能な開発」実現のための戦略目標として、「成長の回復」、「成長の質的変化」、「基本的必要の充足」、「持続可能なレベルの人口の確保」、「資源基盤の保全と向上」、「技術の方向転換と危機管理」、「政策決定における環境と経済の融合」の七つをあげている[14)]。上述したふたつの鍵概念およびこれらの戦略目標からわかるように、「持続可能な開発」は、一方で開発の利益を全世界の人々の基本的必要を充足するように配分することを、他方で開発行為にたいして環境能力に課された制限を越えてはならないことを求めている。そこにおいて環境と開発は、二律背反ではなく相互依存の関係にある。つまり、将来に持続する開発は環境を保全することによって、また、環境保全は開発を前提とすることによってそれぞれ可能になる。こうして「持続可能な開発」は、世代内（社会内、社会層間、南北間）および世代間（過去、現在および将来世代間）の衡平を確保するための重要な概念として、環境と開発をめぐる議論の中心に位置づけられることとなった[15)]。

国連環境開発会議――1992年にブラジルのリオデジャネイロで開かれた、別名、地球サミットと呼ばれる同会議では、環境と開発にかんするリオ宣言、アジェンダ21、森林原則声明が採択され、また、気候変動枠組条約、生物多様性条約が署名された。この地球サミットは、「持続可能な開発」を実現するための具体的対応策を議論し、合意することを目的としていた。リオ宣言は、正面から「持続可能な開発」に焦点を絞り、前文と27の原則を掲げている。そこでは、環境保全は開発から独立したものではなく開発過程全体の一部であること、平和・開発・環境保護は相互依存的で不可分の関係にあることが宣言されている[16)]。アジェンダ21は、リオ宣言を具体的に実施するために必要な

12） *ibdi.*, p. 8.
13） 高村、前掲（註2）、376頁。
14） *Our Common Future, op. cit.* (note 3), pp. 49–65.
15） 高村、前掲（註2）、376頁；岩間「持続可能な開発と国際環境法」、前掲、53頁。
16） それぞれリオ宣言原則4、25を参照。

行動計画を規定している。そのなかには、「持続可能な開発」を実施するための国際法文書・メカニズムにかんする具体的提案（審査・評価・行動分野、実施メカニズム、国際立法への有効な参加、紛争防止と解決）が含まれている[17]。この国連環境開発会議を通じて、「持続可能な開発」は、今後の国際社会が達成すべき確固たる目標のひとつになった。さらに、気候変動枠組条約や生物多様性条約などの国際条約にもとりいれられることによって、「持続可能な開発」は、国際環境法上の基本原則の地位を有するにいたったのである。

地球憲章——2000 年に国際・国内 NGO の提携により作成された同憲章[18]は、「持続可能な生活様式のビジョンを地方、国家、地域、地球レベルで発展・採択すること」を意図している。同憲章の前文は、「自然への愛、人権、経済的公正、平和の文化の上に築かれる持続可能な地球社会を実現するために、わたしたちは手をとりあわなければならない」と述べる。このように、将来採択されるべき国際条約の倫理的基礎とみなされる同憲章は、「生命共同体への敬意と配慮」「生態系の保全」「公正な社会と経済」「民主主義、非暴力、平和」の四部からなり、各部は、それぞれ四つの原則から構成されている。また、リオ宣言が原則間の利益バランスに配慮しているのに比べて、同憲章は、諸原則を個別にかつ直截に列挙している。また、リオ宣言が国家を名宛人とし法的用語を用いているのにたいして、同憲章は、普通の言葉で書かれた現在世

17) *Agenda 21 : Programme of Action for Sustainable Development*, Section4, Means of Implementation, no. 39 (International legal instruments and mechanisms), pp. 281-283.

18) 同憲章は、2000 年 6 月にハーグの平和宮で発表された。同憲章は、当初、国際的に拘束力ある文書として作成される予定だったが、国連環境開発会議の後、そのようなアプローチが非現実的であることが明らかになり、それにかわって NGO アプローチがとられることになった。したがって、同憲章は、「民衆の条約」であり、「誕生しつつある世界社会の倫理的基礎」として用いられることが意図されている。同憲章については、次を参照。*International Law Association, Report of the Sixty-Ninth Conference,* London, 2000, pp. 666-667. また、次のウェブサイトも参照。http://www.earthcharter.org/ なお、同憲章の邦訳が地球憲章推進日本委員会から出されている（http://www.gea.or.jp/）。

代の「わたしたち」の倫理的決意表明である。個人、組織、企業体、政府などの指針となり得るような、またそれらを評価し得るような「持続可能な生活様式の共通基準」を意図していることがここにみてとれる。諸国や国連環境計画などの国際機関が、今後どの程度、この地球憲章プロセスを支持するかは定かでない。けれども、同憲章は、「持続可能な開発」分野での国際法の発達に貢献し得る、もうひとつの方法を示すものといえよう。

「持続可能な開発」にかんする世界サミット（WSSD）——191カ国の参加のもとで2002年8—9月に開かれたWSSDでは、各国の政治的意思表明である「政治宣言」と具体的行動計画を盛り込んだ「実施計画」とが紆余曲折の末に採択された。「政治宣言」は、南北格差の恒常性や地球環境の悪化などの克服すべき課題（挑戦）を述べたうえで、「持続可能な開発」に向けてのコミットメント（水、衛生、エネルギー、食糧などの基本的ニーズへのアクセスの増加など）を挙げている。同宣言において、とりわけ、グローバリゼーションの推進が不均一な利益とコストの配分をもたらしていることが指摘され、かつ、国連の主導的役割のもとでの多国間主義が重視されている点が注目に値しよう。他方「実施計画」では、各国に京都議定書を時宜を得て批准するよう強く求めること、飲料水を含む基本的衛生にアクセスできない人の割合を2015年までに半減させること、再生可能エネルギー源の世界的比率を実質的に増大させることなどについて合意が得られた。

いずれにせよ、これらの文書は文字どおり各国間の妥協の産物であって、国際社会で交錯する利害がそこに色濃く反映している。そのような利害対立の現実をふまえて、「持続可能な開発」のための戦略をあらためて構築していくことが今後重要になるだろう[19)]

19）　吉田文彦「新たな世界潮流を踏まえた環境戦略が求められている——持続可能な開発を具現化するために」『世界』2002年11月号、144頁。WSSDについては、大林ミカ「持続可能なエネルギー政策の実現を」（同前）、「特集　地球温暖化　私たちに何ができるか」（『世界』2002年7月号）、「ヨハネスブルク実施計画の舞台裏」（朝日新聞9月7日）を参照。なお、WSSDの成果および日本政府の取り組みについては、「国連政策研究会」において森本誠二国際社会協力部審議官から貴重な資

(2) 「持続可能な開発」の構成要素

上にみてきたように、「持続可能な開発」は、環境と開発を相互補完的で不可分のものととらえ、両者の綜合をめざす概念である。それでは「持続可能な開発」の具体的な中身は何か。それはどのような要素からなりたっているのか。「持続可能な開発」の構成要素について、当然のことながら、学説や国際文書は完全には収斂していない[20)]。しかしながら、いずれの学説や国際文書にも共通してとりいれられているものがある。ここでは、そのような構成要素のうち、代表的なものとして、「世代間・世代内衡平」、「共通だが差異ある責任」、「よい統治」、「予防原則」をとりあげて、それぞれの内容を確認する。

世代間・世代内衡平――「世代間衡平」によれば、ある世代が自らの手にある自然・文化遺産を使用・発展させるさいには、前世代からそれらを受け継いだときの条件を悪化させることなく、それらを次世代に引き渡せるように配慮しなければならない[21)]。「持続可能な開発」の定義に照らせば、「世代間衡平」

料の提供を得た。感謝申し上げる。

20) 「われら共通の未来」は、付属書1のなかで「持続可能な開発」のための22の法的原則を掲げている。リオ宣言が「開発と環境の不可分性」「平和・開発・環境保護の相互依存性」を含む27の原則からなっていることはすでに述べた。また、国際法協会（ILA）の「持続可能な開発の法的側面にかんする委員会」は、1995年に、アドホック専門グループの手により、五つのカテゴリーからなる全部で19の原則を作成している。「持続可能な開発」の内容の多彩さは、学説レベルでも同様である。本章でとりあげる四つの原則以外にも、環境保護と経済開発の統合、開発の権利、天然資源の持続可能な使用と保全、汚染者負担原則、参加型民主主義などに言及する論者が多い。たとえば以下を参照。高島「国際法における開発と環境」、前掲（註2）、6-22頁；Partricia BIRNIE and Alan BOYLE, *International Law & the Environment*, second edition, Oxford, 2002, pp. 84-95；Philippe SANDS, *Principles of international environmental law*, vol. 1, Manchester University Press, 1994, pp. 198-208；Philippe SANDS, "International Law in the Field of Sustainable Development : Emerging Legal Principles", in Winfried LANG, *Sustainable Development and International Law, op. cit.* (note 2), pp. 58-66；Alan BOYLE and David FREESTONE, *International Law and Sustainable Development, op. cit.* (note 2), pp. 9-16.

21) Alan Boyle and David Freestone ed., *International Law and Sustainable*

が「持続可能な開発」の本質的要素であることは異論がない。この考え方によって、現在世代が環境や開発にかかわる政策を決定するさいに、将来世代との関係や将来世代への影響を考慮に入れなければならない、という視点が確立したことの意義は大きい[22]。ただし、「世代間衡平」の実現には困難な点がある。国際裁判において将来世代の代理人を誰が務めるのか、そもそも現在世代と将来世代との最適均衡はどのように決定されるのか、といった問題はまだ解決されていない[23]。

他方、今を生きる人々が等しくその自己の潜在能力を実現する機会をもつべきだという観点からは、「世代間衡平」とならんで「世代内衡平」も重視されなければならない。「われら共通の未来」がいうように、世界の貧しい人々にとっての基本的必要の充足を優先すること、ひいては、世界規模での富の不均衡を改めていくこともまた、「持続可能な開発」の重要な側面だからである[24]。

Development, op. cit. (note 2), pp. 12-15. ワイスは、各世代が自然・文化遺産の管理人であると同時に利用者でもあるという観点から、世代間衡平について詳細な考察を行っている。次を参照。Edith Brown Weiss, *In Fairness to Future Generations: International Law, Common Patrimony, and Intergenerational Equity,* United Nations University, 1989；(邦訳) イーディス・B・ワイス (岩間徹訳)『将来世代に公正な地球環境を』国際連合大学／日本評論社、1992年、とりわけ第2章 (33-59頁)。

22) 世代間衡平は、人間環境宣言第1原則 (「人は、現在および将来の世代のために環境を保護し改善する厳粛な責任を負う」)、リオ宣言第3原則 (「開発の権利は現在および将来の世代の開発と環境上の必要性を衡平に満たすことができるように行使されなければならない」) で、それぞれ言及されている。

23) ただし、国内裁判では、世代間衡平を裁判規範としてとらえた例がある。フィリピンの子供たちが、森林破壊を阻むために、「自分たちの世代とまだ生まれていない世代を代表して」、政府の森林伐採許可の取り消しと新規許可の差し止めを求めた事件で、フィリピン最高裁判所は、子供たちが現在世代だけでなく将来世代をも代表して訴訟を提起する資格を有することを認め、かつ、現在世代が将来世代のために環境を保護する「世代間責任」を負っていることを明言した (Supreme Court Decision on Minors Oposa v. Secretary of the Department of Environment and Natural Resources, 30 July 1993, ILM, vol. 33, 1994, pp. 173-206；高島、「国際法における開発と環境」、前掲 (註2)、9-10頁)。

24) ワイスは、「世代間衡平は、世代内の状況にまで拡張されなければならない。さもないと、国際社会は、世代間のすべての負担を国際社会の一部に、また世代間の

この「世代内衡平」は、国際レベルでは、南北経済格差の是正、貧困の根絶に向けての国際協力、環境・開発分野での途上国の特別待遇などを求めるさいの根拠となる。他方、国内レベルでは、政府にたいして、国内の経済的・社会的不平等の是正を求める拠り所となる。その意味で、「世代内衡平」は、「共通だが差異ある責任」および「よい統治」という、他のふたつの構成要素の源泉として位置づけられる。

共通だが差異ある責任――「共通だが差異ある責任」とは、すべての国は地球環境の保護に共通して責任を負うものの、その責任の度合いは、地球環境の悪化への歴史的寄与および現在の寄与が国ごとに異なる以上、そこに差異が設けられるべきであるという原則である[25)]。一見してわかるように、この考え方は、環境保護にかんする諸国の「共通の責任」と「差異ある責任」というふたつの要素からなりたっている[26)]。後者は、環境悪化への各国の異なる寄与、および、環境への脅威を予防・減少・管理する各国の能力の差異を考慮に入れたものである。このような「共通だが差異ある責任」から、次のふたつの結果が引き出される。ひとつは、環境問題への国際的取り組みにすべての関係国が参加すべきこと、もうひとつが、各国に課される環境基準は、その内容において差異化されるべきことである。

「共通の責任」は、複数国が環境保護のための権利と義務を共有するかたちをとる。「共通の責任」がとりいれられるのは、一国の所有物でない（または一

すべての権利を国際社会の他の部分に割当ててしまうことになるだろう」と述べ、世代間衡平と世代内衡平との関連を重視している。次を参照。ワイス、前掲（註21）、37頁。

25）「共通だが差異ある責任」が国際文書にとりいれられた最初の例が、「国により異なる環境基準」を述べた人間環境宣言第23原則である（「…先進国にとって妥当であるが途上国にとっては不適当であり、かつ、不当な社会的費用をもたらす基準の適用限度を考慮することがすべての場合に不可欠である」）。「共通であるが差異ある責任」および「国により異なる環境基準」は、リオ宣言第7、11原則にそれぞれ規定されている。

26） Philippe SANDS, *Principles of international environmental law, op. cit.* (note20), p. 217.

国の排他的管轄下におかれていない）環境資源についてである[27]。これらの環境資源についての法的利益とその損害を予防する責任が、条約または慣習にしたがい、すべての国に帰属することになる。

「差異ある責任」は、諸条約および諸国の実行のなかで広く受け入れられている[28]。それは、特別の必要や事情、途上国の将来の経済開発、環境問題を引き起こした歴史的寄与の度合いなどの要因にもとづいて設定された「差異化された環境基準」のかたちをとる。そのような環境基準は、一方で、途上国をはじめとする相対的弱者の側の義務を緩和させ、他方で、資金供与や技術協力の点で先進国を強化するという内容になっている[29]

よい統治――「よい統治」とは、1980年代後半から開発援助の新たな基準として唱えられるようになった。冷戦下での東西援助競争の時代には、被援助国の国内体制のありかたは不問に付されていたが、冷戦の終結とともに、非民

27）「共通の責任」を導く「共通の関心」は、「人類の共通の関心事」としての「地球の気候の変動およびその悪影響」（気候変動枠組条約前文第1段）および「生物の多様性の保全」（生物多様性条約前文3段）、「全人類に認められた活動分野」としての「宇宙空間や月」（宇宙条約1条）、「国際的な資源」としての「水鳥」（ラムサール条約前文）、「人類全体のための世界遺産の一部」としての「文化遺産および自然遺産」（世界遺産条約前文）、「人類の福利のために保全されるべき自然系の一部分」としての「野生動物」（ボン条約前文）、「人類の共同遺産」としての「深海底およびその資源」（国連海洋法条約前文および136条）「人類の遺産」としての「植物遺伝資源」（FAO植物遺伝了解1条）などにみいだされる。次を参照。Philippe Sands, *ibid.*, p. 218.

28）「差異ある責任」の具体例は、本章Ⅱ⑴の諸条約の他にも、「すべての国の環境政策が途上国の開発の潜在能力を増進すべきであて、それを害すべきでない」と述べる国家の経済的権利義務憲章第30条、上述のリオ宣言第7、11原則のほか途上国の特別な事情を優先すべきことを説く同宣言第6原則、投棄により生じる海洋汚染を防止するための措置を「自国の科学的、技術的および経済的な能力に応じて」とるべき旨を規定したロンドン海洋投棄条約第2条など数多く存在する。次を参照。Philippe Sands, *ibid.*, pp. 219-220.

29）地球環境保護条約上の「差異ある責任」の諸類型とその問題点については、次を参照。西海真樹「南北問題と国際立法」『国際法外交雑誌』95巻6号、1997年、21-26頁。

主的開発独裁体制をとる国への援助が批判の的となり、被援助国の民主主義の確立は援助の条件とされるようになった[30)]。

環境分野でも、参加型民主主義を意味する「よい統治」が重視され、それは「持続可能な開発」の中心的要素になっている。ブルントラント報告書は、意思決定に市民が効果的に参加できるような政治制度が「持続可能な開発」にとって必要であると述べ、これを受けてリオ宣言も、環境問題における市民参加（情報への接近、意思決定過程への参加の機会、補償と救済を含む司法・行政手続への効果的接近）の重要性を確認している[31)]。

同じ文脈で、NGO の役割や国際組織の意思決定過程にも関心が高まっており、それらは、いくつかの環境保全条約上の制度に結実している（本章 II (1)を参照）。

「よい統治」は、開発・環境政策の決定方式を、エリート主導のトップ・ダウン型から民衆参加のボトム・アップ型へと転換させるものであり、その意義は大きい。しかし、そこにはひとつの問題がある。「よい統治」の名による「人権・民主主義・市場経済」実現の要求が、先進国による途上国・旧社会主義国への経済的・軍事的支配を支えるイデオロギーに転化し得る。その場合、被援助国は内政不干渉原則をもってこれに対抗するだろう。ところがこの内政不干渉原則も、自国内部での人権抑圧や経済的不平等を隠蔽するイデオロギー

30） その例として、EU・ACP 諸国間の第 4 次ロメ協定の修正協定があげられる。この修正協定は、「人権尊重、民主主義的原則、法の支配」から構成される「よい統治」への違反が生じた場合には、申立国にたいして協定の全部または一部の運用停止措置をとることを認めている。次を参照。高島「国際法におけり環境と開発」、前掲、10 頁。また、1992 年に閣議決定されたわが国の ODA 大綱が、ODA の実施にあたっては、途上国の民主化の促進、市場指向型経済導入の努力、基本的人権・自由の保障状況に十分注意を払うとしているのも、冷戦後のこのような動きに沿ったものである。

31） *Our Common Future, op. cit.* (note 3), pp. 63-65；リオ宣言第 10 原則。同様の言及が、北東大西洋海洋環境保護条約第 9 条、環境に危険な活動から生じた損害のための民事責任条約 15、16、18 条にみいだされる（Philippe Sands, “International Law in the Field of Sustainable Development : Emerging Legal Principles”, *op. cit.* (note 20), p. 64）。

となり得る。「よい統治」と「内政不干渉」には、このようなジレンマが内包されているのである[32)]。

予防原則――国際環境法では、伝統的に、環境破壊のメカニズムが科学的に十分解明されてはじめてこれに対処すべきだという主張と、それ以前の段階でも環境破壊のおそれがあればそれに対処すべきだという立場が対立してきた。「持続可能な開発」の観点からは、後者がとられるべきである[33)]。この考え方を予防原則という[34)]。同原則は、広義では、環境に悪影響を及ぼし得る活動にかかわる決定をとるさいに、国家は、注意深くかつ将来への配慮をもって行動することに同意していることを意味する。他方、狭義のそれは、環境に有害となり得る行為または物質は、たとえそれらが環境に生じさせるかもしれない害についての決定的、圧倒的な証拠が得られなくても規制・禁止されることを求める原則である。ただし、そこには、規制・禁止措置をとるべきでないとの主張を覆し、一定の措置をとるためには、どの程度の科学的証拠が必要なのか、

32)　高島、「国際法における環境と開発」、前掲（註 2）、11-12 頁；西海真樹「書評『民主主義の国際法』（桐山孝信、有斐閣、2000 年）」日本国連学会編『グローバル・アクターとしての国連事務局』、国際書院、2002 年、264-269 頁。

33)　環境破壊が開発政策と表裏の関係にあることからすれば、前者の考え方にも一定の理由がある。しかし、環境破壊はいったん生じればとりかえしがつかない場合があり、また、たとえ回復可能であっても、回復のためのコストが予防のためのコストをはるかに上回る場合もあるからである。次を参照。松井、前掲（註 5）、165 頁。

34)　松井、同上、166 頁。予防原則は、リオ宣言およびいくつかの環境保護条約のなかに取り入れられている。たとえば、リオ宣言第 15 原則（「深刻なまたは回復しがたい損害のおそれのある場合には、十分な科学的確実性が欠けていることを理由に、環境悪化を防止するために費用対効果の大きい措置をとることを延期してはならない」）、ヘルシンキ条約 2 条 5 項 a（「科学研究が有害物質と潜在的越境影響との間の因果関係を十分に証明していないことを理由に、潜在的越境影響を回避する行動をとることを延期すべきでない」）、ロンドン海洋投棄防止条約 1996 年議定書 3 条 1（「海洋環境に損害を生じさせると信じる理由がある場合には投棄とその結果の間の因果関係を証明する決定的な証拠がない場合でも予防措置をとる」）、ベルゲン閣僚宣言（「十分な科学的確実性の欠如が環境悪化を防止するための措置をとることを延期する理由として用いられてはならない」）。なお、気候変動枠組条約、生物多様性条約については、本章Ⅱ(1)を参照。

という問題が残されている[35]。

より重要なのは、同原則を立証責任の転換ととらえる解釈である。従来、ある行為が環境損害を引き起こすことの立証責任は、その行為に反対する者が負っていた。予防原則のもとでは、ある行為を実行したいと望む者がその行為が環境に無害であることを立証しなければならない。この解釈のもとでは、汚染者（国）に一定の物質の放出権が認められるに先立って、そのような行為が環境に悪影響を及ぼさないことを汚染者（国）自身が立証しなければならない。また、放置しておくと環境に深刻で回復不能な悪影響が生じ得ることが科学的証拠により示唆されている場合には、なんらかの国際的規制行為がとられなければならない。予防原則のこのような解釈は、現在、次第に諸国の支持を得つつある[36]。

Ⅱ 「持続可能な開発」の国際法的側面

(1) 「持続可能な開発」と地球環境保全条約

Ⅰでみた「持続可能な開発」は、地球環境保全条約のなかに、どのようにとりいれられているのだろうか。ここでは、代表的な地球環境保全条約として、オゾン層保護のためのウィーン条約とモントリオール議定書、気候変動枠組条約と京都議定書、それに生物多様性条約をとりあげて、そこでの「持続可能な開発」の発現形態を考察する。

オゾン層保護のためのウィーン条約とモントリオール議定書――オゾン層保護のためのウィーン条約（1985 年採択）は、オゾン層の破壊が人の健康や環境に悪影響を及ぼしているとの認識に立って、オゾン層破壊物質にかんする国際共同研究やオゾン層保護のために各国がとるべき措置を定めている。オゾン層破壊物質にかんするモントリオール議定書（1987 年採択）は、フロン、ハロン

35) Philippe SANDS, *Principles of international environmental law,, op. cit.* (note 20), pp. 208-213.

36) *ibid.*

等のオゾン層破壊物質の消費量の削減・廃止スケジュールを定め、締約国に課している。

条約と議定書のなかに「持続可能な開発」の諸要素はどのようにとりいれられているのだろうか。諸要素のうち、「世代間・世代内衡平」と「よい統治」についての言及はない。「予防原則」は、条約前文、同第2条第1項、議定書前文にみられ、フロン、ハロン等の排出とオゾン層破壊とのあいだの科学的因果関係が確証される以前でも、特定措置をとるよう締約国に求めている[37)]。「共通だが差異ある責任」は、両文書とりわけ議定書のなかで詳細に具体化されている。それらはおよそ以下の三つに類型化することができる。

第1の類型としてあげられるのは、途上国への特別待遇を原則的に確認する規定（原則宣言型）である。それは具体的な権利義務を設定するものではない。また、前文に多いがそれに限られるわけでもない。条約前文第3段、同第2条第2項、議定書前文第6、7、9段がこれに該当する[38)]。第2の類型は、途上国にたいして条約上の義務（責務）を緩和する規定（義務－α型）である。議定書第5条第1項は、フロン、ハロン等の規制物質の消費量が一定の基準未満である途上国について、その国の規制措置の実施を10年間遅らせることを認めている。これは、義務実施時期を延ばすというかたちで、該当国の義務を緩和するものである。第3の類型として、途上国にたいして条約上の権利（利益）

37）　ウィーン条約前文では、その第1、7、8段などを通じて「予防原則」が示唆されるにとどまっているが、同第2条第1項は、「オゾン層を変化させまたは変化させるおそれのある人の活動の結果として生じまたは生じるおそれのある悪影響から人の健康及び環境を保護するために適当な措置をとる」と規定し、より明確に同原則をとりいれている。さらにモントリオール議定書前文第1段は、上記文言に続けて「(……適当な措置をとる）義務があることに留意し」と述べ、さらに強い規範意識を表明している。

38）　ウィーン条約前文第3段（「開発途上国の事情および特別な必要を考慮し」)、同第2条第2項（「締約国は、この目的のため、利用することができる手段によりおよび自国の能力に応じ」)、モントリオール議定書前文第6、7、9段（「開発途上国の開発の必要に留意しつつ」「開発途上国の必要を満たすため」「開発途上国の必要を特に留意しつつ」)。

を創設または追加する規定（権利＋ α 型）がある。途上国への技術移転促進を定めた条約第 4 条第 2 項を受けて、議定書は、途上国のための研究開発や情報交換の促進を求め（第 9 条第 1 項)、資金供与制度を設けている（第 10 条)。この制度は、第 5 条第 1 項該当国が規制措置を実施できるようにするために、資金協力および技術協力を行うことを目的としている[39]。

気候変動枠組条約と京都議定書――気候変動枠組条約（1992 年採択）は、先進国にたいして、二酸化炭素およびモントリオール議定書により規制されない温室効果ガスの人為的排出を、1990 年代末までに従前のレベルまで戻すことを定めている。京都議定書（1997 年採択）は、温室効果ガス削減の数値目標、共同達成、共同実施、排出量取引、クリーン開発メカニズム等を規定したものである。

条約と議定書のなかに「持続可能な開発」の諸要素はどのようにとりいれられているのだろうか。諸要素のうち、「世代間・世代内衡平」については、条約第 3 条第 1 項がこれを確認し、「予防原則」は、同第 3 条第 3 項にとりいれられている[40]。「よい統治」については、条約第 6 条 a（ⅱ)、（ⅲ）がそれぞれ

39) 第 2 回締約国会議は、途上国にたいする技術移転を促進するのに必要な費用の増分をまかなうため、「多国間基金」を設立した。また、第 10 条に関連した規定として、議定書第 5 条第 6 項がある。同項は、第 5 条第 1 項該当国が資金的技術的能力の不足のために条約義務を履行できなかった場合、他の締約国は、この義務不履行の原因を留意しつつとるべき措置を決定する、と規定する。この規定は、義務不履行国にたいして場合によっては警告や権利停止でなく「適切な援助」を行うことを定めた「議定書不遵守手続」(1992 年第 4 回締約国会合採択）と連動することにより、第 5 条第 1 項該当国が新たに資金・技術供与を受ける可能性を開くものである。

40) 同第 3 条第 1 項（「締約国は、衡平の原則に基づき…人類の現在及び将来の世代のために気候系を保護すべきである｣)、同第 3 条第 3 項（「深刻なまたは回復不能な損害のおそれがある場合には、科学的確実性が十分にないことをもって、このような予防措置をとることを延期する理由とすべきではない｣)。もっとも同項は、これに続けて「気候変動に対処するための政策および措置は、可能な限り最小の費用によって地球的規模で利益がもたらされるように費用対効果の大きいものとすることについても考慮を払うべきである」と述べ、「深刻なまたは回復不能な損害」という先の文言と並んで「費用対効果」基準を導入することにより、「予防原則」の適用に歯止めをかけている。以下を参照。*Philippe SANDS, Principles of international*

市民への情報公開と政策決定への公衆の参加を求めている[41)]。これらに比べて「共通だが差異ある責任」は、両文書のなかでより詳細に具体化されている。それらは、おおよそ以下の三つに類型化することができる。

第1に、途上国への特別待遇を原則的に確認する規定（原則宣言型）がある。たとえば、条約前文第10段は「国により異なる環境基準」を、同第3条第1項は「共通だが差異ある責任」をそれぞれ述べているが、これらはいずれも原則宣言型にあたる[42)]。第2に、途上国をはじめとするいくつかのカテゴリーに属する国にたいして条約上の義務を緩和する規定（義務－α型）がある。たとえば、条約4条1項は、すべての締約国に課される義務を、同第2項a、b、eは先進国と市場経済移行国にのみ課される義務をそれぞれ定めているが、これらの規定に引き続いておかれた同第2項gおよび同第6項は、途上国にたいして温室効果ガスの排出規制義務を緩和・免除させるものである。また、同第12条5項は、やはり途上国にたいして締約国会議への情報送付義務を緩和・免除させる規定となっている[43)]。議定書第2、3、7条は、先進国および市場

environmental law, *op. cit.* (note 20), p. 211；高島、「国際法における開発と環境」、前掲、16頁。

41)　他方で、条約11条2項、21条3項は、「同条約上の資金供与制度が透明な管理の仕組みのもとにおかれ、かつそこにすべての締約国が衡平かつ均衡のとれたかたちで代表されるべきこと」、「同制度の運営を暫定的に委託される地球環境基金が、適切に再編成され、その参加国の構成も普遍的なものとされるべきこと」をそれぞれ要求している。そこに、「よい統治」への関心が国際組織の意思決定方式や制度的取極めにも向けられていることがうかがえる。次を参照。Philippe SANDS, “International Law in the Field of Sustainable Development : Emerging Legal Principles”, *op. cit.* (note 20), pp. 64-65.

42)　この他にも、条約前文第6段、同第3条第2、5項、同第4条第7、8、9、10項が該当する。

43)　条約4条2項gは、付属書Ⅰに含まれない締約国にたいして温室効果ガスの排出規制を課す同項aおよびgに自国が拘束されるか否かを自由に決定することを認めている。これにより途上国は全面的に排出規制義務を免れることができる。また、同第6項は、市場経済移行国にたいして温室効果ガス排出量の基準となる過去の水準につき同条第2項の約束の履行を弾力的に解釈することを許容するものであり、さらに同第12条第5項は、付属書Ⅰの締約国すなわち先進国と市場経済移行国が

経済移行国にとっての温室効果ガス排出削減の措置（情報送付を含む）を定めているが、それに対応する途上国についての規定は議定書にない。第3に、途上国にたいして条約上の権利（利益）を創設または追加する規定（権利＋ α 型）がある。先進国にたいして途上国への資金提供・技術移転の促進などの利益の提供を規定する条約第4条3、4、5項、および議定書第11、12条が該当する。

生物多様性条約——生物多様性条約（1992年採択）は、生物多様性を保全しつつ、生物資源の持続可能な利用を促進することを目的として作成された。そこでは領域国が自然資源について主権的権利を有していること、ならびに遺伝資源の取得の機会を定める権限も領域国政府に属していることが規定されている（それぞれ第3、15条）。

この条約のなかに「持続可能な開発」の諸要素はどのようにとりいれられているのだろうか。諸要素のうち、「世代間・世代内衡平」については、前文最終段と第2条最終段（持続可能な利用）がそれぞれ言及している。第15条第7項がとくに「世代内衡平」を確認している点が注目を引く[44)]。「予防原則」は前文第9段が言及[45)]し、「よい統治」については第14条第1項a（環境影響評価手続への市民参加）および第21条第1項（資金供与制度の民主的で透明な管理の仕組みのもとでの運営）がそれぞれ述べている。これらに比べて「共通だが差異ある責任」は、条約のなかでより詳細に具体化されている。それらは、おおよそ

条約が自国について発効した後6カ月以内に情報を送付しなければならないのにたいして、それ以外の締約国は条約が自国について発効後または資金が利用可能となった後3年以内に情報送付を行えばよく、さらに後発途上国の情報送付についてはその裁量に委ねる、と規定している。

44) 第15条第7項の文言は次のとおり。「締約国は、遺伝資源の研究及び開発の成果並びに商業的利用その他の利用から生じる利益を当該遺伝資源の提供国である締約国と公正かつ衡平に分配するため、……適宜、立法上、行政上又は政策上の措置をとる。」

45) その文言は次のとおり。「生物多様性の著しい減少または喪失のおそれがある場合には、科学的な確実性が十分にないことをもって、そのようなおそれを回避しまたは最小にするための措置をとることを延期する理由とすべきではないことに留意し、」

以下の三つに類型化することができる。

第1に、途上国への特別待遇を原則的に確認する規定（原則宣言型）がある。「共通の責任」を示唆する前文第3段[46]、途上国への資金・技術支援の必要性を謳う同第16段、後発途上国および島嶼国の特別な事情と必要に注意を喚起する同第17段は、いずれもこの原則宣言型にあたる[47]。第2に、途上国をはじめとするいくつかのカテゴリーに属する国にたいして条約上の義務を緩和する規定（義務－α型）がある。市場経済移行国を含む先進国以外の国にたいして途上国への資金供与義務を任意のものとする第20条第2項中段がこれに該当する。第3に、途上国をはじめとするいくつかのカテゴリーに属する国にたいして条約上の権利（利益）を創設または追加する規定（権利＋α型）がある。技術取得の機会および移転について途上国にたして資金供与も含めたより有利な条件を認める第16条第2、3、4項が、この権利＋α型に該当する[48]。

このように、上にみた地球環境保全条約にみられる「共通だが差異ある責任」は、一方で、途上国その他の国にたいして環境保護措置にかんする義務を緩和させ、他方で、資金供与や技術協力・移転の分野での先進国の義務を強化するというかたちをとっている[49]。

46）その文言は次のとおり。「生物の多様性の保全が人類の共通の関心事であることを確認し、」

47）途上国への資金援助についての条約第20条第4、5、6、7項も、原則宣言型である。

48）同条約第12条（途上国のための研究訓練の奨励）、第20条第2項前段（途上国の義務履行を可能にするための先進国の資金供与）、第21条第1項（途上国のための資金供与制度）もこの類型に該当する規定である。

49）このうち、義務の緩和は、弱者たるカテゴリーに属する諸国を短期的に利することはたしかだとしても、それは地球環境保全という条約目的の実現を阻む効果をもつ。気候変動枠組条約において途上国が温室効果ガスの排出規制義務を完全に免れていることを考えればこのことは明らかである。したがって、条約目的達成の見地からは、先進国から途上国への資金供与や技術協力・移転を促進することによって途上国自身の環境保護能力を向上させ、その結果、上にみたような途上国の義務の緩和をできるだけ早く撤廃することが決定的に重要となろう。次を参照。西海真樹「南北問題と国際立法」、前掲（註29）、25頁。

(2) 「持続可能な開発」と国際紛争解決機関

「持続可能な開発」は国際裁判・意見のなかでどのように解釈・適用されているのだろうか。ここでは、核兵器の威嚇・使用の合法性事件、ガブチコヴォ・ナジマロシュ計画事件、小エビ・小エビ製品の輸入禁止事件、それにミナミマグロ事件の四つをとりあげて検討してみよう。

核兵器の威嚇・使用の合法性事件(国際司法裁判所勧告的意見 1996 年)——本件は、いくつかの反核 NGO のイニシアチブにより、国連総会と世界保健機関(WHO)が、国際司法裁判所にたいして、核兵器の威嚇・使用の合法性について勧告的意見を要請したものである。国際司法裁判所は、WHO の請求は WHO の活動範囲内の問題ではないとして却下したものの、国連総会の請求には応じて、勧告的意見を出した。それは、核兵器の威嚇・使用は武力紛争に適用される国際法とくに人道法の原則・規則に一般的に反すると述べつつも、国家の存亡そのものがかかった自衛の極端な事情のもとでは、その合法・違法を明確に結論することができない、というものだった。

裁判所は、核兵器の使用が自然環境にとっての大惨事となり得ると指摘したうえで、環境とは抽象的ではなく人間の生きる空間であり、将来世代も含めた人間生活の質および人間の健康がそれに依存するものである、と述べる。そして、自国の管轄または管理のもとで行われる活動が他国の環境またはいかなる国の管轄にも属さない領域の環境を尊重するよう配慮することは、いまや国際環境法の一部を成すところの国家の一般的義務であるととらえる[50)]。さらに裁判所は、核兵器の破壊力は時間的にも空間的にも阻み得ず、核爆発による放射能汚染は将来の環境、食物連鎖、海洋生態系に損害を発生させ、かつ将来世代の人々に遺伝的疾患を生じさせるおそれがあると確認したうえで、核兵器使用の合法性を考えるさいには核兵器の破壊力、その使用が人々に与える言語を絶する苦痛とならんでそれが将来世代に損害を生じさせることを考慮に入れなけ

---

50) *CIJ, Recueil des arrêtes, avis consultatifs et ordonnances, Licéité de la manace ou de l'emploi d'armes nucléaires, Avis consultatif du 8 juillet 1996*, p. 242, para. 29.

ればならない、と述べる[51]。裁判所のこのような評価には、明らかに世代間衡平の発想がうかがえる。

ガブチコヴォ・ナジマロシュ計画事件（国際司法裁判所判決 1997年）――チェコスロバキアとハンガリーがドナウ河沿いのガブチコヴォ、ナジマロシュに共同でダムを建設することに合意しその旨の条約を結んだが、後にハンガリーが環境への悪影響を理由に建設工事を中断した。これを受けてチェコスロバキアも計画を変更、自国領域内でドナウ河の水を分流してダムの貯水湖をつくる計画をたて実行した。1993年のスロバキア独立後、ハンガリーとスロバキアはこの問題を国際司法裁判所に付託、両国の権利義務とその効果を争った。判決は、一方において、ハンガリーがダム建設を中断・放棄する権利を否認し同国の条約終了通告の無効を確認したが、他方において、チェコスロバキアの一方的計画変更とその実施を条約違反の国際違法行為と認定し、それは適法な対抗措置ともみなし得ないとした。そのうえで判決は、両国に環境影響評価を行うよう慫慂した。

両当事国が環境問題を前面に押し出したこともあって、本件は、裁判所が「持続可能な開発」の法的側面について判断を下す最初のケースとなるのではないかと期待されたが、結局判決はこの点につき詳細な考察を行わなかった。ハンガリーは、ダムの共同建設は適切な環境影響評価なしに行うことはできないと述べて、とりわけ「予防原則」の法的地位について検討するよう暗に裁判所を促したものの、裁判所は慎重な態度に終始した[52]。それでも裁判所が、環境損害の不可逆性やこの種の損害賠償メカニズムの限界を理由に環境保護の分野における警戒と予防を重視し、環境と開発をめぐって新しい規範・基準が形成されてきたことを確認し、さらに、経済開発と環境保護を調和させる概念としての「持続可能な開発」の意義を明示的に認めたことは、大いに注目されよう[53]。

51） *ibid.*, pp. 243-244, paras. 35-36.

52） 坂元茂樹「カブチコボ・ナジマロシュ計画事件」田畑・竹本・松井編『判例国際法』、東信堂、2000年、363頁。

小エビ・小エビ製品の輸入禁止事件（WTO上級委員会報告 1998年）——米国とインド・マレーシア・パキスタン・タイの間で争われたこの紛争[54]は、米国の小エビ輸入禁止措置とその適用のしかたをめぐるものだった。米国は、ウミガメの保護を理由として、ウミガメ除外装置（TED）を用いない商業的トロール漁業技術により捕獲された小エビの輸入を禁止する法律を制定した[55]。この輸入禁止措置が、GATT規定への一般的例外を定めるGATT第20条により正当化できるか否かが焦点となった。米国は、この法律とその適用は同条の条件を満たしているからGATT違反ではないと主張した[56]。これにたいして、インドなど4国は、この法律および適用が同第20条に違反し、恣意的で正当と認められない差別にあたるとした[57]。WTOの上級委員会は、米国の輸入禁止措置じたいは同第20条gを満たすから「さしあたり（provisionally）正当化できる」としたものの、その適用のしかたが「任意のもしくは正当と認められない差別」にあたり、したがって同第20条冒頭文（chapeau）の条件に違反するから最終的には正当化できない、と判断した[58]。

53）*CIJ, Recueil des arrêtes, avis consultatifs et ordonnances, Affaire relative au projet Gabcíkovo-Nagymaros, Arrêt du 25 septembre 1997,* p. 78, para. 140. なお、ウィーラマントリ判事は、その個別意見のなかで「持続可能な開発」について詳細に論じている。彼はこれを発展の権利と環境保護の権利の双方にもとづく規範的価値を備えた原則とみなし、「逃れ得ない論理的必然」と「地球社会による広範かつ一般的な受諾」を理由としてそれは現代国際法の一部になっていると評価している。そして、このような「持続可能な開発」を本件に適用することによって、「環境影響評価を計画時点だけでなく実施過程でも継続的に行うべきこと（継続的環境影響評価の原則）」および「継続的な環境影響評価の基準は条約締結時の科学的知見にではなく評価実施時のそれに依拠すべきこと（環境保護規範の適用における同時代性の原則）」というふたつの結果を導いている。次を参照。"Opinion individuelle de M. WEERAMANTRY", *ibid.*, pp. 95, 111-115.

54）WT / DS58 / AB / R, 12 October 1998.

55）Section 609 of Public Law 101-162.

56）WT / DS58 / AB / R., *op. cit.* (note 54), para. 10.

57）*ibid.*, paras. 35, 39.

58）この判断は、法律（Section 609）を実際に適用するガイドラインが他の締約国の一律の対応を求める硬直的なものだったこと、輸入禁止措置の発動に先立ってウミ

同委員会は、同第20条gの「有限天然資源」の意味を確定するさいに、「環境の保護と保全について国際社会が抱く現代的関心」に照らしてこの言葉を「変遷する（evolutionary）ものとして」解釈しなければならないと述べ[59]、WTO協定前文が「持続可能な開発」の目標にしたがった資源利用に触れていること[60]に注目し、これを「WTO協定に署名した人々が、国内・国際政策の目標としての環境保護の重要性と正当性とを十分に認識していたこと」の証ととらえている[61]。同委員会のこのような態度には、「持続可能な開発」の趣旨に照らして条約規定を解釈すべきだとの意向がうかがえる[62]。

ミナミマグロ事件（国際海洋法裁判所暫定措置命令　1999年）――この事件は、オーストラリア（豪）とニュージーランド（NZ）の合意を得ずに日本が単独で実施したミナミマグロの調査漁獲に端を発する。豪・NZ両国は、この日本の行為が国連海洋法条約（UNCLOS）、ミナミマグロ保存条約（CCSBT）および慣習国際法に違反すると考えた。さらに両国は、本件紛争をUNCLOS上の紛争とみなしたのにたいして、日本はこれをCCSBT上の紛争であると主張した。豪・NZ両国は、この紛争をUNCLOS付属議定書の強制仲裁手続に付託し、かつ、UNCLOS第290条第5項にもとづいて国際海洋法裁判所（ITLOS）に暫定措置を要請した。1999年8月に出された暫定措置命令では、豪・NZの主張がほぼ全面的に認められた。これにたいして日本は、仲裁裁判所に先決的抗弁

ガメ保全のための他国との交渉を米国が行わなかったこと、以上の態度が米国も当事国であるウミガメ保全のための米州諸国間条約上の規定と相容れないこと、などを理由とするものだった。以下を参照。*ibid.*, paras. 160-177, 184, 186, 187(c).

59）*ibid.*, paras. 129-130.

60）WTO協定前文1段後半は以下のように述べている。「……経済開発の水準が異なるそれぞれの締約国のニーズ及び関心に沿って環境を保護し及び保全し並びにそのための手段を拡充することに努めつつ、持続可能な開発の目的に従って世界の資源を最も適当な形で利用することを考慮し、」

61）WT / DS58 / AB / R., *op. cit.* (note 54), paras. 129-130. これ以外にも、同報告は、有限天然資源の保全を含む地球規模の環境対策はできるだけ国際協力にもとづいてとられるべきことを、リオ宣言第12原則、アジェンダ21（2-22(1)）、それに生物多様性条約5条などを援用しつつ強調している（*ibid.*, para. 168）。

62）*ibid.*, para. 153.

を提出し、その管轄権を争うことにした。同仲裁裁判所は、その判決のなかで本件紛争について管轄権を有さないと判断したため、日本は勝訴した。これを受けて、ミナミマグロ資源保存の協議がCCSBTの枠内で行われた。本判決の意義は、公海漁業資源の保存についてはUNCLOSの強制仲裁よりも各漁業条約の定める紛争解決手続が優先することを認めた点にある[63)]。

暫定措置命令のなかで、裁判所は、ミナミマグロ資源の保存にかんする科学的不確実性の存在を認めながらも、「緊急事項として、当事国の権利を保全し、かつ、ミナミマグロ資源のさらなる減少を防止するための措置がとられるべきである」と述べている[64)]。そして、豪・NZおよび日本にたいして、紛争を悪化・拡大するような行動をとらないこと、および、ミナミマグロの調査漁獲計画の実施を控えることを命じている[65)]。以上の文言から、ITLOSは、予防原則を採用して暫定措置命令を出したことがわかる。

結 「持続可能な開発」の意義

「持続可能な開発」の概念は、さまざまな国際文書にとりいれられ、国際裁判や意見のなかでしばしば判断基準として採用されている。この概念が国際的承認を得ている現在、一国の開発政策が原則として持続可能なものであるべきことや、天然資源が持続可能な方法で管理されるべきことに異議を唱える国はほとんどないだろう。しかしながら、この概念が法的に何を意味するのか、あ

---

63) 山田中正／河野真理子／松川るい「みなみまぐろ事件仲裁裁判所判決について」『ジュリスト』1197号、59-66頁。

64) 同事件については以下を参照。http//www.un.org/ Depts / los /ITOLOS, INTERNAITIONAL TRIBUNAL FOR THE LAW OF THE SEA, YEAR 1999, 27 August 1999, List of Cases no. 3 and 4, SOUTHERN BLUEFIN TUNA CASES, NEW ZEALAND v. JAPAN ; AUSTRALIA *v.* JAPAN, Requests for provisional measures, ORDER, paras. 77-80（青木隆訳「みなみまぐろ事件暫定措置命令」『法学研究』72巻10号、1999年、122-135頁）

65) Requests for provisional measures, ORDER, *op. cit.*, para 90, 1(a), (d).

るいは、個々の事例のなかでこの概念に具体的効果をいかに付与するのか、ということについては、国際社会にコンセンサスが成立しているとはなおいえない。一国の開発・環境政策の決定に付随する社会的、政治的、経済的な価値判断や、相対立する諸要因――環境保護はその一要素でしかない――を比較衡量しなければならない必要性を知ったうえで、国際裁判所が一国のそのような決定を再吟味し、それが「持続可能な開発」の基準を満たしていない、と結論することは考えにくい。結局、「持続可能な開発」の概念を解釈しこれに一定の効果を付与する実質的裁量は、各国政府が握り続けることになる。このような現状では、「開発が持続可能なものでなければならない」という国際的義務が厳密な意味で確立したとはいいきれないだろう[66)]。

しかし、他方で現代国際法は、「持続可能な開発を促進するプロセスの結果として」政策決定を行うよう各国に求めている。一国が政策決定を行うさいに、そこへの市民参加を奨励せず、そこにおいて開発と環境とを統合せず、世代間・世代内衡平の必要性も考慮に入れないならば、その国は、持続可能な開発を促進するためにリオ宣言やその他の国際文書にとりいれられた諸要素の実施に失敗したことになる。Ⅱ(2)で検討したガブチコヴォ・ナジマロシュ事件は、開発じたいの性質よりもむしろそこでの政策決定過程こそが持続可能な開発における重要な法的要素であるという考え方に立っている。裁判所はダム建設計画が持続可能なものだったか否かを問うことなく、当事国にたいして、持続可能な開発の利益のために発電所建設が環境へおよぼす影響を再検討するよう求めたのである[67)]。

このようなアプローチをとることによって、裁判所は、何が持続可能であって何がそうでないかを決定するという不可能な作業から解放され、リオ宣言に沿って「持続可能な開発」の目的を促進することが可能となるだろう。そこで

---

66)　Patricia BIRNIE and Alan BOYLE, *International Law & the Environment, op. cit.* (note 20), pp. 96-96.

67)　*CIJ, Recueil des arrêtes, avis consultatifs et ordonnances,Affaire relative au projet Gabcíkovo-Nagymaros, op. cit.*, para. 140.

は、持続可能な開発という概念そのものよりも、概念の構成要素に焦点があてられることになる。開発が持続可能であることを確保する国際法上の義務はなくても、「持続可能な開発」の分野における法は存在する。裁判所や国際組織は、たとえ一国の決定を再検討することはできないとしても、「世代間・世代内衡平」や「環境と開発の統合」のような原則を意思決定過程のなかで考慮に入れるよう求めることができる。裁判所や国際組織が法を解釈し、適用し、発展させるときに、「持続可能な開発」とその構成要素は、解釈基準を提供するものとして大きなかかわりをもつ。その結果、「持続可能な開発」が既存の法の重要な変化や発展を導くことがあり得る。このような意味で、現代国際法は、諸国や国際組織にたいして、「持続可能な開発」の目的を考慮に入れるように、そしてこの目的を考慮に入れるための適切なプロセスを確立するように求めているのである。このことの意義はけっして小さくない[68]。

従来の開発・環境法のいかなる部分が維持され、いかなる部分が新たに修正されつつあるのか。さらには、国内・国際レベルにおける人権、開発、環境政策の統合にたいして、いいかえれば「持続可能な開発」の促進にたいして、現代国際法がどのように寄与し得るのか。これらの問題を分析・総合していくことが、今後の国際法学の重要な課題である[69]。

他方、「持続可能な開発」の概念は法原則であるにとどまらない。そこには重要な現代的倫理が反映している。とりわけそれは、「持続可能な開発」の中核的要素である「世代間・世代内衡平」によくあらわれている。「世代間・世

68) Partricia Birnie and Alan Boyle, *International Law & the Environment, op. cit.* (note 20), pp. 96-97；松井、前掲（註5）、159頁。また、Ⅱ(2)で扱った「小エビ・小エビ製品の輸入禁止事件」で、WTO上級委員会報告は、GATT20条冒頭文（chapeau）を解釈するさいに、「WTO協定とりわけ1994年GATTの締約国の権利義務にたいして色彩、質感、陰影を与えている」WTO協定前文の特別な用語（持続可能な開発の目的に言及した部分を指す―西海）を考慮に入れることが適当であると述べている（WT / DE58 / AB / R, *ibid.*, para. 155）。本章の考え方に通じるものといえよう。

69) *International Law Association, Report of the Sixty-Ninth Conference, op. cit.* (note 18), p. 669.

代内衡平」は、環境と開発とを考えるさいに、現在世代だけでなく将来世代の人々の生活条件を考慮に入れること、「南」の人々が貧困から抜け出してより人間らしい生活を営めるようになること、および、「北」の人々がこれまでの消費的・欲望充足的な生活様式を改めることをそれぞれ促している。このことからもわかるように、「持続可能な開発」は、現にこの世に生きている人々と将来生まれ出る人々にたいして、人間としての自己実現の可能性が等しく認められるべきであるという人間観・世界観にもとづいている。そのような観点から、わたしたちの社会の現状を全地球規模で見直すよう、わたしたちに求めているのである。

アナン国連事務総長は、「開発か環境かの選択が問題なのではない。環境を分別をもって管理できない開発は短命に終わるだろう」と述べた[70)]。今後、どのようにして「環境に分別をもつ開発」を持続させられるかが人類と地球の共生関係の鍵となるだろう。そのためには、国際社会の変化に応じて「持続可能な開発」実現のための新たな方策を練り上げていかなければならない[71)]。わたしたちは、この壮大な倫理をその本来の意味においてとらえ、わたしたちの生活のなかに実質化していることができるだろうか。あるいは、人間のエゴイスティックな欲望追求を覆い隠す「かくれみの」としてこれを用いるだけに終わるのか。どちらになるのかは現在のわたしたち一人一人の生き方、日々の生活のあり方次第である。とりわけ、将来生まれ出る人々の眼、現在、貧困と絶望に打ちひしがれている人々の眼が、豊かな国の住人であるわたしたちの態度を問い続けている。

---

70) アナン国連事務総長「開発か環境かではない」(読売新聞 2002 年 9 月 5 日)。

71) 吉田文彦は、「市場主義が幅を利かすグローバリゼーション」「米国のユニラテラリズムにもとづく新帝国主義」「行動主体の多様化」および「人間の安全保障」という、国際社会の四つの潮流のもとでの「持続可能な開発」戦略の刷新について、興味深い考察を展開している(前掲(註 19)、144-152 頁)。

第5章

「天然の富と資源に対する恒久主権」の現代的意義

序

脱植民地化によって誕生した多くの途上国は、国際投資の保護に関する伝統的な国際法ルールを否定し、それにとって代わるものとして、途上国の主権的権利に基づいた新たな国際法ルールを提唱した。その中核となったのが「天然の富と資源に対する恒久主権」(以下、恒久主権) である[1]。1962年の国連総会決議1803「天然資源に対する恒久主権」は、恒久主権概念を人民および民族の権利として認め、この権利に基づいて受入国が外国資本の国有化を行う場合には受入国の国内法と国際法に従って適当な補償が所有者に支払われなければならない、と述べている。その後、1974年の国連総会決議3281「国家の経済的

1) 恒久主権概念については、さしあたり、次の文献を参照。田畑茂二郎「A・A新興諸国と国際法」『思想』496号、1965年。松井芳郎「天然の富と資源に対する永久的主権(一)(二)」『法学論叢』79巻3号、4号、1966年。田畑茂二郎「現代国際法の諸問題四　天然と富と資源に対する永久的主権」『法学セミナー』8/1971。落合淳隆「国連総会における天然資源恒久主権の発展」『拓殖大学論集』97号、1974年。佐分晴夫・松井芳郎「新国際経済秩序・自決権および国有化」『経済』201号、1981年。松井芳郎「国際人権規約第一条の成立」『法政論集』126号、1989年。中川淳司『資源国有化紛争の法過程』国際書院、1990年。桐山孝信「経済的自決権再生のための覚書――天然資源に対する永久的主権概念の軌跡――」『民族と自決権に関する研究』神戸市外国語大学外国学研究、38巻、1996年。Antony ANGHIE, *Imperialism, Sovereignty and the Making of International Law,* Cambridge University Press, 2004, pp. 211-244. Nico SHRIJVER, *Sovereignty over Natural Resources: Balancing Rights and Duties,* Cambridge University Press, 2008, pp. 368-395.

権利義務憲章」は、国有化を行う国が国内法と全ての事情を考慮して適当な補償を支払うべきであると述べた。さらに同決議は、補償に関する紛争は国有化を行う国の国内法に基づき国内裁判所で解決されると宣言している。同決議は、先進国の反対を途上国が数の力で押し切ることにより採択された。こうして、国際投資の保護と国有化に関する国際法ルールをめぐり、先進国・途上国間の対立が先鋭化した。実際、1960年代から1970年代にかけて、いくつもの途上国が決議3281の主張に依拠して国有化を実施した。これらの途上国は、独立以前の植民地時代に先進国とその企業が行った搾取や収奪を理由に挙げ、恒久主権概念を根拠としつつ、伝統的な国際法ルールの維持・適用を拒絶したのだった。

今日ではどうか。多くの途上国は、原則的にはこのような立場になお固執している。しかしながらこのような強硬な態度は、先進国企業の途上国への投資意欲を失わせ、その結果、途上国は自らが必要とする資本を確保できないという事態を招いた2)。その結果、多くの途上国は、原則論はともかく、実際にはこのような態度を維持することができなくなった。そして、とりわけ1980年代以後、伝統的国際法ルールをとりいれた2国間投資協定（BIT）を先進国との間で結ぶことで、問題の解決を図ってきた。現在、そのような2国間投資協定は数多く存在する。しかし、多国間投資協定（MAI）は未成立のままであり、先進国と途上国との間の原則的亀裂は依然として埋まっていない。このような変遷を前にして、私たちは次のように自問せざるを得ない。恒久主権概念はもはやその歴史的役割を終えたのか。あるいはそうではなくて、現在でもなお途上国の立場を潜在的に支え続けているのか――。

他方で、この恒久主権概念は、生物多様性とりわけ遺伝資源への主権的権利の文脈で途上国によりしばしば援用され、それは生物多様性条約、カルタヘナ議定書および名古屋議定書などにみてとることができる。また、先住民族の資源利用の文脈でも「土地、領域、資源に対する権利」として、この恒久主権概

2)　大沼保昭『国際法　はじめて学ぶ人のための』東信堂、2005年、406-411頁。

念が援用されており、それは国連先住民族権利宣言に謳われているとおりである。本章では、以上のような恒久主権概念の歴史的変遷をふまえて、この概念が現代国際法においてどのような意義を有し、また、どのような機能を果たしているのかを探りたい。以下では、まず、恒久主権概念の形成と展開を確認する。ついで、恒久主権の具体化としての国有化における補償ルールの変遷と現状を評価する。最後に、生物資源への権利および先住民族の権利という文脈におけるこの概念の新たな展開を紹介し、この概念の現代的意義を考えることにしたい。

I 「天然の富と資源に対する恒久主権」の形成

国連総会は、早 1950 年代から、開発の遅れた地域・国がその天然の富と資源を自由に用いる権利があることを議論していた。恒久主権という言葉は、1952 年にチリ代表が、国連人権委員会における人権規約の起草過程において、次のように用いたのが最初であると言われている。「人民の自決権は、その天然の富と資源に対する恒久主権を含む。人民は、他国が主張するいかなる権利を理由にしても、けっしてその生存の手段を奪われることはない。」[3] このような定式化からもうかがえるように、恒久主権概念は、その後、経済開発および人権というふたつの文脈において形成・発展していくことになる。そして、いずれの文脈においても、この概念は人民自決権の考え方によって支えられている。

(1) 経済開発の文脈

国連総会は 1952 年に決議 626 を採択し、天然の富と資源を自由に使用し開発する人民の権利を認めた。そこにはすでに、自国の天然資源を国有化するという途上国の願望があったと言われている[4]。その後、1962 年に採択された国

3) 松井、「天然の富と資源に対する永久的主権（一）」、前掲（註 1）、44 頁。
4) 同上、41-43 頁。田畑、前掲（註 1）、97 頁。

連総会決議「天然資源に対する恒久主権決議」（決議1803）は、「天然の富と資源に対する恒久主権」を人民および民族の名において承認した。この決議は、恒久主権に基づいて収用・国有化を行う場合には、公益上の理由が必要であり、国際法に従って適当な補償が支払われなければならず、受入国が外国企業と結んだ協定はこれを誠実に遵守しなければならない、と規定している。「国際法に従って適当な補償が支払われる」という表現により先進国・途上国間の妥協が成立したため、この決議には先進国の大半が賛成票を投じた。他方でこの表現では手ぬるいと考える当時の社会主義諸国は、反対票は投じなかったものの、棄権している。

その後、1970年前後より、途上国は伝統的な国有化の補償ルール（＝十分、実効的、迅速な補償）を明確に否定するようになる。このことは、1974年に採択された国連総会決議「国家の権利義務憲章」（決議3281）にはっきりとみてとることができる。同決議中、天然資源に対する恒久主権を規定した第2条第2項は、外国資産の収用・国有化に際して「自国の関連法令及び自国が関連すると認めるすべての事情を考慮して、適当な補償を支払うべきである」と述べるとともに、補償について紛争が生じた場合には、いつでも、その紛争は受入国の国内法に基づいて受入国の国内裁判所で解決される、と規定している。つまり、補償額の算定基準・方法について一般国際法の規律を拒絶し、国有化を行う受入国が恒久主権に基づいて排他的かつ最終的にこれを判断することができる旨が明言されているのである。この決議の採択に際して、多くの先進国は棄権するか反対票を投じた。ここに、国際投資の保護に関する先進国と途上国＋社会主義諸国との間の対立が鮮明になった。恒久主権に基づくこのような補償ルールの国連総会決議を通じた定式化は、それ自体が法的拘束力をもつとは言えないものの、少なくとも従来の補償ルールの一般的妥当性（法的信念）を喪失させる効果をもったと言えるだろう。

(2)　人権保障の文脈

1952年、国際人権規約に自決権に関する規定を挿入することが総会決議545

により決定した。これを受けて、同年の人権委員会においてチリが、国際人権規約に自決権を挿入するという文脈で恒久主権概念に言及したことは、先に述べたとおりである。チリおよびその提案を支持する諸国は、自決権が政治的観点からだけでなく経済的観点からも考慮されるべきであること、人民の自決権の実現は経済的従属下にあるすべての国家がその天然資源に対する完全な管理を獲得することにより完全な主権を回復することを可能にすべきであること、政治的独立は経済的独立の裏打ちのないかぎり完全なものではありえないこと、従って人民が自ら天然資源を自由に処分する権利が認められるべきことを強調した。同時にこれらの国は、そのような人民の権利が認められたからといって国家は自ら結んだ協定を恣意的に破棄することはできない、とも述べていた[5)]。

他方、このような提案に反対する諸国は、「恒久主権」という文言が不明確であり国際協力を阻害すること、「恒久主権」という言葉には意味がないこと、「人民は、他国が主張するいかなる権利を理由としても、決してその生存の手段を奪われることはない」という第2文が既存の条約の破棄および補償を伴わない国有化を認めることになること、そのような事態は結局のところ投資や途上国支援への外国（企業）の意欲を失わせることなどを理由に、恒久主権概念の導入に反対した[6)]。

結局、恒久主権の文言を人権規約に取り入れようとする試みは破棄され、その代わり、国際法と国際協力の義務に反しない限り天然資源を自由に処分する人民の権利が、国際人権規約共通第1条第2項に規定されることになった。資本輸出国の反対を考慮して表現が緩和されたためである。しかしながら、「人民がその天然と富と資源を自己自身のために自由に処分することができる」という第1条第2項の文言は、恒久主権に含まれている思想をそのまま残したものということもできる[7)]。この規定により、人権保障の前提条件として自決権

5） 松井、「国際人権規約第一条の成立」、前掲（註1）、23頁。

6） 松井、同上。田畑、前掲（註1）、98頁。

7） 田畑、同上。

に経済的要素が含まれるということが、国際人権規約という法的拘束力のある文書の中で承認されることになった。

(3)　開発の国際法における「恒久主権」

開発の国際法とは、1960年代から1980年代にかけて、フランス語圏諸国の国際法学者により提唱された、先進国と途上国の発展格差の縮小や途上国の経済的自立をめざす国際法理論である。南北問題へ国際法学の接近方法のひとつである同理論は、「理論的、実際的なさまざまな考察が交錯する工房」[8)]と称されるように実際には多様な主張が混在しており、決して一枚岩的に自己完結した理論ではない。その上で概括すれば、同理論は主権、平等、連帯という三つの基本原則から成り立っている。主権においては途上国の経済的自立のためにその経済的側面が強調され、平等においてはいわゆる実質的平等が重視される。そして連帯とは、途上国がこのような主権と平等とを確保するために不可欠なとりわけ先進国からの協力を意味する。これらの基本原則の背景に一貫して流れているのは、事実上の差異とりわけ発展格差を考慮に入れた具体的国家観に基づいて、相対的弱者たる国家群に有利な法規範・制度を樹立しようとする考え方である[9)]。

この説明から容易に想像がつくように、開発の国際法理論は、恒久主権概念を重視している。それは、開発の国際法論者の次のような言説にみてとることができる。「自国内の天然の富と資源が外国人の手に握られているとき、そのような国はすべて、通常、主権に結びついた諸権利を自らの意思に反して外国人に譲渡するよう強いられることはない。恒久主権とは、帝国主義および新植民地主義との戦いの主要な実践例である。」[10)]「中心諸国と周辺諸国とを区別す

---

8)　Maurice FLORY, « le concept de droit international du développement 25 ans après »『法学新報』94巻11・12号、1988年、5頁。Jean-Robert HENRY, « l'imanigaire juridique d'une société mutante », Ahmed MAHIOU, Jean Robert HENRY éds., *La Formation des normes en droit international du développement,* CNRS, 1984, pp. 39-40.

9)　西海真樹「開発の国際法」国際法学会編『国際関係法辞典（第2版）』、三省堂、2005年、138-139頁。

る基本的な特徴は、周辺諸国経済の近代部門が基本的に中心諸国の欲求を満たすように方向付けられていることである。さらに、富める国は実際の利益を引き出すことのできる技術を独占しているため、海、空間、文化などをすべて自国に有利なように横領してしまう危険がある。それゆえに、途上国が行使しようとするコントロール権限は、自国領土に対してだけでなく人類の共同遺産にも関わってくる。」[11)]

開発の国際法におけるこのような恒久主権のとらえ方は、恒久主権概念自体や経済的自決権を理論的に補強しただけでなく、権利主体としての人民、発展の権利、持続可能な開発といった、国家間主義の克服に向けた国際法の発展方向を示唆するものでもあった。

Ⅱ 投資・国有化における補償ルールの変遷と現状の評価

(1) 背景経済事情の変遷、BITの増加、その内容(ハル・ルールの維持・復活)

1980年代に入ると、国際投資の保護と自由化をめぐる世界情勢が大きく変わった。多くの途上国で累積債務問題が深刻になり、それへの対処を通じて、これらの国は国際投資に対する従来の敵対的・制限的な態度を改めるようになる。さらに冷戦が終わり、ソ連が解体し、旧社会主義諸国が市場経済体制への移行の道を選ぶようになると、それに伴って旧社会主義諸国も国際投資を積極的に受け入れるようになった。

このような情勢の変化によって、国際投資の保護と自由化をめぐる先進国・途上国間の従来の対立は弱まり、この分野において新たな国際法制度が形成されていくことになる。それらの要因は、具体的には次のとおりである。①累積債務により途上国向けの国際投資の流入が落ち込んだ結果、途上国は従来の国

---

10) Guy FEUER et Hervé CASSAN, *droit international du développement,* Dalloz, 1991, p. 200.

11) Alain PELLET, *le droit international du développement,* que sais-je? 1987, p. 107.

際投資に対する敵対的・制限的政策を見直し、国際投資を積極的に誘致する政策をとるようになったこと。②市場重視の経済政策を求めるIMFのコンディショナリティを受け入れることが、外国投資の受入を促進する効果を果たしたこと。③とりわけラテンアメリカ諸国における輸入代替工業化戦略から輸出指向工業化戦略への転換によって、これらの国が製造部門への外国投資を積極的に誘致する政策をとるようになったこと、以上である[12)]。

その結果、2国間投資協定（BIT）が激増し、それは現在、3000近くに達しようとしている。その他にも2国間または地域的自由貿易協定（FTA）の中に投資に関する章が設けられ、それらはBITとほぼ同様の投資保護や自由化を規定している。一般にこれらのBITやFTAには、国際投資の保護に関して従来から先進国が慣習国際法であると主張してきた諸原則（内国民待遇、最恵国待遇、公正かつ衡平な待遇、収用への補償など）が盛り込まれている。さらに、それらの中には、投資保護だけでなくパフォーマンス要求の禁止や投資許可段階も含めた内国民待遇など、投資の自由化にいっそう踏み込んだ規定を備えているものもある。また、外国投資家と受入国との間の投資紛争については、投資家が投資紛争解決国際センター（ICSID）や国連国際商取引法委員会（UNCITRAL）などの仲裁規則に基づく仲裁に紛争を付託することができる旨を規定しているBITが数多くある。実際、1980年代以後、投資紛争を仲裁に付託する件数は増え続けている[13)]。

上述のとおり、受入国が投資財産を収用する場合について、BITやFTAは、国際投資の保護に関する慣習国際法規則として従来から先進国が主張してきた諸規則（ハル・ルール）を取り入れている。すなわち①公共目的であること、②差別的でないこと、③正当な法の手続に従って行われること、④迅速、適当かつ実効的な補償を支払うこと、以上である。④における迅速性については、

12）　中川淳司「国際投資の保護と日本」『日本と国際法の100年』第7巻、2001年、202-203頁。

13）　中川淳司「国際投資法」中川淳司・平覚・清水章雄・間宮勇編『国際経済法（第2版）』有斐閣、2012年、344-347頁。

補償が収用と同時に支払われない場合には商業的に妥当な利子を含めなければならないものと解釈されている。また、適当性については、補償額が収用時の投資財産の公正な市場価格に相当することが求められる。ここでの公正な市場価値の算定方法は、将来得られるであろう収益からその収益を得るために支出されるであろうコストを差し引いた純利益とされるのが一般的である[14)]。

(2) MAI の挫折、TRIMs の現状、ドーハラウンドからの貿易と投資の除外、一般国際法レベルと特別国際法レベルの規範状態の差異

上でみた BIT・FTA の規定ぶりからは、恒久主権に依拠して途上国に有利な国有化ルールをハル・ルールに代替しようとする途上国の意向は、一見したところ決定的に弱まったようにみえる。しかしながら、事態はそれほど単純ではない。というのも、1980 年代以降、さまざまな場で投資に関する多国間条約の作成が試みられてきたが、それらは実現されていないからである。そのような試みが失敗した代表例が、1995 年から OECD において先進国間の投資の保護と自由化を目指して行われた多数国間投資協定（MAI）の交渉である[15)]。MAI 交渉は、多国籍企業やそのビジネスロビーの強い要請にもとづき、グローバルで高い基準の投資自由化ルールの作成をめざすものだった。そこにおいては、締約国に対して、あらゆる種類の投資への完全な保護、無差別な内国民待遇の付与、パフォーマンス要求の禁止、資産や金銭の処分や移転の自由の徹底的保証などを義務づけることが企図されていた。1998 年に OECD が公表した MAI 草案によれば、投資は「投資家によって直接・間接に所有・支配され

14) 中川、前掲（註 13)、352 頁。

15) MAI については、さしあたり、次を参照。「多数国間投資協定（MAI）の諸問題」『日本国際経済法学会年報』 7 号、1998 年。森川俊孝「投資の自由化と多数国間投資条約（上）（中）（下）」『貿易と関税』1998 年 5 月、6 月、7 月。MAI の交渉テキストの和訳は、次を参照。谷岡慎一・大久保直樹（訳）「MAI 交渉テキスト本文全訳（上）（下）」『貿易と関税』1998 年 9 月、10 月。Serge Regourd, *l'Exception culturelle,* Que sais-je?, pp. 88-95. 高田太久吉「投資自由化と多数国間投資協定（MAI）」『商学論纂』（中央大学出版部）42 巻 5 号、2001 年。

るすべての種類の資産」と広く定義されている。締約国には、外国投資家・投資への広範囲な最恵国待遇・内国民待遇の付与、外国投資家・キーパーソネルの一時的な入国・滞在・労働制限の禁止、パフォーマンス要求（国内コンテンツ比率、国内サービスの購入、貿易制限、国内労働力の雇用、国内資本の参加など）の禁止といった、さまざまな義務が課されている。さらに締約国は、非合理的なまたは差別的な措置により外国投資家の投資の運営管理、維持、利用、享有、処分を妨げてはならない。収用・国有化を行うことは合理的理由がある場合のみに厳しく制限され、そのような場合でも、完全かつ遅滞なき補償が支払われなければならない。他方、投資家がその資産を処分、譲渡、移転することは完全に自由であり、不利益を被った投資家は、受入国の政府や地方政府を相手取って、直接、国内裁判所、仲裁、投資紛争解決センター（ICSID）などに申し立てることができる、と規定されていた。

MAI交渉は、ごく少数の交渉団によってほとんど秘密裏にすすめられていたが、1997年春、ほぼ完成していた最初の草案がリークされ、それはアメリカの有力なNGOであるPublic CitizenやカナダのNGOであるThe Council of Canadiansなどの手に渡った。これらの団体により草案の中身が暴露された結果、多国籍企業の権利を一面的に擁護しその果たすべき責任を免除しているとの理由で、広範なNGOや地方公共団体による抗議と非難が世界規模で生じた。その後、自由化の程度を低めた新草案が1998年に作成されたものの、98年秋にはフランスが交渉から正式に離脱し、同年12月、OECDの投資政策担当高級事務レベル会合は以後MAI交渉は行わない旨を宣言、同交渉は挫折した。

失敗に終わったMAI以外には、WTOにおける貿易関連投資措置協定（TRIMs）やサービス協定（GATS）が投資を扱った多国間協定として挙げられる。ただし、TRIMsは新たな義務を設けたものではなく、1994年GATTの内国民待遇（第3条）と数量制限の禁止（第11条）に違反する措置の禁止を確認するにとどまっている。これとは対照的にGATSは、商業拠点（第3モード）を通じて当該サービス分野に伴う直接投資の自由化を実現している。WTOシンガポール閣僚会合（1996年）は、投資分野をWTO体制に取り込むかどうかを検討したが、途上国が投資ルールを WTO 体制に取り込むことに強く反対したため、結局「貿易と投資」はドーハ開発アジェンダの交渉項目に加えられなかった[16)]。

以上からわかるように、投資をめぐる法状況は、一方において BIT ／ FTA が増加した結果、二国間・地域レベルでハル・ルールの維持・復活を含む投資の保護・自由化が大いに進展した。しかし、他方において、投資に関する普遍的な法制度は未構築のままである。このような特別法レベルと一般法レベルの大きな乖離をどうとらえるべきだろうか[17)]。この点については後述する。

Ⅲ 「天然の富と資源に対する恒久主権」の新たな展開

Ⅱでは、国有化や投資の分野における恒久主権について論じたが、最近、恒久主権概念が全く別の分野においても主張されるようになってきている。その例として、ここでは「生物多様性条約における主権的権利」と「土地・資源に対する先住人民の権利」のふたつの問題を概観する。

(1) 生物多様性条約における主権的権利

生物多様性条約は、生物の多様性の保全、生物多様性の構成要素の持続可能な利用、および、遺伝資源の利用から生じる利益の公正かつ衡平な配分、の三つを実現することを目的としている。この目的を実現するために条約は、生物多様性の保全および持続可能な利用のために締約国がとる措置、遺伝資源へのアクセスおよびバイオテクノロジーについて締約国がとる措置、技術移転につ

---

16) 中川、前掲（註 13)、349-350 頁。

17) この点について、柳赫秀は、2 国間条約はあくまでも当事国間の交渉の産物であって法的確信を伴う一般（慣習）国際法の証拠とはみなされない。途上国は恒久主権概念により再確認された主権的権利を前提としたうえで、自発的に国際協定を作成し、同時に、一般国際法については別の議論を申し立てている、ととらえる。筆者もこのような見方に賛同する。次を参照。柳赫秀「国際投資に関する法」『法学教室』279 号、2003 年、117 頁。

いて締約国がとる措置、資金供与の制度などを定めている。生物多様性条約が採択される前は、遺伝資源利用者（主として先進国の企業や研究機関）は、原産国（主として途上国）の遺伝資源及び伝統的知識を自由に取得・開発することが可能だった。他方で、当該遺伝資源を利用して得た利益（例えば特許）については原産国側に配分されることはなかった。これを途上国は「生物資源に対する海賊行為（バイオパイラシー）」と呼んで強い不満を抱いてきた。その結果、遺伝資源の利用から生じる利益の公正かつ衡平な配分が条約目的に揚げられるに至った[18)]。

現在、遺伝資源と伝統的知識は、知的財産権との関わりにおいて新たな財源として注目されている。書籍、デジタルメディアの海賊版を途上国は十分に規制していないという批判がしばしば先進国から途上国になされるが、これらに対抗する手段として、途上国は遺伝資源の不正取得・不正利用に着目し、これをバイオパイラシーと非難するとともに、知的財産制度の改革を含めて「アクセスおよび利益配分（ABS）」を主張している。ところで、資源開発分野での恒久主権論は、採掘から販売までの各段階における先進国企業による業界支配権や価格設定権に対抗するという側面を有していた。それと同様の側面をABSもまた有している。つまり、かつて資源開発一般について行われていた主張と同様の主張が、現在、遺伝資源について行われているのである[19)]。

遺伝資源に対する原産国の主権的権利は、国境を越えて、派生物を通じて、利益を生じさせる利用行為や利用者にまで及ぶ。生物多様性条約第15条第1項は、「各国は自国の天然資源に対して主権的権利を有するものと認められ、遺伝資源の取得の機会につき定める権限は、当該遺伝資源が存する国の政府に属し、その国の国内法令に従う」と規定している。これは締約国の国内法令により、自国の遺伝資源へのアクセスを規制することができることを意味する。

---

18)　西村智朗「生物多様性条約における遺伝資源へのアクセス及び利益配分――現状と課題――」『立命館国際研究』22巻3号、2010年、133-134頁。

19)　磯崎博司「名古屋議定書案の特異な構造とその概略」『NBL』936号、2010年、85-88頁。

したがって、ABSの具体的規制内容を定めるのは各国の国内法である。現在、先進国と途上国との間で対立しているのは、そのような内容を定めている国内法に国境を越える効力を認めるか否か、もし認める場合には具体的にどのような手法によるのか、という問題である。それが外国法の受入の強制を意味するならば、それは国家主権への重要な制約を作り出すことになる。通常は、各国法令に共通する要素に基づいて国際法上の義務や基準を定め、その違反を（国内法違反ではなく）国際法違反ととらえるという手法が考えられるところである。実際、ABS交渉の中でもそのような手法が提案されたが、途上国はそのような国際基準を作成すること自体に反対し、国内法主義を貫いている。一方で途上国は、先進国の主権を制約し遺伝資源提供国の国内法の受入を求め、他方で、遺伝資源提供国たる途上国の主権的権利については、逆にその強化をめざしている。まさに、遺伝資源における恒久主権論の復活といえよう[20)]。

遺伝資源は確かに天然資源であるが、資源の再生可能性や可動性という点で、鉱物資源や化石燃料とは性質が異なる。遺伝資源については、領域国の主権的権利を認めつつも、国際社会全体で遺伝資源をどのように保全し将来世代に引き継いでいくか、という視点が不可欠である。生物多様性条約第3条は領域使用の管理責任を規定している。けれども、ABSに関する議論の中では、同原則前段の主権的権利のみが強調され、後段の国家の環境責任については注目されてこなかった。ABS問題は、環境条約内部の問題にとどまらず、貿易秩序や人権にも関わるものである。そこで注目すべきなのが、持続可能な発展という視点である。持続可能な発展は、今日、環境保護と経済開発の両立だけでなく、社会発展や文化多様性の維持などの要素も組み込んだ、より包括的な概念になりつつある。ABS問題も、このような視点からとらえ直すことが必

20） 磯崎博司・炭田精造・渡辺順子・田上麻衣子・安藤勝彦編『生物遺伝資源へのアクセスと利益配分』、信山社、2010年、47-51頁。2010年10月に名古屋議定書が成立したが、ABSをめぐる状況は基本的に変わっていない（同上、264-278頁）。次も参照。最首太郎「CBD/ABSの課題と展望――『名古屋議定書』の採択に際して――」『環境法政策学会誌』14号、2011年、231-241頁。

要になっている[21)]。

(2)　土地・資源に対する先住民族の権利

国連総会は、2007年、「先住民族の権利に関する国連宣言」を採択した(61/295)。同宣言は「先住民族」の国際法主体性を承認し、その諸権利を普遍的な国際人権基準として認めたものと評価されている[22)]。同宣言において、先住民族は、集団また個人として国際人権法のすべての権利を享受すること（第1条)、他のすべての民族および個人と平等でありかつ差別から自由であること（第2条)、および、政治的地位を自由に決定し経済的・社会的・文化的発展を自由に追求する自決権を有すること（第3条）が、それぞれ述べられている。同宣言の第25条から第32条は「土地、領域、資源」に関する先住民族の権利を規定している[23)]。それらは、伝統的に所有、占有、使用、取得してきた土地、領域、資源に対する先住民族の権利を認め（第26条第1項)、その権利の承認・裁定のための公正・中立・透明な手続を確立し（第27条第1項)、その手続への先住民族の参加権を認め（同上)、自由な事前のかつ情報に基づく同意なしに没収、収奪、占有、使用されまたは損害を被った土地、領域、資源に対して、原状回復または補償により救済を受ける先住民族の権利を承認している(第28条第1項)。

上述のとおり、同宣言第3条は、国際人権規約共通第1条の文言を取り入れる形で、先住民族の自決権を承認している。これは、国内外の支配勢力による侵略・略奪を経験してきた先住民族の側からすれば画期的な成果だった。他方で、自決権の承認が外的自決権（国家的独立）の承認につながることを警戒する諸国は、この言葉を宣言に取り入れることに執拗に抵抗した[24)]。その結果、

21)　西村、前掲（註18)、146-148頁。

22)　上村「『先住民族の権利に関する国連宣言』獲得への長い道のり」『国連先住民族権利宣言の歴史的採択』2008年、53頁。

23)　上村はこれらを自決権と並ぶ重要な権利体系と評価している（上村、同上、63頁)。

24)　上村、同上、58-62頁。

同宣言において自決権という言葉が採用されることと引き換えに、「この宣言のいかなる規定も独立国の領土保全または政治的独立を害する行為を認めまたは助長するものと解してはならない」という趣旨のいわゆる「領土保全条項」が同宣言に付加されることになった（同宣言第46条）[25)]。同宣言の文脈において、自決権は、何よりも先住民族の文化的アイデンティティの維持という観点からとらえるべきだろう。すなわち、先住民族社会がその文化的生活を存続・発展させるためには、一定の範囲で自ら統治し自ら意思決定を行うことが認められるべきである、ということが承認されたのである[26)]。

同宣言25条～32条に規定された先住民族の土地、領域、資源に対する権利についても、同様のことが言える。これらは、「先住民族の伝統的土地への文化的・精神的愛着」という形の先住民族のアイデンティティを維持するための権利である。先住民族の権利を守ることは、先住民族の自治や他の人間集団とは根本的に異なる生活様式を守ることを意味し、その中に伝統的生活様式と切り離せない先祖伝来の土地・資源への権利が位置づけられる。自決権と同様、先住民族の土地・資源への権利は、先住民族の文化的存続・発展のために必要となる。この文脈での自決権や所有権は広義の文化的権利ととらえることができよう[27)]。

先住民族の諸権利については、その集団的権利としての側面と個人的権利としての側面とをどう区分し関連づけるかという問題が依然として解決していない。先住民族の土地と資源についても、米州人権裁判所等の判例が蓄積しつつあるものの[28)]、他の土地との境界をどのように確定するのか、過去に占有しそ

25） 領土保全条項の挿入を条件に自決権を承認するという方式は、かつて植民地独立付与宣言（1960年）および友好関係宣言（1970年）の採択時にも採られた妥協方式である。

26） Siegfried WIESSNER, "The Cultural Rights of Indigenous Peoples : Achievements and Continuing Challenges", *EJIL,* vol. 22, no. 1, 2011, pp. 138-140.

27） *ibid.*

28） Gaetano PENTASSUGLIA, "Toward a Jurisprudential Articulation of Indigenous Land Rights", *EJIL,* vol. 22, no. 1, 2011, pp. 170-182.

の後剝奪された土地についてはこれをどう扱うか、土地および地下天然資源に対する国の権利と先住民族の権利とをどのように調整するか、などの点で、なお未解明の部分が残っている[29)]。他方で、「天然の富と資源に関する先住民族の恒久主権」という議論が、現在、さまざまな人権フォーラムで議論されているのは注目に値する[30)]。自決権と同様、恒久主権の担い手が、もともとは国家ではなく人民であるととらえられていたことを想起すれば、先住民族の権利に関するこれらの議論も、理論的には恒久主権論と同じ源に発していると言えよう。

結

以上、恒久主権論の形成と変遷、およびその新たな展開について、その骨子を論じてきた。最後に恒久主権概念の法的性質についての試論を提起して、結論に代えたい。

国有化の補償ルールの変遷を評価するさいに参考になると思われるのが、1980年代にフランスのランス学派に属する国際法学者モニク・シュミリエ・ジャンドローが唱えた法規範変遷論[31)]である。弁証法的国際法観をもつジャ

---

29)　*Ibid.*, pp. 168-170.

30)　先住民族による恒久主権論については、さしあたり、次の文献を参照。Jane A. HOFBAUER, *The Principle of Permanent Sovereignty over Natural Resources and Its Modern Implications,* LL. M. Mater Degree Theses, Haskoli Islands, 2009. Lillian Aponte MIRANDA, "The Role of International Law in Intrastate Natural Resource Allocation : Sovereignty, Human Rights, and Peoples-Based Development", *Vanderbilt Journal of Transnational Law,* vol. 45, no. 785, May 2012. Emeka DURUIGBO, "Permanent Sovereignty and Peoples' Ownership of Natural Resources in International Law", *George Washington International Law Review,* vol.38, no. 33, 2006.

31)　Monique CHEMILLIER-GENDREAU, « Droit du développement et effectivité de la norme », Maurice FLORY, Ahmed MAHIOU, Jean Robert HENRY éds., *La Formation des normes en droit international du développement,* CNRS, 1984, pp. 274-281. 西海真樹「開発の国際法論争――南北経済関係における国際法の役割とその限界――」熊本大学法学部創立10周年記念『法学と政治学の諸相』成文堂、1989年、180-183

ンドローは、法規範を、利益の矛盾・対立を一時的に克服（止揚）する手段ととらえる。彼女によれば、法規範の存在理由は、たとえ皮相的であれ、利益矛盾を平和裏に解決し社会的安定をもたらすことである。ジャンドローは、執行的規範（droit exécutoire）と言辞的規範（droit déclamatoire）というふたつの規範類型を用いて、法規範の変遷を説明する。執行的規範とは、ある時点での矛盾・対立を解決（止揚）する実効性をもった法規範である。これに対して言辞的規範とは、矛盾・対立を解決（止揚）する力をもつに至っていない規範、その意味で実効性を伴わない規範である。ただし、言辞的規範は、ひとつのイデオロギーとして、現実の力関係を変える上で一定の役割を果たすことがある。つまり、言辞的規範は力関係を変える上で一定の役割を果たすことがある。つまり、言辞的規範は力関係を変革する動因のひとつであり、執行的規範は力関係が変革された結果のひとつである、ということになる。

このような法規範変遷論によって、国有化の補償ルールの変遷をよく説明することができるように思われる。国家の経済的権利義務憲章に規定された補償ルール（＝途上国が一方的に決めることのできる適当な補償、国内法および国内裁判所による紛争解決）は、まさに言辞的規範だった。それは既存の「十分、実効的かつ迅速な補償」というハル・ルールに完全に取って代わることはできなかったものの、少なくともハル・ルールの一般国際法としての妥当性（法的信念）を喪失させたと言うことができる。その結果、ハル・ルールは、一般国際法としてではなく特別法として多数の BIT に取り込まれ、その限りにおいて、執行的規範になっている。

あらためて考えてみれば、国家が自国領域内の天然資源を自由に処分し、それによって自由に経済活動を行うことができるということは、国家主権の属性として当然のことである[32]。その意味で、恒久主権は、基底規範（＝国家の実体

頁。

32) 松井、「天然の富と資源に対する永久的主権（二）」、前掲（註 1）、52 頁。磯崎博司・炭田精造・渡辺順子・田上麻衣子・安藤勝彦編、前掲（註 20）、33-34、38-39 頁。

的な権利義務を定める国際法規範の背景にあって個別の条約分野を通底し、それらの運用を一般的・規定的につかさどる国際法規範)[33]としての地位にあり、それは今後も変わらないだろう。国際司法裁判所も「コンゴ領域における軍事活動事件」の2005年判決の中で、恒久主権が慣習国際法原則になっていると述べている[34]。このような基底規範としての恒久主権から、どのような一般国際法、慣習国際法、条約が生成し、変遷するか、そこにおいて国家のみならず人民や先住民族といった非国家アクターがどこまで権利の担い手としての地位・資格を獲得するかは、そのときどきの政治・経済・社会的力関係の中で決まっていくことになるだろう。恒久主権概念をこのようにとらえることによって、恒久主権概念にまつわるさまざまな、そのときどきの国際法状況を、もっとも適切にとらえることができるのではないかと思われる。

33)　2012年度国際法学会秋季研究大会における柴田明穂神戸大学教授の報告「条約制度と一般国際法のインターフェイス——環境分野を中心に——」からの引用である。

34)　*Affaire des activités armées sur le terrioire du Congo (République démocratique du Congo c. Ouganda), arrêt. CIJ, Recueil 2005,* para. 244. 植木俊哉「紹介　コンゴ領域における軍事活動事件」『法学』2006年、953-967頁。

第 II 部

文 化

第1章

持続可能な開発と文化

序

1970年以降、オゾン層の破壊、地球温暖化、生物多様性の減少などの地球規模での環境破壊、汚染が国際的に注目されてきた。これらの環境破壊、汚染は、その加害国を特定できず、かつ、いずれの国もその破壊・汚染の影響から逃れられないという意味で、すべての国の利害にかかわる。さらにそれらは、将来世代にも不可避的に影響を及ぼす。つまり、これらの環境破壊、汚染は、時空を超えてすべての国家と人々の生存に関わる問題である。この地球環境問題に適切に対処するためには、これまでの加害者・被害者関係を軸に作られたルールでは不適切であり、より包括的、未来志向的な新たなルールを構築しなければならない。この新たなルール作りに大いに貢献しているのが「持続可能な開発」の概念である[1)]。

1) 本章は、「持続可能な開発の文化的側面」(『国連研究』13号、国際書院、2012年)に加筆・修正をほどこしたものである。持続可能な開発については、さしあたり以下の文献を参照。岩間徹「持続可能な開発と国際環境法」(『国際問題』390号、1992年)、高村ゆかり「Sustainable Developmentと環境の利益」(大谷良雄編著『共通利益概念と国際法』国際書院、1993年)、高島忠義「国際法における開発と環境」(国際法学会編『日本と国際法の100年第6巻 開発と環境』、三省堂、2001年)、西海真樹「持続可能な開発の法的意義」(『法学新報』109巻5・6号、2003年)、堀口健夫「『持続可能な開発』理念に関する一考察——その多義性と統合説の限界——」(『国際関係論研究』20号、2003年)、西村智朗「現代国際法における『持続可能な発展』概念の到達点——ヨハネスブルグ会議から見た国際環境法の現状と課

「持続可能な開発」は、1987年の「環境と開発に関する世界委員会」の報告書『われら共通の未来』[2]により提唱されて以来、急速に国際社会に広まった。それは「将来世代がその必要を満たす能力を損なうことなく、現在世代の必要を満たすような開発」[3]を意味する包括的な概念である。その構成要素として、統合原則、天然資源の持続可能な使用と保全、世代間・世代内衡平、共通だが差異ある責任、よい統治、予防原則などが挙げられる。

この概念は法原則であるとともに大切な現代倫理である。それは、環境と開発を考えるさいに現在世代のみならず将来世代も考慮に入れること、「南」の人々が貧困から抜け出してより人間らしい生活を営めるようになること、「北」の人々が消費的・欲望充足的な生活様式を改めることを促している。持続可能な開発は、現に生きている人々と将来生まれ出る人々に人間としての自己実現可能性が等しく認められるべきであるという人間観・世界観に立って、社会の現状を全地球規模で見直すよう、私たちに求めているのである。

このような持続可能な開発は、当初は何よりも環境保護と経済開発とを両立させる構想ととらえられていた。しかし、国際連合における開発概念が拡大されると共に[4]、そこに社会的側面が含められるようになった。統合原則、よい統治などが持続可能な開発の構成要素とみなされたことは、この概念の拡大をよく示している。このように、持続可能な開発が包括的なものになりつつあるとすれば、そこに文化的側面が含められることは、ごく自然のなりゆきだろう。人間は何らかの社会集団の中で生活し、その社会集団はそれぞれに固有の

題――」（『法政論集』202号、2004年）、松井芳郎『国際環境法の基本原則』（東信堂、2010年）、西村智朗「現代国際法と持続可能な発展」（松田・田中・薬師寺・坂元編『現代国際法の思想と構造Ⅱ』、東信堂、2012年）。

2）The World Commission on Environment and Development, *Our Common Future,* Oxford, 1987、（邦訳）環境と開発に関する世界委員会（大来佐武郎監修）『地球の未来を守るために』福武書店、1987年。

3）*Our Common Future, ibid.*, p. 43.

4）国連において発展（開発）という概念は、もっぱら経済開発を意味した時期→自立的発展の時期→発展の権利または人権としての発展の時期→持続可能な発展の時期へと変遷してきた。次を参照、松井、前掲（註1）、146-148頁。

精神的、物質的、知的、感情的特徴、つまり文化を有している。人間生活が必ず伴うこの文化的側面を考慮に入れずに、人間社会の持続可能性を論じることはできない。

このような問題意識に依拠して、本章は、持続可能な開発の文化的側面を考察する。以下では、まず持続可能な開発の提唱・展開過程を確認し、次いで「持続可能な開発に文化を取り込むことがなぜ必要なのか？　そこに文化を取り込むことで何がどう変わるのか？」という問いを立て、主に国連教育科学文化機関（UNESCO）における議論をふまえつつ、暫定的ながらこの問いへの答えを提示したい。最後に、日本（政府）がこの問題にどのように取り組んできたかを紹介し、日本の現状と今後の課題について述べることにする。

Ⅰ　持続可能な開発の概念

(1)　持続可能な開発の提唱

上述のように持続可能な開発という概念が広がるきっかけとなったのは、1987年に刊行された環境と開発に関する世界委員会の報告書『われら共通の未来』だった。しかし、この報告書が出される前から、持続可能な開発に関する国際的取組みは開始されていた[5)]。1972年にストックホルムで開催された国連人間環境会議は、人間環境宣言を採択した。そこにはこの言葉こそ用いられていないものの、持続可能な開発の考え方が取り入れられている。というのも、同宣言中の諸原則が開発と環境の調和に言及しているからである[6)]。同会議は、持続可能な開発に国際社会が取り組むに当たっての出発点をなすものだった。

---

5)　この概念を初めて意識的に用いたのは非政府団体である国際自然保護連合（IUCN）と世界野生生物基金（WWF）が国連環境計画（UNEP）と協力して1980年に公表した「世界保全戦略（World Conservation Strategy）」だった。また、この語を初めて用いた多国間条約は、1985年採択のASEAN自然保全協定である。次を参照。松井、同上、149頁。

6)　西海、前掲（註1）、244-245頁。

1983年、国連総会は環境と開発に関する世界委員会を設置した[7)]。同委員会が1987年に刊行した報告書『われら共通の未来』は、上述のように持続可能な開発という概念を定式化した。同報告書は、ふたつの鍵概念と七つの戦略目標を定めたが[8)]、そこにおいて環境と開発は二律背反ではなく相互依存の関係にあるものととらえられ、将来に持続する開発は環境を保全することによって、環境保全は開発を前提とすることによって、それぞれ実現可能になると説かれた。こうして持続可能な開発は、世代内・世代間衡平を確保するための重要な概念として、環境と開発をめぐる議論の中心に位置づけられることになった。

1992年にリオデジャネイロで開かれた国連環境開発会議では、リオ宣言、アジェンダ21、森林原則声明が採択され、気候変動枠組条約、生物多様性条約が署名された。リオ宣言は、前文と27の原則とから成り、環境保全は開発過程全体の一部であること、平和・開発・環境保護は相互に依存し不可分の関係にあることを明言した[9)]。アジェンダ21は、リオ宣言を実施するために必要な行動計画を定めた[10)]。同会議を通じて持続可能な開発は国際社会が達成すべき確固たる目標になった。さらに気候変動枠組条約や生物多様性条約に取り入れられることにより、それは国際環境法上の基本原則の地位を有するに至っ

7)　国連総会決議38/161。同委員会は、世界の有識者による「賢人会議」の形をとり、21人の委員により構成された。

8)　ふたつの鍵概念とは、「何よりも優先されるべき世界の貧しい人々にとっての基本的必要」と「現在および将来の世代の必要を満たす環境能力に課される制限」である。七つの戦略目標とは、「成長の回復」「成長の質的変化」「基本的必要の充足」「持続可能なレベルの人口の確保」「資源基盤の保全と向上」「技術の方向転換と危機管理」「政策決定における環境と経済の融合」である。次を参照。*Our Common Future, op. cit.*, pp. 43–65.

9)　リオ宣言第4原則および第25原則。

10)　そのなかには持続可能な開発を実施するための具体的提案（審査・評価・行動分野、実施メカニズム、国際立法への有効な参加、紛争防止と解決）が含まれている。次を参照。Agenda 21 : Programme of Action for Sustainable Development, Section4, Means of Implementation, no. 39, International Legal Instruments and Mechanisms, pp. 281–283.

た。

このように、持続可能な開発は環境と開発を相互補完的で不可分なものととらえ、両者の綜合をめざす概念である。それでは持続可能な開発の具体的中身は何か。持続可能な開発の構成要素に関して学説や国際文書は完全には収斂していない[11)]。それでも、いずれの学説・国際文書においてもほぼ共通して取り入れられているものがある。それは統合原則、世代間・世代内衡平、共通だが差異ある責任、よい統治、それに予防原則の五つである[12)]。

統合原則とは、まず開発と環境の統合を意味した。しかし開発の概念が単に経済成長だけでなく社会開発、人権保障、人民参加も含むようになるに伴い、持続可能な開発が追究すべき統合も、開発と環境だけでなくより全体的なものと認識されるようになった。

世代間・世代内衡平とは、現在世代が環境や開発に関する政策を策定するさいに将来世代との関係や将来世代への影響を考慮すべきこと、および、世界の貧しい人々の基本的必要を満たしひいては世界規模での富の不均衡を改めることを、それぞれ意味している。

共通だが差異ある責任とは、すべての国は地球環境の保護に共通して責任を負うが、その責任の度合いは、地球環境悪化への歴史的寄与および現在の寄与が国ごとに異なる以上、差異が設けられるべきであるという原則である。ここから環境基準の差異化が導かれる。

よい統治とは、意思決定に市民が効果的に参加できる政治制度（情報への接近、補償と救済を含む司法・行政制度への効果的接近など）を求める原則であり、意思決定方式をエリート主導のトップダウン型から民衆参加のボトムアップ型へと転換させるものである。

予防原則とは、環境に有害となり得る行為・物質は、それが環境に生じさせる害について決定的、圧倒的な証拠が得られなくても、これを規制・禁止することを求める原則であり、かつ環境損害についての挙証責任が被害者から加害

11）　松井、前掲（註 1）、152-155 頁。
12）　松井、同上、155-159 頁。西海、前掲（註 1）、248-252 頁。

者に転換することも含意する。

(2) 持続可能な開発の展開

持続可能な開発は、地球環境保全条約のなかにどのように取り入れられているのだろうか。持続可能な開発の構成要素のうち、統合原則、世代間・世代内衡平、よい統治、予防原則は諸条約中に規定されているが、それらは原則宣言または一般的措置として述べられるにとどまっている[13)]。それに比べて、共通だが差異ある責任はより詳細に具体化されている。それらはおよそ以下の三つに類型化することができる。第1の類型としてあげられるのは、他の構成要素についてと同様に、途上国、後発途上国、市場経済移行過程国、島嶼途上国、砂漠化の影響を被る途上国などのカテゴリーに属する国への特別待遇を原則的に確認する規定（原則宣言型）である。これは具体的な権利義務を設定するものではない。また、条約前文に多く見られるが前文のみに限定されるわけでもない[14)]。第2の類型は、上述のカテゴリーに属する国にたいして条約上の義務（責務）を緩和する規定（義務－α型）である[15)]。第3の類型として、上述のカテゴリーに属する国にたいして条約上の権利（利益）を創設または追加する規定（権利＋α型）がある[16)]。以上三つの類型のうち、義務－α型は、弱者たるカテゴリーに属する国を短期的に利することは確かだとしても、それは地球環境の

13) 統合の原則（気候変動枠組条約前文、同第3条3・4、生物多様性条約前文、同第6条、カルタヘナ議定書前文、砂漠化防止条約前文、同第2条)、世代間・世代内衡平（気候変動枠組条約第3条1、生物多様性条約前文、同第2条、同第15条7)、よい統治（気候変動枠組条約第6条a(ⅱ)(ⅲ)、生物多様性条約第14条1a、同第21条1)、予防原則（オゾン層保護ウィーン条約前文、同第2条1、モントリオール議定書前文、気候変動枠組条約第3条3、生物多様性条約前文）など。

14) オゾン層保護ウィーン条約前文、同第2条2、モントリオール議定書前文、気候変動枠組条約前文、同第3条1、生物多様性条約前文など。

15) モントリオール議定書第5条1、気候変動枠組条約第4条1、同条2a、b、e、g、同条6、同条約第12条5、京都議定書第2、3、7条、生物多様性条約第20条2など。

16) オゾン層保護ウィーン条約第4条2、モントリオール議定書第9条1、同第10条、気候変動枠組条約第4条3、4、5、京都議定書第11、12条、生物多様性条約第16条2、3、4など。その内容については次を参照。西海、前掲（註1)、253-256頁。

保全という条約目的の実現を阻み、それらの国の人々がより劣悪な環境下で生きることを公認するという、逆説的な効果をもってしまう。したがって、地球環境保全という条約目的を達成し、それらの国の人々の生存権を確保するという見地からは、権利＋α型の規定を強化することによって、すなわち先進国から途上国への資金供与や技術協力・技術移転を促進することによって、途上国自身の環境保護能力を向上させ、その結果、上にみたような途上国の義務の緩和をできるだけ早く撤廃することが重要になる[17)]。

持続可能な開発は、国際裁判・意見の中でどのように解釈・適用されているのだろうか。国際司法裁判所（ICJ）は核兵器の威嚇または使用の合法性事件の勧告的意見で、核爆発の放射能汚染は将来の環境・食物連鎖・海洋生態系に損害を発生させ、将来世代の人々に遺伝的疾患を生じさせる虞がある、核兵器使用の合法性を考えるさいには核兵器の破壊力と使用が人々に与える言語を絶する苦痛と並んで、それが将来世代に損害を生じさせることを考慮に入れなければならない、と述べる。ここに世代間衡平の発想がうかがえる[18)]。ICJはまたガブチコヴォ・ナジュマロシュ事件判決で、経済的理由による人類の自然への干渉はしばしば環境への影響を考慮することなく行われてきた、このことが現在世代と将来世代に与える危険が自覚された結果、ここ20年間に新たな規範と基準が発展してきた、経済発展と環境保護とを調和させる必要性は持続可能な開発という概念に適切に表現されている、と述べ、持続可能な開発の法的意義を明示的に認めた[19)]。他方、世界貿易機関（WTO）上級委員会は、小エビ・

17）　このパラドクスについては、次を参照。西海「南北問題と国際立法」『国際法外交雑誌』95巻6号、1997年、25、30頁。

18）　この事件は、国連総会とWHOが核兵器の威嚇または使用の合法性についてICJに意見を求めたもの。ICJは、WHOの意見要請に応じなかったが総会のそれには応じて、核兵器の威嚇または使用は人道法の原則・規則に一般的には反するが、自衛の極限状況においてそれが合法か違法かについて確定的に結論を下すことはできない、と述べた。以下を参照。*CIJ, Recueil des arrêts, avis consultatifs et ordonnances, Licéité de la menace ou de l'emploi d'armes nucléaires, avis consultatif du 8 juillet 1996,* p. 242, para. 29, pp. 243-244, paras. 35-36.

19）　この事件は、1977年にチェコスロバキアとハンガリーとの間に締結された条約に

小エビ製品の輸入禁止事件の報告書において、有限天然資源の意味を確定するさいには、環境保護について国際社会が抱く現代的関心に照らしてこの語の意味内容を変遷するもの（evolutionary）と解釈しなければならない、WTO 協定前文が持続可能な開発に言及しているのは、同協定に署名した人々が国内・国際政策の目標としての環境保護の重要性と正当性を十分に認識していたからだ、と述べ、持続可能な開発に照らして条約規定を解釈すべきことを明言している[20]。さらにベルギー・オランダ間の鉄のライン事件判決で、この事件を扱った仲裁裁判所は、リオ宣言原則 4 およびガブチコヴォ・ナジュマロシュ事件判決の上記部分を参照しつつ、国際法も EC 法も経済開発活動の計画・実施において適切な環境保全措置の統合を要請している、開発が環境に重大な損害を生じさせる場合、その損害を防止・軽減する義務は今や一般国際法上の原則になっている、と判じた[21]。ここで仲裁裁判所が明示的に認めた統合原則は、ICJ

従いダムや発電所を建設してドナウ川開発計画を進めようとするスロバキアと、環境破壊を恐れてその中止を求めるハンガリーの間で争われた。ICJ はハンガリーによる 1977 年条約の終了通告は違法と判断するとともに、スロバキアによる計画の一方的実施も正当化できないと述べ、同条約上の制度を生かすために交渉を行うよう両国に命じた。次を参照。*CIJ, Recueil des arrêts, avis consultatifs et ordonnances, Affaire relative au projet Gabcíkovo-Nagymaros, arrêt du 25 septembre 1997,* p. 78, para. 140. なお、ウィーラマントリ裁判官はその個別意見のなかで、持続可能な開発は現代国際法の一部になっていると評価し、これを本事件に適用することから、「継続的環境影響評価」および「環境保護規範の適用における同時代性原則」という 2 つの結果が導かれると言う（Opininon individuelle de M. Weeramantry, *ibid.,* pp. 95, 111-115）。

20）この事件は、米国がエビ漁でのウミガメの混獲を防ぐ装置を用いるよう自国漁船に義務づけ、同様の保護措置を採用している外国からのみエビの輸入を認めるという措置をとったのに対して、マレーシア、タイ、パキスタン、インドは、この措置が数量制限の一般的廃止を定めた GATT 第 11 条に違反するとして WTO の紛争解決機関に訴えたもの。上級委員会は、米国の措置が GATT 第 20 条 g により暫定的に正当化されるものの、それは同条柱書きと両立しないとして、米国の措置は GATT 第 11 条違反であると認定した。次を参照。WT/DS58/AB/R, 12 October 1998, paras. 129-130, 153, 168.

21）この事件は、オランダ領域を通ってベルギー・アントワープとドイツのライン川流域とを結ぶ鉄のライン鉄道を再活性化するさいに、その費用負担の割合をめぐっ

のウルグアイ川パルプ工場事件の仮保全措置命令および本案判決においても確認されている[22]。

(3)　持続可能な開発の意義

以上のように、持続可能な開発は、さまざまな国際文書にとりいれられ、国際裁判や意見のなかでしばしば判断基準として採用されている。この概念が国際的承認を得ている現在、ある国の開発政策が原則として持続可能なものであるべきこと、天然資源が持続可能な方法で管理されるべきことに異議を唱える国はないだろう。しかしながら、この概念が法的に何を意味するのか、個々の事例のなかでこの概念に具体的効果をいかに付与するのかということについて、国際社会にコンセンサスが成立しているとはなお言えない。国の開発・環境政策を評価するためには、その決定に付随する社会的、経済的な価値判断や競合する諸要因を比較衡量しなければならないが、国際裁判所がそのような作業をした上である政策決定が持続可能な開発の基準を満たしているか否か判断する、ということは考えにくい。結局のところ、持続可能な開発の概念を解釈しこれに効果を付与する実質的裁量は、各国政府が握り続けることになる。このような現状では、開発が持続可能なものでなければならないという国際的義務が厳密な意味で成り立っているとは言えないだろう[23]。

てベルギーとオランダとの間で争われた事件である。仲裁裁判所はその判決の中で、ベルギーが要求する鉄道の再活性化は、オランダ領域内の経済発展に相当するので、環境損害の防止およびその最小化の措置が統合されるべきである、と述べた。次を参照。Arbitration Regarding the Iron Rhine Railway (Bergium/Netherlands), Award of the Arbitral Tribunal, The Hague, 24 May 2005, at, http//www.pca-cpa.org/.

22)　ウルグアイとアルゼンチンとの間の国境をなすウルグアイ川の左岸にウルグアイが製紙工場を建設したさいに、同国はウルグアイ河川委員会に十分な情報を提供しなかった。アルゼンチンはこれを両国間の条約であるウルグアイ川規程第7条に違反するとして、ICJに提訴した。ICJはその判決の中で、ウルグアイの通報義務違反を認めたものの、同国は河川の水環境の保全を定めた同規程第41条の実体的義務には違反していない、と判示した。次を参照。*Affaire relabive à des usines de pâte à papier sur fleuve Uruguay* (Argentine c. Uruguay), arrêt de 20 avril 2010, *ICJ Reports*, 2010.

しかしながら、他方で、現代国際法は持続可能な開発を促進するプロセスの結果として政策決定を行うよう各国政府に求めている。ある国が政策決定を行い、それを実施するさいに、そこへの市民参加を奨励せず、開発と環境とを統合せず、世代間・世代内衡平の必要性も考慮しないならば、その国は持続可能な開発の諸要素の採用・実施に失敗したことになる。Ⅰの(2)で扱ったガブチコヴォ・ナジュマロシュ事件判決は、政策決定過程こそが持続可能な開発における重要な法的要素であるととらえている。ここで裁判所は、ダム建設計画が持続可能なものだったか否かを問うことなく、当事国に対して、持続可能な開発の利益のために発電所建設が環境に及ぼす影響を再検討するよう求めているのである[24)]。

開発が持続可能であることを確保する国際法上の厳密な義務はなくても、持続可能な開発の分野における法は存在する。裁判所や国際組織は、たとえ一国の政策決定を再検討することはできないとしても、世代間・世代内衡平や統合原則などを意思決定プロセスに反映させるよう求めることができる。裁判所や国際組織が法を解釈し、適用し、発展させるときに、持続可能な開発の構成要素は、解釈基準を提供するものとして大きな関わりをもつ。その結果、持続可能な開発が既存の法の重要な変化や発展を導くことがあり得る。このような意味で現代国際法は、諸国に対して、自国の経済政策や環境政策の決定過程において持続可能な開発を考慮に入れるよう求めている。この意義は決して小さくない[25)]。

従来の開発・環境法のいかなる部分が維持され、いかなる部分が修正されるのか。国内・国際両レベルにおける人権、開発、環境政策の統合に対して、言い換えれば持続可能な開発の促進に対して、現代国際法がいかに寄与し得るの

23）　Patricia BIRNIE and Alan BOYLE, *International Law & the Environment,* second edition, Oxford, 2002, pp. 95-96.

24）　*Affaire relative au projet Gabcíkovo-Nagymaros.* 前掲（註 19）。

25）　Patricia BIRNIE and Alan BOYLE, *op. cit.* (note 23), pp. 96-97. 松井、前掲（註 1）、164-170 頁。

か。これらの問題を分析・綜合することは、現代国際法の重要な課題のひとつである。因みに ILA（国際法協会）は、現代国際法のさまざまな分野において国際法の法典化と漸進的発展を提言する重要な国際学術団体であるが、その国際委員会のひとつ「持続可能な開発の法的側面に関する国際委員会」は、2002 年、持続可能な開発に次のような定義を与えた。「持続可能な開発とは包括的な経済・社会・政治過程である。それは自然、人間生活、社会的経済的発展が依存する天然資源の持続可能な利用と環境保護をめざし、すべての人の積極的で自由で有意義な発展への参加および発展から生じる利益の公正な配分に基づき、将来世代の必要と利益に妥当な考慮を払いつつ、すべての人の相当な生活水準への権利の実現を求めるものである」[26)]。2004 年以後、上記委員会は「持続可能な開発に関する国際法」委員会に継承された。同委員会は現在、持続可能な開発の国際法的側面の現状と課題をとりまとめる作業を行っている[27)]。

Ⅱ　持続可能な開発と文化

(1)　持続可能な開発の文化的側面を考慮する理論的根拠

上述したように、持続可能な開発の構成要素には統合原則と世代間・世代内衡平がある。この発想に立てば、経済、環境、社会と並んで文化についても、将来世代の文化環境を損なわずに現在世代の文化環境を確保していくことが求められるのではないか[28)]。

26)　Final Report of the Committee on Legal Aspects of Sustainable Development, ILA, 2002, p. 388.

27)　2004 年に設置された同委員会は、これまで 4 回の報告書を作成し、2012 年 8 月の ILA ソフィア大会に最終報告書を提出した。同委員会の活動については次を参照。http://www.ila-hq.org/en/committees/index.cfm/cid/1017；西海真樹「国際法協会第 74 回（2010 年）ハーグ（オランダ）大会報告」（『国際法外交雑誌』109 巻 3 号、2010 年、173 頁）、同「国際法協会第 75 回（2012 年）ソフィア（ブルガリア）大会報告」（『国際法外交雑誌』111 巻 3 号、2012 年、101 頁）。

28)　ここで文化とは、UNESCO が 2001 年に採択した「文化の条約性に関する世界宣言」の前文に従い、「特定の社会または社会集団に特有の精神的、物質的、知的、

この点に関して、国連環境開発会議で事務総長特別顧問を務め、持続可能な開発の概念の確立に寄与した経済学者イグナチ・サックスは、持続可能性には社会、経済、生態学、空間、文化の五つの次元があると言う。彼によれば、文化的持続可能性とは「文化的連続性の中に変化を探求し、環境重視の開発という規範的概念を、地方的な特殊生態系的、特殊文化的、特殊地域的な解決という多元的なものに具体化して考えるプロセス」である[29]。そこには、従来、途上国において、現地の文化的、生態的特殊性を考慮せず欧米の開発モデルをそのまま適用してきたことへの反省が込められていると言えよう。

このサックスの議論を契機として、持続可能な開発には環境や経済以外にも社会的、文化的側面があるという議論がなされるようになった。たとえば、2002年、ヨハネスブルグで開催された世界サミットに際して、ハイレベル円卓会議「持続可能な開発のための生物多様性と文化多様性」が開かれたが、そこにおいてフランス大統領ジャック・シラクは、「文化は環境、経済、社会と並ぶ、持続可能な開発の第4の柱である」と述べ、文化が持続可能な開発の構成要素であるとの認識を示した[30]。さらに2005年にUNESCOで採択された文化的表現多様性条約は、その第2条第6項において、文化多様性は個人および社会にとっての豊かな資産であり、文化多様性の保護、促進および維持は、現在および将来の世代の利益のための持続可能な開発にとって不可欠の要件であ

感情的特徴を合わせたものであり、芸術・文学のみならず生活様式、共生方法、価値観、伝統、信仰も含むもの」を意味している。次を参照。UNESCO, Universal Declaration on Cultural Diversity, adopted by the 31st Session of General Conference (November 2, 2001)；服部英二「ユネスコによる文化の多様性に関する宣言について」『麗澤学院ジャーナル』11巻1号、2003年、1-5頁。

29） Ignacy Sachs, *Transition Strategies towards the 21st Century*, Interest Publications, New Delhi, 1993（都留重人監訳『21世紀に向けての移行の戦略　健全な地球のために』サイマル出版会、1994年）、同訳書、64-69頁。

30） *Cultural Diversity and Biodiversity for Sustainable Development, A jointly convened UNESCO and UNEP high-level Roundtable held on 3 September 2002 in Johannesburg during the World Summit on Sustainable Development,* UNEP, January 2003, pp. 24-26；寺倉憲一「持続可能な社会を支える文化多様性――国際的動向を中心に――」（国立国会図書館調査及び立法考査局『持続可能な社会の構築』、2010年）、233頁。

る、と規定している。

それではなぜ、持続可能な開発にとって文化多様性が必要となるのだろうか。そこにはふたつの根拠があるように思われる。まず挙げられるのが「文化的存在としての人間の存続」という根拠である。さまざまな文化が並存している方が人間はより良く環境に適応できる。多様な文化が並存してきたからこそ、人類は環境変化を乗り越え、存続することができた。他と異なる文化を生み出し、文化の多様性を維持することは、人類が将来の環境の変化に適応する可能性を高める。さらに文化そのものが自らの創造力、活力を保持するために他の文化の存在を必要としている。新たな発想は他の文化との出会いから生まれ、異なる文化の間の絶えざる交流の中に創造力の源泉がある。異文化間の幅広い交流と革新を実現するためには、その前提として、多様な文化が存在していなければならない[31)]。このような文化の多様性の意義は、しばしば生物多様性の意義とパラレルに論じられる。国連環境開発会議で採択された生物多様性条約によれば、生物多様性とはすべての生物間の変異性を言い、種内の、種間の、生態系の多様性を含む[32)]。そのような生物多様性は、内在的価値並びに生態学上、遺伝上、社会上、経済上、科学上、教育上、レクリエーション上および文化上の価値を有し、進化および生物圏における生命保持の機構の維持のために重要であって[33)]、人類を含む生態系が持続可能であるための不可欠の条件になっている。同様に、文化の多様性は、交流、革新、創造の源泉として人類にとって必要であり、人類の共同遺産として、現在と将来の世代のためにその重要性が認識・主張されるべきである[34)]。

31）　寺倉、同上、222-223 頁；内山純蔵「文化の多様性は必要か？」（日高敏隆編『生物多様性はなぜ大切か？』地球研叢書、昭和堂、2005 年）、97-138 頁。服部英二「文化の多様性と通底の価値――聖俗の拮抗をめぐる東西対話――」（『文明は虹の大河――服部英二文明論集』麗澤大学出版会、2009 年）、47-49 頁。

32）　生物多様性条約第２条１。

33）　同条約、前文第１、２段。

34）　文化多様性世界宣言第１条。この点に関して、フランスの海洋学者ジャック・イヴ・クストーは、1995 年に開かされた UNESCO50 周年シンポジウムにおいて次の

もうひとつの根拠が「安全保障と少数者の人権保障」である。国家間、文明間の相互理解の欠如は、歴史上、しばしば戦争、武力紛争、テロリズムなどの原因になってきた。平和を築くためには異文化間の相互理解や寛容が必要である。人々が多様な文化のあり方を互いに認め合い、自分の属する文化以外のさまざまな文化について知ることは、紛争を未然に防止し、平和の構築に寄与する[35]。冷戦終結後、それまで東西対立の下に封じ込められてきた民族問題や地域紛争が噴出し始めると、それへの対策として、文化の多様性とその帰結としての文化間対話が、安全保障や平和構築の観点からとらえられるようになった。他方で、1国家内部にも先住民、少数民族、移民等、異なる文化に属する人々が存在する。多様な文化のあり方を認めることは、これらの人々の生活様式、価値観、言語等を認めることを意味する。文化多様性の尊重は、持続可能な社会にとって不可欠の要素である安全保障や平和構築に資すると同時に、少数者の人権保障と民主主義の確立を通じて、他者を尊重する多文化共生社会の実現にも寄与するものとなる[36]。世界人権宣言第27条や経済的、社会的および文化的権利に関する国際規約第15条は、人権としての文化権を規定している。これらは、上述の文化多様性の尊重や多文化共生社会の実現につながるものである。

ように述べている。「ある文化それ自体の内部の多様性、あるいはさまざまな文化の間の差異は、我々人類の文明の活力にとって不可欠の要素であり、人類のかけがえのない財産である。文明社会にあって誇るべき豊かな文化を存続させる道は、唯一、世界の文化多様性を保護すること、生物多様性と文化多様性とをともに保護すること、これに尽きる。」次を参照。Tokyo Symposium : Science and Culture : A Common Path for the Future : Final Report (SC-96/WS-14), UNESCO/UNU, 1995, p. 31 (http://unesdoc.unesco.org/images/0010/001055/105558E.pdf) ; 服部英二監修『科学と文化の対話――知の収斂――』(麗澤大学出版会、1999年)、55-74頁。

35)「戦争は人の心の中で生まれるものであるから、人の心の中に平和のとりでを築かなければならない。相互の風習と生活を知らないことは、人類の歴史を通じて世界の諸人民の間に疑惑と不信をおこした共通の原因であり、この疑惑と不信のために、諸人民の不一致があまりにもしばしば戦争となった」と述べるUNESCO憲章前文は、まさにこのような考え方に基づいている。

36)　寺倉憲一、前掲（註30)、224頁。

(2)　国際文書・条約に見る持続可能な開発の文化的側面

それでは、持続可能な開発の文化的側面について、これまで国際会議でどのような議論がなされ、その結果、どのような文書や条約が採択されてきたのだろうか。国連人間環境会議では、6分野で「人間環境のための行動計画」[37]が採択されたが、そのひとつに「環境問題の教育、情報、社会および文化的側面」[38]がある。この文書は、社会的文化的側面から環境条件の変化を監視するための機構を設立することを勧告し、文化的側面を含む幅広い観点から環境問題を考える必要性を述べている。また、世界の自然および文化遺産の保護に関する条約案をUNESCO総会が採択するよう勧告を行っている[39]。当時、UNESCOと国際自然保護連合（IUCN）において、文化遺産保護に関する条約案と自然環境保護に関する条約案がそれぞれ別途検討されていたが[40]、この勧告を受けて、1972年11月、第17回UNESCO総会は「世界の文化遺産および自然遺産の保護に関する条約」を採択した。

1982年にUNESCOがメキシコシティで開催した文化政策に関する世界会議[41]は、文化政策に関するメキシコシティ宣言[42]を採択した。その中の「開発の文化的側面」と題された項は、文化は開発過程の基本的部分を構成し、国

37）以下の人間環境会議に関する資料と記述は、寺倉憲一（同上、226-227頁）に負っている。Action Plan for the Human Environment（http://www.unep.org/Documents.Multilingual/Default.asp?documentID=97）

38）*Ibid.*, Recommendation 95-101.

39）*Ibid.*, 98-99. 日本語訳は次を参照。環境庁長官官房国際課編訳『この地球を守るために—'72／国連人間環境会議の記録』楓出版社、1972年、172-173頁。

40）武藤顕「世界の文化遺産及び自然遺産の保護に関する条約」（『ジュリスト』1008号、1992年）；B・V・ドロステ「講演　世界遺産の保護」（『世界遺産条約資料集2』、日本自然保護協会資料集31号、財団法人日本自然保護協会、1992年、5-6頁）。

41）World Conference on Cultural Policies (MONDIACULT), Mexico City, 26 July-6 August 1982.

42）Mexico City Declaration on Cultural Policies, World Conference on Cultural Policies, Mexico City, 6 August 1982 (http://portal.unesco.org/culture/en/files/12762/11295421661mexico_en.pdf/mexico_en.pdf)

の独立、アイデンティティの強化に資するものである[43]。均衡のとれた開発は、開発戦略のなかに文化的要素が統合されることによってのみ実現可能となる。それゆえに、それぞれの社会の歴史的、社会的、文化的文脈に照らして、常に開発戦略の見直しが図られなければならない、と述べている[44]。先に述べた文化多様性世界宣言の前文にある文化の定義は、この宣言の考え方を継承している。

2001年11月、第31回UNESCO総会において文化的多様性世界宣言が採択された[45]。同宣言採択の背景には、ウルグアイ・ラウンドで顕在化したオーディオ・ヴィジュアル製品を文化例外（exception culturelle）として認めるか否かをめぐるカナダ・フランスvs米国の対立[46]、サミュエル・ハンチントン（Samuel Huntington）の『文明の衝突』、それに9.11同時多発テロが諸国の関心を集めていたという事情がある[47]。同宣言は前文と全12条から成り、それによれば、

43）*Ibid.,* para. 10.

44）*Ibid.,* para. 16.

45）UNESCO, Universal Declaration on Cultural Diversity, adopted by the 31st Session of General Conference (November 2, 2001), Records of the General Conference, 31st Session Paris, 15 October to 3 November 2001, Volume 1, Resolutions, Paris : UNESCO, 2002, pp. 62-63 (http://unesdoc.unesco.org/images/0012/001246/124687e.pdf).

46）ウルグアイ・ラウンドにおける文化例外をめぐる対立については、次を参照。三浦信孝「GATTウルグアイ・ラウンドにおけるAV『文化特例』をめぐる攻防」（日本EC学会編『EUの社会政策』日本EC学会年報16号、1996年）；河野俊行「文化多様性と国際法（1）」（『民商法雑誌』、135巻1号、2006年）；鈴木秀美「文化と自由貿易――ユネスコ文化多様性条約の採択」（塩川伸明・中谷和弘編『法の再構築Ⅱ　国際化と法』東京大学出版会、2007年）。鈴木淳一「『文化的表現の多様性の保護及び促進に関する条約（文化多様性条約）』の採択と意義」（『獨協法学』77号、2008年）、67-70頁。

47）寺倉、前掲（註30）、232頁。当時UNESCO事務局長だった松浦晃一郎は、各国の文化大臣は同宣言の採択を受け入れる姿勢を示したものの、文化多様性の具体的な守り方については意見の一致が得られなかった。9.11直後の総会開催には延期論もあったが、自分は強硬に開催に踏み切った、と言う。次を参照。松浦晃一郎『世界遺産　ユネスコ事務局長は訴える』（講談社、2008年）、38-44頁。

生物多様性が自然にとって必要であるように、文化多様性は交流、革新、創造の源として人類に必要なものであり、その意味で人類の共通遺産である（第 1 条）。文化多様性を実現可能なものにするのは文化的多元主義であり、それは文化交流や創造的能力の開発に貢献し、民主主義の基盤になる（第 2 条）。文化多様性は開発の源泉のひとつであり、開発は経済開発の観点からのみ理解されるべきではなく、より充実した知的、情緒的、道徳的、精神的生活を達成するための手段として理解されなければならない（第 3 条）。文化多様性の保護には人権と基本的自由の尊重、特に少数民族や先住民の権利の尊重が含まれる（第 4 条）。このような内容をもつ同宣言は、文化多様性に関する加盟国の倫理的約束として重要な意義を有し、後の文化的表現多様性条約の採択への推進力になった[48]。

2003 年に第 32 回 UNESCO 総会で採択された無形遺産保護条約[49]、2004 年に国連開発計画（UNDP）が出した『人間開発報告書――この多様な世界で文化の自由を――』[50]のいずれも、持続可能な開発と文化（多様性）との関係を考

48）　鈴木淳一、前掲（註 46）、65-67 頁。

49）　Convention for the Safeguarding of the Intangible Cultural Heritage (Paris, 17 October 2003). 人類が伝えてきた文化には伝統芸能、儀礼、工芸芸術、口承などの物質的形態を伴わないものがある。これら無形の伝統文化は、アジアやアフリカなどの非西欧地域に多く残されている。2002 年開催の第 3 回文化大臣円卓会議が採択したイスタンブール宣言は、無形文化遺産が文化多様性の源泉であり、持続可能な開発につながるものであることを確認している（Istanbul Declaration on Cultural Diversity, adopted at the Third Round Table of Ministers of Culture, Istanbul, 2002.9.17, http://portal.unesco.org/en/files/6209/10328672380Communiqu%E9Final-E-17sept.pdf/Communiqu%E9Final-E-17sept.pdf）。次を参照。寺倉、前掲（註 30）、234-235 頁。また、無形文化遺産条約を持続可能な開発の観点から考察したものとして、次を参照。Toshiyuki Kono, «UNESCO and Intangible Cultural Heritage from the Viewpoint of Sustainable Development» (Abdulqawi A . Yusuf ed., *Normative Action in Education, Science and Culture Essays in Commemoration of the Sixtieth Anniversary of UNESCO,* UNESCO, 2007), pp. 237-265.

50）　UNDP, *Human Development Report 2004, Cultural Liberty in Today's Diverse World,* 2004（横田洋三・秋月弘子監修『人間開発報告書 2004 ――この多様な世界で文化の自由を――』国際協力出版会、2004 年）。同報告書は、世界がミレニアム目標を

える上で示唆に富むが、何と言っても重要なのは2005年の文化的表現多様性条約[51]の採択である（2007年発効、日本は未批准）。

この条約において文化多様性とは「集団および社会の文化が表現を見出す方法の多様性」を意味し（第4条第1項）、それが発展、人権、平和、民主主義、思想の自由な流通、文化財・文化サービスの国内的・国際的普及、持続可能な開発、人類の共同遺産などと結びつけられることで（前文および第2条第1、5、6、7、8項）、開かれた動的な概念になっている。国際法の観点からは、文化的表現の多様性を保護・促進するための措置・政策をとるという国の主権的権利が承認されたことが重要である（第1条hおよび第2条第2項）。他方、文化的多元主義の文言は2001年の文化的多様性に関する世界宣言には入っていたが（同宣言第2条）この条約からは抜け落ちており、多文化主義政策を通じて一国内の民族・エスニック集団の伝統文化、言語、生活習慣を中央政府が積極的に保護しこれらの集団の社会参加を促すことは国に義務づけられていない。そのような義務を伴うことなく国が文化的表現の多様性を保護・促進する主権的権

達成し貧困を撲滅したときに最初に立ち向かうことになるのは包括的で文化的に多様な社会をいかにして建設するかという課題である。というのも、そうした社会の建設は経済成長、保健医療、教育などの各国の優先課題の前提条件であるのみならず人々が十分に文化的な表現ができること自体が重要な開発目標のひとつだからである、と述べ（訳書、はじめに、iii）、文化的自由と人間開発、文化的自由への課題、多文化民主主義国家の建設、文化的支配の動きに立ち向かう、グローバリゼーションと文化的選択などのテーマについて興味深い考察を行っている。

51）　文化的表現多様性条約については、さしあたり次を参照。鈴木淳一、前掲（註46）；同「グローバリゼーションと文化――ユネスコ文化多様性条約の発効とその課題――」（星野昭吉編著『グローバル社会における政治・法・経済・地域・環境』亜細亜大学購買部ブックセンター、2011年）；佐藤禎一『文化と国際法――世界遺産条約・無形遺産条約と文化多様性条約』（玉川大学出版部、2008年）；折田正樹「ユネスコ『文化多様性条約』をめぐる法的論点についての考察――複数の条約の適応調整を中心に」（『ジュリスト』1321号、2006年）；西海真樹「UNESCO文化多様性条約の意義―― Hélène RUIZ-FABRI論文に即して――」（横田洋三・宮野洋一編著『グローバルガバナンスと国連の将来』中央大学出版部、2008年）；エレーヌ・リュイーズ-ファブリ（西海真樹・稲木徹訳）「法と文化――文化多様性条約の射程」（『比較法雑誌』44巻1号、2010年）。

利をもつことを明言するこの条約には、国家間主義的性格がみてとれる[52)]。そこには、主権的権利の名の下に一国内の少数者の文化を中央政府が抑圧するという危険がある。今後、交渉国がこの条約を援用して自国の文化政策を正当化することはあり得る[53)]。そのような援用を通じて、この条約と将来作成される条約との間の実質的な調整が図られるかもしれない。主権的権利については、上述のような懸念が残るが、文化のグローバル化が孕む負の側面（すなわち、文化のグローバル化がそのときどきの支配的な文化に有利な形で進むことが多く、その結果、特定文化の世界支配、文化の均一化、またはそれへの反作用としての文化的孤立をもたらしかねないこと）に対しては、この条約が少なくとも国家間レベルにお

---

52)　条約交渉時に、交渉国政府以外のNGO等がオブザーバー参加することが認められなかった点にも、国家間主義的傾向がうかがわれる。もっとも「すべての文化の平等な尊厳および尊重の原則」と題された2条3項は、文化的表現の多様性を保護・促進することはすべての文化（少数者および先住民族に属する人々の文化を含む）の平等な尊厳および尊重の承認を前提とする、と述べているから、文化の多元性（多文化主義）的要素がこの条約にまったく欠けているわけではない。

53)　WTOの「出版物およびオーディオ・ビジュアル製品の貿易権・流通サービスに関する措置」事件において、中国が出版物およびオーディオ・ビジュアル製品の輸入と流通を制限していることに対してアメリカはそれらがGATS、GATT、WTO加盟に伴う中国の自由化約束に違反するとしてパネルに申し立てた。パネルは、出版物の輸入と流通については中国規則が中国企業に比して外資系企業を不利に扱っているのでGATS第17条に違反すると認定した。他方、オーディオ・ビジュアル製品の輸入と流通については、中国企業との合弁における外資割合を49%以下に制限する中国規則がGATS第16条2（f）に違反する、外国当事者が「支配的地位」を占める合弁にたいしてオーディオ・ビジュアル製品の流通を禁じる中国規則が中国企業に同じ制限を課していないのでGATS第17条に違反する、音声記録物の電子流通を外資系企業だけに禁じている中国規則がGATS第17条に違反する、とそれぞれ認定した。この審理の中で中国政府は、文化的表現多様性条約を援用しつつ、オーディオ・ビジュアル製品は文化財であって中国政府はそれらを保護する主権的権利をもつと述べたが、パネル、上級委員会はともにこの主張を退けた。次を参照。China-Measures affecting trading rights and distribution services for certain publications and audiovisual entertainment products, WT/DS363/R, 12 August 2009, note 538 (para. 7. 758) ; China-Measures affecting trading rights and distribution services for certain publications and audiovisual entertainment products, WT/DS363/AB/R, 21 December 2009, note 238 (para. 141).

いて一定の歯止めになることが期待できる。

本章との関連では、文化多様性が持続可能な開発の主動力となること（前文）、特に途上国にとって文化と開発との関連が重要であること（第１条ｆ）、文化が開発の基本的推進力のひとつであって開発の文化的側面はその経済的側面と同様重要であること（第２条第５項）、文化多様性の保護・促進・維持が持続可能な開発にとって不可欠の要件であること（第２条第６項）を、国際法的拘束力を伴うものとして承認した点で、この条約は極めて重要である。

(3)　持続可能な開発の文化的側面――多文化主義と文化権

このような文化多様性に密接にかかわる概念として、多文化主義と文化権が挙げられる。

多文化主義とは民族、移民集団、被差別集団、宗教的少数者などの集団により担われる多様な文化の存在を前提として、一国の政府が、対内的・対外的に複数の文化を恒常的に公認することを許容し擁護する態度を言う[54)]。それは自由を実現可能にする基盤としての文化の重要性、集団的アイデンティティの適切な承認の必要性、政治的統合を可能にするための同胞意識の必要性という、３つの基本的前提の一部または全部を有している[55)]。

カナダ、オーストラリア、スウェーデンは多文化主義を国の政策として掲げ、移民、国民的少数者、先住民に対してきめ細かく多文化主義政策を実施している[56)]。この多文化主義を支える諸理念のうち、文化の選択の自由の理念について、自由権規約第27条は種族的、宗教的、言語的少数民族が自己の文化を享有し、自己の宗教を信仰・実践し、自己の言語を用いる権利を保障している[57)]。児童の権利条約第29条第１項（c）は児童の父母、児童の文化的同一性、

54）　石川文彦「人権と多文化主義」（『ジュリスト』1244号、2003年）、45頁。

55）　同「多文化主義の規範的理論」（『法哲学年報1996』、1996年）、46頁。

56）　当然のことながら、これらの国の憲法や法律には多文化主義条項が含まれている。次を参照。近藤敦「多文化社会の意味するもの」（『国際人権』21号、2010年）、38-43頁。

57）　自由権規約委員会の第27条に関する一般意見は、少数民族の文化享有権のため

言語・価値観、児童の居住国・出身国の国民的価値観、自己の文明と異なる文明に対する尊重を育成するよう国に求めている。また、移住労働者権利条約第31条は国が移住労働者とその家族の文化的同一性の尊重を確保する措置をとることを、同第45条第3項は国が移住労働者の子どもに対する母語および出身国の文化の教育を促進することを、それぞれ定めている。平等の理念について、自由権規約第2条・26条、社会権規約第2条、人種差別撤廃条約第1条はそれぞれ差別を禁止している。共生の理念についても、社会権規約第6条・15条はすべての者の経済的・社会的・文化的生活に参加する諸権利を保障している。

上に見たように、この多文化主義は文化的多元主義という言葉で2001年の文化多様性世界宣言に入っていた（同宣言第2条）。しかしそれは文化的表現多様性条約からは抜け落ち、そこでは一国内の民族・エスニック集団の伝統文化、言語、生活習慣を中央政府が積極的に保護しこれらの集団の社会参加を促すことは国に義務づけられていない。そのような義務を伴うことなく国が文化的表現の多様性を保護・促進する主権的権利をもつと明言するこの条約には、国家間主義的性格が現れており、主権的権利の名の下に一国内の少数者の文化を中央政府が抑圧するという危険が払拭されていない。したがって、今後、持続可能な開発の文化的側面としての文化多様性が対外政策として唱えられるにとどまらず国内的にも十全に実施されるためには、政府が多文化主義政策を採ることが求められよう。

文化権とは文化領域に関する個人の権利の総体である[58)]。文化権の中身は何か。憲法上および国際法上、文化権の議論は十分に成熟しているとは言えない。しかしながら、一般には次のように言うことができるだろう。文化権は文化を享受する権利、文化を創造する権利、文化活動に参加する権利から成り、

に積極的措置をとる必要を認めている（General Comment no. 23 (50) (article27), para. 6.2.）。

58)　以下の記述は、次の書物に負っている。小林真理『文化権の確立に向けて』（勁草書房、2004年）、41-51頁。

そこには自由権的側面と社会権的側面がある。自由権的側面とは、文化が宗教、思想、学問と並んで人間の内面に関わる営為であって、国家権力の介入・統制が行われてはならない領域であることを意味する。社会権的側面とは、文化遺産を保護・継承することやすべての人に文化を享受させることは、個人の自発性や民間の投資によっては達成することのできない国家の責務であることを意味する。

国内法上、自由権的側面は各国憲法の中で保障されているが[59)]、社会権的側面は憲法規程上、曖昧なものにとどまっている[60)]。国際法上、自由権的側面は自由権規約第 18 条（表現の自由）、同第 19 条（思想・良心の自由）、第 27 条により十分に保障されている。社会権的側面も世界人権宣言第 27 条（文化的生活への参加、芸術の享受、文学的・芸術的作品から生じる利益の保護）、社会権規約第 15 条、人種差別撤廃条約第 5 条（e）vi（文化的活動への平等参加権）、女性差別撤廃条約第 13 条（c）（文化的活動への参加権）、児童の権利に関する条約第 31 条第 2 項（文化的・芸術的生活への参加権）、障害者権利条約第 30 条第 1 項（文化的生活への平等参加権）により、その法的正当化が可能である。さらに文化多様性世

59）　具体的には次のとおり。ボン基本法第 5 条第 1 項「各人は、言語、文書、図画によって自己の意見を自由に表明し流布する権利、並びに、一般に近づくことのできる情報源から妨げられることなく知る権利を有する。（以下略）」、同第 3 項「芸術及び学問、研究及び教授は自由である。教授の自由は、憲法に対する忠誠を免除するものではない。」、イタリア共和国憲法第 33 条第 1 項「芸術及び学問は自由であり、その教授も自由である。」、日本国憲法第 13 条「すべての国民は、個人として尊重される。生命、自由及び幸福追求に対する国民の権利については、公共の福祉に反しない限り、立法その他の国政の上で、最大の尊重を必要とする。」、同第 19 条「思想及び良心の自由は、これを侵してはならない。」、同第 21 条第 1 項「集会、結社及び言論、出版その他一切の表現の自由は、これを保障する。」、同第 2 項「検閲は、これをしてはならない。通信の秘密は、これを侵してはならない。」、同第 23 条「学問の自由は、これを保障する。」

60）　日本国憲法第 25 条第 1 項「すべての国民は、健康で文化的な最低限度の生活を営む権利を有する。」は文化に言及しているが、健康で文化的な最低限度の生活の文化性の判断は、最高裁判所レベルでは経済生活面に限定されている（小林真理、前掲、44 頁）。

界宣言第5条は「文化多様性を実現する環境としての文化権」を次のように規定している。「文化権とは、人権の構成部分であり、普遍的で不可分で相互依存的である。創造的多様性を開花させるためには世界人権宣言第27条、社会権規約第13条・15条に規定された文化権の完全な実施が必要である。それゆえにすべての人は、自ら選択した言語特に母語により、自己を表現し、自己の作品を創造し、普及させる権利を有し、自らの文化的同一性を十分に尊重する質の高い教育と訓練を受ける権利を有し、人権と基本的自由を尊重しつつ自ら選択する文化的生活に参加し、自らに固有の文化的慣習に従って行動する権利を有する。」

この文化権により、文化多様性を国家内部の集団の視点からとらえることが可能になる。文化は本来国家という枠組で括り切れるものではない。一方で一国の中に複数の文化があり、他方で文化圏が国境を越えて広がっている。けれども、国際法は原則として国家間の合意に基づくため、この事実が常に考慮されるとは限らない。文化権は、このような国際法の内在的限界を矯正する機能を果たし得る。文化権の承認によって、現時点では国家の主権的権利にとどまる国家間主義的な文化多様性が多文化主義に転化し得るのである[61)]。

---

61)　この文化権のひとつとして言語権がある。文化多様性世界宣言第5条はこれに言及しているが、無形文化遺産条約、文化的表現多様性条約のいずれも言語を保護対象にしていない。しかし、言語多様性は文化多様性の重要な構成要素であり、持続可能な社会の構築に不可欠な要素である。1950年以降230の言語が消滅し、もし適切な保護措置を講じなければ、現在地球上で話されてる6000以上の言語の半分が今世紀末には消滅するという（Christpher MOSELEY ed., *Atlas of the World's Languages in Danger*, UNESCO Publishing, 2010）。わが国でもアイヌ語や琉球語等が危機に瀕していると報告されている。宗教、歴史と並んで言語もまた政治的同一性と密接に結びつく。諸国政府は、言語権を認めることが国内少数民族の分離独立につながることを恐れ、これをなかなか認めない。けれども、ひとつの言語の消滅はひとつの自然環境との共生形態の消滅でもある（寺倉、前掲（註30）、237頁）。言語権の保護を欠いたまま、文化的多様性を含む持続可能な開発の実現はあり得ない。なお、ヨーロッパでは、欧州評議会が1992年に欧州地域言語・少数言語憲章（Charte européenne des langues régionals ou minoritaires）を、1995年に民族的少数者保護枠組条約（Convention-cadre pour la protection des minoritaires nationales）を、それ

(4)　持続可能な開発の文化的側面と日本の対応

このような「持続可能な開発と文化」をめぐる問題に日本政府はどのように対応してきたのだろうか。そこにどのような課題が見出されるのだろうか。ここでは、文化的表現多様性条約採択時の日本政府の対応、並びに、日本国内の諸地域における多文化共生および外国籍者の教育、というふたつの側面を取り上げて、ごく簡潔にコメントするにとどめる。

前UNESCO事務局長松浦晃一郎の文化擁護への積極姿勢[62]もあって、日本政府は文化的表現多様性条約の作成と採択に終始積極的だった。そのことは同条約採択直後の佐藤禎一大使の言葉によく表れている[63]。日本政府は同条約採択直後に付帯決議を提案した。その内容は「総会が本条約が採択されたことに満足の意を表し、本条約が文化の分野に属するものであることおよびUNESCOが国連システム内で文化について責任を負う唯一の機構であることを認識し、本条約の発効とその実効的かつ適当な実施を期待し、本条約がUNESCO憲章の原則および目的と両立する形で実施されることへの信頼を表明する」というものだった[64]。しかしながら、同条約採択に先立ち、日本はアメリカ、ニュージーランド、韓国とともに、同条約はあくまでも文化分野に属し同条約に従ってとられる措置が他分野の国際文書の下での権利義務を損なってはならないと主張すると同時に、条約交渉へのアメリカの参加を高く評価して、同条約に反対するアメリカへの配慮を最大限の言葉で表明している。このような日本の態度と、フランス、カナダ、メキシコなどの国の、文化と経済とを互いに調和的に関係づけようとする態度とは、著しく対照的である[65]。

それ採択している。これらの条約とフランス共和国原理との対抗関係について、次を参照。糠塚康江「『言語権』vs国民国家」(『国際人権』22号、2010年) 10-15頁。

62)　次を参照。松浦、前掲 (註47)。

63)　UNESCO, *Records of the General Conference, 33rd Session,* Paris, 2005, p. 506, para., 73.

64)　33C/COM. IV/DR. 3 Rev. (submitted by Japan and supported by Afghanistan)

65)　33C/84 Prov. (33C/COM. IV/2), 20 October 2005, Annex.　このような対照的態度

多文化主義政策の対象者には移民、民族的少数者、先住民があり、それぞれに向けられた諸政策の内容は重なる部分をもちながらも互いに異なる。いずれの対象者への政策についてもオーストラリアとカナダは多くを採用しているのに対して、フランス、ドイツ、日本はほとんど採用していない[66)]。もっとも、そのような日本においても、多文化主義への取組みの萌芽がまったく見られないわけではない。2006年、総務省は「地域における多文化共生推進プラン」を策定した。そこでは「国籍や民族などの異なる人々が、互いの文化的差異を認め合い、対等な関係を築こうとしながら、地域社会の構成員として共に生きていく」ことが、多文化共生の意義のひとつに掲げられている[67)]。今後、日本社会をより多文化共生的なものとするためには、多文化共生社会基本法の制定、労働市場における職種変更制限の緩和、家族結合ルールの体系化、永住許可要件の緩和、選挙権・被選挙権を含む政治参加の拡大、国籍取得要件の緩和、差別禁止法の制定などに取り組む必要がある[68)]。

日本の教育制度は、領域内に居住するすべての子どもに等しく「教育への権利」を保障してはいない。政府は教育を受ける権利と就学させる義務の適用を、字義通り国民に限定する解釈を維持し、権利ではなく恩恵として外国人児童に公立学校への就学を認めているが、実際には教育委員会や学校が外国人児

は、文化と経済との関係について、文化は経済と関わらない（関わるべきではない）という伝統的な考え方と、文化には経済的側面があるという現代的考え方とが、諸国の間でなお並存していることを意味している。次を参照。稲木徹「国際法が規律する文化の意味に関する一考察——文化協定の諸実行をてがかりに——」（『中央大学大学院研究年報』35巻、2006年）、52頁。

66）　Keith BANTING and Will KYMLICKA eds., *Multiculturalism and the Welfare State* (Oxford University Press, 2006), p. 86.　ここでの記述は、次の論文に負っている。近藤、前掲（註56）。

67）　2007年の宮城県条例には、これと同様の文言に「人権を尊重し」という語句が付加されている。いずれも憲法上の人権と並んで国際人権保障に留意する旨が述べられている。これに対して2008年の静岡県条例には民族や文化的背景の違い、対等な地域社会の構成員、国際人権保障への言及がなく、多文化と言う言葉が内実を伴わない単なる枕詞に終わっている（近藤、同上、39頁）。

68）　近藤、同上、42頁。

童の受け入れに消極的な傾向が強い。また、保護者が非正規滞在、帰国予定、転職・転居を理由に子どもを就学させない場合がある。その結果、子どもは就学せず行政から放置されてしまう。就学した場合でも、教育内容は日本社会の多数派にとっての母語教育、日本の歴史や文化を重視した民族教育であり、それに適応し同化するよう求められることは、しばしば少数派にとって抑圧的な効果をもつ。このような公立学校教育に欠けているものを補い、少数派の子どもに母語・継承語の学習を提供してきたのが外国人学校であるが、法制度上それは正規の学校とはみなされず、国庫助成もない。その結果、保護者の経済的負担が大きくなり、それが不就学の別の原因になっている。このような現状は多文化主義からほど遠い。差別禁止と平等を原則とする国際人権基準に基づき、少数者の文化権が尊重される社会になっていくことが望まれる[69]。

結

持続可能な開発は、環境保全と開発とを調和させるために提唱された包括的な概念であり、その構成要素として統合原則、世代間・世代内衡平、共通だが差異ある責任、よい統治、予防原則などがある。持続可能な開発とその構成要素は、地球環境保全を目的とするさまざまな国際文書に取り入れられ、国際裁判で適用された結果、それは現在では国際環境法上の法原則の地位を占めるに至った。現代国際法は、諸国や国際組織に対して、持続可能な開発の目的を考慮に入れるための適切なプロセスを確立するように求めている。

持続可能な開発の構成要素である統合原則、世代間・世代内衡平の発想に立てば、経済、環境、社会と並んで文化についても、将来世代の文化環境を損なわず現在世代の文化環境を地域を問わず確保していくことが求められる。持続可能な開発にとって文化多様性は、文化的存在としての人間の存続を確保するため、および、安全保障と少数者の人権保障のために必要になる。さまざまな

69） 以上の記述は、次の論文に負っている。元百合子「マイノリティの権利としての母語学習と民族教育」（『国際人権』21号、2010年）56-61頁。

国際文書は、持続可能な発展の文化的側面としての文化多様性について言及している。とりわけ文化的表現多様性条約は、文化多様性が持続可能な開発の主動力となること、特に途上国にとって文化と開発との関連が重要であること、文化が開発の基本的推進力のひとつであり開発の文化的側面はその経済的側面と同様重要であること、文化多様性の保護・促進・維持が持続可能な開発の実現にとって不可欠の要件であることを、国際法的拘束力を伴う条約の形で承認した点で、きわめて重要である。

このような文化多様性に密接にかかわる概念として、本章では多文化主義と文化権を取り上げ、論じた。

多文化主義とは民族、移民集団、被差別集団、宗教的少数者などの集団により担われる多様な文化の存在を前提として、一国の政府が、対内的・対外的に複数の文化を恒常的に公認することを許容し擁護する態度を言う。この多文化主義を支える諸理念は、諸条約の関連規定によって支持されている。持続可能な開発の文化的側面としての文化多様性が国内的に十全に実施されるためには、政府が多文化主義政策を採ることが求められよう。

文化権とは文化領域に関する個人の権利の総体であり、文化を享受する権利、文化を創造する権利、文化活動に参加する権利から成る。そこには自由権的側面と社会権的側面があり、それらは各国憲法や諸条約上の関連規定により法的正当化が可能である。この文化権の承認によって、国家の主権的権利にとどまる文化多様性が多文化主義に転化し得る。

日本は、文化的表現多様性条約の採択に積極的だったが、そこには同条約をあくまでも文化の領域に閉じ込めようとする姿勢がうかがわれ、文化を経済・貿易と調和的にとらえていこうとする意向は希薄だった。さらに、多文化主義や文化権をわが国国内で実現していくためには、少数者や外国人の教育、労働、地域参加の面で多くの課題が残されている。

2011年、日本国際連合学会会員有志は『国連を生かす外交を——日本の国連政策への提言——』を公表した。そこでは「多文化主義によるソフト・パワー外交」として「文化多様性条約に早期に加入し、多文化主義を前面に出したうえで、国際社会における文化衝突の解決へ向けて、とくにイスラーム圏との橋渡しとなれるよう、ソフト・パワーを使ったイニシアティブをとるべきである。」との提言がなされている[70)]。持続可能な開発の文化的側面としての文化多様性は、文化権に依拠した多文化主義を実現することによって、初めて具体的、実質的なものになる。日本社会が一日も早くそのような社会になることを願う。

70)　渡邉昭夫・横田洋三・秋月弘子・内田孟男・大泉敬子・勝間靖「国連を生かす外交を——日本の国連政策への提言——」(『国連研究』12 号、2011 年) 184-185 頁。

第2章

文化と国際機構

序

グローバリゼーションの拡大・深化は、人、物、資本、情報の国境を越えた自由な移動とともに、地球規模での文化[1)]の普及、流通を促進してきた。今日、私たちは日本にいながら、世界のさまざまな地域の書物、音楽、美術、演劇、映画、サブカルチャーに接することができる。それらが私たちの知的生活を豊かにしてくれていることは明らかである。しかし他方で、文化のグローバル化はそのときどきの支配的な文化に有利な形で進むことが多く、その結果、特定文化の世界支配、文化の均一化、またはそれへの反作用としての文化的孤立をもたらしかねない。文化のグローバル化がはらむ問題は複雑かつ多面的であり、一括りにはできない。

ところで、文化のグローバル化研究の第一人者であるヒュー・マッカイは、文化のグローバル化の認識枠組みについて、次のような類型化を示している。それによれば、文化のグローバル化の認識枠組みは、積極論（楽観論）と消極論（悲観論）とに大別される。積極論は、文化のグローバル化を総じて歓迎すべきものととらえる。そこには、インターネットの発達により国家のコントロールを受けない公共圏が作られ、そこで市民が自由に政治を論じ、新たな民

1）　文化は多様かつ多義的な概念であるが、本章では「それぞれの国民、民族、エスニシティーにおいて歴史的に形成されてきた生活様式・思考様式の総体」を意味している。

主主義の発達が期待できるという「地球村論」や、メディアの規制緩和により自由市場が形成され、そこで消費者たる市民が多様な放送を自由に選択できるようになり、それは公共利益に沿った文化環境を生むという「自由主義論」がある。これにたいして消極論は、総じてグローバル化が諸国民間の不平等を拡大再生産し、グローバル化されたメディア企業や文化産業が広く構造化されてグローバル経済の構成要素になり、それは諸領域にまたがる独占的企業体を形成する、という認識にたつ。消極論の典型である文化帝国主義論によれば、文化のグローバル化とは、欧米の支配的文化が少数文化の多様性を圧倒し均質化するプロセスであり、欧米諸国の経済的利益にかなう戦略である。ヒュー・マッカイは、これら以外にも、ナショナルなメディアの強い持続力とローカル・ナショナルな文化の生産・消費の根強さを重視する伝統論、グローバルな文化の流れの複雑さに注目し文化帝国主義論に批判的な変容論などを紹介している[2)]。これらの諸論は、グローバル化された文化状況の具体的な各部分をよくとらえている。これらが説明する各状況の緩和が、現代世界の文化状況の総体であろう。

冒頭に述べた文化交流がもつ 2 側面は、文化についてのふたつの対照的な態度を生みだしてきた。ひとつは、文化の自由な交流は私たちの生活を豊かにしてくれるから、それは他の物やサービスと同様、市場と資本の論理にしたがって自由に行われることが望ましいという態度である（自由論）。もうひとつは、市場と資本の論理のみに従った文化の交流は特定文化の世界支配を生じさせ、それは結果的に地球上の文化を画一的で貧困なものにしてしまう。それを回避するためには文化の交流に何らかの規制を加えるべきだという態度である（規制論）。

このようなひとつの態度は、実は以前から存在し、各国の文化政策、関税貿易一般協定（GATT）やそれを継承した世界貿易機関（WTO）などの文化に関す

2）　David Held, ed., *A Grobalizing World?: Culture, Economics, Politics* (London and Nex York, Rutledge, 2000), Chapter 1 and 2. 邦訳はデヴィッド・ヘルド編『グローバルとは何か：文化・経済・政治』（中谷義和監訳、法律文化社、2002 年）。

るルール・制度に影響を及ぼしてきた。本章では、上に述べた自由論と規制論の交錯を念頭に置きつつ、文化的国際交流に国際機構がどのように関わってきたか、そこにどのような意義と限界があるかを考える。以下、Ⅰでは、国際連盟期の知的協力委員会の組織構造と諸活動を取り上げ、その意義を確認する。Ⅱでは、自由論と規制論の交錯という観点からGATT、WTO、OECDにおいて文化に関する議論がどのように行われ、それがどのようなルール・制度を生じさせた（生じるのを阻止した）のかを辿る。Ⅲでは、国連教育科学文化機関（UNESCO）の文化に関する諸活動を整理・紹介する。最後に結では、以上の議論を踏まえて、文化的国際協力にとって国際機構がどのような意義を有し、そこにどのような限界が見出されるのかを考察する。

Ⅰ　文化的国際協力の萌芽――国際連盟

(1)　国際知的協力委員会

国際連盟創設のさいに知的交流を提議したのは、連盟規約検討委員会で活躍したベルギーのイーマンスだった。彼はパリ講和会議で「国際知的関係」を提案したが、列国代表の賛同を得ることができなかった。しかしその後、第1回の連盟総会においてベルギーのラフォンテーヌが発議した結果、連盟が国境を越えて学問や文化の知的交流を促進するという決議案が可決された[3)]。さらに1921年にレオン・ブルジョワは、国際連盟の知的活動を強化するために「知的協力と教育に関する委員会」を設置することを連盟理事会に提案した。彼は「加盟国間に相互的な知的活動の精神がなければ、いかなる国家連合も存続を期待できない」と述べ、「連盟はできるだけ早い機会に、連盟の政治的理念が、国家を結びつける知的生活のあらゆる側面といかに密接に連関しているかを証する手段をとるべきである」と理事会に勧告した。理事会は彼の提案を承認し、連盟総会もこれを受け入れた。こうして1922年に国際知的協力委員会（以

3)　篠原初枝『国際連盟』（中公新書、2010年）、136頁。

下、国際委員会）が暫定委員会として設置された。それは理事会が任命する12名を超えない委員から成り、理事会の諮問機関として活動するものとされた。1925年に国際委員会は常設委員会になった[4)]。

連盟の知的協力を討議した第5委員会の報告者を務めたフランスのバルドゥは、委員会は全会一致で知的協力と道徳的解釈の平和的影響を確信したと述べ、同時に、国際協力においては各国の独自性を尊重し、同化も侵食もしてはならないと警告している。そして、外国の文明に触れることは洗練された心を高めるのに最善の方法ではあるが、それがあまりに深く刻印されると人の心は均衡を失してしまう。したがって、国際知的協力の範囲が限られていることを認識しつつ活動を行うことが重要である、と論じている[5)]。

知的協力の組織としては、国際委員会の他にも国際大学情報局や加盟国内の知的協力国内委員会（以下、国内委員会）があり、国際委員会はこれらの組織と協力することが想定されていた。その具体的活動として国別調査の公表、大学に関する情報収集、科学情報の交換、出版物の交換、図書館間協力などが提案された[6)]。

設立時の国際委員会委員にはギリシア古典学のギルバート・マレー、哲学のアンリー・ベルグソン、物理学のマリー・キュリー、アルベルト・アインシュタインなど、当時の世界的知識人が就任した。他にも医学、生物学、歴史学、法学の分野の知識人が参加した[7)]。各委員の本国はフランス、インド、アメリカ、ブラジル、ドイツ、イギリス、スイス、イタリア、スペインであり、欧米出身者が大半を占めていた。中国代表が、西洋人は東洋のインテレクチュアリズムを看過すべきではなく知的協力はすべてのインテレクチュアリズムを網羅しなければならない、と述べているのが興味深い[8)]。

4)　内田孟男「国際機構と知的協力」（日本国際法学会編『日本と国際法の100年　第8巻　国際機構と国際協力』、三省堂、2001年）、199-200頁。
5)　同上。
6)　同上。
7)　篠原、前掲（註3）。
8)　内田、前掲（註4）、201頁。

国際委員会は文献収集、大学間協力、知的所有権保護の3分科会体制をとって活動し、国内委員会は国際委員会を支援した。1929年7月にジュネーブで開かれた国内委員会会合には25の国内委員会が参加した。1931年時点で国内委員会は37カ国で設置されている。地理的配分は欧米29カ国、中米・ラ米6カ国、アジア1カ国（日本）、中東1カ国である[9)]。

フランス政府の資金援助により、1926年、パリに国際知的協力機関（以下、国際機関。これが現UNESCOの前身となる。）が創設された。国際機関は制度的には連盟から独立していたが、そのメンバーは国際委員会委員だった。国際機関には同年すでに20カ国以上が代表を派遣している。国際機関は庶務、大学関係、学術関係、法律、図書館、芸術、情報などの部局に分かれて活動を始めた。フランス政府だけでなくロックフェラー財団なども同機関に資金を援助したが、財政問題は常に同機関の活動を制約し続けた[10)]。

1930年に国際委員会内に設けられた調査部会は、国際知的協力の定義、活動分野、方法などについて報告書を作成した。それによれば、連盟の枠内での知的協力の目的は「平和を維持する手段としての国際理解の精神を奨励するために、知的努力のすべての分野において国家間協力を促進すること」であり、その活動分野として、理念の交換を通じた個人間の接触、知的性格を有する組織の間の協力の奨励、異なる国の文芸・芸術・科学的努力の知識の普及、国際問題についての共同研究の実施、知的権利の国際的な保護と支援、教育手段を通じた国際連盟の原則の周知、の6つが挙げられている[11)]。

1925年に常設委員会になって以来、国際委員会は東欧・中欧における知的生活への脅威に関心を寄せ、この地域における知的生活の救済を自らの任務とするようになった。さらに1920年代末までの国際委員会の主要任務は、知的な職業に就いている人々に施設を提供し、それらの人々の権利を守り、それらの人々に奉仕することであった。1930年代に入ると、日本、ドイツ、イタリ

9）　同上。

10）　篠原、前掲（註3）、136-137頁。内田（註4）、前掲、201頁。

11）　内田、同上、201-202頁。

アが連盟から脱退し、1939年にはソ連が連盟から除名される。その結果、連盟加盟国の地理的普遍性は損なわれた。軍国主義、ナチズム、ファシズム、共産主義のイデオロギーと政策は共通して非寛容なものであったため、それらは国際知的協力とは相いれなかった。カンデルは、国際知的協力の限界を次のように指摘している。「各国の伝統的な教育プログラムの精神や中身を何も変えないまま、連盟の目標や事業に関する新しい課程が付加された。平和の示威運動、模擬国際会議、善意の日、人形・書物・図画の交換などのプログラムが組まれたが、それらは学校の正規の課業の外にあるものであり、何かしら外部的なもの、または縁遠いものとみられていた。」このようにカンデルは、平和・国際理解、知的協力への意思がまず各国国民の中にあることを重視し、そのような意思が欠如している場合に国際活動が成果を上げることを疑問視し、国際活動が行われる際の国内的基盤確立の重要性を強調している[12)]。

1920年代から1930年代において、知的協力や文化交流は、国際関係における国家政策において軽視され、狭隘な国家利益の追求の手段となっていたことは否定できない。しかし同時に、入江昭が指摘するように「連盟が政治的分野でその無力を露呈しつつあったときに、国際委員会はその活動を断念することなくむしろ強化していった」側面があることもまた事実である。軍国主義、全体主義、共産主義が諸国民の自由な知的交流を阻害する時代にあっても、知的協力と文化の国際主義は死滅せず、底流として存続し、それは第2次世界大戦後の国際連合とUNESCO設立の思想的支柱となったのである[13)]。

(2)　歴史教育と広報活動

歴史教育：知的協力体制を制度的に整備する作業に加えて、諸国民に平和、政治、歴史をどう教えるかについて、国際委員会は設立当初から討議をしてい

12)　内田、同上、202-203頁。

13)　内田、同上。「文化協定」を通じて国際連盟およびUNESCOにおける文化概念の変遷を考察したものとして、次を参照。稲木徹「国際法が規律する『文化』の意味に関する一考察」(『大学院研究年報（中央大学）』35号、2006年)。

る。たとえば、1923 年に開かれた国際委員会会合では、大学は諸国間の理解を深めるために、いたずらに敵愾心を煽るようなことがらを教えるべきではないという趣旨の決議が採択された。

国際関係を教える大学や組織の交流を深めるべきだという主張もなされ、八つの国内委員会と四つの国際組織が集まって 1928 年にベルリンで、1929 年にロンドンで会議が開催され、情報や人的交流をどう促進するか、各国で異なる教育レベルをどう査定するか、学生の留学にはどんな措置がとられるべきか、といった問題が議論された[14]。

連盟の仕事や精神を青少年に教育することも重要視された。1923 年、連盟総会は「各国政府は連盟の存在、目的、規約の精神を児童や青少年に周知させるべきである」との決議を採択し、「教育による平和」という試みが連盟参加の下に行われることになった。この問題は国際委員会に持ち込まれ、1927 年、同委員会はいくつかの政策を提示した。その中のひとつは、教育に関する連盟情報センターをジュネーブとパリに設置することだった。教育についての情報の共有のために、1928 年の連盟総会において『教育サーヴェイ』誌の発刊が決定され、『連盟の目的と組織』と題された教員向け小冊子が作成された[15]。

他方、国際委員会は、連盟が目指す国際協調と各国の個別事情との調整の問題も論じていた。青少年が新時代の世界史を学び平和を尊重する際に各国の伝統や精神と齟齬をきたさないようにするにはどうしたらいいか。これはカンデルが指摘した通り、国家主権に関わる極めてデリケートな問題であり、国際委員会はこのことをよく認識していた[16]。

広報活動：連盟の活動開始とともに、連盟事務局内に設けられた情報部も宣伝活動を開始した。連盟は発足当初から一般国民への情報伝達を重視していた。1919 年 5 月から 7 月にかけて、情報部で基本方針が策定され、その中の覚書には、「講話条約により連盟には明確な責任と義務とが課されていること

14）篠原、前掲（註 3）、137-138 頁。
15）同上。
16）同上、138-139 頁。

が人々の意識に入って行けば、連盟がハーグ平和会議等とは異なるものであることがわかるだろう」と記されている[17)]。

情報部には、連盟を解説するパンフレットやスライドを、民間団体ではなく連盟自身が公式に作成すべきであるという声が寄せられ、情報部はこれらを作成した。これらは仏英両言語で作られ、各国の連盟協会が各国語に翻訳した。たとえば、ドイツ領から自由都市になったダンツィヒ問題について、ドイツ語で複数のパンフレットがあるのにポーランド語のものがないのは不適切であるという議論もなされていた。1920年代半ばには、国際委員会と連携して連盟全体の活動を解説する書籍や小冊子が作成されるようになる[18)]。

連盟情報部や連盟理事会には、各国の中高等学校代表から成る国際団体や国際関係を専門とするアメリカの教授団などの多くの民間団体が訪問している。連盟と民間団体との接触は、連盟の活動や理念を各国民に浸透させる上で必要なチャンネルだった[19)]。

Ⅱ　貿易・投資と文化をめぐる自由論と規制論

序で紹介した自由論と規制論は、以前から存在していた。自由論と規制論の対立は、文化的アイデンティティをめぐる対立にとどまらず、各国の文化産業間の競争をめぐる経済的対立でもあった。第１次世界大戦後、アメリカ映画が急速に発展し、それは世界の映画市場の大半を占めるに至った。これに対してヨーロッパ諸国は、アメリカ映画が上映時間を独占することで自国の映画上映による利益が減少しその結果自国の映画産業が衰退するのではないか、自国の理想や個性がアメリカ映画により損なわれるのではないか、という懸念を抱いた。その結果、これらの諸国は、自国映画産業を守るため、種々の割当（クォータ）を導入した。当然のことながら、アメリカ映画産業はこれに不満を抱い

17）　同上、139-140頁。
18）　同上、140-141頁。
19）　同上。

た。アメリカ映画産業は政府の支持を仰ぎ、これを受けたアメリカ国務省は、ヨーロッパ諸国と相次いで交渉し、アメリカが外国映画の輸入制限を行っていないことを挙げつつ、映画産業への投資リスクを減じるためには映画における自由貿易が必要であることを強調した[20]。自由論による巻き返しの試みだった。

(1)　関税貿易一般協定（GATT）

第2次世界大戦後、国際貿易機構（ITO）の設立を目的に作成されたものの未発効に終わったハバナ憲章は、その第19条において、一定の条件のもとで映画の映写時間割当を認めた。映写時間割当が条件つきで維持されたのは、映画は外国との競争から保護されるべき性質をもつことが認められたからである。GATTもその第4条において、外国映画への数量規制（映写時間割当）を内国民待遇の例外として認めた。加盟各国はこの措置を「文化的考慮」により正当化し、国内文化政策を尊重するこの例外をGATTに盛り込むよう求めた。GATT起草者は、既存の上映割当の維持を容認した[21]。ここには、明らかに規制論が反映している。

1989年にEECは「国境なきテレビ指令」を採択した。この指令の4条1項は、ニュースやスポーツに割り当てられた時間を除く放送時間の過半を「欧州作品」のために確保することをEEC加盟国に求めるものだった（ローカル・コンテント要求）[22]。アメリカはこれをGATTの最恵国待遇、内国民待遇、数量制限禁止に違反すると主張し、他方EECは、テレビ番組はサービスだからGATTの対象外であり、ローカルコンテント要求には法的拘束力がないと反論した。その後EECとアメリカとの間でGATT第22条に基づく協議が行われ

20）　河野俊行「文化多様性と国際法(1)」（『民商法雑誌』135巻1号、2006年）、61頁。

21）　同上、64-67頁。

22）　Council Directive 89/552/EEC, OJ 1989, L 298/23; Directive 97/36/EC of the European Parliament and of the Council, OJ 1997, L 202/60.

たが、不調に終わった[23]。

ほぼ同時期に自由派と規制派は、GATTのウルグアイ・ラウンドの中で、サービス貿易協定（GATS）交渉においてオーディオ・ビジュアル分野をどう扱うかをめぐり激しく対立した[24]。アメリカは、文化的アイデンティティは定義できずオーディオ・ビジュアル分野は他分野と同様自由化の対象とすべきだと主張した。これに対してEUやカナダは文化的例外論に依拠し、これらは文化的アイデンティティに関わるが故に自由化の対象にすべきでなく、アメリカの主張は貿易自由化の名の下に各国固有の文化的表現や言語的多様性に挑戦するものだと主張した[25]。この対立の妥協の産物がGATSである。GATS第14条は、GATT第20条に相当する「一般的例外」を定めているが、そこに文化的例外事由は挙げられていない。他方でGATS第2、16、17条は、最恵国待遇、市場アクセス、内国民待遇を加盟国に課しているが、同時にいずれの義務をも免れ得る手続き（最恵国待遇についてはネガティブ・リスト方式、市場アクセスおよび内国民待遇の約束についてはポジティブ・リスト方式）を用意している。文化的例外論はGATS上公認されなかったものの、諸国は上述の手続きによりオーディオ・ビジュアル分野を自由化の対象から外すことが可能となった。自由論は名をとり、規制論は実をとったと言えよう[26]。

23）　河野、前掲（註20）、69-70頁。

24）　これに関連する規定としてGATT4条があるが、同条の適用範囲について見解の一致がみられなかったことから、同条はオーディオ・ビジュアル分野を規律する条項として適当でないというコンセンサスが成立していた。サービス貿易交渉グループ内にオーディオ・ビジュアル分野に関する作業部会が置かれることにより、以後、オーディオ・ビジュアル分野はサービス貿易交渉の枠内で扱われることになる（河野、同上、72-74頁）。

25）　須網隆夫「貿易と文化――市民的・社会的価値と経済的価値との調整」（小寺彰編著『転換期のWTO　非貿易的関心事項の分析』、東洋経済新報社、2003年）、235頁。

26）　同上、72-74頁。ウルグアイ・ラウンドにおける文化例外をめぐる対立全体については次を参照。三浦信孝「GATTウルグアイ・ラウンドにおけるAV『文化特例』をめぐる攻防」（日本EC学会編『EUの社会政策』日本EC学会年報16号、1996年）、河野俊行、前掲（註20）、鈴木秀美「文化と自由貿易――ユネスコ文化多様性

(2)　世界貿易機関（WTO）

このようなGATSは、オーディオ・ビジュアル分野の自由化について一時的な休止状態を作り出した[27]。最恵国待遇については、EU、カナダ、オーストラリアなど文化的例外を支持する諸国が最恵国待遇免除の手続きをとったのに対して、韓国、日本、香港などはそのような手続きをとらなかった。市場アクセスと内国民待遇については、ウルグアイ・ラウンド合意の時点で19カ国、その後5カ国、計24カ国がさまざまな制限を付した約束をしたにとどまっている。これらの国にアメリカ、インド、香港、日本、韓国が含まれる。これに対してEU、カナダ、オーストラリアは予想された通り約束を行わなかった。2000年1月、WTO加盟国はGATS第19条に基づきサービス貿易のさらなる自由化のための交渉を開始した。その際に日本、アメリカ、ブラジル、スイス、カナダが、文化政策とくにオーディオ・ビジュアル政策とGATSとの関係についてコメントしている[28]。その後2003年9月にカンクンで開催された閣僚会議は、ドーハ・ラウンドの枠組み合意を形成するに至らず決裂した。GATSについては、サービス自由化交渉を継続する義務が確認されたが、他分

条約の採択」（塩川伸明・中谷和弘編『法の再構築Ⅱ　国際化と法』東京大学出版会、2007年）、鈴木淳一「『文化的表現の多様性の保護及び促進に関する条約（文化多様性条約）』の採択と意義」（『独協法学』77号、2008年）。

27)　河野、前掲（註20）、81頁。

28)　日本はオーディオ・ビジュアル分野の自由化を達成することが各加盟国市民のさまざまな文化・情報への自由なアクセス権を尊重するうえで重要であると述べ、新たなGATS交渉が最恵国待遇、市場アクセス、内国民待遇の問題を扱うことを示唆した。アメリカは、市場アクセス、内国民待遇につき諸国がより多くの約束を行うよう促すとともに、国の文化的アイデンティティは促進するに値するという注目すべき主張も行っている。これはオーディオ・ビジュアル分野において補助金をある程度認めることで交渉の進展を意図したものと思われる。他方、カナダは、文化多様性を保護・促進する国家の権利を擁護する新たな条約の作成に期待する旨を述べ、EUは、文化多様性を促進するためにオーディオ・ビジュアルを含む文化政策を策定・実施する可能性を保持すると述べる（河野、「文化多様性と国際法（2・完）」（『民商法雑誌』135巻2号、2006年、289-291頁）。

野と同様、交渉の実質的進展がないまま今日に至っている。

他方、WTO 紛争解決機関は貿易と文化に関する紛争をこれまで 2 件扱っている。ひとつは「雑誌に関する措置事件」である。この事件ではカナダ政府が国内出版産業保護を目的として導入した措置が問題になった。それらは、① スプリット・ラン雑誌および 5 %以上のカナダ向け広告を含む外国雑誌の輸入禁止、② スプリット・ラン雑誌に掲載された広告料への 80%の物品税課税、③ 輸入雑誌郵送料より低額の国内雑誌郵送料などの措置である。アメリカの申立てにより設置されたパネルは、① は GATT 第 20 条(d)に非該当で 11 条 1 項（数量制限の一般的禁止）に違反する、② は第 3 条第 2 項 1 文（内国課税に関する同種産品への内国民待遇）に違反する、③ は同条第 4 項（販売輸送に関する同種産品への内国民待遇）に違反すると判断した。カナダは上訴し、上級委員会は、解釈に一部違いがあるものの、この物品税課税は第 3 条第 2 項 1 文違反であるとの結論を導いた。カナダは、これらの措置の目的が自国文化の保護にあり、それは保護貿易主義とは無縁の公的な政策目的であると一貫して主張したが、パネルも上級委員会も同政府の意図を争点としてとりあげず、その結果、この紛争の核心である「貿易と文化の関係をいかに調整するか」という問題は判断対象から除かれてしまった[29)]。この結末は現行 WTO 体制下ではやむを得ないものの、WTO 体制の限界を示すものでもある。

もうひとつは「出版物およびオーディオ・ビジュアル製品の貿易権・流通サービスに関する措置」事件である。中国が、出版物およびオーディオ・ビジュアル製品の輸入と流通を制限していることに対して、アメリカはそれらが中国の GATS、GATT、WTO 加盟に伴う自由化約束に違反するとしてパネルに申立てた。パネルは、出版物の輸入と流通については、中国規制が中国企業に比して外資系企業を不利に扱っているので GATS 第 17 条に違反すると認定した。

29）　Panel Report, Canada-Certain Measures Concerning Periodicals, WT/DS31/R, 14 March 1997 ; Appellate Body Report, Canada-Certain Measures Concerning Periodicals, AB-1997-2, WT/DS31/AB/R, 30 June 1997；須網、前掲（註 25)、236-237 頁。

他方、オーディオ・ビジュアル製品の輸入と流通については、中国企業との合弁における外資割合を49%以下に制限する中国規則がGATS第16条2(f)に違反する、外国当事者が「支配的地位」を占める合弁に対してオーディオ・ビジュアル製品の流通を禁じる中国規制が中国企業に同じ制限を課していないのでGATS第17条に違反する、音声記録物の電子流通を外資系企業だけに禁じている中国規則がGATS第17条に違反する、とそれぞれ認定した[30]。上述の「雑誌に関する措置事件」の場合と同様、この事件においても、文化保護の必要性やそのための政策の正当化について、パネルも上級委員会も、これらを正面から取り上げることはなかった。

(3)　経済協力開発機構（OECD）

OECDにおいて文化の問題が注目されたのは、他国間投資協定（MAI）の交渉においてである。1995年に開始されたMAI交渉は、多国籍企業やそのビジネスロビーの強い要請により、グローバルな投資自由化ルールの作成をめざすものだった。そこでは北米自由貿易協定（NAFTA）やアメリカが締結した多くの2国間投資促進条約の諸原則が参照されたが、MAIがめざす自由化の基準は、総じてこれらを超えるものだった。すなわち締約国に対してあらゆる種類の投資の完全な保護、無差別な内国民待遇の付与、パフォーマンス要求の禁止、資産や金銭の処分・移転の自由の徹底的保証などを義務づけることが企図されたのである[31]。

30）　China-Measures affecting trading rights and distribution services for certain publications and audiovisual entertainment products, WT/DS363/R, 12 August 2009 ; China-Measures affecting trading rights and distribution services for certain publications and audiovisual entertainment products, WT/DS363/AB/R, 21 December 2009；滝川敏明『WTO法　実務・ケース・政策（第2版）』（三省堂、2010年）、182-183頁。

31）　Serge REGOURD, *L'exception culturelle*,（puf, 2002, pp. 88-95）、高田太久吉「投資自由化と多数国間投資協定（MAI）」（『商学論纂』、42巻5号、2001年）、187-230頁。国際経済法の観点からのMAIの包括的分析については次を参照。『日本国際経済法学会年報』7号、多数国間投資協定（MAI）の諸問題、1998年。

1998年にOECDが公表したMAI草案[32]によれば、投資は「投資家によって直接・間接に所有・支配されるすべての種類の資産」と広く定義される。締約国には、外国投資家・投資への広範囲の最恵国待遇・内国民待遇の付与、外国投資家・キーパーソネルの一時的な入国・滞在・労働制限の禁止、パフォーマンス要求（国内コンテンツ比率、国内サービスの購入、貿易制限、国内労働力の雇用、国内資本の参加など）の禁止といった、さまざまな義務が課されている。さらに締約国は、非合理的または差別的な措置により外国投資家の投資の運営管理、維持、利用、享有、処分を妨げてはならない。投資受入国による収用・国有化は合理的理由がある場合のみに厳しく制限され、そのような場合でも完全かつ遅滞なき補償が支払われなければならない。他方、投資家がその資産を処分、譲渡、移転することは完全に自由であり、不利益を被った投資家は、受入国の政府や地方政府を相手取って、直接、国内裁判所、仲裁、投資紛争解決センター（ICSID）などに申立てることができる、と規定されていた[33]。

MAI交渉は、ごく少数の交渉団によってOECD内部でほとんど秘密裏に進められていたが、1997年春、ほぼ完成していた最初の草案がリークされ、アメリカの有力なNGO、Public CitizenやカナダのNGO、The Council of Canadiansなどの手にわたった。これらの団体により草案の中身が暴露され、多国籍企業の権利を一面的に擁護しその果たすべき責任を免除しているとの立場から、広範なNGOや地方公共団体による抗議と非難が、世界規模で生じた[34]。そのような状況下で、1998年秋にフランスが交渉から正式に離脱し、同年12月、OECDの投資政策担当高級事務レベル会合は以後MAI交渉は行わない旨を宣言し、交渉は決裂した[35]。

GATSの下で公認こそされなかったものの自由化を免れることができた一国の文化的例外政策は、MAI草案により真っ向から変更を迫られることになっ

32）　高田、前掲（註31）、216頁。
33）　同上、217-220頁。
34）　同上、207-210頁。
35）　Serge REGOURD, *op. cit.* (note 31), p. 94.

た。というのも、MAI において内国民待遇が義務づけられることにより、アメリカ映画製作業者にも財政支援を与えることが求められ、かつ、これまで実施されてきたクオータ等の差別的措置がもはや認められなくなるからである。これらを背景として、フランスにおいて MAI 草案にまず反対したのは、映画とオーディオ・ビジュアル分野の職業団体であった。これらの団体は、ウルグアイ・ラウンドのときと同様、文化的例外に依拠し、MAI 構想を批判した。当時のフランス政府もそれに従った。リオネル・ジョスパン首相は「MAI の基本原則を文化産業に適用すべきか否かという問題が生じている」と述べて MAI の射程に疑問を呈した。MAI 交渉に臨むフランス代表も「文化的例外のみが、MAI の規律から文化産業を逃れさせることができる」と明言した。しかしながら、MAI への異議申し立ては映画・オーディオ・ビジュアル業界からのものにとどまらなかった。MAI は投資に関わる一国のシステムの包括的自由化をめざしていた。文化的例外政策の見直しはその一要素にすぎなかった。1998 年にフランスが MAI 交渉からの離脱を公式表明する直前には、要求すべきは MAI の基本原則の受入れを前提とした文化的「例外」ではなく、投資に関する社会的規制の全面的自由化（撤廃）自体を拒否すべきであるとの声が強まっていたのである[36)]。

Ⅲ　文化多様性の提唱と展開——国連教育科学文化機関（UNESCO）

(1)　文化的例外から文化的多様性へ

上で見た GATS の最恵国待遇、内国民待遇による処理は、一見、自国の文化政策への十分な保証になっているかのようだが、それは形式論理にすぎない。WTO の基本は自由化・規制穏和であり、ラウンドはそのための交渉の場である。セーフガードや補助金は撤廃の方向に向かいこそすれ、それらが促進

36)　*ibid.*, pp. 92-94.

されることはない。GATS の処理は一時的な休止状態であって、今後、文化的例外が定着していくことは考えられない――。文化産品を他の物と同様に自由化の対象とすることを望まない規制論者は、このような現状認識に基づいて、文化産品を自由化の例外と位置づける防衛的論理から文化の特殊性を強調する積極的論理へと文化擁護論の転換を図る。そして、WTO から文化を直接扱う国連専門機関である UNESCO に場を移し、そこで文化的例外にとって代わるものとして文化的多様性を提唱していくことになる[37]。

文化的多様性が UNESCO においてどのように提唱され、結実して行ったかを辿る前に、国際機構としての UNESCO の基本的特徴を確認しておこう。UNESCO は 1946 年に発足した国連専門機関である。その目的は「正義、法の支配、人権及び基本的自由に対する普遍的な尊重を助長するために教育、科学及び文化を通じて諸国民の間の協力を促進することによって、平和及び安全に貢献すること」（UNESCO 憲章第 1 条 1）である。「戦争は人の心の中で生まれるものであるから、人の心の中に平和のとりでを築かなければならない。相互の風習と生活を知らないことは、人類の歴史を通じて世界の諸人民の間に疑惑と不信をおこした共通の原因であり、この疑惑と不信のために、諸人民の不一致があまりにもしばしば戦争となった」という UNESCO 憲章前文の文章は、UNESCO の理念を語るものとして有名である。国連加盟国は UNESCO に加盟する権利をもち、国連非加盟国でも UNESCO 総会で認められれば加盟できる（同第 2 条 1、2）。主要機関として総会、執行委員会、事務局がある。総会はこの機構の最高意思決定機関であり、この機構の政策と事業の主要な方針を決定する（同第 4 条 2）。理事会に相当する執行委員会は 58 の執行委員国から構成され、各執行委員国は 1 人の代表者を任命する。事務局は 4 年任期の事務

---

37)　*ibid.*, p. 97-99 ; Hélène RUIZ FABRI, « Jeux dans la fragmentation : la convention sur la promotion et la protection de la diversité des expressions culturelles », (*RGDIP*, 2007-1, pp. 48-51)、西海真樹「UNESCO 文化多様性条約の意義―― Hélène RUIZ FABRI 論文に即して」（横田洋三・宮野洋一編著『グローバルガバナンスと国連の将来』、中央大学出版部、2008 年）、279-297 頁。

局長の下、約2400名の職員から構成されている。

文化分野においてUNESCOはこれまでに世界遺産条約（1972年）、水中遺産条約（2001年）、文化的多様性世界宣言（2001年）、無形遺産条約（2003年）、多言語主義の促進に関する勧告（2003年）、文化的多様性条約（2005年）などの重要な条約、勧告を採択してきた[38)]。

さて、上述した文化的例外から文化的多様性への論理転換の観点からは、これらの条約・勧告のうち、特に文化的多様性世界宣言と文化的多様性条約が重要である。

文化的多様性世界宣言[39)]採択の背景には、ウルグアイ・ラウンドで顕在化したオーディオ・ヴィジュアル製品を文化例外（exception culturelle）として認めるか否かをめぐるカナダ・フランスvs米国の対立[40)]、サミュエル・ハンチントン（Samuel Huntington）の『文明の衝突』、それに9.11同時多発テロが諸国の関心を集めていたという事情がある[41)]。同宣言は前文と全12条から成る。それによれば、生物多様性が自然にとって必要であるように、文化多様性は交流、革新、創造の源として人類に必要なものであり、その意味で人類の共通遺産である（第1条）。文化多様性を実現可能なものにするのは文化的多元主義で

38）これらの文章の成立経緯については、次を参照。佐藤禎一『文化と国際法　世界遺産条約・無形遺産条約と文化多様性条約』（玉川大学出版部、2008年）。

39）UNESCO, Universal Declaration on Cultural Diversity, adopted by the 31st Session of General Conference (November 2, 2001), Records of the General Conference, 31st Session Paris, 15 October to 3 November 2001, Volume 1, Resolutions, Paris : UNESCO, 2002, pp. 62-63 (http://unesdoc.unesco.org/images/0012/001246/124687e.Pdf).

40）註26）を参照。

41）寺倉憲一「持続可能な社会を支える文化多様性――国際的動向を中心に――」（国立国会図書館調査及び立法考査局『持続可能な社会の構築』、2010年）232頁。当時UNESCO事務局長だった松浦晃一郎は、各国の文化大臣は同宣言の採択を受け入れる姿勢を示したものの、文化多様性の具体的な守り方については意見の一致が得られなかった。9.11直後の総会開催には延期論もあったが、自分は強硬に開催に踏み切った、と言う。次を参照。松浦晃一郎『世界遺産　ユネスコ事務局長は訴える』（講談社、2008年）、38-44頁。

あり、それは文化交流や創造的能力の開花に貢献し、民主主義の基盤になる（第２条）。文化多様性の保護には人権と基本的自由の尊重、特に少数民族や先住民の権利の尊重が含まれる（第４条）。このような内容をもつ同宣言は、文化多様性に関する加盟国の倫理的約束として重要な意義を有し、４年後の文化的多様性条約採択に向けての大きな推進力になったということができる[42]。

文化的多様性条約[43]（2007年発効、日本は未批准）において、文化多様性とは「集団および社会の文化が表現を見出す方法の多様性」を意味し（第４条第１項）、発展、人権、平和、民主主義、思想の自由な流通、文化財・文化サービスの国内的・国際的普及、持続可能な開発、人類の協同遺産などと結びつけられることで（前文および第２条第１、５、６、７、８項）、開かれた動的な概念になっている。国際法の観点からは、文化的表現の多様性を保護・促進するための措置・政策をとるという国の主権的権利が承認されたことが重要である（第１条ｈおよび第２条第２項）。他方、文化的多様性世界宣言に入っていた文化的多元主義の文言は、この条約からは抜け落ちており、多文化主義政策を通じて一国内の民族・エスニック集団の伝統文化、言語、生活習慣を中央政府が積極的に保護しこれらの集団の社会参加を促すことは、国に義務づけられていない。それゆえ、そのような義務を伴うことなく国が文化的表現の多様性を保護・促進する主権的権利をもつことを明言するこの条約には、国家間主義的性格がみてとれる。そこには、主権的権利の名の下に一国内の少数者の文化を中央政府が抑圧するという危険がある[44]。

42）　鈴木淳一「『文化的表現の多様性の保護及び促進に関する条約（文化多様性条約）』の採択と意義」（『独協法学』77号、2008年）、65-67頁。

43）　文化的表現多様性条約については、さしあたり次を参照。鈴木淳一、同上；同「グローバリゼーションと文化――ユネスコ文化多様性条約の発効とその課題――」（星野昭吉編著『グローバル社会における政治・法・経済・地域・環境』亜細亜大学購買部ブックセンター、2011年）；佐藤禎一、前掲（註38）；折田正樹「ユネスコ『文化多様性条約』をめぐる法的論点についての考察――複数の条約の適用調整を中心に」（『ジュリスト』1321号、2006年）；西海真樹、前掲（註37）；エレーヌ・リュイーズ-ファブリ（西海真樹・稲木徹訳）「法と文化――文化多様性条約の射程」（『比較法雑誌』44巻１号、2010年）。

それでも、今後、国がこの条約を援用して自国の文化政策を正当化することは大いにあり得る。実際に「出版物およびオーディオ・ビジュアル製品の貿易権・流通サービスに関する措置」事件（Ⅲ(2)を参照）において、中国政府はこの条約を援用しつつ、オーディオ・ビジュアル製品は文化財であって中国政府はそれらを保護する主権的権利をもつと述べている[45)]。そのような援用を通じて、この条約と将来作成される条約との間の実質的な調整が図られるかもしれない。主権的権利については上述の懸念が残るが、文化のグローバル化の負の側面（＝文化のグローバル化が支配的な文化に有利な形で進み、その結果、特定文化の世界支配、文化の均一化、またはそれへの反作用としての文化的孤立をもたらしかねないこと）に対しては、この条約が少なくとも国家間レベルにおいて一定の歯止めになることが期待できよう。

(2)　持続可能な発展の文化的側面

他方で、この文化的多様性は「持続可能な開発（sustainable development）」の文化的側面としてもとらえることができる[46)]。文化的多様性のそのようなとらえ方のためにも、UNESCO は大いに貢献してきた。この「持続可能な開発」は、1987 年の「環境と開発に関する世界委員会」の報告書『われら共通の未来』の中で提唱されて以来、急速に国際社会に広まった。それは「将来世代がその必要を満たす能力を損なうことなく、現在世代の必要を満たすような開発」を意味する包括的な概念であり、その構成要素としては統合原則、天然資

---

44)　条約交渉時に、交渉国政府以外の NGO 等がオブザーバー参加することが認められなかった点にも、国家間主義的傾向がうかがわれる。もっとも「すべての文化の平等な尊厳および尊重の原則」と題された第 2 条第 3 項は、文化的表現の多様性を保護・促進することはすべての文化（少数者および先住民族に属する人々の文化を含む）の平等な尊厳および尊重の承認を前提とする、と述べているから、文化の多元性（多文化主義）的要素がこの条約にまったく欠けているわけではない。

45)　註 30）を参照。

46)　西海真樹「持続可能な開発の文化的側面――国連システムにおけるその展開と日本の課題」（『国連研究』13 号、2012 年）。23-52 頁。

源の持続可能な使用と保全、世代間・世代内衡平、共通だが差異ある責任、よい統治、予防原則などがある[47]。

同時にこの概念は現代的な倫理概念でもある。現在世代のみならず将来世代の生活の質を考慮に入れている点（通時的側面）、および、「北」の人々に大量生産・大量消費的生活の変革を迫るとともに「南」の人々に開発とよい統治の必要性を強調している点（共時的側面）にそれは現れている。言い換えれば、持続可能な開発とはこの世に生まれた人々、将来生まれ出る人々が、等しく人間としての自己実現の可能性を保障されるべきであるという人間観・世界観に立脚して、私たちの生活を全地球規模で見直すことを促しているのである[48]。

このような持続可能な開発は、当初は何よりも環境保護と経済開発とを両立させる構想ととらえられていた。しかし、国際連合（国連）における開発概念の拡大に伴い、そこに社会的側面が含められるようになった。統合原則、よい統治などが持続可能な開発の構成要素とみなされたことは、この概念の拡大をよく示している。このように、持続可能な開発が包括的なものになりつつあるとすれば、そこに文化的側面が含められることは自然のなりゆきであろう。人間は何らかの社会集団のなかで生活し、その社会集団はそれぞれに固有の精神的、物質的、知的、感情的特徴、つまり文化を有している。人間生活が必ず伴っているこの文化的側面を考慮に入れずに、人間社会の持続可能性を論じることはそもそもできないはずである。

このような考え方をUNESCOは早くからとっていた。1982年にUNESCOがメキシコシティで開催した文化政策に関する世界会議は、文化政策に関するメキシコシティ宣言[49]を採択した。その中の「開発の文化的側面」と題された項は、文化は開発過程の基本的部分を構成し、国の独立、アイデンティティ

47） 西海真樹「持続可能な開発の法的意義」（『法学新報109巻5・6号、2003年』）、248-252頁。

48） 同上、243頁。

49） Mexico City Declaration on Cultural Policies, World Conference on Cultural Policies, Mexio City, 6 August 1982 (http://portal.unesco.org/culture/en/files/12762/11295421661mexico_en.pdf/mexico_en.pdf)

の強化に資するものである。均衡のとれた開発は、開発戦略の中に文化的要素が統合されることによってのみ実現可能となる。それぞれの社会の歴史的、社会的、文化的文脈に照らして開発戦略の見直しが図られなければならない、と述べている[50)]。

上述した文化的多様性世界宣言は、文化多様性は開発の源泉のひとつであり、開発は経済開発の観点からのみ理解されるべきではなく、より充実した知的、情緒的、道徳的、精神的生活を達成するための手段として理解されなければならない、と述べている（第 3 条）[51)]。また、文化的多様性条約は、文化多様性が持続可能な開発の主動力となること（前文）、特に途上国にとって文化と開発との関連が重要であること（第 1 条 f)、文化が開発の基本的推進力のひとつであって開発の文化的側面はその経済的側面と同様重要であること（第 2 条 5 項)、文化多様性の保護・促進・維持が持続可能な開発にとって不可欠の要件であること（第 2 条 6 項）を明言している。このように、持続可能な開発の文化的側面として文化的多様性が重要な意義を有していることを、国際法的拘束力を伴うものとして承認した点で、この条約は極めて重要である。

このような文化多様性に密接にかかわる概念として、多文化主義と文化権が挙げられる。多文化主義とは民族、移民集団、被差別集団、宗教的少数者などの集団により担われる多様な文化の存在を前提として、一国の政府が、複数の文化を許容し擁護する態度を言う。持続可能な開発の文化的側面としての文化多様性が対外政策として唱えられるにとどまらず国内的にも十全に実施されるためには、政府が多文化主義政策を採ることが求められる。文化権とは文化領域に関する個人の権利の総体であり、文化を享受し、創造し、文化活動に参加する権利から成る。この文化権により、文化多様性を国家内部の集団の視点からとらえることが可能になる。文化は本来国家という枠組で括り切れるものではない。一方で一国の中に複数の文化があり、他方で文化圏が国境を越えて広がっている。けれども、国際法は原則として国家間の合意に基づくため、この

---

50)　*ibid.*, para. 10, 16.

51)　鈴木、前掲（註 42）。

事実が常に考慮されるとは限らない。文化権は、このような国際法の内在的限界を矯正する機能を果たし得る。なぜならば、この文化権が認められることによって、国家の主権的権利にとどまっている国家間主義的な文化多様性が多文化主義に転化し得るからである[52)]。

結　文化領域における国際機構の意義と限界

本章では、グローバリゼーションと文化をめぐる自由論と規制論の交錯を念頭に置きつつ、文化・知的国際交流に国際機構がどのように関わってきたかを考察してきた。具体的には、国際連盟期の文化的協力委員会の組織構造と諸活動を取り上げてその意義を確認し、自由論と規制論の交錯という観点からGATT、WTO、OECDにおいて文化に関する議論がどのように行われ、それがどのようなルール・制度を生じさせた（生じるのを阻止した）のかを辿り、UNESCOの文化的多様性に関する活動を整理・紹介した。

文化・知的国際協力において国際機構はどのような意義を有しているのだろうか。そこにどのような限界がみてとれるのだろうか。この点について内田孟男は、国際機構が知的協力を推進する意義を、国際公共財の提供、国際機構の普遍性と代表制、西欧知識体系が知的国際協力に及ぼすインパクトの是正、知的協力における国際機構の実績、という四つの観点からとらえ説得的に説明している。それを要約すると以下のようになる[53)]。

第1の国際公共財の提供という観点から見ると、世界平和は国際公共財であり、世界平和を実現する手段としての知的国際協力は国際公共財またはその中間財として理解することができる。そのような公共財・中間財の提供は、国内公共財・中間財であれ国際公共財・中間財であれ、基本的には市場以外のアクターである公的機関が担うことになる。国際公共財または中間財としての知的国際協力の提供は、多国間協力による以外になく、国連諸機関やUNESCOな

52）　西海、前掲（註46）、35-38頁。
53）　内田、前掲（註4）、217-219頁。

どの国際機構によって担われることになる。

第2の国際機構の普遍性と代表制という観点から見ると、UNESCOや国連システムの活動は加盟国の普遍性と代表制の下に行われ、世界各地域の文化的歴史的背景を反映し、活動の優先順位を地域的差異に十分配慮して決定するメカニズムが備わっている。そのような国際機構は、知的国際協力の分野において、ともすれば先進国偏重になりがちな国家レベルでの協力、国際市場や民間のイニシアチブに対して、途上国がその関心事を提唱する機会を与え、それを支援する役割を果たしている。

第3の西欧知識体系が知的国際協力に及ぼすインパクトの是正という観点から見ると、知的国際協力における西欧知識体系の優位性は圧倒的ながらも、西欧の開発理論が必ずしも普遍的に妥当するとは限らないことが1960年代の途上国の経験から明らかになった。その結果、西欧起源の社会科概念と理論はよりグローバルな視点から批判、評価、適用されるようになり、かつてのナイーブな西欧型普遍主義は修正された。このような西欧型普遍主義の相対化に国際機構は重要な貢献をしていると言うことができる。

第4の知的国際協力における国際機構の実績という観点から見ると、UNESCOその他の知的協力分野の機構は、国、地域機構、市民社会、学術団体、NGO、草の根運動などと密接に連携し、ネットワークを発展させ、カタリストとして人材と資金を動員する能力を有し、世界の世論形成に明確なインパクトを与えてきた。創設以来のUNESCOの活動の歴史は、教育、文化、科学、コミュニケーション分野で共通の認識を生み出し、条約や勧告を通じて国際的指標を提供するという役割を果たしてきている。

このような内田の分析は依然として有効である。グローバリゼーションと文化をめぐる規制論と自由論との対立の場がWTOからUNESCOに移ったことは、とりわけ規制論を支持する人々や政府が、これらの四つの意義を承認したことの表われであると言えよう。

他方、文化・知的国際協力における国際機構の限界として、内田は、国際知的協力のための国内基盤、国際機構が利用可能な資金および人材の不足、国連システムにおいて知的協力に携わる機関の調整・協調の三つを挙げている[54)]。上記の意義と同様、これらの限界のいずれも、基本的に今日でも妥当する国際機構の限界であろう。ここでは特に第1の限界についてとりあげたい。Ⅰ(1)で述べたとおり、これは直接には、カンデルが連盟期の国際委員会の活動と各国内部の政府や教育機関の態度との緊張関係について述べたものである。より一般化して言えば、これは国際機構の活動・権限と各加盟国の主権（留保分野）との間の緊張関係に他ならない。このような緊張関係は、Ⅲ(1)で述べたように、主権的権利としての文化的多様性についてまさに妥当し、多文化主義と文化的権利を認めることの意義がそこから引き出される。グローバリゼーションの拡大深化に伴い、政府以外のさまざまなアクターが国際的・国内的意思決定にそれぞれ参加するようになった。その結果、国家主権の壁が何ほどかは相対化されたことは事実である。しかしながらそれはなお厳然と存在し、国際機構の活動や国際規範を制約している。

他の分野と同様に文化・知的国際協力の分野でも、国際機構は加盟国の国家主権との対抗関係の中で活動を展開し、新たな規範・ルール・制度を形成しているのである。

54)　同上、219-220頁。

第3章

UNESCO 文化多様性条約の意義
——Hélène RUIZ-FABRI 論文に即して——

序

2005年10月20日、UNESCO第33回総会において「文化的表現の多様性の保護および促進に関する条約」(文化的表現多様性条約と略称) が賛成148カ国、反対2カ国、(米国およびイスラエル)、棄権4カ国 (オーストラリア、ホンジュラス、リベリア、ニカラグア) で採択された。同条約は2007年3月18日に発効した。同条約は、グローバリゼーションの拡大・深化が文化の均一化をもたらすことへの危機感の反映ととらえることができる。グローバリゼーションは、自由な交換・交流の発展を通じて文化の地球規模での普及を促進する。しかし、それは一般に支配的文化に有利な形で行われるため、人間にとって本当に幸福なものかどうか疑わしい「文化の均一化」や、暴力的反応の前兆となるような「文化的孤立」をもたらしかねない。そのような観点からは、支配的文化、すなわちアメリカ的文化とは異なる文化的表現を維持することができるか否かということが、重要な課題になる。同条約は、このような課題に取り組んだ成果のひとつということができる[1)]。

同条約については、すでに日本でも研究が着実に進んでいる[2)]。しかし本章

1) Hélène RUIZ-FABRI, Jeux dans la fragmentation : La convention sur lapromotion et la protection de la diversité des expressions culturelles, *Revue générale de droit international public,* janvier-mars 2007, no. 1, p. 44.

2) 筆者の知るだけでも、本条約に関して下記の研究が刊行されている。鈴木淳一

は、それらを紹介・整理するものではない。本章は、パリ第1大学教授エレーヌ・リュイーズ‐ファブリ（Hélène Ruiz-FABRI）のこの問題に関する論文を紹介・検討するものである。ファブリは、同条約の起草のためにUNESCO総会が選出した5人の専門家の1人として、条約草案の作成に実質的に関与した。もともと彼女はWTO法の専門家であり、投資における文化の問題が議論されたOECD「多国間投資協定」の挫折の経緯や、ウルグアイ・ラウンドでのサービス貿易協定作成のさいの「文化的例外」をめぐる諸国の攻防に通じ、自由貿易と文化の問題について、さまざまな場で見解を表明してきた。その意味で、彼女はフランスにおける「自由貿易と文化の問題」の第一人者といってよい。そのような人物の見解を知ることは、私たちがこの問題を考察をする際に、有益であることは疑いない。

以下では、ファブリの次の論文、すなわち“Jeux dans la fragmentation : La Convention sur la promotion et la protection de la diversité des expressions culturelles”（*Revue générale de droit international public,* Janvier-Mars 2007 — numéro 1、に依拠して、彼女の見解を紹介・整理することにする。

Ⅰ プロジェクトの存在――条約の構想[3)]

ファブリはまず、文化多様性条約を成立させる構想がどのような経緯で生じ、議論がどのように収斂していったのかを確認する。彼女によれば、同条約

（訳）「資料 文化的表現の多様性の保護及び促進に関する条約（仮訳）」（『独協法学』71号、2007年）、鈴木秀美「文化と自由貿易 UNESCO文化多様性条約の採択」（塩川伸明・中谷和弘編『法の再構成Ⅱ国際化と法』東京大学出版会、2007年）、アルマン・マトラール「文化多様性をめぐるUNESCOの戦い」（『世界』2006年1月号）、稲木徹「国際法が規律する文化の意味に関する一考察」（『大学院研究年報（中央大学）』第35号、2006年）、河野俊行「文化多様性と国際法(1)（2・完）」（『民商法雑誌』135巻1号、2号、2006年）、折田正樹「UNESCO「文化多様性条約」をめぐる法的論点についての考察」（『ジュリスト』1321号、2006年）。

3) FABRI, *op. cit.* (note 1), pp. 47-61.

の成立を促したのは、WTO のウルグアイ・ラウンド交渉における「文化的例外」戦略の失敗である。この結果、WTO の枠外で WTO 法に影響を及ぼし得る規範文書の作成が模索されることになった。

(1)　展望の再構築

WTO のウルグアイ・ラウンドにおける「文化的例外」戦略が失敗した後も、文化財・文化サービス分野の米国による一国支配状況はまったく変わらなかった。そのなかで「文化的例外」「文化的多様性」への展望の再構築が行われることになる。それはまた、従来の防衛的論理から、文化の特殊性を強調する積極的論理への戦略転換を意味するものだった。

(i)　文化的例外から文化的多様性へ

1980 年末、ウルグアイ・ラウンドでのサービス自由化交渉の成り行きを懸念する諸国は、「文化的例外」を唱えるようになった。それは、文化財・文化サービス分野を例外と位置づけ、同分野をサービス貿易協定の規律から免れさせることを意味した。同協定第 17 条により加盟国は自国の市場開放の程度を選べることになった。明示の同意があって初めて自由化が可能になるというのは、一見、自国の文化政策への十分な保証となっているようにみえる。

しかしそれは形式論理にすぎない。各加盟国は確かに自国の都合に応じて自由化の程度を調整できるが、WTO 交渉は「単一合意」の原則により規律されており、そこではすべての合意が相互に考慮され均衡を保っている。1 度与えられた合意は実際には取り消すことはまずできない。その変更は他分野に波及し高くつくからだ。WTO の基本論理は自由化の論理であり、WTO はそのための継続的交渉の場である。サービス分野でのセーフガード、補助金については今後の交渉に委ねられているが、それらが促進されることは考えられない。同様に、文化的例外がひとつの原則として採択されることも、あり得ない。

文化財・文化サービス貿易の自由化により、国内製品が犠牲になるとの懸念が生じる。そこから国内製品に対して一定の場を確保しようとする動きがでてくる[4)]。文化的例外もそのひとつであるが、一貫した包括的アプローチをとるWTO交渉のなかで、文化問題をまったく別立てにすることは不可能だ。そのようなアプローチは環境、保健、教育などの「他のものとは異なる分野」とWTO規則との間に、さらなる衝突を生み出しかねない。「文化的例外」戦略は、そこに生じている問題——文化財・文化サービス貿易における米国の支配的地位によって、他国の国内製品が徐々に斥けられ消滅しつつあること——を真に解決することはできない。この問題は、貿易不均衡の結果生じた、問題を孕む異文化受容ととらえ得る[5)]。問われているのは市場の問題だけではなく、政治的・社会的問題である。

(ii)　文化の特殊性の承認

文化的多様性は、人間の生活を豊かにするものであるとともに、文化的保守主義（文化的交流の道を閉ざし、人間の発展に反する伝統に閉じこもり、文化間の相互作用から生じる変遷を拒絶する態度）への口実となる可能性もある。UNDP報告『多様な世界における文化的自由』は、後者を回避するため、文化的多様性自体を目的とするのではなくそれを文化的自由を促進するための手段と位置づけるべきだと説く。文化的自由とは、個人にとっての選択の自由を意味し、それを可能にするためには文化的選択の幅を広げなければならない。そのための最良の方法とは文化の流れ・交流への道を開くことである。確かにそのような開放は、最も強い文化に利する形での均一化という副作用をもたらすかもしれな

4)　UNESCOで1976年に成立した「教育的、科学的、文化的性格を有する産品の輸入にかんするフィレンツェ協定（1950年）の付属議定書」は一種のセーフガード規定を有している。また、1947年GATT第4条も映画分野における映写時間割当について定めている。

5)　「近代民主主義社会のよき歩みおよび社会的諸価値の発展と伝達において、オーディオ・ビジュアル・メディアはきわめて重要な役割を果たしている。それらは、市民が知り、考え、感じることにたいして深い影響力を及ぼしている」（“Communication de la Commission, L'avenir de la politique de réglementation européenne dans le domaine de l'audiovisuel”, 15 décembre 2003, COM (2003) 784 final, p. 3）

いが、満足のいく回答は、文化の流れ・交流の制限にではなく、自由の源である競争に参加し得る自国の文化産業を発達させる公の支援政策に求められるべきである[6)]。

文化的表現多様性条約の推進者も、文化的多様性という言葉のもつ紛争的側面を消し去り、その内容を明確化・正当化する他の諸価値にこの言葉を結びつける必要を感じていた。すなわち、文化的多様性は、一方で文化的多元主義、発展、人権、平和、民主主義、思想の自由な流通、文化財・文化サービスの国内的・国際的普及と結びつけられ、これが開かれたダイナミックな概念であることが強調された。他方でこの言葉は、持続可能な発展、人類の共同遺産などの象徴的重みをもつ概念に結びつけられた。さらに、文化的表現がもつ「特殊な性質を認識」することが本条約の目的のひとつになった[7)]。このような認識は、専ら商業的なアプローチに異議を唱える際の有力な根拠になるだろう。文化的表現には経済的、文化的というふたつの性質があり商業的価値をもつものとしてのみ扱われてはならないという認識[8)]は、諸国が文化的多様性の保護・促進のために必要な手段・方法をとり続けること、および、WTO の枠外で諸国が依拠し得る規範文書を作成することを正当化するものとなる。

(2)　プロセスの構成

さまざまな場で文化的多様性が論じられ始めた当初は、当然のことながら議論は拡散していた。しかし、次第に目的と方法が結びついた構想が形成され、最終的には、基本的価値として文化的多様性を正当化し、それを保護するための国際文書の必要性が公認された。

---

6)　*Le rapport du PNUD, « La liberté culturelle dans un monde diversifié »*, Economica, 2004, V. pp. 2-6.

7)　本条約第 1 条 (g)。

8)　本条約前文参照。

(i)　議論の分散

UNESCOにとって文化的多様性はまったく新規な概念というわけではない。UNESCOはすでに、脱植民地化やその後の開発政策のもととなった「文化的同一性の多様化」[9]や、「文化的多元主義」「民主化」といった問題に取り組んできた。1998年が最終年になった「文化的発展のための世界の10年」[10]は、文化的多様性の保全とグローバリゼーションとの関係を準備するものだった[11]。そのようななかで、UNESCOは1999年より、文化的多様性宣言採択の準備を開始した。UNESCOと並んで、フランス語圏諸国会議、そのなかでカナダが主導する文化政策国際ネットワーク[12]、欧州審議会[13]なども、文化的多様性公認に向けてさまざまな行動に取り組んでいった。その結果、2000年末には欧州審議会が「文化的多様性に関する宣言」を、翌2001年6月にはフランス語圏諸国会議が「フランス語圏諸国の文化に関する宣言」をそれぞれ採択した。当時UNESCOから離脱していた米国は、このような動きを「文化の問題をWTOから切り離し、UNESCOの庇護の下で作成を目論む新たな文書計画への支持を引き出すためのフランスとカナダの試み」であると非難した。

しかし、それにもかかわらず、2001年11月2日、第31回UNESCO総会は、185カ国の全会一致で「文化的多様性に関する世界宣言」を採択した[14]。同宣言は、文化的多様性に関する国際規範文書の作成を進めるための行動計画を伴っていた。文化的多様性に関する世界宣言の採択は、重要な政治的・象徴的意議を有するものだった。このような宣言を採択することは、まず非拘束的

---

9)　*L'UNESCO et la question de la diversité culturelle : Bilan et stratégies 1946–2004,* http://portal.unesco.org/culturel/admin/file_download.php/DivCult-BilanStrategies-FRA-20sept04.pdf.

10)　Conférence intergouvernementale sur les politiques culturelles pour le développement, Stockholm, 1998, CLT-98/Conf.210/CLD.19.

11)　*Notre diversité créatrice,* Rapport de la Commission mondiale de la culture et du développement, 1997, p. 344.

12)　RIPC (http://206.191.7.19/index_f.shtml).

13)　Décralation adoptée par le Comité des Ministres le 7 décembre 2000.

14)　CLT_2002/WS/9.

文書の採択によってさらに先に進むこと（拘束的文書を採択すること）が可能かどうかを確かめる意味をもった。さらに宣言採択のためのさまざまなレベルの運動は、文化的多様性を支持する広範な国際的連帯を生み出した。

(ii)　議論の収斂

条約が実効的となるためには国際社会を十分に代表する国の数を確保する必要がある。交渉の場としてアドホックの外交会議を招集するというやり方も考えられた。しかし成功するかどうか不確かな会議のためにアドホックな外交会議を開くというやり方は犠牲を伴うものと思われた。結局、より制度的なやり方が模索され、それは自然に UNESCO へ向かった。UNESCO が選ばれた理由は 3 つある。第 1 に UNESCO が普遍的国際組織であり多数諸国の交渉参加を確保する上で適当な場だということ。第 2 に、「教育、科学、文化を通じて諸国民の間の協力を促進することによって平和および安全に貢献する」という UNESCO の目的が、文化的多様性という包括的アプローチに適していること。第 3 に UNESCO の意思決定手続[15)]が条約採択プロセスの計画化にとって相応しいものだったということである。

このような議論が支配的だった時点では、米国はまだ UNESCO に復帰していなかった。そこで懸念されたのは、米国抜きで条約交渉を行うことが適当かどうかということよりもむしろ、交渉を UNESCO で行うことが米国の UNESCO 復帰をさらに遅らせてしまうのではないかというものだった。しかしそのような懸念は、この機会に米国が UNESCO に復帰することが米国にもたらす利益を過小評価していた。事実、米国は 20 年の離脱期間の後、UNESCO に復帰し、この交渉に加わることになる。それは何よりも、同条約が米国の基幹産業である映画産業に対して重大な影響を及ぼすことへの関心があったからである。

EU にとって同条約は混合協定になるため、EU は加盟国とは別に交渉に加

15)　Réglement relatif aux recommendations des Etats membres et aux conventions internationales prévues par l'article IV paragraphe 4 de l'Acte constitutif de l'UNESCO.

わった。加盟国数が25に達していたEUは意見の収斂に苦労したが、最終的にはクロアチア、ルーマニア、ブルガリアなどの加盟候補国も含め立場の一本化に成功した。ブラジル、インドは途上国のなかで前衛的位置を占めた。他方中国は人権への言及に神経を尖らしていた。

Ⅱ　プロジェクトの実施——条約の作成[16)]

条約作成プロセスは迅速だった。2003年に実質的に開始されたプロセスは2005年秋には条約採択に至った。これは条約推進者の予想どおりだったが、時間においても内容においても、初めからそうなるものでは決してなかった。日程を守る決意と、諸国の2極化が、このような短期間における条約採択を可能にしたのである。成立した条約の中身は、過度の賛辞にも辛辣すぎる批判にも値しない。実際の評価は、おそらく両者の中間にある。

(1)　交渉のダイナミクス

交渉日程をタイトなものにした最大の理由は、WTOのドーハ・ラウンドの期限が当初2005年末と定められていたことである。UNESCO手続によれば、条約作成の決定および条約の採択は総会で行われる。この総会は2年に1度しか開かれない。さらにこのような急を要する形での条約採択を、UNESCO総会はいままでに経験したことがなかった。

(i)　**準備段階**

文化的多様性に関する世界宣言の行動計画に従って、UNESCO事務局は、2003年春、執行理事会に対して「文化的多様性に関する新たな国際文書の作成のための行動を継続する決定を下し、かつ、そこで作成する文書の性質を定めるよう」総会に提案することを示唆した。執行理事会はこの示唆に従った。

16)　FABRI, *op. cit.* (note 1), pp. 62–75.

同時に同理事会は、UNESCO事務局長に対して、文化的多様性に関する規範文書の技術的・法的側面についての予備的研究の準備をするよう委任した[17]。この予備的研究が挙げた4つの選択肢のうち、総会が選んだのは、拘束力ある文書を準備することだった[18]。さらに総会は事務局長に対して、2005年第33会期に、条約草案を伴う予備報告を提出するよう要請した[19]。米国の反対にもかかわらず、これらの決議は圧倒的多数により採択された。米国を初めとする条約に消極的な諸国との間の唯一の妥協点は、WTO、WIPO、UNCTADへの協議要請だった。

UNESCO事務局長は、加盟国に対して審議の基礎を提供する必要性を感じ、カテゴリーⅣに属する専門家に依頼することを決めた[20]。カテゴリーⅣの専門家とは、独立して作業を行い、自国政府の指示を受けない専門家を指す。この専門家のなかにカナダ人、フランス人、アメリカ人が含まれたことは驚くに当たらない。というのも、これら3国において、文化的多様性の問題は最も深く研究されていたからである。専門家グループは一般的提案をするにとどまることに満足せず、完全な条約草案を作成するに至った。その草案は、原則宣言、手続的・制度的規定、条文案全体についての規定振りの定式化を含むものだった。これにより、完成度の高い交渉の基礎が、交渉に臨む諸国に提供されることになった。ただし例外がひとつある。それは、この条約案と他の国際規範文書との関連について、専門家グループの作成した条約草案は何も言及していなかった、ということである。

17）Rapport qui rendait compte de l'emsemble des textes en vigueur ou en cours délaboration se rapportant à la diversité culturelle et qui exposait des pistes de réflexion concernant l'opportunité, la nature et la portée d'un nouvel instrument sur la diversité culturelle, Document 166EX/28 du 12 mars 2003.

18）Décision 166EX/3.4.3.

19）Par la Résolution 32C/34 du 17 octobre 2003, adopté aprés examen du Document 32C/52.

20）専門家グループは、2003年秋から2004年春にかけて3回の会合をもった。CLT/CPD/2003-608/01, CLT/CPD/2004/602/6, CLT/CPD/2004/603/5.

(ii)　交渉の推移

2004年9月に始まった政府代表専門家による交渉では、条約のあり方についてさまざまな意見が表明された。それらは三つに大別できる。第1に、これは多数派であるが、条約草案のヴィジョンと大枠において一致するもの、第2に、これは少数派であるが、より対話や協力に軸をおいた条文にすべきだというもの、第3に、条文の対象を文化的表現の多様性の保護にとどめず、より広いものとすべきだというものである。ただし、独立専門家グループが準備した条文を用いるべきだということについては、コンセンサスが成立していた。これは交渉の方向性を定めるものになった。最初の議論は、この条約と他の国際文書との関連についてだった。結局それは、この条約が他の国際文書に従属しないことを支持する国と、従属することを支持する国との間の基本的対立を確認するものにすぎなかった。この対立は、条約交渉の終了に至るまで、つねに影響を及ぼし続けることになる。

事実、第3会期において最も激しい対立点となったのが、まさにこの問題だった。この条約と他の国際文書との関連に関する規定を設けることは、決して必要不可欠ではない。そのような規定のない条約は多々ある。しかし交渉に参加した諸国は、この規定をどう定めるかが交渉に成功するか失敗するかの分岐点になると認識していた。条約が他の国際文書に従属しない旨を述べる妥協的規定振りが示されたものの、米国はこれを総会に回すべきではないとの要求を掲げ、最後まで抵抗した。このような他の国際文書との関連の問題を別にすれば、他の問題はさしたる議論もなく合意に至った。紛争解決条項や連邦条項などはもっと議論されてもよかった。2005年6月に第3会期は終了したが、そのさいに米国は、「文化よりもむしろ貿易にかかわるこの条文には根本的欠陥があり、このような文章を採択することはUNESCOの評判を貶めるだろう」との公式の宣言を発している。最終的に条約草案は2005年10月20日、UNESCO総会で圧倒的多数により採択された。

(2)　交渉の成果

最終的に採択された条文は、文化的表現の多様性に印象が絞られているものの、実際の適用分野は広範である。そこで権利は明言され、義務はむしろ控えめに述べられている。

(i)　限定的対象と包括的適用分野

本条約における文化的表現[21]とは、表現される中身を指し、中身を担う形態や媒体は問われない。他方、文化的活動、物品およびサービスの定義[22]から、それらが帯びる二重の性質・特殊性が確認される[23]。また、保護の定義[24]には、文化的多様性の維持を文化的物品・サービスの自由な流通の発展に結びつける考え方と、この流通を規律するための介入が必要な場合があり得るという考え方との間の緊張関係がうかがえる。保護措置をとるのは「自国領域内の文化的表現が消滅の危機に晒されている場合もしくは重大な脅威の下にある場合、または当該文化的表現を緊急に保護する必要がある場合」に限られる[25]。その他の場合の保護は促進と同義であり、促進はある文化の他文化への開放や交流の発展に結びつく。また、第3条、第4条第6項の規定振りから、本条約の適用される「締約国が採用する政策および措置」は包括的なものであることがわかる。本条約は、締約国が文化的表現の多様性を保護・促進する主権的権利を再確認している[26]。ただし、そのような主権的権利が再確認されたからといって、締約国が自由化約束をすることは、それもまた主権の行使である以上、何ら妨げられない[27]。しかし、それはここで再確認された主権的権利の趣

21)　本条約第4条第3項。
22)　本条約第4条第4項。
23)　本章Ⅰ(1)(ii)を参照。
24)　本条約第4条第7項。
25)　本条約第8条第1項、2項。
26)　本条約第1条h、第2条第2項、第5条第1項。
27)　常設国際司法裁判所「ウインブルドン号事件」判決（1923年8月17日）を参照。

旨ではない。

本条約は、文化的表現多様性の保護・促進以外の問題を規律するものではない。たとえば発展の文化的側面や人権は、第2条の「指針となる原則」で言及されるにとどまる。文化的多様性を保護するという口実の下に、国際的に保障された人権を侵害することはできない。同時に、表現の自由、情報・通信の自由、文化的表現を選択する可能性といった人権が保障されていなければ、文化的表現の多様性は実効的なものとはならない[28)]。本条約は創作者、芸術家、市民社会の重要性を指摘するものの[29)]、創作者や芸術家の法的地位を明確化するものでも、市民社会一般に何らかの特権を付与するものでもない。さらに、知的財産権や文化産業などの文化的表現多様性にとっての基本問題[30)]も、扱われていない。

(ii)　明言される権利と示唆される義務

締約国が、文化的表現多様性を保護・促進する方向にその主権的権利を行使するよう促すため、本条約は、指導原則、締約国の権利義務、それに紛争解決制度を定めている。

第2条に挙げられた指導原則のなかで最も規範性の高いものは、人権・基本的自由の尊重である。ここから文化的表現多様性を保護する権利の基礎のひとつとしての普遍的人権文書（第5条第1項）が導かれる。その他の指導原則（発展のための連帯と協力、発展の経済的側面と文化的側面との相互補完性、持続可能な発展、公平なアクセス権、開放と均衡）は、あまりに一般的であるか曖昧さを残すものであり、厳密な意味での法原則とはいえない。

第4部「締約国の権利義務」では権利が強調される。中核は「文化政策を策定・実施し、文化的表現多様性を保護・促進するために並びに本条約の目的実

28）　本条約第2条第1項。

29）　本条約第7条2項、第11条。

30）　*La diversité et les échanges culturels dans le cadre de la globalisation,* Bruxelles, CGRI, 2005.

現のための国際協力を強化するために、措置をとる主権的権利」（第5条第1項）である。第6条はこの政策と措置に関する例示リストであり、それは締約国が用いることのできる基本型を構成する。そこには文化的多様性の経済的側面を考慮に入れた支援措置、クオーター制の導入、公共機関の設立、国内の独立文化産業や非公式部門の活動に生産・普及・配給手段を確保するための措置、芸術家への支援措置などが含まれる。これらには不明確な部分がある。たとえば補助金が認められるとして、その割当基準については何の言及もない。独立の文化産業や非公式部門の定義も付与されていない。しかし、これらの不都合は相対的なものにとどまる。

これにたいして義務は拘束力が弱く、厳密には慫慂というべきだろう。情報の共有と透明性に関する義務（第9条。とくに4年ごとにUNESCOに報告書を提出する義務）を除き厳密な法的義務は課されていない。その理由は、厳密な多くの法的義務が明記されると、それらを負うことのできない経済的弱小国は、条約に加わらなくなってしまうからである。

紛争解決制度としては、第15条が、交渉または仲介が功を奏さなかった場合に、紛争当事国は条約附属書の定める調停に訴えることができると規定する。ただし、締約国はこの調停を認めない旨を宣言することができる。本制度はWTOの紛争解決制度に比べればはるかに弱い。しかし、そもそもわずかな義務規定をもつだけの本条約の解釈・適用から一本どんな紛争が生じるだろうか。さらに、文化問題の専門家から構成される調停委員会が下す提案は法的拘束力を欠くとはいえ、それは一定の影響力を有するものとなるだろう。

Ⅲ　プロジェクトの成果——条約の位置[31)]

本条約が他の国際規範とりわけWTO法に対して影響を及ぼすか否かが、条約交渉中の最大の争点だった。本条約は、国際法秩序のなかにどう位置づけら

31）　FABRI, *op. cit.* (note 1), pp. 75-86.

れるだろうか。

(1)　諸規範の相互関連

本条約が有する他条約との関係を規律する条項は、他条約との調和的関係を確保するために十分とはいえない。調和的関係を確保することは、他条約の側の規定にも依存する。

(i)　本条約の関連規定による本条約と他条約との関係

国際条約は他条約との関係規律条項を当然に有しているわけではない。この問題に関する一般国際法は、ウィーン条約法条約第30条である。ただしそれは同一分野を対象とする条約間の関係を規律する。同第41条もかかわる。しかし本条約の場合、この問題を一般国際法に委ねることは、とりわけ象徴的・政治的理由から考えられなかった。関係規律条項である本条約第20条は、激しい交渉の対象になった。それは第21条により補足される。

第20条第1項1文は従来の義務を確認するにすぎない（条約法条約第26条）。これに対して、本条約が他条約に従属しない旨を述べる同項2文は、いくつかの要素に分けられる。ひとつは本条約と他条約との相互支持である（同項a）。それは相互調整・補完を意味する。もうひとつは自国が締約国である他条約との関係である（同項b）。そのような他条約には既存の条約と将来の条約があるが、いずれにしても「本条約の関連規定」を考慮しなければならない。考慮は尊重よりも弱い。尊重となると本条約が優先することになり、それは他条約の従属を意味するから、この言葉は使えない。考慮は信義則および非従属に照らして読まれるべきである。ここでは、調整・補完の下での効率的な考慮が想定されている。

同条第2項では「自国が締約国である他条約」の権利義務の修正が問題になる。この他条約は、既存の条約と将来の条約に区分される。既存の条約にたいして本条約はその修正を主張できない。したがって本条約をWTO協定上諸国が行った約束を見直す根拠として用いることはできない。ただ、本条約発効後は、既存の条約の解釈・適用の際に本条約が考慮されるべきである、ということになろう。他方、将来の条約に対しては、まだ存在しない条約の権利義務の修正を議論することは無意味である。その意味では同条第 2 項は既存の条約にたいしてのみ適用される。逆に同条 1 項は、将来の条約のなかで本条約が考慮されることを予め求めている。そこで 1 項が遵守されるならば、第 2 項の問題はなくなる。

(ii)　本条約外の関連規定による本条約と他条約との関係

上述の第 20 条と同様に激しい議論になったのは、WTO パネルの前で、本条約の相互調整・支持アプローチがどこまで対抗し得るかという問題だった。パネルまたは上級委員会が WTO 法以外の規則を適用できるか否かということは依然として議論の的である。WTO 上の義務の不遵守を正当化するために本条約が直接用いられることはありそうにない。逆にあり得るのは、条約法条約第 31、第 32 条とりわけ第 31 条 3 項 c に依拠して WTO 法を解釈する際に、本条約が考慮されることである[32)]。上級委員会はすでに久しく WTO 法だけでなく他の諸条約も考慮に入れて WTO 法を解釈するというアプローチをとっている。したがって将来、上級委員会が諸国の約束を解釈する際に、また非難の対象となった措置を例外とみなせるか否か考察する際に、本条約が引き合いに出されるかもしれない[33)]。

WTO のパネル・上級委員会が本条約を受け入れるか否かについて、これまでの先例はあまりあてになりそうにない。雑誌事件においてカナダは、米国雑

32)　WTO パネル・上級委員会が条約法条約 31 条 3 項(c)を用いた事例は増えつつある。

33)　文化的措置が WTO 法において例外とみなされうる可能性は狭い。関連規定は 47 年 GATT 第 20 条 f（美術的、歴史的、考古学的価値のある国宝を保護する措置）、GATT 第 20 条 a およびサービス協定第 14 条 a（公徳の保護）、GATT 第 20 条 d およびサービス協定第 14 条 c（それぞれの協定の規定に反しない法令の遵守を確保するために必要な措置）が関連規定となる。詳細は以下を参照。FABRI, *op. cit.* (note 1), p. 80.

誌とカナダ雑誌は文化的理由により類似の産品ではないと主張したが、それはWTOパネルにより受け入れられなかった。ただしパネル報告は、この点について「本紛争は加盟国が文化的同一性を保護するために措置をとる機能には関係しない」とも述べている[34)]。他方、石綿事件は、禁止された差別の存否を評価する「類似の産品の基準」が柔軟で適応性の広いものであることを示した[35)]。したがって、ある文化的物品・サービスが、文化的理由にもとづいて、消費者の嗜好や習慣への影響にもとづいて、他の文化的物品・サービスに類似するものではないと主張することは可能だろう。そのときに本条約は、とりわけ文化的物品・サービスの特殊性を明言するものとして、有力な根拠となるだろう。ただし、文化的多様性が石綿事件における公衆衛生と同程度の価値をもつものとみなされることが、前提条件になる。

(2)　条約の効果的実施

本条約の効果的実施のためには、技術的、政治的な条件が満たされなければならない。

(i)　効 力 発 生

本条約は、批准国が30カ国に達してから3カ月後に発効すると定められた(第29条)。実際にこの条件は満たされ、本条約は2007年3月18日に発効した。条約の重要性は、当事国の数に依存している。当然のことながら、本条約はWTOラウンド交渉を法的に拘束することはできない。しかし本条約は、諸国の協同の下に、ラウンド交渉において交渉可能な分野とそうでない分野との境界を政治的に画する根拠となり得る。本条約がそのような役割を果たすためには、当事国数は量的に多いだけでなく、質的にも代表的なものとなる必要がある。

34)　Rapport du Groupe spécial, WT/DS31/R, § 3.60-3.119, 5-45.

35)　Communautés européennes - *Mesures affectant l'amiante et les produits en contenant,* WT/DS135/AB/R.

米国は、自ら惨憺たるものと評価する本条約の効果を限られたものにするために、できるだけのことをしようとした。やり方はふたつあった。ひとつは諸国の批准を阻止し、当事国数を増やさないようにすることである。しかし批准の阻止はむずかしい。なぜならば批准は個別国家の行為であり、国内手続や政府日程に依存しているからである。2007年初めに批准国はすでに60を越えていた。もうひとつは米国が諸国と2国間条約を結び、そのなかで米国が力関係にものを言わせて相手国から自由化約束に関する譲歩を引き出すことである。本条約は、締約国が自由化約束を行う際に文化的表現多様性の保護に配慮するよう自覚を促すことはできるが、締約国が自国の利益になると判断して自由化約束を行うこと自体を阻むことはできない。他の国やEUも米国に対抗して2国間条約の道をまねし始めた。このような2国間条約の締結は、逆説的にも、WTO自身にとっての問題を引き起こした。WTOは本条約の効率的適用を全面的に危うくするものではなく、本条約が力を得ることは、むしろ逆に文化的物品・サービスに関する特殊条項についてのWTO交渉を促す効果をもつ。それらの特殊条項は、すでにいくつかの2国間条約にみられる。これらの2国間条約の締結は、WTO交渉を遅延させる効果を生み出しているのである。

(ii)　効果的実施

条約の完全な実施のためには、まず条約の制度的基盤が整備されなければならない。それがあって初めて条約の多国間的運営が保証されるからである。本条約は、実際、フォローアップを行い効果的実施のために圧力をかける機関の設置を予定している。条約発効後直ちに政府間委員会委員を選出するべきであるとの要求が尊重されるならば、2007年春に第1回締約国会議が開催されることになる[36)]。この政府間委員会はさまざまな重要な権限を有している。たとえば、他の国際的な場において本条約の目的および原則を促進するための当事国間協議の手続を定めることが含まれる[37)]。したがって政府間委員会は、条約

36)　本条約第22条第4項(a)および第23条第1項。

37)　本条約第23条第6項e。

実施の効果的なフォローアップに貢献することが期待される。他方、本条約規定の実施・適用のための運用指針の作成や、本条約第 18 条の定める文化的多様性国際基金の使途の決定といった政府間委員会の権限は、締約国会議の要請がなければ行使できないことになっているため[38)]、本条約実施のための制度が本格的に作動するまで、なお 2 年から 4 年ほど待たなければならない。しかしながら、公的私的機関・個人との協議制度などは本条約の国際的信用を高める上できわめて重要な制度なので、積極的に運用されるべきである。

しかしながら、信頼を高める第 1 の要素は、締約国自身が本条約を用いることである。それは、各締約国が本条約の目的・指導原則にもとづいて文化的表現多様性を保護・促進する措置をとり、同時に、他のフォーラムにおいてそのような目的・指導原則にもとづいて行動することを意味する。すでに述べたように、本条約に含まれる約束の大半は、明確な結果を命じるものではない。それらは、せいぜい、法的観点から援用することの困難な行動の義務にとどまっている。それゆえに、本条約の重要さは、その法的拘束力にあるというよりも、条約が締約国に対して、あるいは国際社会全体に対して、文化的表現多様性を保護・促進するように慫慂している点にある。この慫慂は「市民社会」に由来する。

結

以上、エレーヌ・リュイーズ－ファブリ論文の骨子を紹介した。彼女は、WTO 法および「文化と貿易」問題の専門家として、本条約の作成に実質的に関与してきた。そのことがこれら 2 論文には色濃く反映している。そこでの論理展開はきわめて具体的かつ詳細である。ウェブサイトを含めた豊富な参考文献は、情報源として貴重である。

本条約のような国際規範文書を考察する際に、彼女は形式的に法的拘束力の

38)　本条約第 18 条第 4 項、第 23 条第 6 項 b。

有無を論じるにとどまらず、政治、経済、市民社会論など法的規範論以外の観点から、より包括的に議論を展開している。このような彼女のアプローチは、以下の記述にみてとれる。

> ある条約の効果を測定する際に、専ら条約内容の拘束的性格という物差しだけ測定するのは、あまりに単純すぎる。そのような分析は過度に形式主義的であり、それは条約交渉が果たした重要な役割を評価できない。ある法規則の影響力や実効性は、その定式化や土台の拘束的性格に排他的に結びついているわけではない[39)]。
>
> 調停委員会委員の言葉は、法的観点からは拘束力を欠いている。しかし、同委員会委員が、多かれ少なかれ曖昧さを含む国際条約中のある条文の解釈を提案するとき、それがまったく影響力をもたないとは言いきれない[40)]。
>
> 本条約の重要さは、その法的拘束力にあるというよりも、条約が締約国にたいして、あるいは国際社会全体にたいして、文化的表現多様性を保護・促進するように慫慂している点にある。この慫慂は「市民社会」に由来する[41)]。

本条約の作成が契機となった政治的、法的、象徴的戦いは、本当の犠牲者を出さずに終わった。最も楽天的な人は、本条約を国際共同体の表象であると評価するだろう。しかしそのような評価は背後にある思惑を考慮しない不確かなものであり、理想主義的自己満足以外の何物でもない。本条約の交渉は、グローバリゼーションの進化と文化的多様性の危機という重要な自覚に由来していることは疑いない。その意味で本条約はきわめて重要な教育的機能を果たしている。それは、貿易自由化を約束する締約国に対して、それがもたらす危険と結果について警告を発するという機能である。それ以外の点では本条約は米国

39） FABRI, *op. cit.* (note 1), pp. 43-44.

40） *ibid.*, p. 75.

41） *ibid.*, p. 85.

が言うような「法的怪物」でもなければ、グローバリゼーションや自由化がもたらす文化的多様性の減少への絶対の盾でもない。本条約は、市場経済規則を完全に掌中にし、寡占の論理に従って集中を強めている文化産業がもたらす侵害について、何も触れていない。

今後、日本の研究との照らし合わせを行い、文化的多様性の法状況を各国レベル、地域レベル、普遍レベルで検討することを通じて、この問題をより包括的に考察していきたい。

第4章

The Cultural Aspects of Sustainable Development*

Introduction

Global environmental disruption, such as the destruction of the ozone layer, global warming, and the diminution of biodiversity, has attracted the attention of the international community since the 1970s. Environmental disruption affects the interests of all countries in the sense that it is impossible to identify which country is most responsible for the damage and no country can escape the destructive consequences. Furthermore, the damage will inevitably affect future generations. In essence, environmental disruption is a threat to the subsistence of all countries and people around the globe, regardless of time or place. To date, however, mitigation measures have mainly focused on the relationship between offenders and victims, and as such do not adequately address environmental problems. For this reason, new laws that are more comprehensive and forward-looking must be established to respond to current and future needs. One substantial contribution to the elaboration of such new laws is the concept of "sustainable development."[1)]

---

* This article is based on my presentation at the General Conference of the Asian Society of International Law, New Delhi, November 14-16, 2013. I deeply appreciate the questions, opinions, and critiques addressed to me after my presentation.

The concept of sustainable development gained popularity in the international community soon after its introduction in the 1987 report "Our Common Future," published by the World Commission on Environment and Development.[2)] Sustainable development is a comprehensive concept, meaning "development that meets the needs of the present without compromising the ability of future generations to meet their own needs"[3)] and encompassing the principles of inte-

---

1) For examples of Japanese writings on sustainable development, see the following: IWAMA Toru, "Jizokukano na Kaihatsu to Kokusaikankyoho" [Sustainable Development and International Environmental Law], *kokusaimondai* [International Affairs], No. 390 (1992), pp. 51-67; TAKAMURA Yukari, "Sustainable Development to Kankyo no Rieki" [Sustainable Development and Environmental Benefit], in Yoshio Otani ed., *kyotsu Rieki Gainen to Kokusaiho* [Concept of Common Interests and International Law] (1993), pp. 361-390; TAKASHIMA Tadayoshi, "Kokusaiho ni okeru Kaihatsu to Kankyo" [Development and Environment under International Law], in Japanese Society of International Law ed., *Nihon to Kokusaiho no 100nen dai6kan Kaihatsu to Kankyo* [100 Years of Japan and International Law, Vol. 6 — Development and Environment] (2003), pp. 1-27; NISHIUMI Maki, "Jizokukano na Kaihatsu no Hotekiigi" [Legal Significance of Sustainable Development], *Hogaku Shinpo* [New Journal of Legal Science], Vol. 109, No. 5/6 (2003), pp. 241-273; HORIGUCHI Takeo, "Jizokukano na Kaihatsu Rinen ni Kansuru Ichikosatsu — Sono Tagisei to Togosetsu no Genkai" [A Consideration on the Concept of Sustainable Development — Its Multisense and Limit of Synthetic Theory], *Kokusaikankeiron Kenkyu* [Studies on International Relations], Vol. 20 (2003), pp. 41-81; NISHIMURA Tomoaki, "Gendaikokusaiho ni okeru Jizokukano na Hatten Gainen no Totatsuten — Johannesburg Kaigi kara mita Kokusaikankyoho no Genjo to Kadai" [The Present Stage of the Concept of Sustainable Development on Modern International Law — Current Situations and Problems of International Environmental Law as seen through the Johannesburg Summit], *Hosei Ronshu* [Journal of Law and Politics], Vol. 202 (2004), pp. 175-215; MATSUI Yoshiro, *Kokusaikankyoho no Kihongensoku* [The Fundamental Principles of International Environmental Law] (2010).

2) The World Commission on Environment and Development, *Our Common Future,* (1987); Its Japanese translation supervised by OKITA Saburo, *Chikyu no Shorai wo Mamorutameni* [To Protect the Future of the Earth] (1987).

3) *ibid.*, p. 43.

gration, the sustainable use and preservation of natural resources, equality between and within generations, common but differentiated responsibilities, good governance, the precautionary principle, etc.

At the same time, sustainable development also includes an aspect of modern ethics; that is, it is concerned not only with the quality of life of the present generation, but also that of future generations (diachronicity). While the concept urges people in the "North" to change their lifestyle of mass production and mass consumption, it also stresses the necessity of development and effective governance by people in the "South" (synchronicity). In other words, the concept of sustainable development encourages us to examine and reform our way of life on a global scale based on the understanding that every person who has been or will be born in this world must be guaranteed the equal possibility of self-realization.

Initially, sustainable development was understood fundamentally as a framework to allow environmental protection and economic development to coexist. However, with the broadening of the definition of "development" by the United Nations,[4)] a social element became a part of sustainable development. The fact that the principles of integration and good governance are now considered components of sustainable development illustrates how this concept has expanded. As sustainable development is now understood as a comprehensive concept, it naturally follows that the idea also includes a cultural element. Every person lives in a certain social group, and each social group has particular spiritual, material, intellectual, and emotional characteristics, *i.e.*, culture; therefore we cannot discuss the sustainability of human society without discussing culture, which is an inseparable part of human life.

---

4) In the UN System, the concept of development has evolved from meaning mainly economic development, to self-development, the right to development (or development as human right), to its current meaning of sustainable development (see MATSUI, *op. cit.* (note 1), pp. 146-148.

Based on these considerations, I will examine in this article the cultural aspects of sustainable development. First I will review the introduction and development of the concept of sustainable development, before turning to the question of why it is necessary to include culture in sustainable development. Next, I will look at how including culture changes the concept of sustainable development, and how these changes are expressed. I will also provide tentative answers to these questions, taking into account discussions on the relevant issues within the UN System. Finally, I will discuss the Japanese government's actual implementation to incorporate the cultural aspect of sustainable development into various aspects of Japan's governance and daily life, and point out some future challenges related to this matter.

I. The Concept of Sustainable Development

1. Advocating Sustainable Development

As mentioned above, the term "sustainable development" was coined in the 1987 report "Our Common Future" by the World Commission on Environment and Development; however, international efforts to implement some of the measures discussed in the report commenced before its publication.[5] The Declaration of the United Nations Conference on the Human Environment was adopted in Stockholm in 1972. Although the term sustainable development was not used in the Declaration, it was incorporated in principle as references to the

---

5) This concept was consciously used for the first time in *The World Conservation Strategy* (1980) published by two non-governmental organizations, the International Union for Conservation of Nature and Natural Resources (IUCN) and the World Wildlife Fund (WWF), in collaboration with the United Nations Environment Programme (UNEP). The ASEAN Agreement on the Conservation of Nature and Natural Resources adopted in 1985 was the first multilateral agreement to use this term. See MATSUI, *op. cit.* (note 1), p. 149.

harmonization of development and the environment.[6] The Stockholm conference marked the international community's first move toward sustainable development.

In 1983, the United Nations established the World Commission on Environment and Development.[7] The report "Our Common Future," which the Commission published in 1987, formulated the concept of sustainable development stated above. That report provided two key concepts and seven critical objectives,[8] where development and the environment were regarded as being interdependent and not as trade-offs; and it was expounded that development which might be sustained in the future and preservation of the environment would be materialized by preserving the environment on the premise of development. In this way, sustainable development moved to the center of the discussion about the environment and development as an important concept to ensure equality between and within generations.

At the 1992 United Nations Conference on Environment and Development in Rio de Janeiro, the Rio Declaration, Agenda 21, and the Forest Principles were adopted, and the United Nations Framework Convention on Climate Change and the Convention on Biological Diversity were opened for signature. The Rio

6) See NISHIUMI, *op. cit.* (note 1), pp. 244-245.

7) U.N. Doc. A/RES/38/161 (1983). The Committee, consisting of 21 members, was established as an "Eminent Persons Group" of international experts on the matter.

8) Two key concepts are "the concept of 'needs,' in particular the essential needs of the world's poor, to which overriding priority should be given" and "the idea of limitations imposed by the state of technology and social organization on the environment's ability to meet present and future needs." Seven critical objectives are "reviving growth," "changing the quality of growth," "meeting essential needs for jobs, food, energy, water, and sanitation," "ensuring a sustainable level of population," "conserving and enhancing the resource base," "reorienting technology and managing risk," and "merging environment and economics in decision making." See OKITA, *op. cit.* (note 2), pp. 43-65.

Declaration, consisting of a preamble and 27 principles, declared that environmental protection constitutes an integral part of the development process, and that peace, development, and environmental protection are interdependent and indivisible.[9)] Agenda 21 provided for action programs necessary to implement the Rio Declaration.[10)] The conference established sustainable development as a firm objective for the international community, and made it one of the basic principles of international environmental law by incorporating it into the Framework Convention on Climate change and the Convention on Biological Diversity.

As seen above, sustainable development is a concept that recognizes that environment and development are complementary and indivisible, and which aims to integrate them with each other. What, then, are the specific contents of sustainable development? Academic theories and international documents do not fully agree on what components comprise sustainable development.[11)] However, the following components are commonly accepted in academic and international documents: (1) the principle of integration; (2) equality between and within generations; (3) common but differentiated responsibilities; (4) good governance; and (5) the precautionary principle.[12)]

(1) The principle of integration initially meant simply integrating development and environmental preservation. However, as the concept of development

9) 4th and 25th principles of *the Rio Declaration on Environment and Development* (1992).

10) Among other things, Agenda 21 included specific proposals to implement sustainable development (review, evaluation, program areas, implementation mechanisms, effective participation in international legislation, and avoidance and settlement of disputes). See *Agenda 21: Programme of Action for Sustainable Development*, Section 4, Means of Implementation, Chapter 39, International Legal Instruments and Mechanisms, pp. 281-283.

11) MATSUI, *op. cit.* (note 1), pp. 152-155.

12) *ibid.*, pp. 152-155; NISHIUMI, *op. cit.* (note 1), pp. 248-252.

expanded beyond simple economic growth to include social development and protecting and promoting human rights, the integration which sustainable development should pursue has become recognized not only as integration of development and environment but as a more comprehensive integration.[13)]

(2) Equality between and within generations means that when the present generation makes policies concerning the environment and development, it must consider how such policies will affect future generations. The basic needs of the world's poor must be met; doing so should consequently improve the global imbalances of wealth.[14)]

(3) Common but differentiated responsibilities is the principle that all states have a common responsibility to protect the global environment, but the degree of each country's responsibility differs according to that country's historical and current contributions to the deterioration of the global environment. The differentiation of environmental standards derives from this idea.[15)]

(4) Good governance requires that political institutions allow citizens to participate in decision-making (*i.e.*, by granting access to information and effective

---

13) MATSUI, *op. cit.* (note 1), pp. 155-159; ILA, *Report of the Seventieth Conference*, New Delhi (2002), p. 388; Philippe SANDS, "International Courts and the Application of the Concept of Sustainable Development", *Max Planck Yearbook of United Nations Law*, Vol. 3 (1999), pp. 393-394.

14) Edith Brown WEISS, *In Fairness to Future Generations: International Law, Common Patrimony, and Intergenerational Equity* (1989); Its Japanese translation by IWAMA Toru, *Shorai sedai ni Koseina Chikyukankyo wo* [Fair Earth Environment to Future Generations] (1992).

15) Philippe SANDS, *Principles of International Environmental Law*, Vol. 1 (1994), p. 217; MATSUI Yoshiro, "Some Aspects of the Principles of 'Common but Differentiated Responsibilities,'" in Nico SCHRIJVER and Friedl WEISS eds., *International Law and Sustainable Development: Principles and Practice* (2004), pp. 73-96; MATSUI, *op. cit.* (note 1), pp. 171-194.

access to judicial and administrative institutions, including compensations and remedies), and reverses the decision-making process from a top-down process imposed by elites to a bottom-up process that begins with citizen participation.[16)]

(5) The precautionary principle requires the restriction or prohibition of activities and materials that may be hazardous to the environment even without decisive or overwhelming evidence of the hazard caused by said activities or material, and at the same time implies a shift in the burden of proof in connection with environmental damages from the victim to the offender.[17)]

2. The Development of Sustainable Development

How has sustainable development been incorporated in international agreements to protect the global environment? Among the components of sustainable development, the integration principle, equality between and within generations, good governance, and the precautionary principle have been set forth in several such agreements, but they are stated only as principles or general measures,[18)] although the idea of common but differentiated responsibilities has been more

---

16) The World Commission on Environment and Development, *supra* note 2, pp. 63–65; Takashima, *supra* note 1, pp. 11–12.

17) SANDS, *op. cit.* (note 15), pp. 208–213; MATSUI, *op. cit.* (note 1), pp. 102–145.

18) Integration principle (Preamble, Article 3(3) and (4) of the Framework Convention on Climate Change; Preamble, Article 6 of the Convention on Biological Diversity; Preamble of the Cartagena Protocol on Biosafety), equality within and between generations (Article 3(1) of the Framework Convention on Climate Change; Preamble, Article 2 and Article 15(7) of the Convention on Biological Diversity), good governance (Article 6(a)(i) and (ii) of the Framework Convention on Climate Change; Preamble, Article 14(1)(a) and Article 21(1) of the Convention on Biological Diversity), and Precautionary Principle (Preamble and Article 2(1) of the Vienna Convention for the Protection of the Ozone Layer; Preamble of the Montreal Protocol on Substances that Deplete the Ozone Layer; Article 3(3) of the Framework Convention on Climate Change; Preamble of the Convention on Biological Diversity), etc.

specifically stipulated. Such stipulations can be grouped roughly into the following three patterns. The first pattern, the Declaration of Principles, is, like the other components, a provision that confirms as a general rule the special treatment of developing countries, least-developed countries, countries transitioning to a market economy, small-island developing countries, and developing countries suffering from desertification. These provisions do not provide specific rights or obligations. In addition, although many such provisions are found in the preambles of agreements, they are not limited to the preambles.[19)] The second pattern is Obligations, provisions that alleviate obligations (duties) under treaty of countries belonging to the above-mentioned categories.[20)] The third pattern is Rights, provisions that create or add rights (or benefits) in treaties with countries belonging to the above-mentioned categories.[21)] Of these three patterns, although it is certain that Obligations will benefit less powerful countries in the short term, it will produce paradoxical effects that prevent the realization of the objectives of treaties designed to preserve the global environment and officially recognize peoples living in countries with poor environmental conditions. There-

19) Preamble and Article 2(2) of the Vienna Convention for the Protection of the Ozone Layer; Preamble of the Montreal Protocol on Substances that Deplete the Ozone Layer; Preamble and Article 3(1) of the Framework Convention on Climate Change; Preamble of the Convention on Biological Diversity, etc.

20) Article 5(1) of the Montreal Protocol on Substances that Deplete the Ozone Layer; Articles 4(1) and (2)(a), (e) and (g), and (6) and Article 12(5) of the Framework Convention on Climate Change; Articles 2, 3 and 7 of the Kyoto Protocol to the United Nations Framework Convention on Climate Change; Article 20(2) of the Convention on Biological Diversity, etc.

21) Article 4(2) of the Vienna Convention for the Protection of the Ozone Layer; Article 9(1) and 10 of the Montreal Protocol on Substances that Deplete the Ozone Layer; Article 4(3), (4) and (5) of the Framework Convention on Climate Change; Articles 11 and 12 of the Kyoto Protocol to the United Nations Framework Convention on Climate Change; Article 16(2), (3) and (4) of the Convention on Biological Diversity, etc. See Nishiumi, *supra* note 1, pp. 253–256 for details thereof.

fore, in order to preserve the global environment and, in so doing, ensure the right of the peoples of those countries to live, it is important to strengthen the provision of Rights, *i.e.*, by facilitating financial contributions, technical cooperation, and transferring technologies from developed to developing countries (thereby alleviating the obligations of developing countries), as discussed above, shall be eliminated as soon as possible.[22)]

How is the idea of sustainable development interpreted and applied in international adjudications and opinions? In its advisory opinion in the case of the Legality of the Threat or Use of Nuclear Weapons, the International Court of Justice (ICJ) stated that ionizing radiation from nuclear explosions has the potential to damage the future environment, marine food chains, and ecosystems, and to cause genetic defects and illnesses in future generations. The ICJ emphasized that when considering the lawfulness of using nuclear weapons, it is imperative to take into account their destructive capacity, their capacity to cause untold human suffering, and their ability to cause damage to generations to come. This demonstrates the idea of equality between generations.[23)] The ICJ also expressly recognized the legal significance of sustainable development, stating in its judgment in the case of the Gabčíkovo-Nagymaros Project that mankind has, for

---

22) For this paradox, see NISHIUMI Maki, "Nanboku Mondai to Kokusai Rippou" [North-South Issue and International Legislation], *Kokusaiho Gaiko Zasshi* [The Journal of International Law and Diplomacy], Vol.95, No. 6 (1997), pp. 25,30.

23) In this case, the UN General Assembly and the WHO (independently) requested that the ICJ issue its opinion on the lawfulness of the threat or use of nuclear weapons. Although the ICJ did not respond to the WHO's request, it replied to the UN General Assembly by stating that "although the threat or use of nuclear weapons is generally contrary to the principles and rules of humanitarian law, the Court cannot conclude definitively whether the threat or use of nuclear weapons would be lawful or unlawful in an extreme circumstance of self-defense." See CIJ, *Recueil des arrêts, avis consultatifs et ordonnances, Licéité de la menace ou de l'emploi d'armes nucléaires, avis consultatif du 8 juillet 1996*, p. 242, para. 29, pp. 243-244, paras. 35-36.

economic and other reasons, constantly interfered with nature "without consideration of the effects upon the environment [. . .] [as a result of] a growing awareness of the risks for mankind — for present and future generations — of pursuit of such interventions [. . .] new norms and standards have been developed [. . .] during the last two decades [. . .] [the] need to reconcile economic development with protection of the environment is aptly expressed in the concept of sustainable development."[24)] On the other hand, the Appellate Body of the World Trade Organization (WTO) stated in its report on the dispute over the Import Prohibition of Certain Shrimp and Shrimp Products (1996) that, in order to define the term "exhaustible natural resources," it must be read as an evolutionary term in light of the current concerns of the community of nations about protecting and conserving the environment. The reference to sustainable development in the preamble of the WTO Agreement shows that the signatories to the Agreement were fully aware of the importance and legitimacy of environmental protection as a goal of national and international policy, and that the treaty provisions should be interpreted as including sustainable development.[25)] Furthermore, in

---

24) This case was a dispute between Slovakia, which attempted to proceed with a Danube river development project to construct locks and a power plant in accordance with the treaty concluded between Czechoslovakia and Hungary in 1977, and Hungary, which requested the suspension of the project for fear of environmental destruction. The ICJ determined that although the notice of the termination of the 1977 treaty by Hungary was illegal, the unilateral implementation of the project by Slovakia could not be justified and ordered both parties to negotiate, taking advantage of the mechanism provided under the treaty. See CIJ, *Recueil des arrêts, avis consultatifs et ordonnances, Affaire relative au projet Gabčíkovo-Nagymaros, arrêt du september 1997*, p. 78, para. 140. In his separate opinion, Judge Weeramantry determined that sustainable development had become a part of international law, and applying it to the case produced two results: "continuing environmental impact assessment" and "the principle of contemporaneity in the application of environmental protection norms." Separate Opinion of Mr. Weeramantry, *ibid.*, pp. 95, 111-115.

25) This case was brought to the WTO's Dispute Settlement Body by Malaysia, Thai-

awarding damages resulting from the Iron Rhine case between Belgium and the Netherlands, the Arbitration Tribunal that adjudicated the case, referring to Principle 4 of the Rio Declaration and the above-mentioned judgment in the case of the Gabčíkovo-Nagymaros Project, found that "Environmental law and the law on development stand not as alternatives but as mutually reinforcing, integral concepts, which require that where development may cause significant harm to the environment, there is a duty to prevent, or at least mitigate, such harm, This duty, in the opinion of the Tribunal, has now become a principle of general international law."[26] The principle of integration expressly recognized by the Arbitration Tribunal was also confirmed in both in the ordering of provisional measures and in the judgment on the merit of the later ICJ case of Pulp Mills on the River Uruguay.[27]

---

land, Pakistan, and India, which alleged that the United States, in requiring its national fishing vessels to use certain equipment to prevent the unintentional capture of sea turtles in shrimp fishing and taking measures to allow the import of shrimp only from countries that adopted similar protection measures for sea turtles, violated Article 11 of the GATT, which provides for the general elimination of quantitative restrictions. The Appellate Body found that the United States' measures were tentatively justified by Article 20(g) of the GATT, but were not consistent with the body of said Article, and as such violated Article 11 of the GATT. See *United States — Import Prohibition of Certain Shrimp and Shrimp Product*, WT/DS58/AB/R, Appellate Body Report adopted October 12, 1998, paras. 129-130, 153, 168.

26) *Award of the Arbitral Tribunal*, The Hague (May 24, 2005, *available at* <http//www.pca-cpa.org/>), paras. 58-59. This case was a dispute between Belgium and the Netherlands over the ratio of the burden of cost for reactivating the Iron Rhine Railway between Antwerp, Belgium, and the Rhine River where it passes through the territory of the Netherlands. The Arbitration Tribunal stated in its award that the reactivation of the railways requested by Belgium represented an economic development in the territory of the Netherlands, which should be used to prevent and minimize environmental harm. See *Arbitration Regarding the Iron Rhine Railway (Belgium/Netherlands), Award of the Arbitral Tribunal*, The Hague (May 24, 2005, *available at* <http//www.pca-cpa.org/>).

27) *Affaire relative à des unines de pâte à papier sur fleuve Uruguay (Argentine c.*

3. The Significance of Sustainable Development

As discussed above, sustainable development is now incorporated into various international documents and is often adopted as a judgmental standard in the decisions and opinions of international adjudicators. As this concept is currently internationally acknowledged, no country will challenge the idea that, in principle, a country's development policy should incorporate sustainable development and that natural resources should be managed in a sustainable way. However, we still cannot say that international consensus has been reached with respect to what this concept legally means and how it may have specific effects in each particular case. Although evaluating a country's development and environmental policies requires social and economic value judgments incidental thereto and comparative weighting of each of the competing factors, it is difficult to expect that international judicial bodies would pursue such a task, and, based on the result of such a task, judge whether or not a given policy decision meets the standard of sustainable development. Consequently, individual countries continue to hold substantial discretion in interpreting the concept of sustainable development and in implementing such interpretations. Given this situation, it cannot be argued that an international obligation to ensure that development is sustainable has yet been formulated in a strict sense.[28)]

Uruguay), arrêt de 20 avril 2010, paras. 75–76. When Uruguay constructed pulp mills on the left bank of the River Uruguay, it did not provide sufficient information to the Administrative Commission of the River Uruguay. Argentina sued Uruguay in the ICJ, accusing Uruguay of violating Article 7 of the Uruguay River Statute. Although the ICJ acknowledged in its judgment that Uruguay had violated its obligation to notify Argentina, the Court ruled that Uruguay had not violated its substantial obligation as defined in Article 41 of said Statute, which provides for the protection and preservation of the aquatic environment of the River Uruguay. See *Affaire relative à des unines de pâte à papier sur fleuve Uruguay (Argentine c. Uruguay)*, arrêt de 20 avril 2010, *CIJ, Recueil des arrêts, avis consultatifs et ordonnances*, 2010.

On the other hand, however, present international law requires each country to make policy decisions based on the result of processes that facilitate sustainable development. If a country makes and implements policy decisions without having encouraged citizens to participate in the decision-making process and without integrating development and environment, or without considering the necessity of equality between and within generations, that country would be considered to have failed to adopt and implement sustainable development. The judgment in the case of the Gabčíkovo-Nagymaros Project, which was examined in 1(2) above, treats the process of policymaking itself as a critical legal factor in sustainable development. In that instance the Court, without questioning whether the construction of the dam was sustainable required both parties to reexamine the impact that constructing a power station would have on the environment for the benefit of sustainable development.[29)]

Although there is no strict obligation under international law to ensure that development is sustainable, law in this area does indeed exist. Although international judicial bodies and international organizations may not reexamine the policy decisions of individual countries, they may require countries to preserve equality between and within generations or adhere to the integration principle in their decision-making processes. When an international judicial body or organization interprets, applies, or develops laws that will affect or are affected by these issues, components of sustainable development such as the principle of integration and the precautionary principle are significant standards or guidelines for interpreting and appreciating such laws. As a result, sustainable development may lend to significant changes to existing laws or the development of new ones. In this sense, contemporary international law requires every country to consider

---

28) Patricia W. BIRNIE and Alan E. BOYLE, *International Law & the Environment* (second edition, 2002), pp. 95–96.

29) *Affaire relative au projet Gabčíkovo-Nagymaros, op. cit.* (note 24).

sustainable development in the course of economic and environmental policy-making. The significance of this is not small.[30]

Which parts of existing development and environmental law will then be maintained or modified? How can contemporary international law contribute to the integration of human rights, development, and environmental policy at both the national and international levels? In other words, how should international law promote sustainable development? To analyze and synthesize these questions is one of the challenges of contemporary international law. In an attempt to do so, In an attempt to do so, the International Committee on the Legal Aspects of Sustainable Development, a committee of the International Law Association (ILA), an important academic body that proposes the codification and gradual development of law in various fields of contemporary international law, set forth the following definition of sustainable development in 2002: "The objective of sustainable development involves a comprehensive and integrated approach to economic, social and political processes, which aims at the sustainable use of natural resources of the Earth and the protection of the environment on which nature and human life as well as social and economic development depend and which seeks to realize the right of all mankind to an adequate living standard on the basis of their active, free and meaningful participation in development and in the fair distribution of benefits resulting therefrom, with due regard to the needs and interests of future generations."[31] The Committee on International Law on Sustainable Development succeeded the above-mentioned committee in 2004. This committee engaged actively in systematizing the aspects of international law regarding sustainable development through four reports; the final report was submitted at the ILA Conference in Sofia held in August 2012.[32]

---

30) BIRNIE and BOYLE, *supra* note 28, pp. 96-97; MATSUI, *op. cit* (note 1), pp. 164-170.

31) International Law Association, "Final Report of the Committee on Legal Aspects of Sustainable Development," *Report of Seventeenth Conference, New Delhi* (2002), p. 388.

II. Sustainable Development and Culture

1. The Theoretical Basis for the Cultural Aspects of Sustainable Development

As discussed above, sustainable development includes the principles of integration and equality between and within generations. Based on this view, in addition to the economy, the environment, and society, with respect to culture are we required to ensure the cultural environment of the present generation in any region without harming the cultural environment of future generations?[33]

---

32) This final report considered and evaluated how sustainable development is introduced in international adjudication. Many judicial precedents, such as those handed down by the ICJ, the International Tribunal for the law of the Sea, the European Court of Human Rights, the Inter-American Court of Human Rights, the African Court on Human and Peoples' Rights, the WTO Dispute Settlement Body, the North American Free Trade Agreement, and the International Center for Settlement of Investment Disputes, were subjects of the investigation. The detailed analysis and study of the final report was extremely valuable and will without a doubt be a common asset for international law researchers with an interest in sustainable development in the future. Countries are of course not legally bound by the reports and resolutions adopted by the Association; however, these reports and resolutions will indirectly influence State practices, international organizations, and international adjudication, and thus will contribute to elaborating and interpreting international law and domestic legal standards in each field. The adoption of the final report signaled the end of the committee's duties and its dissolution. November 2012 saw the launch of a new committee, the Role of International Law in Sustainable Natural Resource Management for development, which will conduct research on sustainable development, especially from the viewpoint of natural resource management. For an account of the activities of these committees, see <http://www.ila-hq.org/en/committees/index.cfm/cid/ 1017>.

33) Here the culture means, following the preamble of the *Universal Declaration on Cultural Diversity*, that "the set of distinctive spiritual, material, intellectual and emotional features of society or a social group, and that it encompasses, in addition to art and literature, lifestyles, ways of living together, value systems, traditions and

In answer to this question, economist Ignacy Sachs, who contributed to the establishment of the concept of sustainable development, explained that sustainable development has five dimensions: society, economy, ecology, space, and culture. According to Sachs, cultural sustainability is "processes, seeking change within cultural continuity, translating the normative concept of eco-development into a plurality of local, ecosystem-specific, cultural-specific and site-specific solutions."[34] It is fair to say that this definition merely reflects previous applications of Western developmental models without paying due attention to local cultural and ecological specificities in developing countries.

Sachs' explanation prompted the argument that sustainable development has social and cultural components in addition to environmental and economic ones. For example, at the High-Level Round Table on Cultural Diversity and Biodiversity for Sustainable Development that took place in Johannesburg during the World Summit on Sustainable Development in 2002, Jacques Chirac, then President of France, explicitly defined culture as a component of sustainable development: "Culture is the fourth pillar of sustainable development along with environment, economy and society."[35] Furthermore, the Convention on the Protection

---

beliefs." See UNESCO, *Universal Declaration on Cultural Diversity*, adopted by the 31st Session of General Conference (November 2, 2001); Eiji Hattori, "Unesco niyoru Bunka no Tayosei nikansuru Sengen ni tsuite" [On the Universal Declaration on Cultural Diversity by UNESCO], *Reitaku Gakuin Journal* [Journal of Reitaku University], Vol. 11, No. 1 (2003), pp. 1-5; Maki Nishiumi, "Jizokukano na Kaihatsu no Bunkateki Sokumen" [Cultural Aspect of Sustainable Development], *Kokuren Kenkyu* [UN Studies], No. 13 (2012), pp. 23-52.

34) Ignacy SACHS, *Transition Strategies towards the 21st Century* (1993), Japanese translation supervised by TSURU Shigeto, *21seiki ni muketeno Iko no Senryaku — Kenzen na Chikyu no tameni* (1994), pp. 64-69.

35) *Cultural Diversity and Biodiversity for Sustainable Development*, A jointly convened UNESCO and UNEF High-level Roundtable held on 3 September 2002 in Johannesburg during the World Summit on Sustainable Development (January 2003), pp. 24-26; TERAKURA Kennichi, "Jizokukano na Shakai wo Sasaeru Bunkatayosei — Kokusai

and Promotion of the Diversity of Cultural Expressions adopted by UNESCO in 2005 provided that "cultural diversity is a rich asset for individuals and societies. The protection, promotion and maintenance of cultural diversity are an essential requirement for sustainable development for the benefit of present and future generations."

Why then is cultural diversity necessary for sustainable development? It seems that there are two reasons. The first is the "continuation of human beings as cultural beings": when diverse cultures coexist, humankind can better adapt itself to the environment. As diversified cultures have coexisted, humankind could have overcome environmental changes and survived. The creation of different cultures and the maintenance of cultural diversity increase the possibilities for humankind to adapt to environmental change in the future. Furthermore, each culture requires contact and exchange with other cultures to maintain its creativity and energy. New ideas are born from encounters with other cultures, and the incessant interactions between different cultures are the source of creativity. Diversified cultures are vital to ensuring extensive interaction between people from different backgrounds and the innovation that such interaction often produces.[36)] The significance of such cultural diversity is frequently debated in

---

Doko wo Chushin ni" [Cultural Diversity which supports the Sustainable Society―― Focusing on International Movements], Kokuritsu Kokkai Toshokan Chosa oyobi Rippokosakyoku [National Diet Library Research and Legislative Reference Bureau], *Jizokukano na Shakai no Kochiku* [*Building of Sustainable Society*] (2010), p. 233.

36) *ibid.*, pp. 222-223; UCHIYAMA Junzo, "Bunka no Tayosei wa Hitsuyo ka?" [Is cultural diversity necessary?], in Toshitaka Hidaka ed., *Seibutsu Tayosei wa Naze Taisetsu ka?* [Why biodiversity matters?] (2005), pp, 97-138; HATTORI Eiji, "Bunka no Tayosei to Tsutei no Kachi — Seizoku no Kikko wo meguru Tozaitaiwa" [Cultural Diversity and Fundamental Common Values — East and West Dialogue concerning the Rivalry between Saint and Laity], in HATTORI Eiji, *Bunmei wa Niji no Taiga — Hattori Eiji Bunmei Ronshu* [The Civilization is the Great River of Rainbow — HATTORI Eiji Civilization Anthology] (2009), pp. 47-49.

parallel with biodiversity. According to the Convention on Biological Diversity adopted at the UN Conference on Environment and Development, biodiversity means variability among living organisms from all sources, including diversity within species, between species, and of ecosystems.[37)] Such biodiversity has intrinsic value as well as ecological, genetic, social, economic, scientific, educational, recreational, and cultural value, is important for maintaining the life-sustaining systems of the biosphere,[38)] and is an essential condition for ecosystems, including humankind, to be sustainable. Likewise, cultural diversity is important for humankind as a source of exchange, innovation, and creativity, and should be recognized and affirmed as a benefit to present and future generations.[39)]

Another reason is the security and protection of minority rights. Lack of mutual understanding among nations and civilizations has often been the cause of wars, armed conflicts, and terrorism. Peacebuilding requires mutual understanding and tolerance among different cultures. Mutual recognition of identities of diverse cultures and awareness of various cultures other than the culture to which one belongs prevent conflicts in advance and contribute to peacebuilding.[40)] After the end of the Cold War, when national problems and regional

37) The Convention on Biological Diversity, Article 2(1).

38) *ibid.*, preamble paras. 1 and 2.

39) UNESCO, *Universal Declaration on Cultural Diversity*, Article 1. With respect to this, at the Symposium on the 50th anniversary of UNESCO, Jacques-Yves Cousteau, a French oceanologist, stated "the multiplicity and the differences of and between cultures are the essential factor in the robustness of our civilization, and constitutes the irreplaceable treasures of humankind [. . .] we have only one way to keep our proud civilized world flourishing; we must protect its diversity, as much biodiversity, as cultural variety." See Tokyo Symposium: Science and Culture: A Common Path for the Future: Final Report (SC-96/WS-14), UNESCO/ UNU, 1995, pp. 31–33, *available at* <http://unesdoc.unesco.org/images/0010/001055/105558E.pdf>; HATTORI Eiji ed., *Kagaku to Bunmei no Taiwa — Chi no Shuren* [Dialogue between Science and Culture — Intellectual Conversion] (1995), pp. 55–74.

conflicts that had until then been contained by the conflict began to emerge, dialogue on cultural diversity and intercultural relations commenced from the perspective of security and peacebuilding. On the other hand, any one country may be home to many people who belong to different cultures, such as indigenous peoples, minorities, and immigrants. To recognize the identity of diverse cultures is to recognize their distinct way of life, values, language, etc. Respecting cultural diversity serves to strengthen security and peacebuilding, and at the same time contribute to the realization of multicultural symbiotic societies which respect others through protecting minorities' rights and establishing democracy.[41] Article 27 of the Universal Declaration of Human Rights and Article 15 of the International Covenant on Economic, Social and Cultural Rights recognize cultural rights as human rights, because preserving cultural rights leads to respect for cultural diversity and the realization of multicultural symbiotic societies.

2. Approaches to the Cultural Aspects of Sustainable Development in International Standards and Treaties

In this section, we will look at how the cultural aspects of sustainable development have been presented at international conferences thus far and, as the result, what kinds of conventions and treaties have been adopted. At the 1972 UN Conference on the Human Environment, six Action Plans for the Human Environment[42] were adopted, one of which focused on the Educational, Informa-

40) The preamble of UNESCO Constitution which stipulates: "That since wars begin in the minds of men, it is in the minds of men that the defences of peace must be constructed; that ignorance of each other's ways and lives has been a common cause, throughout the history of mankind, of that suspicion and mistrust between the peoples of the world through which their differences have all too often broken into war" are based on these thoughts.

41) TERAKURA, *op. cit.* (note 30), p. 224.

tional, Social and Cultural Aspects of Environmental Issues.[43] This document recommended the establishment of mechanisms to monitor environmental developments from the social and cultural standpoints, and indicated the necessity of considering environmental issues from many perspectives, including that of culture. In addition, it recommended adopting a draft convention concerning the protection of the world's natural and cultural heritage at the XVII General Conference of UNESCO the following November.[44] At that time, the draft conventions concerning cultural heritage and the protection of natural heritage were separately considered by UNESCO and the International Union for the Conservation of Nature and Natural Resources (IUCN).[45] Following this recommendation, UNESCO adopted the Convention Concerning the protection of the World Cultural and Natural Heritage.

The World Conference on Cultural Policies[46] held by UNESCO in Mexico City in 1982 adopted the Mexico City Declaration on Cultural Policies.[47] The section

---

42) The following materials and descriptions about the UN Conference on the Human Environment were drawn from Terakura (*ibid.*, pp. 226-227). *The Action Plans for the Human Environment* are *available at* <http://www.unep.org/Documents.Multilingual/Default.asp?Document ID=97>.

43) *ibid.*, Recommendation 95-101.

44) *ibid.*, pp. 98-99. For a Japanese translation, see *Kono Chikyu wo Mamorutameni — '72/Kokuren Ningen Kankyo Kaigi no Kiroku* [To Protect This Earth — Record of '72 UN Conference on Human Environment], edited and translated by International Division of Secretariat of Director General of Environmental (1972), pp. 172-173.

45) MUTO Akira, "Sekai no Bunkaisan oyobi Shizenisan no Hogo ni kansuru Joyaku" [Convention Concerning the Protection of World Cultural and Natural Heritage], *Jurisuto* [Jurist] No. 1008 (1992), pp. 114-118; Bernd V. Droste, "Koen Sekaiisan no Hogo" [Discourse Protection of World Heritage], in *Collection of Documents related to the Convention Concerning the Protection of World Cultural and Natural Heritage*, Vol. 2 (1992), pp. 5-6.

46) World Conference on Cultural Policies (MONDIACULT), Mexico City, July 26 to August 6, 1982.

47) *Mexico City Declaration on Cultural Policies, World Conference on Cultural Policies,*

entitled "[The] Cultural Dimension of Development" states that:

> [c]ulture constitutes a fundamental dimension of the development process and helps to strengthen the independence, sovereignty and identity of nations[48] [. . .] Balanced development can only be ensured by making cultural factors an integral part of the strategies designed to achieve it; consequently, these strategies should always be devised in the light of the historical, social and cultural context of each society.[49]

The above-mentioned definition of culture in the preamble of the UNESCO Universal Declaration on Cultural Diversity succeeded the view delineated in the Mexico City Declaration. In November 2001, the Universal Declaration on Cultural Diversity was adopted at the XXXI General Conference of UNESCO.[50] Behind the adoption of this declaration was a controversy between Canada and France on the one hand and the US on the other over whether audiovisual products should be recognized as cultural exceptions. This conflict arose during the Uruguay Round negotiation[51] over the publication of Samuel Huntington's *The*

Mexico City, 26 Jury – 6 August 1982. Available at <portal.unesco.org/culture/en/files/12762/11295421661mexico_en.pdf/mexico_en.pdf>.

48) *ibid.*, para. 10.

49) *ibid.*, para. 16.

50) UNESCO, *Universal Declaration on Cultural Diversity*, adopted by the 31st Session of General Conference (November 2, 2001), *Records of the General Conference*, 31st Session Paris, 15 October to 3 November 2001, Volume 1, Resolutions (2002), pp. 62–63. *Available at* <http://unesdoc.unesco.org/images/0012/001246/124687e.pdf>.

51) For the controversy on cultural exception during the Uruguay Round negotiation, see MIURA Nobutaka, "GATT Uruguay Round niokeru AV Bunkatokurei wo meguru Kobo" [Offense and Defence over AV 'Cultural Exception' in the GATT Uruguay Round Negotiation], in the European Union Studies Association-Japan ed., *EU no Shakaiseisaku* [Social Policy of the EU], *Nihon EC Gakkainenpo* [Annual Journal of the European Union Studies Association — Japan], No. 16 (1996), pp. 46–72; KONO Toshi-

Clash of Civilizations and the Remaking of World Order (1996) and the September 11, 2001 terrorist attacks.[52] The Universal Declaration on Cultural Diversity consists of a preamble and 12 Articles. According to the Declaration, as a source of exchange, innovation and creativity, cultural diversity is as necessary for humankind as biodiversity is for nature, in this sense, it is the common heritage of humanity (Article 1); cultural pluralism gives policy expression to the reality of cultural diversity, which is conducive to cultural exchange and to the flourishing of creative capacities and serves as basis of democracy (Article 2); cultural diversity is one of the roots of development, understood not simply in terms of economic growth, but also as a means to achieve a more satisfactory intellectual, emotional, moral and spiritual existence (Article 3); and the defense of cultural diversity includes a commitment to human rights and fundamental freedoms, in particular the rights of persons belonging to minorities and those of indigenous peoples (Article 4). This Declaration had a significant effect on encouraging the

---

yuki , "Bunkatayosei to Kokusaiho (1)" [the Cultural Diversity and International Law (1)], *Minshoho Zasshi* [Civil and Commercial Law Journal], Vol. 135, No. 1 (2006), pp. 58-101; SUZUKI Hidemi, "Bunka to Jiyuboeki — UNESCO Bunkatayosei Joyaku no Saitaku" [Culture and Free Trade — Adoption of UNESCO Convention on Cultural Diversity], in SHIOKAWA Nobuaki and NAKATANI Kazuhiro eds., *Ho no Saikochiku II Kokusaika to Ho* [Reconstruction of Law II Internationalization and Law] (2007), pp. 227-250; Junichi Suzuki, "Bunkatekihyogen no Tayosei no Hogo oyobi Sokushin ni kansuru Joyaku no Saitaku to Igi" [Adoption of "the Convention on the Protection and Promotion of Diversity of Cultural Expressions" and its Significance], *Dokkyo Hogaku* [Dokkyo Law Journal], No. 77 (2008), pp. 67-70.

52) TERAKURA, *op. cit.* (note 30), p. 232. MATSUURA Koichiro, then Secretary General of UNESCO, said that although the Ministers of Culture from several countries had indicated his willingness to adopt that declaration, there was no consensus on specific ways to protect cultural diversity; despite the arguments over whether to postpone the XXXI General Conference of UNESCO immediately after the September 11 terrorist attacks, he insisted that the conference take place as planned. See, MATSUURA Koichiro, *Sekaiisan UNESCO Jimukyokucho wa Uttaeru* [World Heritage, Claims of Secretary General of UNESCO] (2008), pp. 38-44.

ethical commitment of member countries to cultural diversity, and became a driving force for the subsequent adoption of the Convention on the Protection and Promotion of the Diversity of Cultural Expressions.[53]

Although both the Convention for the Safeguarding of Intangible Cultural Heritage[54] adopted at the XXXII General Conference of UNESCO and the Human Development Report — Cultural Liberty in Today's Diverse World[55] released by

---

53) SUZUKI, *op. cit.* (note 46), pp. 65-67.

54) Convention for the Safeguarding of Intangible Cultural Heritage (Paris, 17 October 2003). Cultural traditions transmitted from generation to generation by humankind include intangible things such as performing arts, rituals, industrial arts, and oral traditions. In Asian and African countries — non-Western regions — many such cultural artifacts still remain. Paragraph 6 of the Istanbul Declaration on Cultural Diversity, adopted at the Third Round Table of Ministers of Culture in 2002, included an acknowledgment that intangible cultural heritage constitutes some of the fundamental sources of cultural diversity and leads to sustainable development. (*Istanbul Declaration on Cultural Diversity*, adopted at the Third Round Table of Ministers of Culture, Istanbul, 2002.9.17, *available at* <portal.unesco.org/en/ev.php-URL_ID=6209&URL_DO=DO_ TOPIC&URL_SECTION=201.html>. See TERAKURA, *op. cit.* (note 30), pp. 234-235.) For examination of the Convention for the Safeguarding of Intangible Cultural Heritage from the perspective of sustainable development, see also Toshiyuki Kono, "UNESCO and Intangible Cultural Heritage from the Viewpoint of Sustainable Development," in Abdulqawi A. YUSUF ed., *Normative Action in Education, Science and Culture: Essays in Commemoration of the Sixtieth Anniversary of UNESCO* (2007), pp. 237-265.

55) UNDP, *Human Development Report 2004, Cultural Liberty in Today's Diverse World*, 2004; Its Japanese translation supervised by YOKOTA Yozo and AKIZUKI Hiroko, *Ningen Kaihatsu Hokokusho 2004 — Kono Tayona Sekai de Bunka no Jiyu wo* (2004). The report states that if the world is to reach the Millennium Development Goals and ultimately eradicate poverty, it must first successfully confront the challenge of how to build inclusive, culturally diverse societies; not just because doing so successfully is a precondition for countries to focus properly on other priorities of economic growth, health and education for all citizens, but because allowing people full cultural expression is an important development end in itself (Foreword (iii)), and includes interesting examinations of subjects such as cultural liberty and human development, challenges for cultural liberty, building multicultural democracies, confronting movements

the United Nations Development Program (UNDP) in 2004 suggest a link between sustainable development and culture (diversity), the most important event to date was the adoption of the Convention on the protection and Promotion of the Diversity of Cultural Expressions in 2005 (effective from 2007, although Japan has not yet ratified it).[56)]

In this Convention, cultural diversity means "the manifold ways in which the cultures of groups and societies find expression" (Article 4(1)), and is linked to development, human rights, peace, democracy, the free circulation of ideas, national and international dissemination of cultural goods and services, sustainable development, the common heritage of humanity, etc. (preamble and Articles 2(1), (5), (6), (7) and (8)), making cultural diversity an open, dynamic concept.

---

for cultural dominance, globalization and cultural choice, etc.

56) For the Convention on the Protection and Promotion of the Diversity of Cultural Expressions see generally SUZUKI, *op. cit.* (note 46); SUZUKI Junichi "Globalization to Bunka — UNESCO Bunkatayosei Joyaku no Hakko to Sono Kadai" [Globalization and Culture — Entry into force of UNESCO Convention on Cultural Diversity and its Challenges], in HOSHINO Akiyoshi ed. *Global Shakai niokeru Seiji, Hou, Keizai, Chiiki, Kankyou* [Politics, Law, Economy, Region, Economy in Global Community] (2011), pp. 143-165; SATO Teiichi, *Bunka to Kokusaiho — Sekaiisan Joyaku, Mukeiisan Joyaku to Bunkatayosei Joyaku* [Culture and International Law — Convention on World Heritage, Convention on Intangible Heritage and Convention on Cultural Diversity] (2008); ORITA Masaki, "UNESCO Bunkatayosei Joyaku womeguru Hotekironten nitsuiteno Kosatsu — Fukusuu no Joyaku no Tekiyo Kankei wo Chushin ni" [Consideration on Legal Issues concerning UNESCO Convention on Cultural Diversity], *Jurisuto* [Jurist], No. 1321 (2006), pp. 100-104; NISHIUMI Maki, "UNESCO Bunkatayosei Joyaku no Igi: Hélène RUIZ-FABRI Ronbun ni Sokushite" [Significance of UNESCO Convention on Cultural Diversity — along with Article of Helene RUIZ-FABRI], YOKOTA Yozo and MIYANO Hirokazu eds., *Global Governance to Kokuren no Shorai* [*Global Governance and Future of UN*] (2008), pp. 279-297; Helene RUIZ-FABRI, « Droit et Culture — La Portée de la Convention sur la Diversité Culturelle », Japanese Translation by NISHIUMI Maki and INAKI Toru, "Ho to Bunka — Bunkatayosei Joyaku no Shatei," *Hikakuhou Zasshi* [Comparative Law Review], Vol. 44, No. 1 (2010), pp. 1-22.

From the perspective of international law, a country's sovereign right to adopt measures and policies promoting the diversity of cultural expressions (Articles 1(h) and 2(2)) is important. On the other hand, although the term "cultural pluralism" was incorporated in the UNESCO Universal Declaration on Cultural Diversity (Article 2 of the Declaration), it was cut from this Convention. Therefore, states are not required to actively protect the traditional culture, languages, and lifestyles of nationalities or ethnic groups within their borders though central government policies based on cultural diversity, nor are they bound to encourage such groups to participate in society. The Convention, which specifies that a state has the sovereign right to protect and promote the diversity of cultural expression without such obligation, may be perceived as having a cross-nationalistic character.[57)] There exists a danger that a central government could suppress minority cultures within its borders in the name of its sovereign right, and negotiating countries could justify their own cultural policies by invoking this Convention in future.[58)] Invoking this provision could substantially alter this Convention

57) This cross-nationalistic tendency is also evident in the fact that no NGOs or entities other than the governments of negotiating countries were permitted to participate as observers in the negotiations. However, as Article 2(3), the principle of equal dignity of and respect for all cultures, states that "[t]he protection and promotion of the diversity of cultural expressions presuppose the recognition of equal dignity of and respect for all cultures, including the cultures of persons belonging to minorities and indigenous peoples," the Convention does not entirely ignore cultural pluralism or multiculturalism.

58) In the WTO case *China — Measures Affecting Trading Right and Distribution Services for Certain Publications and Audiovisual Entertainment Products*, the United States, on the occasion of China's accession to the WTO, requested the WTO's Dispute Settlement Body to establish a panel to look into whether China's restrictions on the import and distribution of publications and audiovisual products violated GATS, GATT, and China's own commitment to liberalization. The panel found that the restriction on the import and distribution of publications violated Article 17 of the GATS because it treated foreign-affiliated firms unfavorably as compared to Chinese firms. With respect to the restriction on importing and distributing audiovisual products, the panel

and any conventions that might be made in the future. Although the above-mentioned concern remains unresolved with respect to sovereign rights, it is expected that this Convention may at least act as a brake at the cross-country level on the negative aspects of cultural globalization (which tend to favor dominant cultures from time to time, resulting in global dominance by a particular culture, equalization of cultures, or, as a reaction to it, cultural isolation).

This Convention is extremely important, particularly in relation to this article, because it recognizes cultural diversity's power as an international binding force and a mainspring for sustainable development (Preamble). It also highlights the importance of the link between culture and development, particularly for developing countries (Article 1(f)). Culture is essential to development, and the cultural aspects of development are as important as its economic aspects (Article 2(5)); the protection, promotion, and maintenance of cultural diversity are necessary for sustainable development (Article 2(6)).

To date, eighteen of Asia's 40 countries have ratified the Convention on the Protection and Promotion of the Diversity of Cultural Expressions.[59] Imple-

found that the Chinese regulation, which restricted the foreign capital ratio of joint ventures with Chinese firms to 49% or less, violated Article 16(2)(f) of the GATS because it prohibited joint ventures in which a foreign party had a "dominant position" from distributing audiovisual products but did not impose the same restriction on Chinese firms. This also violated Article 17 of the GATT, as did the Chinese regulation prohibiting only foreign-affiliated companies from electronically distributing audio records. Although the Chinese government stated that audiovisual products are cultural goods and that the Chinese government has a sovereign right to protect such products, invoking the Convention on the Protection and Promotion of the Diversity of Cultural Expressions, both the panel and Appellate Body rejected this assertion. See *China — Measures affecting trading rights and distribution services for certain publications and audiovisual entertainment products*, WT/DS363/R, Panel Report adopted August 12, 2009; *China — Measures affecting trading rights and distribution services for certain publications and audiovisual entertainment products*, WT/DS363/AB/R, Appellate Body Report adopted December 21, 2009.

59) As of January, 1 2014, according to OKUWAKI Naoya and KOTERA Akira, eds.,

menting the Convention has both positive and negative aspects. On the positive side, as previously stated, this convention allows party States the *sovereign right* to promote and protect their cultural diversity. Therefore, party states can freely adopt any cultural policy that is compatible in *their* eyes with promoting and protecting cultural diversity. Furthermore, culture is now an important factor in diplomatic strategies, and being looked on by foreign States and foreigners as a "culture State" is undoubtedly advantageous to any state. On the other hand, the Convention could also have negative implications for some states; recognizing cultural diversity and internal ethnic and religious minority groups could lead to strengthen their claims to their identity, thus eventually destabilizing the domestic or national order of that State by their secessionist movements. The decision of national governments as to whether to ratify this Convention seems to depend on these considerations.

The Conference of Cultural Diversity Ministerial Forum of the Asia pacific, organized by the Ministry of Cultural Affairs of Bangladesh and UNESCO, was held in Dhaka from May 9 to 11, 2012.[60] The conference promoted the ratification of this Convention in the Asia Pacific and offered participants from different states the opportunity to exchange information about how to include cultural diversity in national and international development agendas through policies and programs. The "Dhaka Declaration" was adopted at the end of the conference to ensure further follow-up with the participating members. This declaration also emphasized the cultural aspect of sustainable development.[61]

Kokusaijoyakushu [*International Law Documents*] (2014).

60) *Available at* <http://www.unesco.org/new/en/dhaka/about-this-office/single-view/news/cultural__diversity_ministerial_forum_of_the_asia_pacific_dhaka_2012/#.Unx8HnATiSo>.

61) *Available at* <http://www.unesco.org/new/fileadmin/MULTIMEDIA/FIELD/Dhaka/pdf/News/DHAKA%20DECLARATION.pdf>.

3. Major Elements of the Cultural Aspects of Sustainable Development: Multiculturalism and Cultural Rights

There are two concepts that are closely related to cultural diversity: multiculturalism and cultural rights.

Multiculturalism is the attitude of a government to constantly and officially recognize multiple cultures nationally and internationally based on the premise of a diversified culture comprising different groups (such as various ethnic groups, immigrant groups, groups facing discrimination, and religious minorities).[62] Depending on how it is interpreted, multiculturalism incorporates some or all of the following three basic premises: the importance of culture as the basic of freedom; the necessity to appropriately recognize collective identity; and the necessity of fellow feeling to enable political integration.[63]

Canada, Australia, and Sweden have established multiculturalism as state policy and carefully apply multicultural policy to immigrants, national minorities, and indigenous peoples.[64] With respect to the idea of freedom of choice of culture, Article 27 of the International Covenant on Civil and Political Rights guarantees the right of ethnic, religious, or linguistic minorities to enjoy their own culture, to profess and practice their own religion, and to use their own language.[65] Article 29(1)(c) of the Convention of Rights of the Child requires

---

62) ISHIYAMA Fumihiko, "Jinken to Tabunkashugi" [Human Rights and Multi-culturalism], *Jurisuto* [Jurist], No. 1244 (2003), p. 45.

63) *Idem*, "Tabunkashugi no Kihantekiriron" [Normative Theory of Multiculturalism], *Hotetsugaku Nenpo 1996* [Annals of Legal Philosophy 1996] (1996), p. 46.

64) As a matter of course, the constitutions and relevant laws of those countries make provisions for cultural diversity. See KONDO Atsushi, "Tabunkashakai no Imisuru Mono" [The Meaning of a Multicultural Society], *Kokusai Jinken* [*International Human Rights*], No. 21 (2010), pp. 38–43.

65) The General Comment of the Human Rights Committee on Article 27 recognizes the necessity of taking positive measures to ensure the right of ethnic minorities to

ratifying states to develop respect for the child's parents, cultural identity, language, and values, as well as for the national values of the country in which the child resides, the country of the child's birth, and for civilizations different from his or her own. In addition, Article 31 of the International Convention on the Protection of the Rights of All Migrant Workers and Members of Their Families requires ratifying states to take measures to ensure respect for the cultural identity of migrant workers and members of their families; Article 45(3) requires that the children of migrant workers have access to education in their mother tongue and based on their native culture. With respect to the concept of equality, Articles 2 and 26 of the International Covenant on Civil and Political Rights, Article 2 of the International Covenant on Economic, Social and Cultural Rights, and Article 1 of the International Convention on the Elimination of All Forms of Racial Discrimination prohibit discrimination. With respect to the concept of co-existence, Articles 6 and 15 of the International Covenant on Economic, Social and Cultural Rights guarantee the rights of every individual to participate in economic, social, and cultural life.

As discussed above, this concept of multiculturalism was incorporated into the Universal Declaration on Cultural Diversity of 2001 under the term "cultural pluralism" (Article 2 of the Declaration); however, the term was cut from the Convention on the Protection and Promotion of the Diversity of Cultural Expressions because that convention does not require ratifying states to actively protect the traditional culture, language, and lifestyle of nationalities or ethnic groups within their borders, nor to encourage such groups' social participation. The specification that a state has a sovereign right to protect and promote the diversity of cultural expression without these obligations shows the cross-nationalistic character of the Convention, and does not completely eradicate the danger that a

---

enjoy their own culture (see General Comment no. 23(50), Article 27, para. 6.2.).

central government could suppress minority cultures within its borders under the name of sovereign rights. Therefore state governments must be required to adopt and implement policies based on multiculturalism, not only advocating cultural diversity as an aspect of sustainable development but also fully implementing it in their foreign policies.

Cultural rights are the aggregate rights of each individual concerning the cultural sphere.[66] What are the contents of cultural rights? We cannot say that the arguments concerning cultural rights under constitution of each country and international law have matured. However, it can be said that cultural rights consist of the right to enjoy culture, to create culture, and to participate in cultural activities, Cultural rights as an aspect of civil liberties means that culture is born of individuals' thoughts and actions; an individual has the same right to freedom of culture as he or she has to freedom of religion, thought, and learning, without intervention or control by the state. Cultural rights as a social right means that the state is obliged to protect and ensure access to cultural heritages. The protection of these rights cannot be achieved by individual initiative or private investment; they must fall under the purview of the public authority.

Under domestic law, civil liberties are guaranteed under each country's Constitution;[67] however, the provisions regarding social rights remain ambigu-

---

66) I owe the following description to KOBAYASHI Mari, *Bunkaken no Kakuritsu ni Mukete* [Toward the Establishment of Cultural Right] (2004), pp. 41-51.

67) Specifically as follows: Basic Law for the Federal Republic of Germany, Article 5(1): "Everyone has the right freely to express and disseminate their opinions orally, in writing or visually and to obtain information from generally accessible sources without hindrance. (snip)," Article 5(3): "Art and scholarship, research and teaching shall be free. Freedom of teaching shall not absolve anybody from loyalty to the constitution."; Constitution of the Italian Republic, Article 33(1): "The Republic guarantees the freedom of the arts and sciences, which may be freely taught."; Constitution of Japan, Article 13: "All of the people shall be respected as individuals. Their right to life, liberty, and the pursuit of happiness shall, to the extent that it does not interfere with

ous.[68] Under international law, civil liberties are guaranteed by Article 18 (Freedom of thought and conscience), 19(Freedom of expression), and 27 of the International Covenant on Civil and Political Rights. Social rights may also be legally justified by Article 27 of the Universal Declaration of Human Rights (participation in cultural life, enjoyment of the arts, protection of interests resulting from literary or artistic production), Article 15 of the Covenant on Economic, Social and Cultural Rights, Article 5(e)(vi) of the International Convention on the Elimination of All Forms of Racial Discrimination (the right to participate in cultural activities), Article 31 (2) of the Convention on the Rights of the Child (the right to participate in cultural life and the arts), and Article 30(1) of the Convention on the Rights of Persons with Disabilities (the right to equal participation in cultural life). In addition, Article 5 of the Universal Declaration on Cultural Diversity defines "[c]ultural rights as an enabling environment for cultural diversity," because

> [c]ultural rights are an integral part of human rights, which are universal, indivisible and interdependent. The flourishing of creative diversity requires the full implementation of cultural rights as defined in Article 27 of the Universal Declaration of Human Rights and in Articles 13 and 15 of

---

the public welfare, be the supreme consideration in legislation and in other governmental affairs." Article 19: "Freedom of thought and conscience shall not be violated." Article 21(1): "Freedom of assembly and association as well as speech, press and all other forms of expression are guaranteed." Article 21(2): "No censorship shall be maintained, nor shall the secrecy of any means of communication be violated." Article 23: "Academic freedom is guaranteed."

68) Although Article 25(1) of the Constitution of Japan stipulates that "all people shall have the right to maintain the minimum standards of wholesome and cultured living," judgment on the cultural aspect of the minimum standards of wholesome and cultured living is limited to the aspect of economic life at the level of judgments of the Supreme Court (Kobayashi, *supra* note 58, p. 44).

> the International Covenant on Economic, Social and Cultural Rights. All persons have therefore the right to express themselves and to create and disseminate their work in the language of their choice, and particularly in their mother tongue; all persons are entitled to quality education and training that fully respect their cultural identity; and all persons have the right to participate in the cultural life of their choice and conduct their own cultural practices, subject to respect for human rights and fundamental freedoms.

Recognizing cultural rights makes it possible to grasp cultural diversity from the perspective of individual groups within each country. However, culture, by its nature, may not be confined within the framework of a country; while there are multiple cultures in a country, a cultural sphere spreads beyond the country's borders. However, such a reality may not always be acknowledged, as international law is based on agreements among countries. Cultural rights may play a role in redefining the limits inherent in international laws. Recognizing cultural rights may transform the cross-nationalistic cultural diversity that currently remains within the sovereign right of a country into multiculturalism.[69)]

---

69) One cultural right is the right to language. Article 5 of the Universal Declaration of Cultural Diversity refers to this, but neither the Convention for the Safeguarding of Intangible Cultural Heritage nor the Convention on the Protection and Promotion of the Diversity of Cultural Expressions include language as a protected tradition. However, language diversity is an important component of cultural diversity and essential to a sustainable society. Approximately 230 languages have disappeared since 1950. It is said that if appropriate safeguard measures are not taken, half of the more than 6,000 languages currently spoken on the earth will disappear by the end of this century (see Christopher MOSELEY ed., *Atlas of the World's Languages in Danger* (2010)). Ainu and Ryukyuan are two of Japan's languages facing this risk. Language, along with religion and history, is closely related to political identity, and therefore many governments resist recognizing the right to language, fearing that doing so may lead to separatist and independence movements arising among ethnic minorities.

4. Japan's Attitude toward the Cultural Aspects of Sustainable Development

How has the government of Japan addressed the elements of sustainable development discussed above, and what other issues remain to be assessed? In this section, I will consider and comment on the attitude of the Japanese government towards adopting the Convention on the Protection and Promotion of the Diversity of Cultural Expressions, the coexistence of multiple cultures in various regions within Japan, and the education of foreign nationals.

The positive attitude of Koichiro Matsuura, former Secretary General of UNESCO, towards the protection of culture[70] has encouraged the Japanese government's consistently positive response in preparing and adopting the Convention on the Protection and Promotion of the Diversity of Cultural Expressions. It was well illustrated in the words of Ambassador Teiichi Sato immediately after the adoption of the Convention.[71] After the adoption of the Convention, Japan's government proposed a supplementary resolution in order to

1. Express satisfaction with the adoption of the Convention on the protec-

---

However, the disappearance of one language is also the disappearance of a natural environment and a form of coexistence (Terakura, *supra* note 30, p. 237). Sustainable development, including cultural diversity, cannot be realized without protecting the right to language. In Europe, the European Council adopted the European Charter for Regional or Minority Languages in 1992 and the Framework Convention for the Protection of National Minorities in 1995. For controversial relations between these treaties and the French Republic's principles, see NUKATSUKA Yasue, "Gengoken vs. Kokuminkokka" [Language Rights vs. Nation States], *Kokusai Jinken* [*International Human Rights*], No. 22 (2010), pp. 10–15.

70) See MATSUURA, *op. cit.* (note 47).

71) UNESCO, *Records of the General Conference*, 33rd Session, Paris (2005), p. 506, para. 73.

tion and Promotion of the Diversity of Cultural Expressions,

2. Aware that this Convention pertains to the field of culture, UNESCO being the unique agency with responsibility for culture within the United Nations system [. . .].

. . .

4. Expresses its confidence that the Convention shall be implemented in a manner consistent with the principles and objectives of the Constitution of UNESCO.[72)]

However, prior to the adoption of the Convention, Japan, along with the United States, New Zealand, and South Korea, asserted that the Convention pertains to the field of culture and that the measures taken under the Convention should not prejudice rights and obligations under international documents in other fields. Japan also expressed in the best possible terms its consideration for and high evaluation of the participation of the United States in the negotiations, which initially opposed the Convention. Japan's attitude was in contrast to that of countries like France, Canada, and Mexico, which attempted to harmonize the link between culture and economy.[73)]

The targets of multicultural policies include immigrants, ethnic minorities, and

72) 33C/COM.IV/DR.3 Rev. (submitted by Japan and supported by Afghanistan).

73) 33C/84 Prov. (33C/COM.IV/2), 20 October 2005, Annex. Such conflicting attitudes mean that there are two ways of thinking about the relations between the culture and the economy: the traditional way of thinking, that culture is not (and should not be) related to the economy, and the modern way of thinking, that culture is intrinsically linked to the economy. See INAKI Toru, "Kokusaiho ga Kiritsu suru Bunka no Imi ni Kansuru Ichikosatsu — Bunkakyotei no Shojikko wo Tegakarini" [A Study of the Meaning of culture Governed by the International Law — With a Clue of Implementation of Cultural Agreements], *Chuo Daigaku Daigakuin Kenkyu Nenpo* [Bulletin of Graduate Studies of Chuo University], Vol. 35 (2006), p. 52.

indigenous peoples, and the content of such policies towards each of these varies from one to the next, although there are partial overlaps among some of them. While Austria and Canada have adopted many policies tailored to different groups, France, Germany, and Japan have adopted almost none.[74)] Nonetheless, it is not impossible to find signs of efforts to support multiculturalism, even in Japan. In 2006, the Ministry of Internal Affairs and Communications established "the Multicultural Coexistence Promotion Plan." The plan addresses one significant feature of multicultural coexistence, namely that "people with different nationalities and ethnicities shall recognize one another's cultural differences and coexist as members of regional society, in an attempt to establish mutually equal relationships."[75)] Various measures are necessary in order to make Japanese society more symbiotic, including passing basic laws on multicultural coexistence, relaxing restrictions on change of occupations in the labor market, systematizing rules concerning family association, relaxing requirements for permanent residence and citizenship, encouraging greater political participation among the public (including extending voting rights and the eligibility to run in elections), and prohibiting discrimination.[76)]

The Japanese education system does not equally guarantee all children who reside within its borders the right to education. The central government main-

---

74) Keith BANTING and Will KYMLICKA eds., *Multiculturalism and the Welfare State* (2006), p. 86. I owe the description here to KONDO, *op. cit.* (note 56).

75) The ordinance of Miyagi Prefecture in 2007 added the words "respecting human rights" to a similar sentence. Both the Multicultural Coexistence Promotion Plan and the ordinance of Miyagi Prefecture mention attention to the international protection of human rights along with constitutional human rights. On the other hand, the ordinance of Shizuoka Prefecture in 2008 does not refer to the differences among and cultural backgrounds of ethnic groups, equal membership in a regional community, or international protection of human rights, thus rendering the term "multicultural" a convenient buzzword without substance (Kondo, *supra* note 56, p. 39).

76) *ibid.*, p. 42.

tains that the right to education and its obligation to allow children to attend school is limited to Japanese nationals, and allows foreign children to attend public schools as a favor on the part of the government rather than as a right of the child. In fact, boards of education and schools have a strong tendency to refuse to accept foreign children. In addition, parents or guardians of foreign children often do not insist that their children attend school because their residence is irregular, they plan to return to their home country, or they have recently changed their occupation or residence. As a result, these children do not attend school, and their attendance is not monitored by any administrative authority. If such children do attend school, however, the content of their education, such as education in the Japanese language focus on Japanese history and culture, might have a suppressive effect on minorities if they are required to adapt to and assimilate such content. Schools for foreign children have been supplementing public school education and providing children for minorities with education in their mother tongues and heritage languages. However, as such schools are not recognized as normal schools under the actual legal system, they do not receive state subsidies, consequently increasing the economic burden of the parents of such children and exacerbating non-attendance. This situation damages rather than encourages a multicultural society. In light of this situation, further efforts are needed if Japan is to become a society in which minorities' cultural rights are respected in accordance with the international standards on human rights and the principle of prohibiting discrimination and inequality.[77)]

---

77) The foregoing description of the Japanese education system was drawn from MOTO Yuriko, "Minority no Kenri toshiteno Bogogakushu to Minzokukyoiku" [Leaning of native language and ethnic education as the right of minorities], *Kokusai Jinken* [International Human Rights], No. 21 (2010), pp. 56-61.

Conclusion

Sustainable development is a comprehensive concept advocating the harmonization of environmental protection and development, encompassing the principle of integration, equality within and between generations, common but differentiated responsibility, good governance, and the precautionary principle. Sustainable development and its components have been incorporated into various international agreements designed to protect the environment, and as a result of its application in international adjudications it has achieved the status of a legal principle in international environmental law. Contemporary international law thus requires countries and international organizations to take into consideration the purposes of sustainable development in relevant legislation and policies and to establish appropriate procedures for achieving such purposes.

Based on the principles of integration and equality within and between generations, in addition to the economy, the environment, and society, we must preserve and protect the cultural environment of the present generation to ensure that it survives for future generations. Cultural diversity is necessary for sustainable development, as it ensures the survival of humankind as cultural beings and secures and protects the human rights of minorities.

Various international documents refer to cultural diversity as the cultural aspect of sustainable development. The Convention on the Protection and Promotion of the Diversity of Cultural Expressions in particular is extremely important in that it recognizes, with international binding force: that cultural diversity is a mainspring of sustainable development (Preamble); the importance of the link between culture and development, particularly for developing countries (Article 1(f)); that culture is a mainspring of development and that the cultural aspects of development are as important as its economic aspects (Article

2(5)); and that the protection, promotion, and maintenance of cultural diversity are essential to sustainable development (Article 2(6)).

I have discussed multiculturalism and cultural rights as concepts closely related to cultural diversity. Multiculturalism is the attitude of a country's government to constantly and officially recognize multiple cultures nationally and internationally based on the premise of diversified cultures, driven by different groups such as various ethnic groups, immigrant groups, groups facing discrimination, and religious minorities. The ideas that underpin multiculturalism are reflected in various relevant provisions of international agreements. Many, if not most, governments are now required to adopt and implement policies based on multiculturalism in order to fully implement cultural diversity as the cultural aspect of sustainable development.

Cultural rights are the aggregate rights of an individual in the cultural sphere, *e.g.*, the right to enjoy and create culture and to participate in cultural activities. Cultural rights often overlap with civil liberties and social rights that may be justified by relevant provisions of the constitution of a country and international agreements. By recognizing cultural rights, cultural diversity which remains yet within a country's sovereign rights, may be transformed to authentic multiculturalism.

Although Japan has been affirmative in the adoption of the Convention on the Protection and Promotion of the Diversity of Cultural Expressions, the government has attempted to contain the Convention within the cultural sphere, and have rarely been disposed to treat culture as equal to the economy and trade. Furthermore, in order to achieve multiculturalism and ensure cultural rights in Japan, many challenges in education for minorities and foreigners, labor, and participation in regional society need to be overcome.

In June 2010, several interested members of the Japan Association of United Nations Studies published "Diplomacy Utilizing the United Nations — Proposals to Japan's UN Policy," proposing that

> by acceding to the Convention on Cultural Diversity quickly and upon pushing multiculturalism forward, [Japan] should take the initiative using its soft power so that [Japan] can be a bridge for the Islamic World [. . .] as soft power diplomacy [is] based on multiculturalism.[78)]

Cultural diversity as an aspect of sustainable development can be concrete and substantial only in the realization of multiculturalism based on cultural rights. I hope that Japan becomes such a society as soon as possible.

78) WATANABE Akio, YOKOTA Yozo, AKIDUKI Hiroko, UCHIDA Takeo, OIZUMI Keiko, KATSUMA Yasushi, eds., "Kokuren wo Ikasu Gaiko wo — Nihon no Kokuren-seisaku heno Teigen" [the Diplomacy Utilizing the United Nations — Proposals to Japan's UN Policy], *Kokuren Kenkyu* [UN Studies], No. 12 (2011), pp. 184-185.

第 5 章
Réception et application du droit international moderne par le Japon: son attitude évolutive de 1858 à 1945

Introduction

AUJOURD'HUI, plusieurs internationalistes européens s'intéressent à la clarification du caractère 'européen' du droit international moderne et à la manière dont leurs prédécesseurs à la fin du XIXème siècle ont vu le processus de colonisation qui se déroulait à cette époque à l'échelon mondial.[1] J'aimerais me joindre à cette tendance et présenter sur ce sujet un point de vue non-européen.[2]

Les historiens et juristes des pays d'Asie, dont le Japon, s'intéressent à leur

1) Par exemple, Emmanuelle JOUANNET, « Structure intellectuelle de la pensée internationaliste classique et colonialisme européen », Rapport lors de la Conférence inaugurale de la SEDI à Florence, 2004, publié sous le titre de « Colonialisme européen et néo-colonialisme contemporain (Notes de lecture des manuels européens du droit des gens entre 1850 et 1914) », *Baltic Yearbook of International Law* (vol. 6, 2006, p. 49) Martti KOSKENNIEMI, *The Gentle Civilizer of Nations : the Rise and Fall of International Law 1870-1960* (Cambridge, Cambridge University Press, 2002).

2) Parmi les internationalistes qui s'intéressent à ce sujet, on peut énumérer entre autres: Antony ANGHIE, "Finding the Peripheries: Sovereignty and Colonialism in 19th Century International Law", *Harvard International Law Journal* (vol. 40, no. 1, 1999), ÔNUMA Yasuaki, "When was the Law on International Society Born", *Journal of the History of International Law* (vol. 2, no. 1, 2000), MATSUI Yoshirô, "Kindai Nihon to Kokusaiho (1)(2)" [Japon moderne et droit international] *Kagaku to Shiso* [Science et pensée] (no. 13 et 14, 1974, pp. 87-97, 344-359).

tour au processus par lequel le droit international moderne a été reçu et appliqué par ces pays.[3)] Ces article a pour but de clarifier l'attitude du Japon à l'égard du droit international moderne depuis le moment de son ouverture, c'est-à-dire de la deuxième moitié du XIXème siècle, jusqu'à la fin de la deuxième guerre mondiale. L'attitude du Japon à l'égard du droit international moderne n'a pas été cohérente, mais au contraire évolutive et ambivalente. Elle ressemble, me semble-t-il, à celle d'un japonais qui se positionne par repport à l'Europe. D'un côté, il l'adore et l'accepte volontiers, mais de l'autre, il la conteste et même la rejette.[4)]

Dans cet article, je considèrerai successivement:

I. Le milieu international à l'époque où le Japon a été obligé de recevoir le droit international moderne en tant que tel;

II. L'attitude apparemment contradictioire du Japon à l'égard des puissances occidentales et à l'égard des pays voisins tels que la Chine et la Corée dans l'élaboration des traités bilatéraux;

III. Le caractère discriminatoire du droit international modern et la singnification de l'attitude du Japon à l'égard de ce droit;

IV. Le projet de Daitôwa-Kyôeiken (La zone co-prospère de la grande Asie orien-

---

3) Ainsi, Higashi Ajia Kindaishi Gakkai (la Société de l'historie moderne d'Asie orientale) a publié successivement les numéros spéciaux suivants, intitulés: Higashi Ajia ni okeru Bankokukoho no Juyo to Tekiyo [Réception et application du droit des gens dans l'Asie orientale], *Higashi Ajia Kindaishi* [*Histoire moderne d'Asie orientale*] (vol. 2, 1999); Ajia ni okeru Kindaikokusaiho [Droit international moderne dans l'Asie], *Higashi Ajia Kindaishi* (vol. 3, 2000). Plusieurs historiens et internationalistes japonais et coréens y ont contribué sur ces sujets.

4) On peut bien voir cette mentalité dans l'essai de 1914 de NATSUME Sôseki, *Watashi no Kojinshugi* [Mon individualisme] (Tokyo, Kodansha, 1978) ou dans le roman de ENDÔ Shusaku, *Ryugaku* [Faire ses études à l'étranger] (Toyko, Shincho Bunko, 1965) etc.

tale) et les attitudes des internationalistes japonais à son égard.

I. Le milieu international à l'époque où le Japon a été obligé de recevoir le droit international moderne en tant que tel

L'année 2008 marque le 150ème anniversaire de l'établissement des relations diplomatiques entre le Japon et cinq pays occidentaux: la France, les États-Unis, le Royaume-Uni, la Russie et les Pays-Bas. En 1858, le Japon a conclu ou, plus précisément, a été obligé de conclure avec ces pays des traités de paix, d'amitié et de commerce.[5)] Vers le milieu du XIXème siècle, ces pays occidentaux avaient alors accompli, à travers leurs propres expériences de la révolution industrielle, un processus rapide de modernisation. Ils se lançaient alors à la recherche de nouveaux marchés, amorçant également leur expansion vers l'Asie. Par ces traités, le Japon a ouvert les ports d'Hakodate, Kanagawa, Nagasaki, Niigata et Hyogo, promettant à ces pays occidentaux un libre commerce.[6)]

Antérieurement, le Japon avait adopté une politique d'isolement, qui s'appelait en japonais 'Sakoku', par laquelle il était interdit au peuple japonais de sortir du

---

5) Précisément, le Japon avait conclu depuis 1854 des traités d'amitié avec les États-Unis, le Royaume-Uni, la Russie et les Pays-Bas. Ces traités ont été transformés en traités de paix, d'amitié et de commerce en 1858.

6) « Les villes et ports de Hakodate, Kanagaoua et Nagasaki seront ouverts au commerce et aux sujets français, à dater du 15 août 1859, et les villes et ports dont les noms suivent le seront aux époques déterminées ci-après . . . » (article 3 du Traité entre la France et le Japon, signé à Yedo, le 9 octobre 1858. Ratification échangée à Yedo, le 22 septembre 1859, dans *Teimei kakkonku Jôyaku Ruisan – Treaties and Conventions concluded between Empire of Japan and Foreign Nations* (Tokyo, Nisshûsha, 1874); « Dans tous les ports du Japon ouverts au commerce, les sujets français seront libres d'importer de leur propre pays ou des ports étrangers, et d'y vendre, d'y acheter et d'en exporter pour leurs propres ports ou pour ceux d'autres pays, toutes espèces de marchandises qui ne seraient pas de contrebande . . . » (article 8 dudit traité).

Japon et aux étrangers d'entrer au Japon. Les relations diplomatiques et de commerce extérieur étaient limitées à quelques pays comme les Pays-Bas et la Chine. La raison principale de cette politique était d'emepêcher l'évangélisation catholique qui, selon la pensée du gouvernement de cette époque, le Shogounat, menaçait son autorité. 'Sakoku' a duré plus de deux cent ans et favorisé, en raison de l'état de la paix, un développement de la culture, de l'industrie et des finances japonaises.

Mais, depuis la fin du XVIIIème siècle, au fur et à mesure du développement du capitalisme mondial mis au point par les pays occidentaux, des pays comme la Russie et les États-Unis ont demandé au Japon d'ouvrir ses frontières et son marché intérieur. Et 'Sakoku' s'est achevé, en 1858, avec la conclusion des traités de paix, d'amitié et de commerce mentionnés ci-dessus.[7)]

Au Japon, on dit souvent que ces traités étaient 'inégaux'. Ils étaient considérés tels pour trios raisons principales: d'abord, l'absence du pouvoir de fixer librement les tariffs douaniers ; le Japon n'avait pas le droit de fixer unilatéralement et souverainement ces taxes. À cette époque-là, l'OMC n'existait pas(!) et chaque pays souverain avait donc *a priori* le droit de décider les taux de droits de douane. Mais le Japon était obligé, par ces traités, de consulter préalablement ses partenaires et ne pouvait fixer ses taxes qu'après avoir obtenu leur consentement.[8)] C'est la première raison de qualification d''inégal'. La deuxième raison

7) *Revue officielle du 150ème anniversaire des relations Franco-Japonaises 1858-2008*, pp. 24-25.

8) Les articles réglementant le commerce ont été annexés audit traité. D'après l'article IX dudit traité, l'agent diplonmatique français au Japon, de concert avec les fonctionnaires qui pourraient être désignés à cet effet par le gouvernement japonais, avaient le pouvoir d'établir les règlements qui seraient nécessaires pour mettre à exécution les stipulations des articles réglementant le commerce. D'ailleurs, la classe IV des règlements commerciaux dit que « cinq années après l'ouverture du port de Kanagaoua, les droits d'importation et d'exportation pourront être mondifiés, si l'un ou l'autre des deux Gouvernements de France et du Japon le désire ». Il s'avère donc que le Japon n'a

concerne la juridiction consulaire ; le Japon n'avait pas juridiction sur les ressortissants-accusés des pays étrangers. Ainsi, les criminels des pays européens, qui avaient commis des crimes ou délits sur le territoire du Japon ou les commerçants-débiteurs de ces pays européens étaient tous jugés, en application des lois de leur pays d'origine, par les consuls de chaque pays qui résidaient au Japon.[9)] La troisième raison est une clause de la nation la plus favorisée non réciproque ; le Japon a été obligé par ces traités d'admettre une clause de la nation la plus favorisée non réciproque. Selon elle, seuls les pays partenaires jouissaient des avantages liés à cette clause, tandis que le Japon ne pouvait en profiter.[10)] Bref, le Japon n'était pas considéré, dans ces traités , comme un pays civilisé, c'est-à-dire un pays pleinement souverain.[11)]

---

pas eu le droit souverain de décider uniltéralement les taux de droits de douane.

9) « Tous les différends qui pourraient s'élever entre français au sujet de leurs droits, de leurs propriétés ou de leurs personnes, dans les domaines de Sa Majesté l'Empereur du Japon, seront soumis à la juridiction des autorités françaises constituées dans le Pays. » (article V dudit traité); « Les sujets français qui se rendraient coupables de quelque crime contre les Japonais ou contre des individus appartenant à d'autres nations, seront traduits devant le Consul français et punis conformément aux lois de l'Empire Français. » (article VI dudit traité); « Tout sujet français qui aurait à se plaindre d'un Japonais, devra se rendre au Consulat de France et y exposer sa réclamation. Le Consul examinera ce qu'elle aura de fondé et cherchera à arranger l'affaire à l'amiable . . . » (article VII dudit traité) ; « [S]i quelque sujet français se cachait frauduleusement ou manquait à payer ses dettes à un Japonais, les autorités françaises feraient de même tout ce qui dépendrait d'elles pour amerer le délinquant en justice et le forcer à payer ce qu'il devrait. » (article XVIII dudit traité).

10) « Il est expressément stipulé que le gouvernement français et ses sujets jouiront, librement, à dater du jour où le présent traité sera mis en vigueur, de tous les privilèges, immunités et avantages qui ont été ou qui seraient garantis à l'avenir par Sa Majesté l'Empereur du Japon au Gouvernement ou aux sujets de toute autre nation. » (article XIX dudit traité).

11) Il y a un autre article qui est lui aussi révélateur d'une relation franco-japonaise asymétrique. Il s'agit de l'article XXI. D'après cet article, toute communication officielle adressée par l'agent diplomatique français aux autorités japonaises sera écrite en

C'est pourquoi la modification de ces traités inégaux a été l'un des buts diplomatiques principaux du Gouvernement Meiji.[12] Pour réaliser ce but, il fallait que le Japon soit reconnu par les pays occidentaux comme pays civilisé. Cette reconnaissance était également indispensable pour que le Japon puisse maintenir son indépendence et éviter d'être colonisé par ces pays. Le Japon s'est donc mis à se moderniser en introduisant intensivement les technologies et industries modernes, les institutions politiques économiques et militaires, et les cultures occidentales, y compris le droit et, bien sûr, le droit international.

Lors de la négociation du traité de paix, d'amitié et de commerce avec les États-Unis, les représentants japonais ont avoué naïvement et franchement à leurs partenaires américains qu'ils ne connaissaient pas le droit international diplomatique.[13] Cela signifiait que le droit international moderne était tout à fait étranger pour le Japon en ce temps-là. Le Shogounat a néanmoins envoyé de jeunes boursiers aux Pays-Bas. Il s'agissait de NISHI Shûsuke et TSUDA Shin'ichirô. Ils ont fait leurs études de droit international à Leiden et, après leur retour au Japon en 1866, ils ont commencé pour la première fois au Japon à donner des cours de droit international à l'Institut d'État à Edo (Tokyo), en se fondant principalement sur la doctrine de Simon Vissering, Professeur de

---

français. Cependant, pour faciliter la prompte expédition des affaires, ces communications seront, pendant une période de cinq années, accompagnées d'une traduction japonaise. C'est une inégalité linguistique qu'on n'a pas relavée expressément, me semble-t-il, jusqu'a aujourd'hui.

12) Nous adoptons un calendrier japonais (*Gengô*) qui a été institué au VIIème siècle, à l'instar du calendrier chinois. On le fixe lors de l'intronisation d'un nouvel empereur et le révise lors de sa succession. Le *Gengô* à cette époque était *Meiji*. Le *Gengô* actuel est *Heisei*.

13) Townsend HARRIS et Mario Emilio COSENZA (éd), *The Complete Journal of Townsend Harris, First American Consul General and Minister to Japan* (New York, Doubleday, 1930) (traduit en japonais par SAKATA Seiichi, *Harris Nihon Taizaiki (1) (2) (3)*, Tokyo, Iwanamibunko, 1954, pp. 97-98, 120-21 de *(3)*).

l'Université de Leiden.[14] Mais le Japon, à la fin de l'époque d'Edo, ne maîtrisait pas encore le droit international, à cause de la montée de la xénophobie dans le débat politique interne.

Le nouveau Gouvernement Meiji a proclamé en 1868, juste après son établissement, que les relations diplomatiques devraient être régies par le droit des gens et par les traités conclus antérieurement par le Shogounat.[15] D'ailleurs, 'Elements of international law',[16] l'ouvrage de Henry WHEATON, internationaliste américain, a été traduit d'abord en chinois, en 1864, et ensuite en japonais, l'année suivante. Cette traduction s'est avérée précieuse. Beaucoup d'intellectuels et praticiens japonais de cette époque ont lu cet ouvrage et été influencés considérablement par lui.[17]

II. L'attitude apparemment contradictoire du Japon à l'égard des puissances occidentales et à l'égard des pays voisins tels que la Chine et la Corée dans l'élaboration des traités bilatéraux

La guerre Sino-Japonaise (1894-95) et la guerre Russo-Japonaise (1904-05) ont été de bonnes occasions pour montrer que le Japon était devenu un pays civilisé, qui observait pleinement les règles du droit de la guerre. Pour cela l'armée de terre et la marine ont fait accompagner leurs opérations par des internationalistes célèbres à titre de jurisconsultes, pour faire face aux divers problèmes

---

14) ITÔ Fujio, "Kokusaiho" [Droit international] in AOMI Jun'ichi (éd), *Kindai Nihonshi Taikei* [Système de l'histoire du Japon moderne] (Tokyo, Yûhikaku, 1979), pp. 461-462.

15) Déclaration du Gouvernement Meiji du 8 février 1868.

16) Henry WHEATON, *Elements of International Law with a sketch of the history of sciences* (Philadelphia, Carey, Lea & Blanchard, 1836).

17) ITÔ, *op. cit*. (note 14), p. 463 *et seq.*

survenus lors des conflits armés. Il s'agissait de ARIGA Nagao (armée de terre) et TAKAHASHI Sakue (marine). Tous les deux ont fait leurs études à Berlin, Vienne (ARIGA) ou Londres (TAKAHASHI) et, après leur retour au Japon, ils sont devenus professeurs de droit international à l'Université de l'Armée de Terre (ARIGA) et à l'Université Impériale de Tokyo.

Ariga a publié deux ouvrages en français: *La guerre sino-japonaise au point de une du droit international*[18] et *La guerre russo-japonaise au point de une continental et le droit international.*[19] Ces deux ouvrages ont été appréciés[20] et contribué à montrer que ce nouveau pays d'Asie observait bien les règles du droit de la guerre. D'ailleurs, ces ouvrages ont été cités fréquemment dans les ouvrages publiés en Europe. Quant à TAKAHASHI, son ouvrage *Cases on International Law during the Chino-Japonese War*[21] comporte une préface écrite par Thomas Erskine HOLLAND et une introduction écrite par John WASTLAKE. Ces deux internationalistes éminents y ont affirmé que le Japon avait bien observé les règles du droit de la guerre et avait déjà bien rempli les conditions nécessaires pour être qualifié de pays civilisé.[22] La méthode de rédaction de leurs ouvrages consistait à admettre d'abord le caractère avancé de la civilisation européenne et à insister ensuite sur l'intégration du Japon dans cette civilisation.[23] Ils étaient plutôt malins! Mais leurs perspectives étaient en vogue parmi

18) ARIGA Nagao, *La guerre sino-japonaise au point de vue du droit international* (Paris, Pedone, 1896).

19) *idem.*, *La guerre russo-japonaise au point de vue continental et le droit international* (Paris, Pedone, 1908).

20) Surtout dans le monde académique français.

21) TAKAHASHI Sakue, *Cases on International Law during the Chino-Japanese War* (Cambridge, Cambridge University Press, 1899).

22) Thomas Erskine HOLLAND, "Préface" dans TAKAHASHI Sakue, *ibid.*, p. vi.; John WASTLAKE, "Introduction", dans *ibid.*, p. xvi. L'autre ouvrage de TAKAHASHI, *International Law applied to the Russo-Japanese War with the Decisions of the Japanese Prize Courts* (London, Stevens and Sons, 1908) a été également très apprécié en Europe.

les intellectuels et les élites politiques japonais à cette époque. Le développement industriel remarquable et le succes militaire ont permis au Japon de devenir une puissance importante d'Asie. La modification des traités inégaux s'est achevée à la fin du XIXème siècle et au début du XXème siècle.[24] Et à la conférence de la Paix qui s'est tenue à Paris après la Première Guerre mondiale, le Japon était présent au rang des vainqueurs, à côté de la France, des États-Unis, de l'Angleterre et de l'Italie.

Depuis la fin de période d'Edo, le gouvernement japonais avait l'intention de faire ouvrir la Corée. Cette intention a été mise en œuvre lors de l'affaire de Kanfado (Kokato en japonais). En 1875, un vaisseau japonais qui naviguait sur le ravage Ouest de la Corée, sous le prétexte d'explorer la voie maritime, en ignorant la contestation exprimée par le gouvernement coréen, a vu son canot attaqué par une batterie située sur l'île Kanfado. Ce vaisseau a réagi et a détruit la batterie.Cette affaire a donné au Japon une bonne occasion pour conclure un traité d'amitié avec la Corée. Dans la négociation, le Japon a utilisé une politique de menace. Il a notifié au gouvernement coréen que si la Corée n'acceptait pas ce traité, les troupes japonaises débarqueraient sur le territoire coréen. Il a à cet effet fait retirer une fois son plénipotentiaire en déclarant que la négociation avait échoué. Enfin, le Japon a réussi à faire admettre toutes ses exigences et le traité d'amitié entre le Japon et la Corée a été signé en 1876.[25]

Ce traité appartenait parfaitement au type du traité inégal. Il stipulait l'ouverture des trois ports, l'établissement des ressortissants japonais et l'envoi de consuls du Japon à ces endroits et la jurisdiction consulaire. Certes, ce traité

---

23) YAMAUCHI Susumu, "Meiji Kokka niokeru Bunmei to Kokusaiho" [Civilisation et droit international dans l'Etat Meiji], *Hitotsubashi Ronso* (vol. 115, 1996), pp. 19, 29-31.

24) Le Japon a réussi successivement à modifier les traités inégaux avec les États occidentaux d'abord en 1894 dans le domaine de suppression de la juridiction consulaire, et ensuite en 1911 dans celui du rétablissement du droit de fixer les droits de douane.

25) MATSUI, "kindai Nihon to Kokusaiho (2)", *op, cit.* (note 2), pp. 346-48.

stipulait le libre commerce entre ces deux pays et l'exonération d'impôts pour exportation et importation des marchandises. Entre eux, apparemment, cette disposition était équitable et égalitaire. Pourtant, les importations de soja, riz et d'or au Japon depuis la Corée ont été très importantes pour le développement du capitalisme japonais.Cette exonération était donc d'abord et surtout favorable aux intérêts du Japon. Pour la Corée, ces exportations vers le Japon ont entraîné une hausse des prix des grains due à ces flux vers le Japon. Cette disposition a donc contribué à situer la Corée comme marché de marchandises, et terrain de fourniture de ressources alimentaires au bénéfice du capitalisme japonais.[26)]

L'attente que les puissances occidentales avaient à l'égard du Japon d'obtenir l'ouverture de la Corée a donc bien été satisfaite. Après la conclusion de ce traité avec le Japon, la Corée a dû conclure successivement des traités de même type avec les États-Unis, le Royaume-Uni, l'Allemagne, l'Italie et la France. A travers ses expériences avec les pays occidentaux, le Japon a bien appris le sens et le résultat du libre échange pour les pays moins développés économiquement, basé sur le traité inégal. Au moment où il commençait justement à modifier ces traités inégaux par obtention d'une capacité autonomo de fixer les tarifs douaniers, le Japon a obligé la Corée à conclure un traité inégal.[27)] Tout en demandant aux pays développés occidentaux un statut international égalitaire, le Japon imposait une dépendance aux pays moins avancés d'Asie. En 1896, juste après la guerre sino-japonaise, le Japon a également conclu un traité inégal de commerce et navigation avec la Chine, où était stipulée également la juridiction consulaire, et qui subsistera jusqu'en 1943. La méthode employée par le Japon à l'égard de ces deux pays était tout à fait identique à celle des pays européens à l'égard du Japon! Pourtant cette attitude du Japon apparemment contradictoire n'était que révélatrice du contenu même du droit international moderne.

---

26) *ibid.*

27) *ibid.*

III. Le caractère discriminatoire du droit international moderne et la signification de l'attitude du Japon à l'égard de ce droit

Le droit international moderne européen est né et s'est développé, basé sur le mode de production capitaliste, dont le sujet était un pays civilisé européen (ou un pays du continent américain qui avait les mêmes compositions sociales et structure économique). Le but principal de ce droit était d'assurer l'ordre minimum, la prévisibilité et la stabilité qui permettraient à ces pays de déplacer au-delà de leur frontière des hommes, marchandises et capitaux.[28] Les internationalistes du XIXème siècle ne doutaient pas que les sujets du droit international étaient limités aux seuls pays civilisés. Comme l'a écrit William Edward HALL dans son ouvrage *A Treatise on International Law,*[29] le droit international est un produit de la civilisation propre de l'Europe moderne. Il constitue un système hautement artificiel qui ne pourrait pas être compris par les pays appartenant à une civilisation différente. Il est donc évident que seuls les pays européens, successeurs de la civilisation européenne, peuvent être considérés comme y obéissant.[30]

Ce caractère discriminatoire du droit international moderne est remarquablement montré, entre autres, dans l'ouvrage de James LORIMER, Professeur à l'Université d'Edimbourg, intitulé *The Institutes of the Law of Nations.*[31]

---

28) Olivier J. LISSITZYN, *International Law Today and Tomorrow* (Dobbs Ferry, Oceana Publications, 1965), p. 3 et seq.

29) William Edward HALL, *A Trertise on International Law* (Oxford, Clarendon, Press, 1880).

30) *ibid*, p. 34 et seq.

31) James LORIMER, *The Institutes of the Law of Nations*, Vol 1 (Edinburgh, Blackwell,

LORIMER y affirmait que l'humanité se compose de trois catégories: l'humanité civilisée, l'humanité barbare et l'humanité sauvage. D'après lui, les pays d'Europe et d'Amérique du Nord et du Sud constituaient l'humanité civilisée. Ces pays jouissaient d'une pleine reconnaissance politique et donc de la qualité plénière de sujet du droit international. Des pays tels que la Chine, la Turquie, la Perse, le Japon et le Siam constituaient l'humanité barbare. Ces pays ne jouissaient que d'une reconnaissance partielle et donc n'étaient que sujets partiels du droit international. Les pays civilisés concluaient avec eux des traités inégaux, comme évoqué plus haut pour le Japon. Le reste du Monde où habitent l'humanité sauvage étaient pour les pays civilisés un espace *terra nullius*, auquel on pouvait appliquer la théorie de l'occupation, et était par conséquent destiné à être colonisé par ces pays.[32)]

De fait, si on se met à faire l'analyse historique du droit international moderne, on ne peut pas nier que ce droit est un droit de domination par les pays capitalistes d'Europe et d'Amérique à l'égard du reste du Monde. Comme RÖLING l'écrit, dans tous les droits positifs se cachent des éléments de puissance et d'intérêt. Le droit ne peut pas être assimilé à la puissance ou aux intérêst, mais il reflète un rapport de force existant. Il a tendance à servir les intérêts des forts. Le droit international européen, c'est-à-dire le droit international classique, n'est pas une exception. Il a servi les intérêts des pays riches.[33)]

Le Japon est devenu le premier pays non européen à obtenir la pleine reconnaissance comme nation civilisée, sujet plénier du droit international. Mais ce n'était que la victoire de la civilisation européenne, de l'hégémonie du droit international moderne. Au lieu de défier la structure de domination et de dépendance

---

1883).

32) *ibid*, pp. 101-03.

33) Bernard Victor Aloysius RÖLING, *International Law in an Expanded World* (Amsterdam, Djambatan, 1960), p. 15.

du droit international moderne européen, il a obtenu le statut de pays dominant en sortant de celui de pays dépendant. En 1896, le Japon a réussi à obtenir un statut privilégié en Chine en concluant un traité de commerce et navigation avec elle. Lors de la négociation de ce traité, le plénipotentiaire chinois, LI Hung Chang, a protesté auprès de Premier ministre du Japon, ITO Hirobumi, en disant que ce n'était pas une attitude cohérente de demander à la Chine d'abaisser davantage les taux de droits de douane tout en demandant aux pays occidentaux de permettre l'augmentation des tarifs douaniers. Notre Premier ministre a répondu imperturbablement que ce n'était qu'une parole ridicule et mélancolique![34)]

Après la Restauration de Meiji, le Japon a toujours montré une attitude obéissante vis-à-vis du droit international moderne. Il en résulte qu'à la fin du XIXème siècle, la plupart des manuels de droit international publiés en Europe évaluaient positivement ce pays en disant qu'il avait non seulement observé attentivement le droit international, mais contribué à son développement. Mais, au revers de cette obéissance quasi automatique, sans esprit critique quant au contenu de ce droit, il y a eu, me semble-t-il, une pensée de négation du droit international et une croyance dans la politique de puissance. Ainsi, FUKUZAWA Yukichi, un des penseurs représentatifs de l'époque Meiji, qui insiste sur l'importance que le Japon devienne une grande puissance moderne afin de maintenir son indépendance vis-à-vis des puissances européennes, a exprimé un point de vue très nihiliste dans son article.[35)] D'après lui, le droit international n'est qu'une apparence cérémonieuse. Les relations entre les États sont au fond en quête de la satisfac-

34) MUTSU Munemitsu, *Kenkenroku* [Mémoire de fidélité] (Tokyo, Iwanamishoten, 1895), pp. 231 et 233.

35) FUKUZAWA Yukichi, "Tsûzoku kokkenron" [Droits de l'Etat désacralisés] (1878) in *FUKUZAWA Yukichi Zenshû* [collection FUKUZAWA Yukichi], tome 4 (Tokyo, iwanamishoten, 1959), p. 637.

tion des intérêts et de l'hégémonie de chaque pays. Cent volumes d'ouvrages de droit international ne peuvent l'emporter sur quelques batteries. Les traités de paix ne peuvent l'emporter sur quelques munitions. Les canons et munitions n'ont pas pour but de maintenir et protéger la raison existante mais de créer des déraisons.[36)]

Cette manière de pensée était présente non seulement chez quelques penseurs mais aussi dans les comportements du Gouvernement Meiji lui-même. En ce qui concerne l'acceptation de la juridiction obligatoire pour un différend juridique, le Gouvernement Meiji a toujours été réticent, même pour une juridiction très limitée. Il a apparemment montré sa fidélité envers le droit international. Mais, en réalité, on pourrait dire qu'il a graduellement mais sûrement accumulé une méfiance ineffaçable envers ce droit.[37)] Ce courant souterrain apparaîtra dans les années 1940.

IV. Le projet de Daitôwa-Kyôeiken (la zone co-prospère de la grande Asie orientale) et les attitudes des internationalistes japonais à son égard

Après les expériences mentionnées ci-dessus, l'attitude du Japon à l'égard du droit international moderne va changer radicalement. Dans les années 1940, après la création de la Mandchourie et le déclenchement de la guerre contre la Chine, a commencé le projet de construire Daitowa-kyoeiken (la zone co-prospère de la grande Asie orientale). C'était un projet de construire, sous la direction du Japon, en Asie orientale et du Sud-Est, une zone ou un nouvel ordre co-prospère, afin de

36) *ibid.*

37) ISHIMOTO Yasuo, "Meijiki ni okeru chûsai saiban" [Arbitrages internationaux in Meiji période], *Hogakuzasshi* (vol. 9, 1993), pp. 168, 182 et seq.

libérer cette région de la domination coloniale des pays occidentaux.[38] Ce projet a été inspiré par la notion de *Großraum* de Carl Schmitt.[39] En réalité, c'était un slogan et une idéologie lancés par le Gouvernement japonais pour mener à bien la guerre Daitowa (la guerre du Pacifique et celle contre la Chine). Ce projet visait la création d'une communauté économique constituée principalement par le Japon, la Chine et la Mandchourie, en faisant de l'Asie du Sud-Est un terrain de

38) La construction de cette zone a commencé par l'établissement de la Mandchourie que le Japon a reconnue par le Protocole entre le Japon et la Mandchourie de 1932. Le Japon a fait établir le Gouvernement WĀNG Zhàomíng à Nanjin et l'a entériné par le Traité des relations fondamentales entre le Japon et la Chine du 30 novembre 1940. Ce même jour, a été proclamée une déclaration commune du Japon, de la Chine et de la Mandchourie dans laquelle étaient affirmées « les idées communes de construire un nouvel ordre basé sur la morale dans l'Asie orientale ». Le 26 juillet 1940, le Conseil des ministres a adopté une décision intitulée « points essentiels des politiques fondamentales d'États ». Cette décision indiquait « la politique du Japon, afin de réaliser la paix mondiele, consiste à construire un nouvel ordre de Daitowa au centre duquel se trouve le Japon, basé sur l'alliance du Japon, de la Chine et de la Mandchourie. » Aucune étendue précise ni fondement propre n'ont été définis pour Daitowa. Elle s'est formée au fur et à mesure de l'élargissement de la guerre d'agression par le Japon. Néanmoins, les dirigeants japonais de cette époque étaient communément conscients de ce que l''ancien régime' était caractérisé par l'agression des puissances occidentales vis-à-vis des pays d'Asie dont le Japon. La consciense commune de victimes de l'agression occidentale et la pensée de libération des nations d'Asie qui en découle ont abouti quasi nécessairement à la pensée qu'il fallait prendre l'hégémonie en Asie au lieu de l'impérialisme européen. Voir MATSHUI Yoshirô, "Gurôbarukasuru Sekainiokeru Fuhen to Chiiki – Daitôwa Kyôeikenron niokeru Fuhenshugihihan no Hihantekikentô" [L'universel et le régional dans le monde mondialisé – considération critique de la critique de l'universalisme dans la théorie de Daitôwakyôeiken], *Kokusaihô gaikô zassi* (vol. 102, no. 4, 2004), pp. 567-588.

39) Carl SCHMITT, *Völkerrechtliche Großraumordnung mit Interventionsverbot für raumfremde Mächte, Eim Beitrag zum Reichsbegriff im Völkerrecht* (Berlin, Deutscher Rechtsverlag, 1939) (traduit par OKADA Izumi, "Ikigai rekkyô no kanshôkinshi wo tomonau kokusaihôtekikôikichitsujo – Kokusaihôjô no reich gainen heno kiyo", in *Nazis to Schmitt* [Nazis et SCHMITT] (Tokyo, Bokutakusha, 1976).

fourniture de ressources au bénéfice du Japon.

Plusieurs internationalistes ont participé activement à ce projet en essayant de proposer une nouvelle théorie du droit international de la grande Asie orientale et de modifier le droit international moderne au fur et à mesure.[40] Ces trois internationalistes sont: YASUI Kaoru, MATSUSHITA Masatoshi et TABATA Shigejirô.

YASUI Kaoru, professeur de l'Université impériale de Tokyo, a présenté soigneusement la théorie du droit international du *Großraum* de Carl SCHMITT. D'après lui, l'Asie orientale se situait à la périphérie du monde européo-centriste et le droit international de l'ancien régime s'y était élaboré en conséquence, comme le régime de traités inégaux le montrait. Le droit international du *Großraum* européen est proposé en opposition à l'universalisme de l'Empire anglais. L'importance historique de ce nouveau droit international consiste en ce qu'il accélère de l'intérieur la fin de la domination mondiale du droit international européen. Dans cette perspective, le Japon se libère d'abord du droit international de l'ancien régime, puis se met à émanciper toutes les nations de l'Asie orientale. L'Asie orientale sera constituée comme zone de co-prospérité indépendante au centre de laquelle se situera le Japon. La droit international de Daitowa y sera créé et régira désormais les relations externes et internes de la zone, conformément aux idées propres du Japon, leader de cette zone. YASUI ne traitait pas du contenu même de ce nouveau droit international. Il a étudié le droit international du *Großraum* ainsi que celui du marxisme, toujours en tant que

---

40) La Société japonaise du droit international a entamé en 1942 des recherches communes qui ont pour but d'étudier la problématique qui se traduira dans le processus de construction de Daitowa, d'accélérer la mise au point de son régime de droit international et de contribuer à l'établissement d'un nouvel ordre mondial ainsi qu'à l'amélioration du droit international mondial. Dans ce but, a été publié Daitowa-sosho (collection du droit international de Daitowa) à laquelle ont participé quatre internationalistes dont YASUI et MATSUSHITA.

critique contre la théorie du droit international libéral. Se prononcer pour ou contre ces deux droits internationaux, celui du *Großraum* ou du marxisme, était au-delà de sa pensée. Quoi qu'il es soit, sa pensée était cohérente au sens où il s'agissait de démanteler l'ancien ordre anglo-saxon afin de libérer les nations d'Asie.[41)]

MATSUSHITA Masatoshi, professeur de l'Université Rikkyo, a soutenu que la nature juridique de Daitowa-kyoeiken ne peau être expliquée ni par des relations conventionnelles ni en tant que prolongement des États. La zone co-prospère n'est pas un ensemble formel d'Etats égaux mais une association organique d'États inégaux. Cette zone serait qualifiée d'association de droit de vivre des États (une association qui assure le droit de vivre de chaque État membre), une association de destin au-delà des volontés spontanées. Par conséquent chaque membre de cette zone ne pourrait pas s'en retirer, mais il aurait une certaine liberté sous réserve des limites dues au droit de vivre. D'où la nécessité de recomposer la notion de souveraineté en droit international. Selon lui, l'État directeur est à la fois à l'intérieur et au-delà de cette zone. Dès lors, pour constituer juridiquement le statut de l'État directeur, il a rejeté le principe d'égalité des États en disant que ce principe n'était pas fondé parce qu'il essaye d'appliquer la théorie de l'égalité à ceux qui sont en réalité inégaux. Il a donc substitué au principe d'égalité celui d'équité, c'est-à-dire 'sorezore ni sono tokoro wo eshimuru' (procurer à chaque nation le statut qui lui est adéquat).[42)]

TABATA Shigejirô, professeur de l'Université impériale de Kyoto, a insisté sur le fait que le droit international moderne ne consistait pas en un ordre vraiment

41) YASUI Kaoru, *Ôshû kôikikokusaihô no kisorinen* [Les idées fondamentales du droit international du Großraum de l'Europe], tome 1 de Daitowasosho (Tôkyô, Yûhikaku, 1942).

42) MATSUSHITA Masatoshi, *Daitôwa Kokusaihô no Shomondai* [Problématique du droit international de Daitowa] (Tokyo, Nihon Hôri Kenkyukai, 1942).

unifié mais en des ordres pluralistes qui présupposaient des valeurs et des idées diverses. D'après lui, le droit international du *Großraum* constitue un pas important qui justifie la pluralité des ordres juridiques internationaux, parce que la notion de *Großraum* y était considérée comme une entité historique et politique, unifiée et concrète et pas un donné naturel tel que la race ou le peuple. D'ailleurs, il soulignait combien la direction dans la zone était incompatible avec le principe traditionnel d'égalité des États. Il a mené des recherches historiques pour retracer la genèse de ce principe. Il en a conclu qu'une égalité entre États dans la zone ne serait pas une égalité absolue mais une égalité relative qui se reconnaîtrait seulement selon le critère objectif des valeurs et idées de la zone, qui sont: procurer à chaque nation le statut qui lui est adéquat. Il en a déduit qu'une égalité absolue devait être rejetée. Il doit plutôt s'y réaliser une égalité relative c'est-à-dire que toutes les nations qui ont la même capacité doivent être traitées tout à fait égalitairement.[43)]

Il y a certes eu une contestation qui reste encore légitime aujourd'hui et qui réside dans leur dénonciation de l'européo-centrisme dans l'histoire mondiale; ils ont mis en relief que le droit international moderne a servi les intérêts impérialistes des pays oligarchiques occidentaux ; ils ont soutenu l'idée d'une construction pluraliste de l'ordre juridique international susceptible de réceptionner des valeurs hétérogènes. Ils ont remis en cause de la nation d'égalité des États. Mais ils ne regardaient guère la réalité de ce projet, ce que l'armée japonaise a fait en Chine, en Mandchourie, aux Philippines, en Birmanie et en Indochine etc. Ils ont soutenu, consciemment ou inconsciemment, l'agression de ces pays par le Japon.

43) TABATA Shigejirô, "Kokusaihô Chitsujo no Tagenteki Kôsei" [Composition pluraliste des ordres juridiques internationaux], *Hogakuronso*, 1942/1943, vol. 47, no. 3, pp. 382-402, vol. 48, no. 2, pp. 349-375 et vol 48, no. 6, pp. 908-934 ; *idem.*, "Kindai Kokusaiho niokeru Kokkabyôdô no Gensoku nitsuite" [Sur le principe d'égalité des États dans le droit international moderne], *Hogakuronso* (vol. 50, no. 3, 1944), pp. 218-240.

Il leur manquait de façon très évidente un point de vue auto-critique: ils étaient très critiques envers l'impérialisme européen, mais ne l'étaient pas envers l'impérialisme japonais lui-même.[44]

Conclusion

J'ai essayé d'offrir un point de vue comparatif pour apprécier le droit international moderne et son influence sur les pays non-européens, en l'occurrence, le Japon. Ce pays ou *mon* pays est difficile à situer dans un schéma manichéen, c'est-à-dire la domination des pays d'Europe et des États-Unis sur les pays d'Asie. Le Japon a dominé et envahi des pays voisins, en évitant habilement mais aussi avec beaucoup d'efforts, d'être colonisé par des puissances occidentales. Le Japon s'est parfaitement adapté au droit international moderne et a par conséquent été qualifié de nation civilisée. Dans les années 1940, afin de justifier la guerre de Daitowa, les internationalistes japonais ont contesté le droit international moderne et ont vainement tenté de créer un nouveau droit international de la grande Asie orientale, en se fondant sur le droit international du *Großraum* de Carl Schmitt et en remettant en cause l'ordre juridique international et le principe d'égalité des, États, etc.

Ce que je ne peux pas trancher, c'est la responsabilité des internationalistes engagés intensivement dans cette entreprise. Il y a eu des discours d'ultranationalisme, mais ils n'étaient pad nombreux. La plupart des articles sur le projet de Daitowa-kyoeiken rédigés par les internationalistes japonais étaient, contre toute attente, objectifs et académiques. Ils étaient sérieux et honnêtes à leur manière, poursuivant la réalisation de ce projet, c'est-à-dire pour eux une émancipation des nations d'Asie contre la domination des pays occidentaux. Comme je l'ai dit plus

---

44) MATSUI, "Gurôbarukasuru Sekainiokeru Fuhen to Chiiki", *op. cit.* (note 38) pp. 578 et 587.

haut, ce projet revêtait une idéologie qui dissimulait l'agression par le Japon des pays voisins d'Asie. C'est pourquoi les travaux des internationalistes afin de contribuer à ce projet ne sont plus guère pris en considération aujourd'hui. Pourtant je me demande si on doit rester sur une appréciation catégorique leur reprochant d'avoir consciemment ou inconsciemment soutenu l'agression japonaise sur le plan théorique du droit international.

N'y aurait-t-il pas pour autant un certain mérite à reconnaître à leurs thèses, tel que la critique du droit international européen, la composition pluraliste de l'ordre juridique international, ou la remise en cause du principe d'égalité des États? Il nous est impossible de connaître tous les éléments d'une période quelconque. C'est une limite intrinsèque des êtres humains vivants.[45] L'appréciation des faits sociaux est nécessairement polyédrique. Si on a fait de son mieux dans sa vie dans cette limite inhérente aux êtres humains, il y aurait place pour accepter ou évaluer ces travaux plutôt positivement. Mais on doit bien sûr

45) Après la guerre, YASUI a été obligé de quitter l'Université de Tokyo par décision du Ministre de l'éducation nationale. Il a alors publié un essai intitulé « science et liberté de conscience » dans un journal de cette université où il a écrit comme suit: « La position du Japon à l'égard de l'Asie orientale a eu un double aspect: libération et agression. Comment résoudre cette contradiction, la tragédie des nations? C'était une mission urgente qui s'est offerte à moi. Motivé par une revendication intérieure irrésistible de mon cœur, j'ai essayé d'établir scientifiquement les idées de libération de l'Asie orientale, tout en sachant la limite de ma capacité intellectuelle. Cet effort n'a pas abouti à cause de la grande vague de cette époque, je l'admets. Mais ce serait à l'encontre de la liberté de conscience, si on assimilait mon discours à une coopération à la guerre d'agression, et si on me stigmatisait comme militariste ou ultranationaliste. Je ne peux pas m'exonérer de ma responsabilité. Je regrette profondément que mes ouvrages aient comporté une lacune aussi grave. J'ai déjà réfléchi plusieurs fois sur moi-même, mais à cette occasion, je réfléchis encore plus sévèrement sur moi-même. » YASUI Kaoru, "Gakumon to Ryôshin no Jiyû" [Science et liberté de conscience] (avril 1948) publié dans *Tokyo Daigaku Shinbun* (Journal de l'Université de Tokyo), in YASUI Kaoru, *Michi — Yasui Kaoru Sei no Kiseki* [la vie de Yasui Kaoru] (Tôkyô, Hôsei Daigaku Shuppankyoku, 1983), pp. 44-47.

supposer qu'il y a une différence de point de vue, côté agresseur et côté agressé. Ce que je peux faire pour le moment, c'est seulement souligner l'importance de conserver un esprit critique vis à vis des discours énoncés par le gouvernement. Comme scientifiques, nous internationalistes devons aussi prendre une responsabilité sociale.[46)]

Bibliographie

Ouvrages

ARIGA Nagao, *La guerre sino-japonaise au point de vue du droit international* (Paris, Pedone, 1896).

ARIGA Nagao, *La guerre russo-japonaise au point de vue continental et le droit international* (Paris, Pedone, 1908).

ENDO Shusaku, *Ryugaku* [Faire ses études à l'étranger] (Tôkyô, Shincho Bunko, 1965).

William Edward HALL, *A Treatise on International Law* (Oxford, Clarendon, Press, 1880).

Townsend HARRIS et Mario Emilio COSENZA (éd), *The Complete Journal of Townsend Harris, First American Consul General and Minister to Japan* (New York, Doubleday, 1930) (traduit par SAKATA Seiichi, *HARRIS Nihon Taizaiki (1)(2)(3),* Tokyo, Iwanamibunko, 1954).

Martti KOSKENNIEMI, *The Gentle Civilizer of Nations : the Rise and Fall of International Law 1870-1960* (Cambridge, Cambridge University Press, 2002).

Olivier J. LISSITZYN, *International Law Today and Tomorrow* (Dobbs Ferry, Oceana Publications, 1965).

James LORIMER, *The Institutes of the Law of Nations a treatise of the jural relations of separate political communities*, Volume 1 (Edinburgh, Blackwell, 1883).

MATSUSHITA Masatoshi, *Daitôwa Kokusaihô no Shomondai* [Problématique du droit international de Daitôwa] (Tôkyô, Nihon Hori Kenkyukai, 1942).

MUTSU Munemitsu, *Kenkenroku* [Mémoire de fidélité] (Tôkyô, Iwanamishoten, 1895).

NATSUME Sôseki, *Watashi no Kojinshugi* [Mon individualisme] (Tôkyô, Kodansha, 1978 [1914]).

---

46) MATSUI, "Gurôbarukasuru Sekainiokeru Fuhen to Chiiki" *op. cit.* (note 38), pp. 578-588.

Bernard Victor Aloysius RÖLING, *International Law in an Expanded World* (Amsterdam, Djanbatan, 1960).

Carl SCHMITT, *Völkerrechtliche Großraumordnung mit Interventionsverbot für raumfremde Mächte, Eim Beitrag zum Reichsbegriff im Völkerrecht* (Berlin, Deutscher Rechtsverlag, 1939) (traduit par OKADA Izumi, "Ikigai rekkyo no kanshokinshi wo tomonau kokusaihotekikoikichitsujo – Kokusaihojo no reich gainen heno kiyo" in *Nazis to Schmitt* [Nazis et SCHMITT] (Tôkyô, Bokutakusha, 1976)).

TAKAHASHI Sakue, *Cases on International Law during the Chino-Japanese War* (Cambridge, Cambridge University Press, 1899).

TAKAHASHI Sakue, *International Law applied to the Russo-Japanese War with the Decisions of the Japanese Prize Courts* (London, Stevens and Sons, 1908).

Henry WHEATON, *Elements of International Law with a Sketch of the History of Sciences* (Philadelphia, Carey, Lea & Blanchard, 1836).

YASUI Kaoru, *Ôshû kôikikokusaihô no kisorinen* [Les idées fondamentales du droit international du Großraum de l'Europe], tome 1 de Daitôwasôsho (Tôkyô, Yuhikaku, 1942).

Articles d'Ouvrages Collectifs

Thomas Erskine HOLLAND, "Préface" in TAKAHASHI Sakue, *Cases on International Law during the Chino-Japanese War* (Cambridge, Cambridge University Press, 1899).

FUKUZAWA Yukichi, "Tsûzoku kokkenron" [Droits de l'Etat désacralisés] dans *FUKUZAWA Yukichi Zenshû (collection FUKUZAWA Yukichi)*, tome 4 (Tôkyô, Iwanamishoten, 1959 [1878]).

ITO Fujio, "Kokusaihô" [Droit international] in AOMI Jun'ichi (éd), *Kindai Nihonshi Taikei* [Système de l'histoire du Japon moderne] (Tôkyô, Yûhikaku, 1979).

John WESTLAKE, "Introduction" in TAKAHASHI Sakue, *Cases on International Law during the Chino-Japanese War* (Cambridge, Cambridge University Press, 1899).

YASUI Kaoru, "Gakumon to Ryôshin no Jiyû" [Science et liberté de conscience] publié en avril 1948 dans *Tokyo Daigaku Shinbun* [Journal de l'Université de Tokyo] in *Michi – Yasui Kaoru Sei no Kiseki* [la vie de Yasui Kaoru] (Tôkyô, Hosei Daigaku Shuppankyoku, 1983).

Articles de Périodiques

Antony ANGHIE, "Finding the Peripheries: Sovereignty and Colonialism in 19th Century International Law" (*Harvard International Law Journal*, vol. 40, 1999), pp. 1-80.

ISHIMOTO Yasuo, "Meijiki ni okeru chusai saiban" [Arbitrages internationaux in Meiji période] (*Hôgakuzasshi* vol. 9, 1963), pp. 168-183.

Emmanuelle JOUANNET, « Colonialisme européen et néo-colonialisme contemporain (Notes de lecture des manuels européens du droit des gens entre 1850 et 1914) » (*Baltic Yearbook of International Law* vol. 6, 2006), pp. 49-77.

MATSUI Yoshiro, "Kindai Nihon to Kokusaiho (1)(2)" [Japon moderne et droit international] (*Kagaku to Shiso* [Science et pensée] no. 13 et 14, 1974), pp. 87-97 et 344-359.

MATSUI Yoshiro, "Gurôbarukasuru Sekainiokeru Fuhen to Chiiki - Daitôwa Kyôeikenron niokeru Fuhenshugihihan no Hihantekikentô" [L'universel et le régional dans le monde mondialisé - considération critique de la critique de l'universalisme dans la théorie de Daitôwakyôeiken] (*Kokusaihô gaikô zassi* vol. 102, no. 4, 2004), pp. 567-588.

ÔNUMA Yasuaki, "Japanese International Law in the Prewar Period" (*Japanese Annual of International Law*, vol. 29, 1986), pp. 23-47.

ÔNUMA Yasuaki, "When was the Law on International Society Born?" (*Journal of the History of International Law* vol. 2, 2000), pp. 1-66.

TABATA Shigejiro, "Kokusaihô Chitsujo no Tagenteki Kôsei (1)(2)(3)" [Composition pluraliste des ordres juridiques internationaux] *Hôgakuronsô* (1942/1943, vol. 47, no. 3, pp. 382-402, vol. 48, no. 2, pp. 349-375 et vol. 48, no. 6, pp. 908-934.

TABATA Shigejiro, "Kindai Kokusaihô niokeru Kokkabyôdô no Gensoku nitsuite" [Sur le principe d'égalité des États dans le droit international moderne] (*Hogakurônsô*, vol. 50, no. 3, 1944), pp. 218-240.

YAMAUCHI Susumu, "Meiji Kokka niokeru Bunmei to Kokusaihô" [Civilisation et droit international dans l'Etat Meiji] (*Hitotsubashironsô*, vol. 115, no. 1, 1996), pp. 19-40.

第 III 部

人　道

第1章

武力不行使原則の現代的変容
——民族解放戦争の位置づけをめぐって——

序

第2次世界大戦後の国際社会の変動をあらわす特徴として、アジア・アフリカ新興諸国の成立があげられる。これらの国々は、とりわけ1960年代以降、西側先進諸国の植民地の地位を離れ、次々に独立を達成した。

この脱植民地化の動きを当初は政治原則として、後には国際法上の原則として支えてきたのが人民（民族）自決権である。国際連合総会の決議をその形成の場として登場し、発展してきた人民自決権は、現在、脱植民地化の法として実定国際法上の権利に至っているにとどまらず、独立達成後の国家の経済的主体性の維持や外国の介入排除の機能をもあわせもっている。

ところで植民地はその独立を平和裡に達成するとはかぎらない。植民地施政国の植民地体制への固執に対抗して、民族解放勢力が必然的に武力行使に訴える場合がある。こうして、脱植民地化の過程で多様な武力紛争が発生した。このような植民地または従属地域の人民の自決のための武力闘争が、民族解放戦争である[1]。

---

1) 民族解放戦争とは国家間紛争でも内戦でもなく、それは紛争の当事者および紛争目的というふたつの要因によって決定される。すなわち民族解放戦争の当事者は、国家的同一性を有せずに解放運動の枠組のなかで組織化された人民と、植民地施政国政府であり、その目的は解放運動を通じての自決の実現である。紛争当事者の性質によって民族解放戦争は国家間紛争と区別され、紛争目的によってそれは一国の領土保全の破壊や権力奪取あるいは体制変革をめざす純然たる内戦と区別される。

当初、植民地施政国は、この民族解放戦争をもっぱら国内紛争とみなし、解放運動従事者には苛酷な弾圧が加えられた。伝統的国際法は解放勢力への他国の援助を干渉として違法視し、その逆に施政国への援助は協力として合法視した。

ところが民族自決権の実定法化とともに、事情が変化する。多数の国連総会決議を通じて自決権が確認され、植民地主義が非難されるにともない、民族解放戦争は国際法の直接の規律対象である国際的武力紛争とみられるようになり、それは1977年に採択されたジュネーブ諸条約追加第1議定書第1条第4項に結実した。

現在、民族解放戦争は、人民自決権の実定性を前提にして国際法上一定の合法性を獲得している。このことは、現代国際法上、重要な意味をもっている。

国際社会の実行を通じて、民族解放戦争のいくつかの型が形成された。それらを列挙すると次のようになる。

a、インドネシア、インドシナ、アルジェリア、ケニア、モザンビーク、ギニアビサウ、アンゴラその他にみられた植民地戦争。それらのなかで植民地人民は植民地支配に抗し、独立を求めて戦った。

b、イスラエル占領下のパレスチナ人による闘争を典型とする、外国支配に対する解放闘争。

c、南アフリカ、ジンバブエ、ナミビアその他にみられる少数人種の多数人種への抑圧に対する解放闘争。

以上の「反植民地」、「反外国支配」および「反人種差別体制」の三つの民族解放戦争の型が、本章の対象とする民族解放戦争である。（これらの型のほかにも、カタンガ、ビアフラおよびバングラデシュにみられた分離戦争や、マルクス主義上の人民戦争、革命戦争も民族解放戦争と呼ばれる場合があるが、これらは現代国際法上の民族解放戦争とされてはいないので、本章では扱わない。）

これら三つの型はたがいに別個のものではなく、相互に連関している。たとえばローデシアの民族解放戦争は、白人入植者がアフリカ的環境への統合を拒否した点でこれらa、b、cのそれぞれの性格をあわせもつものだったし、パレスチナ人民の闘争も同様である。（*cf.* Jean J. A. SALMON, «La Conférénce Diplomatique sur la Réaffirmation et le Développement du Droit International Humanitaire et les Guerres de Liberation Nationale», *Revue belge de droit international,* Vol. XII, 1979-1, pp. 27-32; N. RONZITTI, "Wars of National Liberation — a Legal Definition," *The Italian Yearbook of International Law,* Vol. 1, 1975, pp. 192-205.）

なぜなら現代国際法は、戦争違法化現象の結果としての国際連合憲章体制下で、個別的・集団的自衛権の行使によるもの（第 51 条）と安全保障理事会の決定にもとづく強制措置によるもの（第 42 条）とを除いて、一般に武力行使を禁止しているからである。

人民自決権が国際法上の権利として確立するにともない、民族解放戦争が一定の合法性を得たことは、この武力不行使原則に必然的に影響をおよぼすことになる。

国際社会において、また諸学説のなかで、民族解放戦争の合法性を説明するさまざまな論拠が主張された。それらは、解放勢力に一定の国際法主体性を認め、彼らの自衛権の行使として民族解放戦争における解放勢力側の武力行使を肯定するものや、抵抗権概念を援用するもの、さらには憲章第 51 条とならぶ武力不行使原則の例外として民族解放戦争の合法性をとらえるものなどである[2)]。

ここで注目されるのは、現時点の国際社会の総意としてどの論拠がとられて

---

2)　民族解放戦争の合法性については、わが国でもすでにいくつかの論文で扱われている。たとえば以下のものを参照。

家正治「民族解放戦争と民族自決権」（『神戸外大論叢』、第 24 巻第 1 号、1973 年）。同「民族自決権と内戦」（『国際法外交雑誌』、第 73 巻第 3 号、1974 年。金東勲『人権・自決権と現代国際法』（新有堂、1979 年）、255-259 頁。住吉良人「第三世界と国際法㈡」（『法律論叢』 第 50 巻第 5 号、1978 年）、51-54 頁。同「国連における人民の自決権について」（『法律論叢』 第 51 巻第 2、3 合併号、1979 年）、83-88 頁。筒井若水『戦争と法』（東京大学出版会、1971 年）、129-134 頁。同『国際法Ⅱ』（青林書院新社、1982 年）、142-143 頁。広瀬善男『国家責任論の再構成』（有信堂、1978 年）、134-135 頁。藤田久一「民族解放戦争と戦争法」（『変動期の国際法』、有信堂、1973 年）、441 頁、註 10）。松井芳郎『現代の国際関係と自決権』（新日本出版社、1981 年）、39-41 頁。宮崎繁樹『戦争と人権』（学陽書房、1976 年）、第 1 章第 9 節（33-41 頁）。

以上の多くは、東側国際法学者の見解および国連総会決議の紹介や、それらを通しての民族解放戦争の合法性の肯定・確認（あるいはその態度への批判）の作業である。そこにおいては、民族解放戦争の合法性が武力不行使原則全体のなかでもつ意味を問う視座が提示されていない。それゆえ、以上の諸論文をもって、民族解放戦争の合法性についての研究がされ尽されたとは筆者には思えない。

いるかという点を別にして、それらのいずれの論拠の背後にも、植民地支配、外国による支配および人種差別体制を絶対的「悪」ととらえる立場からの「民族解放戦争正戦観」が存在することである。

この民族解放戦争正戦論は、戦争の違法化を前提とした上で自衛権行使としての武力行使と国連の集団措置としてのそれとを合法視する国連憲章体制下のいわゆる実定主義正戦論[3)]とは本質的に異なる。前者が中世の正戦論と同様の論理構造をもち、反植民地支配、反外国支配および反人種差別体制を民族解放戦争を行うためのjus ad bellum（戦争に訴える権利としての正当理由）とするのに対し、後者はjus ad bellumを問題とせず、結果として最初に武力を行使した国家をその武力行使の正当性を考慮することなく違法とし、それへの反撃あるいは制裁としての武力行使だけを合法とするものだからである[4)]。

以上のような民族解放戦争のjus ad bellumは、民族解放戦争が国際的武力紛争とされるとともに、民族解放戦争の人道法上の位置づけにも当然反映する。jus ad bellumのjus in bello（具体的戦闘行為を規整する法）への浸透現象である。

本章の目的はふたつある。第1に東側国際法学者の若干の見解以外には従来

---

3) 実定主義正戦論については、筒井若水『戦争と法』、前掲書、95-115頁、および吉川宏「現代国際体系の成立と正戦論の復活」(『北海学園大学法学研究』第7巻第1号、1971年)、27-51頁を参照。

4) 正戦と合法戦争とを区別するこのような考え方については、J. L. KUNZ, "Bellum Justum and Bellum Legale," *American Journal of International Law,* 1951, pp. 528-534を参照。ただしこの考え方に対しては、国際連合の多数意見がそれ自身もっとも望ましい正義内容であると推測されること、世界平和の確立という一線を越えてはどのような正義も先行せず、換言すれば「平和の維持」こそが現代世界にあっては絶対的な正義を意味していること、とする反論が可能である。(筒井『戦争と法』、前掲書、104頁。)

しかしこの反論における「平和」概念は、戦争のない状態を意味する「消極的平和」の概念にとどまっている。以下で述べるように、民族解放戦争が合法性を獲得する過程は、消極的平和から積極的平和——植民地支配・外国支配・人種差別体制という構造的暴力の克服——への平和概念の変遷の過程にほかならず、この新しい平和概念の見地からは、このふたつの戦争概念は明確に区別されなければならない。

日本であまり検討されてこなかった民族解放戦争合法化論を紹介し、そのなかのいずれの論拠が現時点での国際社会の総意に近いものかを考察することであり、第2に国際社会の実行と各法系の学説にあらわれる民族解放戦争正戦観とをあとづけ、そこから導かれる武力不行使原則の現代的変容を明らかにすることである。

以下、Ⅰでは、国際社会による民族解放戦争の位置づけの跡をたどる。

Ⅱでは、民族解放戦争合法化論を扱う。その際、国連総会決議の内容およびその性格についても触れることになる。

Ⅲでは、西側国際法、東側国際法および民族解放戦争を自ら戦ったアフリカ人によるアフリカ国際法上の民族解放戦争観を比較する。

Ⅳでは民族解放戦争正戦論をとりあげ、それが現在のjus in belloのなかにどのように浸透し、そこにどのような問題が生じているかを検討する。

最後に、以上の各章での考察を通して導かれる武力不行使原則の現代的変容を明らかにし、その将来の展望についても触れることにする。

Ⅰ　国際社会による民族解放戦争の位置づけ

(1)　ゴア事変

明示的にも黙示的にも植民地主義を違法視していない国連憲章においてはもちろん、1960年の「植民地諸国、諸人民に対する独立付与に関する宣言」(1514XV以下、植民地独立付与宣言と記す) においても、自決の実現を目的とする武力行使は是認されてはいない[5)]。

植民地状況での武力行使の問題に国連がとりくむことになった転換点が、植

5)　しかし同宣言はその第4項において、「かれら＝〔従属下の人民〕に向けられたすべての武力行動、またはあらゆる種類の抑圧手段を停止し、かつかれらの国土の保全を尊重しなければならない」と規定する。植民地関係が国連憲章第2条4項にいう国際関係に相当し、したがって植民地人民の自決への欲求を武力をもって抑圧することは禁じられるとする、後に現われる論拠が、ここに示唆されている。

民地独立付与宣言採択の翌年に起こったゴア事変である。

1961年12月18日、安全保障理事会がポルトガルの訴えにもとづいて開催された。ポルトガルは、インドがポルトガル領のゴア、ダマオ、ディウーに侵入、これを占領したことを理由に、インドのこの行為を国際法違反として非難した。アメリカ合衆国、イギリス、フランス、トルコ、中国（中華民国）、エクアドルおよびチリの7カ国が、これらのうちの初めの4カ国の提出した決議案——戦闘停止とインド軍の当地からの撤退を求めるもの——に賛成したものの、セイロン、リベリアおよびエジプトの反対を背後にソ連（当時、以下同）が拒否権を行使したため、同決議案は流れた。同様に、反対票を投じた3国が提出した決議案——ポルトガルの訴えをしりぞけ、ポルトガルに対してインドでの植民地保有の清算、インドへの敵対行為の終了を求めるもの——も、アメリカ合衆国、中国、フランスおよびイギリスの反対にあって不成立に終わった[6)]。

安保理事会のこれらの決議が不成立に終わった後、インドは上述の3地域を自国領土に統合した。

安保理事会でのゴア事変についての討議を跡づけることによって、この問題に対する各国の認識の差異を知ることができる。

トルコ、中国に支持された西側理事国は、国際紛争を平和的手段によって解決する義務、および、国際関係において武力による威嚇または武力の行使を慎む義務を、国連憲章下での諸国家の第1の義務と考えていた。彼らはこれらの義務が憲章そのものに由来し、国家に許容される武力行使として、憲章は、国連自身の権限下での個別的・集団的自衛だけを認めているとの立場をとっていた。

以上の事情から、アメリカ合衆国代表スチーブンソンは、次のように発言している。

「インドのゴアへの武力攻撃は、インドが頻繁に行ってきた厳粛な原則宣言

6)　ゴア事変全般については Quincy WRIGHT, “The Goa Incident,” *American Journal of International Law,* Vol. 56, 1962, pp. 617-632 を参照。

を愚弄するものである」[7)]。

フランス代表はインドの敵対行為を「純粋な軍事攻撃」であるとして、この事変を国内問題とするインドの主張を「法の否認」であると批判している[8)]。

中国、エクアドルおよびチリの代表は、植民地主義の除去への努力に共感を示しながらも、インドの武力行使についてはその正当性を否定し、インドの論拠をうけいれなかった[9)]。

これら西側理事国の態度に対し、ソ連はまっこうから反論した。同国は討議のなかで、安保理事会はインドを批判するどころか、ポルトガルに、反植民地を宣言した国連総会諸決議の履行を迫るべきである、と主張した。ソ連によれば、ポルトガルは「ゴアを含む世界のさまざまな部分で平和と安全とへの脅威をつくりだしている」[10)]のだった。

リベリア代表は、「ゴアはポルトガル領ではなく、国連総会決議に宣言されたように非自治地域であり、問題は5世紀《（ママ）》半にわたるポルトガルのインド人支配である」[11)]と述べた。

エジプト代表は、当該地域のインドへの平和的譲渡をめざしたインドの努力を強調した[12)]。

セイロン代表は、力によって征服されたゴア人は反抗する権利をもち、インドには彼らの解放を援助する資格があるとし、「インドは領土拡張のために武力を行使したのではない」と結んだ[13)]。

ゴア事変の当事国インドの代表は、インド軍の武力行使を、「国内問題」と「自衛権行使」というふたつの論拠によって正当化している。

前者について、インド代表は次のように述べている。

7）*SCOR* 16th Year, 987th mtg., 18 December 1961, para. 77.

8）*ibid.,* 988th mtg., para. 6.

9）*ibid.,* paras. 10-16, 17-22, 23-33.

10）*ibid.,* 987th mtg., paras. 104-149.

11）*ibid.,* para. 96.

12）*ibid.,* paras. 120-129.

13）*ibid.,* paras. 130-149.

「これらの領域がポルトガル領を構成しているとの考えは、まさに驚くべき神話である。それらはインドの構成部分であり、そうである以上、自国の領土、自国の国民に対する侵略という問題はありえない」[14)]。

また、後者については、

「12月17日早朝、……ポルトガル植民地軍が、インド領内のインド人を攻撃した。インドがとった措置は、ポルトガルに対して反乱を起こしているゴアの民衆を保護するためのものだった。ポルトガルはゴアに12000人もの兵士を集結させ、彼らはそこで公共の建物に地雷を敷設した。……憲章は自国民保護という自衛のために武力を行使しうると規定している。そして確かにゴア人は他のインド人と同様、インド人なのである」[15)]と主張した上で、自衛権行使の根拠として、

⑴　軍事占領によって有効な権原は生じない以上、ポルトガルはゴアへの権原をもたない。

⑵　領土保全の尊重とは有効な権原を有する領域に対してのものであり、単に占領されただけの領域はその対象とならない。

⑶　インドがゴアを防衛する権利は、たとえその行使が4世紀以上にわたって放棄されていたとしても、ゴアが1510年に攻撃されて以来、存続している。

⑷　以前の状態がどんなものであれ、憲章第73条の解釈についての1960年および1961年の国連総会諸決議によって、インドのゴアを防衛する権利

---

14)　*ibid.,* paras. 41, 43, 46. ゴア問題を国内問題ととらえるインドの見解は、以後の国連の実践が植民地問題を国際関心事項としてとりあげていくことを思えば、注目にあたいする。それらの過程では、植民地施政国の側が植民地問題を国内問題として、国連をはじめとする外部の介入をはばもうとし、逆に解放勢力の側がこれを国際世論に訴えるのが通常だからである。もちろん、インドの主張の意図は、それを国内問題とすることによって、国連憲章第2条4項の武力不行使原則の適用を逃がれることにあった。

15)　*SCOR op. cit.,* 987th mtg., para. 57 ; see also, Quincy WRIGHT, *op. cit.* (note 6), p. 620.

が認められている。

の4点をあげている[16)]。

(2)　友好関係宣言

1970年に成立した「国際連合憲章に従った国家間の友好関係及び協力についての国際法の原則に関する宣言」(2625XXV、以下友好関係宣言と記す)の審議において、民族解放戦争の合法性をめぐる議論がはじめて本格的に行われた[17)]。同宣言を起草した特別委員会のなかで、人民の同権および自決の原則に関する提案が6つ、修正案が2つ提出された。これらのなかで、自決権の行使としての武力行使について、以下のような見解がみられた。

1966年のチェコスロヴァキア提案はその第6部第3段において「人民は植民地主義を除去する不可譲の権利および彼らの解放、独立、自由な発展のためにあらゆる手段を用いて闘争を遂行する権利をもつ」としている[18)]。

同年のアルジェリア、ビルマ、カメルーン、ダホメイ、ガーナ、インド、ケニア、レバノン、マダガスカル、ナイジェリア、シリアおよびユーゴスラビア(当時、以下同)の共同提案は、その第2段bのなかで、「正当な人民自決権および完全な自由を剥奪された人民は、彼らに固有の自衛権を行使する資格をもち、その自衛権によって彼らは他国からの援助を受けることができる」と述べ

---

16)　*ibid.,* p. 622.　ここにいう総会諸決議とは、1514(XV)(植民地独立付与宣言)1542(XV), 1654(XVI)、1699(XVI)を指している。これらの諸決議によって、非自治地域施政国はそれらの地域の解放を急ぐこと、スペインおよびポルトガルの海外領土は非自治地域であること等が宣言された。最後の1699(XVI)はゴア事変についてのものであり、ポルトガルが憲章第73条に従わない点を非難し、事情調査委員会の設置・派遣、ポルトガルの義務遵守に向けての加盟国の影響力行使の要請をうたっていた。

17)　友好関係宣言起章過程での審議内容については、既にわが国でも何回か紹介されている。次の論文を参照のこと。家「民族解放戦争と民族自決権」、前掲(註2)。同「民族自決権と内戦」、前掲。松井『現代の国際関係と自決権』、前掲(註2)、39-40頁。

18)　*GAOR* 24 th Session, Supple. No. 19 (A/7619), para. 138.

ている[19)]。

1969年のチェコスロバキア（当時、以下同）、ポーランド、ルーマニアおよびソ連が行った共同提案では、その第2段cにおいて「植民地支配下の人民は、武力闘争を含むあらゆる手段を用いて、植民地主義からみずからを解放するために闘争を遂行する権利をもち、その闘争において他国からの援助を受けることができる」と規定している[20)]。

これらの提案にみられるような、民族解放戦争を植民地人民による自衛権の行使とみる立場は、非同盟諸国、社会主義諸国の広い支持を得ていた[21)]。すなわち彼らは、「植民地支配の下に従属し、自決権の行使をはばまれている人民は、武力行使を含むあらゆる手段を用いて植民地主義を除去する権利をもつ」、「この闘争の正当性は国連総会および安保理事会の諸決議によって認められており、権利あるところ救済ありの原則の当然の帰結である」、「それらの人民はその闘争において他国からのあらゆる援助を受ける資格をもち、他国はそのような援助を与える権利を有するだけでなく義務をも負う」といった見解に加えて、「他のあらゆる救済手段が尽されたときには従属人民に固有の自衛権の行使が定式化されるべきである」と主張したのである[22)]。

非同盟諸国、社会主義諸国のこれらの意向に対して、西側諸国は以下のように反対意見を述べている。

「従属人民が武力を行使する固有の権利をもち、他国の武力による援助を受ける固有の権利をもつとする見解は、何ら憲章に基盤を有していない」、「憲章および一般国際法の下では、『人民』は『国家』と同一視しえず、同等の権利をもつことはありえない」、「自衛権を、植民地主義の清算あるいはそれと類似の政治目的を得るために行使することはできない」、「植民地支配の正当性は憲

19）　*ibid.*, para. 139.　これらの諸国は翌67年にも同様の提案をしている（*ibid.*, para. 143）。

20）　*ibid.*, para. 145.

21）　松井、前掲（註2）、40頁。

22）　*GAOR op. cit.* (note 18), para. 167.

章が認めている」、「憲章第２条４項は、それが国際関係に限定されている以上、植民地には適用できない」。

さらに数カ国の代表は、「どのような法体系も法的革命権を確立することはできない」と述べ、「武力不行使原則は自決権に関わる紛争にも適用されるべきである」と唱えている[23]。

以上の見解の対立の結果、コンセンサス方式によって成立した宣言には、民族解放戦争についての明文規定は含まれず、同宣言の第５原則は、すべての人民が自決の権利をもつことを明確に認めながらも、彼らの武力行使に関しては、「すべての国家は、この原則の詳述にあたって上に言及された人民から自決権と自由および独立とを奪う、いかなる強制行動をも慎む義務を有する。かかる人民は、自決権行使の過程でこのような強制行動に反対し抵抗する行動において、憲章の目的と原則とに従って援助を求めかつ受ける権利を有する」と規定するにとどまっている。

自決権行使としての武力行使に関する議論は、同宣言の第１原則である国際関係における武力不行使原則の審議においても行われた。

1966年のチェコスロヴァキア提案は、すべての国家の武力不行使義務を述べた後で第７段において、上述の武力不行使義務の影響を受けない事例として、「国連憲章にもとづいて行われた安保理事会の決定に従った武力行使」「武力攻撃が発生した場合の個別的または集団的自衛権の行使としての武力行使」とともに、「植民地支配に対する人民の自決権の行使としての自衛における武力行使」をあげている[24]。

また、1967年のアルジェリア、カメルーン、ガーナ、インド、ケニア、マダガスカル、ナイジェリア、シリア、エジプトおよびユーゴスラビアが行った共同提案の第６段にも、同様の表現がみられる[25]。

これに対し1966年のオーストラリア、カナダ、イギリスおよびアメリカ合

23）*ibid.,* para. 168.

24）*ibid.,* para. 29.

25）*ibid.,* para. 34.

衆国の共同提案や翌 67 年のイギリス提案からは、武力不行使義務を免れる事例の中の「植民地人民の自決権行使としての自衛権行使」が脱落している[26)]。

ここにおいても、先の人民の同権と自決との原則についての審議と同様、成立した宣言は植民地施政国の側が自決権を否定する強制行動を慎む義務についてだけ言及し、植民地人民の武力行使の合法性については触れていない。

以上のように、妥協的側面を色濃く有している友好関係宣言は、全体として各国によりどのように評価されているのだろうか。

概して第三世界諸国および社会主義諸国は、同宣言が植民地独立付与宣言にまったく言及していない点などにみられる控え目な調子に不満を抱いている。いくつかの国は、反抗する権利がかならずしも明確になったとはいえないとの遺憾の意を表明している[27)]。ユーゴスラビアは、この自衛権が曖昧さを残さずに確認されればより望ましかった、と述べ[28)]、他方エジプトは、厳密な意味での植民地人民の自衛権が肯定されたと満足している[29)]。シリアは同宣言がラディカルな命題、すなわち植民地人民がみずからを解放するためにはあらゆる手段を用いることができ、そのための援助を受け入れることができる、との命題を確認したものとみなしている[30)]。

ラテン・アメリカ諸国は、人民の同権と自決権および武力不行使の原則について、率直に満足の意を表わしてはいない[31)]。

フランスは、この原則についての宣言の規定を、「植民地人民に対して武力

26)　*ibid.,* paras. 30-31.　植民地人民の自決権にもとづく自衛権行使に関しては、ラテン・アメリカ諸国は西側諸国と同じ態度をとっている。このことは、西側諸国の提案と同様に、植民地人民の自衛権行使を除いた提案をアルゼンチン、チリ、ガテマラ、メキシコおよびベネズエラが行なっていることからもわかる。(*ibid.,* para. 35) さらに次を参照。*ibid.,* 22nd Session, Cmte. 6, 1002 mtg., para. 14.

27)　*ibid.,* 25th Session, Cmte. 6, 1182 mtg., paras. 12, 16.（モンゴルおよびアフガニスタンの主張。）

28)　*ibid.,* Supple. No. 18 (A/8018), para. 161.

29)　*ibid.,* Cmte. 6, 1182 mtg., paras. 250-251.

30)　*ibid.,* para. 206.

31)　*ibid.,* A/8018., paras. 96-117.

が用いられたならば、彼らは反抗に訴える権利および援助を受ける権利を取得する」意味にとっている[32)]。この解釈は、多くの西側諸国のとるものであった。

(3)　侵略の定義

1974年12月14日、第29回国連総会は決議3314（XXIX）によって「侵略の定義」を採択した。これに先だって1967年の第22回総会で35カ国からなる「侵略の定義問題に関する特別委員会」が設置されたが、そこにおいても自決のための武力行使が認められるか否かが主要な争点のひとつとなった。

1972年の段階では侵略に関する規定が人民の自決権を制限するものと解されてはならないということについて、大体の意見の一致があった。しかし、さらに進んでそれが自決権行使のための従属人民の武力行使を妨げないとする条項を加えるかどうかについては議論があった[33)]。

1973年の段階になって、被圧迫人民の抵抗の権利が認められ、これらの人民が援助を受ける権利も認められた[34)]。これが委員会案第7条となり、最終的に総会の承認するところとなった。

第7条の規定は次のとおりである。

「この定義中のいかなる規定も、とくに第3条も、国際連合憲章に従った国家間の友好関係及び協力についての国際法の原則に関する宣言に言及されている、その権利を強力により奪われている人民の、とくに植民地体制、人種差別体制その他の形態の外国支配の下にある人民の、憲章から導かれる自決、自由および独立の権利を、また憲章諸原則及び上記の宣言に従いその目的のために闘争し、支援を求め、かつ、これを受けるこれらの人民の権利を、いかなる意味においても害するものではない。」

---

32)　*ibid.*, para. 151.

33)　家正治『国際連合と民族自決権の適用』（神戸市外国語大学外国学研究所、1980年）、18頁。

34)　高橋通敏「侵略の定義に関する国連委員会案の成立」（下）（『国際問題』、第177号、1975年）、88頁。

先に述べたように、この定義の起草過程において、植民地人民の自決権にもとづく武力行使と国連憲章第51条にもとづく個別的・集団的自衛権との関連が議論された。第6委員会において、シリア代表は、第51条は広く解釈されるべきであり、したがって、抑圧され、植民地化され、出生の地から追放された人民に対しても同条は適用可能である、と主張している[35)]。同様の拡大解釈の要求は、しばしばくりかえされている[36)]。

マダガスカル代表は、討議に新たなニュアンスを導いた。彼は、「第51条にはふたつの意味がある。第1に武力攻撃に対して援用しうる自衛、第2に自決権行使の問題において用いうる自衛である」と述べている[37)]。

西側諸国は、自決の問題は侵略の定義とは無関係であるとの立場をとり続けた。彼らは、自衛権は国際関係のなかでのみ援用することができるのであって、植民地施政国と植民地人民との関係はこの国際関係にはあたらないと主張し、武力だけが侵略を構成し、イデオロギー的な、あるいは経済的な強制は不干渉の領域の問題であって第51条に関係しない、とした[38)]。

いくつかの第三世界諸国は、自決権に依拠する第51条の拡大解釈に対して、危惧の念を表明した。イスラエルの先制自衛の論理による武力行使を恐れるアラブ諸国が、とりわけそのような態度をとった。エジプトに率いられたこれらの諸国は、植民地主義そのものが武力攻撃を構成すると主張した。「多くの国々が植民地主義の本質を誤解している。植民地統治の維持は、たとえどんなに広い意味にとっても武力にあたらない。そうではなくて、それは、武力攻撃自体を構成するのである」[39)]と彼らは述べている。

第51条を厳密に解釈しようとする諸国は、より制限的な「反抗する権利」

35）　*GAOR* 25th Session, Cmte. 6, 1204 mtg., para. 5.

36）　たとえばアフガニスタンの主張（*ibid.,* 1206 mtg., para. 50）。

37）　*ibid.,* para. 75.

38）　A/AC 134/SR. 1–51, p. 48 (cited in R. GORELICK "Wars of National Liberation : Jus ad Bellum," *Indian Journal of International Law,* Vol. 18, 1978, p. 367, note 16).

39）　エジプト（*GAOR* 24th Session, Cmte. 6, 1168 mtg., para. 14.）、トーゴ（*ibid.,* 25th Session, Cmte. 6, 1208 mtg., para. 19.）

を主張する。たとえばケニアは、多くの隠健な第三世界諸国と同様に、次のような意見を表明している。

「植民地人民から彼らの自決権を剥奪するために武力が行使されたなら、植民地人民は反抗する権利をもつことになるだろう。」[40)]

この見解は、多くの西側諸国が民族解放戦争に関する総会決議中の規定に対してとる解釈でもある。

次に、先にあげた第７条を各国はどう評価しているだろうか。

多くの社会主義諸国と第三世界諸国は第７条を、反抗する権利の正当性を認めたものととらえている[41)]。マダガスカルはこのような第７条の解釈を正しいものと確認しつつも、当該人民の自衛権が明示されなかった点に遺憾の意を表わし[42)]、植民地主義の「継続的侵略性」を考慮すれば、自衛権こそが反抗する権利の基礎であることを示唆している[43)]。

これに対してカナダは、「第７条は平和的手段によって闘争する権利を与えるものである」と述べた[44)]。この見解は革命前のポルトガルによって支持された[45)]。イギリスは、「この定義には何ら新しい規定は盛り込まれておらず、武力が植民地人民に対して行使された場合に彼らが反抗する権利を再確認したものにすぎない」と宣言している[46)]。フランスはここでも、第７条が扱う問題は国際事項ではないから、侵略の定義に含めるべきではないと主張している[47)]。

---

40)　*ibid.,* 23rd Session, Cmte. 6, 1080 mtg., para. 45.　パキスタンも参照。（*ibid.,* para. 69.）

41)　以下の諸国の、第29回総会第６委員会での発言を参照のこと。ケニア（1474 mtg., para. 24)、リビア（1477 mtg., para. 15)、アルジェリア（1479 mtg., para. 29)、イエメン（1479 mtg., para. 27)、セネガル（1480 mtg., para. 27)、ガーナ（1480 mtg., para. 25)、ブルンディ（1482 mtg., para. 8)、チュニジア（1482 mtg., para. 26)、カメルーン（1483 mtg., para. 14)、エジプト（1483 mtg., para. 32)、スーダン（1504 mtg., para. 13)

42)　*ibid.,* Supple. No. 19 (A/9619), p. 15.

43)　*ibid.,* Cmte., 6. 1474 mtg., para. 39.

44)　*ibid.,* 1473 mtg., para. 15.

45)　*ibid.,* 1478 mtg., para. 22.

46)　*ibid.,* 1477 mtg., para. 24,　および A/9619, p. 32.

アメリカ合衆国は第７条を友好関係宣言のなかの諸規定の再確認とみる。そしてそれらの諸規定のいずれも、植民地人民の武力行使を許容していない以上、第７条においても彼らの武力行使を認めることはできないと指摘している[48]。

以上に述べた各国の見解から次のことがわかる。すなわち、第三世界諸国は、自決のために闘争する人民に対しては彼らの武力行使への、第三国に対してはそのような武力行使において彼らを援助することへの全面的容認を要求することによって、第７条を彼らの完全な勝利であると解釈した。侵略の定義第３条は、軍事力の先制使用を中心とする詳細な侵略概念を定義しているが、多くの第三世界諸国は第７条を根拠として、第３条の例外が存在することを指摘し、さらに、第７条において武力行使への言及が巧みに回避されているのにもかかわらず、ここでの「闘争」という言葉を「武力闘争」と解したのである[49]。

これに対して西側諸国は、第７条の「闘争」から「武力闘争」を除外することによって初めて、自決のための闘争の場合には第３条の全規定の適用が免除される、とみなしている。

重要な点は、法的意味での決着がこの争点に関してついていないものの、第三世界の側が政治的勝利をおさめたことである[50]。その解釈が全面的に異論のないものではなくても、政治的手段としては、そのような解釈は第三世界諸国にとって非常に有用なものだからである[51]。

47）　*ibid.*, p. 22.

48）　*ibid.*, p. 24.

49）　Julius STONE, *Conflict Through Consensus : United Nations Approaches to Aggression,* Baltimore and London : Johns Hopkins University Press, 1977, pp. 131-133.

50）　この点に関し、ストーンは以下のように述べている。
「コンセンサス方式による『侵略の定義』がこの点について議論の余地を残したという事実は、将来において、一定の政治的正当性を間接的軍事侵略の企図に与えるだろう。このような企図は、現在の国際法においては違法とされている。」(*ibid.*, pp. 138-139.)

51）　政治的武器としての、コンセンサス方式による侵略の定義が有する第三世界諸国にとっての有用性については、次を参照。*ibid.*, chapter 6, pp. 66-86.

(4)　ジュネーブ諸条約第1追加議定書

1974年から1977年にかけて開催された国際人道法外交会議では、その冒頭から「1949年8月12日のジュネーブ諸条約に追加される国際的武力紛争の犠牲者の保護に関する議定書」（以下、第1追加議定書と記す）の適用範囲のなかに民族解放戦争を含めるか否かをめぐって議論がはげしく戦わされた。その結果、民族解放戦争を国際的武力紛争とする立場が、第三世界諸国および社会主義諸国の圧倒的支持を得てとりいれられ、それは第1追加議定書第1条4項の規定となった[52)]。同条3項および4項の規定は以下のとおりである。

「第1条

3　この議定書は、戦争犠牲者の保護に関する1949年8月12日のジュネーブ諸条約を補完するものであって、諸条約に共通の第2条にいう事態に適用する。

4　前項にいう事態には、国際連合憲章および『国際連合憲章に従った国家間の友好関係及び協力についての国際法の原則に関する宣言』に明記された自決の権利を行使して、人民が植民地支配および外国による占領に抵抗して、ならびに、人種差別体制に抵抗して、戦っている武力紛争も含む。」[53)]

---

52)　1977年第1追加議定書第1条4項については、次を参照。
竹本正幸「1949年のジュネーブ諸条約に追加される二つの議定書について(1)」（『国際法外交雑誌』、第77巻2号、1978年）、56-68頁。藤田久一『国際人道法』（世界思想社、1980年）、76-82頁。松井芳郎「民族解放団体の国際法上の地位」（『国際法外交雑誌』、第81巻5号、1982年）、64-68頁。

53)　ここに述べられた武力紛争の当事者である民族解放団体は、同議定書第96条3項の手続きを経て、同議定書およびジュネーブ諸条約の適用を受けることができる。第96条3項の規定は次のとおり。

「第96条

3　締約国に対して第1条4項にいう形態の武力紛争に従事している人民を代表する当局は、被寄託者に宛てた一方的宣言の方法によって、その紛争に関して諸条約およびこの議定書を適用することを約束することができる。そのような宣言は、被寄託者がそれを受領したとき、その紛争に関して次の効果を有する

ここではこの第1条第4項の成立過程における各国の見解をたどることにする。

ICRC（赤十字国際委員会）が作成した最終案の第1条には、議定書第1条第4項にあたる規定はなく、そこには議定書第1条第3項の規定だけがあげられていた[54)]。これに対し外交会議第1会期（1974年）第1委員会において、チェコスロヴァキア、ソ連等7カ国修正案[55)]、アルジェリア・オーストラリア等15カ国修正案[56)]、オーストリア・西独等7カ国修正案[57)]、ルーマニア修正案[58)]、エ

ものとする。

(a)　諸条約およびこの議定書は、紛争当事者としての当該当局について、直ちに効力を生じる。

(b)　当該当局は、諸条約およびこの議定書の締約国が有するのと同一の権利義務を有する。および、

(c)　諸条約およびこの議定書は、すべての紛争当事者を等しく拘束する。」

なお、1980年10月10日に採択された「過度に傷害を与えまたは無差別に効果を及ぼすことがあると認められる通常兵器の使用の禁止または制限に関する条約」の第1条および第7条4項も、第1追加議定書の第1条第4項および第96条第3項にそれぞれ類似した規定である。（*International Legal Materials,* Vol. 19, 1980, pp. 1523-1536.）

54)　竹本、前掲（註52)、56-57頁、および藤田、前掲（註52)、81頁、註7)。

55)　*Official Records of the Diplomatic Conference on the Reaffirmation and Development of International Humanitarian Law Applicable in Armed Conflicts,* Geneva (1974-1977), CDDH/I/5, 7 March. その内容は以下のとおり。

「諸条約共通第2条の対象となる国際的武力紛争には、人民が植民地支配および外国の支配、ならびに、人種差別体制に抵抗して戦っている武力紛争も含まれる。」(*cf.* Jean J. A. SALMON, *op. cit.* (note 1), p. 35.)

56)　CDDH/I/11, 8 March.

「前段が対象とする事態には、国際連合憲章によって確立され、『国家間の友好関係及び協力についての国際法の原則に関する宣言』によって定義された自決権の行使をめざす人民によって遂行される武力闘争が含まれる。」(*cf. ibid.*)

57)　CDDH/I/12, 8 March.

「この議定書または他の諸条約によって予想されない場合において、文民および戦闘員は依然として国際法の諸原則の保護および支配下に置かれる。それらの諸原則とは、確立された慣習、人類の教訓および公の良心の命令に由来する。」

この修正案は、国際的武力紛争の概念の拡大を回避し、文民および戦闘員に対してマルテンス条項の恩恵を与えるにとどめることを意図している。(*cf. ibid.*)

ジプト、インド等修正案[59]、トルコ修正案、およびアルゼンチン等5カ国修正案[60]が次々に提出された。これらの修正案のうち、オーストリア・西独等7カ国修正案以外のものは、表現の相異はあるものの、民族解放戦争を国際的武力紛争としてとらえ、これに対するジュネーブ諸条約および第1議定書の全面適用を求めるものだった。それらのなかでアルゼンチン等5カ国修正案が第1委員会において表決され、賛成70、反対21、棄権13で採択された。これが第4会期（1977年）本会議において、四つの項の順序が入れ替わった形となって賛成87、反対1（イスラエル）、棄権11で採択され、現在の条文となった[61]。

国際的武力紛争の枠を広げることになるこの修正案の採択を、西側諸国は何とか阻止しようとして、そのために様々の論拠を第1委員会の討議のなかで提起した。それらのうちには、国連憲章が制定されてから当時に至るまでの20年以上の間に現実の国際法が変遷したという当然の事実を顧みない時代錯誤の見解もみうけられるが[62]、それらを除くと西側諸国の論拠は五つある。

58）　CDDH/I/13, 11 March. この修正案は、ICRC最終案第1条の最後に次の規定を追加しようとするもの。

「……諸条約に共通の第2条にいう事態、『ならびに、植民地人民、その他の非自治地域人民および外国の占領に服従した人民が、侵略および抑圧の犠牲となることからの最良の保護を確保するために、自決権、および、侵略からみずからを防衛する権利を行使するなかで従事する武力紛争』に適用する。」（*cf. ibid.*, p. 36.）

59）　CDDH/I/41, 14 March. その内容は、CDDH/I/11 とほとんど同一である。（*cf. ibid.*）

60）　CDDH/I/71, 22 March.

61）　日本は第一委員会での表決では反対票を投じ、3年後の本会議の表決では棄権した。それぞれの際の日本の発言については（註80）を参照。

62）　イギリス代表は以下のように述べている。

「国連憲章のなかに自決についての言及はあるが、それは原則としてであって権利としてではない。憲章のどこにも武力闘争に従事する権利はみあたらない。どんな国連総会決議も憲章を修正することはできない。……『人民の自決のための闘争』という用語はあまりにも曖昧である。『人民』とは何か？　これらの用語はビアフラやバングラデシュの例が示すとおり、とらえがたく、法の定立の基礎として用いることはできない」。（CDDH/I/SR. 2, para. 46.）

また、モナコ代表のドゥ・ラ・プラデル（DE LA PRADELLE）も、総会決議の国

第1の論拠は、「民族解放戦争は国内的紛争である」という、伝統的観点に立脚するものである。この見解は、たとえばイタリア代表のカセーゼ（A. Cassese）によって、次のように主張される。

「自決権の行使の過程で人民が遂行する闘争が国際的紛争であるとは思えない。……なぜなら、そのような闘争を客観的に判断すれば、それは国内的紛争だからである。ジュネーブ諸条約が国内的武力紛争と国際的武力紛争との基本的区分に立脚している以上、それらを第1議定書に含めることになれば、諸条約の全体系がこわれてしまうだろう。」[63]

アメリカ合衆国代表は、以下のように発言している。

「国内的テロ行為が国際的紛争とみなされるからといって、その行為は合法化されない。『外国の支配』や『人権差別体制』の概念は定義されていない。」[64]

これらの西側諸国の主張に対して、国連法、とりわけ非植民地化の分野での変遷を示すのに有利な立場にある第三世界諸国は、そのような変遷を経た現在の法が、「植民地戦争とは内戦であり、テロリストや反逆者に対する秩序維持のための作戦行動である」とする考えとはすでにはっきりと絶縁していること、植民地関係とはすぐれて国際関係であり、1世紀にわたる法形式主義はもはやこの明白な事実を覆い隠すことはできなくなっていることを雄弁に論じた[65]。

また、シリアは、国際的武力紛争とはふたつの国際法主体の間で戦われる武力紛争であること、民族解放団体が国際法主体であることは幾多の国連総会決議から明らかなことを訴えている[66]。

際法としての性格を否定する意見を述べている。(*Ibid.*, SR. 4, para. 21.)

なお、以下の議論は、Jean J. A. SALMON の前掲論文に負うところが大きい。

63） CDDH/I/SR. 3, para. 37.

64） *ibid.*, SR. 2, para. 52.

65） タンザニア（*Ibid.*, SR, 3, para. 23）、フレリモ（モザンビーク解放戦線）（*ibid.*, SR. 5, para. 16）、ウガンダ（*ibid.*, SR. 5, para. 29）、ギニア・ビサウ（*ibid.*, SR. 5, para. 38）、ナイジェリア（*ibid.*, SR. 5, para. 45）、汎アフリカ会議（*ibid.*, SR. 6 para. 14）の発言を参照。

第 2 の論拠は、「ジュネーブ諸条約は民族解放戦争のような武力紛争への適用を予想してはいない」とするものであり、この論拠はさらにふたつの系に分けられる。

第 1 の系は、ジュネーブ諸条約および第 1 追加議定書が複雑なメカニズムを経て発効し、国家にして初めて履行可能な諸義務を課している点に依拠するものである[67]。とりわけアメリカ合衆国代表は、ジュネーブ第 3 条約第 23 条（捕虜を戦闘地域から隔離し、彼らに避難所の利用を確保する義務および捕虜収容所を識別するために文字により表示をする義務を規定する）をあげ、ここに掲げられているような重い義務を民族解放団体が履行することは到底不可能であり、彼らが条約違反の非難にさらされることは目に見えていると結んでいる[68]。

第 2 の系は、ジュネーブ諸条約が武力紛争の当事者としては「国家（Puissances）」だけを、条約当事者としては「締約国（Hautes Parties Contractants）」だけを想定していたことにもとづき、このことを理由にして民族解放団体の当事者資格を否定するものである[69]。

これに対しては、アビ・サーブ（G. Abi-Saab）の有力な反論がある。彼はこの考え方を「形式主義的論拠であって、けっして確定的なものではない」その理由として、”Puissance” は国家（Etat）よりも広い観念であること、最も広く解釈することが、あらゆる種類の国際的武力紛争へ適用を拡大することが望ましいというジュネーブ諸条約の人道的目的に最も沿うことになること、ジュネーブ法を含む戦争法は、交戦団体が承認された場合にはそれが国家を形成していなくてもその交戦状態に適用されること、アルジェリア共和国臨時政府をは

66）*ibid.,* SR. 4, para. 23.

67）ベルギー（*ibid.,* SR. 2, para. 32）、アメリカ合衆国（*ibid.,* SR. 2, para. 51）、イタリア（*ibid.,* SR. 3, para. 38）の発言を参照。

68）*ibid.,* SR. 4, para. 4.

69）以下はイタリアの主張。

「ジュネーブ諸条約の共通第 2 条 3 項の “Puissances” という用語は、国家のみを意味し、それ以外の権力体を意味しない。これは諸条約の文言および精神に由来している。」（*ibid.,* SR. 3, para. 38.）

じめとするいくつかの民族解放団体が、すでにジュネーブ諸条約に加入していることをあげている[70]。

より重大な問題を含んでいるのは、第1の系に示された条約の適用困難性の論拠である。ジュネーブ諸条約のいくつかの規定を民族解放戦争のなかで一定の不平等状況に適用することが困難であることは事実である。発展途上の段階にある人民に対するのは、制空権をもち、精巧な武器を用いる超近代的軍隊である。このような状況における戦闘条件の不平等によって、ジュネーブ諸条約のいくつかの規定はその適用が困難となるのである。

第3条約第23条はその好例である。この条項の一部（捕虜収容所の地理的位置の通告）の適用を、かつてベトナム民主共和国は、アメリカ人捕虜の解放をめざすコマンドの空挺作戦を回避するために拒んだ。第2次世界大戦中のどんな抵抗運動も、同様の理由でこのような法規の適用を認めなかった。

以上の例からわかることは、ジュネーブ諸条約中のいくつかの規定がもつ適用困難性とは、国家性の欠如に由来するのではなく、紛争当事者の事実上の不平等性に由来している点である。フレリモ（モザンビーク解放解線）代表はこの点について、「法規を整備しなければならないとすれば、それは当事者が国家である場合とそうでない場合とがあるからではなく、ゲリラ戦の特殊な条件との関連においてである」[71]と主張しているし、エジプト代表のアビ・サーブは以下のように述べている。

「民族解放闘争の諸条件が、国際的武力紛争のそれとは異なるとする考えは

70）　Georges ABI-SAAB, “Wars of National Liberation and the Laws of War,” *Annales d’Etudes internationales,* 1972, pp. 93–117, cited in Salmon, *op. cit.* (note 1), p. 42.

71）　CDDH/I/SR. 5, para. 18. さらにサルモンは、フレリモや南ベトナム臨時革命政府などの民族解放団体と、リヒテンシュタイン、サン・マリノ、バチカン市国およびモナコ（これら4カ国はいずれもジュネーブ諸条約の当事国）の諸国とを比べれば、前者の方がジュネーブ諸条約の諸規定を遵守するのに適している点を指摘しつつ、アメリカ合衆国、ベルギーおよびイタリアが、ヴァチカン市国のジュネーブ諸条約加入に際して何ら異議を唱えなかったのに、今日、民族解放団体に対して異議を申し立てるのは、彼らが植民地主義を武力のみならず法によっても維持しようとしているからだ、と説明している。（SALMON, *op. cit.* (note 1), p. 43.）

誤っている。民族解放闘争の物的諸条件は、外国支配に対する抵抗運動のそれに類似している。このような抵抗運動については諸条約のなかで特に触れられており、それは国際的武力紛争に分類されている[72]。抵抗運動の特殊条件が諸条件の適用を妨げるとは考えられなかったのである」[73]。

また、ジュネーブ諸条約が内乱の場合に遵守すべき義務を定めた共通第3条のなかで、「紛争当事者は、また、特別の協定によって、この条約の他の規定の全部または一部を実施することに努めなければならない」と述べていることからも、諸条約の適用対象を国家だけに限定する考えは適切ではない。

西側諸国が主張した「ジュネーブ諸条約の適用困難性」という、第1の系の論拠は、結局のところ、国際的紛争と非国際的紛争という紛争の性質の問題を問い直すものというよりは、伝統的戦争とゲリラ戦争という紛争の方法の問題を問い直すものであった[74]ということができる。

第3の論拠は、国際的武力紛争の観念を拡大するために出された諸概念の差別的性格に依拠している。つまり、「植民地支配」「外国の占領」および「人種差別体制」に対する闘争という概念は、それが人道法に動機、さらには闘争の正当性にもとづく政治的、主観的概念を導入するが故に差別的である。このような概念の導入を認めることは、jus in bello に正、不正の闘争という観念をもちこむことを意味する。それは jus ad bellum の問題に他ならず、人道法とは無縁である、とするものである。

この第3の論拠は、民族解放戦争の jus ad bellum の jus in bello への浸透に関するものであり、これについては、第4章であらためて扱うことにする。

第4の論拠は、修正案が対象とする事態を時代錯誤のもの、歴史上の一時点での通過的なものにすぎないとする。この論拠は、ベルギーの次の主張にみう

72)　ジュネーブ諸条約共通第2条2項の規定（「この条約は、また、一締約国の領域の一部または全部が占領されたすべての場合について、その占領が武力抵抗を受けると受けないとを問わず、適用する」）を指している。

73)　CDDH/I/SR. 5, para. 7.

74)　SALMON, *op. cit.* (note 1), p. 43.

けられる。

「民族解放戦争は時代遅れのものであり、まもなく消え失せる運命にあるのだから、第１追加議定書が扱うべきではない。紛争の背後の動機を理由として、国際法のカテゴリーを変えることによって、先例をつくり出すのは軽率である。」[75)]

民族解放戦争についてのこの楽観論は、解放戦争や外国の占領への抵抗運動が、第２次世界大戦後現在に至るまで存続しているという現実の事実によって否定される。非植民地化現象は決して終わってはいない。そのうえ現存する幾多の小国は軍事力による領土の変更が常に可能であり、このことは植民地本国による非植民地化の拒否、あるいは自らの特権を維持するための分離、分割統治の促進といった諸問題をひき起こすのにこと欠かない。外国の占領についても同様である。その動因は異なるものの、中東、ナミビア、南アフリカでの事態は、非植民地化現象や「外国の占領」現象が決して一過性のものではないことを示している。

修正案が特殊な場合だけを対象にしているとの批判に対して、アビ・サーブは以下のように答えている。

「それは国際法一般についても、ジュネーブ諸条約についてもいえることである。なぜならこれらのものすべては、国際実行のなかで現れた特殊な諸事態をもとに形成されてきたのだから。」[76)]

また、ノルウェーも、人道法における重要な原則のいくつかは特殊な事態に由来していると主張し、その例として、ジュネーブ諸条約共通第２条２項が第２次世界大戦中のデンマークの経験を反映していること、および、第３条約第４条２項がドゴールの解放運動とイタリアのファシスト政権への抵抗運動とを源泉としていることをあげている[77)]。

75）　CDDH/I/SR. 2, para. 34.

76）　*ibid.,* SR. 5, para. 3.

77）　*ibid.,* SR. 3, para. 34.　なお、人道法における法の欠缺の問題について、ショモン（C. CHAUMONT）の以下の主張を参照。

第５の論拠は、「植民地支配、外国の占領および人種差別体制に対する闘争」という観念の差別的性格が非双務的義務を生じさせる、というものである。この考えはとりわけオランダによって次のように主張された。

「闘争が国際的性格を有するということは、すべての当事者がジュネーブ諸条約および第１追加議定書を実施することを意味する。しかし、たとえば敵対行為が単に少数者の侵入によってあらわれるような場合、このことの確保は困難となる。より詳しくいえば、このような種類の事態のためにこそ第２追加議定書がつくられたのであり、それは第１追加議定書の適用が不可能の場合を補っているのである。」[78]

「このような場合、抑圧者の側だけがジュネーブ諸条約および第１追加議定書を尊重する地位に置かれることになる。したがって修正案起草者は、闘争原因の正当性の有無によって各当事者が区別されるべきであるという考えを導入している。

人道法の基礎となる諸価値は尊重されなければならない。それらのなかに、当事者平等の観念が含まれる……。」[79]

「法が考慮に入れるべき事態が、一過性の状況ではなく永続的かつ際立った現象である場合、法の決缺を放置しておいてはならない。ある程度の矛盾に始まり、その矛盾を解決する必要性の方が矛盾それ自体の内容より重要視されるに至ったとき、そこに生じる法規範とは必要性の産物である。抵抗権および自決権という最重要のふたつの仮説をとりあげれば、人道法平面での解決方法の欠如が闘争目的の最終的承認と著しい対照をなしていることがわかる。1945年以後の事例にかぎっても、第２次世界大戦中の抵抗運動従事者が戦後の為政者になり、植民地本国の軍隊と警察につきまとわれた植民地人民のナショナリストが非植民地化された諸国家の承認する指導者になった。……たしかに既成事実を認める方が将来のできごとから教訓をひきだすより容易である。しかしながら現代国際法一般に用いられている諸概念は、国際政治の観点から人道法の遅れをとりもどそうとする道を示している。」

（C. CHAUMONT, « La recherche d'un critère pour l'intégration de la guérilla au droit international humanitaire contemporain », *Mélanges offerts à Charles ROUSSEAU,* Paris, Pédone, 1974, pp. 47-48.）

78）　CDDH/I/SR. 3, para. 39.

79）　*ibid.,* para. 40.

この第5の論拠は、第3の論拠の帰結にほかならない。詳しくは第3の論拠とともにⅣで検討するが、西側諸国が民族解放戦争の jus in bello への導入を新正戦論として警戒していることが、これらふたつの論拠によくあらわれている。

第1追加議定書第1条第4項の規定が、「植民地支配」、「外国の占領」ならびに「人種差別体制」に対する闘争を列挙することで、国際的武力紛争の概念を拡大したものの、それがアルジェリア・オーストラリア等15カ国修正案にみられるような「自決権の行使をめざす人民によって遂行される武力闘争」一般にまで拡大するには至らなかったという事実は、以上に述べてきた西側諸国の反対が作用していると思われる[80]。

80）　第1委員会での日本の発言は次のとおり。

「ジュネーブ諸条約は共通第2条に定められた事態、すなわち締約国間の武力紛争および一締約国の領域の一部または全部の占領の場合に適用されてきた。これに対して、共通第3条だけが一締約国の領域内に生じる武力紛争に適用されてきた。本会議は国際的武力紛争の補足を意図する第1議定書と、非国際的武力紛争に関する第2議定書を通じて、人道法を発展させることをめざしている。1949年諸条約全体を国家以外の団体が参加している武力紛争に適用すれば、それは確立された体系を破壊し、実際上の困難をもたらすだろう。さらに、そのような団体に対して諸条約上のいくつかの規定だけの適用を認めることには問題がある。なぜなら、すべての条文は密接に関連しているからである。……極端な例として、第3条約第4条についていえば、もし同条が適用されないなら、第3条約全体の実施が妨げられてしまうだろう。したがって日本は、非国際的武力紛争の問題は第2議定書のなかで扱われるべきであると考えるものであり、CDDH/I/12 以外のどんな修正案も支持できない。」(CDDH/I/SR. 5, para. 49.)

本会議における第1条の表決で日本が棄権した理由についての日本の説明は以下のとおり。

「本会議第1会期の第1委員会での表決の際、日本は反対票を投じた。その後、第1条第4項に関連する多くの規定がコンセンサスまたは圧倒的多数により、第1条が最終的には第1議定書にとりいれられるとの前提にたって採択されてきた。この経過を考慮して、第1条については日本は棄権した。」(CDDH/SR. 36, para. 105.)

本会議における第1条採択後、イスラエルはみずからの反対理由として、

「第1条が一括投票されたことは遺憾である。イスラエルは第1条の第1，2，3項については全面的に賛成であるが、4項はまったくうけいれられない」

Ⅱ　民族解放戦争合法化論

本章では、Ⅰでみてきた各国の民族解放戦争に対する認識を整理し、その武力行使を合法化する論拠の変移[81)]を考察する。その際、法規範としての自決権およびそれにもとづく武力行使が形成された場とされる国連総会決議の位置づけについても触れる。

(1)　合法化の論拠の変移

植民地人民の武力闘争が国内問題とみなされている時期には、武力行使の合法性の問題は解放勢力の側のものもそれを抑圧しようとする植民地施政国の側のものも、国際法上の問題として扱われることはなかった。施政国政府は解放

と述べた上で次の4点をあげている。すなわち、

a　交戦当事者の戦闘の動機や理由に言及することは、国際人道法の精神および受諾された諸規範、そして、第1議定書前文に明白に矛盾する。国際的、非国際的紛争の区分は、客観的基準にもとづいて行われるべきである。

b　第1条第4項は、それ自身のなかに適用不可能な規定を含んでいる。どんな当事国も決して自国を人種差別的、植民地主義的であるとか占領当事者のうちの外国であるとは認めない。このような言葉を含めたために、自国の意思でのこの第4項の適用を認める国家がいないという事態を、本会議は残念ながら確保してしまった。

c　第1条4項によって、非国家的団体にも諸義務が課せられることになり、このことは議定書の他の条項の書きかえを必要とする。それにもかかわらず、本会議はそうしなかった。その結果、履行不可能な諸義務が非国家的団体に課せられることになってしまった。国際責任をともなわない義務の体系が作動する訳がない。

d　あらゆるゲリラ戦士への適切な待遇を確保するための詳細、明確かつ有効な規則を作成するかわりに、本会議は、国連のような政治組織にこそふさわしい政治的諸決定を国際人道法規のなかに導入した。そうすることによって本会議は、そのような政治化が人道法規にもたらす長きにわたる損失以外の何ものをも達成しえなかった。(*ibid.*, SR. 36, paras. 59-64.)

81)　以下の考察については、R. GORELICK, *op. cit.* (note 38), pp. 364-378. に負うところが大きい。

闘争を「反乱」「破壊活動」として「警察行動」の名のもとに苛酷に弾圧することができたし、その戦闘にはせいぜいジュネーブ諸条約の共通第 3 条（国際的性質をもたない武力紛争に適用される最低限度の保護規定）の適用がありえたものの、それさえも実際にはほとんど遵守されなかった。捕えられた解放戦士には捕虜の待遇が与えられず、彼らは「反逆者」「犯罪人」として厳しく処罰された。また施政国政府への援助は合法的な協力とされたものの、解放団体への援助は違法な内府干渉とみなされた[82]。

ところがこのような民族解放闘争が幾多の国連総会決議を経て国際的武力紛争とみなされてくるようになると、これを国際法上どうとらえるかという新たな問題が生じてくる。民族解放戦争の合法性の問題である[83]。国連憲章は第 2 条 4 項で国際関係における武力行使を禁止していることからして、この合法性を肯定しようとする者が国連憲章体制下で例外的に認められた武力行使としての憲章第 51 条の個別的・集団的自衛権の規定を援用して合法化の論拠を展開したのは当然のなりゆきだった。

しかし解放運動の支持者は、自衛権行使の前提条件としての「武力攻撃」をどうとらえるか、という難問につきあたる。ケルゼン（H. Kelsen）をはじめ多くの理論家は憲章第 51 条を限定的に解釈し、武力攻撃の発生の後に初めて自衛権の行使は認められるとする見解をとり[84]、それが多数の国家によって承認

82）松井、前掲（註 2）、39 頁。

83）民族解放戦争の合法性を論ずる際、その前提として人民自決権の位置づけが問題となる。現在、人民自決権は非植民地化法としては実定国際法上の権利になっているものの、権利主体としての人民（民族）の定義、自決の達成方法の問題については依然として見解がわかれている。（西海真樹「ポスト・コロニアリズムにおける人民自決権――外的自決権としての secession」（『中央大学大学院研究年報』、第 12 号 1-1、1982 年）、47-61 頁、および同「人民自決権の不確定性について」（同上、第 13 号 1-1、1983 年）、41-51 頁を参照）。

84）H. KELSEN, *The Law of the United Nations,* London, 1951, p. 914. なお、ブラウンリーも憲章体制下での自衛権の限定的性格を指摘し、第 51 条を拡大解釈することは、不明確でいまや時代遅れの自己保存権および自助の理論への回帰を意味すると述べる（I. BROWNLIE, *International Law and the Use of Force By States,* Oxford, 1963, pp. 255-256）。

された現代的自衛権概念でもあるからである。

多くの第三世界諸国にとって植民地主義は道義的に悪であるものの、それ自身は武力攻撃でもなければ危急の武力行使でもない。したがって彼らは、自衛権の行使を正当化する前提条件としての『武力攻撃』の観念自体を変えようと努めることになる。

民族解放戦争に関連して自衛権が言及されたのは、I(1)でみたとおり、ゴア事変をはじめとするが、自衛行為としての正当化が本格的に主張されたのは友好関係宣言の審議においてだった。この審議の数年間を通じて、第三世界諸国には、武力の概念を拡大することによって憲章第51条は広く解釈されるべきであるとする見解の一致が形成された[85)]。これに対する西側諸国、ラテン・アメリカ諸国および社会主義諸国の態度については既に紹介したとおりである。

友好関係宣言のための特別委員会の審議においては、他国の領域へ浸入する目的および他国の内戦行為へ関与する目的のために、武装集団を組織し、あるいは組織を奨励することの禁止に関しては合意が成立した。しかしこの原則が自決権の剥奪された人民に適用できるかどうかについては合意がえられなかった。いくつかの非同盟諸国は、前述の干渉行為が憲章第51条の範囲に影響を及ぼさない違法な武力行使にあたるとすれば、このような干渉を禁じる原則は民族解放戦争に適用されない。なぜなら、それは集団的自衛権にもとづく自衛戦争だからである、と述べている[86)]。

以上のような民族解放戦争における武力行使と自衛権についての議論は、侵略の定義の審議においても行われた。そこにおいては、前述のような「植民地主義＝イデオロギー的・経済的強制＝侵略」を前提とする憲章第51条の拡大解釈の他にも、第51条を限定解釈しつつも、西側とは逆に「植民地主義＝武力攻撃」ととらえることによって形式上は第51条の要件を満たそうとするもの、さらには、より限定的な「反抗権」に依拠するもの等が現われたことは、

85）　友好関係宣言を審議する総会第6委員会の討議においては、1966年段階でアジア・アフリカ諸国のほとんどの代表がこの考えを支持していた。

86）　*GAOR* 24th Session, Supple, No. 20 (A/7620), para. 75.

既にみたとおりである[87]。

さらに憲章第51条の制限的解釈を越えようとする試みが、植民地主義を恒久侵略ととらえる立場である。この論拠の特徴は、既出のものと異なり、植民地主義を現在における侵略とみなすだけでなく、過去から継続されてきた侵略とみなす点にある。植民地体制が武力の行使によって樹立され、この武力の効果が存続する限り当初の侵略性も維持される、とするこの恒久侵略論[88]は、ゴア事変の際、インドによって強力に主張された。インドは、ポルトガルがゴアを武力によって奪取し、以後450年にわたって同地を占領し続けている。当初のポルトガルの征服は違法であり、それが今日合法となる訳がない、と主張したのだった[89]。

この恒久侵略論は友好関係宣言および侵略の定義の審議においてはそれほど援用されなかった。ゴアの場合のような領域取得の方法が当時は征服の法理により合法とされていたのにもかかわらず、これを当初から違法なものとするところにこの論拠の欠陥があったためである。

友好関係宣言の審議では既述のとおり、憲章第51条の拡大解釈による自衛権を援用して民族解放戦争における武力行使を合法化しようとする試みにおいて、第三世界諸国はほとんど一致していた。しかしそれが西側諸国の執拗な反対にあって宣言に結実しなかったという結果を反映して、侵略の定義の起草過程においては、先にあげたようにそれ以外にも様々な合法化のための論拠が提出された。採択された侵略の定義において見逃がしてはならないことは、憲章第51条の拡大解釈論がまったく採用されず、それに代わって同定義の第7条にみられるように、侵略概念からの民族解放戦争の除外がなされた点である。

87） 本章の註35）、36）、39）、40）を参照。

88） この論拠に対し、征服による領域取得が合法的なものであった時代に、それを違法とする現代法規範を遡及して適用することはできないとの有力な反論が存在する（R. GORELICK, *op. cit.* (note 38), p. 368）。

89）「450年前に行われ、当時は合法視された侵略に対する自衛権の行使」という考えを西側はこじつけであると評価した。逆に彼らはインドがポルトガルに対して侵略行為を行ったと主張している（*ibid.*, p. 369）。

この時点での第三世界諸国のコンセンサスは憲章第51条の援用を離れ、新たな論拠へと移行している[90]。この新たな論拠は、「憲章第2条第4項の武力不行使原則および『侵略の定義』は民族解放戦争に適用されず、民族解放戦争における武力行使は合法なもの」という内容をもつ。民族解放戦争を憲章第51条と並ぶ武力不行使原則の例外ととらえる立場である。

この民族解放戦争例外論は、侵略の定義の審議段階で初めて唱導されたものではない。それは人民自決権を前提とした「固有の」「神聖な」反抗権として、一種の自然権的色彩を帯びながら、1960年代前半から既にソ連などの社会主義諸国によって主張されていた[91]。

この例外論の特徴は、その感動的、詩的な表現を通じて、植民地主義は基本的に悪であり、これを根絶することは本来的に正義の行為である。そのためには武力行使も認められる、とする点にある[92]。さらに憲章第2条第4項と民族解放戦争との関係について例外論は、反抗とは固有の権利とみなされるから、第2条4項は民族解放戦争とは無関係である。第2条第4項は領土の拡張に関してあてはまるのであって、解放に関してではない、と考える[93]。

---

90)　このことは、侵略の定義特別委員会におけるコロンビア、キプロス、エクアドル、ガーナ、ギアナ、ハイチ、イラン、マダカスカル、メキシコ、スペイン、ウガンダ、ウルグアイおよびユーゴスラビア（当時）の共同決議案が、次の表現を含んでいることからもうかがえる。

「国家に固有の個別的、集団的自衛権は、他国による武力攻撃（武力侵略）が発生した場合に初めて憲章第51条に従って行使することができる。」

特別委員会は、他の侵略形態の存在を認めたものの、第51条においては武力侵略のみが対象とされているとする点で合意に達したのである（*GAOR* A/7620, paras. 10, 27）。

91)　以下は、1960年総会でのフルシチョフ議長の発言。

「植民地人民解放のための神聖な闘争をわれわれは歓迎する。……人民の独立へ向けての神聖にして正義の闘争を成功裡に終わらせるために、道徳的物質的およびその他の援助が与えられなければならない」（*GAOR* 15th Session, 869th I, plenary mtg., para. 222）。

92)　このような例外論に対しては当然のことながら、法と道徳とを混同した議論であるとの批判がある（R. GORELICK, *op. cit.,* p. 371）。

93)　セイロンの主張。（*SCOR op. cit.* (note 7), 987 mtg., para. 137.）

例外論における社会主義諸国およびアジア・アフリカ諸国の試みは、侵略を構成する諸規定から民族解放戦争を除外させることに焦点を合わせていた。したがって憲章第2条4項の解釈においても、国連の目的のひとつである自決の実現をめざす民族解放戦争は、「いかなる国の領土保全または政治的独立に対するもの」でも「国際連合の目的と両立しない他のいかなる方法によるもの」でもない武力行使であって、それは合法的である、とする。他方でたしかにこの考えは、自衛の場合を除くあらゆる武力行使を違法化しようとした憲章の精神に反した解釈かもしれない。このような解釈をとる例外論がコンセンサスによって「侵略の定義」第7条に結実したという事実は、憲章制定当時からの、国際社会の法意識の変遷をあらわすものとして、注目される。

以上にみてきたように、民族解放戦争における武力行使を合法化する論拠としては次の五つのものがあげられる。

a　植民地主義を侵略ととらえた上で憲章第51条を拡大解釈し、実際に武力攻撃が行われなくても人民による自衛権の行使を認めるもの。

b　植民地主義を武力攻撃ととらえることによって、形式的に第51条の要件を満たそうとするもの。

c　植民地人民から自決権を剝奪するために武力が用いられた場合に、彼らには反抗権の行使として武力行使が認められるとするもの。

d　植民地主義を恒久侵略ととらえた上で人民の自衛権行使を認めるもの。

e　民族解放戦争を武力不行使原則の例外として位置づけ、自衛権を援用することなしにその武力行使を例外として認めるもの。

これらの論拠のうち、aとdは植民地主義の侵略性を現時点においてだけとらえるか、継続的にとらえるかを異にするほかは同じである。aとbも、形式論理上の相違はあるものの、ともに憲章第51条の自衛権に依拠している。

これに対し、cとeは既存の実定国際法規を援用するものではない。cの「反抗権」とは抵抗権概念と同質のものであり、その意味で自然権的色あいを帯びている。友好関係宣言および侵略の定義に反映しているeの論拠は、現時点における新たな国際法原則として位置づけられる。eの論拠にあらわれる例外がなぜ認められるのか、このような例外を新たに認める理由は何か、との問いかけが当然なされなければならない。この問いに対する答えは、Ⅳ「新正戦論——民族解放戦争における jus ad bellum ——」において展開される。

(2)　国連総会決議の評価

「植民地支配下の人民による自決および独立の権利行使のための闘争の正当性」をはじめて承認した国連総会決議 2105 (XX) 以来今日にいたるまで、国連総会は民族解放戦争の合法性を確認する決議を幾度となく採択してきた。

しかしここで見落としてはならないのは、この種の決議の採択に際し、西側諸国が一貫して反対もしくは棄権に回っていることである[94]。

94)　その例外はポルトガルの植民地維持に対する非難決議にみられるような特殊かつ限られたものである。この場合でも、アメリカ合衆国やイギリスは棄権にまわることが多い。以下の決議を参照。2270 (XXII)、2395 (XXIV)、2795 (XXVI)、2918 (XXVII)、3061 (XXVIII)、3070 (XXVIII)。

既述のとおり、西側も賛成票を投じた決議やコンセンサス方式がとられた決議のなかでは、武力行使と自決権とに関する第三世界諸国および社会主義諸国の見解はそのままの形で是認されていない。西側の支持を得ずに採択された諸決議のなかでだけ植民地人民の武力闘争が認められる傾向は、最近のナミビア、南アフリカでの解放闘争をめぐる決議に至るまで一貫して続いている。すなわちこれらの決議のなかでアメリカ合衆国、イギリス、フランス、イタリア、ベルギー、オランダ、ルクセンブルク、ポルトガル、スペイン、カナダ、西ドイツ（当時）などの主要西側諸国は、終始反対または棄権にまわっている。日本は、「植民地独立付与宣言の植民地および植民地人民への実施」決議（たとえば 33/44, 34/94, 35/119, 36/68, 37/35 など）のように武力闘争の正当性に言及していない非植民地化促進決議に対しては賛成にまわっているものの、南アフリカやナミビアでのアパルトヘイト・植民地主義を非難し、武力行使を含む解放闘争の正当性を確認する決議（たとえば 33/182A, 33/183L, 34/93A, 35/206A, 36/121A, 36/172A, 37/233A など）では棄権または反対票を投じている。

サルモンはドウ・ラ・プラデルが総会決議の国際法的性格を否定したのに対して、総会決議がその表決に際して反対もしくは棄権にまわった諸国を拘束しない点を認めながらも、法的なものと宣言された総会決議に賛成票を投じた国家が当該決議の法的拘束力を否認することは、信義則に反すると述べている（SALMON, *op. cit.* (note 1), pp. 38–39, note 9）。

これに対して、友好関係宣言および侵略の定義のように、コンセンサス方式によって採択された決議においては事情が異なる。これらの場合においては、反植民地主義を標榜する諸国家はできるだけ広い範囲のコンセンサスを得ることに腐心し、西側諸国を含めたあらゆる国家の見解を考慮に入れるからである。友好関係宣言前文第 14 段には、

「人民の同権および自決の原則が現代国際法に重要な貢献をしていること、および、その効果的適用が主権平等原則の尊重に基礎を置く国家間の友好関係の促進にとってこの上なく重要なものであることを確信し」(傍点筆者)

とあるが、この「効果的適用」が鍵となる。急進的な第三世界諸国は唯一の効果的方法が反抗である、と主張し、穏健な第三世界諸国および社会主義諸国は平和的手段が尽された後に初めて反抗が認められるとする傾向を示し、西側諸国は憲章に示された平和的方法こそが自決の効果的実現方法である点を強調する。ここでは用語自身の意味があえて確定されず、各国が思い思いに、自分に都合よくそれを解釈することのできる余地が残されている。

このことからもわかるように、ある決議がコンセンサス方式で採択されたからといって、そのなかで一定の法原則・法規則が明確にされたことにはならない。むしろ逆に、「玉虫色」の曖昧さを含む場合が多いのである。

また植民地独立付与宣言が賛成 89、反対 0 、棄権 9 で採択された際、同宣

たしかにそのような国家は道義的そしりを免れないであろう。しかしそれはただちに国際法上の議論となる訳ではない。総会決議のなかにちりばめられている権利義務は、たとえそれらがどんなに強調され力説されていようとも、それ自体は実定国際法上の権利義務であるとは限らない。総会決議とは国際法規範、非国際法規範および国際法規範になりつつあるもののうちのいずれかを表明するための場であり、媒体にほかならない。したがって個々の総会決議を法的拘束力の観点から議論するのは無意味である。ある規範がくりかえし総会決議で表明されることを通じて国際法規範に転化する場合が当然あり得るが、このことは個々の総会決議が法的拘束力を有することを意味しない。換言すれば、個々の総会決議の法的拘束力の有無にかかわらず、その内容が国際法規範であればその法規範たる内容が法的拘束力をもつという自明のことの他に、「総会決議の法的拘束力」論から得られるものは何もないのである。

言の法的性質についてスウェーデン代表は、「宣言を支持するが、これは一般的目的を声明したものとしての意味をもつにすぎないのであって、直接加盟国に義務を課しまたは文字通り適用されるための立法決議としての意味をもつものではない。総会は加盟国を拘束する立法決議を採択する権限をもたない」[95]と述べている。この見解からうかがえるように、決議に法的拘束力がないからこそ、反対票を投ずることによって第三世界諸国の反感を買うことをあえてしなかった西側諸国があったことは想像に難くない[96]。

国連総会決議はそれ自体法的拘束力をもたないものの、同種の決議の累積が国際慣習法の創造に寄与することは事実である。人民自決権の法的性格を考える場合に、総会決議のこのような国際慣習法創造機能を否定することはできない。しかしそれにもかかわらず、上にみてきたような限界があることは否めない。人民自決権や民族解放戦争の合法性など、国際政治上の力関係の影響を色濃く受けた問題の性格を考察する際、決定的に重要なのは、総会の場を離れた国家実行を考慮することである。国連総会の討議は、それがどんなに感動的で雄弁なものであっても、あるいは法理論としてきわめて整ったものであっても、それ自体は現実に生起する具体的事実からかけ離れた抽象物にすぎない。そこでの第三世界諸国の代表者たちの努力がどんなに大変なものであったとしても、それは、実際の人民自決権の実現・民族解放戦争の遂行から生じる困難さに比較すればどれほどのこともない。民族解放戦争の合法性の獲得過程を含めた人民自決権の生きた確立過程を明らかにするためには、現実の民族解放戦争の分析、それぞれの解放勢力の当事者である人民の法意識の分析を行う作業が不可欠である[97]。

(3)　小　　結

以上のように総会決議を位置づけた上で、そのいずれもコンセンサス方式で

---

95)　*GAOR* 15th Session, 946th plenary mtg., paras. 11-18.

96)　松井芳郎「現代国際法と民族自決権」(『経済』、1970年11月号)、76頁。

97)　同上。

採択された友好関係宣言と侵略の定義とにおいて、民族解放戦争の合法性がどのような論拠によって説明されているかを最後に検討してみよう。

友好関係宣言の第1原則は武力不行使原則である。その最終段は次のように述べている。

「上記の項目のいずれも、武力の行使が合法的である場合に関する憲章の諸規定の範囲を、いかなる形においても拡大しまたは縮小するものと解釈されてはならない。」

ここでは合法的武力行使が肯定され、憲章第51条の範囲は変わっていない。これは、武力攻撃が生じた後に初めて自衛権を行使しうるとする限定解釈を再確認している。したがって、ここから第51条の下で植民地人民が反抗する権利を導出することはできない。ただし、独立を求める植民地人民の努力をくつがえすことを目的とした武力行使は非難されている。

同宣言の第5原則は人民の同権および自決の原則である。ここでは「憲章の諸規定に従った自決権」が認められている。これは西側見解の完全な受容であり、無条件に反抗権は認められていない。ただしここでも植民地人民に対する武力行使の禁止が再確認され、もしそのような武力が行使されたなら、彼らは抵抗する権利をもち、他国からの援助を受けることができるとされている。この表現には限定的反抗権の考えが反映している。

侵略の定義の前文第6段および第6条は、友好関係宣言と同様に、それぞれ植民地人民に対する武力行使の禁止、武力行使に関する憲章規定の範囲の不変更を述べている。これに続く第7条の規定は、友好関係宣言上の限定的反抗権の考えを継承するものである。

アメリカ合衆国代表は友好関係宣言特別委員会において、第7条は反抗権を創設しないものの、憲章第2条4項の例外を意味すると述べた[98)]。民族解放戦争を武力不行使原則の例外ととらえる論拠が、限定的反抗権概念とともに友好関係宣言および侵略の定義にとり入れられたとの認識は、このアメリカの発言

98)　*GAOR* A/9619, para. 24.

からもうかがえる。

植民地主義を終了させるための武力行使を合法化しようとする試みに対して、西側諸国は終始抵抗してきた。この抵抗がアジア・アフリカおよび社会主義諸国を固有の自衛権に関するいくつかの理論へと向かわせた。しかしそれでもなお、西側諸国がこの論拠をうけ入れないことが明らかになると、そこに新たに民族解放戦争例外論が登場した。自衛権論から例外論への転換が起こった理由は明らかである。国際法規範の成立とは対決の結果ではなくコンセンサスの結果にほかならないことを認識した第三世界諸国は、西側諸国という規模の大きい重要な国家群の合意を常に欠いた総会決議を採択することの不毛さを痛感し、以降、法的拘束力のある規範を創造するために、できるだけ広範なコンセンサスをつくりだすことのできる定式を見出そうと努めた。この限定的反抗権および例外論こそが、いずれもコンセンサス方式で採択された友好関係宣言、侵略の定義のなかで、西側諸国も含めて合意を得た初めての論拠なのである。

いまや、非植民地化法としての人民自決権は法的権利として確立しているものの、自決の達成手段の問題は依然として争いのもとである。急進的なアジア・アフリカ諸国は民族解放戦争における無制約の反抗権を主張したが、その考えは西側諸国の支持を得られなかった。

現時点において、無制約の反抗権は実定法上存在しない。友好関係宣言および侵略の定義のなかでは、植民地人民の自決権行使を阻止するために彼らに対して武力が用いられた場合、武力不行使原則の例外として彼らの反抗する権利が認められた。これらふたつの決議は、この分野についての現段階での国際法状況を忠実に反映したものと評価できる。

Ⅲ　西側国際法、東側国際法およびアフリカ国際法上の民族解放戦争観

Ⅱでとりあげた民族解放戦争への国際社会の対応が国際法の諸法系にどのよ

うな影響を及ぼしているか、さらにそこにおいて民族解放戦争がいかに扱われているかについて本章では考察する。法系としてここでは、伝統的国際法を比較的多く継承している西側国際法、マルクス主義にもとづいて民族解放戦争を正戦ととらえる東側国際法、および、かつて解放戦争を戦ったアフリカ人によるアフリカ国際法をとりあげ、それぞれの民族解放戦争観を順を追って紹介する[99)]。

(1)　西側国際法上の民族解放戦争観

一般に西側諸国の研究者の見解は、民族解放戦争における武力行使の合法性を否定的にとらえている。新国連法としての人民自決権に対して伝統的国際法の見地から常に批判的見解を表明してきたポメランス（M. Pomerance）は、この武力行使合法化の動きを「中世正戦論の現代的装いの下での再導入」ととらえる[100)]。

彼によれば、この新国連法の動きは、「人民の同権および自決」という国連憲章の一目的を他のあらゆる憲章目的に優位する至上の規範とし、その結果として、憲章の中核的規範とみなされ、強行規範の候補として最も有力な第2条第4項の武力不行使原則を、第2の地位にしりぞけるものである。「自決のための」、「民族解放の」、「植民地支配、外国支配、人種差別体制に対する」武力闘争は「合法的」武力闘争すなわち正戦とみなされ、そこでの武力行使は禁止されないどころか神聖視される。

その逆に、この「正戦」を鎮圧しようとする側は「植民地」「外国」「人種差別的」支配の維持を企図するものとして非難され、彼らにとって第2条第4項の武力不行使原則は絶対的義務となる。つまり、自決の「正当理由」を促進す

99)　各法系の民族解放戦争観については、既にいくつかの邦文での紹介が行われている。さしあたって次の2論文を参照。藤田久一「民族解放戦争と戦争法」、前掲、441頁、註10)。家正治、「民族自決権と内戦」前掲（註2)。

100)　M. POMERANCE, *Self-Determination in Law and Practice*, Martinus Nijhoff, 1982, p. 48.

るかそれに対立するかによって武力行使が認められたり禁止されたりすることになる。

国際連盟規約も国連憲章も、正義などという実質的概念に言及することによって武力行使を規制しようとは決してなかった。以上のことをふまえた上で、彼はここで検討に値するものとして次の3点をあげている[101)]。

a　新国連法にこのような教義がどのようにして組み込まれてきたのか。

b　この教義擁護のための法的根拠は何か。

c　この教義を全体として採用した場合、その結果はどうなるか。

aについては、ゴア事変をめぐる安保理事会および国連総会の動きをこの武力行使の合法化の端緒と彼はとらえる。インドが安保理事会でみずからの武力行使を正当化した論拠（ゴア・ドクトリン）には、植民地問題に関する二重基準が存在する[102)]。なぜならそこではポルトガルの武力行使は「総会および安保理事会が自決権に反するものと非難する現状の維持を意図するがゆえに当初から違法」とされる一方で、インドがゲリラをかくまう行為は反植民地主義の名のもとに正当化されているからである。このようにゴア・ドクトリンをとらえる彼の眼からすれば、ゴア・ドクトリンこそが「武力不行使原則に対する新国連自決権法の優位」を意味する初めての事例となるのである[103)]。

bについて彼は、一方で「植民地主義・人種差別主義・帝国主義国家」の武力行使を禁じ、他方で「解放勢力およびそれを支援する国家」の武力行使を認めることの法的根拠を考察している。彼は、おもに第三世界諸国が国連総会の場で展開した論拠を、以下のように整理する。

憲章第2条4項の武力不行使原則は、国家間関係にのみ適用されるべきではなく、国家と「植民地支配、外国支配、人種差別的支配下の人民」との関係にも適用されるべきである。しかし第2条4項の適用のもとに禁じられる武力行使は国家から人民に対するそれであって、人民の側の武力行使は第2条4項の

101）　*ibid.*

102）　*ibid.*, p. 49.

103）　*ibid.*, p. 50.

範囲外である（第2条4項の差別適用）。なぜなら、自決原則は憲章の基本目的のひとつであり、自決弾圧のための武力行使は侵略を構成するからである。

植民地主義の存在は、当該人民を権利主体としての憲章第51条の個別的・集団的自衛権行使をひき起こす。当該人民は強制によって奪われた自決権のために戦っているからである。さらに第三世界諸国は、総会が政党と認めた自決のための闘争を他国が援助する義務まで主張している点で、彼らのコンセンサスは第51条の自衛権概念を越えることになる[104)]。

ポメランスは以上のように第三世界諸国の論拠を展開した上で、これを次のように評価する（ｃの検討）。

以上のような主張を認めることは、安保理事会すらもっていない権限を国連総会に与えること、および、第51条の自衛権概念の明確さを失なわれることを意味する。新国連法としての自決権は憲章諸規定およびそれらの間の序列を越え、新たな領域に到達した[105)]。

ここで彼のいう「新たな領域」とは、本章Ⅲで考察される「jus ad bellum の jus in bello への浸透」の問題にほかならない。すなわち武力紛争への人道法の差別適用の可能性をめぐる問題である。

また彼は、植民地人民の武力行使に関するアメリカ合衆国の見解[106)]を引用しつつ、植民地人民が武力行使に訴えざるを得ない事態の存在を否定しないも

104）　*ibid.*

105）　*ibid.*, p. 51.

106）　以下は、24人委員会（非植民地化特別委員会）の元アメリカ合衆国代表の見解。「施政国による武力を用いての弾圧がそれを必要とする場合には、暴力をも含めたあらゆる手段に随意訴える権利が人民に否認されているとはわが国は考えない。実際、合衆国自身も独立を獲得するために暴力に訴えざるを得なかった。平和のために創設された機構である国連がそのような暴力を一般的に是認し、他の加盟国へのそのような暴力行為に物質的援助を与える義務が加盟国にあると解釈されるような言葉を用いることのなかに、困難さが横たわっている。そのような暴力行為は国連憲章の要求と両立しない」（Seymour M. FINGER, “A New Approach to Colonial Problems at the United Nations,” *International Organization*, vol. 26, 1972, pp. 145-146）。

のの、国連自身が民族解放戦争に正当性を与えることについては、それが憲章上の武力不行使原則の無視を導く結果に至ることを理由に反対する[107)]。

最後に彼は、「憲章第２条４項および第 51 条を純粋の国家間関係を規律するものとせず、反抗権を選択的に認めようとする」傾向をアランジオ・ルイツ（G. Arangio-Ruiz）の所説に言及しながら次のように批判する。

第 51 条の範囲を拡大してこれを解放運動へ適用することは、国家性の最小限の要件である安定性をも満たさない人民集団を自衛権主体と認めることを意味し、これは尚早の承認につながる。このような第 51 条の拡大解釈は合理的な解釈枠を越え、国際法を危険な動揺へ導くものとなる[108)]。

彼は自決権の本質を革命権ととらえ、それを自助の領域に属する権利とみる。革命権はとりわけ価値観を共にしない他国に対しては国家はこれを正当なものと認めるものの、自国に対しては決して認めない。この革命権の属性は現在も変わらず、その意味では新国連法としての自決権も各国の実行に根本的変革をもたらしはしない。新国連法としての自決権は、革命と中立とに関する伝統的国際法規および憲章の中核をなす武力不行使原則を否定する「新正戦論」につらなる。このような動きは、国際法の中世世界への回帰をこそ意味すれ、決して国際法の進歩ではない。

以上のように結論するポメランスの人民自決権観、民族戦争観は、西側国際法のこの問題への接近方法の典型とみることができる。ここにあげられた彼の主張を「伝統的形式論」、「国際社会の動態に対応しきれない静態論」と批判しきるのはたやすいが、そのような批判から得るものはない。

国際法の変革が、それを推進するものと阻止するものとの間の拮抗状況における一致点の連鎖である以上、ポメランスの主張に典型的にみられる西側からの批判にどうこたえていくかが、民族解放戦争における武力行使の合法性を前

107）　POMERANCE, *op. cit.* (note 100), p. 59.

108）　G. ARANGIO-RUIZ, "The Normative Role of the General Assembly of the United Nations and the Declarationa of Principles of Friendly Relations," *Recueil des cours*, vol. 137, 1972-III, p. 569.

提としてこの分野での新たな国際法形成をめざす第三世界諸国の課題であり続けるだろう。

(2)　東側国際法上の民族解放戦争観

東側国際法の代表としてここでとりあげるソビエト国際法上の民族解放戦争とは、自決権実現のための反植民地主義戦争に加えて外国支配に対する戦争、1941年-1945年の大祖国戦争のような外国の侵略に対する戦争、および、資本家階級に対して労働者階級が遂行する一定段階の階級戦争を含む概念である。

さらにそれらの民族解放戦争観念の根底には、正戦あるいは「進歩的」戦争の観念が存在する[109)]。

ここでは、国際法上の反植民地主義戦争および外国支配に対する戦争に議論を限定する。

(i)　民族解放戦争の正戦的性格

この戦争は社会主義的共産主義的倫理の見地から疑いもなく正論ととらえられている。その理由は、一方でそれらが第三世界人民の社会的歴史的進歩の実現を意味するからであり、他方、その解放がソ連の政治的利益に合致するからである[110)]。

ここでの問題関心は、ソビエト国際法において自決権実現のための武力行使がどのような論拠によって正当化されているかということと、そのような戦争

109)　マルクス主義者は「進歩的」戦争という用語を好む。この表現の方が唯物史観との関連が明確だからである（J. TOMAN, « La Conception Soviétique des Guerres de Libération Nationale », A. CASSESE, ed., *Current Problems of International Law*, Milano, 1975, p. 335)。ここの叙述は同論文に負うところが大きい。なお、ソビエト国際法上の民族解放戦争観に関して以下のものを参照。ソ連科学アカデミー編、高橋通敏訳『ソビエト国際法の基礎理論』(1971年、有信堂)、第6章。同『ソビエト国際法』(1974年、有信堂)、82-84頁および第8章。

110)　J. TOMAN, *op. cit.* (note 109), pp. 355-356.

が国内的なものと国際的なものとのいずれに分類されているのかということに絞られる。

ソビエト国際法の一般的文脈および平和的共存原則からいって、人民自決権はまず平和的手段によって現実が図られるべきであるとされる。憲章に表明された人民の同権および自決の原則に照らして、植民地施政国はこの権利の平和的実現を妨げてはならない。ついで、このような自決権の平和的手段による実現が不可能な場合、人民は武力に訴えて正当な戦争を遂行する神聖な権利をもつことになる[111)]。この武力行使は究極の手段であって、解放のために無条件に軍事力に訴えることは反歴史的であるばかりか、反人民的ですらある[112)]とされる。

そのような究極の手段としての民族解放戦争は、その開始者を問わず常に正当なものである。帝国主義国家によって併合された領域に生きる抑圧されたすべての人民は、この国家に対して民族解放戦争を開始する権利を常にもつ[113)]。この見解は幾人ものソビエト国際法学者によってくりかえし述べられている。

ソビエト国際法学者およびその他の社会主義諸国の国際法学者は、植民地施政国の側の、自決権の実現を阻むことを目的とする武力行使を明らかに否認している。そのような行為は、国際的制裁を必要とする侵略行為とされる[114)]。

植民地本国と植民地との関係は国際関係とされ、憲章第２条７項の国内管轄事項不介入原則の適用を受けない[115)]。さらに他国には、闘争中の人民との間に多様な関係を確立する権利をもつだけでなく、彼らの自決権の早急な実現を援助する義務がある[116)]とされる。ソ連はみずから解放運動への援助を国家目的のひとつに掲げている[117)]。

111）*ibid.*

112）*ibid.*, p. 357.

113）*ibid.*

114）*ibid.*

115）*ibid.*, p. 358.

116）I. BLIŠČENKO, M. SOLNTSEVA, “The Struggle against Portuguese Colonialism in the Light of International Law,” *International Affairs*, Moscow, 1971, no. 8, p. 60.

(ii) 民族解放戦争の法的論拠

民族解放戦争を正当化するに際してソビエト国際法はまず人民自決原則に依拠する。同原則をソビエト国際法は現代国際法の基本原則と位置づけている[118]。

ここでソビエト国際法上の自決権概念について要約しておこう。

まず権利主体としてはすべての人民、すべての民族があげられる。この「人民」と「民族」との意味については、国連実行に言及しているソビエト国際法学者によれば、具体的事例のもつ特殊性に従って解決されるべき問題である。

自決原則は人民の同権の問題と密接に連関している。なぜならそれは、多民族国家において諸民族が独立よりも統合を選択する場合の民族の同権をも決定するからである。

自決原則は領土問題にとっても決定要因となる。それは領土変更の際の法的権原の基礎であり、領域取得に関するあらゆる問題（取得時効、事実上の占領など）を解決する際に準拠すべき基本原則とされる。したがって人民はみずからの政治的運命を決定し、国家を創設しあるいは既存の国家と連合し得るだけでなく、国境も確定し得ることになる[119]。

さらに憲章第 2 条 4 項に示された領土保全の尊重[120]は、国境を永久に不変とみなすことを意味しない。憲章規定が領域の平和的変更の障害物とはなり得

117）「全世界の社会主義諸国は植民地主義に対して武力闘争を行っている諸民族を援助し続けるだろう。それは平和的共存概念に矛盾するどころか同概念の確認を意味する。なぜなら、あらゆる人民の自決権という平和的共存の基本原則のひとつを尊重するか否かが問題となっているのだから。」（PONOMARYOV "Some Problems of the Revolutionary Movement," *World Marxist Review*, 12, 1962, p. 13, cited in J. TOMAN, *op. cit.* (note 109), p. 359, note 9.）

118）同原則はマルクス主義者の著作のなかで確認され、ソビエト政府の「平和に関する布告」をはじめとする初期の布告、および、ソ連が隣国との間に締結した幾多の条約のなかにみいだされる。

119）J. TOMAN, *op. cit.* (note 109), pp. 361-362.

120）このような領土保全条項は、植民地独立付与宣言第 6 段、友好関係宣言の「人民の同権と自決の原則」第 7、8 段にもみうけられる。

ない。それは人民自決権に従って国家間の協定あるいは国際機関の決定にもとづいて変更し得るものとされる[121)]。

以上に示された自決権を国際場裡においてソ連は常に擁護してきた[122)]。この自決権擁護の見地から、植民地主義はそれ自体現代国際法に反し、人類に対する最悪の犯罪であるととらえられる。

国連憲章第1条第2項は国連の目的のひとつとして「人民の同権および自決の原則の尊重に基礎をおく諸国家間の友好関係を発展させることならびに世界平和を強化するために他の適当な措置をとること」をあげている。この規定からソビエト国際法学者は、自決権を認めない行為は世界平和に反するとする解釈をひきだす。すなわち彼らは、「人民の同権および自決の原則」と「世界平和を強化するために必要な他の適当な措置」とを比較することによって、自決権が世界平和の一条件であるとの結論に到達する[123)]。したがって自決権の実現にとって障害物となる植民地主義は、その存在だけで平和を危殆にさらすものとされるのである。

以上の文脈から、民族解放戦争は「平和および国際的安全の維持、および平和を脅かす事態の除去をめざす行動」と規定される[124)]。民族解放戦争は個別的あるいは集団的に武力に訴える権利の行使とみなされるのである。

このように位置づけられる民族解放戦争と憲章第2条第4項の武力不行使原則との関係はどうなるのだろうか。

第2条第4項は、「国際連合の目的と両立しない他のあらゆる方法による」

121）　J. TOMAN, *op. cit.* (note 109), p. 362.

122）　ソビエト国際法上の理論とソ連の実行との関係について、カロゲロプロス・ストラチスは、両者が一致しておらず自決権がソ連の戦略的要求に従属させられていること、および、ソ連の実行においては、独立達成後の統治形態に関する人民の意思の確認よりも外国に従属した植民地の解放のために自決権が言及されてきたことを指摘する（S. CALOGEROPOULOS-STRATIS, *Le droit des peuples à disposer d'eux-mêmes*, Bruylant, Bruxelles, 1973, pp. 31-32）。

123）　J. TOMAN, *op. cit.* (note 109), p. 365, note 33.

124）　*ibid.*, pp. 365-366.

武力行使を禁じている。国際連合の目的のひとつはまさに人民自決権の実現である。したがって自決権を実現するための武力行使は「国際連合の目的と両立する」武力行使であって、第2条第4項の適用を免れる合法的武力行使となる。

以上の論拠は、民族解放戦争およびその国際的性格を正当化するためにソビエト国際法が援用した論拠のなかでも最も法的価値の高いものである。なぜならここでは、人民自決権の武力不行使原則に対する優位が実定国際法に依拠して説明されているからである。

民族解放戦争の合法性を説明するもうひとつの論拠は、憲章第51条にもとづくものである。第51条の拡大解釈によって、ソビエト国際法は民族解放戦争を植民地列強により行われた侵略への一反応とみる。この論拠の背景には、どんな侵略や併合も国際法上の時効期間に服さず、常に国際法は侵略による領土併合を禁止しているとの認識がある。

これへの西側の反論は、既に前Ⅱでみたとおり、国家だけが自衛権を行使しうること、たしかに現代国際法上侵略は禁じられているが植民地時代の国際法によればそのような行為は合法なものとみられており、植民地主義を違法視する現代国際法に遡及力はないことなどをその内容とするが[125)]、興味深いことにこのような反論をソビエト国際法は拒絶し、植民地征服の時代に有効だった国際法に従っても、当時既にこのような征服・併合は違法だったのであり、国際法に時効は存在せずその違法性は時効によって消滅しえないとしている[126)]。

(iii)　国内的武力紛争と国際的武力紛争

コローヴィン（E. Korovin）にとって紛争区分の問題は存在しない。彼は武力紛争を国内的なものと国際的なものとに二分する考え方を拒絶している。両者は一方から他方へその形態が容易に変化し、たとえば国家間戦争は国内の革命

---

125)　G. GINSBURG, “Wars of National Liberation and the Modern Law of Nations — the Soviet thesis, “*Law and Contemporary Problems*, 1964, no. 4, p. 921.

126)　J. TOMAN, *op. cit.* (note 109), p. 368.

にとって好都合の時期をしばしば条件づけるし、逆に後者は他国の階級対立に衝撃を与え、国際戦争を惹起しうるからである[127)]。

しかしこの立場は今日では放棄され、ソビエト国際法は国内戦争と国際戦争との区別をとり入れている[128)]。

1949 年のジュネーブ 4 条約採択後、ソビエト国際法は一時植民地戦争を国内戦争とみなしていた[129)]。この立場はマルクス主義哲学にもソ連の植民地に対する態度にも一致しない矛盾したものだった。この時期のソビエト国際法が戦争法の研究にあまり関心を向けなかったことに起因するこの初期の評価は、まもなく訂正され、民族解放戦争を国際戦争ととらえる見解が確立した[130)]。この戦争が自決原則という国際法上の原則の実現をめざしていること自体が、その国際的性格を立証しているとされた。

以上のソビエト国際法上の民族解放戦争観の分析を通じて、そこに示された多くの見解が現実の国際社会における社会主義諸国および多数の第三世界諸国の主張に多大な影響を与えていることがわかる。

(3)　アフリカ国際法上の民族解放戦争観

民族解放戦争を現実に戦い、その結果として現在のアフリカ諸国を樹立した当のアフリカ人自身は、どのような民族解放戦争観を抱いているのだろうか。ナイジェリアの国際法学者ンカラ（J. C. Nkala）は最近の論文のなかで民族解放戦争による武力行使の合法性の問題を扱っている[131)]。ここでは彼の論文を紹介することによって、アフリカ人みずからが有する国際法上の民族解放戦争観の素描を試みる。

127）*ibid.*

128）*ibid.*, p. 369.

129）*ibid.*, note 46.

130）*ibid.*, note 47.

131）J. C. NKALA, "Legality of Use of Force by National Liberation Movements," K. GINTHER and W. BENEDEK ed., *New Perspectives and Conceptions of International Law*, (Springer-Verlag Wien, New York, 1983), pp. 186–198.

彼によれば民族解放闘争の正当性がアジア・アフリカ世界の問題として強調されたのは、1955 年のバンドン会議においてであった[132]。いわゆる第三世界の人民を外国の支配と搾取との下に幾世紀にもわたって隷属させてきた時代錯誤の構造である植民地主義を終わらせるという目的に向かって、アジア・アフリカの人民はまず平和的手段で植民地施政国に対して彼らを自決と独立とに導くよう説得しようと試みた。しかしながら予想された通り、施政国は植民地を進んで解放しようとはしなかった。そこで反植民地勢力は、国連活動を通じて植民地主義の根絶を図ろうと努め、社会主義諸国の協力によって植民地独立付与宣言の採択に成功した[133]。

植民地施政国は同宣言の表決に際して棄権に回った。彼らは同宣言をあくまでも政治的理念の表明とみなし、それを法的原則と認めようとはしなかった。宣言を単なる政治的宣言にとどめておくことを拒否した第三世界諸国にとって必要とされたのは、国連の場を離れての植民地主義打倒のための行動だった。

ンカラは以上を背景にして民族解放闘争の登場を必然的なものと位置づける。すなわち、第 1 にすべての植民地人民の自決権が承認されていること、第 2 に施政国が彼らの施政下の人民の自決実現に頑に抵抗すること、最後に以上のふたつから植民地人民が率先してみずからを解放する行為が正当とみなされることが導かれるのである[134]。

ついでンカラは、非植民地化のための民族解放戦争と主権独立国家内部の人民による分離運動とを峻別する。彼によれば、前者は後述するように国際的武力紛争であってその法的根拠は国際法であるのに対し、前者は領土内の市民が享有する反抗権にもとづく国内的武力紛争であってこの反抗権はかならずしも法的権利であるとはかぎらず政治的権利ともとらえられる。このような反抗の

132)　バンドン会議最終コミュケの C（人権および自決）および D（従属下の民族の諸問題）を参照。D 1 ⒜には「植民地主義のあらゆるあらわれは、すみやかに終結されるべき悪である」とある（岡倉古志郎・土生長穂編訳『非同盟運動基本文献集』、新日本出版社、1979 年、10–11 頁。）

133)　J. C. NKALA, *op. cit.* (note 131), p. 186.

134)　*ibid.*, p. 187.

正当性の有無は国内法によって判断され、国際法によってではない。したがって反抗が成功し反抗者が支配者となったときにその正当性が立証されることになる。それゆえ、その反抗に対し外部からの介入が行われた場合、領域内の権力闘争が国際的平和と安全を脅かすか破壊した場合、あるいは人権の大量侵害が起こった場合以外、国際法はこの反抗に何ら関与しない[135)]。

以上のように民族解放戦争と内戦とを分けた上で、彼は民族解放戦争の分析に入る。彼は民族解放戦争が国際的性格を有する理由として、現代国際法が植民地人民の自決権を法的権利と認め、それにともなって施政国は自決権を従属人民に付与する義務を負っていることをあげる[136)]。したがって自決権が民族解放戦争による武力行使の合法性の基礎となる。

民族解放戦争の合法性は次のように説明される。植民地人民が法的自決権を有するならば施政国はその権利を付与する義務を負う。そして施政国がこの付与を認めなかった場合、その結果として植民地人民がこの権利の不当な否認に対して蜂起することは合法的なものとなる。このようにして武力はそれ自体、政治的独立を獲得するための有効かつ法的な手段として確立される[137)]。

この武力行使の合法性は 1960 年代から 1970 年代を通じて国際社会によって承認された。それに大きく貢献したのがアフリカ統一機構の解放委員会（民族解放運動を援助する任務をもつ）の諸活動および第 3 世界諸国と社会主義諸国とが結束して採択した幾多の国連総会決議である[138)]。

---

135)　この部分の叙述はいかにもかつてビアフラ分離闘争を経験したナイジェリア人らしい。一般にアフリカ諸国の実行においては、非植民地化闘争とひとたび独立を達成した後の分離闘争とが峻別されている。人民自決のための闘争という大義付与も前者に限定される。アフリカ大陸全土に非植民地化が達成された後も現在と同様、依然として内戦の継続がアフリカ諸国にみられるだろう。それをアフリカの国際法学者が自決権との関連においてどうとらえていくのか注目される。

136)　J. C. NKALA, *op. cit.* (note 131), p. 188.

137)　*ibid.*

138)　*ibid.*, p.189.

以上のようにその合法性が認められた民族解放戦争は3つの要素から構成される。第1に植民地人民が植民地主義者に反抗する権利、第2に武力を用いて反抗を抑制することの禁止、それに解放運動が第3国から援助を受けることの正当性である[139)]。これらすべての要素の根底には、植民地主義が人権および自決権に関する国連憲章規定と両立しないが故に今や違法であるとの認識が存在する[140)]。

植民地主義がもはや正当なものでも合法なものでもないなら、あらゆる可能な武力を用いてこれを圧殺することは合法的である。その際、武力行使によって植民地が形成され維持された点を想起しなければならない[141)]。

植民地人民には植民地主義者との関係においてふたつの選択の道が開かれている。一方は植民地主義者が彼らのために植民地体系のなかで用意した役割を受諾し、帝国主義勢力の博愛・善意を希望し懇願することによって暴力の拡大を回避する道であり、他方は、植民地施政国の暴力に暴力をもって対抗する道である。後者において暴力の拡大は不可避である。この不幸な展開の責任は解放勢力側にあるのではなく、あげて植民地施政国側にある。もし彼らが他の選択をしたなら、解放勢力側も暴力に訴えずに抑圧的外国支配を終わらせようとしただろう[142)]。

自決権実現をめざす民族解放運動による武力行使の合法性の問題とは、一般に植民地施政国の制度化された暴力によって維持されている植民地主義への挑戦の合法性を問うことに等しい。それへの回答は、植民地主義の法的基礎は今や消滅し植民地人民はみずからの運命を決定する権利を再び得たいという事実である[143)]。

このようなンカラの論旨のなかで注目すべき点は、彼が植民地主義自体を違

139)　ンカラは他国から解放勢力に与えられる援助の性格を、国際社会が植民地戦争における施政国側に有利な軍事力の非対照性を認識したものと説明している（*ibid.*）。

140)　*ibid.*

141)　*ibid.*, p. 190.

142)　*ibid.*, p. 190.

143)　*ibid.*, p. 190.

法な存在と位置づけ、そこから直接解放勢力側の武力行使の合法性をひきだしていることである。これは、以下で彼が自衛権概念を援用せずに合法性の法的基礎を説明していることとともに、彼の民族解放戦争観を特徴づけている。

次に彼は現代国際法の下での民族解放闘争の正当性を考察する。自決のための闘争が民族解放戦争に発展するか否かは、彼によれば、従属人民の自決権行使の要求に対する施政国側の抵抗の程度次第である。施政国が自決権を自発的に付与することを拒否した結果、ナミビア、南アフリカのように依然として植民地状況下にある地域では、戦争が今や常態となっている[144]。

皮肉なことに最近の事例によれば、植民地施政国自身が、みずからを効果的に統治できるかどうかという植民地人民の政治的成熟度を解放闘争のなかで測定しているように思われる。このようにして解放勢力側の緒戦での勝利が、施政国を、植民地主義終了のための平和的手段の模索に解放勢力側と協調して向かわせる傾向がある[145]。

このように自決のための闘争が民族解放戦争に至るという必然性を述べた後に、彼は武力行使の合法性の論拠の検討に入る。まず彼は自衛権概念に依拠する論拠をとりあげ、この論拠を「植民地となる前に植民地人民は発達した統治体系や法をもった国民として存在していたこと、および、植民地施政国の軍事侵略によって彼らは自分たちの主権を剝奪されたこと」にもとづくものととらえる。

この論拠への西側の研究者の批判、およびそれに対する再批判を紹介した後で彼は、民族解放運動による武力行使の合法性を確立するために自衛権を援用する必要はないとする自説を展開する。すなわち、自衛権は伝統的国際法をその基盤としている。民族解放の概念は現代の国際秩序の産物である。したがって、民族解放運動による武力行使の合法性は現在の国家実行のなかで求められなければならない[146]。かつて国際慣習法が植民地主義を承認していた時期があ

144)　*ibid.*, p. 190.

145)　*ibid.*, p. 191.

146)　民族解放戦争の位置づけをめぐってはンカラと正反対の見解をとるウチェグブ

った。奴隷制も当時の国際社会によって正当なものとみなされていた。民族解放運動による武力行使の合法化は最近の現象であり、その合法性は現代の国家実行に由来するものである。そのような国家実行がどこよりも明らかに示されるのは、国連の政治的機関である総会と安保理事会とにおいてである[147]。

以上の立論を経て彼は「植民地人民の自決権行使のための闘争の正当性を承認する」決議2105（XX）や「植民地の抑圧に従属する人民には、国連憲章の目的と原則とに従った彼らの闘争において、あらゆる援助を求めこれを受けとる資格が与えられる」とした決議2189（XXI）、2225（XXI）、2383（XXIII）、2465（XXIII）、2704（XXV）、2708（XXV）へと言及していくのであるが、ここで注目にあたいするのは、彼が国連におけるソ連をはじめとする東欧諸国の役割とアジア・アフリカ諸国の役割とを区別している点である。彼によれば、前者は社会主義理論に立脚した初期の反植民地主義および民族自決原則の擁護者として位置づけられるものの、彼らが提唱した原則はあくまでも欧州中心的であった。それらの原則の法的側面を現実のアジア・アフリカ諸国の実行にもとづいて強化していくことが後者の任務である、とされる[148]。ここに、西側先進諸国の人間でも東欧圏の人間でもないアフリカ人としてのンカラの視点が映しだされている。

Ⅳ　新正戦論——民族解放戦争における jus ad bellum ——

民族解放戦争が jus ad bellum（戦争に訴える権利としての正当理由）をもつという主張は、民族解放戦争の合法性を肯定する側からもこれを否定する側からも

（A. UCHEGBU）も、奇しくもこの点については同意見である。以下、彼の主張。

「現存する国際法規則のなかに解放闘争の合法性への解答を見出そうとするのは希望なき実践である。そのような実践は必ず否定的結論に到達するだろう。」（A. UCHEGBU, “Armed Struggles for National Liberation and International Law,” *African Review*, Vol. 1, 1977, pp. 80-81, cited in J. C. NKALA, *op. cit.* (note 131), p. 192.）

147）　*ibid.*, p. 193.

148）　*ibid.*,

行われている。前者は民族解放戦争が jus ad bellum を有するがゆえにそれは憲章第 2 条 4 項の武力不行使原則に優越すると述べ、後者は逆に、戦争の違法性が確立した憲章体制の下に、正戦論という中世的概念によって民族解放戦争を神聖視することの危険性を訴えている。

ここではまず第 1 追加議定書の審議のなかであらわれた民族解放戦争の jus ad bellum に関する議論をたどり、そこに見出される問題点を検討する。ついで西側の研究者がこれをどうとらえているのかを探り、対立する見解の対照を通じて民族解放戦争の本質への接近を試みる。

(1)　ジュネーブ諸条約第 1 追加議定書の審議における民族解放戦争の jus ad bellum

前述のとおり、第 1 追加議定書の審議のなかで民族解放戦争を国際的武力紛争に含めるか否かをめぐって西側諸国の見解と社会主義諸国および第三世界諸国の見解とが鋭く対立した。民族解放戦争を国際的武力紛争とみなすのに反対する西側諸国の見解を整理すると、そこには五つの論拠があり、そのうち第 3 および第 5 の論拠が民族解放戦争の jus ad bellum にかんするものだった[149)]。

第 3 の論拠は民族解放戦争に関する諸概念の主観的・政治的・差別的性質をとりあげたものである。そのような概念の導入は当事者間に平等に適用されるべく予定されている人道法に、「正・不正の闘争」という概念をもちこむことを意味する。それは jus ad bellum の問題であって人道法とは無関係である、とするこの論拠は、アメリカ合衆国、スイス、カナダ、イギリスおよびフランスの代表によって主張された[150)]。

---

149)　本章 I (4)参照。

150)　以下はアメリカ合衆国の主張。

「人道法およびそれにともなう諸責任を正、不正の紛争という曖昧な概念にもとづかせることはできない。もしそうすれば、あらゆる利害当事者に対する等しい保護の保障が危うくなってしまう。」(CDDH/I/SR. 2, para. 51.)

以下はスイスの主張。

これをサルモンは次のように批判する。正戦概念を人道法に導入したとの非難は事実に反する。民族解放戦争正戦論を明確に主張したのは中国などほんの少数にすぎなかった。さらに西側諸国は知的混同もしくはすりかえを行っている。現在ここで問題となっているのは「国内的紛争」の対概念である「国際的紛争」の定義を再構成することではなかったか。そもそもこの2者の区分自体、明らかに政治的である[151]。諸国家ははじめからいくつかの武力紛争を非国際的紛争の枠に移し、それらの紛争に諸条約共通第3条およびマルテンス条項だけを適用しようとした。しかしそれらの実際の適用状況がきわめて不十分なものでしかないことは明らか[152]で、ある。

「紛争原因および紛争目的にもとづく主観的基準に照らして紛争の特殊なカテゴリーを設定することは、jus in bello の地を離れ jus ad bellum の地に踏入ることを意味する。……そのような主観的基準は法的なものではない。」(*ibid.*, SR. 2, para. 13.)

カナダも「武力紛争犠牲者の保護を紛争の動機に依存させる諸規定」を批判している（*ibid.*, SR. 2, para. 16)。

以下はイギリスの主張。

「ジュネーブ諸条約、ハーグ規定およびその他の人道法文書は、法的および人道的保護がそれぞれの武力紛争に参加した者の動機の意向次第で異なることがあってはならないとする基本原則によって貫かれている。この原則からのどんな逸脱も、ハーグおよびジュネーブ諸条約の構造に損害を与え、人道法全般にわたる訂正を必要とすることになるだろう。さらに紛争参加者の様々な動機の間に差別をうちたてることは、人権に関する基本原則の侵害を構成する。」(*ibid.*, SR. 2, para. 45.)

以下はフランスの主張。

「動機、正義および正当性などの要素を考慮することは国連においてはまったく通常のことであるが、赤十字の後援の下で開催される本会議にとっては致命的である。人道法に動機や主観的判断が入る余地はない。このことは、フランス政府がどんな場合にも犠牲にしようとは思わない基本原則である。」(*ibid.*, SR. 2, para. 49.)

151)　カセーゼは次のように言う。

「どんな政府も多かれ少なかれ、国際法が支配する領域内で生じる反抗に関心を抱いている。彼らの主要な関心事は、あらゆる蜂起をただちに鎮圧するための充分な自由の保持である。」(A. CASSESE, “Current Trends in the Development of the Law of Armed Conflict”, *Rivista trimestriale di dirrito, publico*, XXIV, no. 4, 1974, pp. 1410, cited in SALMON, *op. cit.* (note 1), p. 45, note 35.)

152)　SALMON, *op. cit.* (note 1), p. 45.

さらにサルモンは以下のように主張する。国家間紛争と非国家間紛争との伝統的区別は、紛争目的による区別でもある。他国に損害を及ぼすことを目的とする紛争は前者に、自国政府の打倒を目的とする紛争は後者に属する。この基準はまったく政治的・主観的なものであり、もし 1949 年のジュネーブ諸条約の起草者が、掲げられた人道的目的との関連において客観的基準の選択を望んだとしたら、紛争が国際的であると国内的であるとを問わず、紛争の重要度あるいは強度を基準設定の際考慮に入れていただろう。しかし実際にはそのようなことはあえて行われなかったのである。

それどころか 1949 年には、第 2 次世界大戦中占領を経験した諸国家が、やはり政治的性質をもち、闘争の目的に依拠したひとつの例外規定を採択した。占領者に対する武力抵抗を国際的武力紛争に含める規定（共通第 2 条 2 項）である。それゆえ、ジュネーブ法が紛争原因を問わずあらゆる紛争犠牲者をより良く保護するために常にあらゆる政治的配慮の上位に置かれていると主張することほど偽りに満ちたものはない[153)]。

1949 年以降、国際的紛争の観念は漸進的に発展してきた。この観念は一般国際法の領域に属し、国連は徐々に植民地戦争を国際的紛争と認識するようになった。それは植民地戦争の目的が、施政国にとってはまったく外部の人民への抑圧および搾取の維持にあったからである。現在では植民地主義、外国の恒久的支配などの概念の同一性については、ほとんどの国家がこれを共有している。

この観念の発展が政治的性格のものであることをサルモンは十分に認めつつ、占領者への抵抗運動のみを例外規定としてとり入れたジュネーブ諸条約はすぐれて欧州中心的なものである点を指摘する。この立場にあくまでも固執し、国際社会における国際的紛争観念の発展を無視し、白人以外の人民の闘争を考慮に入れない態度はやはりひとつの政治的立場をとることにほかならない。それは非白人人民の闘争を差別し、合法的虐殺の維持を企図する立場であ

---

153)　*ibid., cf.* CDDH/I/SR. 14, para. 15.

る。サルモンはこの第3の論拠を以上のように批判する[154]。

第5の論拠は、民族解放戦争の差別的性格が紛争当事者の間に非双務的義務を課すことになるというものであり、この論拠を援用したオランダの発現は先に紹介したとおりである。

この論拠をサルモンは次のように批判する。国際的紛争概念を民族解放戦争にまで拡大することによって、侵略者（占領者、入植者）と被侵略者（被占領者、植民地人民）との間に不平等が実際に生じるだろうか。概念の拡大を支持する諸国の一部がそのような不平等の実現を望んでいるにしても、それは決して多数国ではない。より重要なのは、この概念の拡大とそのような不平等との間に因果関係がまったくない点である。アビ・サーブが先に言ったように、民族解放戦争が国際的紛争であるのに、これを保護の対象としない点で差別的なのは逆に現行法の方なのである[155]。

ゲリラ戦のような場合に、一方の当事国だけが諸条約上の義務を負うことになるというもうひとつのオランダの主張についてサルモンは、そもそもジュネーブ諸条約および第1追加議定書はゲリラ闘争をその適用対象にしてはいない。しかし、伝統的軍隊もゲリラ戦と同様の方法を用いる場合があること、および、ゲリラ戦を新たに適用対象に含めることについては、諸条約の全規定を適用することが不可能な抵抗運動が既に1949年段階で適用対象に含まれていることを忘れてはならない、と述べている[156]。

154）　以下はエジプト代表アビ・サーブの西側諸国の見解に対する反論。

「他の代表が修正案を jus ad bellum と jus in bello とを混同したものと非難している。修正案が一方の当事者を優遇しようとしているのであれば、非難はあたっていることになる。ところが現在の法体系の方こそが民族解放運動への保護を拒否することによって一方の当事者を優遇しているのである。逆に修正案に従えば、人的待遇は両当事者にとって等しいものとなる。」(CDDH/I/SR. 5, para. 8)

またノルウェーは、修正案の採択は正戦観念の受容を意味しない。それは単に、民族解放戦争において両当事者のすべての犠牲者に同一の保護を保障することを目的としているにすぎないと主張している（*ibid.*, SR. 14, para. 11）。

155）　SALMON, *op. cit.* (note 1), p. 48.

156）　*ibid.*

以上の見地からは、第5論拠は法的形式主義の典型であるととらえられる。一方当事者が他方当事者よりも重い義務を負うことを理由に、国際的武力紛争概念の拡大に反対するオランダは、当事者間の形式的平等という命題から出発している。サルモンはこの命題の代わりに実質的平等をうちだし、この命題こそが人道法の基本原則とされるべきであるとしている。

彼によれば、事実上の不平等が支配している当事者間関係に単なる形式上の法的平等を提起することはまやかしであり、そこに政治的効果が含まれているのは目に見えている。実質的平等があるところにはじめて戦争法における平等が存在する。事実上の不平等が存在する場合（たとえば植民地施政国の強大で整備された軍隊と抵抗運動団体および民族解放団体との間の関係）、法的平等原則は、補償的不平等が導入された後にはじめてうけ入れられる。義務の非双務的性格だけが平等を再び確立しうる。

以上のことは決して変則的なものではなく、人道的、とりわけ占領者——非占領者、占領者——抵抗者の関係を規律する人道法において承認された現象である[157]。

このように当事者間の実質的平等を補償的不平等＝条約規定の差別適用によって確保すべきであるとするサルモンの趣旨[158]は、第1追加議定書のなかの民族解放戦争にかかわる部分にたしかにとりいれられている。（たとえば第1条第3、4項と第47条とを比較参照。）

民族解放戦争に関して解放勢力側に極端に不利な形の差別を含んでいる従来の jus in bello の方こそが差別的なのであり、当議定書はそのような差別性を

157）　*ibid.*, p. 49.

158）　藤田久一もサルモンと同様に、民族解放戦争への人道法の適用要求が一見「侵略国の兵士」に不利に「自由の戦士」に有利に人道法を差別的に適用すべきであるという主張のようにみえるが、実は、むしろ従来の人道法の規定内容が弱い立場の開放組織にきわめて不利益をもたらし公平さを欠いていたこと、あるいは民族解放戦争への人道法の適用要求が差別適用を求めるものではなく解放闘争そのものへの人道法の適用を主張する趣旨であったことを指摘する。（藤田、前掲書（註52）、54-55頁）

解消し、民族解放戦争への jus in bello の適用に実質的平等をもたらすもの、とする彼の主張は一面たしかに説得力をもっているが、彼の説明によってもジュネーブ諸条約および第１追加議定書の各当事者への一律の適用が確保されない点は依然として変わらない。（そのような非一律性＝差別性がむしろ必要であるとの立場を彼はとっている。）ジュネーブ第３条約第４条において組織抵抗団体に特別の地位が認められていることからして、そもそも 1949 年の時点から条約規定の各当事者への全面的適用を締約国は考えていなかったと思われる。その意味で差別適用の問題は当初からあったのである。

だからといって民族解放戦争の jus ad bellum の当議定書への反映を否定することはできない。従来国際法の直接適用を受けることのなかった民族解放戦争が国際的武力紛争と認められ、国際法直接性をもつにいたった事実は、民族解放戦争が有する jus ad bellum の jus in bello への浸透という視点を欠いてはとらえられない。そこには民族解放戦争正戦観がたしかに存在する。

(2)　民族解放戦争正戦論批判

今までに述べてきた一連の国連総会決議および第１追加議定書のなかの諸規定にみいだされる民族解放戦争正戦観を批判的に評価する一群の西側研究者が存在する。以下に代表的な彼らの見解を紹介し、検討を加えることにする。

すでにみたようにポメランスは、新国連法としての自決権が憲章規定を越えて新領域に到達したとし、その新領域のひとつとして「jus ad bellum の jus in bello への危険な浸透現象」をあげている。これは、武力紛争についての人道法の普遍的適用を変質させ、民族解放戦争の当事者を二分し、「自由戦士」の側には最大限の保護が与えられるのに対して「傭兵」の側は犯罪者集団とのレッテルがはられ、彼らへの保護はまったく否認されてしまうという事態を指している[159]。

この現象を説明するにあたって、彼はまず総会決議 3103（XXVIII）を援用す

159）　M. POMERANCE, *op. cit.* (note 100), p. 51.

る。同決議は1973年に採択され、植民地支配、外国の支配および人種差別体制に対して闘争中の戦闘員の法的地位を扱ったものである。同決議には、植民地支配、外国の支配および人種差別体制に対する武力闘争をジュネーブ諸条約が適用される国際的武力紛争とみなし、そのような闘争に従事する戦闘員はジュネーブ諸条約の適用が認められる法的地位に置かれること、そのような闘争に従事し捕虜となった戦闘員には捕虜の待遇に関するジュネーブ条約（第3条約）の適用が認められること、および、植民地施政国や人種差別体制の側の民族解放運動に対する傭兵の使用は犯罪行為であり傭兵は犯罪者として罰せられるべきことといった原則が含まれている。

ポメランスはこの決議によってふたつの命題が明確に表明されたとする。

第1の命題は民族解放戦争に国際的武力紛争の地位が与えられたこと、および、捕えられた自由戦士は第3条約第4条の条件を満たさなくても戦争捕虜の地位をえることである[160]。

第2の命題は、捕虜の側はたとえ第3条約第4条の条件を十分に満たしていても、その目的および性格故に「犯罪者」とみなされることである。

以上のふたつの命題がそのまま結実したのが、第1追加議定書の諸規定である。

第1の命題についてみれば、同議定書第44条3、4項の規定によって第3条約第4条の条件は解放闘争の場合にはとり払われ、捕虜資格が無制限に自由戦士に対して与えられることになった。さらに第2の命題については、同議定書第47条によって傭兵は戦闘員の資格も戦争捕虜の資格も失うことになった[161]。

このような第1追加議定書のなかの諸規定を、西側の研究者は次のように批判する。

160）　第3条約第4条は捕虜を定義している。

161）　第1追加議定書第44条第3、4項は捕虜資格を得るための戦闘員の条件に関する規定であり、また同第47条は傭兵を「戦闘員または捕虜となる権利を有しない」とした上で定義している。

バクスターは、「ある者にとっての民族解放戦争は、他の者にとっては民族分離戦争である」[162]との認識から、欺瞞に満ちた主観的基準が普遍的かつ公平に適用されてきた法領域に導入されたのであって、そこには法的混沌が生ずるだろう、そして法的混沌からは戦争犠牲者へのどんなにささやかな保護すら消え失せてしまう、と批判している[163]。

さらに彼は、人道法全体にとって最も重要な支柱である当事者間の相互的要素が失なわれた点をとりあげて、当事国と民族解放団体との間の相互性の欠如は、戦争法遵守のためにあった大切な効力を破壊してしまったのであり、一方があらゆる権利をもち、他方が義務を負うだけの法が遵守される訳がない、と述べている[164]。

ポメランスは、新規定が武力紛争における人権擁護に不可欠な戦闘員と文民との区別を不明確にした点を、新規定のなかで最も混乱した部分と考えている[165]。このことによって、敵対国が戦闘員の嫌疑を受けた文民に苛酷な処置をとる結果が容易に想定されるからである[166]。シュヴァルツェンベルガー（G. Schwarzenberger）は、この点を次のように批判している。

「交戦当事者が戦闘地帯や占領地域において、昼間は文民だった者が夜間は不正規兵になるのではないかとの疑いを抱いたなら、彼は純粋の市民と市民を装った不正規兵とを区別しなくなるだろう。そしてついには、敵国の文民全体を何の特権も与えられない潜在的交戦者とみなすようになるだろう。その結末は、ゲリラと文民とに対する全面的鎮圧である。」[167]。

162） R. R. BAXTER, “The Geneva Convention of 1949 and Wars of National Liberation,” *Rivista di Dirrito Internazionale*, vol. 57, 1974, p. 195.

163） R. R. BAXTER, “Humanitarian Law or Humanitarian Politics? The 1974 Diplomatic Conference on Humanitarian Law,” *Harvard International Law Journal*, vol. 16, 1975, p. 16.

164） *ibid.*

165） POMERANCE, *op. cit.* (note 100), p. 55. これは第 1 追加議定書の第 44 条 3、4 項について言及したものである。特に 3 項の後段を参照。

166） スイスの主張。（CDDH/SR. 40, paras. 66–69.）

167） G. SCHWARZENBERGER, “Human Rights and Guerrilla Warfare, “*Israel Yearbook*

一方、同議定書中の傭兵の規定は総会決議3103よりは緩和されたものとなっている。用語上、正戦論への言及はないし、「犯罪者」の呼称も用いられてはいない。しかしながら総会は、傭兵は犯罪者であり、民族解放戦争を戦う自由の戦士に、まっこうから敵対するものであるとする決議を採択し続けている[168)]。総会と安保理事会とでは傭兵の定義のしかたが異なる。前者が施政国の手先となって民族解放運動を抑圧する者と規定するのに対し、後者は他国の政府を転覆しようとしたり他国の領土保全、主権、独立を脅かそうとする者を援助する者ととらえている[169)]。

このような定義の困難さ以外にも、さらなる危険が傭兵の問題をめぐって生じてくる。それは、「ひとたび特定の種類の人々に保護が否定されたなら、同様に他の種類の人々にも保護が否定される道が開かれてしまう」[170)]危険性である。とりわけ彼らが戦争犯罪人とみなされた場合がそうである[171)]。

以上の問題点から彼ら西側の研究者は、このような民族解放戦争の扱い方を「新正戦論」として位置づけ、これを次のように批判する。

過去において正戦論の理念は戦争犠牲者への最悪の侵害をもたらしてきた[172)]。この理念の復活は「無制限の暴力へ通じる道の里程標」[173)]である。バクスターは正戦論と人道法との関係を以下のように論じている。

「民族解放戦争へ法を適用する際に引用される諸理由は、人道主義的という

---

on Human Rights, vol. 1, 1971, p. 253, cited in POMERANCE, *op. cit.* (note 100), note 293.

168）　たとえば33/24, 34/44, 34/140を参照。

169）　安保理事会の決議239、405を参照。最近の総会決議では、この二つの定義をもとに採用している。（たとえば34/140.）

170）　H. C. BURMESTER, “The Recruitment and Use of Mercenaries in Armed Conflict,” *American Journal of International Law*, vol. 72, 1978, pp. 55-56.

171）　そのような道はすでに東欧諸国によって示されている。彼らは第3条約に加入する際、同条約の保護から、戦争犯罪人および人類に対する罪を犯した者を除く旨の保留を行っている。（POMERANCE, *op. cit.* (note 100), p. 56.）

172）　BAXTER, “Humanitarian Law or Humanitarian Politics?” *op. cit.* (note 163), p. 17.

173）　BURMESTER, *op. cit.* (note 170), p.55, note. 82.

よりもむしろ国際政治的なものである。正義と不正義とのための別々の法体系が合法戦争を戦っている人々と違法な戦争を戦っている人々とのためにつくられたなら、人道法の脆弱な構造はたちまちこわれてしまう。人権擁護のための戦争が戦争における人権の大量侵害をみちびくとしたら、これほど皮肉なものはない。」[174]

西側研究者の民族解放戦争正戦論批判は、自由戦士と傭兵とに適用される法規則の差別性への批判をその中核としている。その差別は主観的、政治的なものであって、紛争当事者の動機を問わない平等・一律の法適用という jus in bello の理念に反するとされるのである。

しかし彼らの見解の多くは、なぜそのような差別が導入されたかということについて触れていない。植民地支配・外国支配・人種差別体制をどうとらえるのか、それらの体制における構造化された人権抑圧およびその変革者への苛酷な弾圧という事態をどう考えるのかが、そこでは意識的にせよ無意識的にせよ示されていない。その意味で彼らは形式的平等だけを問題にしている。

上に述べたように、民族解放戦争についての現時点での法規範——それはいくつかの国連総会決議を通じて、あるいは第１追加議定書のなかにあらわれている——の背景には、植民地支配・外国支配および人種差別体制を「悪」ととらえることに由来する民族解放戦争正戦観が存在する。この点については民族解放戦争の合法性を認める者もそれを否認する者も一致している。両者の見解が対立しているのは、このような価値観およびそこから導かれる結果としての法規範の評価をめぐってなのである。

結

「〔自決実現のための〕他のあらゆる手段が尽された後には、従属人民の、自然権としての自衛権を行使する権利が、〔自決原則の〕定式化に含まれなければ

174）　BAXTER, “The Geneva Conventions,” *op. cit.* (note 163), p. 203.

ばならない。さもなければ、自決権はその意義をすべて失ってしまう。」[175]

友好関係宣言の審議過程で唱えられたこの見解は、人民自決権と民族解放戦争との間の関係の本質をついている。どのような論拠をとるものであれ、一定の条件のもとに民族解放戦争の合法性を認めることなしに、人民自決権の確立を唱えるのは無意味である。

1961年のゴア事変以降、民族解放戦争の合法性の問題に国際社会はとりくんできた。友好関係宣言および侵略の定義の審議のなかでは、その合法化のための多様な論拠が展開された。現在、民族解放戦争の合法性は、国連憲章第51条の個別的・集団的自衛権にもとづく武力行使とともに、憲章第2条第4項の武力不行使原則の例外としてとらえられている。

このような例外を認める根拠は、植民地支配・外国支配・人種差別体制を「悪」とする強い価値観にもとづく民族解放戦争の正当の承認である。いいかえれば、民族解放戦争はjus ad bellumを有している。

ジュネーブ諸条約第1追加議定書中の民族解放戦争に関する諸規定は、このjus ad bellumのjus in belloへの浸透を意味する。

民族解放戦争正戦観およびそれに由来する法規範の存在は、西側研究者も含めたすべての者が認める客観的事実である。ただしその評価をめぐっては依然として対立があり、また法規の履行確保の問題も解決されないままである。

民族解放戦争のjus ad bellumの承認が国連憲章体制下の武力行使原則にもたらした変容は、ふたつある。

第1には、自衛権および安保理事会の決定による軍事的措置とならんで、新たに第3の許容される武力行使形態が確立したことである。

第2には、新しい武力行使を認める根拠として、今までの国連憲章体制下にはなかったjus ad bellumが導入されたことである。従来の国連憲章体制は、戦争の違法化にもとづく戦争の一般的禁止が前提とされ、この禁を破った戦争が「違法な戦争」であり、それへの反撃は合法であるという、合法戦争観が支

175)　A/7809, para. 30, cited in TOMAN, *op. cit.* (note 109), p. 367, note 41.

配する体制である。自衛権の行使としての、あるいは国連の集団的措置としての武力行使は、そのいずれもこの合法戦争観のもとでの合法戦争＝合法的武力行使であって、はじめの「違法な戦争」においてはもちろん、『違法な戦争』への反撃という手続をふむことだけを合法性取得の条件とする「合法戦争」においても、戦争に訴える正当理由が問われることはない[176)]。

民族解放戦争正戦論は、この憲章体制を支えている合法戦争観とは別の原理にもとづく戦争観である。それは従来の実定法の枠にとらわれず、反植民地支配・反外国支配・反人種差別体制という強固な価値概念に立脚している点で価値の相対性を排除している。その意味で、それは、キリスト教的西洋社会のものとで自然法に基礎づけられた中世正戦論に酷似している。

以上のようなjus ad bellumを有する民族解放戦争が国際法上一定の合法性を獲得した背景には、国連憲章制定当時から現在に至る間に生じた平和概念の変遷がある。

国連憲章上の平和とは消極的平和であって、それは「戦争のない状態」を意味している。したがって、そこでの「平和への脅威」とは、「ある国家が暴力を用いて国際関係の現状を変革しようとする可能性」と認識された。

その後、人権保護の意識が国際的に高まるのにともない、植民地支配・外国支配・人種差別体制は、人権の大規模な侵害を構成する「許しがたい不正義」「耐えがたい構造的暴力」であって、それらは国内的不安の源泉にとどまらず国際的緊張をもたらす、との認識が確立した。それは、人間の尊厳の保障機能として、「正義」が国際関心事項にとり入れられたことを意味する。アパルトヘイト、植民地主義のような「不正義な構造的暴力」が平和と安全との問題の決定要因となったのである。

変遷後の新しい平和＝積極的平和とは「構造的暴力の克服」を意味し、「一国が『不正義な構造的暴力』を含む現状の変革を拒否するとき、積極的平和が脅かされると考えられるようになった。「平和への脅威」のこの新しい解釈に

---

176)　本章序、註3)、4）を参照。

よって、国連は、国際関心事項としての「構造的暴力の除去・克服」に介入することになったのである[177)]。

構造的暴力を克服し人間の尊厳を確保することが、「民族解放戦争が有する反植民地支配・反外国支配・反人種差別体制」という jus ad bellum の内容にほかならない。正義概念と結びついた新しい平和概念を背景に、民族解放戦争の jus ad bellum は国際法上の承認を得るに至ったのである。

民族解放戦争の合法性の獲得によってもたらされた武力不行使の変容は、今後どうなるのだろうか。民族解放戦争は、将来、本章でとりあげた「反植民地」、「反外国支配」および「反人種差別体制」の三つの型から、分離戦争や革命などの内戦へ移行していくだろう。したがって、武力不行使原則の将来を展望する際、内戦＝国内的武力紛争の現在の法的位置を考察することが参考になると思われる。

現在、内戦は国際法上の jus ad bellum を有していない[178)]。第2次世界大戦後の分離戦争がパキスタンからのバングラデシュの分離独立（インドの支援がなかったら失敗に終わっていただろう）を除いて分離派の不成功に終始していることからもうかがえるように、内戦当事者の成功の可否は事実的帰結に依拠しており、jus ad bellum にもとづく一方当事者の合法性は生じていない。民族解放戦争の合法性の前提である人民自決権（外的自決権）は、非植民地化法としての実定性を有しているだけであった、それは内戦にまで継承されてはいない。

内戦を規制する jus in bello としては、ジュネーブ諸条約共通第3条およびそれを補完する第2追加議定書がある。アジア・アフリカ諸国と社会主義諸国との関心事である民族解放戦争がジュネーブ諸条約および第1追加議定書の適用される国際的武力紛争に昇格した以上、それらの諸国が第2追加議定書の当事国となって自国内部の武力紛争を規制しようとする動機は弱い[179)]。

177）Bernard Victor Aloysius RÖLING, "The Legal Status of Rebels and Rebellion," *Journal of Peace Research*, no. 2, vol. XIII, 1976, pp. 158-159.

178）個々の内戦当時者は、当然みずからが遂行する闘争の大義・正当性を確信しているだろうが、それと国際法上の正当理由とは別物である。

したがって、内戦には民族解放戦争にみられたような強力なjus ad bellumも、その反映としてのjus in belloも存在せず、国際法による内戦の規制はゆるいものにとどまっている。

以上の考察から、民族解放戦争によってもたらされた武力不行使原則の変容が、将来、内戦においても継承されるとは即座には考えられない。jus ad bellumの導入による武力不行使原則の変容は、少なくとも現時点にあっては、民族解放戦争に関するだけの例外的変容にとどまっている。

戦争と平和とに関する国際法領域は、「人権の国際的保護」を動因として、第2次世界大戦後大きく変化してきた。内戦を規制するジュネーブ諸条約共通第3条や第2追加議定書、および、捕虜資格に関する第3条約第4条A2・6項の規定ならびに、国連総会決議や第1追加議定書にみられる植民地問題の国際関心事項化といった現象は、いずれもこの文脈に沿ったものである。それは同時に、各主権国家の国内管轄事項の範囲の縮小を意味している。いいかえれば、この変化は、人間の尊厳およびそれに発する構造的暴力の克服への国際的共感と伝統的国家主権との間の拮抗の連鎖である。それぞれの時点における両者の結節点がその時々の国際社会全体の合意となり、それが国際法規範を形成してきた。その新しい規範においては、平和、内戦、反抗などの概念が変化し、そのひとつの結果として民族解放戦争の合法性の獲得が導かれたのである。

このような視座に立つなら、jus ad bellumの導入による武力不行使原則の変容が民族解放戦争に固有の、その意味での一過性のものであると決めつけるのは早計にすぎるといわねばらなない。

179)　D. P. FORSYTHE, "Legal Managemant of Internal War: The 1977 Protocol on Non-International Armed Conflict," *American Journal of International Law*, vol. 72, 1978, pp. 272-295. を参照。このことはとりわけ国内の分離運動に悩まされている諸国（インド、フィリピン、イラクなど）についていえる。国際条約集（横田・高野編、有斐閣発行）によれば、1984年2月1日現在で第2追加議定書当事国数は29である（第1追加議定書の当事国数は36）。

第2章

人道的救援権の提唱

序

ソ連解体にともなう東西対立の終結とともに、冷戦後やポスト冷戦といった言葉が氾濫しているが、そのような言葉が当初もっていた楽観的響きとは裏腹に、現実の世界には、東西対立の体制下で解決を先延ばしにされていた問題群が一挙に噴出してきている。そのような問題群として、環境問題を含む南北問題とならんで、民族またはエスニックの自己主張がひきおこす内戦や国家間紛争の激化があげられよう。このような民族紛争は、当然のことながら多数の難民や傷病者を発生させる。それらはまた、紛争発生国のみならずその近隣諸国の平和と安全にとっても多大な影響を及ぼす。彼らを救済し、紛争発生地帯に秩序を樹立するために国連難民高等便務官事務所（UNHCR）や国連災害救済調整官事務所（UNDRO）、それに旧ユーゴスラビアの国連保護軍（UNPROFOR）やソマリア国連軍（UNOSOM）などが行ってきた人道的活動が注目されるのはそのためである。

ところで、そのような犠牲者の救援活動を行うのは国家機関や政府間団体に限られない。それらとならんで、否、それら以上に赤十字国際委員会や各国の赤十字団体をはじめとする私的人道団体の活動が、従来から武力紛争や自然災害の犠牲者の救済に大きく寄与してきた。人道的救援活動とは、武力紛争や自然災害の犠牲者を公平かつ公正なやり方で救済する活動を指す。武力紛争におけるこれら人道団体の活動は、戦争犠牲者の保護にかんするジュネーブ諸条約

（第１－第３条約共通第９条、第４条約第10条）やそれを補完する議定書（国際武力紛争にかんする追加第１議定書第81条、非国際武力紛争にかんする追加第２議定書第18条）によって公認されている。しかしながら、これらの活動にはひとつの限界がある。それはこれらの条文が示しているとおり、「関係紛争当事国」あるいは「当該締約国」の同意を得ることがその活動を行うための前提条件になっていることである。したがって、もしこれらの国がそのような活動にたいして何らかの動機のもとに同意を与えないならば、赤十字団体の犠牲者救援活動への道は断たれてしまうことになる。このような赤十字団体の人道的活動の限界を直視してそれを克服しようとする動きが、ここ20年来、新たな人道団体によって試みられてきた。「国境なき医師団」や「世界の医師団」などは、何の救いの手も差し伸べないまま犠牲者を放置することは許されず、犠牲者の苦しみを領域国が専断することはできないという強固な倫理観にもとづいて、犠牲者の発生原因が人為的なものであるか自然的なものであるかにかかわらず、また、被害発生国の要請や同意の有無にかかわらず、国境を越えて人々を救援してきたのである。しかしながらこのような行為は領域国の主権を侵すものであるから、行為者は領域国の国内法違反を理由に処罰されることを免れない。さらに当該行為主体が国家機関あるいはそれに準ずる機関である場合には、領域国の同意を得ないこのような越境行為は国際法上の不干渉義務違反をも構成することになり、国際違法行為となって国際責任を生じさせることになる。

このような法的問題を解決するために、近年、人道的救援権という新たな国際法上の権利が提唱されるにいたった[1)]。それによれば、犠牲者が救済される権利は生存権を確保するための人権であって、この権利を侵害するような領域国の主権行使は許されないと主張される。本章の問題関心は、このような人道的救援権がどのようにして提唱され、そのような内容をもつにいたったのか

1）　人道的救援権についての邦語文献については、さしあたり、以下を参照。
斎藤恵彦「人道的緊急救援権と国家主権――湾岸戦争が残したある重要問題――」（『法学セミナー』448号、1992年）、同「人道的救援と国家主権――人道的救援の第２世代――」（『ヒューマンライト インターナショナル』３号、1992年）。

を、おもに、フランス社会党政権下で首相付人道活動担当相を務めたベルナール・クシュネール（Bernard KOUCHNER）とパリ第 2 大学教授で人道的救援権にかんする国連総会決議の採択に尽力したマリオ・ベタティ（Mario BETTATI）の見解にもとづいて検証することにある。そのため以下では、まず、人道的救援権の形成過程を、その倫理的基礎としての「介入義務」と新たな「人権」としての国際法上の位置づけに照らして考察する（Ｉ）。ついで、ふたつの国連総会決議に結実した人道的救援権の内容を、領域国（＝被害発生国）の主権を制約する側面と、それに配慮する側面から確認する（Ⅱ）。最後に、人道的救援権の意義とその全体像を明らかにするための課題を述べる（結）。

Ｉ　人道的救援権の形成

人道的救援権という新たな「法的権利」は、長年にわたるフランスの人道的救援団体の経験が生みだした「介入義務」（devoir d'ingérence）という強固な倫理的確信によって支えられている。この介入義務とその法的表現としての人道的救援権をめぐって、1987 年にパリで「法と人道倫理についての国際会議」が開催された。同会議には数多くの知識人、人道活動家、法律家の他に、フランソワ・ミテラン大統領、ジャック・シラク首相（当時）も出席し、あらたな人権としての人道的救援権を国際社会に提唱していくことが全会一致で確認されたのである。ここでは、おもにこの会議での発言内容に依拠して、人道的救援権の形成過程を確認する。⑴では、「国境なき医師団（Médecins sans frontière）」および「世界の医師団（Médecins du Monde）」の創設者の一人であり、フランスの社会党政権のもとで 1988 年から 1993 年まで人道活動担当相を務めたベルナール・クシュネールの唱えるところにしたがって、人道的救援権の倫理的基礎としての「介入義務」について考察する。⑵では、新たな「人権」としての人道的救援権が国際法の枠組のなかにどのように位置づけられるのかを、フランス代表団の一員として人道的救援権にかんする国連総会決議の成立に尽力したマリオ・ベタティの所論に依拠しつつ検討する。

(1)　倫理的基礎としての「介入義務」

人道的救援権は、危険に瀕する者を同じ人間として放置し得ないという「介入義務」の倫理に裏づけられる。この倫理は、第2次世界大戦後に成立した人権関連諸条約の層の厚みと現実世界の人権状況との間の絶望的な乖離の認識、人権の有効な確保を阻害する国家主権の告発をその出発点にしている。長年医師として人道活動に従事してきたクシュネールは、自らの経験を踏まえながら次のように述べる。

「人権が世にもてはやされている。操作され、体制に取り込まれ、政治化されて、人権は完全な全会一致を得ているかに見える。人権にかんする精緻な国際文書は、重々しい多数決によって表決される。そして死文であり続ける。なぜならば、そこに述べられたことがらを実行に移すことは、諸国の主権の名において、また、苦難が国によって所有されるという名目で禁じられているからだ。救助を叫び求める男、女、子供は？　その声が聞こえるか？彼らには発言権がない。彼らはおそらく差しのべられるであろう手を待ちながら苦しみに耐えている。人間の苦しみは誰のものなのだ？　苦しみを招いた責任のある政府のものなのか？（……）彼らが救援されるか否かは、マスメディアのとりあげ方と政治的要求によって決まってしまう。かくして、一方で《恩恵の施される緊急事態》が生みだされる。そこには、恩恵に与かる政府の訴えに応じてあらゆる人道団体が急いで駆けつける。それらの人道団体は、自らの重要さを示し、報道機関のカメラの前に姿を現すことによって、団体支持者の寄付を期待するのである。エチオピアがそのよい例である。他方で《禁じられたままの緊急事態》がある。そこには誰も行きたがらない、あるいは行くことができない。なぜならば、その事態が余りにも危険であり、現地に報道機関のカメラがおかれておらず、当局が国家主権の名において現地に足を踏みいれることを禁止しているからだ。アフガニスタンの場合がこれにあたる。」[2)]

「救いを求めて叫ぶ権利をただ政府だけが横取りしている。政府は、自らにとって都合の良いときに、自らの利益になるような援助を求めるにすぎない。しかしながら、負傷者こそが叫び、飢えた人こそがその声を聞いてもらえなければならない。人々の苦しみ、被支配者の苦しみはもっぱら政府に帰属するのだろうか？　わたしたちはそうは思わない。わたしたちは逆に、義憤と連帯の名において、非常緊急時の倫理にもとづいて危険に瀕した人を救援するという新たな権利の出現を確信している。」[3)]

このような同胞としての人間がおかれている状況への義憤はまた、赤十字をはじめとする従来の人道団体が行ってきた救援活動がもっぱら政府の要請もしくは同意に依拠していた点への批判となって現れる。クシュネールはいう。

「アンリ・デュナンと彼の後継者のおかげで、赤十字は、捕虜および傷病者を救援することになっており、事実、救援することができる。赤十字はそれをきわめて効率的に行っている。ただしそれは、諸国の合意とともに、そして、時として甚だしい損害を引き起こすことのある義務づけられた沈黙のなかでである。」[4)]

これらの動機にもとづいて、「介入義務」の倫理が提示される。個々の人間の内心に発する倫理的確信である「介入義務」は、一方で、危険に瀕する他者を放置し得ないという燃えるような人道主義にもとづいており、受け入れ国の同意という国家主権への配慮は当然のことながら二の次となる。他方でそれは、犠牲者一人一人の意思の尊重をふまえた救護活動を示唆し、どちらかといえばペシミスティックな冷めた人間観に立脚しつつ、耐え難いもの、悪しきも

2）Bernard KOUCHNER, « Préface Le devoir d'ingérence, » Mario BETTATI et Bernard KOUCHNER, *Le devoir d'ingérence,* Editions Denoël, 1987, p. 11.

3）Bernard KOUCHNER, « La morale de l'extrême urgence », *ibid.*, p. 272.

4）Bernard KOUCHNER, « La loi de l'oppression minimale », *ibid.*, p. 18.

のを最小限に抑え込もうとする点で、西欧的な個人主義の文化伝統に根ざすものであることがわかる。

「誰も自らの隣人を助けることを強いられない。遠くにいる者についてはなおさらである。その者について語り、その者への接近を試みることすら、強制されない。(……) 自分が献身的行為に没頭することが、実は自分自身にとってのみ、つまり人間について自分が抱く考えを強固にすることにとってのみ価値があるのだということを、わたしはずっと後になって知った。」[5)]

「フランス人医師は、人道団体のボランティアたちと同様、傷病者の意思に反するかたちで傷病者を取り扱わず、あくまでも彼らの要請に応じて介入する。わたしたちは耳をそばだて、身振りや訴えを待つ。それらがうかがえたときだけ、わたしたちが本当に望まれているときだけ、驕ることなく、後ろめたさをもたずに、治療かばんと西欧的概念を携えてわたしたちは行動する。(……) ときに奇跡が生みだされる。手当をされる者とする者との間に、つまりカンボジア人、アフガン人、レバノン人、チャド人、エルサルバドル人、イラン人、フランス人、その他の人々の間に、ときどき、不意に、示し合わせたかのように微笑みが訪れる。この微笑みは、文化、宗教、政治の対立や生活水準の悲劇的な相違を越えた、相互理解へのほのかな希望に似ている。そのときに、他者と出会うことがいかに人を感動させるかということに気づかされる。」[6)]

「わたしたちは、普遍的なものに熱狂しているわけではない。わたしたちの行動は、積極的な人間観にもとづくものではない。わたし個人の人間観は、むしろ悲観的なものである。否定的な人間観、最小限の悪、耐え難いものという観念。わたしたちの行動はこれらに依拠しているのである。」[7)]

---

5) Bernard KOUCHNER, « Préface Le devoir d'ingérence », *ibid.*, p. 10.
6) Bernard KOUCHNER, « La loi de l'oppression minimale », *ibid.*, p. 19.
7) *ibid.*, p. 21.

このような「倫理的介入義務」は、クシュネールによれば、「非常緊急時の倫理」（morale d'extrême urgence）および「最小限抑圧の規律」（loi de l'oppression minimale）というふたつの道徳律によって支えられている。「非常緊急時の倫理」とは、救援の対象となる傷病者がいかなる人種であろうと、どこにいようと、そしていかなる信仰、イデオロギー、価値観をもっていようと、それらにかかわりなくただ彼らが苦しみのうちにあるということのみをもって、救援の手を差し伸ばすことをまず何よりも意味する。ついで、この倫理は、彼ら傷病者がおかれた状況について沈黙を保つことを拒み、これを広く世間に訴えて彼らを生みだした一国の政治体制を告発することも含意している。

> 「（……）医者として、わたしたちはただ患者のそばに赴くだけだ。たとえ彼らが遠くにいても、たとえ彼らが黒人であっても。（……）このようにして『非常緊急時の倫理』が生まれた。それは、病人のイデオロギーや信仰感情を問題にしない。彼らの幸福観も彼らの膚の色も問わない。苦痛とその訴えだけがわたしたちを行動に移させるのである。」[8]
>
> 「この非常緊急時の倫理は、虐殺の現代性を考慮に入れ、時として、沈黙を拒みつつ『センセーションを巻き起こす法則』を実施するものである。」[9]
>
> 「言葉が（犠牲者を）保護すると主張してきたわたしたちは、一方の側の目撃者の証言と倫理的圧力の重さを、他方の側のいらだちと羞恥の重さを推し測ってきた。」[10]
>
> 「（……）この自然権（＝人道的介入権）は、『目撃したことを証言する義務』という至上命令を含んでいる。（……）われわれは政治の外側と内側との境界線上にいることを知っている。この介入権とともにわれわれは政治の危険を引き受けたのである。」[11]

8）　*ibid.*, p. 17.

9）　Bernard KOUCHNER, « Préface Le devoir d'ingérence » *ibid.*, pp. 9-10.

10）　Bernard KOUCHNER, « La loi de l'oppression minimale » *ibid.*, p. 18.

11）　Bernard KOUCHNER, « La morale de l'extrême urgence » *v.*, p. 277.

他方、「最小限抑圧の規律」とは、救援者が常にその時点での少数者、被抑圧者の側に立つことにより、権力側の抑圧効果を最小化することを目的とする規律である。

「わたしたちは行動するために新しい規律を創りだした。それは最小限抑圧の規律である。わたしたちは少数者の救出を選ぶ。爆撃を受ける者の側に立ち、爆弾を投下する者の側には立たない。それは少数者と被抑圧者の側に立つという、ただ一つの、しかし厳しい規律である。ただし幻想に陥ってはならない。なぜならば、これらの少数者自身が後に抑圧者となることも有り得るからだ。これもまた悲しい法則である。」[12)]

以上のような「非常緊急時の倫理」および「最小限抑圧の規律」にもとづく「倫理的介入義務」から、新たな国際法上の人権としての人道的救援権が提唱されることになる。もっともこの言葉じたいは必ずしも定着しておらず、「人道的介入権」droit d'ingérence humanitaire)、「人道的介入」(intervention humanitaire) などが、人道的救援権とほぼ同義の概念として用いられているのが現状である。この人道的救援権とは「倫理的介入義務」の法的表現であり、すべての人権の共通分母である「生存権」を保護する新しい「人権」として、世界人権宣言のなかにつけ加えられるべきであることが強調される。

「人道団体のボランティア、とりわけ医療団体のフランス人ボランティアは、新しい権利を確立することを自らの義務と考えるようになった。その新しい権利とは、危険に瀕した人々、その人々を構成している個人への人道的介入という権利である。わたしたちが手から手へ直接行っている私的な人道的救援は、今や人権のひとつとみなされるべきである。それゆえ、世界人権宣言はこの目的のために修正されるべきである。」[13)]

12) Bernard KOUCHNER, « La loi de l'oppression minimale » *ibid.*, p. 21.
13) Bernard KOUCHNER, « La morale d'extrême urgence » *ibid.*, p. 271.

「人道的救援は間違いなく義務と権利を構成している。それは、国境の《外側》、諸国の《外側》におかれた者の権利である。私的で中立的な非政府団体による活動が技術的に可能である以上、早すぎる死を迎えない、あるいは死から救いだされるという権利は自然権となる。人道的救援権はこのような自然権に依拠しているにすぎない。」[14)]

さて、以上のような「倫理的介入義務」を背景とした人道的救援権は、新たな「人権」として、国際法の枠組のなかにどのように位置づけられるのだろうか。

(2)　新たな「人権」としての国際法上の位置

人道的救援権の提唱者たちは、既存の人権関連諸条約の価値を十分に認めつつもその限界を指摘する点で共通している。クシュネールと同様ベタティも、ここ数十年来数多くの人権条約が生みだされたにもかかわらず、紛争はいっこうに減らないし、基本的人権の侵害も後を絶たないことを指摘し、人権が実効的に保障される範囲が、実際には特定の地域的（さらにいえば西欧）にとどまっている事実を認めざるを得ない。

「法治国家の不安定さによって（頻繁な人権侵害の）すべてが説明されるわけではない。その普遍性が望まれているにもかかわらず、人権が実際に現実味と実効性をもつのは、残念ながらせいぜい特定の地域、あえていえば西欧世界においてにすぎない。人権諸条約の起草者たちは、それらの条約がすべての国により採択されて各国を拘束するようになると早々に確信したものの、諸国の間には共通の価値も均一のよりどころも欠けているため、それらの条約は、実際には形式的規律であるにとどまっている。」[15)]

---

14)　*ibid.*, p. 276.

15)　Mario BETTATI, « Un droit d'ingérence humanitaire? », in *Le devoir d'ingérence, ibid.*, p. 23.

そのような世界の人権状況のなかでベタティが注目するのが、人権・人道活動に従事する非政府団体である。国際法人格を欠いているため、国家が有するような行為能力をもたない非政府団体は、それにもかかわらず、伝統的な不干渉原則に依拠して自国内部の個人や人民の権利を尊重しない国家にたいして釈明を求め、人権の擁護と特定住民によるその行使に寄与している。このような非政府団体は、あるいは挑発的な、あるいは控え目なやり方で、一国の国内管轄事項への人道的介入権を行使することになる。つまり、柔軟で機動的な非政府団体は、外交上の規則や慣行という拘束に国家のように従わなくてすむので、あらゆる独裁政治、災害、暴力の犠牲者の要請に応じて、ときには旅券や査証なしで現地に入って活動に従事する。すなわち介入し、救助し、食糧を供給し、目撃したことについて証言し、抗議し、異議を申し立て、語る。このような非政府団体の活動が斬新なのは、それが領域国政府の留保分野への不介入義務を事実上免れている点にある[16]。このようにベタティは非政府団体の諸活動を評価したうえで、犠牲者を救援することに実定国際法規則に優位する価値をおく。人道的救援権を国際法上の新たな人権として提唱する目的は、彼によれば、このような救援活動を法的に正当化するためにほかならない。

「そこかしこに救護されるべき数多くの犠牲者が残されている。彼らはたとえ実定法規則を無視しても救護されなければならない。不干渉義務は、なおそのようなあらゆる活動にとっての障害となっている。それゆえに、生命、健康または自由の危険に瀕しているあらゆる個人または人間集団のための人権として、人道的救援権が承認されるべきである。」[17]

それでは、人道的救援権は国際法の枠組のなかにどのように位置づけられるのだろうか。いかなるものであれ第三国領土への一方的な介入は、現行の国際法と両立せず、違法である。実際、管轄権を独占する領域国の要請にもとづか

16）　*ibid.*, pp. 23-24.
17）　*ibid.*, p. 24.

ない一方的介入は、国連憲章（第 2 条第 1 項）が承認している国家主権を侵害する行為である[18)]。このようにベタティは、まず、領域国の同意を欠く介入を不干渉義務違反であると一般的に位置づけたうえで、従来このような介入の例外とみなされてきた人道的干渉（inteventions d'humanité）と人道的救援権との異同を明らかにする。人道的干渉とは、他国における基本権擁護または自国民保護のために諸国によって行われる一方的な軍事介入である。その例としては、19 世紀のオスマン帝国内のキリスト教徒迫害を理由とする欧州列国の干渉や、最近の軍事行動であってより局地的なもの（1964 年のベルギー→スタンレービル、65 年のアメリカ→サント・ドミンゴ、83 年のアメリカ→グレナダ、76 年のイスラエル→エンテベ空港、78 年のフランス→シャバ）などをあげることができる。ベタティはこのような軍事介入を、法的権利として諸国が一致して受け入れた先例とみなすには余りにも議論が多く、慣習国際法規則を形成する慣行とみることはできないと述べ、人道的干渉の合法性を疑問視している[19)]。

これにたいして、将来人道的救援権に結実することが期待される慣行としての人道的介入（intervention humanitaire）は、現状においてどのように評価されているとベタティは考えるのだろうか。彼によれば人道的介入は、従来の人道的干渉に比べればより好意的に国際社会によって迎えられていると思われるものの、現状では依然として厳格な法的資格を付与されておらず、また、受け入れ国の要請または許可を得ないまま現地で救援活動を行っていいとの黙認があるわけでもない。彼はこう述べて、国際司法裁判所がニカラグア事件判決において、適法な人道的介入の要件から「受け入れ国の同意・要請の原則」を明示的に排除していない点に注意を喚起する。

「国際司法裁判所は、人道的介入権について消極的な考えを示している。

18）　*ibid.*; Mario BETTATI, « Un droit d'ingérence? » *RGDIP,* tome 95/1991/3 pp. 641-642.

19）　*ibid.*, pp. 646-651.; Mario BETTATI, « Un droit d'ingérence humanitaire? » *op. cit.* (note 15), p. 24.

同裁判所はいう。『他国の国内事項への非難さるべき干渉の性格を帯びないためには、人道的救援は、赤十字の実行を通じて承認された諸目的、すなわち人の苦痛を予防し軽減すること、生命および健康を保護すること、および、人間を尊重させることに限定されなければならない。そしてとりわけ、救援を必要とするすべての者にたいして無差別に救援が提供されなければならない』（ニカラグアにたいする軍事的・準軍事的活動事件判決 243 項）。おそらくこれらの要件は、大多数の人道団体によって満たされているだろう。しかしながら、これらの団体の脱国境的な活動が誰からも許可されているだろうか。（受け入れ国の）要請があることという適法な介入の要件は、税関や国境警察の要求よりも犠牲者の運命に配慮する医師が頻繁に対処しなければならない緊急事態にうまく適合しているとはいえない。」[20]

ベタティはこのような理由づけから、国際法上の権利としての人道的救援権の生成を説くことになる。彼はクシュネールのいう「非常緊急時の倫理」と「最小限抑圧の規律」に依拠して、生得的権利、真の人権としての「犠牲者の救援享受権」を強調し、それが法的権利として国際社会全体により承認されるよう努めなければならないと主張するのである。

「ここでは介入者の側ではなく犠牲者の側に身をおかなければならない。救援が純粋に人道的なものであり、看護を受ける権利、生きる権利、権利への権利を保護するためのものならば、救援提供者が誰であれ（そこに非政府団体の提供する救援が含まれることはもちろんである）犠牲者がその救援を受ける生得的権利・真の人権を享受しているのではないか、という問題を自問してみなければならない。

この人道的救援権は、倫理領域のみにとどまるものだろうか？　自分の兄弟姉妹、同胞にたいして、たとえ彼らが国外にあっても、彼らに救助を求め

20）　*ibid.*, pp. 24-25.

るという、あらゆる個人が有する権能を意味するだけだろうか？　あるいはそうではなくて、人道的救援権はすでに法的性質を帯び、拘束力ある規範に、《債務者》たる国際共同体にたいして個人が有している一種の《債権》になっているのだろうか？　まだそうなってはないとしたら、人道的救援権に法的性質が欠けた状態にわたしたちは長くとどまっているべきではなかろう。人道的救援権の部分的な承認から包括的な承認に向けての規範定立の深遠な作業が、現在進行しているのだから。」[21)]

彼はいう。これまでの国際法秩序は人間的諸価値よりも国家利益をはるかに重視してきた。わたしたちもなお、倫理の平面から法の平面へと移るさいには諸政府の規範定立活動を頼りにせざるを得ない。ジョルジュ・セルが述べたとおり、倫理と権力の結合するところに法は在るのだから。こうして彼は、「法と人道倫理についての国際会議」に出席したフランソワ・ミテラン大統領にたいして、「倫理」がすでに整った人道的救援権に「権力」が協力することで、近い将来、犠牲者の人道的救援権が一般的かつ普遍的に宣言されることを強く希望するのである[22)]。

国際共同体による人道的救援権の普遍的承認がぜひとも行われるべき理由として、ベタティは以下の四つをあげている。最初のふたつが事実にかんする理由、後の二つが法的理由である。

「１．いくつかの集団暴力、または、国内的もしくは国際的武力紛争の規模の大きさが、数多くの犠牲者を生じさせるおそれのある重大な事態をひきおこしていること、および、それらの犠牲者の生存と健康状態が、迅速で効率的な救援に依存していること。いくつかの自然災害、工業災害あるいは原子力災害が類似の結果をひきおこす危険があること。

２．この救援が迅速で効率的なものとなるためには、諸国の公の権力およ

21)　*ibid.*, p. 25.
22)　*ibid.*, p. 26.

び政府間団体の活動とならんで、私的かつ非政府団体の率先的な活動が厳密に人道的で公平な意図のもとでその協力と援助をもたらすことが往々にして求められること。

3．犠牲者への人道的救援が、世界人権宣言（第3条）、市民的および政治的権利にかんする国際人権規約（第6条）、ならびに、経済的社会的および文化的権利にかんする国際人権規約（第12条）において認められている生命ならびに健康への権利の尊重と行使にたいして重要な寄与のひとつをなしていること。

4．人道的救援権が人権のひとつであり、連帯の義務のコロラリーであること。この連帯の義務とは人類全体に課され、とりわけ国連憲章第55条および56条にしたがった協力の義務を意味すること。」[23]

これらの四つの理由は、「法と人道倫理についての国際会議」において採択された「人道的救援の義務および人道的救援の権利の承認にかんする決議」の(a)(b)(f)(g)および(h)項にそれぞれ採用されている（資料1参照）。人道的救援権が将来占めるべき国際法上の位置をベタティはあらまし以上のように描いている。人道的救援権は他のすべての人権の基礎をなす生存権の享受と行使を保護するための権利である。その限りで彼は、人権概念は文化や歴史によって異なるという価値相対主義のもとに基本権を制限しようとする考えを断固として排除する[24]。この会議の結びとして彼が述べた次の言葉のなかに、法的権利としての人道的救援権の確立を願う彼の気持ちがよく現れている。

「人道的救助を拒むことは悲嘆に暮れる人々を初めから見捨てることだ。(……)一国の政府をその国の民衆の苦しみよって罰することはできない。」[25]

23）　*ibid.*

24）　Mario BETTATI, « En guise de conclusion », in *Le devoir d'ingérence, op. cit.* (note 2), p. 266.

25）　*ibid.*, p. 269.

Ⅱ　人道的救援権の内容

前述の「法と人道倫理についての国際会議」は、最終日に「人道的救援の義務および権利の承認にかんする決議」を全会一致で採択した（資料1参照）。同決議は、非政府人道団体がここ20年来、自然的、政治的および工業的災害の犠牲者を救援するさいに遵守してきた諸原則を列挙している。そこにおいて人道的救援権は、個人、非政府団体、政府間団体および国家から構成される人類社会全体（＝国際共同体）を《債務者》とする個人の《債権》[26]ととらえられている（第j項）。諸国は、このような人道的救援を効果的に享受するという犠牲者の権利の自由な行使を、十分に尊重することを約束するべき旨が述べられている（第m項）。さらに同決議は、人道的救援権が新たに確立されるべき人権として国際社会により承認されることをめざして、フランス大統領、首相および政府にたいして、この決議を国際連合ならびに外国諸政府に通知するよう求めている（第n項）。

翌1988年、国連総会はその第43会期において、「自然災害および類似の緊急事態の犠牲者への人道的救援」と題する決議43／131を無投票で採択した（資料2参照）。同決議は上述の87年決議を受けてフランスが発議し、それを受けてわが国をはじめ30カ国余りが共同提案したものである。この決議の提案によってフランスがめざしたものはふたつあった。すなわち、人権分野の国連の一般枠組のなかに人道的救援を位置づけることと、1949年のジュネーブ諸条約および1977年のふたつの追加議定書が赤十字などの人道的団体に与えている便宜に匹敵する犠牲者への接近と介入の便宜を、新しい人道的非政府団体にも与えることだった[27]。同決議では、1987年決議ほど明確にではないものの、自然災害および類似の事態の犠牲者が救護される権利が実質的に確認され（前

26）　M. BETTATI, « Souveraineté et assistance humanitaire » in *Humanité et droit international* (Mélanges R. J. DUPUY), Pedone, 1991, p. 36.

27）　M. BETTATI, « Un droit d'ingérence? », *op. cit.* (note 18), p. 654.

文第6段および本文第1項)、緊急時に公平かつ中立に活動する非政府団体の役割が強調され（前文第11段および本文第3項)、犠牲者を救済するためには犠牲者への自由な接近が不可欠であるとの原則が公認されている（＝犠牲者への自由接近の原則―― principe de libre accès aux victimes ――前文第9、10段および本文第4項)。他方では同決議は、犠牲者の所在する領域国の主権に慎重な配慮を示しており、人道的救援の着手、組織、調整および実施についてまず領域国が当然に第一の役割を担い、領域国がそのような役割を果せない、あるいは果さない場合にはじめて人道団体や他国が介入すべきであると述べる（＝補完性の原則―― principe de subsidiarité ――前文第2段および本文第2項)。

2年後の第45会期のなかで国連総会は、決議43／131と同じ名称の人道的救援権にかんする2番目の決議45／100をやはり無投票で採択した（資料3参照)。この決議もまたフランスの発議にもとづいて、わが国を含め50を越える西側諸国、東側諸国、途上国によって共同提案された。同決議は、決議43／131を補完するものであり、とりわけ緊急の医療および食糧援助を提供するための「人道的緊急回廊（人道的救済回廊)」(couloir d'urgence humanitaire, humanitarian relian corridors）の設置を提起している点にその特徴がある（本文第6項)。この緊急回廊は、南スーダン、北イラク、ボスニア・ヘルツェゴビナそれにソマリアで現実のものとなった。さらに同決議は、救援活動が機能不全に陥るのを回避し、かつそれを現実の必要に適合したより効率的なものとするために、国際的な専門家団体による緊急事態の評価メカニズムをも提案している。

以上からうかがえるように、人道的救援権をはじめて扱ったこれらふたつの国連総会決議は、一方で、犠牲者の迅速かつ効率的な救援を当然のことながら最大限重視している。犠牲者を生みだした原因のいかんを問わない、また、領域国の要請や同意を救援実施の要件としない「犠牲者への自由接近の原則」は、このような要請のあらわれにほかならない。これは、人道的救援の効果的な実施のためには領域国の主権が多少なりとも制約を受けることが不可避であることを意味している。しかしながら、あらゆる国際法規範と同様、この人道的救援権もまた法的権利として国際社会により認められるには、諸国の同意を得なければならない。したがって人道的救援権の制度化は、「補完性の原則」にみてとれるように領域国主権に配慮せざるを得ない。人道的緊急回廊の構想は、以上のような領域国の主権の制約とそれへの配慮という相異なる要請のバランスの上に成立するものだといえよう。以下では、人道的救援権の実定法化にとって無視することのできないこれらふたつの要請の観点から、上述のふたつの国連総会決議にあらわれた人道的救援権の内容を考察してみよう。

(1)　領域国主権の制約――犠牲者への自由接近の原則――

ベタティは「犠牲者へ自由接近の原則」を、これらふたつの国連総会決議のもっとも「革命的」な部分であるととらえる[28]。決議43／131によれば、国連（総会）は、「自然災害および類似の緊急事態の犠牲者が人道的救援を受けるさいに経験するであろう困難を憂慮し」（前文第9段）ているが、これをベタティは、犠牲者への接近は領域国によっても隣接国によっても妨げられてはならないという国連の決意を明快に述べたものと評価した上で、次のように続ける。

「犠牲者のもとへ到達しようとする救援団体が遭遇する困難は自然的障害であることが多いが、それが人間の行為の場合もある。たとえば、地方当局、政府、反乱団体、野放しの人間集団の動きなどである。そのうえ、人の苦痛はときに政治目的を促進するために利用されることがある。そのような場合には、犠牲者の苦痛を軽減する目的で行われる外部からの救援は忌避されてしまう。人道問題を犠牲にして国の主権的特権が確保されるべきではない。」[29]

28）　*ibid.*, p. 657. ; M. BETTATI, « Souveraineté et assistance humanitaire » *op. cit.* (note 26), p. 41. ; M. BETTATI., « Ingérence humanitaire et démocratisation du droit international » *le Trimestre du monde,* 1e/1992, p. 31.

29）　*ibid.* ; *Le défit d'être humain,* Rapport de la Commission sur les questions humanitaires internationales, Berger- Levrault, Paris, 1988, cité in M. BETTATI, loc. cit.

決議43／131は、救援を必要としているすべての国にたいして、「これらの団体が人道的救援を実施するさいに、とりわけ、犠牲者のもとへ届けることが何よりも大事な食糧、医薬品、医療を供給するさいに、これらの団体の活動に便宜を与えるよう要請」している（本文第4項）。これは、「死には《よき死》も《悪しき死》もない」[30)]「人権に右派も左派もない。ソ連の爆弾の下で死んだこどもがより右寄りで、アメリカの爆弾の下で倒れたこどもがより左寄りだった、などとどうしていうことができよう」[31)]というクシュネールの主張にみられる「世界の医師団」「国境なき医師団」「国際医療援助」の理念をとりいれたものといえよう。このような犠牲者への接近の確保要求は、領域国のみならず、「人道的救援の通過に可能な限りの便宜を与えるための国際的な努力に、緊密に参加するよう懇願される」（本文第6項）隣接国や近接国へも向けられている。近接国によって救援の通過が妨げられ阻止される事態が実際に過去に生じているだけに、この規定はいっそう重要であるとベタティは述べる。

「1968年のビアフラ戦争のさい、カメルーンは、《中立原則》の名において赤十字の救援隊の通過を拒否した。今日の国際世論はこのような態度をもはや容易には認めないだろうし、このような態度は、フランス提案にもとづいて国連総会が採択した諸決議の課している諸原則と矛盾するものとなるだろう。」[32)]

決議43／131の採択直後に、旧ソ連のアルメニア共和国が大地震に見舞われた。その結果、当時ペレストロイカの最中にあった旧ソ連にたいしてこの決議が最初に適用されることになった。このとき旧ソ連は、医師、消防夫、フランス人物資補給者、それにジャーナリストを含めて総計514人を査証なしで受け

30）　M. BETTATI, « Souveraineté et assistance humanitaire » *op. cit.* (note 26), p. 41.
31）　Bernard KOUCHNER, « La morale de l'extrême urgence » *Le devoir d'ingérence, op. cit.* (note 2), p. 276. ; B. KOUCHNER, "Préface Le devoir d'ingérence" *ibid.*, p. 10.
32）　M. BETTATI, « Un droit d'ingérence? » *op. cit.* (note 18), p. 658.

入れ、総計 53 トンの緊急援助物資を受領した。旧ソ連、それに国連災害救済調整官事務所（UNDRO）は、この模範的な人道的救援にたいして敬意を表したという。このような犠牲者および被害発生地域への自由接近の原則は、国連システムのさまざまな機関からもその重要性が認められている。たとえば世界食糧理事会は、1989 年のカイロ宣言のなかで、緊急食糧援助を安全に輸送するための国際協定の締結を提案している。ベタティはこの提案を、決議 43／131 の実施への寄与のひとつであるとみなしている[33]。

このように「犠牲者への自由接近の原則」は、すべての場合において犠牲者への接近を確保しょうとするところにその特徴がある。したがって、同原則のもとでの人道的救援権の行使は、武力紛争の場合や領域国の事前の許可がある場合に限られないことになる。この原則が「革命的」なのは、現行国際法のもとでの犠牲者への接近が、犠牲者本国または被害発生国の意思にもっぱら服しているからである。犠牲者への接近を関係国の意思から解放しようとする動きは、ここ 20 年来、フランス人医師や人道的非政府団体によりとられてきた。彼らは自らの危険を顧みず領土を《侵犯》し、国境の向う側で救いの手を差し伸べて人命を救ってきたのである。このような活動に従事してきた彼らにとって、「犠牲者の自由接近の原則」を内容とする人道的救援権は、その職業倫理的規則と同様、不可欠のものといえよう。ベタティはいう。

「いくつかの法概念は、いまだに主権の古めかしい考え方に覆われているようだ。しかしながら人間とその環境を国際関心事の中核に据え、人類の共同遺産の保護を規範定立の中心におく国際共同体の観念が強化されるにしたがって、主権概念も進化した。それゆえに、この進化に留意し、この進化の人道的要素を実定法に反映させる時期にわれわれはいる。（……）新たな規則の生成は、赤十字社および赤新月社の国際運動における行動能力を強化するはずである。なぜならば、すべての場合において犠牲者への真の接近権が

33） *ibid.*; M. BETTATI, « Ingérence humanitaire et démocratisation du droit international » *op. cit.* (note 28), p. 32.

承認されることは、人道活動の私的運動体の先駆者であるこれらの団体に利益をもたらすものだからである。」[34)]

赤十字国際委員会もまた、この動きに無関心だったわけではない。同委員会は、ジュネーブ条約の追加議定書を準備する任務を負った政府間専門家会議第2会期に次のような条文草案を提出し、それは明らかに多数の支持を得ていたからである。

「ジュネーブ諸条約共通第1条の文言により、すべての場合において、この条約を尊重し、かつ、この条約の尊重を確保することを約束した締約国は、とりわけ紛争当事国にたいして人道的次元のはたらきかけを行うことによって、かつ、救護行動によって、これら諸条約および本議定書の適用のために協力するよう求められる。このようなはたらきかけは、紛争への介入とみなされてはならない。」

この草案は、何の説明もないままに赤十字国際委員会が外交会議に提出した議定書案から落とされてしまったという[35)]。「説明がなかった」とはいえ、この脱漏が諸国の主権への配慮によるものだったことは容易に想像できる。すでに述べたとおり、従来の国際法秩序は人間的諸価値よりも国家利益をはるかに優遇してきたのであり、倫理の平面から法の平面へと移るさいには、なお諸政府の規範定立活動を頼りにせざるを得ないのである[36)]。「犠牲者への自由接近

34）　M. BETTATI, « Souveraineté et assistance humanitaire » *op. cit.* (note 26), p. 39.

35）　Luigi CONDORELLI et Laurence BOISSON DE CHAZOURNES, "Quelques remarques à propos de l'obligation des Etats de « respecter et faire respecter » le droit international humanitaire « en toutes circonstances » *Eludes et essais sur le droit international humanitaire et sur les principes de la Croix-Rouge* (Mélanges Jean PICTET), Martinus Nijhoff, 1984, p. 30, note 25.

36）　M. BETTATI, « Un droit d'ingérence humanitaire? » in *Le devoir d'ingérence, op. cit.* (note 2), p. 26. ; M. BETTATI, « Souveraineté et assistance humanitaire » *op. cit.* (note

の原則」についてもこのことはあてはまる。上述の国連総会決議にみられる同原則は、領域国の事前の同意をその要件に含めていない点で確かに画期的であるが、だからといってこれらの決議が領域国主権への配慮を欠いているわけではけっしてない。上に述べたように、両決議とも国の主権、領土保全および国民的統一を再確認しつつ「補完性の原則」を規定しているし、さらに領域国主権の制約と性格づけられた「犠牲者への自由接近の原則」も、その実施形態のひとつである「緊急回廊（＝救済回廊）」の樹立条件にみてとれるように、実は、領域国主権への配慮をあわせもっているのである。

(2)　領域国主権への配慮――補完性の原則と緊急回廊――

領域国主権への配慮のひとつは「補完性の原則」である。それは上述のように、人道的救援の着手、組織、調整および実施についてまず領域国が当然に第一の役割を担い、領域国がそのような役割を果せない、あるいは果さない場合にはじめて人道団体や他国の介入を求める原則である。人道的救援権にかんするふたつの国連総会決議は、いずれもこの原則をとりいれている（決議43／131の前文第2段および本文第2項、決議45／100の前文第3段および本文第2項）。領域国がここにあげられたことがらを自ら十分にかつ効率的に行うことができるのであれば、他の人道団体や他国が介入する理由はない。それにもかかわらずこれらの団体が勝手に現地に入って活動を行うことは許されない。なぜならば、そのような行為は領域国の主権の侵害であるばかりか、犠牲者の境遇をもっとも重視する効率性の要求や、犠牲者のために救護活動を迅速に組織する必要性を阻害することにもなるからである[37)]。

ここで、領域国がそのような役割を「果せない」のはどのような場合だろうか。そのような場合としてはたとえば、通信手段の破壊、物資補給システムの

---

26), p. 40.　なお、ナチス・ドイツのユダヤ人迫害をめぐる国際赤十字委員会の活動の限界について次を参照。Jean-Claude FAVES, *Une mission impossible? Le CICR, les déportations et les camps de concentration nazis,* Editions Payot Lausanne, 1988.

37)　M. BETTATI, « Un droit d'ingérence? » *op. cit.* (note 18), p. 655.

不備、国内からよりも国外からのほうが犠牲者に接近しやすいこと、緊急に必要な食糧・医薬品・医療器具の量や質が領域国の技術的・経済的能力を越えていることなどが考えられる[38)]。

より微妙なのが、領域国がそのような役割を「果さない」場合である。すなわち、領域国がこれらの手段を確保しており、犠牲者への国内からの接近にも重大な障害がないのに、当該政府が故意に犠牲者の救援を行わない場合、「補完性の原則」は人道団体の介入を許すのだろうか。決議43／131の文言は、「主要な」役割が被害発生国に帰属する旨を述べるにとどまっている。ベタティは、「主要な」役割が行使されなかった以上、人道団体にあてられた「二次的な」役割が自動的に行使されることになると考える。そして、犠牲者の利益を重視する決議43／131全体の論理からもこのような解釈が導かれるとして、彼はその根拠を同決議に即して次のように述べる。

「決議43／131は、ひとつの明らかなことがらから出発している。すなわち、自然災害および類似の緊急事態は、すべての関係国の経済面および社会面に重大な結果をもたらす（前文第4段）。したがって、人道的救援がないままに犠牲者を遺棄することは、人命への脅威および人間の尊厳の侵害を構成する（前文第8段）。緊急性は迅速な介入を必要とし、このため同決議は、国連事務総長を通じてなされる緊急の人道的救援の訴えにたいして国際共同体が迅速かつ効率的に対応することを要求している（前文第5段）。さらに国連（総会）は、犠牲者の速やかな救済がその数の悲劇的な増加を回避するものと確信している（前文第10段）。」[39)]

このような解釈は、Ⅰで扱った人道的救援権の倫理的背景に照らせば、きわめて自然であるといえよう。領域国が犠牲者の救出を意図的に拒めば、外部か

38)　*ibid.*, p. 656.

39)　*ibid.*, pp. 656-657. ; M. BETTATI, « Ingérence humanitaire et démocratisation du droit international » *op. cit.* (note 28), p. 31.

ら彼らを救援する道はもはや閉ざされてしまうというのでは、人道的救援権を新たに提唱する意味は失われてしまうからである。したがって、人道的救援権を新たな人権として意義のあるものとするためには、このような場合に人道団体が介入すること――それは当然領域国の同意を欠く介入にならざるを得ない――を認めなければなるまい。

しかしながら、決議43／131は、総会第3委員会および総会本会議でいずれも無投票で採択されたものの、第3委員会での採択直後にいくつかの国は、決議内容について次のような「解釈宣言」を行っている[40]。

「この種の救援は、関係国の承認なしに付与することができないことを心に留めおくべきである。被害発生国だけがそのような援助を望むか否か、望む場合に誰からそれを受けたいと思うかを決定すべきである。そうでなければ、たとえ人道的救援であっても一国の国内事項への干渉であると解釈されることがあり得る。」(ブラジル)

「わが国代表が決議案に賛成したのは、決議案が人道的関心に応えるものであって、かつ、他の緊急事態ではなく自然災害の犠牲者にだけ言及していると感じたからである。不幸にして、人道的救援のかたちをとりながら、実は、一国の状況を不安定化する目的で、援助が武装グループに与えられたケースが過去にあった。この決議案に関連する救援類型の明確な定義が、決議案に含まれていることが望ましかった。」(メキシコ)

決議案の最終文言は不明確であり、何を達成しようと意図しているのかが明らかでない。そのうえ、最終文言は、すべての社会が道徳的義務として数世紀にわたって受け入れてきた実行についての自明のことを述べている。この決議案は人道的救援だけを扱うにとどまらず、自国領土内および国家間関係における諸国の主権的権利にも影響を及ぼすことになる。本文第6項からわかるように、ここには三つの当事者がいる。すなわち、通過請求国、通過

40)　A/C. 3/43/SR. 49, para. 79-87.

許可国、それに受け入れ国である。通過を請求し同意を与えるという関係諸国にとっての必要性がもし明確に言及されていたならば、同項の明確さの欠如は回避できただろう。わが国代表は、決議案が求めていると思われる措置を隣接諸国がとるためには、それに先だって通過請求を行い、かつ、それへの同意を得ることが不可欠であることを意味していると、このように第6項を解釈した。(……) 国外者により実行されるあらゆる救援活動は、被害発生国の主権、領土保全あるいは安全保障上の利益と相容れない何らかの機関の決議や決定によってではなく、被害発生国がいかなる国であろうとその国の国内法により規律されなければならない。このことは明白このうえないことである。この点で、決議案には多くの不満が残る。このことが強調されなければならないのは、ある人々が、人道的活動を国内法および国際法のいずれにも優位するものと考えた時があったからである。エチオピアはこの種の行動を、現在も将来においても支持しない。」(エチオピア)

「(人道的) 救援は、もっぱら自然災害および類似の事態の場合にだけかかわるものであって、そのような救援が諸国の国内事項への干渉の道具として利用されることはあり得ない、というのがわが国の理解である。」(ペルー)

「決議案がもっぱら自然災害にのみかかわるものであることが強調されなければならない。なぜならば、災害がいくつかの国の侵略政策および他国の国内事項への干渉により引き起こされてきた事例があるからである。」(ニカラグア)

決議45／100についても、その第3委員会での採択直後にブラジルは同趣旨の発言を行っている[41]。さらに総会は1991年12月19日に「国連の人道的緊急救援の調整の強化」と題する決議46／182をやはり無投票で採択したが、ここでもわが国、ガーナ、インドなどが領域国の主権尊重の立場から「補完性の原則」の再確認、人道的干渉の再現への懸念、被害発生国の要請・同意の尊重

41)　A/C. 3/45/SR. 45.

を主張した[42]。その結果採択された決議では、43／131 および 45／100 とは異なり、「補完性の原則」とならんで「被害発生国の要請・同意の原則」が次のように明文で規定されるにいたった。

「諸国の主権、領土保全、および国民的統一は、国連憲章にしたがって十分に尊重されなければならない。このため人道的救援は、被害発生国の同意のもとに、かつ、原則として被害発生国の要請にもとづいて提供されるべきである。」（指導原則第 3 項）

このように、救援活動が領域国の主権を侵害することへの、とりわけ途上国の危惧の念には根強いものがある。これらの国々の多くが過去に植民地支配を経験し、現在においてもさまざまな面で先進諸国の政治的経済的従属下におかれていることを考慮すれば、途上国がこのような危倶を抱くことには十分な根拠がある。領域国の要請や同意にかんする限り、クシュネールやベタティなどが思い描くとおりに人道的救援権が諸国によって受け入れられてきているとは必ずしもいえないのである。このことは、国際社会において人道的救援権が法的承認を得るためには、その倫理的普遍性の強調とともに、「補完性の原則」の徹底を図ることで、途上国が抱く主権侵害への不安や猜疑を払拭することが不可欠であることを示唆している。

領域国主権への配慮のもうひとつのものが、「犠牲者への自由接近の原則」の実施形態としての「緊急回廊（＝救済回廊）」の構想である。「緊急回廊」とは、犠牲者のもとへ到達するまでの人道的救援の通過径路のことである。決議 45／100 の第 6 項に述べられているように、同決議の採択にさきだつ 1990 年 10 月に総会に提出された事務総長報告「自然災害および類似の緊急事態の犠牲者への人道的救援」（A/45/587）がこの「緊急回廊」に言及している。それ

42)　A/46/PV. 39, pp. 58-59 ; A/46/PV. 41, pp. 17-19, 34-36.

はフランス提案を大幅にとりいれたものである。このフランス提案にみられる「緊急回廊」樹立のための諸条件には、領域国主権への配慮がはっきりとあらわれている。

それによれば「緊急回廊」とは、何よりも「領域国主権を尊重すること」と「犠牲者が国外からの救援を享受すること」とを両立させる必要から構想されたものである[43)]。その論理は、海洋法上の無害通航権の概念から着想を得ている。沿岸国は、領海への主権を完全に保ちつつも他国船舶にたいして領海内の無害通航権を認めている（国連海洋法条約第17条）。また同条約は、「不可抗力もしくは遭難により必要とされる場合または危険もしくは遭難に陥った人、船舶もしくは航空機に援助を与えるために必要とされる場合」にかぎって、停船および投錨を通航に含ませている（同第18条第2項）。普遍的に認められたこの規範を陸上の遭難事態にあてはめることの目的は何か。ベタティによればそれは、「陸上の遭難事態への国外からの救助活動を許容する新たな規範を確立すること」および「無害通航権の限界をとりいれることによって、そのような救助活動の領域国による受け入れを促進すること」のふたつである[44)]。

以上の背景から、「緊急回廊」を通じての「人道的通過権（droit de passage humanitaire）」の行使は、以下の五つの制約に服さなければならない[45)]。

①時間的制約――人道的通過権は、本来的に一時的な通過のための権利である。したがってそれは、救援に必要な時間だけ認められるにとどまる。無害通航権にいう「通航」が「継続的かつ迅速に行われる」（同条約第18条第2項）ものとされたのは同権利の悪用を防止するためにであるが、それと同じ意図で人道的通過権も制約を受ける。

②空間的制約――人道的通過権が行使される「緊急回廊」は、犠牲者に直接

43）　M. BETTATI, « Ingérence humanitaire et démocratisation du droit international » *op. cit.* (note 28), p. 32-33.

44）　*ibid.*, p. 33.

45）　*ibid.* ; M. BETTATI, « souveraineté et assistance humanitaire ». *op. cit.* (note 26), pp. 42-44.

接近するための径路に限定される。ただし、自然障害物や戦略的あるいは技術的な障害がある場合には迂回路が認められる。いずれにせよ、そのような径路の設定は、関係国当局との協議によって決定されなければならない。

③対象の制約――人道的通過権は、もっぱら医療・保健衛生上の救援活動を行うためのものであるから、医療行為、医薬品、医療器具、食糧の提供以外の任務を果たすことはできない。もっとも医療・保健衛生上のものであるならば、その他の形態の救援が排除されるわけではない。

④行使の制約――国連海洋法条約第 19 条の定める無害通航の意味が大いに参考になる。ここに規定された規制に相当するものに人道的通過権も服さなければならない。とりわけ、被害発生国の主権的権利、同国あるいは近隣諸国による通過権の制限、大型貨物輸送機などの非武装の軍用輸送手段が用いられるさいの通過条件、非武装の軍人の通過条件などが定められなければならない。さらに、救援提供国のレベルおよび救援受け入れ国のレベルで、さまざまな救援活動の調整を行う規則を定めることも必要となる。

⑤職業倫理による制約――人道的救援の提供および配分における混乱、散逸、期待を裏切る結果を予防し、人道的救援の提供に従事する者に公平の原則を尊重させるために（決議 43／131 前文第 12 段）必要となる制約である。決議 45／100 は、災害規模の評価にかんする規定も含んでいる（前文第 13 段および本文第 9 項）。そこでは、犠牲者が実際に必要としているものに救援をできるだけ適応させることで、救援を最適化し、かつ、援助が機能不全に陥るのを回避することがめざされている。そのため、正確で迅速な優先順位の査定が求められることになる。

1991 年 4 月 5 日に採択された安全保障理事会決議 688（資料 4 参照）は、人道的救援にかんする次のような規定を備えている。

「イラクが、イラクの全領域において救援を必要としている人々への国際人道団体の即時の接近を許可すること、および、それらの団体の活動にとって必要な手段のすべてをそれらの団体に自由に使用させることを強く求め

る。」（同決議本文第3項）

同決議にもとづいてフランス、アメリカ合衆国およびイギリスは、クルド人の帰還を促す「人道センター」および「人道的中継点―― relais humanitaire ――」をイラク領土内に設立した。また、「青い道―― route bleue ――」と呼ばれる人道的緊急回廊がふたつ整備され、国外に大量脱出したクルド人の北イラクへの自発的帰還が可能になった。イラクのほかにスーダン（1990年の欧州共同体と非政府人道団体による『生命線作戦』）やボスニア・ヘルツェゴビナ（安全保障理事会決議764）、それにソマリアにおいても（同767）人道的救援のための「回廊」が実際に設定されている[46)]。もっともこれらの実現例の大半は安全保障理事会の決議にもとづいており、そこにおいて、犠牲者の救援とともに領域国の主権がどの程度配慮されているかについては、新たな検討が必要である。ここでは当初の「緊急回廊」の発想が、上に述べた意味で、「犠牲者への自由な接近の確保」と「領域国主権への配慮」というふたつの要請のバランスの上に成り立っていたことを確認するにとどめたい。

結　人道的救援権の意義と課題

「障害はなお膨大である。(……) 人道的活動の名において、いかなる医者がいかなる病人にたいしてであれ、公然と諸国の国境を越えることができるようになるまでの道は長いことをわれわれは知っている。しかし、いつの日か、この第一歩の行為が合法性を得るに至るだろう。われわれの先達であり、ソルフェリーノの戦闘で近代的な人道的介入の最初の形態を創りだした偉大なアンリ゠デュナンが、当時、戦闘のやむをえない残滓とみなされていた負傷者を看護すべきであると唱えたとき、彼はわれわれよりもはるかに孤立無援だったのだから。」[47)]

46)　M. BETTATI, « Droit d'ingérence ou droit d'assistance? », *le Trimestre du monde,* 2e/1993, pp. 11-12.

このように、クシュネールは人道的救援権が法的権利として諸国に受け入れられるまでの長い困難な道程を「法と人道倫理についての国際会議」のなかですでに予想していた。彼がこう述べてから今日までの 7 年の時間の流れは、彼の予想の正しさを裏づけている。

一方で大きな前進があった。「法と人道倫理についての国際会議」の開催後、その理念に全面的に共鳴したミッテラン大統領は、翌 1988 年に首相付の人道活動担当相を創設、クシュネールを同担当相に任命した。その後の国連総会は、クシュネールやベタティの尽力によるフランスの発議のもとで、1988 年と 1990 年に人道的救援権についての画期的な決議を採択した。これらの決議は「犠牲者への自由接近の原則」をとりいれており、「被害発生国の要請・同意の原則」の姿はみられなかった。その限りで犠牲者の救援のために領域国の主権を制約することが黙示的に意図されていたといえよう。同時にそこでは、この権利への諸国の承認を広く得るために「補完性の原則」が重視され、領域国の主権への配慮が示された。1990 年決議にみられる「緊急回廊」構想はフランスの提案になるものであり、それによれば、この構想は「犠牲者への自由接近の原則」と「領域国主権への配慮」というふたつの要請のバランスの上に成り立つものだった。この構想は、その後の安全保障理事会決定にもとづくイラク、ボスニア・ヘルツェゴビナ、ソマリアでの緊急回廊の設立に受け継がれていった。

他方で停滞・後退がみられた。たしかにふたつの国連総会決議は「要請主義」を明示的にはとりいれなかったものの、それは諸国が「要請主義」の排除を黙認したことを意味するものではけっしてなかった。1991 年の「人道的緊急救援の調整強化」決議は、以上の 2 決議とは逆に、「被害発生国の要請・同意の原則」を明確に規定するにいたった。このように、（準）規範レベルでは、「犠牲者の救援」と「領域国の主権の配慮」との間に人道的救援権の推進者の意向に反する逆転が生じ、現実レベルでは、ボスニア・ヘルツェゴビナ、ソマ

47）　Bernard KOUCHNER, « La morale de l'extrême urgence », *op. cit.* (note 2), p. 272.

リア、ルワンダなどでの民族間・エスニック間の紛争の頻発と激化が膨大な犠牲者をだし続けている。人道的救援権の法的確立と現実世界での犠牲者の救済確保への道はなお遠いといわなければならない。

ところで、人道的救援権の思想はそもそも西欧的発想にもとづくものであるとその推進者たちは自覚している。それは以下のような発言にうかがうことができる。

「怪しげで、かつ、密やかに人種差別的な西欧世界に知識人が縮こまっているとき、わたしたちはボランティアをいたるところで生みだしてきた。東シナ海・南シナ海から西アジアのクルド人居住地帯まで、エルサルバドルからチリまで、レバノンからマリまで、アフガニスタンから南アフリカまで……。これらの生産的な義憤はヨーロッパ的民主主義に直接由来し、おそらくは若きマルクスや老カント、モーツァルト、フロベール、シェークスピアを融和させるものだ。これらの義憤はその言葉から行動にいたるまで、他に余りみられない近代的価値、わたしたちの文化に結びついた価値、実行に移される価値のひとつを作りだしている。」[48)]

「わたしたちが帰属する西欧社会が他の社会になりかわって人類全体が共有すべき諸価値を決めることはできない。しかしながらわたしたちは、わたしたちの側でいくつかの進歩を達成してきた。わたしたちは人権についてある種の認識をもっている。（……）わたしたちは民主主義を確立した。それはいまだに多くの点で完成されたものではないが、決定的な進歩である。フランスがその普遍性を強調する諸規則をフランス自らに課すことがきわめて重要である。」[49)]

「この《非常緊急時の倫理》がフランス的伝統の最良の部分に帰属し、多

48）　Bernard KOUCHNER, « Préface Le devoir d'ingérence », *op. cit.* (note 2), p. 10.

49）　François MITTERRAND, « Il ne peut y avoir de repos . . . » in *Le devoir d'ingérence, op. cit.* (note 2), p. 37.

くの人がフランスについて抱く考えに一致することは明らかだ。対立するふたつの陣営に分かれた政治家たちによる政争の国ではなく、人権の国、人権宣言を生みだした国、自由と人間尊厳の擁護者、抑圧された者の希望の地、数多くの難民を受け入れる地。

フランスはおそらく、人がいつも何かについて憤慨している国、抗議や請願がもっとも多く行われる国である。フランス知識人は、無価値な論争を支持したり、あるいは逆に語るべきときに黙して語らぬこともあるが、彼らは、正義、自由、尊厳などの基本的諸価値が脅かされていると思ったときにはもっとも多く政治や社会問題に参加する。

人道的活動はこのような連帯の土壌に根ざしている。それは行為をともなった義憤であり、耐え難きものにたいして現場で行動するという意思であり、とりわけ国際法上の多くの制約のせいで諸国の介入することが困難な場合において、犠牲者を看護し援助するために効果的かつ効率的に介入しようとする、私的団体の試みである。」[50)]

たしかに、人道的救援権を「生存権を保障するための人権」ととらえることや、個人の内心に発しかつ犠牲者の意思をあくまでも尊重する「介入義務」の倫理には、人権思想と個人主義を育んできた西欧伝統の影響が色濃く感じられる。しかしながら、「差異への権利―― droit à la différence」の主張のもとに人権概念の相対化が唱えられながらも、基本的人権の尊重が国際社会の共通価値としてその普遍的妥当性を獲得しつつある今日、人道的救援権の西欧的性格を強調することにそれほどの意味があるとは思えない。それればかりか、そのような強調は、この権利主張の背景に先進国側の新植民地主義的思惑を読みとろうとする途上国側の猜疑の念をむしろ強めかねない。それゆえ以下では、国際法学の観点から人道的救援権の提唱の意義と課題を考えてみたい。

50）　Jacques CHIRAC, « Morale humanitaire et action politique », *ibid.*, p. 280.

近代国際法から現代国際法への流れのなかで、人道的救援権はどのような意義を有しているのだろうか。ベタティによれば、人道的救援権は、現代的変遷を遂げた国際人道法と国際人権法との合流点に位置づけられる。彼の論拠は以下のとおりである。

国家が法の定立者であると同時に法の受範者でもある国際法秩序は、一般に、国家間の法的関係から個人を排除していた。個人が排除されていなかった場合でも、そこでの個人はたとえば海賊行為や戦争犯罪人の場合のように、国際法による保護の対象ではなく訴追の対象となるにすぎなかった。つまり、国際法が個人を保護することはきわめて稀だったのである。このような法状況は、不可侵で絶対的なものと認識された国家主権によって正当化された。自国民を殺戮し、国内の環境を破壊し、国内に在住する少数民族を抑圧することは、国家の通常の特権に属するものだった。それらは主権者と認められた国家の行為として、倫理的にはともかく国際法上違法とはみられなかったのである。危険に瀕した人々を救援しないという倫理的に非難されるべき行為も、国家間関係にはかかわりのないことだった。つまり伝統的国際法は政府にとっての善悪にのみ専念し、人間にとっての善悪への配慮を欠いていた点で没倫理的だった。政府のための配慮と国民のための配慮は民主主義国家においてある程度は一致することになるが、それは国際法とはまったく無関係に、もっぱら国内な理由で実現したものだった[51]。

これにたいして、個人の保護はもはやその本国政府にだけ依存するのではなく、環境と同様、一種の人類の共同遺産として国際共同体全体の関心事となったと考える新しい法規範が現代国際法に形成されつつある。それは従来の国際法状況全体を根底から変えて国際法を倫理化させることになった。このような国際法の倫理化への動きは、まず国際人道法の形成にともなってあらわれ、ついで第２次世界大戦後の国際人権法の発展によって促進された。武力紛争時における敵対行為の規制およびそこでの犠牲者の保護を目的とする国際人道法

51)　M. BETTATI, « Ingérence humanitaire et démocratisation du droit international », *op. cit.* (note 28), pp. 23-24.

と、平時における個人の保護を目的とする国際人権法とは、別個に形成されてきた。したがって、当然のことながら、これらふたつの法システムの間には、法源において、法目的において、法性質において、そして、法構造においてそれぞれ相違がみられる[52)]。

これらの相違にもかかわらず、これらふたつの法システムは次第に接近する傾向にある。それは、今日、法規則の受範者および法主体として個人や人間集団が大きな地位を占めている国際共同体という概念のなかに、これらふたつの法システムが次第に組み込まれつつあるからである。そこで個人は、自身の本国にたいしてだけでなく国際共同体の他の構成員、すなわち他国や政府間国際団体、それに非政府団体にたいしても《債権者》の地位に立つ。このような包括的展望から包括的対応が導かれる。遭難状況が次第に無差別に一体化され、それが国際的武力紛争から生じたのか、内戦から生じたのか、自然災害または政治災害から生じたのかというような原因による区分は、犠牲者の救援にとってさしたる意味をもたなくなる。その結果、これらふたつの法システムに共通する諸原則が形成されつつある[53)]。これらふたつの法システムは、人間の苦痛およびその軽減を、すなわち倫理をできるだけ考慮に入れる方向に進化してい

52)　これらの相違とはすなわち、人権法がまず国家内部でついで最近になって国際平面で形成されてきたのにたいし、人道法は当初から国際法として形成されてきたこと（法源における相違）、人権法が究極的には民主主義や法治国家の維持という広範な政治目的をもっているのにたいし、人道法は武力紛争時における敵対行為の規制と人命の損失の限定というより狭い目的をもつにとどまること（法目的における相違）、人権法は継続的かつ日常的に「普通法」として適用されるのにたいし、人道法は「例外法」「緊急事態の法」として武力紛争時においてのみ適用されること（法性質における相違）、人権関連諸条約にはそれぞれに固有の実施体制が備わっているのにたいして、人道法の実施は基本的には赤十字国際委員会および人道団体の保護のもとに確保されること（法構造における相違）である。(BETTATI, *ibid.*, pp. 24-27.)

53)　それらはすなわち、「生命にたいする権利および肉体的および精神的一体性への権利の不可侵性（拷問の禁止、非人道的もしくは品位を傷つける取り扱いの禁止）」「無差別の原則（人種、宗教、性、国籍、信条についての）」および「安全の原則（復仇、連座による処罰、人質、抑留の禁止）」である（BETTATI, *ibid.*, p. 27.）

る。かくして、そもそもは特定カテゴリーに属する犠牲者（傷病者、捕虜、文民など）を対象としていた国際人道法は、国際・国内武力紛争のすべての被害者へとその適用対象を拡大した。逆に、当初は抽象的で一般的だった国際人権法は、次第に特定状況（強制労働、人種差別、性差別など）のもとにおかれた者を保護する傾向にある[54)]。

このようなふたつの法システムにみられる倫理的収斂傾向は、武力紛争時と平時に共通する諸原則が一様かつ無差別に確保されなければならないことを意味している。これらの一様性・無差別性は、この分野での法の定立（新たな国際文書の準備）にとっても、現地で行われる人道的活動にとっても必要なものになっている。人道的救援とは、基本的人権行使の前提としての犠牲者の生存権を確保するために、犠牲者の要請にもとづいて、その苦痛の原因にかかわりなく状況が必要とする救援を公平・公正に提供する行為である。それを行うことは、現行国際法の枠組――国際人権法であれ国際人道法であれ――のもとでは必ずしも容易ではない。なぜなら現行法は、国外からの援助提供を領域国の事前の同意に服させているからである。接近しつつある国際人権法と国際人道法を補完する不可欠の権利として、人道的救援権のできるだけ広範な法的承認が得られなければならない。このようにベタティは述べて、国際人道法と国際人権法との合流点に位置する新たな「権利」として人道的救援権を提唱することの意義を強調するのである[55)]。

このように、現代的変遷を遂げた国際人道法と国際人権法が接近した結果のなかに人道的救援権の意義をみいだそうとする包括的・体系的な視点は、今後、同権利が実定性を獲得していく過程で、ひとつの有力な展望を与えることになるだろう。ただし、このような展望のもとに人道的救援権が実定国際法上の権利となるためには、同権利の内容について、少なくとも以下のふたつが明らかにされたうえで諸国の承認が得られなければならない。

---

54)　*ibid.*, p. 28.

55)　*ibid.*

第１に、この権利の享有主体とそれに対応する義務主体とが確定されなければならない。人道的救援権の提唱者の見解や上にみてきた諸決議によれば、人道的救援権は、危険に瀕している災害犠牲者の生存権を確保するために彼らを救援する権利であると同時に、犠牲者の救済される権利をも意味する。すなわち、この権利の究極的享有主体は災害の犠牲者である。それではそのような救援を提供する私的人道団体、政府間団体、被害発生国、それに他国は、どのような地位にたつのだろうか。ベタティによれば、《債権者》としての犠牲者個人にたいして、これらの行為主体から構成される国際共同体が《債務者》の地位を占めるものと説明されているが、これだけでは実定法上の権利の説明としては不十分である。少なくともいえることは、上述の行為主体のうちのいくつかのものが、権利主体であると同時に義務主体となる場合があり得るということである。たとえば被害発生国には、「犠牲者への自由接近を確保しなければならない義務」と「補完性の原則にもとづく救援実施義務」が課されていると同時に、まさにこの「補完性の原則」によって、自国だけでは十分な救援が行えない場合に「他の行為主体に援助を要請する権利」も有していると考えられる。私的人道団体についても同様なことがいえる。つまり、「犠牲者救援義務」が課される一方で、領域国にたいして「犠牲者への自由接近を求める権利」をもつように思われる。いずれにせよ究極の権利享有主体としての犠牲者に対応する義務主体の相互連関を明らかにすることが、実定法としての同権利の体系化にとって不可欠の作業となるだろう。また、「序」で述べたとおり、現行法のレベルでは、介入主体（＝救援主体）が私的団体であるか、あるいは、政府間団体もしくは国家機関であるかによって関連する法が異なってくることも注意を要する。すなわち、介入主体が私的団体であるならば、介入の適法性をめぐる問題はもっぱら当該国の国内法にかかわる問題にとどまり国際法上の問題は生じない。反対に、介入主体が政府間団体もしくは他国の国家機関であれば、それは国内法にかかわるのみならず、国際法上の不干渉義務違反をめぐる問題に直接関連してくる。もっとも、立法論のレベルでいえば、人道的救援権の提唱目的は介入主体の違いにかかわらず犠牲者保護の見地から被害発生国の主権を制約することにあり、この意味で領域国の国家管轄権を制約する新たな国際立法としての性質を有しているといえよう。さらに、このような人道的救援権の享受が妨げられた場合の権利救済方法についても、権利主体・義務主体が確定していない現状では不明のままであり、今後、整備していかなければならないだろう。

第2に、「領域国（被害発生国）の要請・同意の原則」の克服にたいする諸国（とりわけ途上国）の危惧をとり除かなければならない。人道的救援権の核心部分が、国外からの救援活動を「領域国の要請・同意」に服させない点にあることは、上に述べたとおりである。いいかえれば、この「領域国の要請・同意の原則」に人道的救援権を優位させるのでなければ、苦労して新しい権利を提唱することの意味はない。「要請・同意」を前提とした人道的救援であれば現行法の枠組で十分対応できるのであるから、あとはそれを奨励・勧告するだけの話となる。同時にその陰で、人道的《国境侵犯》にたいする領域国の処罰と犠牲者の遺棄が依然として行われ続けることになる。このような状況に甘んじるのでなく、これを改めるところに人道的救援権を提唱する最大の意味があったはずである。「領域国の要請・同意の原則」の克服のしかたとしては、2通りのやり方が考えられる。ひとつは安全保障理事会の決定にもとづく人道的救援である。たとえ黙示的であれ憲章第7章にもとづく安全保障理事会の強制措置は、憲章第2条第7項により「領域国の要請・同意の原則」に優位する。現実に実施された「合法的」人道的救援であって「要請・同意の原則」を克服している事例は、今までのところすべてこのカテゴリーに属していると思われる。これをベタティは、「これ（＝安全保障理事会の権限）にもとづいて国際共同体によって決定された人道的介入は、完全な合法性を獲得する。人道的介入の倫理的基礎は人命の保護であり、その法的基礎は安全保障理事会の権限付与である」ときわめて楽観的かつ単純に評価している[56)]。この場合に「要請・同意の原則」克服への形式的合法性が与えられることはたしかであるが、他方で、そ

56）　Mario BETTATI, « Droit d'ingérence ou droit d'assistance? » *op. cit.* (note 46), p. 14.

のような（軍事力の行使を含めた）決定を下す安全保障理事会の構成やその意思決定過程をめぐって、軍事的措置の有効性や「安全保障理事会の民主化」の観点からの疑問が現在提起されていることを忘れてはならない。つまり、安全保障理事会の決定権限の根拠じたいが現在問題視されているのである。

このことを考慮するならば、たとえ長期にわたるとしても、「犠牲者の生存権確保のために私的人道団体が行う公平・公正な人道的救援」の正当性を諸国にねばり強く説得していくことで「要請・同意の原則」を克服するという第2のやり方こそが、人道的救援権を法的権利として確立させるためにとられるべき本来の方法だと思われる。その場合に、Ⅱで検討した「補完性の原則」や「人道回廊設置の諸条件」などの領域国主権への配慮が十分に払われなければならない。それとならんで、「犠牲者への自由接近の原則」が、被害発生国（多くの場合途上国）だけでなくすべての国にたいして課される義務であることも強調されるべきだろう。それは次の理由にもとづいている。そもそも「犠牲者への自由接近の原則」とは、援助を受けとる者にたいする援助提供者の「意思の優位」を意味するものではまったくなく、何よりも犠牲者の救援の迅速で効率的な展開を確保するための条件として理解されるべきである。しかしながら、現実の人道的救援はほとんど常に「北」の諸国から「南」の諸国にたいして一方的に行われる。このことが、「南」の諸国の側に、人道的救援とはいっても実は自国の主権を脅かす外国勢力の侵入なのではないかという懸念を抱かせる。現状では「救援を受け入れる義務」に対応する「救援を与える義務」が確立しているわけではない。この非相互主義的な「義務の不均衡」が、政治的にも経済的にも脆弱な途上国を不安にさせ、それが「自由接近の原則」の含意する「要請・同意の原則の克服」への躊躇となってあらわれるのだと思われる。以上のような途上国の抱くそれじたいもっともな不安にたいしては、「犠牲者への自由接近」を確保するという義務がエルガ・オムネスの性質のものであること、したがって、受け入れ国だけでなく第三国にたいしても人道援助の輸送や通過を妨害してはならない義務を課すものであることを強調することによって、そのような不安を減少させ、ひいては途上国側からの人道的救援権の承認を少しでも促進することができるのではないかと考えられる[57]。以上が、自由接近の確保義務の普遍性を強調すべき理由である。

これらの点を含めて、人道的救援権の法的現状を確認し、同時にその将来を見通すためには、人道的救援にかんする諸学説および国際判例を検討し、かつ、諸国、政府間団体および非政府団体が行う人道的救援の実際を把握することが不可欠である。これらの作業を通じて人道的救援権の全体像を明らかにすることを今後の研究課題としたい。

《**資料1**》「人道的救援の義務および権利の承認にかんする決議」（法と人道倫理についての第1回国際会議において採択。1987年1月28日於パリ）

世界の医師団およびパリ南大学法学部の共催により1987年1月26、27、28日にパリで開催された「法と人道倫理についての国際会議」の参加者は、

(a)　いくつかの集団暴力、または、国内的もしくは国際的武力紛争の規模の大きさが、数多くの犠牲者を生じさせるおそれのある重大な事態をひきおこしていること、および、それらの犠牲者の生存と健康状態が、迅速で有効な救援に依存していることを考慮し、

(b)　いくつかの自然災害または工業災害が類似の結果をひきおこしていることを考慮し、

(c)　国際人道法の諸規則が十分に遵守されておらず、かつ、それが緊急事態の一部にしかかかわらないことを確認し、

(d)　その結果、きわめて数多くの犠牲者がいかなる人道的保護制度も享受していないこと、および、今日にいたるまで人道的救援が、多くの事態において、犠牲者の権利にも諸国の負う義務にもなっていないことを認識し、

(e)　いくつかの公的および私的団体、および、個人の義援金がこのような援助を提供し得ることを認識し、

57）　*ibid.*, pp. 10-11.

(f)　この救援の迅速性および有効性が、諸国の公の権力および政府間団体の活動とならんで、私的かつ非政府団体の率先的な活動が厳密に人道的で公平は意図のもとでその協力と援助をもたらすよう要求していることを考慮し、

(g)　犠牲者への人道的救援が、世界人権宣言（第３条）、市民的および政治的権利にかんする国際人権規約（第６条）、ならびに、経済的社会的および文化的権利にかんする国際人権規約（第12条）において認められている生命ならびに健康への権利の尊重と行使にたいして重要な寄与のひとつをなしていることを考慮し、

(h)　人道的救援権が人権のひとつであり、人類全体に課せられ、とりわけ国連憲章（第55条、56条）にもとづく協力義務を意味する連帯の義務のコロラリーであることを考慮し、

(i)　1986年８月31日にコペンハーゲンで開催された人権国際アカデミー・シンポジウムによって採択された人道的救援権にかんする決議を考慮し、

(j)　人道的救援への犠牲者の権利、および、人道的救援に寄与をもたらす諸国の義務が、同時に、同一の国際文書のなかで、国際共同体のすべての構成国によって認められるべきであると主張する。

(k)　人道的救援権が、生命および肉体的精神的健康を脅かされ、または、それらについて大きな犠牲を払ったすべての個人およびすべての人間集団に認められるべき人権であると考える。

(l)　人道的救援権がそのような救援を懇願する権利、ならびに、無差別でそのような救援を享受する権利を含むものと考える。

(m)　諸国は、人道的救援を効果的に享受するという犠牲者の権利の自由な行使を、十分に尊重することを約束するべきであると考える。

(n)　以上の意図のもとに、共和国大統領、首相ならびにフランス政府が、国際連合ならびに外国諸政府にたいして、本決議を通知されることを求める。

《資料２》「自然災害および類似の緊急事態の犠牲者への人道的救援」（国連総会決議43／131　1988年12月８日無投票で採択）

総会は、

国際連合の目的のひとつが、経済的、社会的、文化的または人道的性格の国際問題を解決するために、ならびに、人種、性、言語、もしくは宗教についての差別なしにすべての人間の人権および基本的自由の尊重を促進し奨励するために、国際協力を達成することであることを想起し、

国の主権、領土保全および国民的統一を再確認し、自国領土内で生じた自然災害および類似の緊急事態の犠牲者の介護をすることがまず第１に当該国の責務であることを認識し、

自然災害および類似の緊急事態の犠牲者の苦難、ならびに、それらの事態から生じる人命の損失、財産の破壊および住民の大量移動を深く憂慮し、

自然災害および類似の緊急事態が、すべての関係国の経済面および社会面に重大な結果をもたらすことを銘記し、

とりわけ国連事務総長を通じてなされる緊急の人道的救援の訴えにたいして、国際共同体が迅速かつ効率的に対応することを要求し、

自然災害および類似の緊急事態の犠牲者への人道的救援が重要であることに留意し、

健康と生命が深刻な危険に曝されかねないそのような犠牲者の支援と保護に国際共同体が大きく貢献していることを認識し、

人道的救援がないままに自然災害および類似の緊急事態の犠牲者を遺棄することが人命への脅威および人間の尊厳の侵害をなすものと考え、

自然災害および類似の緊急事態の犠牲者が人道的救援を受けるさいに経験するであろう困難を憂慮し、

人道的救援を提供するさいに、とりわけ、犠牲者のもとへ届けることが何よりも大事な食糧、医薬品、医療を供給するさいに、速やかな救済が犠牲者の数の悲劇的な増加を回避するであろうことを確信し、

この救援の迅速と効率が、政府および政府間団体の行動とならんで厳密に人道的な動機で活動する地域的および非政府団体の助力と援助に多くの場合依存していることを認識し、

自然災害および類似の緊急事態の場合に、人道的救援の提供に従事するすべての者によって、人道、中立および公平の原則に最大限の考慮が払われなければならないことを想起し、

1　自然災害および類似の緊急事態の犠牲者への人道的救援の重要性を再確認する。

2　被害発生国の主権、および、各被害発生国の領土内での人道的救援の着手、組織、調整および実施における被害発生国の主要な役割もまた再確認する。

3　人道的救援の提供のさいに、厳密に人道的な動機で活動する政府間および非政府団体によってなされる重要な寄与を強調する。

4　そのような救援を必要としているすべての国にたいして、これらの団体が人道的救援を実施するさいに、とりわけ犠牲者のもとへ届けることが何よりも大事な食糧、医薬品および医療を供給するさいに、これらの団体の活動に便宜を与えるよう要請する。

5　それゆえに、すべての国にたいして、必要とされる場合に自然災害および類似の緊急事態の犠牲者に人道的救援を提供するために活動するこれらの団体を支援するよう訴える。

6　災害および類似の緊急事態の地域に近接する諸国にたいして、とりわけ当該地域が到達困難な地帯の場合に、被害発生国とともに、人道的救援の通過に可能な限りの便宜を与えるための国際的な努力に緊密に参加するよう懇願する。

7　人道的救援にかかわるすべての政府間団体、政府団体および非政府団体にたいして、国連災害救済調整官事務所、または、調整を目的として事務総長により設置された他のあらゆるアド・ホックの組織体と可能な限り緊密に協力するよう要請する。

8　事務総長にたいして、必要とされる場合に、災害および類似の緊急事態の犠牲者にとって最良の条件のもとで国際的組織体の効率性を高め、救援

をより迅速なものとする可能性についての諸政府、政府間団体、政府団体および非政府団体の見解を集め、それを総会第45会期に報告するよう要請する。

9　この問題を総会第45会期に検討することを決定する。

《資料3》「自然災害および類似の緊急事態の犠牲者への人道的救援」(国連総会決議45／100　1990年12月14日無投票で採択、なお下線箇所は決議43／131にはなかった文言である。)

総会は、

自然災害および類似の緊急事態の犠牲者への人道的救援にかんする1988年12月8日の総会決議43／131を想起し、

国際連合の目的の一つが、経済的、社会的、文化的または人道的性格の国際問題を解決するために、ならびに、人種、性、言語、もしくは宗教についての差別なしにすべての人間の人権および基本的自由の尊重を促進し奨励するために、国際協力を達成することであることを想起し、

国の主権、領土保全および国民的統一を再確認し、自国領土内で生じた自然災害および類似の緊急事態の犠牲者の介護をすることがまず第一に当該国の責務であることを認識し、

自然災害および類似の緊急事態の犠牲者の苦難、ならびに、それらの事態から生じる人命の損失、財産の破壊および住民の大量移動を深く憂慮し、

そのような移動の結果、とりわけ自らがその国民である国以外の国において、きわめて危険な状態にある人々の運命を憂慮し、

人道的救援がないままに自然災害および類似の緊急事態の犠牲者を遺棄することが人命への脅威および人間の尊厳の侵害をなすものと考え、

とりわけ国連事務総長を通じてなされる緊急の人道的救援の訴えにたいして、国際共同体が迅速かつ実効的に対応することを強く要求し、

自然災害および類似の緊急事態の犠牲者が人道的救援を受けるさいに遭遇するであろう困難と障害を憂慮し、

人道的救援を提供するさいに、とりわけ、犠牲者のもとへ届けることが何よりも大事な食糧、医薬品、医療を供給するさいに、速やかな救済が被災者の数の悲劇的な増加を回避するであろうことを確信し、

この点について、とりわけ緊急食糧援助の輸送に関する国際協定を提案する世界食糧理事会第15会期で採択されたカイロ宣言を想起し、

この救援の迅速と効率が、政府および政府間団体の行動とならんで、公平なやり方で、かつ、厳密に人道的な動機で活動する地域的および非政府間団体の助力と援助に多くの場合依存していることを認識し、

人道的救援にかかわるすべての政府間団体、政府団体および非政府団体が、国連災害救済調整官事務所、または、調整を目的として事務総長により設置された他のあらゆるアド・ホックの組織体と可能な限り緊密に協力することの必要性を再確認し、

必要物の正確な見積もり、行動への経験をふまえた準備、ならびに、それらの運営の効率的な調整を必要とする、そのような救援の効率性について関心を有し、

自然災害および類似の緊急事態の場合に、人道的救援の提供に従事するすべての者によって、人道、中立および公平の原則に最大限の考慮が払われなければならないことを想起し、

1　自然災害および類似の緊急事態の犠牲者にたいする人道的救援の基本的な重要性を再確認する。

2　被害発生国の主権、および、各被害発生国の領土内での人道的救援の着手、組織、調整および実施における被害発生国の主要な役割もまた再確認する。

3　人道的救援の提供の際に、公平に、かつ、厳密に人道的な動機で活動する政府間および非政府団体によってなされる重要な寄与を強調する。

4　その住民がそのような救援を必要としているすべての国に対して、これらの団体が人道的救援を実施するさいに、とりわけ犠牲者のもとへ届ける

ことが何よりも大事な食糧、医薬品および医療を供給するさいに、これらの団体の活動に便宜を与えることを要請する。

5　それゆえに、すべての国にたいして、必要とされる場合に自然災害および類似の緊急事態の犠牲者に人道的救援を提供するために活動するこれらの団体を支援するよう訴える。

6　決議43／131の実施および人道的救援活動を促進するための手段についての事務総長の提案、そしてとりわけ、必要な場合、暫定的に、被害発生国政府、諸政府、ならびに関連する政府間団体、政府団体および非政府団体の協力行動によって、緊急の医療および食糧援助を配分するための救済回廊（relief corridors）を樹立する可能性に関する事務総長報告（A／45／587）を満足をもって銘記し、

7　災害および類似の緊急事態の地域に近接する諸国にたいして、とりわけ当該地域が到達困難な地帯の場合に、被害発生国とともに、人道的救援の通過に可能な限りの便宜を与えるための国際的な努力に緊密に参加するよう懇願する。

8　事務総長にたいして、事務総長報告および本決議第6項に述べられた諸条件にもとづいて救済回廊を樹立することを含めて、自然災害および類似の緊急事態の犠牲者への適切な人道的救援の提供を促進するための手段を決定するために、現存の方策の範囲内で、諸政府、政府間団体、政府団体および非政府団体との必要な協議を続行するよう要請する。

9　事務総長にたいして、諸政府および関連する政府・非政府国際団体から提供された情報にもとづいて、国際連合とりわけ国連災害救済調整官事務所がこの分野ですでに行ってきた仕事を考慮に入れて、現存の方策の範囲内で、緊急人道救援の提供および管理にかんする専門知識を有した人および団体であって、国際連合が関連諸国の合意のもとに、必要物および援助を提供する最良の手段の現実的な決定につき精密かつ迅速な評価を行うように要求し得るものの一覧表を準備することの可能性を検討するよう要請する。

10　この問題を総会第47会期に検討することを決定する。

《**資料4**》　国連安全保障理事会決議688（1991年4月5日採択賛成10、反対3－キューバ、イエメン、ジンバブエ－、放棄2－中国、インド－）

安全保障理事会は、

国連憲章に従って国際の平和および安全の維持にかんする自らの義務と責任を自覚し、

国連憲章第2条第7項の規定を想起し、

最近のクルド人居住地区を含むイラク各地でのイラク人文民住民への弾圧が、国境に向かい、国境を越え、および国境を侵す大量の難民の流出を生じさせ、このことがこの地域における国際の平和および安全を脅かしていることを深く憂慮し、

住民の苦難の大きさに深く心を痛め、

トルコおよびフランスの国連代表からそれぞれ1991年4月2日および4日付で送付された書簡（S／22435およびS／22442）に留意し、

イラン＝イスラム共和国の国連常駐代表からそれぞれ1991年4月3日および4日付で送付された書簡（S／22436およびS／22447）も同様に留意し、

すべての国連加盟国が、イラクおよび同地域のすべての国の主権、領土保全および政治的独立の尊重を約束したことを再確認し、

1991年3月20日付の事務総長報告（S／22366）を念頭におき、

1　この地域における国際の平和および安全を結果的に脅かしている、最近のクルド人居住地区を含むイラク各地でのイラク人文民への弾圧を非難する。

2　この地域における国際の平和および安全への脅威の除去に寄与するために、イラクが遅滞なくこの弾圧を終了することを要求し、および、この脈絡において、すべてのイラク市民の人権および政治的諸権利の尊重が確保されることをめざして、広範囲の対話がうちたてられるであろうという希望を表明する。

3　イラクが、イラクの全領域において救援を必要としている人々への国際人道団体の即時の接近を許可すること、および、それらの団体の活動にとって必要な手段のすべてをそれらの団体に自由に使用させることを強く求める。

4　事務総長にたいして、イラクにおける人道的努力を継続し、かつ、場合によってはこの地域への新たな使節派遣の後に、イラク当局により行われたあらゆる形態の弾圧を被ったイラク人文民とりわけクルド住民の境遇について安全保障理事会に緊急報告を行うよう要請する。

5　事務総長にたいして、難民および流民となったイラク住民の基本的要求に緊急に対処するために、適切な国連専門機関を含めた利用可能なあらゆる手段を用いることもまた要請する。

6　すべての加盟国およびすべての人道団体にたいして、人道的救援のこの努力に参加するよう訴える。

7　イラクにたいして、これらの目的のために事務総長と協力するよう要求する。

8　この問題を継続審議することを決定する。

第3章

人道的救援権の法的構成の試み
――フランス語圏の諸学説を手がかりにして――

序

冷戦後の現在、国際社会が直面する深刻な問題のひとつが民族またはエスニックの自己主張により引き起こされる内戦や国家間の武力戦争の激化である。これらの紛争から生じた難民や傷病者の救援には、国家機関や国連などの政府間団体のみならず、赤十字国際委員会や各国の赤十字団体をはじめとする非政府人道団体が大きく寄与してきた。けれども、これらの人道的救援活動は、国際人道法の諸条約が規定しているように、「関係紛争当事国」または「当該締約国」の同意にもとづかなければならない。したがって、もし被害発生国が、なんらかの意図のもとにその犠牲者のために十分な救援活動を行わず、かつ、人道団体が救済活動を行うことへの同意も故意に与えないならば、犠牲者への救援活動の道は、実質的に閉ざされてしまう。

「国境なき医師団」などの新しい人道団体の活動にもとづいて、近年とりわけフランスで提唱された「人道的救援権」とは、犠牲者の苦痛を領域国が専断することは許されないという倫理的確信を背景にして、このような従来の救援活動の限界を克服しようとする試みである。それによれば、犠牲者が救済される権利は生存権確保のための人権であり、この権利を侵害するような領域国の主権行使（＝人道団体による救援活動への同意の恣意的な拒絶）は許されない。このような人道的救援権は、災害の犠牲者保護の見地から被害発生国の主権を制約する新たな国際立法としての性格を有している。

「自然災害および類似の緊急事態の犠牲者への人道的救援」と題された国連総会決議43／131（1988年）および45／100（1990年）は、いずれもフランスのイニシアチブのもとに提案され、無投票で採択されたものである。そこには、上述の人道的救援権の発想が反映している（＝犠牲者への自由接近の原則）と同時に、他方で、領域国の主権への慎重な配慮（＝補完性の原則）がみられる[1)]。このような人道的救援権の提唱は、国際的・非国際的武力紛争の分野ですでに有力に主張されている「国の同意原則の克服」[2)]を、そのような分野だけでなく、犠牲者の発生するあらゆる状況において諸国に全面的に承認させることをめざすものといえよう。この意味で、人道的救援権は、現代的変遷を遂げた国際人道法と国際人権法との合流点に位置づけられる。そして、それは現在、実定国際法規範に結実する途上にある[3)]。

この人道的救援権について、国際司法裁判所は、すでにニカラグア事件判決において、それが違法な干渉にあたらない旨を次のように述べている。「他国にいる人々または勢力集団への厳密に人道的な救助の提供は、それらの人々または勢力集団がどのような政治的傾向や目的を有していようとも違法な干渉とみなすことはできない。それはまた、他のいかなる点からみても国際法に反するものとみなし得ない。」[4)]「真に人道的な援助の本質的特徴は、いかなる類の

1)　以上の点について、次を参照。佐藤哲夫「冷戦後の国際連合憲章第7章に基づく安全保障理事会の活動——武力の行使に関わる二つの事例をめぐって——」（『一橋大学研究年報法学研究』26、1994年）、100-121頁、西海真樹「人道的救援権の提唱」（『熊本法学』第81号、1994年）、同「『人道的救援権』論」（『法学新報』第102巻第3・4号、1995年）。

2)　たとえば次を参照。藤田久一『新版　国際人道法』（有信堂、1993年）、238-241頁。

3)　西海真樹「『人道的救援権』論」、前掲、Ⅱ(2)および結。もっとも、後述するように、人道的救援権を領域国の要請または同意を前提とするものととらえる見解がある（本章Ⅱおよび結を参照）。これを、同意を与えるか否かは領域国のまったくの自由裁量に委ねられているという意味にとるならば、その場合の人道的救援権は領域国の主権をいささかも制約せず、したがって現行の実定国際法秩序に何の変更ももたらさない。それゆえに、このような同意を前提とするものと解釈するかぎり、人道的救援権を新たに論じることの意義は、その大半が失われてしまうだろう。

『差別もなく』援助が与えられることにある。裁判所の見解によれば、『人道的救援』の提供がニカラグアの国内事項への干渉であるとの非難を免れるためには、赤十字の実行のなかで尊重されてきた援助提供の諸目的、すなわち、『人間の苦痛を防止、軽減し』『生命と健康を保護し、人間としての尊厳を確保する』ことのためだけに救助が提供されなければならない。それのみならず、単にコントラやそれへの依存者にたいしてだけでなく、ニカラグアで救助を必要としているすべての人にたいして、とりわけ無差別に援助が与えられなければならない。」[5]

また、万国国際法学会（Institut de droit international）は、1975 年のヴィスバーデン会期において「内戦における不干渉原則」と題する決議を採択した。同決議はその第 2 条において、内戦当事者への第三国の援助を原則的に禁止するが、第 3 条はそれへの例外として人道援助を提供し得る旨を規定している。この人道援助について、第 4 条は以下のように述べる。「内戦の犠牲者のために、純粋に人道的な救援物資または他の形態の援助を送付することは、合法とみなされるべきである。」[6]

さらに万国国際法学会は、1989 年のサンチャゴ・デ・コンポステーラ会期で「人権の保護と諸国の国内事項への不干渉の原則」と題する決議を採択したが、同決議の第 5 条も上述の国際司法裁判所判決およびヴィスバーデン決議と同様、以下のように人道的救援が違法な干渉にあたらないと言明している。「一国、国家群、国際組織または赤十字国際委員会のような公平な人道団体による、住民の生命または健康が重大な脅威にさらされている国への食糧または医療援助の申し出は、その国の国内事項への違法な干渉とみなすことはできない。ただし、そのような援助の申し出は、とりわけその実施方法において、武力干渉の威嚇または他のいかなる脅迫手段の形態にもとることはできない。ま

4）　CIJ aff. des *Activites militaires et paramilitaires au Nicaragua,* Arrêt du 27 juin 1986, § 242.

5）　*ibid.,* § 243.

6）　*Annuaire de l'Institut de droit international (= AIDI),* vol. 56, 1975, p. 545 et s.

た、援助は無差別に付与され、かつ、分配されなければならない。そのような窮迫状態がその領域内に生じている国は、このような人道的援助の申し出を恣意的に拒むことはできない。」[7)]

また、フランス語圏以外の著書・論文にもこのテーマを扱ったものが現れている。たとえば、イギリスの代表的な国際法体系書のひとつであるオッペンハイム・ラウターパハトの『国際法』は、人道的救援について以下のように述べている。「人道的干渉への異議は、他国で救援を必要としている人々への人道的救援にはあてはまらない。たとえ一国内部の紛争状態においても、救援が紛争当事者間の差別なしに付与される（または少なくとも入手可能である）かぎり、人道的救援は干渉を構成しない。」[8)]

本章の目的は、人道的救援権にかんするフランス語圏諸学説を手がかりにして、この権利の法的構成を試みることにある。検討対象をフランス語圏諸学説に限定したおもな理由は、そこにおいて、近年、人道的救援権という概念が人道的干渉および人道的介入とは区別された形で提唱され、この概念についてのさまざまな考察が現に行われているからである。そこで、以下の本論では、人道的救援権にかんするフランス語圏の諸学説を、この権利の概念規定および権利義務の主体をめぐるもの（Ⅰ）と、権利行使のための諸条件およびこの権利の実定性についての評価をめぐるもの（Ⅱ）とのふたつに分けて検討する。検討の対象として実際にとりあげるのは、近年、フランスおよびベルギーで発刊された国際法概説書、単行書、および、これらの国際法関係雑誌に掲載された論説である。以上の検討をふまえて、最後に、人道的救援権の法的構成をあらためて試みる（結）。

本論に入る前に、概念の混同を避けるため、あらかじめ、本章における「人

7）　*AIDI,* vol. 63, 1990, p. 287.

8）　L. OPPENHEIM, H. LAUTERPACHT, *International Law,* vol. 1, 9th ed., 1992, p. 444. また、わが国の国際法の体系書のなかにも人道的救援権について言及しているものが見出される。たとえば以下を参照。藤田久一『国際法講義Ⅰ　国家・国際社会』（東京大学出版会、1992 年）、201-202 頁、山本草二『国際法【新版】』（有斐閣、1994 年）、224-225 頁。

道的救援」と他の類似の概念との異同を明らかにしておきたい。本章の考察対象である「人道的救援（権）」は、自然災害であるか人為的災害であるかにかかわりなく、生命の危険に瀕している災害の犠牲者にたいして、他国の政府機関、国際組織、そしてとりわけ非政府団体（NGO）が、武力に依拠することなく、公平かつ中立に食糧や医療を提供する行為である。これにたいして「人道的干渉」とは、被干渉国国民の基本権保護を名目として 19 世紀以降行われてきた他国への軍事干渉を意味する。かつては「自国民保護のための干渉」と区別されたが、第 2 次世界大戦後に人命一般の尊重が重視されるようになり、保護の対象となる内外人の区別が相対化された結果、現在では「自国民保護のための干渉」も含めて「人道的干渉」として主張される場合が多い。最後に「人道的介入」は、とりわけ国連のもとで行われる人道的救援であって、救援主体（加盟国または平和維持軍）による限定的武力行使が安全保障理事会決議にもとづいて認められている活動形態を指す[9)]。

I　概念規定および権利義務の主体をめぐる学説状況

上に述べたように、人道的救援とは、自然災害であるか人為的災害であるかを問わず、生命や健康が重大に脅かされている災害犠牲者にたいして、領域国（＝被害発生国）以外の国、政府間国際組織および非政府団体（NGO）が、非軍事的手段によって公平かつ中立に援助を与える行為を意味する。この権利の提唱者であるマリオ・ベタティおよびベルナール・クシュネールによれば、人道

9）以下を参照。佐藤哲夫、前掲（註 1）、100-102 頁、西海真樹「人道的救援権の提唱」、13-14 頁。ちなみに、人道的救援権の提唱者の一人であるマリオ・ベタティは、ここでいう人道的救援と人道的介入とをむしろ一体のものととらえている（西海真樹、同前、40-41 頁）。しかしながら、人道的介入は国連憲章第 7 章にもとづく安全保障理事会の決議を根拠としている点で、国家主権に由来する領域国の同意原則がもはや問題にならないのにたいして、人道的救援はそのような法的根拠をもたないからこそ、この同意原則の克服が強調されるのである。したがって、法的観点からは両者は別個の概念として区別されるべきである。

的救援権は、その倫理的基礎としての「介入義務」に支えられ、犠牲者の生存権を確保するための新たな人権として国際法上に位置づけられる[10]。したがって人道的救援権は、彼らにおいては何よりも「犠牲者の救援享受権」を意味する。ところが、フランスのイニシアチブのもとに採択された総会決議43／131および45／100にみられる人道的救援権には、このような「犠牲者の救援享受権」についての直接の言及はみられず、それにかわって「国、政府間団体、非政府団体が救援を行う権利」が強調されている。ここでは、上に述べた人道的救援権の概念とそれが提唱されるに至った経緯、および、諸学説の間で必ずしも一致していない権利主体とそれに対応する義務主体について、学説状況を整理・検討する。

(1)　ピエール－マリ・デュピュイ[11]

デュピュイは、最近刊行した国際法の概説書のなかで、人道的救援権を包括的に論じている。彼は、不干渉原則への例外として従来から主張されてきた「正当政府の要請にもとづく干渉」および「人道的干渉」について検討を加えたうえで、やはりこの例外の文脈のなかに人道的救援権を位置づけている。さらに彼は、万国国際法学会ヴィスバーデン決議「内戦における不干渉原則」の第4条を、数年後に現れる「人道的介入義務（devoir d'ingérence humanitaire）への道を開くものととらえる。

ついで、総会決議43／131、45／100、および安全保障理事会決議688の内容を紹介したうえで、彼はこの「介入義務」を、他国の国内事項にたいする諸国の真の「介入義務」ではなく、人道的救援を付与する第三者の権利ととらえ、この権利にたいして領域国がそれを好意的に迎え入れるという義務が対応していると説く。さらにデュピュイは、人道的救援権を国家活動よりもむしろ

---

10)　以上の点について、次を参照。西海「『人道的救援権』論」、前掲（註1）、Ⅰ(i)(ii)。

11)　Pierre-Marie DUPUY, *Droit internationl public,* 2e édition, Précis Dalloz, 1993, pp. 76-78.

政府間団体および非政府団体の活動にかかわるものであるという。したがって彼によれば、人道的救援権の権利主体としては、第1に政府間国際組織および非政府団体があげられ、それに国家（＝被害発生国以外の国）が続くことになる。

(2)　セルジュ・スュール[12)]

ジャン・コンバコーとの共著の国際法概説書のなかで、スュールは、「武力紛争法」の項目のなかの「犠牲者の救済」の箇所で人道的救援権に言及している。彼は、人道的救援権が西側諸国とりわけフランスで主張されるようになった背景として、国内・国際紛争によってひきおこされる破壊と虐待の規模が大きくなっていること、および、それに対応して現地で多くのNGOが目覚ましい活動をするようになってきたことをあげる。その結果、私的団体およびそれと提携する政府団体による新たな実行が発達してきた。このような実行が、人道的救援の正当性およびその行使のための諸条件についての新たな考察を必要としている、と彼は述べる。

人道的救援権の発想は、人権の擁護、普遍的価値の強調および国家主権への疑念といった価値観に貫かれている。これをスュールは、長い間「脱植民地化」と途上国の「開発問題」によって支配されていた国際法イデオロギーが、西欧的価値すなわち伝統的な自由主義的価値に回帰しつつあることのあらわれと見る。

ついでスュールは、人道的救援活動を行う行為主体として、政府間国際組織、非政府団体、国家に論及する。もっとも、ここでの行為主体には、実際の救援活動のみならず（準）規範定立活動を行うものも含まれている。

人道的救援活動を活発に行っている政府間国際組織として、国連諸機関すなわち総会、安全保障理事会、専門機関、それに総会の補助機関（国連難民高等弁務官（UNHCR）と国連社会開発研究所（UNRISD））の名があげられている。とくに、総会については決議43／131、安全保障理事会については決議688の内

12)　Jean COMBACAU et Serge SUR, *Droit internationl public,* Montchrestien, 1993, pp. 678–680.

容がそれぞれ紹介・分析されている。

非政府団体についてはどうか。彼はまず赤十字国際委員会およびそれと連携する各国の赤十字社・赤新月社に言及する。これらの非政府団体は、客観的かつ中立的な機関として従来から人道的救済および人道的保護に寄与してきた。しかしながら、実際に赤十字がその任務を果すには、関係国の同意と協力が必要であり、さらにその活動内容は一般に公表されない。赤十字の救済活動にはこのような限界があり、それが今日、よりダイナミックな活動を行う多くのNGOを生じさせることになった、と彼は述べる。それでは、新たなNGOの活動を彼はどう評価するのだろうか。NGOは実際には国の支援あるいは少なくとも協力のもとで活動している。つまりNGOは政府・行政機関に従属していないという意味でたしかに非政府的であるが、しかし同時のそれは、所与の国家の枠内に包含されるという意味で国家的である。このため、好むと好まざるとにかかわらず、NGOが先進国の「使節団」として国家間関係の枠組に組み込まれているのではないかという疑惑が途上国政府に生まれるのである。彼は、NGOの人道活動がたやすくは諸国（とりわけ途上国）の法的承認を得るには至らない事情をこのように説明する。

最後に国家について。国家が人道的介入権または人道的救援権の権利主体となりうるだろうか。彼はこの問いにたいして、国家が留保つきでしかこの権利を行使できないという。ただその理由は、法的障害があるからというよりも、政治的時宜または擁護すべき利益の欠如、あるいは先例への危惧に求められる。不干渉原則はその性質上国際化した問題、すなわち慣習規範によって認められた義務には対抗し得ない。彼はこう主張した上で、ニカラグア事件判決の第242、243を引用し、いかなる場合でも、国家がこのように真に人道的な救援を申し出ることは干渉とはみなし得ず、そのような申し出を客観的な正当事由なしに拒絶することはできない、と述べている。続けて彼はいう。もし適切な武力行使を含む人道的干渉の合法性を認めるならば、人道的救援は非軍事の活動なのだからその合法性はいっそう確固としたものとなる。イラク事件（＝湾岸戦争）において、安全保障理事会常任理事国のうちの西側諸国は、この権利を、軍事力の保護のもとで公然と行使した。それにさしたる異議が唱えられることはなかった。かくして、諸国は、この権利を行使すること自体によって、この権利の実在を示したのである。

このようにスュールは、国家が人道的救援権の権利主体となるべきことを全面的に認めている。ただ、彼の構成では、人道的救援権と人道的干渉および人道的介入との区別が曖昧なままにとどまっている。同様の傾向にあるベタティの所論についてすでに述べたように[13)]、これら三つの概念を区別して把握することは、人道的救援権の法的権利としての確立にとっても、これら三つの概念が武力不行使原則および不干渉義務という現代国際法上の重要な規範にかかわるものであることからも、不可欠であると思われる。

(3)　グェン－クォック・ディン、パトリック・ダイエ、アラン・プレ[14)]

彼らの共同執筆による国際法概説書において、人道的救援権は、デュピュイと同様、不干渉原則の例外のひとつとして扱われている。その記述の中の概念規程にかんする箇所は次のとおりである。人権および基本権が国家の留保分野から除外されていることに依拠して、何人かの学者およびいくつかの国家が人道的救援権もしくは人道的介入義務を提唱するに至った。この権利（義務）によって諸国およびNGOには、遭難状態にある人々に緊急援助を提供する法的資格が付与されることになる。しかしながら、用語の不明確さ、目的の曖昧さ、「干渉」「介入」といった言葉に多数の国が抱くためらいのために、人道的救援権という概念は、現在までのところ、議論の余地のない法的承認を得るには至っていない。このように彼らは、未確定の要素の多い立法論として人道的救援権をとらえるにとどまっている。

13）　本章、序、註9）を参照。

14）　Nguen Quoc DINH, Patrick DAILLIER et Alain PELLET, *Droit internationl public,* 4e édition, 1992, pp. 424-425.

(4) マリー－ジョゼ・ドメスティスィ－メ[15]

人道的救援権の法的位置を考察するにあたって、ドメスティスィ－メは、まず干渉という概念を技術的干渉（intervention technique）と法的干渉（intervention juridique）の2つに大別する。前者は後者を包含する概念であり、「国家、政府間国際組織、非政府団体などの第三者が、通常、それらにとってあずかり知らぬことに容喙すること」を意味する。このような技術的干渉は、その目的、対象および形式によって幾重にも分類することが可能であり、また当然のことながら、そのような干渉のすべてが国際法上の不干渉原則に背馳するわけではない。これにたいして法的干渉とは、コルフ海峡事件で国際司法裁判所によって非難された不干渉原則違反の干渉を指す[16]。さて、介入（ingérence）とは、技術的干渉と法的干渉の両者に重なる概念であり、形態としては、自発的干渉または領域国政府以外の者から要請された干渉の形をとる。このような介入は、強制を伴う場合もあれば、単に口頭での批判の表明にとどまる場合もある。ここでの対象となる人間の保護を目的とした介入（＝「人道的介入」）は、本来、利己的なものではあり得ず、むしろあるべき法の支配をめざした干渉である[17]。彼女の述べるところの技術的干渉、法的干渉および人道的介入の相互関係を図示すれば右図のようになる。このように彼女は、「人道的介入」を、本章で用いる人道的救援、人道的干渉および人道的介入を包含する広い意味で用いている。そして、そのような「人道的介入」が、武力行使原則および不干渉原則に基礎をおく現代国際法体系の中で、どの程度まで法的に承認され得るのかを考察するのである[18]。以下では、彼女の「人道的介入」についての論述の中で人道的救援権に言及している箇所を、【権利の基礎】および【権利義務の

15） Marie-José DOMESTICI-MET, « Aspects juridiques récents de l'assistance humanitaire », *AFDI,* 1989, pp. 117–148.

16） *ibid.*, pp. 118–119. 不干渉原則に背馳しない干渉として、彼女は、被干渉国政府の要請にもとづく干渉、制度化・組織化された干渉を例示している。

17） *ibid.*, p. 119.

18） *ibid.*, pp. 119–120.

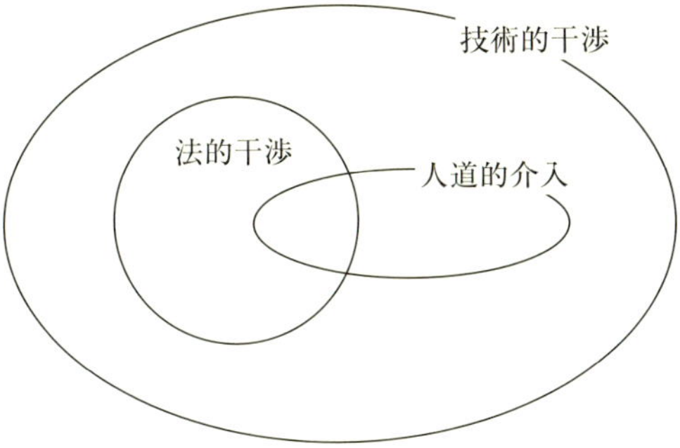

主体】のふたつの観点から整理してみよう。

【権利の基礎】[19]

ドメスティスィ－メによれば、人道的救援権の法的基礎は、世界人権宣言第 3 条、国際人権規約 A 規約第 12 条、同 B 規約第 6 条に述べられた生存権および健康享受権である。人道的救援権は、殺害、自然現象による身体の安全の侵害、食糧や医療の欠乏などの形で生存権が否定され、または脅かされた場合に、生存権を回復し、それを保障するための手続きとしてあらわれる。その意味で、人道的救援権は生存権の自然の延長ととらえられる。このような生存権の確保のための人道的救援権は、今日、西欧諸国にとっては常態となっている。各国はその外交政策のいくつかの側面を、多少の違いはあれ人道援助という基本価値に照らして形成する。国際法違反行為にたいして今日頻繁にとられる経済制裁においても、食糧および医療品の提供についてはいかなる制約も設けないという慣行がほぼ一貫したものとなっている。生存権の自然の延長としての人道的救援権は、西欧の法思考においては他に優先する価値をもつと認識される。そのような優位性は、領域国にも外からの援助提供者にも課されることになる。すなわち領域国は人道的救援に何の躊躇も示してはならないし、外からの援助提供者は犠牲者への接近を濫用してはならない。このような思考から、「生存権の手続法（droit-procédure du droit à la vie）」としての「犠牲者が人道

19）　*ibid.*, pp. 122–123.

的救援を求める権利（droit à l'assistance humanitaire des victimes）」という新たな概念が生まれることになるのである。

【権利義務の主体】[20]

上述の「犠牲者が人道的救援を求める権利」の法的構成はかなり微妙である。この権利ほど要求が厳しくなく、したがってより法的信念の支持を得やすい代替物として、「援助提供者が人道的救援を行う権利（droit d'assistance humanitaire des dispensateurs de secours）」がある。これらふたつの権利にそれぞれ対応する義務主体は、互いに異なる。

犠牲者が人道的救援を求める権利[21]——1987年1月28日にパリで開催された「法と人道倫理についての第1回国際会議」において採択された「人道的救援の義務およびこの救援への権利の承認にかんする決議」（以下87年パリ決議と記す）は、その第(j)項において次のようにこの権利を述べている。「人道的救援への権利、および、人道的救援に寄与をもたらす諸国の義務が、同時に、同一の国際文書の中で、国際共同体のすべての構成国によって認められるべきである。」[22]ここにみられるように、この権利はエルガ・オムネスな性質のものであり、援助への障害がある場合には、この権利に介入義務（devoir d'ingérence）が対応することになる。しかしながら、このような概念をどのように実施することができるだろうか。国内刑法には遺棄罪が確立しているが、これを国際法に移入することは困難である。国際法上の犯罪は、現在のところ、国際社会の基本利益を擁護する規範への違反行為にとどまっている。人間の苦痛は余りにも数多く、国家が救援を与えないという不作為を犯罪とするならば、それは余りにも多くの犯罪国を生み出すことになってしまう。彼はこのように述べて、「犠牲者が人道的救援を求める権利」として人道的救援権を構

20） *ibid.*, pp. 123-125.

21） *ibid.*, pp. 123-124.

22） 西海「人道的救援権の提唱」前掲（註1）、43-45頁。なお、同決議の原文については次を参照。Mario BETTATI et Bernard KOUCHNER ed., *Le devoir d'ingérence,* Editions Denoël, 1987, pp. 291-292.

成することの困難さを指摘する。

援助提供者が人道的救援を行う権利[23)]――すべての国に人道的援助を行うよう義務づけること（積極的義務）は不可能だとしても、少なくとも人道援助の実施を妨げてはならないと義務づけること（消極的義務）はできるのではないか。そのような消極的義務を課される国とは、物理的に援助を妨害し得る国、すなわち具体的には、領域国とその隣接国だけである。これらの国に期待されるのは、行政的便宜の付与、援助物資を略奪しないこと、径路の保護、それに、救済団体が援助を犠牲者に提供する自由を認めることだけである。けれども、これらだけでもすでに当惑する領域国があるだろう。なぜなら、これらの目的のために人道団体にたいして国境を開くことは、その国の住民の生活状態を公にし、援助物資を現政権が横領したり、自然災害をその犠牲となった少数民族の根絶のために利用したりすることを不可能にするからである。それでも義務主体が少ないほど法規範は構成しやすい。上述のとおり、この権利に対応する義務主体は領域国と援助物資が通過する隣接国だけである。そしてこの権利が意味するのは、すべての国に対抗し得る「犠牲者の救援享受権」ではもはやなく、人道団体が救援物資を供与する権利なのである。

以上のように援助提供者が人道的救援を行う権利を定式化した後、ドメスティィスィ－メは、このように義務主体が明らかになった以上、それらがこの義務を遵守しなかった場合を考慮しなければならないとして次のようにいう。ここにこそ「介入」の問題が横たわっている。「介入する権利」とは、救援権の義務主体が義務をはたさなかった場合の代替規範（une norme de substitution）であり、具体的には、救済団体がいかなるものであれ、それらが領域国あるいは隣接国の要請や同意なしに行動する権利を意味する。ここで彼のいう代替規範の発動は、人道的救援権の侵害という国際違法行為を行った領域国または隣接国に向けてとられる対抗措置といえよう。彼はこのように倫理的要求を法的用語によって定式化する。このようなドメスティィスィ－メの見解のうち、権利の基

23） Marie-José DOMESTICI-MET, *op. cit.* (note 15), pp. 124-125.

礎にかんする部分はほぼベタティの見解を踏襲している。それにたいして、彼の権利義務の主体についての考察は、権利主体を「犠牲者個人」と「救援提供団体」のふたつに分けてそれぞれの可能性を論じたことにより、従来必ずしも明確ではなかった権利主体とそれに対応する義務主体の関連を明らかにしたものと評価できる。

(5)　オリヴィエ・コルテン、ピエール・クラン[24)]

コルテンとクランは、共著『介入する権利か、または対応する義務か（Droit d'ingérence ou obligation de réaction?)』の中で、人道的救援（介入）の問題を包括的かつ詳細に論じている。彼らはまず、この問題がマスコミで頻繁にとりあげられ、人道的介入の名のもとで、プレス・キャンペーン、経済制裁、武器売買、危険に瀕した人々への救援、一方的軍事干渉、安全保障理事会の決定など、さまざまなものが語られている現状を確認する。そこでは、法的なものと政治的なもの、現行法と望ましい法、国と国際組織とNGO、そして、軍事的対応と非軍事的対応とが混同されている。この書物の目的は、彼らによれば、この問題群の異なる諸側面とそれに対応する現行国際法の状況を明らかにすることにある。

議論の出発点として、諸国は基本的人権の侵害に対応する義務を負っていることが、国連憲章前文第2段、第1条第3項、第55条第c項および世界人権宣言第28条を根拠として確認される。これをふまえた上で、彼らが注目する国際人道法上の規定がふたつある。第1のものが、1949年のジュネーブ諸条約共通第1条および1977年の追加第1議定書第1条第1項の「締約国は、すべての場合において、この条約（議定書）を尊重し、かつ、この条約（議定書）の尊重を確保することを約束する。」という規定である。すなわち締約国は、自らの領土内で条約（議定書）を尊重するだけで満足していてはならない。赤十字国際委員会のコメンタリーもいうように、他の締約国が条約上の義務に違

24）　Orivier CORTEN et Pierre KLEIN, *Droit d'ingérence ou obligation de réaction?*, Edition Bruylant・Edition de l'Université de Bruxelles, 1992, pp. 3-7.

反したならば、各締約国は、その国が条約を尊重するように努めることが求められる。条約に定められた保護システムが有効なものとなるためには、諸国がその保護システムをそれぞれ自国に適用するだけでなく、その普遍的尊重を確保するために自らの権限内にあるすべてのことをしなければならない[25)]。第 2 のものが、内乱の場合に最低限遵守すべき規則（敵対行為に参加しない者への人道的待遇の保障）を定めた 1949 年ジュネーブ諸条約の共通第 3 条である。国際司法裁判所はニカラグア事件判決において、米国が、軍隊・警察施設の破壊や政府要人の誘拐、町を去る者への発砲などを指示した『ゲリラ戦における心理作戦』と題する作戦手引書を作成し、これをコントラに配布した事実により、同国は、コントラによる人道法の一般原則に反する行為の実行を助長したと認定した[26)]。この論理から明らかなのは、裁判所が、上述の共通第 1 条と第 3 条を、ともに人道法の一般原則を構成するものととらえ、かつ、国際的・国内的武力紛争時のみならず平時においても適用される性質のものであると解釈していることである[27)]。その結果、共通第 1 条の「尊重を確保する」義務はその適用範囲を広げ、戦時平時を問わず、生存権や拷問の禁止といった基本的人権にも適用される。それゆえに、これらの人権がとりわけ大規模に侵害されたとき、各国は、「それに対応する義務（une obligation de réaction）」を負うことになる。

それでは具体的にいってどのような対応の仕方があるのだろうか。コルテンとクランは、人権侵害への諸国の対応を軍事的措置と非軍事的措置とに大別し

---

25)　さらに赤十字国際委員会のコメンタリーは、この共通第 1 条を、強行規範的性格を帯びていると述べる（*ibid.*, p. 5, note (25)）。

26)　ニカラグア事件判決の主文(9)。CIJ aff. des *Activités militaires et paramilitaires au Nicaragua,* Arrêt du 27 juin 1986, Point 9 du dispositif, *Recueil,* 1986, p. 148.

27)　*ibid.*, § 218.　裁判所はすでにコルフ海峡事件において、「戦時におけるよりも平時においてさらに一層絶対的な人道の基本的考慮」にもとづくものとして、アルバニアが、自国の領海内に機雷原がある旨を一般に、そしてイギリスに知らせる義務を負っていたと述べている（*Recueil,* 1949, p. 22.　皆川洸『国際法判例集』有信堂、1975 年、439 頁）。

た上で、現行国際法上、どのような対応が許されあるいは禁止されているのかを検討する。そして最後に現地における人道援助の許容された形態を述べるのである。したがって彼らの分類によれば、人道的救援は非軍事的措置として、人道的干渉および人道的介入は軍事的措置としてそれぞれ考察されることになる。そして人道的救援についていえば、それが国際法主体たる地位にないNGOによってなされる場合にはいうまでもなく、たとえ国家または政府間国際組織によって行われようと、人道的救援は、原則として現行国際法上の不干渉原則に違反しない。なぜならば、一般に違法な干渉とは「一国の留保分野」にたいして「強制的手段」を用いて行われる干渉を指すが、人道的救援の場合、上述のように人権の保護はもはや諸国の留保分野ではなく、また、干渉の手段も強制の要素を有さないからである。それどころか、上述のように、領域国による犠牲者の放置はエルガ・オムネスな「人道法の一般原則」に違反し、それは国際違法行為を構成する。したがって他国は、「被害国」の地位を得、このような国際違法行為を行った領域国にたいして対抗措置をとることができる[28)]。

以上がコルテンとクランの人道的救援権にかんする概念規定のあらましである。ジュネーブ諸条約共通第1条の「人道法の尊重を確保する義務」を、人道法の一般原則として、戦時平時を問わず生存権や拷問禁止などの人権に普遍的に適用される規範ととらえ、これにもとづいて、真正な人道的救援権が現行国際法上の不干渉義務に何ら違反しない、と説く彼らの見解は斬新かつ明快である。ただ、領域国による犠牲者の放置が現行国際法にすでに違反しているとの主張は、犠牲者の救援享受権が実定国際法上の権利としてすでに存在することを前提とする。それは理論的には大いに傾聴に値するものの、現実の国際法は、その侵害された権利を有効に救済するための手段を依然として欠いたままである。彼らはそれを既存の権利の尊重が未だに不十分な状態と認識し尊重の徹底を唱えるのにたいして、ベタティたちは、それを法の欠缺ととらえて新た

28）　Orivier CORTEN et Pierre KLEIN, *op. cit.* (note 24), pp. 138-144.

な国際立法を図る。このように法的認識の差異はあれ、犠牲者の放置は許されないとの価値観を両者が共有していることは確かである。

(6)　クロード・リュクス[29)]

リュクスは、人権保護のための諸国の一方的措置を国際法学会の諸決議を通じて考察する中で、人道的救援権を論じている。人道的救援権についての彼の認識は以下のとおりである[30)]。

レゲ・フェレンダを定式化した万国国際法学会 1989 年決議第 5 条は、同時にまた、実定法と人道団体の実行との間の緊張を表している。主権原則によれば、人道的救援を受け入れ、組織化するのは領域国の管轄権に属する。ところがこの領域国がしばしばその住民の窮迫状態を引き起こす。それは自然災害の場合もあれば、「恣意的迫害、野蛮で大規模な抑圧、文民である住民への徹底的な爆撃」の場合もある。このような国の行為にたいして、実定国際人道法は、脆弱で実効性のない歯止めしか備えていない。1949 年のジュネーブ諸条約およびその追加議定書は、武力紛争にしか適用されない。さらに、たとえばビアフラ戦争のさいのナイジェリアがそうだったように、大規模で意図的な人道法違反がしばしば生じてきた。このような事態において、赤十字の倫理となっている守秘義務は、赤十字の目的に反する効果をもたらしてしまう。なぜならばそのような守秘義務を遵守することによって、第 2 次世界大戦中にそうであったように人道団体自らが人権の大規模侵害を覆い隠すことになるからである。このような実定法の欠缺を前に、国家の影響力を免れた非政府人道団体の実行が発展してきた。それが「諸国の国内事項への人道的介入権」の確立を要求している。万国国際法学会 89 年決議は、実行および判例の最近の発展と軌を一にしている。すなわち、人道的救援措置は領域国の主権と両立しないわけではなく、領域国の国内事項への違法な干渉を構成しない。しかしながら、人

29)　Claude RUCZ, « Les mesures unilatérales de protection des droits de l'homme devant l'Institut de droit international », *AFDI,* 1992, 609-617.

30)　*ibid.,* pp. 609-611.

道的救援という法制度が主権原則によって規律されること自体に変わりなく、それは、常に領域国の同意に服さなければならない。

続いて彼は、ニカラグア事件判決の第242、243項に言及し、万国国際法学会89年決議をその延長線上にとらえて次のように述べる[31)]。同決議は、「食糧または医療援助の申し出は、その国の国内事項への違法な干渉とみなすことはできない」と規定する。この援助の申し出は人権尊重の原則に依拠している。同原則はエルガ・オムネスな義務であって、人権の保護へのすべての国の法益を前提とするものである。そのような法益の中に、人道的救援を申し出る権利が含まれる。この申し出は、「住民の生命または健康が重大な脅威にさらされている」ときに、いいかえれば、生命および健康への権利が緊急事態により脅かされているときに正当化される。そのような場合に、すべての国は人道的救援を申し出る権利をもつ。万国国際法学会89年決議は、この権利がその目的や手段において違法な干渉とならないように規制しようと努めているのである。

リュクスは、人道的救援権の受益者および権利主体について以下のように論じている[32)]。受益者について、彼は基本的にドメスティスィ－メの見解を支持している。すなわち、そもそも人道的救援権とは、「国際共同体を債務者とする個人の債権」というベタティの定式化にみてとれるように人権哲学の視点から認識されていた。このことは、87年パリ決議第(g)、(k)項からも明らかである。しかし、このような「人権としての救援権」の定式化は、諸国の懸念を引き起こしただけだった。先進国は、人道援助の財政負担を一方的に負わなければならず、緊急事態が生じる側の途上国は、たとえ人道的であれ、国内事項へのあらゆる形の干渉から自らを擁護することに心を砕かなければならない。それゆえに総会決議43／131は人権哲学にまったく言及せず、人道的救援の「国家間的」接近をとっている。そこでは被害発生国の主権が指導原則であり続ける。ただし、生命や健康が脅かされている住民の権利を考慮に入れているた

31)　*ibid.*, pp. 611-612.

32)　*ibid.*, p. 614.

め、Ⅱで述べるように、被害発生国の主権の行使に条件が課されているのである。

ついで、人道的救援権の権利主体について、彼は次のように述べる。万国国際法学会 89 年決議は、「国家、国家群、国際組織、赤十字国際委員会のような公平な人道団体」が人道的救援の申し出を行うことができるとしている点で、権利主体を最も広く想定している。人道団体が最後にあげられているのは、救援が政府間国際組織によるものだけに限定されるべきではないことを望んだ一委員の提案による。さらに注目すべきなのは、ここで、国が救援を申し出る権利に国連の許可または集団的決定に服するという条件が課されていないことである。これは、権利濫用の危険防止よりも人道的救援の緊急性を優先させた結果である。これにたいして総会決議 43／131 は、権利主体を厳密に人道的目的のために行動する「政府間団体および非政府団体」（第 3 項）に限定し、国にかんしては、必要な場合にこれらの団体を支援するよう「すべての国」に訴えるにとどまっている（第 5 項）。逆に、組織構成の面で、非政府団体の公正さに領域国から異議が唱えられる場合がある。なぜならば、非政府団体が常に「本国」から独立しているとは限らないからである。だからこそ決議 43／131 は、非政府団体にたいして「厳密に人道的な目的のために」行動することを求め、国際法学会 89 年決議は「赤十字国際委員会のような公平な人道団体」に明示的に言及しているのである。このことは政府間団体についても同様である[33]。

以上のようなリュクスの見解は、配慮のいきとどいた柔軟な平衡感覚がうかがえる。彼は、災害犠牲者の人権およびそれに援助を提供する諸団体の救援権の意義を十分認めた上で、これらが実際に効率的に実施されるためにこそ領域国の主権尊重が不可欠であると考え、Ⅱでみるように、救援権の行使形態を精緻化することによって救援権と領域国の主権との両立を図ろうとしているのである。

33）　*ibid.*, pp. 616-617.

Ⅱ　権利行使のための諸条件と実定性の評価をめぐる学説状況

先に述べたように、フランスのイニシアチブのもとに総会決議 43／131 および 45／100 に結実した人道的救援権は、領域国の主権の制約とそれへの配慮という相異なる要請のバランスの上に成立している。前者を支えるのが「犠牲者への自由接近の原則（＝犠牲者を救済するためには犠牲者への自由な接近が不可欠であるとの原則）」であり、後者を支えるのが「補完性の原則（人道的救援の着手、組織、調整および実施のさい、まず領域国が当然に主要な役割を担い、領域国がそのような役割をはたせないかあるいははたさない場合に、初めて人道団体や他国が介入すべきであるとの原則）」である。人道的救援権が国際法上の権利として認められるためには、他のあらゆる国際法規範と同様、諸国の承認を得なければならない。したがって、これらの決議が領域国の主権に配慮を示しているのは当然のこととベタティは考えている。さらにこれらふたつの原則のほかにも、ニカラグア判決や国際法学会 89 年決議は人道的救援活動が従うべき諸条件をあげている。ここでは、諸学説にあらわれたこれらの諸条件を整理するとともに、人道的救援権の意義やその実定性について諸学説が下している評価を検討する。

(1)　ピエール－マリー・デュピュイ[34)]

デュピュイは、一定の実行の蓄積のもとにあらわれつつある法的権利としての人道的救援権には、明らかにさまざまな制約が付されている、と述べて、以下のように人道的救援権を行使するための諸条件を列挙している。すなわち、人道的救援権が実際に認められるのは、緊急の場合だけである。それは原則として領域国の事前の同意に服さなければならない。さらにそのような国際的援助は、自然災害または（武力紛争の場合のような）人為的災害の生じた国が、災

34)　Pierre-Marie DUPUY, *op. cit.* (note 11), pp. 78–79.

害犠牲者を効率的に救済するための物的能力を欠いている場合にのみ、2次的資格で行われるにとどまる（補完性の原則）。また、Iの1で述べたように、人道的救援権の第1の権利主体は国よりもむしろ政府間・非政府団体なのであるから、たとえば被害発生国の民主主義の尊重を回復するためにその国の国内事項に干渉するといった外国の自由裁量権と人道的救援権とはまったく無関係である。

デュピュイの見解は、人道的救援権と人道的干渉とを明確に区別しているものの、以下のふたつの点でベタティの見解とは異なっている。第1に、何の制約も付さないまま、領域国の事前の同意原則を権利行使のための条件に含めている点である。彼はこの理由を以下のように論じている[35)]。人道的救援に従事する第三国の法的資格は何か。また、自国の民間団体がこのような活動に従事するのを許可する第三国の法的資格は何か。そのような資格は、もはや当該第三国の領域管轄権の行使に見出されるべきではない。そうではなくて、被救援国との間の合意にもとづいて、人道法分野における法的義務のエルガ・オムネスな義務主体[36)]として、第三国たる諸国が相互に承認する管轄権のうちに見出されるべきである。彼はこのように人道的救援権の法的根拠をとらえ、その具体例として、1988-1989年のエレヴァン（アルメニア）での地震直後に旧ソ連領土内で行われた西欧諸国とりわけフランスの援助活動をあげている。第2に、補完性の原則により国外からの救援活動が認められる場合を、犠牲者の効率的な救済のための物的能力が災害発生国に欠けている場合に限定している点

35)　*ibid.*, p. 79.

36)　国家に課せられた人道法上の義務のいくつかが、相互主義を排除した性質、エルガ・オムネスな性質、または強行規範的性質を有することをデュピュイは強調している。それぞれの義務の具体例として、彼は、ウィーン条約法条約第60条第5項（条約違反の結果としての条約の終了または運用停止規則の、人道的性格を有する条約規定への不適用）、1949年のジュネーブ4条約共通第1条および1977年の追加第1議定書第1条第1項（総加入条項の排除）、および、1949年ジュネーブ第3条約第51条（労働条件）、第52条（禁止労働）、第131条（締約国の責任）をあげている（*ibid.*, pp. 440-441）。

である。ベタティはこのような場合にとどまらず、災害発生国がそのような物的能力を備えているにもかかわらず敢えて援助を与えない場合にも、国外からの救援提供が「自動的に」行われることになると考える[37]。両者のこのような相違を考慮すれば、デュピュイが領域国の主権にいっそう配慮していることがうかがえよう。

(2)　セルジュ・スュール[38]

人道的救援権の実定性について彼は次のようにいう。実定法に限ってみれば、この問題は新しいものではなく、条約や確立した慣習法規による規律をすでに含んでいる。けれども、それをさらに発展させようとする試みについてはどうかといえば、メディアによるインパクトがいかに大きくても、また、人道的救援の実施形態が新たなNGOの諸活動によっていかに根本的に変わったとしても、その試みは現状では極めて限られた成果しか生み出していない。このように人道的救援権の実定性の現状について消極的な評価を下しながらも、彼は、この権利の諸原則はすでにできあがっている以上、この権利は、宣言されることよりも行使されること、実際に試みられることを求めている、と述べて、人道的救援権の将来の実定法化に期待を表明している。

このような観点から、彼は、総会決議43／131を次のように評価する。同決議はフランスのイニシアチブによって採択されたものだが、それは、その推進者の期待をはるかに下回っている。同決議は人道的「救援」について言及するにとどまり、人道的「介入」については何も触れていない。さらに人道的救援についても、同決議は救援「権」を公認するものではなく、逆に領域国の主権に配慮し、領域国の主要な役割を強調する。同決議は単に、領域国にたいして救援活動に便宜を図るよう要請し、政府および政府間国際組織の役割と並んでNGOの役割を公認するにとどまっている。さらに同決議は、武力紛争の特殊な事態を、より一般的で拡散した観念である「自然災害およびその《（ママ）》他の緊急事

37)　Mario BETATI, « Un droit d'ingérence? », *RGDIP,* Tome 95, 1991/3, p. 656.
38)　Jean COMBACAU et Serge SUR, *op. cit.* (note 12), pp. 440–441.

態」のなかに溶かし込んでしまった。つまり、ここで述べられている人道的救援とは、「権利」からも、いわんや介入「義務」からも程遠いものである。ここで扱われている人道的救援とは、国家がそれ自身の原則に応じて、その領土内で活動する非政府団体にたいして負う義務であって、災害犠牲者が救援提供国または自国にたいして援用し得るような法的義務ではない。それにもかかわらず、この決議は象徴的な重要性をもっている。なぜならば同決議はなによりも、総会の決議採択行為を一種の国際立法とみなすことに慣れた諸国に向けられているからである。

以上のように、スュールは、総会決議 43／131 に規定された人道的救援権にたいして否定的評価を下している。けれども彼の議論は、前述のように人道的救援と人道的介入とをないまぜにしているばかりか、救援権の実定法化にとって不可欠な領域国主権への配慮をいたずらに嘆き、かつ、権利主体としてアプリオリに犠牲者だけを想定している点で、やや粗雑かつ一面的であるとの印象を拭えない。

(3)　グェン－クォック・ディン、パトリック・ダイエ、アラン・プレ[39]

Ｉの(3)で述べたように、彼らは人道的救援権を、そのさまざまな不明確さのために、いまだに完全な法的承認を得てはいないととらえている。そのような不明確なものとして、具体的には「権利」と「義務」、および、「介入」と「救援」の区別の問題、救援が国家により行われるのかあるいはNGOにより行われるのかという問題、国際的・国内的武力紛争の事態と自然災害などのその他の事態との区別の問題があげられている。

これらをふまえて、彼らは人道的救援権（義務）の実定性について以下のように評価する。人権保護の諸原則や発展の権利などが人道的救援義務にたいして一定の法的実体を与えていることは確かである。このことは万国国際法学会

39)　Nguen Quoc DINH, Patrick DAILLIER et Alain PELLET, *op. cit.*(註 14), pp. 424-425.

89年決議にもあらわれている。しかしながら、人道的救援義務というものが仮にあるとしても、それは、実定法よりもむしろ倫理に属するものである。経済的援助であれ人道的援助であれ、それらは受け入れ国の同意を前提とするのが原則である以上、救援提供者が被害発生国の領土において、その国に援助の受け入れを強制する権利といったものを、ここでの人道的救援義務から導くことはできない。この原則への例外は以下の二つの場合だけである。すなわち、ジュネーブ諸条約の規定にしたがって赤十字国際委員会が武力紛争に「介入」する場合と、安全保障理事会が憲章第7章の枠内で行動し、平和への脅威、破壊、侵略行為を認定する場合である。

総会の三つの決議（43／131、45／100、46／182）は、いずれも人道的救援を必要とするすべての国にたいして、権限ある機関によって人道的救援の実施を容易にするよう要請している一方で、被害発生国の主権に配慮し、被害発生国に救援の主要な役割が帰属する旨を強調している。結局彼らは、ニカラグア事件判決第242、243項に述べられた人道的救援権の定義こそが、法的観点からみた場合の妥当で受け入れ可能な定義であると述べる。彼らは最後に、この問題についてデクエヤル前国連事務総長が1991年の年次報告で述べた次のような結論に賛同している。「国家主権の尊重と人権の保護との間のジレンマに陥る必要はない。国連は新たなイデオロギー論争をいささかも必要としていない。求められているのは干渉する権利ではない。人権が危険に瀕している緊急事態において、犠牲者を救済し償うという諸国の集団的義務こそが求められているのである。」[40)]

このように彼らは、人道的救援の実施を厳格な領域国の要請・同意原則の下に服すべきものととらえており、この原則を何らかの形で制約しようとする（人道的救援権の提唱者たちの）試みは、法ではなく倫理に属するものと割り切っている。このような人道的救援は、現行の国際法秩序に何ら抵触せず、したがってこの分野での現状を述べたものとしてはそのとおりだろう。しかし他方

40）*Raport of the Secretary-General on the Work of the Organization,* Supplement No. 1 (A/46/1), 1991, p. 5.

で、このような割り切り方をするならば、人道的救援権を新たに論じることの意義は、その大半が失われてしまうだろう。

(4)　マリー－ジョゼ・ドメスティスィ－メ[41)]

人道的救援の法的現状を、ドメスティスィ－メは、【先例】と【法的信念】の二つの観点から詳細に分析する。なお、先にIの(4)で述べたとおり、彼女は、(人道的）介入という言葉を技術的干渉と法的干渉に重なる概念として用いており、それは、本章における人道的介入の概念とは異なる。したがって両者を区別するために、彼の用いる意味での（人道的）介入は「　」で括っておく。

【先例】

新たな救援団体の誕生[42)]――人道援助を目的とした真の「介入」の例は少ない。なぜならば、「介入」は、援助への抵抗がある場合にはじめて必要となるが、具体的な救援活動は、その多くが領域国の要請にもとづいて、または、領域国の同意の下に行われてきたからである。したがって、例外的な緊急事態、または住民の窮迫状態が政府当局の不在と結びついた状況が生じて、初めて、援助活動が「介入（干渉)」の形態をとるに至るといえよう。自然災害にかんするより正確な情報の伝播、主権国家の増加による国家間紛争の増加、新興諸国の国境と民族分布との不適合、地域紛争に超大国の利害が持ち込まれることによる紛争の悪化。これらの事情によって1970年代初期に人道的救援の必要が増大すると、「人道的介入」の用意のできた新しい人道団体が誕生することになる。赤十字の活動が大きく妨げられたビアフラ内戦の悲劇は、救援活動に従事していた若いフランス人医師たちの間に「紛争当事者の面前で公平かつ無差別に行われる人道援助は、当事者の一方が、他方を絶滅する意図、すなわちジェノサイドの意思を公然と掲げるときには、もはや適切なものではなくなる」という意識を生みだした。さらに、みずからが知り得たことがらについて秘密を厳守するという赤十字方式は、救援活動に従事するすべてのボランテ

41)　Marie-José DOMESTICI-MET, *op. cit.* (note 15), pp. 125–137.

42)　*ibid.*, pp. 126–127.

ィアが受けるには余りにも神聖でありすぎた。このような経緯から「国境なき医師団」「世界の医師団」「国際医療援助」「国境なき獣医団」「国境なき船員」「国境なき薬剤師」などが生まれたのである。これらの救援団体は、赤十字とは異なり、「介入」の道を選ぶことをもはやためらわない。

新たな救援団と赤十字国際委員会との相違[43]――相違は三つある。第1に、新たな救援団体は、弱者の側を援助することをみずからの役割と任じている。これをベルナール・クシュネールは「最小限抑圧の規律」と呼んで、その行動原理としている[44]。このような態度を赤十字は原則的に排除している。第2に、新たな救援団体は、赤十字が遵守する守秘義務を拒絶する。フランス人医師たちは直接の医療行為と並んで、痛ましい状況の広報にも努める。それは、一国の政治において何が住民を窮迫状態に陥れたのかを告発することにほかならない。これをクシュネールは「非常緊急時の倫理」と呼ぶ[45]。第3に、新たな救援団体は救援活動の効率性を優先するため、しばしば領域国の国内法令に違反する非合法な援助形態をとる。すなわち、領域国の承認を得ないままに病院を設立・運営したり、それまで全く援助の道が閉ざされていた少数民族への救援を行ったりする場合がある。このような非合法の援助形態は、赤十字やマルタ騎士団などの従来の人道援助団体がとり得なかったものである。非合法の援助を行った救援団体のボランティアたちは、当然のことながら、その国において身体を拘束され、抑留され、あるいはスパイの嫌疑を受ける危険を覚悟しなければならない。彼らが広報・告発の意思を有している以上、そのような可能性はいっそう高まる。

「介入」という概念の妥当性[46]――救援団体が非政府団体の場合、救援活動

43）　*ibid.*, p. 128.

44）　西海「人道的救援権の提唱」前掲（註 1）、7-9 頁。

45）　同前。たとえば「国境なき医師団」はニュースレターとして「MSF 通信」を発行しているほか、筆者の手元にあるものにかぎっても、以下の書物を出版している。*Populations en danger,* Hachette, 1992 ; *Face aux crises. . . ,* Hachette, 1993（鈴木主税訳『国境なき医師団は見た――国際紛争の内実』日本経済新聞社、1993 年）。

46）　Marie-José DOMESTICI-MET, *op. cit.* (note 15), pp. 128-129.

に従事するボランティアが私人であることに注目すれば、彼らがその活動を展開する領域国の法令違反を理由にさまざまな処罰を受けても、それはあくまでも当該国の国内法の適用の問題にとどまり、したがって、当該国の主権や不干渉原則との抵触といった国際法上の問題は生じないことになる[47]。それにもかかわらず「介入」という概念でこの行為をとらえることははたして妥当といえるだろうか。この問題について、ドメスティスィ－メは以下のような考察を加えている。人道的救援団体のスタッフが独自の人道援助の方法を有しているとしても、彼らが自身の国籍を喪失するわけではない。したがってひとたび逮捕されるならば、彼らは本国に保護を求めるだろう。さらに、このような団体の救援活動が、私人を介在させた国家の「介入」ではないと、はたしてどの程度までいい得るのかを問うてみなければならない。「国境なき医師団」であれ「世界の医師団」であれ、実際は、特定の国との間に（設立準拠法や本部所在地にもとづいた）絆を有している。その絆は単なる行政上のものにとどまらない。フランスを例にとれば、フランス政府は救援団体にたいして補助金を交付し、公益法人としてこれを許可し、公権力が保持する特定の権限をこれらの団体に委任してきた（フランス政府に代わってボート難民に査証を交付する権限を委任することなど）。また同政府は1986年以来、救援団体のスタッフの医師をフランス政府の閣議に出席させ続けている。さらに、国連総会決議43／131の原案になったフランス提案を起草する際に「世界の医師団」が果した重要な役割は周知の事実である。そもそもフランス政府は、これらの団体がフランスの人道政策の一翼を担っていることをほとんど否認しない。このことは、「国境なき医師団」および「世界の医師団」の創設者の１人であるベルナール・クシュネールが、首相付人道活動担当相を務めたことからも明らかである。

不信の兆候[48]――以上に述べてきた人道的救援権は、公私の救援団体および先進諸国の努力や個人の寄与にもかかわらず、現実には、人類の一体性の自

47）　この点を強調するものとして次を参照。Jean Combacau, « Souveraineté et non-ingérence », in *Le devoir d'ingérence, op. cit.* (note 22), pp. 229–233（とりわけ p. 230).

48）　Marie-José DOMESTICI-MET, *op. cit.* (note 15), pp. 130–131.

覚も、均一で同質的な先例ももたらしていない。難破船の逃亡者を再び海に放擲する東南アジア諸国、援助物資を横領する受益国、反乱を扇動するために援助物資の備蓄を破壊するゲリラ。これらの事実は、人道援助が領域国の主権や安全に優位するという考え方への根強い抵抗が存続していることを示している。このような抵抗は、もっとも介入主義的な条件のもとで活動している救援団体にたいして向けられるにとどまらず、より領域国の主権を尊重する赤十字の活動すら妨げる場合もある。

【法的信念】

ドメスティスィ－メは、国際司法裁判所のニカラグア事件判決、国連総会決議43／131および国際法学会89年決議の三つを素材にして、人道援助という国際的任務をこれら三つが一致して承認していること、しかしながら、そのような任務の内容（彼は定義という言葉を用いている）については、これら三つがかならずしも一致していないことを確認している。

人道援助という国際的任務の承認[49)]――ニカラグア事件判決は、その第243項で人道的救援についての理論を展開している[50)]。そこで人道的救援は、赤十字の諸目的のみに準拠して定義されている。このことから裁判所が、人道的救援活動を行う行為主体に特に制限を設けていないこと、したがって、国家、政府間国際組織、NGOのいずれもが救援活動を行い得ると考えていることが推定できる。総会決議43／131は、上述のようにフランスの提案によるものであるが、そこには、87年パリ決議がその趣旨を弱められながらもある程度反映している[51)]。趣旨が弱められたというのは、87年パリ決議の主眼だった犠牲者の救援享受権が決議43／131にはとりいれられず、また決議43／131の原案にあった「人道、中立および公平の原則は、他のあらゆる考慮に優先され、人道的救援を提供するすべての者に課されるべきである。」との文言が最終的には削除されたからである。それにもかかわらず決議43／131は、「国」が災害犠

49） *ibid.*, pp. 131-132.

50） 本章序、註5）を参照。

51） 西海「人道的救援権の提唱」前掲（註1）、43-47頁。

牲者の後に、かつ人道的救援団体の前におかれていること（第1、2、3項）や、私的団体が政府間団体と同等に扱われていること（第3項）、犠牲者への自由接近の原則を維持していること（第4項）などの点で、人道目的に貫かれていることに変わりはない。国際法学会89年決議第5条もまた「一国、国家群、国際組織または赤十字国際委員会のような公平な人道団体」と述べて、行為主体をすべて対等に列挙している点で、人道的救援という任務をその実施機関が何かということよりも優先させているといえよう。

人道援助という国際的任務の内容[52)]——ドメスティスィ－メは、上記三つの文書にあらわれた人道援助の内容について、人道援助の適用分野、手続き、目的のそれぞれの観点から検討している。

適用分野の観点から——総会決議43／131は、その適用分野に一定の枠をはめることでより多くの諸国の賛同を得るために、その題名に「類似の（du même ordre）」という文言が付け加えられることになったが、実際には、これによって適用分野が制限されたとは思われず、したがって人道援助のシステムが閉ざされたものになったわけではない。逆に、ニカラグア事件で問題となったのは武力紛争だったにもかかわらず、「他国にいる人々または勢力集団への厳密に人道的な援助の提供は」という同判決第242項の文言からは、裁判所が人道援助の適用分野を武力紛争のみに限定せず、そこに自然災害も含めていることがうかがえる。最後に国際法学会89年決議は、「住民の生命または健康が重大な脅威にさらされている国」を人道援助の適用分野としてあげている。つまり、ニュアンスがあるものの、自然災害または武力紛争のいずれかのみに人道援助の適用分野を限定していない点で、三つの文書は共通しているといえよう。

手続きの観点から——総会決議43／131がその第2項で補完性の原則を掲げて領域国主権への配慮を示しているのにたいして、ニカラグア判決における裁判所は、アメリカ合衆国がコントラに与えた援助の差別的性格を理由にそれが

52)　Marie-José DOMESTICI-MET, *op. cit.* (note 15), pp. 133-136.

「厳密に人道的な援助」にはあたらない旨を述べるにとどまり（第243項）、補完性原則への言及は見当たらない。国際法学会89年決議第5条も同様である。

目的の観点から――人道援助の目的について、ニカラグア判決は、「人間の苦痛を防止、軽減し」「生命と健康を保護し、人間としての尊厳を確保する」という赤十字の目的をそのままとりいれている。これにたいして、総会決議43／131には特定のモデルへの言及はなく、援助の実施に関連して「とりわけ犠牲者のもとへ届けることが何よりも大事な食糧、医薬品および医療を供給する」と述べていることから、そこでの目的がニカラグア判決に示されたものよりも限定されたものであることがわかる。国際法学会89年決議も、目的としては「食糧または医療の援助」が述べられるにとどまる。これらふたつの決議が人道援助の目的を食糧と医療という基本的必要物に限定したのは、多数の犠牲者を生じさせた国に、自国の社会構造の見直しを迫られているのではないかという懸念を抱かせないためだったと思われる。

以上のようにドメスティスィ－メは、【先例】と【法的信念】のふたつの観点から人道的救援を詳細に考察した結果、この権利の実定性について次のような評価を下している[53)]。これら三つの文書は、ニュアンスはあるものの人道的救援という独自の制度を承認している点で共通している。しかし、それだけでこの西欧的発想にもとづく制度が普遍的実定性を得ていると結論づけるのは尚早である。総会決議43／131は、確かに将来の慣習法の源泉となり得るだろう。けれども、何よりも決定的なのは、救援団体の犠牲者への接近を促進することが要請される被害発生国の態度である。被害発生国の多くがそのような要請にしたがって救援団体の犠牲者への接近を認めていくようになれば、「要請」とは、真の法的「要求」の丁重な表現ということになるだろう。逆に、多くの国が救援団体の受け入れを認めず、不幸な出来事によって熱心な救援者と西欧的医療方法に嫌悪を示す住民とが対立し、それらについて国際世論が分かれる

53）　*ibid.*, pp. 136-137.

とき、決議 43／131 は国連総会が採択した多くの勧告のひとつとして、忘却の彼方に流されてしまうだろう。ニカラグア判決の中で示された国際司法裁判所の見解も、国際法学会の決議も、それだけでは新たな実定国際法規範を創設することはできないのである。人道的救援権の実定性にかんするこのようなドメスティィスィ－メの評価は、多様な価値観を有する主権国家の並存という国際社会の現実を冷静にとらえた上でのものであり、人道的救援の現状を的確にとらえているといえよう。

(5)　オリヴィエ・コルテン、ピエール・クラン[54)]

Ｉの(5)の末尾で述べたように、コルタンとクランは、人道的救援は原則として現行国際法上の不干渉義務に違反しないと主張する。このことを彼らは、ニカラグア判決および国際法学会 89 年決議に依拠して確認した後に、しかしながら人道的救援はいくつかの条件に服さなければならないと述べ、やはりふたつの文書にもとづきつつ、それが武力干渉の威嚇または他のいかなる脅迫手段の形もとってはならないこと、人々の苦痛を軽減するために厳密に必要なものにかぎられること、および、無差別に援助が与えられなければならないことの三つをあげている。

それでは、領域国の同意についてはどうか。領域国の同意は人道的救援が実施されるための必要条件なのか否か。これについて彼らは、住民の一部の生命または健康が重大に脅かされているとき、彼らの領域国政府は、救援団体の目的地への移動を恣意的に拒絶することはできないと述べて、たとえ恣意的・自由裁量的なものであっても領域国の同意が不可欠であるとの考え方を明確に退けている。この同意のとらえ方についての彼らの論拠は、以下の通りである。

領域国による「同意の恣意的拒絶の禁止」は、武力紛争時においてとりわけ明らかである。ジュネーブ第 4 条約第 59 条は、すべての締約国にたいして、国または赤十字国際委員会が占領地域の住民に向けて行う食糧、医薬品および

---

54)　Olivier CORTEN et Pierre KLEIN, *op. cit.* (note 24), pp. 139-145.

被服の送付を、締約国が自由に通過させ、かつ、これに保護を与えることを義務づけている。また、追加第2議定書第14条は、飢餓を戦闘方法として用いることを禁止し、同第18条第2項は、文民住民が食糧や医薬品の欠乏のせいで極度の困窮に苦しんでいる場合、彼らにたいして公平で無差別な救済活動が「当該国の同意」のもとに行われなければならない旨を述べている。この「当該国の同意」について、赤十字国際委員会のコメンタリーは、それが国に自由裁量権を与えるものではけっしてなく、国は、戦闘方法としての飢餓の使用禁止への違反にあたるような根拠のない拒絶をこれに対抗し得ないと述べている。同様に、追加第1議定書第69条第2項は救済活動が遅滞なく実施される旨を述べ、同第70条第1項は救済の申し出が武力紛争への介入または非友好的行為とみなされてはならないと規定している。

ついで彼らは、「同意の恣意的拒絶の禁止」が武力紛争時のみならず、それ以外のあらゆる事態においても認められるべきことを強調し、その根拠として、総会決議45／100第4項、46／182第3項および安全保障理事会決議688第3項をあげたうえで[55)]、次のように主張する。これらの文脈において、同意の恣意的拒絶は権利濫用とみなされる。さらに恣意的拒絶の禁止は、「人道法規則を尊重し、かつ、尊重を確保する」義務からも導かれる。この義務が、とりわけ国連憲章にもとづき基本的人権全体をカヴァーしていることはすでに述べたとおりである[56)]。犠牲者に救援を提供する（国際法上の）義務が存在するのであり、住民が窮迫状態にある領域国にとって、この義務は、みずからその住民に援助を与える義務、または、条件を満たす国外からの援助の申し出を恣意的に拒絶してはならない義務のいずれかしか意味しない。

したがって、領域国の同意原則は、状況によっては同意の付与が義務づけられる以上、救援活動にとって克服しがたい障害とはならない。すなわち、一方において、ある国が生命や健康の脅かされている自国領域内の住民を救済することができず、他方において、ある人道団体が領域国の管理に服することを受

55）　西海「人道的救援権の提唱」前掲（註1）、28-29、47-52頁。
56）　本章Ⅰの(5)を参照。

諾し、公平さを保障し、厳密に人道的な目的のために行動する意図を示すならば、領域国は、このような人道団体が自国の領域内で救援活動を行うことに同意を与えなければならず、人道団体はそのような同意の付与を領域国政府に要求し得る。

それにもかかわらず領域国が同意付与を恣意的に拒むならば、他国にはどのような対応をとることが可能だろうか。このような場合、恣意的な同意の拒絶は国際義務違反となり、国際違法行為を構成するから、他国は、Ⅰの(5)で述べたように、領域国のこの国際違法行為にたいして対抗措置を訴えることができる。ただし、それは非軍事のものに限る。また、安全保障理事会にこの問題を付託し、同理事会がそれを国際の平和および安全への脅威をなすものと認定して住民救出のための強制措置をとるよう求めることができる[57)]（人道的介入への移行）。いずれにしろ、求められる条件を満たして行われるかぎり、非軍事の人道的救援は不干渉原則にいささかも抵触せず、したがって何らかの新たな「干渉権（義務）」を提唱することはまったく不要ということになる。

(6)　クロード・リュクス[58)]

国際法学会 89 年決議にみられる人道的救援権の行使のための諸条件を、彼は以下の三つに整理する[59)]。第 1 の条件は、救援の強制の禁止である。これは、あらゆる形態の人道的干渉の復活を封ずるために不可欠な条件である。このため同決議第 5 条は、「ただし、そのような援助の申し出は、とりわけ実施方法において、武力干渉の威嚇または他のいかなる脅迫手段の形態もとることはできない」と述べている。このような救援の強制禁止は、直接には、レバノンでの救援活動のさいにフランスが援助物資を軍艦で輸送させたことが懸念を生じさせたために同決議の中に規定された。この点にかんしてリュクスは、同決議を発議したポール・ドゥ‐ヴィシェが、人道的救援がプロパガンダや威嚇の

---

57)　Olivier CORTEN et Pierre KLEIN, *op. cit.* (note 24), p. 145.

58)　Claude RUCZ, *op. cit.* (note 29), pp. 612-617.

59)　*ibid.*, pp. 612-613.

道具となってはならず、人道的と称する援助物資が、援助の対象地たる沿岸国に照準を定めた艦砲を備えた軍艦によって移送されるなどということは不快であると述べていること[60]を引用している。もっとも、リュクス自身は、ドゥ - ヴィシェのそのような危惧は幻想であると述べ、その理由を以下のようにいう。病院船は威嚇の外観をとるものではないし、さらに、救援活動の物資補給と安全を確保するため武力の構成要素に訴えることが往々にして必要になる。したがって、決議が禁止すべきなのは、武力干渉の威嚇その他の脅迫の形態ではなく、より正確にいえば、主権原則により各国が自由に決定することが許されている分野で、武力を用いるか否かを問わず、いかなるものであれ強制を行使することである。このリュクスの考え方に立てば、受け入れ国の同意さえあれば人道的救援が軍事力をともなってもよいことになる。それは、受け入れ国の意思を問わない人道的介入とはあくまでも区別されるものの、「軍事力を用いた人道的救援」という新たなカテゴリーを提示している点で注目に値する。

第 2 の条件は、無差別の原則である。89 年決議第 5 条はこれを、「援助は無差別に付与され、かつ、分配されなければならない」と述べる。これもまたフランスのレバノンでの救援活動が直接の契機となって、ポール・ドゥ - ヴィシェの修正提案により同条に盛り込まれたものである。救援の分配だけでなくその付与をも対象とする無差別の原則は、ニカラグア事件において国際司法裁判所がとった態度と軌を一にしている（同判決第 243 項）。このような無差別の原則は、不干渉原則に違反する「武装集団への支援」を、人道的救援権を援用することによって正当化しようとする試みを阻止するために必要になる。

さらにリュクスは、人道的救援の人道目的を確保するためには強制の禁止および無差別という二つの条件だけでは不十分であり、これらに加えて、すべての赤十字原則が救援活動に課されなければならないという。このことは、総会決議 43／131 の前文第 12 項が、「人道、中立および公平の原則に最大限の考慮が払われなければならない」と強調しているとおりである。もっとも、このよ

60） *AIDI*, vol. 63-II, 1990, p. 231.

うな赤十字原則の尊重は人道的救援権の基本要素であるにもかかわらず、89 年決議ではこの点に十分な考慮が払われていない。いずれにしろ、これら三つが、人道的救援権が違法な干渉とならないために救援主体の側に課された諸条件である。

それでは人道的救援権の適用範囲についてはどうか[61)]。この点について国際法学会 89 年決議第 5 条は、「住民の生命または健康が重大な脅威にさらされている国への食糧または医療援助の申し出は……」と述べているだけであり、救授権の適用範囲について何の制限も設けられていない。したがって、国際的・非国際的武力紛争、自然災害、政府による特定住民の大規模抑圧などの事態がすべて適用範囲に含まれることになる。けれども国連総会では、すべての国がそのような広い適用範囲を承認したわけではなかった。いくつかの国は、主権概念の絶対性に固執し、犠牲者への自由接近があらゆる場合にみずからに課せられるのを拒んだ。逆に、人道的救援に好意的な他の諸国は、政治的災害にも同権利を適用することを希望し、それこそがこの権利の存在理由であると主張した。総会決議 43／131 の「自然災害および類似の緊急事態の犠牲者への人道的救援」という題名は、両者の妥協の結果である。これによれば、あらゆる緊急事態が人道的救援措置を正当化するわけではなく、自然災害に類似する緊急事態だけがその対象となる。したがって内戦などの政治的災害が生じた国は、国外からの人道援助が時宜に適っているか否かを評価する裁量権を保持していると主張するだろう。人道的救援の受け入れに特別の関心を有する多くの諸国が、国際法学会によって課せられた規則を支持するに至るには、多くのことがらが残されているのである。彼はこのように論じて、89 年決議の規定するような救援権の広範な適用範囲が国際社会の現実から乖離していることを示唆している。

なお、リュクスは他方で、救援が有効なものとなるために領域国がその主権を行使するさいにしたがうべき諸条件も考察している[62)]。考察の対象とされて

61）　Claude RUCZ, *op. cit.* (note 29), pp. 613-614.

62）　*ibid.*, pp. 614-616.

いるのは、領域国の救援受け入れへの同意、補完性原則、および、救援主体の犠牲者への自由接近の原則の三つである。まず、領域国の救援受け入れへの同意について、彼は、国際法学会89年決議第5条の「人道的援助の申し出を恣意的に拒むことはできない」との文言を次のように解釈している。被害発生国はこれらの申し出を受け入れる義務はなく、正当な動機にもとづいて拒むことができる。この場合の正当な動機には、関連するあらゆる利害、とりわけ内政上の理由が含まれる。しかしながら、犠牲者の生存権にたいして領域国の主権を恣意的に優先させることはできないというべきだろう。ついで補完性原則および犠牲者への自由接近の原則について、彼は、ベタティの主張をほぼ全面的にとりいれている。すなわち、前者については、犠牲者の救援における被害発生国の主要な役割と国外からの救援団体の二次的役割が確認され、被害発生国がその任務をはたせないか、あるいは、意図的にはたさない場合にはじめて救援団体の副次的任務が（自動的に）遂行されることになる。後者は補完性原則を前提とするものであり、そこでは、領海における無害通航権――危険もしくは遭難に陥った人への援助供与を含む――が類推適用される。さらに、食糧や医薬品の分配の過程で生じるあらゆる困難――中央政府、地方当局または反乱団体のいずれに責任があるかを問わない――がこの原則によって克服されるべきことが強調される。この自由接近の原則は、形成過程にあるふたつの国際義務をあらわしている。すなわち被害発生国は、人道団体が食糧、医薬品および医療を供給するさいに、これらの団体の活動に便宜を与えなければならない（総会決議43／131第4項）。隣接諸国は、被害発生国とともに、人道的救援の通過に可能なかぎりの便宜を与えるための国際的な努力に緊密に参加しなければならない（同第6項）。

以上のような人道的救援権行使の諸条件についての考察から、リュクスは、次のような結論を導いている[63)]。この権利は、国家間関係を規律する伝統的な法規範モデルによって定式化されている。すなわち、犠牲者に接近する人道団

63)　*ibid.*, pp. 616-617.

体の権利、この接近に便宜を与える被害発生国の義務、および、救援の通過に協力する隣接諸国の義務である。人道的救援は、実定法レベルでは、依然として領土主権の原則により支配されている。国家間関係においては、領域国の同意の付与が国外からの人道的救援措置の前提条件となる。現在の情勢下でそのような同意が以前より頻繁かつ容易に付与されているとしてもこの原則じたいは変わらない。非政府団体はこの国家間的な権利の享有主体たる地位になく、状況に応じて政府間組織の救援活動に合流することも、危険を顧みず領域国の意思を無視して犠牲者に救助の手を差し伸べることも自由である。学説および国際実行が形成してきた人道的救援権は、現時点ではレクス・フェレンダにとどまっており、その適用範囲（政治的災害を含めるか否か）、受益者（人権か国家間的規範か）および権利主体（国の権利か政府間団体および非政府団体の権利か）をめぐって未解決の問題が残されている。人道的救援権の将来は、それが特別に利害を有する諸国や団体の実行に依存している点で、不確定であるというしかない。けれどもこれを、ベタティのように、おそらくは今世紀末までに実定法として確立されるであろう不可避の人道規則ととらえることが荒唐無稽なわけでもない。彼はこのように述べて、人道的救援権の実定性の獲得が、関係諸国（とりわけ途上国）および団体の今後の実行いかんであることを強調しつつ、ベタティの抱く期待にもささやかな共感を示している。

結　人道的救援権の法的構成の試み

これまで人道的救援権にかんするフランス語圏の学説状況を、「この権利の概念規定および権利義務の主体」と「権利行使のための諸条件と実定性の評価」というふたつの観点から検討してきた。ここでは、以上の検討を整理した上で、あらためて人道的救援権の法的構成の試みることにしたい。

【概念規定】

スュール以外のすべての論者が、人道的救援権を人道的干渉および人道的介入と明確に区別している。スュールは、Ｉの⑵で指摘したように、ベタティと同様、人道的救援権と人道的介入とを峻別しようとはせず、安全保障理事会の決議によって人道的救援権の倫理的正当性に法的正当性が付与されると考えている。そのような考え方が法的概念構成としてはミスリーディングなものであることはすでに述べたとおりである。序で確認したことの繰り返しになるが、人道的救援は公私の団体が非軍事の手段により他国の災害犠牲者にたいして行う救援活動であり、人道的介入は、一定規模の軍事的保護をともなった国際的救援活動である。この軍事的保護は、現在までのところ、安全保障理事会の明示的授権にもとづいて決定されるか、あるいは、平和維持の分野での安全保障理事会の権限内で同理事会のコントロールのもとに直接行われるかのいずれかの形態をとっている。現実には人道的救援と人道的介入というふたつの救援活動の重複が頻繁に生じているが、それぞれの法的根拠はまったく別であることに留意しなければならない[64)]。

また、真正な人道的救援が不干渉原則に抵触しないと位置づけられていることも各学説に共通している。これらが多かれ少なかれ国際司法裁判所ニカラグア事件判決および国際法学会89年決議に依拠していることは明らかである。これらの判決および決議のいずれにおいても、人道的救援権が不干渉原則に違反しないための条件として領域国の同意があげられていない点が注目される。ただし、人道的救援が不干渉原則に違反しないと考える点までは共通しているものの、ここからどのような法的結果をひきだすかについては見解が分かれる。理論的には、この法的結果にはふたつのものが考えられる。ひとつは、人道的救援が国際法上の違法行為ではないというにとどまり、そこから何らかの権利義務関係が創設されるには至らない状態であり、いまひとつは、そこから何らかの権利義務関係が創設された状態である。現行国際法レベルで、スュール、ディン／ダイエ／プレ、ドメスティスィ－メ、リュクスが前者の考え方に立ち（ドメスティスィ－メ、リュクスは詳細な権利義務主体論を展開しているが、それはあくまでレゲ・フェレンダの次元のものとしてである）、デュピュイ、コルテン／

64)　Pierre-Marie DUPUY, *op. cit.* (note 11), pp. 78–80.

クランが後者の考え方をとっていると思われる。

【権利義務の主体】

上述の法的結果として、現行国際法上、何らかの権利義務関係がすでに創設されていると考える場合には、人道的救援権の権利主体とそれに対応する義務主体が定められなければならない（もっとも権利義務関係の創設を認めない場合でもレゲ・フェレンダのレベルでこれを考察する論者がいることは前述のとおりである）。この場合の権利義務主体論は、ドメステイスィ－メが提示したように、「犠牲者が人道的救援を受ける権利（＝犠牲者の救援享受権）」および「援助提供者が人道的救援を行う権利（＝犠牲者への救援提供権）」のいずれに依拠するかによりその構成が異なってくる。前者は犠牲者の生存権の延長上に人道的救援権を位置づけるものであり、理論上は、権利主体である犠牲者にたいして援助提供者（＝国、政府間団体および非政府団体）が救援義務を負うことになる。87年パリ決議はこの構成をとる。コルタンとクランはこのような権利義務が十分尊重されている段階に現在の国際社会が到達しているとは考えていないものの、非政府団体の位置づけを別にすれば、基本的にこの構成が現行国際法上すでに成立しているとみる[65)]。これにたいして後者の構成では、犠牲者の救援享受権が潜在化し、援助提供者が権利主体となり、領域国と隣接国は「人道援助の実施を妨げてはならない」という義務を負った義務主体となる。このような権利義務主体論を、デュピュイは実定法レベルで、ドメスティスィ－メ、リュクスはいずれもレゲ・フェレンダのレベルで支持している。

「犠牲者の救援享受権」は倫理的にはいかに正当であれ、法的にはすべての国に人道援助の実施を義務づけるという過度の負担をもたらし、またそれは現実の諸国の法意識からかけ離れている。コルタンとクランの主張が理論的にはいかに魅力的であっても、このような現実との乖離は認めざるを得ない。したがって、「犠牲者への救援提供権」に依拠して人道的救援権を構成する方が義務内容の負担が軽減し、かつ、義務主体の数も減少するのでより現実的である

65）　Olivier CORTEN et Pierre KLEIN, *op. cit.* (note 24), pp. 244-245.

といえよう（もっともこの場合でも、非政府団体を含めて救援団体に一様に権利を認めるのか、あくまで国と政府間団体にのみ認めるのかについては見解が分かれる）。ただし、それでもなお、人道団体が有する「犠牲者への救援提供権」の背後には「犠牲者の救援享受権」が倫理レベルであれ横たわっているとみなければならない。それ以外に「犠牲者の救援提供権」を正当化し得るものはないからである。したがって、倫理レベルでの「犠牲者の救援享受権」を背景にして、「救援提供権」の権利主体たる（領域国以外の）国、政府間団体にたいして、「救援を受け入れる義務」を負った義務主体たる領域国、隣接国が対応しているとみるのが、国際法の現状に合致した権利義務主体論であると思われる。ドメスティィスィ－メとリュクスは、このような構成の実定性を明示的には認めていない。しかし、後述する権利行使のための諸条件のうち、とくに領域国の同意と補完性原則について領域国の裁量を広く認める解釈に立つならば、このような権利義務主体論は現行国際法の枠内ですでに十分成立しているといってよい。

なお、非政府団体については、救援提供権を享有する権利主体から除外するか、あるいは、権利を侵害された場合にみずからそれを救済する手段を備えていない不完全な権利主体とみるかのいずれかの位置づけが考えられる。現行国際法上の評価は前者である。現状では、非政府団体は国際法主体ではない。したがってその救援活動も、国際法上の権利行使ではなく事実上のものにとどまる。それゆえに、非政府団体の救援活動はそもそも違法な干渉となり得ず、同時にそれは国際法上の保護を何も受けないことになる。けれども、災害犠牲者の救済と並んで救援活動に従事する諸団体の保護を確保する見地からは、このような位置づけでは不十分である。ベタティやクシュネールはこのような現状を憂慮するからこそ、救援活動に従事する非政府団体が適切に保護されるような新たな国際法システムの構築を提唱したのである。そのような見地からは、たとえば、関係諸国の間で人道的救援にかんする条約を締結して、その中で非政府団体にもその救援活動を保障するための諸権利を付与することが考えられる。そのような条約がない場合には、これらの団体の救援活動が阻害された場合の諸国の対抗措置（当該団体への本国の外交的保護の行使も含む）の発動をより確実なものとすることが望まれよう。いずれにせよこのような立場からは、たとえ不完全であれ、非政府団体にも権利主体性が認められるべきだろう。

【権利行使のための諸条件】

権利行使のための諸条件は、救援団体が救援活動を行う際の順序の観点から４つの段階に分けられる。第１段階は、権利主体である救援提供者の側が満たすべき条件である。すなわちそれは、強制的手段の禁止、救援の付与・分配における無差別および赤十字諸原則の遵守である。これらはニカラグア判決、総会決議43／131・45／100、国際法学会89年決議のいずれかに言及されているものであり、本章で扱ったどの学説もニュアンスこそあれ、これらの条件を全面的に支持している。

第２段階の条件が補完性原則である。犠牲者の救援における被害発生国の主要な役割と国外からの救援団体の二次的役割を謳う同原則は、人道的救援権の実定化のために不可欠な領域国主権への配慮を示すものとして、基本的に諸学説により支持されている。もっとも、外からの救援団体の「二次的役割」が行使されるのが、領域国が主要な役割を「はたせない場合」だけなのか、あるいはそれだけでなく「はたせるにもかかわらずはたさない場合」も同様に行使が許されるのかについては、見解が分かれている。すでに述べたように、ベタティは当然後者の見解をとり、そのような場合に「二次的役割」は自動的に行使されると強調する。コルタンとクランは実定法レベルで、リュクスはレゲ・フェレンダのレベルでそれに倣い、逆に領域国主権への配慮を重視するデュピュイ、ディン／ダイェ／プレは前者に立つと思われる。人道的救援権が「犠牲者の救援享受権」を倫理的背景にしていることを思えば、前者の見解は、この権利の意義を大幅に減じてしまうだろう。ただし、どちらの見解をとろうと、国外からの救援団体の役割は、この補完性原則のチェックを受けた後に、あらためて領域国の同意を得なければ実際には行使できない。

そこで第３段階の条件として、領域国の同意原則があげられる。補完性原則と同様、この原則もまた領域国の主権的意思を尊重する趣旨のものであることはいうまでもない。ここできわめて微妙な問題となるのが同意の性質である。

それは領域国のまったくの自由裁量的なものであって、領域国はその理由を問われることなく自由に同意を拒絶することができるのだろうか。あるいは逆に、それは領域国のまったくの自由裁量を意味するのではなく、領域国みずからが犠牲者の救援を行うことができず、かつ、真正な救援の提供が申し出られた場合には、領域国はもはや同意を恣意的に拒絶することはできないのだろうか。実定法レベルでは前者をデュピュイ、ディン／ダイェ／プレ、ドメスティスィ－メ、リュクスが、後者をコルテンとクランがそれぞれ支持している。ただし、レゲ・フェレンダのレベルでは、リュクスは、ベタティとともに後者の意義を認めている。この同意を領域国のまったくの自由裁量的なものとみて、たとえどんなに恣意的なものであってもそれが得られなければ人道的救援を行うことはできないと考えるならば、その場合の人道的救援権は領域国の主権をいささかも制約せず、したがって現行の実定国際法秩序に何の変更ももたらさない。したがって、同意の性質をこのように解釈するならば、人道的救援権を新たに論じることの意義は、その大半が失われてしまうだろう。したがって、犠牲者の生存権を確保するという人道的救援権本来の意義に照らせば、ベタティやリュクス、そしてとりわけコルテンとクランが強調するように、領域国の何らかの政治的思惑にもとづいた恣意的な同意の拒絶（とその結果として犠牲者の放置）は許されるべきではない。その意味では、前述の補完性原則およびこの同意原則における領域国の意思は、無制約のものではないと解釈すべきである。もっとも、このような解釈が現時点ですでに実定法上のものになっているとはいいがたい。総会決議 43／131 の審議のさいにあらわれた諸国の法意識[66]からは、このような解釈の実定性を認めることは困難である。

最後にあらわれる条件が犠牲者への自由接近の原則である。以上の諸条件を満たした上で、救援団体の犠牲者への自由接近を確保することは、救援活動を効率的かつ迅速に行うために不可欠の条件と考えられ、このことにかんしては諸学説の間にとりたてて異論はない。もっとも、ここでもコルテンとクランを

66)　西海「人道的救援権の提唱」前掲（註 1）、26-29 頁。

除いて、誰もこの原則がすでに実定法上のものになっているとは考えていない。

なお、以上の諸条件とは別に、人道的救援権が行使される対象としての災害の性質の問題がある。国際法学会89年決議やニカラグア判決では、犠牲者が現に生じている事態と彼らを救済する目的が重視され、犠牲者の発生原因となった災害の性質への言及はない。逆に、総会決議43／131、45／100は、人道的救援権が行使される事態を「自然災害および類似の緊急事態」に限定した。これはリュクスの解説するように内戦などの政治的災害を人道的救援権の行使対象から除外するという、領域国主権への配慮の結果である。このような限定によって人道的救援権の行使対象は実際に制限されるのだろうか。リュクスはそう考え、逆に、ベタティやドメスティスィ－メ、それにコルテンとクランは実質的に制限されないとする。これも犠牲者の生存権保護の観点に立てば、災害の性質いかんにより救援権の行使が左右されてはならないだろう。ただ、法の現状がそのような段階に達していないことは明らかである。

【実定性の評価】

人道的救援権の実定性の評価を行う際には、それぞれの論者が、権利義務の主体や権利行使のための諸条件を含めてどのような内容をこの概念に与えているかをまず確認しなければならない。それを欠いたままでこの権利の実定性の程度を論じても無意味である。上で考察してきたことがらを整理すれば、この権利の実定性の現状について、各論者は、以下のように評価していると思われる。

人道的干渉および人道的介入とは区別された人道的救援という概念が国際法上のものとしてすでに成立しており、それは不干渉原則に抵触しない。そこからひきだされる法的効果については、人道的救援が国際法上の違法行為ではないというにとどまり新たな権利義務は生じないとするもの（スュール、ディン／ダイェ／プレ、ドメスティスィ－メ、リュクス）、反対に新たな権利義務が生じるとするもの（デュピュイ、コルテンとクラン）とに分かれる。新たな権利義務の主体については、この権利を「犠牲者の救援享受権」ととらえて、犠牲者を権利主体、救援提供者（＝国・政府間団体）を義務主体とするもの（コルタンとクラン）と、この権利を「犠牲者への救援提供権」ととらえて、救援提供者を権利主体、領域国・隣接国を義務主体とするもの（デュピュイ）とがある。ただし、非政府団体はここでの権利主体に含まれず、事実として救援活動を行うにとどまり、国際法上の保護を受けない。権利行使のための諸条件については、救援提供者の側は「強制的手段の禁止」「無差別」および「赤十字諸原則の遵守」を満たさなければならない。領域国に課される条件である補完性原則および同意原則にかんしては、領域国の裁量が制限され同意の恣意的な拒絶は認められないとするもの（コルテンとクラン）と、領域国の裁量が広く認められているとするもの（デュピュイ、ディン／ダイェ／プレ、ドメスティスィ－メ、リュクス）とがある。以上に加えて、犠牲者への自由接近が確保されなければならず（コルテンとクラン）、救援の対象となる災害は特に限定されない（同上）。

【人道的救援権の法的構成の試み】

以上を総じていえば、国および政府間団体によって行われ、非強制・無差別・赤十字諸原則を遵守し、領域国の裁量を広く認める解釈に立った領域国の同意原則および補完性原則を満たす人道的救援は、すでに実定国際法上の権利になっているといえよう。けれどもそのような救援権を認めることが、従来の状況とどれほど違うのか疑問であることはすでに述べたとおりである。そこで最後に、これまでの考察をふまえて、人道的救援権の法的構成をあらためて提示してみたい。

現在の国際社会において、さまざまな地震、旱魃、水害などの自然災害とともに、民族またはエスニック間の国際的・国内的武力紛争が頻発している。いずれもその発生原因を探り、根本からそれを防止・解決する道が摸索されなければならないが、それと同時に、現にそこで発生している膨大な犠牲者をできるかぎり保護しなければならない。そのような保護は何よりもまず被害発生国自身が効果的に与えるべきであるが、それが不可能な場合には、国外からの救援に依拠せざるを待ない。

その意味で、諸国、国連を初めとする政府間団体、さまざまな非政府団体が現に行っている人道的救援は、災害犠牲者の生存権を確保するという崇高な行為であって、国際法上の保護を受ける資格を十分備えているといえよう。したがって、犠牲者への人道的救援の提供は不干渉原則に違反しないというだけでなく、より積極的に国際法上の権利性がそこに認められるべきである。この場合に、救援提供権をもつ権利主体として（領域国以外の）国、政府間団体、非政府団体が、救援受け入れ義務を負った義務主体として領域国、隣接国が定められる。犠牲者の救済とともに救援活動を行う諸団体を保護する見地からは、非政府団体にも不完全ながら権利主体性が付与されるべきである。

このような人道的救援権が適切に行使され、かつ、その濫用から領域国の主権を擁護するために、権利行使のための諸条件が救援団体と領域国の双方に課されることになる。救援団体は、強制的手段の禁止、救援付与・分配における無差別、赤十字諸原則の遵守という三つの条件を満たさなければならない。また、補完性原則および領域国の同意の原則も尊重しなければならない。ただし、人道的救援権の本来の意義に照らせば、これらの原則は、領域国の自由裁量的な意思を前提としたものではない。したがって、領域国の政治的思惑にもとづいた恣意的な同意の拒絶は許されない。このことは、犠牲者の生じた原因が自然災害であれ、内戦などの政治的・人為的災害であれ、同様にあてはまる。以上の諸条件が満たされた上で、領域国とその隣接国は、救援活動を効率的かつ迅速に行うために、救援団体が犠牲者に自由に接近することを確保しなければならない。

このような人道的救援権にはふたつのレベルがある。第１のレベルは、補完性原則にもとづいて、被害発生国みずからが犠牲者の救済にあたるか、あるいは、被害発生国や隣接国の同意・要請にもとづいて他国、政府間団体および非政府団体が国外から現地に赴いて救援活動を行う場合である。すでに述べたとおり、それは領域国の主権をいささかも侵害せず、したがって現行の国際法秩序と何ら抵触しない。第２のレベルは、救援団体が救援権行使の諸条件を満たしているにもかかわらず、領域国が恣意的にそれへの同意を与えなかった場合、つまり、第１のレベルの救援権の行使が妨げられた場合である。上述のように人道的救援権を構成するならば、一方で、このような同意の恣意的な拒絶は国際義務違反であるから、救援団体は、領域国の同意を得ないままにその国の領土内で救援活動を行うことができる。これが第2のレベルの人道的救援権である。さらに領域国がこの第2のレベルの救援権行使を妨げた場合、救援主体たる他国および政府間団体は被害国（者）たる地位を得て、対抗措置をとることができる。また、非政府団体については、非政府団体の本国（＝本部所在国または設立準拠法国）が当該団体にたいして外交的保護権を行使し得る。他方で、第2レベルの救援権の侵害はもとより、第1レベルの救援権の侵害（＝同意の恣意的な拒絶）がなされただけで、それはすでに犠牲者の生存権を脅かす点でエルガ・オムネスな義務への違反行為となるから、理論的には、本国のみならず他のすべての国が被害国たる地位を得て、対抗措置をとることが可能になる。ここでの対抗措置とは広義のそれであり、復仇のみならず報復をも含む。ただし、それは非軍事のものでなければならない。武力不行使原則を中核とする現代国際法において武力復仇は禁止されている。いかに人権保護のためであっても、強行規範性を有する同原則を軽々しく覆すべきではない[67]。もっとも、安全保障理事会の決定にもとづく人道的介入は、序で述べたように本章で扱った人道的救援とはその法的根拠が異なっているので、別途、論じられなければならない。

以上のような人道的救援権の法的構成が実際に可能となるためには、領域国の意思を無制約のものとはみなさない解釈に立った補完性原則および領域国の同意原則が、国際社会において広く承認されることが不可欠である。いいかえれば、「領域国は、国、政府間団体、非政府団体によって行われる真正な救援活動を恣意的に妨げてはならない」という一次規範（primary rule）が確立されなければならない。このような人道的救援権の新たな国際立法の意義は、犠牲者を効率的かつ迅速に救済するためには救援活動を行う諸団体が十分に保護さ

67）　同趣旨の見解として、以下を参照。Olivier CORTEN et Pierre KLEIN, *op. cit.* (note 24), pp. 245-246.; *Yearbook of the Internationl Law Commission,* 1979, Vol. II, Part Two, p. 116 (5), p. 118 (10).

れなければならないという経験的真実に求められるのである。

人道的救援権の全体像を明らかにするには、なお、重要な問題が残されている。まず、この権利が侵害された場合の対抗措置および安全保障理事会決議にもとづく人道的介入についての理論的考察を包括的に行わなければならない。ついで、人道的救援、上述の対抗措置、それに人道的介入のそれぞれの実態を分析・総合することによって、理論を現実に照らして検証し、場合によってはこれに修正を加えなければならない。人道的救援権の法的構成の「試み」が「確立」へと移行するためにはこのふたつの作業が不可欠であり、それらはとりもなおさず今後の研究課題である。

第4章

人道的救援と国連

序

米国のアフガニスタンへの報復戦争のさなかに米国空軍により行われた食糧投下行為をどう見るべきか？　多くのNGOはこれに批判的である。NGOは、人道的役割と軍事的役割とを混同するこのような活動とは一線を画し、本来の中立・公平な立場を維持し、政治的・軍事的権力からの独立を保持すべきだ、との声をよく聞く。しかし、「国境なき医師団」の副理事長を務めたジャン-クリストフ・リュファンは、雑誌のインタヴュー記事のなかでこれとは異なる考えを述べている（l'Express, no. 2628, 2001, pp. 28-29）。

リュファンは言う。「しばしば軍事と人道とは対立するものとみなされるが、今や両者は相互補完的だ。タリバンの悪夢のなかで純粋に人道的な解決方法などあるわけがない。冷戦期には人道的救援者が自分たちだけで、軍隊と競い合うこともなく現地に赴くことができた。でも今は違う。現在の危機の大半は、国際的な軍事力の展開を生じさせている。」

リュファンはこう述べた後で、食糧投下行為について、自分はこれに全面的に反対するものではないと断ったうえで、それが民兵を養う恐れを認めつつも、なお投下された食糧がアフガン市民の苦痛を緩和するのではないかと指摘する。そして彼は、この点について多くのNGOの態度は余りにも硬直的だと言い、次のように続ける。「NGOは、人道的救援を自分たちの独占物と考えているようだ。それは医者が自分の競争相手の違法な医療を訴えるのに似ている。軍事と人道を混同するな？　確かにそうだろう。しかし、対空防衛がなされた地域で、軍事作戦に従うパイロット以外に誰が食糧を投下できるのか。」

さらにリュファンは、米国の報復戦争下のアフガニスタンでNGOの中立性が損なわれ、あるべき国連の枠組みがそこに欠如していることを以下のように嘆いている。「今回の危機には国連の姿がまったくない。これまでの多国籍軍の介入のさいには、国連が軍事と人道とのあいだの明確で簡潔な連携を促進してきた。NGOにとって国連は、政治的に受け入れられ法的に制御し得る唯一の手段だ。わたしは軍事と人道との接点で多くの仕事をしてきた。それはいつも国連の旗のもとでだった。残念なことに、今回そのような接点は壊されてしまった。米国の国連嫌いのせいだ。今あるのは国連でもNATOでもない。ワシントンの単独行動だけだ。」

米軍の食糧投下行為にたいするリュファンの評価には疑問が残る。何がアフガン市民の苦痛を生じさせたのかといえば、それは同じ米軍の空爆である。この米国による報復戦争――それは自衛権の行使とはとうてい言えない――を不問に付したままで、その食糧投下行為だけを評価することはできないはずだ。それはともかく、ここでリュファンが述べている人道的救援とは何か。それは国家、あるいは国連とどんな関係にあり、そこにどのような法的問題が生じているのだろうか。

現代国際社会における解決困難な問題のひとつに、民族（エスニック）の自己主張が引き起こす国際的・国内的武力紛争がある。これらの民族紛争はたいていの場合、重大な人権侵害を伴い、多数の難民や傷病者を生じさせる。それらはまた、紛争発生国のみならず近隣諸国の平和と安全にとっても多大な影響を及ぼすことが少なくない。そのため、そこでの人間の苦痛を少しでも軽減し、かつ、紛争地帯に秩序を回復するために、国連諸機関の行ってきた人道的活動が世界の注目を集めてきた。これらの活動を担う（担ってきた）組織としては、国連難民高等弁務官事務所（UNHCR）、国連災害救済調整官事務所（UNDRO）、人道問題局（DHA）、さらには旧ユーゴスラビア国連保護軍

(UNPROFOR) やコソボ国連暫定行政ミッション (UNMIK) などがある。

ところで、犠牲者の救援活動を行うのは国連諸機関に限らない。それらと並んで、否、それら以上に、赤十字国際委員会や各国の赤十字社・赤新月社などの私的人道団体が、負傷者や難民（国内避難民）を保護し、彼らに食料・医薬品を提供し、あるいは医療を施してきた。人道救援活動とは、武力紛争や自然災害の犠牲者を中立・公平なやりかたで救済する行為をいう。人道団体のこのような活動は、戦争犠牲者の保護にかんするジュネーブ諸条約やそれを補完するふたつの議定書のなかで公認されている[1)]。ただし、実際に救援活動を行うためには、これらの条文が示しているとおり、活動に先立って「関係当事国」や「当該締約国」の同意を得なければならない。したがって、もしこれらの国が何らかの理由で同意を与えないならば、人道団体の犠牲者救援への道は断たれてしまうことになる。

このような従来の救援活動の限界を直視して、それを克服しようとする動きが、ここ30年来、新たな人道団体によって試みられてきた。「国境なき医師団」や「世界の医師団」などの非政府団体は、何の救いの手も差し伸べないまま犠牲者を放置することは許されず、犠牲者の苦しみを領域国が専断することは放置できないという強固な倫理観にもとづいて、犠牲者の発生原因が人為的なものであるか自然的なものであるかを問わず、また、被害発生国の要請や同意の有無にかかわらず、国境を越えて人々を救援してきたのである。しかしながら、このような行為は領域国の国家管轄権を侵害するものであるから、行為者は領域国の国内法違反を理由に処罰されることを免れない。さらに、当該行為主体が国家機関や国際組織などの国際法主体性を有するアクターである場合

1)　ジュネーブ第1－第3条約共通9条、同第4条約10条、国際的武力紛争にかんする第1追加議定書81条、非国際的武力紛争にかんする第2追加議定書18条。因みにわが国の「国際緊急援助隊の派遣に関する法律」(1987年9月16日施行／法93)は、海外で発生した大規模災害に国際緊急援助隊を派遣するための必要措置を定めるものであるが、ここでも「当該災害を受け、若しくは受けるおそれのある国の政府又は国際機関…の要請に応じ…（第1条）」という文言に表れているとおり、要請主義が採用されている。

には、領域国の同意を得ないこれらの救援活動は領域国の主権を侵し、したがって国際違法行為となるおそれがある。

そこで、これらの法的問題を克服して犠牲者の救援を確保するために、近年、「人道的救援権」という新たな国際法上の権利が提唱されてきた。それによれば、犠牲者が救済される権利は「生命への権利」を確保するための人権であって、この権利を侵害するような領域国の主権行使は許されない、と主張される。本章では、この権利の倫理的基礎と新たな法原則としてのその内容を確認し（Ⅰ）、概念規定、権利義務主体、権利行使のための諸条件を検討する（Ⅱ）。次いで、人道団体要員への法的保護の態様とその限界について考察する（Ⅲ）。最後に、この権利の意義を明らかにしたうえで今後の展望を述べる（結）[2]。

Ⅰ　人道的救援権の提唱

(1)　倫理的基礎としての「介入欽務」

人道的救援権という新たな権利は、長年にわたるフランスの人道団体の経験が生み出した「介入義務（devoir d'ingérence）」によって支えられている。危険に瀕する者を同じ人間として放置し得ないというこの倫理的確信は、第２次世界大戦後に成立した人権諸条約の層の厚みと現実の人権状況との間の絶望的な乖離の認識、および、人権の有効な確保を阻害する国家主権の告発とを、その出発点にしている。この点について、「国境なき医師団」「世界の医師団」の創設者の１人であり、去年２月までコソボ国連暫定行政ミッション事務総長特別代表を務めたベルナール・クシュネールは、長年医師として人道活動に従事したみずからの経験を踏まえて、次のように述べる。

2)　本章は、筆者がこのテーマについて書いた以下の論文に多くを依拠している。「人道的救援権の提唱」（『熊本法学』81号、1994年）、「人道的救援権論」（『法学新報』102巻３・４号、1995年）、「人道的救援権の法的構成の試み」（同上、102巻５・６号、1996年）、「人道的救援権」（『国際人権』12号、2001年）。

人権が世にもてはやされ精緻な国際文書が採択されてきたが、それらは死文であり続ける。なぜならば、それらの実施が往々にして諸国の主権の名のもとに妨げられているからだ。救出を叫び求める人々は、差し伸べられるかもしれない手を待ちながら苦しみに耐えている。彼らが救出されるか否かは、メディアの取り上げ方と政治的要求によって決まってしまう。犠牲者が救いを求めて叫ぶ権利を横取りしてしまう政府がある。これらの政府は、自らにとって都合のいいときに自らの利益になるような援助を求めるにすぎない。けれども、本来、負傷者や飢えた人の叫びにこそ耳が傾けられるべきだ。人々の苦しみ、被支配者の苦しみは、もっぱらその国の政府に帰属するものではない。義憤と連帯の名において、危険に瀕した人々を救援するという新たな権利が出現しければならない[3]。

このような、同胞としての人間が置かれている状況への義憤はまた、赤十字国際委員会をはじめとする従来の人道団体が行ってきた救援活動が、もっぱら政府の要請もしくは同意に依拠していた点への批判となって現れる。やはりクシュネールによれば、アンリ・デュナンとその後継者のおかげで、赤十字は捕虜や傷病者を救援することになっており、事実、赤十字はそれをきわめて効率的に行ってきたが、ただしそれは、諸国の合意とともに、そしてときとしておびただしい損害を引き起こすことのある「義務づけられた沈黙（silence obligatoire）」のなかで初めて可能だったことが確認される[4]。

これらの動機にもとづいて「介入義務」の倫理が提示される。個々の人間の

3）Bernard KOUCHNER, « Préface Le devoir d'ingérence », in Mario BETTATI et Bernard KOUCHNER, *Le devoir d'ingérence,* Editions Denoël, 1987, p. 11 ; « La morale de l'extrême urgence », *ibid.,* p. 272.

4）KOUCHNER, « La loi de l' oppression minimale », *ibid.,* p. 18. なお、第 2 次世界大戦中のナチスによるユダヤ人迫害への赤十字国際委員会の対応と限界について、次を参照。Jean-Claude FAVEZ, *Une mission impossible?,* Payot Lausanne, 1988.「国境なき医師団」の前理事長ロニー・ブローマンも同委員会とドイツ赤十字社のナチスへの屈服を批判している（ロニー・ブローマン（高橋武智訳）『人道援助、そのジレンマ』産業図鑑、2000 年、6-10 頁）。

内心に発する「介入義務」は、一方で、危険に瀕する他者を放置し得ないという燃えるような人道主義にもとづいており、受入国の同意という国家主権への配慮は当然のことながら二の次になる[5)]。他方でそれは、犠牲者１人１人の意思の尊重をふまえた救援活動を示唆し、どちらかといえばペシミスティックで冷めた人間観に立脚しつつ、耐えがたいもの、悪しきものを最小限に押さえ込もうとする点で、西欧的な個人主義の文化伝統に根ざしている。つまりこの倫理の実践者たちは、普遍的なものに熱狂しているわけでも、積極的な人間観にもとづいているわけでもない。むしろ悲観的、消極的な人間観、最小限の悪、耐え難いもの、などの観念に依拠しつつ、救援活動に従事するのである[6)]。

クシュネールは、このような「介入義務」を、「非常緊急時の倫理（morale d'extrême urgence）」および「最小限抑圧の規則（loi de l'oppression minimale）」というふたつの道徳律によって説明する。「非常緊急時の倫理」とは、救援対象となる傷病者がいかなる人種であろうと、どこにいようと、いかなる信仰、イデオロギー、価値観をもっていようと、それらにかかわりなく、ただ彼らが苦しみのうちにあるということのみをもって、迅速に救援の手を差し伸べることをまず何よりも意味する。ついでこの倫理は、傷病者が置かれた状況について沈黙を保つことを拒み、これを広く世間に訴えて、彼らを生み出した国の政治体制を告発することも含意している[7)]。他方、「最小限抑圧の規則」とは、救援者が常にその時点での少数者、被抑圧者の側に立ち、彼らを救済することによって、権力側の抑圧効果を最小化することを目的とする規則である[8)]。

以上のような「非常緊急時の倫理」および「最小限抑圧の規則」というふたつの道徳律を構成要素とする倫理的「介入義務」から、新たな国際法上の権利としての人道的救援権が提唱されることになる。この人道的救援権とは倫理的

5）　« Préface Le devoir d'ingérence », *op. cit.* (note 3), p. 10.

6）　« La loi de l' oppression minimale », *ibid.*, pp. 19, 21.

7）　*ibid.*, pp. 17-18 ; « Préface Le devoir d'ingérence », *op. cit.*, pp. 9-10 ; « La morale de l'extrême urgence », *ibid.*, p. 277.

8）　« La loi de l' oppression minimale », *ibid.*, p. 21.

「介入義務」の法的表現であり、すべての人権の共通分母としての犠牲者の「生命への権利」を確保するための新しい人権として、世界人権宣言のなかに付け加えられるべきであると強調される。つまり、早すぎる死から救出されるという犠牲者の権利は自然権のひとつであり、人道的救援権はこのような自然権に対応する新たな人権ととらえられるのである[9]。

(2)　新たな法原則としての内容

以上のような「介入義務」から導かれる人道的救援権は、現代国際法の枠組みのなかにどのように位置付けられるのだろうか。この点にかんして、パリ第 2 大学教授で人道的救援権にかんする国連総会決議の採択に尽力したマリオ・ベタティは、この権利を、すべての人権の基礎をなす「生命への権利」の享受と行使を保護するための権利ととらえる。そのさいに彼は、まず次の点を確認する。「いくつかの集団的暴力または国内的・国際的武力紛争の規模の大きさが、数多くの犠牲者を生じさせるおそれのある重大事態を引き起こしていること」「それらの犠牲者の生存と健康状態は迅速で有効な救援に依存していること」「救援が迅速で有効なものとなるためには、諸国政府および政府間組織とともに、非政府団体が、厳密に人道的で公平な意図のもとで援助を提供することが求められていること」。

これらを踏まえて、彼は、犠牲者の救援が世界人権宣言第 3 条、市民的政治的権利にかんする国際規約第 6 条、経済的社会的および文化的権利にかんする国際規約第 12 条で承認されている「生命および健康への権利」の尊重と行使に大きく寄与していること、および、人道的救援権が人権のひとつであって、それは国連憲章第 55、56 条に規定された協力義務が含まれるところの「連帯の義務」の系（コロラリー）に位置づけられることを強調する[10]。

1988 年および 1990 年に、国連総会は、それぞれ第 43、45 会期において、「自然災害および類似の緊急事態の犠牲者への人道的救援」と題するふたつの

---

9)　« La morale de l'extrême urgence », *ibid.*, pp. 271, 276.

10)　BETTATI, « Un droit d'ingérence humanitaire? », *Le devoir d'ingérence, ibid.*, p. 26.

決議を、いずれもコンセンサスで採択した（43／131、45／100）。両決議ともフランスが発議し、それを受けてわが国を含む数十カ国が共同提案したものである。ベタティによれば、これらの決議によってフランスがめざしたものはふたつあった。すなわちそれらは、人権分野の国連の一般枠組みのなかに人道的救援権を位置づけること、ならびに、1949年のジュネーブ諸条約および1977年のふたつの追加議定書が赤十字などの人道的団体に与えている便宜に匹敵する犠牲者への接近と介入の便宜を、新しい人道的非政府団体にも付与することだった[11)]。

両決議では、一方で、自然災害および類似の事態において犠牲者が救護される権利が実質的に確認され、緊急時に公平かつ中立に活動する非政府団体の役割が強調されたうえで、犠牲者を救済するためには犠牲者への自由な接近が不可欠であるとの原則（＝犠牲者への自由接近の原則――principe de libre accès aux victimes――、決議43／131前文9、10段、本文4項：決議45／100前文9、11段、本文4項）が明言されている。この「犠牲者への自由接近の原則」は、すべての場合において犠牲者への接近を確保しようとするところにその特徴がある。したがって、同原則のもとでの人道的救援権の行使は、提案者の意思によれば、自然災害の場合や領域国の事前の許可がある場合に限られないことになる[12)]。

他方で両決議は、犠牲者の所在する領域国の主権に慎重な配慮を示しており、人道的救援の着手、組織、調整および実施について領域国が当然に主要な

11）　BETTATI, « Un droit d'ingérence? » *Revue générale de droit international public,* tome 95/1991/3, p. 654.

12）　この原則をベタティは「革命的」と評価する。なぜならこの原則は、彼によれば、あらゆる場合に犠牲者への接近を確保することをその目的としており、したがって、同原則のもとでの人道的救援権の行使は、領域国の事前の同意がある場合に限られないことになるからである（« Un droit d'ingérence? », *ibid.,* p. 657 ; « Souveraineté et assistance humanitaire », *Humanité et droit international* (mélanges René-Jean DUPUY), Pedone, 1991, pp. 39-41 ; « Ingérence humanitaire et démocratisation du droit international », *le Trimestre du monde,* le/1992, p. 31）。ただし、このような解釈が諸政府や他の国際法学者により広く共有されているわけではない。本章Ⅱ⑵を参照。

役割を担うことが確認されている（＝補完性原則―― principe de subsidiarité ――、決議 43／131 前文 2 段、本文 2 項：決議 45／100 前文 3 段、本文 2 項）。領域国がここにあげられたことがらを自ら十分にかつ効率的に行うことができるのであれば、他の人道団体や他国が介入する理由はない。それにもかかわらずこれらの団体が勝手に現地に入って活動を行うことは許されない。そのような行為は領域国の主権を侵害し、犠牲者の境遇をもっとも重視する効率性の要求に背き、犠牲者のために救護活動を迅速に組織する必要性を害することになるからである[13)]。

さらに決議 45／100 は、緊急の医療および食糧援助のために「人道的緊急回廊―― couloir d'urgence humanitaire ――」を設置することや、救援活動が機能不全に陥るのを回避し、同活動を現実の必要性に適合したより効率的なものとするために、国際的な専門家団体による緊急事態の評価メカニズムを導入することも提案している（本文 6 、 8 、 9 項）。

人道的救援権を初めて扱ったこれらふたつの国連総会決議は、一方で、犠牲者の迅速かつ効率的な救援を当然のことながら最大限重視している。犠牲者を生み出した原因の如何を問わない、また、領域国の要請や同意を救援実施の要件としない「犠牲者への自由接近の原則」は、このような要請のあらわれにほかならない。しかしながら、この権利が法的権利として国際社会により認められるためには諸国の同意を得なければならず、したがって他方で、それは「補完性原則」にみてとれるように領域国主権に配慮せざるを得ない。つまり、この権利の制度化は、これらふたつの原則にあらわれている「領域国主権への制

13）　領域国がその主要な役割を果たせるにもかかわらず「果たさない」場合、つまり政府が故意に犠牲者の救援を行わない場合、「補完性の原則」は人道団体の介入を許すのだろうか。両決議の文言は、「主要な役割」が被害発生国に帰属する旨を述べるにとどまっている。ベタティは、「主要な役割」が果たされなかった以上、人道団体の担う「二次的役割」が自動的に果たされることになると考える（« Un droit d'ingérence? », *op. cit.* (note 11), pp. 656-657 ; « Ingérence humanitaire et démocratisation du droit international », *op. cit.* (note 12), p. 31）。ただし、このような解釈も広く認められているとはいいがたい。本章Ⅱ⑵を参照。

約とそれへの配慮」という、相反するふたつの要請間の均衡の上に初めて可能になるのだといえよう。

Ⅱ　人道的救援権の法的構成

(1)　概念規定と権利義務主体

①概念規定――「序」で述べたとおり、人道的救援とは、自然災害であるか人為的災害であるかにかかわりなく、生命の危険に瀕している災害犠牲者にたいして、他国の政府機関、国際組織、そしてとりわけ非政府団体が、武力に依拠することなく、公平かつ中立的に食糧や医療を提供する行為である。これに類似する概念に「人道的干渉」と「人道的介入」がある。「人道的干渉」とは、被干渉国国民の基本権保護を名目として19世紀以降行われてきた他国への軍事干渉を意味する。かつては「自国民保護のための干渉」と区別されたが、第2次世界大戦後に人命一般の尊重が重視されるようになり、保護の対象となる内外人の区別が相対化された結果、現在では「自国民保護のための干渉」も含めて「人道的干渉」と主張される場合が多い。1999年3月から6月まで続いた北大西洋条約機構（NATO）加盟諸国によるユーゴスラビア（当時）への空爆は、国連安保理の承認を得ないまま行われた点でこの人道的干渉に該当する。人道的干渉には大国による濫用の危険が常に指摘され、それは現代国際法上の合法性を獲得しているとはいいがたい。これにたいして、「人道的介入」とは、本章では、救援活動の遂行を確保するために国連加盟国または平和維持軍による一定の武力行使が、安全保障理事会決議にもとづいて認められている活動形態を指す。冷戦終結後、各地の紛争地域への人道的介入を許可する安保理決議は膨大な数にのぼっている。

もっとも、人道的救援と人道的介入とを一体のものととらえる学者もいないわけではない[14)]。たしかに、人道的介入のもとで多くの非政府団体が救援活動

14)　両者を区別することなく論じている学者として、Dominique CARREAU (*Droit international,* Pedone, 1994, pp. 386, 534), Denis ALLAND (*Droit international public,*

を展開していることは紛れもない事実である[15)]。けれども、だからといって、非軍事の人道的救援の問題を人道的介入の枠組みでのみ考えればいいということにはならない。人道的介入は国連憲章第 7 章にもとづく安保理決議を根拠としている点で国家主権に由来する領域国の同意原則がもはや問題にならない（国連憲章第 2 条 7 項但し書き参照）のにたいして、人道的救援はそのような法的根拠をもたないからこそ、「領域国の要請・同意の原則」の是非が問題となるのである。したがって、現実には人道的救援と人道的介入との相互補完的重複が頻繁に生じているものの、法的観点からは両者は別個の概念として区別されるべきである[16)]。それは同時に、安全保障理事会の政治的決定に従属しない、

---

p. u. f., 2000, pp. 143-144) がいる。ベタティも、人道的救援の倫理的基礎が人命の保護であり、法的基礎が安保理による権限付与である、と述べ、両者をむしろ一体としてとらえている（BETTATI, "Droit d'ingérence ou droit d'assistance?", *le Trimestre du monde,* 2e/1993, p. 14）。さらに人道的救援権および人道的介入にかんする近著のなかで、彼は、報告・審査・勧告といった形態をとる人権諸条約の実施を「非物理的介入（ingérence immatérielle）」、犠牲者のいる現場における人道団体の活動を「物理的・慈善的介入（ingérence matérielle et caritative）」、承認された軍事展開に依拠する人道活動を「強制的介入（ingérence forcée）」、人道上の災厄を防止し殺害の企図を阻止する活動を「抑止的介入（ingérence dissuasive）」と称し、「介入（ingérence）」という言葉をきわめて広い意味で用いている（BETTATI, *Le droit d'ingérence —— mutation de l'ordre international,* Odile Jacob, 1996）。

15）　国連機関や人道団体による救援活動の保護・確保を目的に含めた安保理決定にもとづく人道的介入の例は、安保理決議 688（イラク政府に迫害されたクルド人の保護）、770（ボスニア・ヘルツェゴビナ）、794（ソマリア）、834（アンゴラ）、863（モザンビーク）、911（リベリア）、929（ルワンダ）など、枚挙に暇がない。これらの一覧は、BETTATI, *Le droit d'ingérence —— mutation de l'ordre international, ibid.,* pp. 329-340 を参照。

16）　両者の法的根拠の違いを明確に意識しているものとして、以下を参照。Pierre-Marie DUPUY, *Droit international public,* 2000, dalloz, pp. 110-111 ; Orivier CORTEN et Pierrre KLEIN, « Pour une assistance humanitaire efficace sans droit d'ingérence », in Marie-José DOMESTICI-MET, *Aide humanitaire internationale ; Un consensus conftictuel?,* Economica, 1996, pp. 284-297 ; Françoise BOUCHET-SAULNIER, « Point de vue d'une juriste appartenant au monde des ONG », *ibid.,* pp. 196-209. また、両者の峻別にもとづいて、国家が人道危機に際してなし得る事柄を、豊富な資料に依拠しながら考察した著書として、次を参照。Olivier PAYE, *Sauve qui veut? —— Le*

非政府人道団体独自の存在理由を維持するためにも、必要な区別であると思われる。

②権利義務主体——人道的救援権の権利主体とそれに対応する義務主体は何か。人道的救援権の権利義務主体論は、人道的救援権を「犠牲者が人道的救援を受ける権利（＝犠牲者の救援享受権）」ととらえるか、または「援助提供者が救援を行う権利（＝犠牲者への救援提供権）ととらえるかによって、その構成が異なってくる。前者は犠牲者の「生命への権利」の延長上に人道的救援権を位置づけるものであり、権利主体である犠牲者にたいして援助提供者（＝国、政府間団体、非政府団体）が救援義務を負うことになる。これは上にみた人道的救援権の提唱者の考えにほかならない。また、コルテンとクランは、このような権利義務が十分尊重される段階に現在の国際社会が達しているとは考えていないものの、規範レベルでは、この構成が基本的に現行国際法上すでに成立しているとみる[17)]。これにたいして後者では、犠牲者の救援享受権が潜在化し、援助提供者が権利主体になり、領域国と隣接国が「救援の実施を妨げてはならない」義務を負った義務主体になる[18)]。

---

droit international face aux crises humanitaires, Bruylant/l'Université de Bruxelles, 1996.

17） BETTATI, « Un droit d'ingérence humanitaire? », *op. cit.* (note 10), pp. 25-26. ; Olivier CORTEN et Pierre KLEIN, *Droit d'ingérence ou obligation de réaction?*, Bruylant/l'Université de Bruxelles, 1992, pp. 244-245 ; PAYE, *op. cit.* (note 16), pp. 39-84 ; Marie-José DOMESTICI-MET, « Propos sur le droit à l'assistance », *Le droit face aux crises humanitaires-l'acces aux victims : droit d'ingérence ou droit à l'assistance humanitaire?*, Vol. II, Comission Européenne, 1995, pp. 132-133, 141-146（DOMESTICI-MET は、1989 年論文——註 18）参照——ではこれらふたつの構成を並置しながらも後者のほうがより現実的であるとの立場をとっていたが、この 1995 年論文では明らかに前者を支持している）; Karel VASAK, « Eléments pour une définition du droit de l'homme a l'assistance humanitaire », cité dans *ibid.*, pp. 165-166.

18） DUPUY, *op. cit.* (note 16), p. 110. ; Marie-José DOMESTICI-MET, « Aspects juridiques récents de l'assistance humanitaire », *AFDI*, 1989, pp. 124-125 ; Claude RUCZ, « Les mesures unilatérales de protection des droits de l'homme devant l'Institut de droit international », *AFDI*, 1992, p. 614 ; Juan Antonio Carrillo SALCEDO, « Le droit à l'assistance humanitaire : à la recherche d'un équilibre entre les devoirs des

いずれの構成がより現実的妥当性を有するだろうか。思うに、前者の構成は倫理的にいかに正当であれ、法的にはすべての国に救援の実施を義務づけることになり、それは明らかに現実の諸国の法意識から乖離している。コルタンとクランの主張が理論的にはいかに魅力的であっても、その主張と現実との乖離は認めざるを得ない。したがって、後者のように「犠牲者への救援提供権」に依拠して人道的救援権を構成する方が義務内容の負担が軽減し、かつ義務主体の数も減少するのでより現実的であるといえよう。ただし、それでもなお人道団体が有する「犠牲者への救援提供権」の背後には「犠牲者の救援享受権」が倫理レベルで横たわっているとみなければならない。それ以外に「犠牲者への救援提供権」を正当化し得る根拠はないからである。倫理レベルでの「犠牲者の救援享受権」を背景に「救援提供権」の権利主体である領域国以外の国、政府間団体、非政府団体にたいして、「救援を受け入れる義務」を負った義務主体である領域国、隣接国が対応しているとみるのが、現実的な権利義務主体論であろう。後述する権利行使のための諸条件のうち、とくに領域国の同意と補完性原則について領域国の裁量を広く認める解釈に立つならば、このような権利義務主体論は現行国際法の枠内ですでに十分成立しているといえよう。

(2)　権利行使のための諸条件

国連総会決議、国際司法裁判所判決、万国国際法学会（Institut de droit international）決議および諸学説に照らせば、権利行使のための諸条件は、救援団体が救援活動を行うさいの順序の観点から、以下の四つに区分することができる。

第1段階は、権利主体である救援提供者が満たすべき条件である。すなわちそれは、強制的手段の禁止、救援の付与・分配における無差別、それに赤十字

---

autorités territoriales et les obligations des donateurs des secours humanitaires», *Le droit face aux crises humanitaires*, *op. cit.* (note 17), pp. 98-100 ; Dietrich SCHINDLER, «The right to humanitarian assistance : right and/or obligation?», cité dans *ibid.*, pp. 106-107.

諸原則（＝人間の苦痛を防止・軽減し、生命と健康とを保護し、人間としての尊厳を確保することだけのために活動すること）の遵守である。これらの条件は、I(2)で扱ったふたつの国連総会決議のほか、人道的救援権に触れた国際司法裁判所ニカラグア事件判決、万国国際法学会の1989年サンチャゴ・デ・コンポステーラ決議のいずれもが言及しており[19]、人道的救援権を論じるどの学者も、ニュアンスこそあれ、これらを全面的に支持している。

第2段階の条件が、補完性原則である。I(2)で検討したように、犠牲者の救援における被害発生国の主要な役割と国外からの救援団体の二次的役割を謳うこの原則は、人道的救援権の実定法化のために不可欠な領域国主権への配慮を示すものとして、基本的に諸学説により支持されている。ただし、外からの救援団体の2次的役割が行使されるのは領域国が主要な役割を「果たせない場合」だけなのか、あるいはそれだけでなく「果たせるにもかかわらず果たさない場合」にも同様に行使が許されるのかについては、見解が分かれている[20]。人道的救援権が法もしくは倫理のレヴェルでの「犠牲者の救援享受権」にもとづいて提唱されてきたことを考慮するならば、外からの救援活動が認められるのは領域国が主要な役割を「果たせない場合」にかぎられるとする見解は、結局は救援権にたいして領域国の主権を全面的に優位にさせることとなり、この権利の意義を大幅に減じてしまうだろう。もっともどちらの見解をとろうと、国外からの救援活動はこの補完性原則のチェックを受けた後に、あらためて領域国の同意を得なければ、実際には行使できない。

19)　決議43／131前文最終段、45／100前文最終段；CIJ affaire des activités militaires et paramilitaires au Nicaragua et contre celui-ci, Arrêt du 27 juin 1986, *Recueil 1986*, p. 125, § 243；*Annuaire de l'Institut de droit international*, vol. 63, 1990, p. 287. なお、ニカラグア事件判決と万国国際法学会決議については、本章「結」を参照。

20)　レクス・ラータのレヴェルで前者をDUPUY（*op. cit.* (note 16), p. 110）、Nguen Quoc DINH/Patrick DAILLIER/Alain PELLET (*Droit international public*, L.G.D.J., 1999, pp. 444-446), RUCZ（*op. cit.* (note 18), pp. 613-614）が、後者をCORTEN/KLEIN（*op. cit.* (note 17), pp. 139-145）がそれぞれ支持している。レクス・フェレンダのレヴェルでは、BETTATI（本章註13）参照）とRUCZ（*op. cit.* (note 18), pp. 614-616）が後者の意義を認めている。

そこで第３段階の条件として、領域国の同意原則があげられる。補完性原則と同様、この原則もまた領域国の主権的意思を尊重する趣旨のものであることはいうまでもない。ここできわめて微妙な問題となるのが領域国の同意の性質である。それは領域国のまったくの自由裁量的なものであって、領域国はその理由を問われることなく同意を付与するか否かを自由に決定することができるのだろうか。あるいは逆に、それは領域国のまったくの自由裁量を意味するのではなく、領域国みずから犠牲者の救援を行うことができず、かつ、国外の救援団体から真正な救援が申し出られた場合には、領域国はもはや同意を恣意的に拒絶することができないのだろうか。ここでも学説は収斂していない[21)]。しかしながら、領域国の同意をまったくの自由裁量的なものと解釈するならば、その場合の人道的救援権は領域国の主権をいささかも制約せず、現行の実定国際法秩序に何の変更ももたらさない。したがってその場合には、人道的救援権を新たに論じることの意義はその大半が失われてしまうだろう。犠牲者の生命への権利を確保するという人道的救援権本来の意義に照らせば、領域国の何らかの政治的思惑にもとづいた恣意的な同意の拒絶とその結果としての犠牲者の放置は許されるべきではない。その意味では、前述の補完性原則の場合と同様、この同意原則における領域国の意思もまた無制約のものではないと解釈すべきだろう。もっともそのような解釈が現時点ですでに実定法上のものになっているとはいいがたい。国連総会決議43／131の審議のさいの諸国の法意識や、決議46／182で救援活動を行うための前提条件として「被害発生国の要請・同意の原則」が明記されたこと[22)]などからは、このような解釈の実定性

21）　レクス・ラータのレヴェルで前者をDUPPY（*op. cit.* (note 16), p. 110）、DINH/DAILLIER/PELLET（*op. cit.* (note 20), pp. 444-446）、DOMESTICI-MET（*op. cit.* (note 18), pp. 136-137）、RUCZ（*op. cit.* (note 18), pp. 616-617）が、後者をCORTEN/KLEIN（*op. cit.* (note 17), pp. 139-145）、PAYE（*op. cit.* (note 16), pp. 97-117）、SALCEDO（*op. cit.* (note 18), pp. 111-112）がそれぞれ支持している。レクス・フェレンダのレヴェルでは、BETTATI（本章註12）参照）とRUCZ（*op. cit.* (note 18), pp. 614-616）が後者の意義を認めている。

22）　これらの決議の事情については、本章の「結」を参照。

を認めることはなお困難である。

最後にあらわれる条件が、犠牲者への自由接近の原則である。以上の諸条件を満たした上で救援団体の犠牲者への自由な接近を確保することは、救援活動を効率的かつ迅速に行うために不可欠の条件と考えられ、このことにかんしては諸学説の間にとりたてて異論はない。もっとも、この条件がすでに実定法上確立しているとみるか否かについて、議論は依然として開かれたままである[23)]。

なお、以上の諸条件とは別に救援権が行使される対象としての災害の性質の問題がある。そのような災害は自然災害に限定されるのか、あるいは内戦などの政治的災害も含まれるのだろうか。ここでも犠牲者の生命への権利の実現という観点からは、災害の性質により救援権の行使が制限されてはならないだろう。ただし、法の現状がそのような段階に達していないことは明らかである。

Ⅲ　人道的救援団体への保護

(1)　ジュネーブ諸条約による保護

たとえ人道的救援活動への領域国の同意が得られたとしても、それは救援活動にともなう危険を除去するわけではない。国連事務総長報告によれば、ここ10年間に生じた旧ユーゴスラビア、ソマリア、ルワンダ、ザイール（コンゴ民主共和国）などでの紛争では、人道団体の要員が拘禁、略奪、強姦、殺害などの直接の対象となる事例が増えている[24)]。もっとも、これまでの国際法がこの

---

23)　ただし、コルテンとクランは、この原則がすでに実定法上確立していると考えている（CORTEN/KLEIN, *op. cit.* (note 17), pp. 139-145.）。なお、文脈は異なるが、安保理諸決議のなかで「犠牲者への自由接近の原則」がどのように扱われてきたかを考察するものとして以下を参照。BETTATI, «Le principe de libre accès aux victimes dans les résolutions humanitaires de Conseil de sécurité», *Les nations unies et le droit international humanitaire*, Pedone, 1996, pp. 285-296.

24)　Rapport de secrétaire général sur l'activité de l'Organisation, Supplément no. 1 (A/52/1), 1997, pp. 16-18.

ような事態にまったく関心を払ってこなかったわけではない。たとえば1949年ジュネーブ 4 条約とそれへの追加議定書（以下ジュネーブ諸条約という）、国連および専門機関特権免除条約などは、いずれも人道活動に従事する要員への保護規定を含んでいる。

けれどもそれらの規定には、最近の紛争形態に適合しないものが少なくない。これらの条約は、当然のことながら条約当事国に義務を課している。しかし現代型武力紛争は、同定しがたく、かつ確固とした領域的支配を欠いた武力集団間の戦闘となる場合が多い。その場合に、条約適用の義務を負った武装勢力を確定することは著しく困難になる。また、今日の紛争は、エスニック、部族、宗教、過激な民族主義などを背景にした「敵対の多辺性（multilatéralité des affrontements）」[25)]を特徴とする。したがってそこでは信頼できる交渉相手がきわめて得にくい。さらに、往々にしてこれらの武力紛争は、公の秩序や外国人への最小限の安全すら確保できない「衰退国家」のなかで展開する。そのような国の内部で行われる人道的救援活動に被害が生じた場合、領域国政府の相当の注意義務違反を問うことも、また外交的保護などの伝統的規則に訴えることも、現実的ではない。

以上を踏まえた上で、ジュネーブ諸条約が与える保護の中身を確認しておこう。ジュネーブ法は、戦闘員と非戦闘員との区別をその基本にしている。軍事的手段を用いることなく犠牲者の救援を行う人道団体は、当然、この非戦闘員のカテゴリーに属する。けれども、現代型紛争においては、しばしば民間人が害敵行為の対象となり、その排除が戦闘目標となっている。そのような場合、上述の区別はもはや実際上、意味をなさなくなる。それはともかく、同法における人道団体への保護規定は、衛生要員にかかわるものである。

ジュネーブ第 1 条約によれば、衛生要員とは、傷病者の捜索、収容、輸送、治療等にあたる者をいい、すべての場合において尊重・保護される（同条約第24、26、27 条）。この保護を享受するために、衛生要員は特殊標章（白地に赤十

25） BETTATI, « La protection des organisations humanitaires en mission périlleuse », *Mélanges Hubert THIERRY l'évolution du droit international*, Pedone, 1998, p. 24.

字、赤新月、赤のライオンまたは太陽）を左腕につけなければならない（同第38-40条）。さらに同条約第18条は、軍当局にたいして、傷病者の看護にあたる一般住民に必要な保護・便益を与えること、および、看護したことを理由としてこれを迫害し有罪としてはならないこと、を定めている。第1追加議定書は、この衛生要員（およびそれへの保護）の範囲を拡大し（同第8条c項）、医療任務の一般的保護を規定した（同第16条）。この医療任務の一般的保護とは、傷病者が医療を受けなければならない原則（同第10条）のコロラリーである。同第16条は、何人であれ、医療倫理に合致した医療活動（受益者のいかんを問わない）を行ったことを理由に処罰されてはならない旨を定めている[26)]。

救援活動を行う人道団体が、ここにいう広義の衛生要員にあたることは明らかである。けれども、ジュネーブ法による人道団体への保護には以下のような限界がある[27)]。

第1に、人道団体が衛生要員にあたるといっても、それは本国（紛争当事国）政府が正当に認め、または承認したものでなければならない（第1条約第26、27条、第1追加議定書第8条c項ⅱ）。したがって、そのように認められていない政府間・非政府間組織の要員はここでの衛生要員に含まれない。また、衛生要員には軍隊の衛生要員と民間の衛生要員の2種類がある。ジュネーブ4条約は前者に手厚い保護を与えており（第1条約第19条、第24条、第4条約第20条）、それに準ずるとみなされる各国赤十字社等の職員も同様である（第1条約26条）。これにたいして、民間衛生要員への保護はジュネーブ4条約では与えられていない。この空白は追加議定書により部分的に埋められたが（第1追加議定書、第12、13、15条）、ここで保護の対象となるのは、「医療目的のために紛争当事国が割り当てた者」「紛争非当事国により紛争当事国の利用に供された者」または「紛争非当事国が承認する救済団体または公平な人道団体により紛争当事国に供された者」にとどまっている。

---

26)　藤田久一『国際人道法』有信堂高文社、1993年、131-136頁。

27)　BETTATI, « La protection des organisations humanitaires en mission périlleuse », *op. cit.* (note 25), pp. 27-29.

第 2 に、以上のように制限的ではあれ、この第 1 追加議定書は人道的救援にかんする多くの規定を含んでいるが、人道的救援の提供国および対象国のうち同議定書の当事国となっていない国が少なからずあり、それらの国は同議定書に拘束されない[28)]。さらに、上述したように、国家以外の武力勢力にたいしてこのような法律の遵守を求めることは困難と言わざるを得ない[29)]。

(2)　国連要員等保護条約による保護

1994 年 12 月に国連総会は「国連要員および関連要員の安全にかんする条約」(以下国連要員等保護条約という) を採択、同条約は 1999 年 1 月に発効した (2001 年 2 月 1 日の時点で当時国数は 40)。この条約は、1990 年代前半に平和維持活動や人道任務に従事する国連要員の犠牲者が続出したために、これら要員の安全確保を目的として作成された。同条約の趣旨は、要員やその装備・施設の暴力的侵害を禁止し、容疑者を「引き渡すか処罰するか (aut dedere aut judicare)」の原則にもとづいて処罰することにある[30)]。

---

28) 『国際条約集 2001 年版』(大沼保昭・藤田久一編、有斐閣) によれば、2001 年 2 月 1 日の時点での非当事国には、以下の国がある。アフガニスタン、アゼルバイジャン、ブータン、アメリカ合衆国、フランス、ハイチ、インド、インドネシア、イラク、イラン、イスラエル、日本、マレーシア、モロッコ、ミャンマー、パキスタン、フィリピン、ソマリア、スーダン、スリランカ、タイ、トルコ。

29) 同趣旨の見解として次を参照。鈴木淳一「国連軍による人道的団体への保護――紛争犠牲者への継続的援助を求めて――」(『筑波法政』20 号、1996 年)、185-187 頁。これ以外にも、特殊標章の問題がある。ジュネーブ諸条約のもとでは、法的保護の享有を意味する特殊標章を表示できるのは当局の同意を得た人道団体だけである。したがって、正規の承認を得ていない人道団体の要員は、特殊標章なしに救援活動を行うしかなく、それは当然のことながら、それらの団体への保護の程度を低下させてしまう。次を参照。BETTATI, «La protection des organisations humanitaires en mission périlleuse», *op. cit.* (note 25), pp. 29-30.

30) 国連要員等保護条約にかんする文献として、以下を参照。森英明「国際連合要員及び関連要員の安全に関する条約」(『ジュリスト』1076 号、1995 年); 鈴木淳一、前掲 (註 29)、193-195 頁; 新井京「『国際連合要員及び関連要員の安全に関する条約』の適用範囲――戦争法との関係を中心として――」(『同志社法学』49 巻 255 号、1998 年); Claude EMANUELL, «La Convention sur la sécurité du personnel des

国連要員等保護条約によって、人道的救援を行うNGO要員は保護されるのだろうか。同条約により保護される要員にはふたつのカテゴリーがある。ひとつが「国連要員」である（同条約第1条a）。国連軍の隊員やUNHCR職員などがこれに該当する。もうひとつが「関連要員」である（同第1条b）。条約草案を準備したアドホック委員会では、NGO要員をこの条約の適用範囲に含めるか否かをめぐり意見が対立した。一方では、正規に国連活動に参加するNGOにたいして条約上の利益を否認しなければならないいかなる理由もなく、とりわけ人道分野でのNGOの承認された役割に照らせば、そのようなNGO要員を条約の適用範囲に含めることが望ましい、との積極論があった。他方では、諸国の行動を規律しようとする条約のなかに私的団体の行動を規律する規定を含めるのは微妙すぎる、との慎重論があった。結局、アドホック委員会では前者の積極論が優勢となり、その結果「関連要員」の規程（第1条b）が設けられたのである[31)]。同規定から明らかなように、NGO要員は国連活動の任務遂行を支援するかぎりにおいて条約上の保護を享有する。したがって、国連活動との絆の有無がNGO要員への条約上の保護の供与を条件づけることになる。

しかしながら、実際にこの条約をNGO要員に適用する上でいくつかの困難が立ちはだかっている。そのひとつが「国連活動」という用語の不明確さである。「国連活動」とは、第1条cによれば、国連の権限ある機関により設けられ国連の権威と管理のもとで遂行される活動をいう。このうち、「国連の権限ある機関により設けられた活動」という表現からは、憲章第22、29条にいうところの補助機関――いわゆる平和執行型のものも含む広義の平和維持活動――が想定される。しかし、安保理が許可するものの指揮命令権限が加盟国の側に属する多国籍軍型の強制行動は、ここでの活動には含まれないだろう。他

nations unies et du personnel associé : des rayons et des ombres », *Revue générale de droit international public*, Tome 99/1995/4.

31）*Document offciels de l'Assemblée générale*, 49e session, Supplément no. 22, A/49/22/Annex Ⅰ (1994), para. 5 ; BETTATI, « La protection des organisations humanitaires en mission périlleuse », *op. cit.* (note 27), pp. 32-33 ; Claude EMANUELLI, *op. cit.* (note 30), p. 855.

方、「国連の権威と管理のもとで遂行される活動」という表現からは、広義の平和維持活動のみならず安保理の許可を得た多国籍軍型の強制行動も含まれることになろう。第1条cの文言は、本条約の適用範囲を広義の平和維持活動だけに限定しようとするミニマリストと、それを安保理の許可するすべての活動にまで拡大しようとするマクシマリストとの間の妥協の産物である[32]。この「国連活動」の範囲を確定するには、今後の国家実行を待つしかなく、それに応じて、はじめて本条約上の保護を享有するNGO要員の範囲も定まることになろう。

この問題と並んで本条約の適用範囲を不明確にしているのは、本条約の適用除外を定める第2条第2項である。それによれば、憲章第7章にもとづく強制行動として安保理が認めた活動であって、かつ、要員が戦闘員として従事し国際武力紛争法が適用されるものは、本条約の適用範囲から除かれる。この規定によって、実際にどのような紛争カテゴリーが本条約の適用外に置かれ、ジュネーブ諸条約などの武力紛争法によって規律されることになるのかについては、すでにいくつかの研究がなされている[33]。いずれにしても、最近の人道活動は複合化しており、そこには多様な要員が参加していることを考慮すれば、第2条第2項の紛争区分を実際に適用することは、必ずしも容易ではない[34]。それゆえに、今後の第2条第2項の運用次第では、人道NGOの救援活動それじたいとは無関係な事情の変化によって、人道NGOにたいして本条約の保護がおよばなくなる事態も生じ得る。

最後にもう一点指摘しよう。本条約の諸規定は、統治能力を備えた国家をその名宛人として想定し、そのような国家にたいして要員保護のための予防・処罰の義務を課すものである。したがって、ある紛争がⅢ(1)で述べた「敵対の多

32）　Claude EMANUELLI, *ibid.*, pp. 866-867.

33）　鈴木淳一、前掲（註29）、196-197頁；新井京、前掲（註30）（とりわけ250頁以降）；Claude EMANUELLI, *op. cit.* (note 30), pp. 868 et s.

34）　BETTATI, « La protection des organisations humanitaires en mission périlleuse », *op. cit.* (note 25), p. 33.

辺性」や「衰退国家」によって特徴づけられる場合、そこにおいて、本条約の定める予防規定——要員の安全確保（第7条第2項）や要員への犯罪防止（第11条）など——、および、処罰規定——科すべき刑罰の整備（第9条第2項）やaut dedere aut jidicareを実現するための裁判権の設定（第10条第1、4項）など——を実現することは、困難なものとならざるを得ない。このことは、現代型武力紛争の規律にとって、国家を名宛人とする多国間条約が有している本質的限界ということができよう。

結

自然的・人為的災害により危険に瀕している人々を公平かつ中立的に救援しようとする人道団体の活動は違法な干渉にあたらない。したがって、災害の犠牲者を自国領域内に有する国は、そのような人道団体の活動を恣意的に拒否することはできず、その意味で、領域国（被害発生国）の要請・同意の原則は克服されなければならない、というのがクシュネールやベタティの提唱する人道的救援権の核心だった。実はこのような考え方はすでに権威ある国際機関により表明され、いくつかの現行国際法規に具現しているのである。

まず、国際司法裁判所はニカラグア事件判決において、人道的救援が違法な干渉にあたらない旨を次のように述べる。「他国にいる人々または勢力集団への厳密に人道的な援助の提供は、それらの人々または勢力集団がどのような政治的傾向や目的を有していようとも違法な干渉とみなすことはできない。それはまた、他のいかなる点からみても国際法に反するものとみなし得ない。」[35)]「……人道的救援の提供がニカラグアの国内事項への干渉であるとの非難を免れるためには、赤十字の実行のなかで尊重されてきた援助提供の諸目的、すなわち人間の苦痛を防止・軽減し、生命と健康を保護し、人間としての尊厳を確保するためにのみ援助が提供されなければならない。そのうえ……援助を必要

35） CIJ, *Recueil*, 1986, *op. cit.* (note 19), p. 124, § 242.

としているすべての人にたいして、とりわけ無差別に援助が与えられなければならない。」[36]

また、万国国際法学会は、1989 年のサンチャゴ・デ・コンポステーラ会期で「人権の保護と諸国の国内事項への不干渉の原則」と題する決議を採択したが、その第 5 条も、次のように人道的救援が違法な干渉にあたらないと明言している。「一国、国家群、国際組織または赤十字国際委員会のような公平な人道団体による、住民の生命または健康が重大な脅威にさらされている国への食糧または医療の提供は、その国の国内事項への違法な干渉とみなすことはできない。ただし、そのような援助の提供は、とりわけその実施方法において、武力干渉の威嚇または他のいかなる脅迫手段の形態もとることはできない。また、援助は無差別に付与され、かつ分配されなければならない。そのような窮迫状態がその国の領域内に生じている国は、このような人道的援助の申し出を恣意的に拒むことはできない。」[37]

他方で、犠牲者を領域内にかかえる国が彼らに向けられた救援を恣意的に拒むことは認められないという考えは、既存の武力紛争法のなかに明らかに見出される。たとえば、戦時における文民の保護にかんするジュネーブ第 4 条約第 59 条は、人道団体が占領地域住民の救済のために食糧や医療品を送付するさいに、すべての締約国はそれらの送付品の自由通過を許可し、かつ、それらの保護を保障しなければならない旨を規定している。また、非国際的武力紛争の犠牲者の保護にかんする追加議定書（第 2 追加議定書）第 14 条は、戦闘手段として飢餓を用いることを禁止している。同第 18 条は、「当該締約国の同意を条件として」困窮に苦しむ文民への救済活動を認めるものであるが、赤十字国際委員会刊のコメンタールによれば、ここでの国の同意とは当該国の自由裁量的権能を意味するものではなく、当該国は、戦闘方法しての飢餓使用の禁止を破るに等しい根拠のない「同意の拒絶」によって救済活動を阻むことはできないと解釈されている[38]。

36）　*ibid.*, p. 125, § 243.

37）　*Annuaire de l'Institut de droit international, op. cit.* (note 19), p. 287.

このような法状況を踏まえるならば、人道的救援権の提唱は、武力紛争法の分野において規範レベルではあれすでに部分的に実現している「同意原則の克服」を、犠牲者の発生するあらゆる状況において諸国に全面的に承認させることをめざすものといえよう。国際社会と国際法の現状からみて、この目的は達成されたと果たしていえるだろうか。

総会決議43／131、45／100の採択のさいに、メキシコ、エチオピア、ペルー、ニカラグア、ブラジルなどの国は領域国の要請・同意を重視し、それを欠いた救援活動は違法な干渉になると警告した[39]。さらに「国連の人道的緊急救援の調整の強化」と題する決議46／182（1991年）の審議のさいには、日本、ガーナ、インドなどが領域国主権尊重の立場から「要請・同意原則」の遵守を主張した[40]。その結果採択された決議では「補完性原則」と並んで「被害発生国の要請・同意の原則」が明記された（指導原則第3項）。その後の国連総会では、常に決議46／182を確認しながら同種の決議が採択されてきている。このような状況からは、上述の目的が達成されたとは残念ながらいえない。同意の性質が自由裁量的なものでなくなりつつあることは確かだが、国家主権の壁はなお厚いのである。

人道的救援権は今後どのような道を辿るのだろうか。Ⅱ(2)で考察した諸条件を満たす救援活動、とりわけ領域国の要請・同意を得た上で行われる救援活動は、今後いっそう活発になるだろう。それは人道的介入とは別個の法的根拠を維持し続けるだろう[41]。他方、そのような要請・同意が得られない場合はどうか。この場合に救援活動の遂行とそこでの要員の安全を確保するには、当該

38）　S. JUNOD, article 18, *Commentaire des protocols additionnels*, Genève, CICR-Nijhoff, 1986, pp. 1501-1502. 第1追加議定書第69、70条も同趣旨である。

39）　A/C. 3/43/SR. 49, para. 79-87 ; A/C.3/45/SR. 45.

40）　A/46/PV. 39, pp. 58-59 ; A/46/PV. 41, pp. 17-19, 34-36.

41）　ただし、この場合でも、救援活動に従事する人道団体要員の安全を確保するための法的整備が求められる。領域国の同意が得られても、それが救援活動の安全を意味するとは限らないからである。その意味で、さらに多くの諸国が本章Ⅲで検討した第1追加議定書および国連要員等保護条約に加入することが求められる。

活動が人道的介入に包摂される以外に道はない。両者を一体視する学者がいることはⅡ(1)で述べた。救援を安全に行うには国家の後ろ盾が不可欠だとの彼らの主張じたいは誤っていない。それが安保理の政治的意思への人道団体の服従を招き、他方で安保理が関心を抱かない事態が法的保護の埒外に置かれてしまうという人道団体側の危惧[42)]はわかるが、現状では国家主権の壁を適法に突破するには安保理決定に依拠するほかないことも確かである[43)]。

20 世紀前半のフランスの優れた国際法学者であるジョルジュ・セルは、実定法の要素について次のように述べている。「倫理は法の大切な要素だが、それだけでは実定法はつくりだせない。実定法は、倫理と権力とが結びついてはじめて実現する。」[44)]人道的救援権の射程には、このジョルジュ・セルの言葉がまさにあてはまるといえよう。

42） Françoise BOUCHET-SAULNIER, *op. cit.* (note 16), pp. 203-209 ; ブローマン『人道援助、そのジレンマ』、前掲（註 4)、27-29、124-127 頁。

43） ソマリアで人道団体が任務遂行のため武装勢力から「均等に」私兵を雇ったことが暴力的抗争を激化させたとの批判を招いた（BETTATI, « La protection des organisations humanitaires en mission périlleuse », *op. cit.* (note 27), pp. 39-41.)。それに比べれば、国際的合法性を備えた軍事力に依拠するほうがまだ増しといえよう。

44） Georges SCELLE, *Droit international public*, Domat-Montchrestien, 1994, p. 13.

第5章

国内避難民（IDP）への人道的救援
——Katja LUOPAJÄRVI の所論に即して——

序

国内避難民（internally displaced person, 以下 IDP と略称）とは、「とりわけ武力紛争、一般化された暴力状態、人権侵害または自然的・人為的災害の結果として、あるいはそれらの影響を避けるために、住居または常居所地から逃避または退去することを強制または余儀なくされ、かつ、国際的に承認された国境を越えていない個人または集団」をさす[1)]。現在、世界中に 2500 万人以上存在するといわれる IDP は、保護と救援を必要とする脆弱な人々である。領域内に IDP を抱える国は、国際法上、彼らを救援し保護する責任を負っている。これは領域主権および不干渉原則から導かれる責任である。したがって、通常、国は自国内の IDP に必要な援助を与えて彼らを保護することでこの責任を果たそうする。また、そのような援助を与えようとしても与えることのできない国は、国際社会にたいして救援を要請するだろう。けれども、そもそも IDP が領域国の継続的な人権侵害や、内戦などの武力紛争から生じていることを考慮するならば、領域国政府が IDP に常に十全な救援や保護を供与するとは考えられない。さらに、領域国政府が救援・保護を与えないばかりか外からの IDP

1) 後述の「指針」の定義である。以下を参照。Report of the Representative the Secretary-General, Mr. Francis M. DENG, submitted pursuant to Commission resolution 1997/39, Addendum, *Guiding Principles on Internal Displacement*, UN Doc, E/CN. 4/1998/53/Add. 2, 11 February 1998, Annex, Introduction, 2.

救援の申し出も拒む、といった事態も大いにありうる。国際社会、すなわち領域国以外の国、国際組織、人道団体は、国際法上、領域国の同意・要請なしにIDPにたいして救援・保護を提供することができるだろうか。

これは、人道的救援と国家主権との抵触・調整の問題である。人道的救援とは、とりわけ人道団体が武力紛争や自然災害の犠牲者を公平、無差別に救済する行為をいう。人道団体のこのような救済活動は、1949年のジュネーブ諸条約や、これを補完する1977年のふたつの追加議定書のなかで公認されている。しかしながら、実際に救援活動を行うためには、これらの団体は活動に先立って「関係当事国」や「当該締約国」の同意を得なければならない[2)]。したがって、もしこれらの国が何らかの理由で同意を与えないならば、人道団体の犠牲者救援への道は閉ざされてしまうことになる。

このような従来の救援活動の限界を直視して、それを克服しようとする動きが、ここ30年来、新たな人道団体によって試みられてきた。「国境なき医師団」や「世界の医師団」などの人道団体は、何の救いの手も差し延べないまま犠牲者を放置することは許されず、犠牲者の苦しみを領域国が専断することは放置できないという強固な倫理観にもとづいて、犠牲者の発生原因が人為的なものであるか自然的なものであるかを問わず、また、領域国の要請や同意の有無にかかわらず、国境を越えて人々を救援してきた。しかし、同意のないままの救援行為は領域国の国家管轄権を侵害し、行為者は領域国の国内法違反を理由に処罰される。さらに行為者が国家機関や国際組織などの国際法主体である場合、領域国の同意のない救援活動は領域国の主権を侵害し、国際違法行為となるおそれがある。

---

2)　ジュネーブ第1－第3条約条約共通第9条、同第4条約第10条、国際的武力紛争にかんする第1追加議定書第81条、非国際的武力紛争にかんする第2追加議定書第18条。因みにわが国の「国際緊急援助隊の派遣に関する法律」（1987年9月16日施行／法93）は、海外で発生した大規模災害に国際緊急援助隊を派遣するための必要措置を定めるものであるが、ここでも「当該災害を受け、若しくは受けるおそれのある国の政府又は国際機関……の要請に応じ……（第1条）」という文言に表れているとおり、要請主義が採用されている。

これらの法的問題を克服して犠牲者の救援を確保するために、1980年代末以来、とりわけフランス政府、新たな人道団体、およびそれに共鳴する国際法学者によって、「人道的救援権」という新たな国際法上の権利が提唱されてきた[3)]。ベルナール・クシュネール、マリオ・ベタティらは、犠牲者が救済される権利は「生命への権利」のコロラリーであって、この権利を侵害するような領域国の主権行使は許されない。みずから救援することができない、あるいは救援する意思のない領域国政府は、非強制的手段に依拠し、無差別、公平、人道などの赤十字諸原則に則った人道的救援活動にたいして、これを恣意的に拒絶することはもはやできない、ということをさまざまな場で繰り返し強調してきた[4)]。

1988年と1990年に、国連総会は、それぞれ第43、45会期において、「自然災害および類似の緊急事態の犠牲者への人道的救援」と題するふたつの決議を、いずれもコンセンサスで採択した（43／131、45／100）。両決議においては、自然災害および類似の事態において犠牲者が救護される権利が実質的に確認され、公平、無差別に活動する非政府団体の役割が強調されたうえで、犠牲者を救済するためには犠牲者への自由な接近が不可欠であるとの原則（＝犠牲者への自由接近の原則）が明言されている。同時に両決議は、領域国の主権に慎重な配慮を示しており、人道的救援の着手、組織、調整および実施について領域国が当然に主要な役割を担うことが確認されている（＝補完性の原則）。

人道的救援権をはじめて扱ったこれらふたつの国連総会決議は、一方で、犠牲者の迅速かつ効率的な救援を当然のことながら最大限重視している。犠牲者

---

3)　人道的救援権については、以下を参照。西海真樹「人道的救援権の提唱」（熊本法学81号、1994年）、同「人道的救援権論」（法学新報102巻3・4号、1995年）、同「人道的救援権の法的構成の試み」（同上、102巻5・6号、1996年）、同「人道的救援権」（国際人権12号、2001年）、ギヨーム・ダンドロー（西海真樹・中井愛子訳）『NGOと人道支援』（文庫クセジュ、白水社、2005年）。

4)　Mario BETTATI et Bernard KOUCHNER, *Le devoir d'ingerence,* Editions Denoel, 1987 ; Mario BETTATI, *Le droit d'ingerence-mutation de l'ordre international,* Odile Jacob, 1996.

を生み出した原因の如何を問わない、また、領域国の要請や同意を救援実施の要件としない「犠牲者への自由接近の原則」は、このような要請のあらわれにほかならない。けれども、この権利が法的権利として国際社会により認められるためには諸国の同意を得なければならず、したがって他方で、それは「補完性の原則」にみてとれるように領域国主権に配慮せざるを得ない。つまり。これらふたつの決議には「領域国主権への制約とそれへの配慮」という均衡のうえにはじめて人道的救援権の実定国際法化が可能になる、という考えがうかがえる。

これらの決議以外にも、国際司法裁判所のニカラグア事件判決や国際法学会の 1989 年決議、それにジュネーブ諸条約や追加議定書中のいくつかの規定は、赤十字諸原則に則った人道的救援が違法な干渉にあたらず、したがってそのような救援の申し出を領域国政府は恣意的に拒絶することはできない、という解釈を肯定的にとらえている[5]。このような法状況をふまえるならば、人道的救援権の提唱は、武力紛争法の分野において規範レベルですでに部分的に実現している「同意原則の克服」を、IDP をはじめとする犠牲者が生じるあらゆる状況において、諸国に全面的に承認させることを目指すものといえよう。けれども、現実の国家実行に照らせば、人道的救援権が実定国際法上の権利として確立したとはなおいえない。領域国政府の同意の性質が自由裁量的なものではなくなりつつあることは確かだが、国家主権の壁はなお厚いといわざるを得ない、というのが人道的救援の法的現状である。

ところで IDP の観点から見れば、人道的救援の問題とは、「IDP は救援を享受する権利をもつか」「IDP を救援する権利（または義務）が他国や国際組織、人道団体にあるか」「領域国は IDP への救援を受け入れる義務を負うか」などの問題にほかならない。この問題は、IDP 問題にかんする国連事務総長特別代表フランシス・M・デンが作成した「国内避難民にかんする指針」[6]（1998 年、

5）　CIJ affaire des activites militaires et paramilitaires au Nicaragua et contre celui-ci, Arret du 27 juin 1986, Recueil 1986, pp. 124–125, §242–243 ; *Annuaire de l'Institut de droit international,* vol. 63, 1990, p. 287.

国連人権委員会で採択。以下「指針」と略称）においても、国際法協会（ILA）が2000年のロンドン会期で採択した「IDPにかんする国際法原則宣言」[7]（以下、「原則宣言」と略称）においても、それぞれ取り上げられている。また、アボ・アカデミー大学（フィンランド）のKatja LUOPAJÄRVIは、*International Journal of Refugee Law*に発表された論文「IDPへの人道的救援を受け入れる国家の義務が国際法のもとで存在するか？」のなかで、とりわけ、国際人道法・人権法の観点からこの問題について詳細な考察を行っている[8]。本章は、とりわけこのKatja LUOPAJÄRVIの所論に即して、IDPへの人道的救援の観点から人道的救援の実定性の現状を考察するものである。まず国際人道法、国際人権法、国連憲章、一般国際法からみた場合に、IDPへの人道的救援がどのように評価されるのかを考える。ついで、「指針」および「原則宣言」に含まれるIDPへの人道的救援にかんする諸規定が、現行国際法上の人道的救援に照らして、どのような意義を有しているのかを検討する。最後に、IDPにかんする国際法規範の現状とそれが意味するものについて考えたい。

I　国際人道法からみたIDPへの人道的救援[9]

IDPの生じている状況にいかなる法が適用されるのかを決定するにあたり重要なのは、IDPを生じさせた原因である。彼らの移動が武力紛争、国内的暴力、人権侵害、自然災害、開発によって引き起こされた場合には、一般に国際

6） Report of the Representative the Secretary-General, Mr. Francis M. DENG, submitted pursuant to Commission resolution 1997/39, Addendum, *Guiding Principles on Internal Displacement, UN Doc, E/CN. 4/1998/53/Add. 2, 11 February 1998.*

7） Declaration of International Law Principles on Internally Displaced Persons, in *International Law Association Report of the 69th Conference Held in London* 25-29th July 2000, pp. 794-821.

8） Katja LUOPAJÄRVI, "Is there an Obligation on Statews to Accept International Humanitarian Assistance to Internally Displaced Persons under International Law?", *International Journal of Refugee Law,* vol. 15, no. 4, 2003.

9） *ibid.*, pp. 687-691.

人権法が適用される。このうち、とくに武力紛争により移動が引き起こされた場合には、国際人権法に加えて国際人道法も適用されることになる。これを前提として、まず国際的・国内的武力紛争のなかでIDPに適用される国際人道法規則について考えてみよう。

(1)　国際的武力紛争の場合

戦時における文民の保護にかんするジュネーブ条約（＝ジュネーブ第4条約）第23条は、締約国に対し、締約国文民に宛てられた医療品、病院用品および宗教上の行事に必要な物品などの送付品の自由通過を許可すべき義務を規定している。さらに同第59条は、占領地域の住民の全部または一部への物資の供給が不十分である場合には、占領国は、その住民のための救済計画に同意し、かつ、使用可能なすべての手段によりその計画の実施を容易にしなければならないこと、その計画はとくに食糧、医療品、被服の送付を内容とするものでなければならないこと、および、すべての締約国は、それらの送付品の自由通過を許可し、かつ、それらの保護を保障しなければならないことを規定している。ここで締約国または占領国は、物資の自由通過に同意するか否かにつき絶対的自由を有しているのだろうか。あるいは逆に、同意の付与は、一定の場合には義務的なものとなるのだろうか。

これに類似した規定が、国際的武力紛争の犠牲者の保護にかんする追加議定書（＝第1追加議定書）第70条第1、2項である。同項は、以下のように規定している。

「1　占領地以外の紛争当事国の支配の下にある地域の文民たる住民が前条に規定する物を適切に供給されていない場合には、性質上人道的で公平なかつ不利な差別をしないで行われる救済活動が実施されるものとする。ただし、救済活動は、関係締約国の同意を条件とする。救済の申出は、武力紛争法への介入又は非友好的行為とみなしてはならない。（略）

2　紛争当事国及び締約国は、この節の規定に従い供給されるすべての救済のための送付品、設備および要員の迅速なかつ妨害されない通過を、当該援助が敵対する紛争当事国の文民たる住民を対象とする場合にも、許可しかつ容易にする」

このように、第70条第1、2項は、国際武力紛争の当事国の支配下にある地域の文民住民にたいして第69条に規定するもの（＝食糧、医療用品、生存に不可欠な被服、寝具、避難手段その他の需品および宗教上の礼拝のために必要なもの）が適切に供給されていない場合、関係締約国の同意を条件として、人道的かつ公平で不利な差別のない救済活動が実施されること、救済の申し出は介入または非友好的行為とみなされてはならないこと、国はこのような条件を満たす救済のための送付品、設備、要員の通過を敵国の文民住民を援助する場合においても許可しなければならないこと、を述べている。

第70条第1項のなかの関係締約国の同意を求める文言は、いうまでもなく救済を受け入れる国の国家主権への配慮から加えられたものである。ここで関係締約国は、同意を付与するか否かについて、完全な自由を有しているのだろうか。追加議定書にかんする赤十字国際委員会のコメンタリー（以下コメンタリーと略称）によれば、関係締約国は、ここで救済活動への同意を拒む絶対的かつ無制限の自由を有してはいない。同意を拒むことができるのは「恣意的でない有効な理由」がある場合に限られる。つまり、関係締約国が救済活動を拒むことのできる可能性は自由裁量事項ではなく、同意の拒絶は例外にとどまる。したがって、このコメンタリーの解釈にしたがえば、有効な理由（valid reason）がない場合には、領域国は救済活動の申し出にたいして同意を与える義務を負うことになる[10)]。

さらにコメンタリーは、この第70条が、文民たる住民の生存に不可欠なものの保護を定め戦闘手段としての餓死を禁じる第1追加議定書第54条と関連

10）　Y. SANDOZ, C. SWINARSKI, B. ZIMMERMANN (eds.) *Commentary on the Additional Protocols of 8 June 1977 to the Geneva Conventions of 12 August 1949,* ICRC, Martinus Nijhoff, 1987, pp. 817–819 ; M. BOTHE, K. J. PARTSCH, W. A. SOLF (eds.) New Rules for Victims of Armed Conflicts, Marinus Nijhoff, 1982, p. 434 ; M. BOTHE, "Relief Actions : the Position of the Recipient State", in F. KALSHOVEN (ed.) *Assisting the Victims of Armed Confict and Other Disasters,* Martinus Nijhoff, 1989, pp. 91–93.

づけて解釈されるべきである、と述べている[11]。第1追加議定書第54条は、以下のとおりである。

「1　戦闘の方法として文民を餓死させることは、禁止する。

2　文民たる住民又は敵対する紛争当事国に対し、食糧、食糧生産のための農業地域、作物、家畜、飲料水の施設及び供給設備並びに灌漑設備のような文民たる住民の生存に不可欠なものを生命の維持手段としての価値を否定するという特別の目的のために攻撃し、破壊し、移動させ又は役に立たなくすることは、文民を餓死させるためであるか、文民を退去させるためであるか、その他の動機によるものであるかを問わず、禁止する。(略)

4　文民たる住民の生存に不可欠なものは、復仇の対象としてはならない。

5　侵入にたいして自国の領域を防衛する紛争当事国の重大な必要が認められるので、紛争当事国は、重大な軍事的必要が要求する場合には、自国が支配している領域において2に規定する禁止から逸脱することが許される。」

このように、戦闘手段として文民を餓死させることが禁止され、かつ、文民たる住民の生存に不可欠なものへの攻撃・破壊が禁じられているのであるから、それをふまえれば、人道的かつ公平、無差別に実施される救済活動を恣意的に拒絶する自由が関係締約国に認められる余地はない、ということになる。同様の観点にたてば、上に紹介したジュネーブ第4条約第23、59条においても、この第1追加議定書第70条の場合と同様、締約国または占領国による必要物資の自由通過への同意は、自由裁量的なものではない、と解釈しなければならない[12]。

11)　SANDOZ et al., *op. cit.* (note 10), 819-820.

12)　1998年に採択された国際刑事裁判所規程第7条第1項は「人道にたいする罪」に「殲滅」を含めているが、同条第2項bによれば、この「殲滅」には「住民の一部の破壊をもたらすことを意図する生活条件を故意に課すこと、とくに食糧および医

(2)　国内的武力紛争の場合

それでは国内的武力紛争の場合はどうだろうか。非国際的武力紛争の犠牲者の保護にかんする追加議定書（＝第2追加議定書）第18条第2項は、文民たる住民が食糧および医薬品のような生存に不可欠な需品の欠乏のために極度の困窮に苦しんでいる場合には、人道的かつ公平で不利な差別なく行われる文民たる住民のための救済活動が、当該締約国の同意を条件として行われなければならない、と規定している。コメンタリーによれば、関連する当局を決定することができないという例外的事情のある場合には、犠牲者への救援が他の何者にも勝る重要性を有し、そのような救援はいかなる遅滞も許さないという考慮にもとづいて、同意は与えられたものと推定されることになる[13)]。

第2追加議定書は、総じて反乱団体より法律上の政府に利益を与えている。救済活動が反乱団体の支配地域で行われる場合でも、反乱団体の同意ではなく法律上の政府の同意を求めるというこの第18条第2項にもそれはあらわれている。しかしながら、ジュネーブ諸条約共通第3条によれば、締約国ではなく各紛争当事者にたいして人道的待遇の義務が課されており、その結果、一国の確立した政府の同意は、救済作戦が当該政府の実効支配領域上を通過する場合にかぎって求められることになる。したがって、反乱団体の支配領域への救済活動が、海域または他国から直接に当該領域にたいして行われる場合、その救済活動への政府の同意は不要となる。いいかえれば、同意が求められるといっても、同意を付与するか否かの決定がもっぱら締約国政府の裁量に委ねられているわけではない[14)]。

療品の入手の機会を剥奪すること」が含まれる。さらに同規程第8条第2項b（xxv）によれば、「生存に欠くことのできない物を奪うことにより、戦争の方法として故意に文民を餓死させること（ジュネーブ諸条約に定める救済品の供給を故意に妨害することを含む）」は、戦争犯罪である。

13）　SANDOZ et al., *op. cit.* (note 10), p. 1479.

14）　Bothe, *op. cit.* (note 10), p. 94 ; Maurice TORRELLI, “From humanitarian assistance to intervention on humanitarian grounds ?”, *International Review of the Red Cross,* no.

ところで第２議定書中の同意（consent）という言葉は、第１議定書中の同意（agreement）ほど正式のものではないとされている。住民の生存が脅かされており、公平で人道的な団体の救援活動によってのみ彼らが救済される状況にあるとき、救済活動は行わなければならない。なぜならば、現地の資源が枯渇している場合、救済の実施が餓死を回避する唯一の方法だからである。コメンタリーによれば、当局が正当な根拠のないままに救済を拒絶することは、戦闘手段としての餓死の使用を禁止する第２追加議定書第14条違反になる。なぜならば、現地に資源がないうえに救済を拒絶されたなら住民は故意に放置され、かつ何の措置もとられることもなく餓死することになるからである[15)]。したがってそのような事態は第２議定書第14条違反である。このことは、反乱団体の支配領域に向けて実施されようとしている救済活動にたいして政府が同意を拒絶する場合に、とくにあてはまるだろう。

以上１．２．の検討から明らかなように、国際的国内的を問わずあらゆる武力紛争状態において適用される諸規定は、一定の状況下では救済活動が実施されなければならないこと、すなわち救済が関連当事国（者）によって受け入れられなければならないことを示している。ただし、１．で述べたように、有効な理由（valid reason）がある場合には救済は拒絶しうる。もっともコメンタリーは、何が有効な理由かについての厳密な定義を示すことなく、いくつかの例をあげるにとどまる。そのひとつが軍事的必要（＝戦数。戦時国際法を逸脱できる正当事由としての必要ないし緊急事由）[16)]である。また、救援受入れの拒絶が不法であるか否かを決定するさいには、均衡性の原則が考慮に入れられるだろう。これらの拒絶理由の有効性については、追加議定書の他の規定によっても決定される。すでに述べたように、敵の抵抗を弱めるために文民住民から生存

288, 1992, pp. 228, 234.

15)　第２追加議定書第14条は、文民住民の生存にとって不可欠な物資の保護にかんする規定である。同条第２項は、「救済活動がとられなければならない」と規定し、救済活動をとることを義務づけている。SANDOZ et al., *op. cit.* (note 10), p. 1479-1480.

16)　『国際関係法辞典』、筒井若水執筆、三省堂、1995年、488頁。

手段を奪うことは禁止されているから、これは有効な理由とはいえない（第1議定書第54条および第2議定書第14条）。コメンタリーによれば、戦数を含め、第2議定書第14条からのいかなる逸脱も認められない[17)]。他方で、いくつかの有効な理由は、第1追加議定書第70条および第2追加議定書第18条に同一の文言で述べられている。すなわちそれは、救済は必要、人道的、かつ公平であって、不利な差別なく提供されなければならないという条件である。したがって、この条件を満たさない救援、すなわち何らかの政治的・戦略的目的をもつか特定犠牲者のみを救援するような救済活動は、領域国政府または紛争当事者によって正当に拒絶しうることになる。

人道的救援への国際人道法の適用を考えるさいに考えなければならない他の要素として、ジュネーブ4条約と追加議定書の当事国数の問題がある。2003年現在、実質的にほぼすべての国がジュネーブ4条約の当事者になっており[18)]、共通第3条は慣習国際法とみなされているから、ジュネーブ4条約については条約当事国の数は問題にはならない。これにたいして追加議定書の場合は事情が異なる[19)]。第1追加議定書第70条第1項および第2追加議定書第18条第2項は慣習国際法となっており、したがって、条約当事国のみならず非当事国をも拘束する、といえるだろうか。これらの条項は、救援を受け入れる「義務」を指し示す用語で書かれているだけに重要である（共通第3条は、人道団体に救援を申し出ることを許可しているにとどまり、そのような救援を受け入れる国家の側の義務を定めてはいない）。一方で、慣習法としてすでに確立している一般的な原則を条約規定がより詳細に法典化している場合、当該条約規定の慣習法

17） *Commentary to the Protocol Additional to the Geneva Conventions of 12 August 1949, and relating to the Protection of Victims of Non-International Armed Conflicts (Protocol II)*, http://www.icrc.org/ihl.nsf,para.4795.

18） 2005年3月1日の時点で、ジュネーブ4条約の当事国数はいずれも191である（広部和也・杉原高嶺編『解説条約集2005』、三省堂、2005年）。

19） 2005年3月1日の時点で、第1追加議定書、第2追加議定書の当事国数は、それぞれ162、158である（広部和也・杉原高嶺編『解説条約集2005』、三省堂、2005年）。

への移行はより容易である、との主張がある[20]。この見解にしたがえば、第1追加議定書第70条および第2追加議定書第18条はいずれも共通第3条の定式化であるから慣習法化が容易であることになる。ただし、両者のあいだには上述した義務の有無という重要な違いがある点に注意しなければならない。他方で、第2追加議定書のいかなる規定も慣習法にはなっていないという主張がある[21]。このように、この問題について議論は開かれたままである。

Ⅱ　国際人権法からみたIDPへの人道的救援[22]

（1）　市民的、政治的権利と人道的救援

自由権規約、欧州人権条約、米州人権条約において、締約国は、自国領域内で人権を尊重するという消極的義務だけでなく、人権を確保するという積極的義務も負っている[23]。そのような積極的義務のひとつが「生命への権利を確保する義務」である[24]。この権利以外にも、たとえば拷問の禁止、人間の安全確

20）　C. GREENWOOD, "Customary law status of the 1977 Geneva Protocols", in A. J. M. DELISSEN and G. J. TANJA (eds.) *Humanitarian law of armed conflict : challenges ahead,* TMC Asser Institut, Martinus Nijhoff, 1991, pp. 93, 98.

21）　T. MERON, *Human right and humanitarian norms as customary international law,* ClarendonPress, 1989, pp. 64-78.

22）　Katja LUOPAJÄRVI, *op. cit.* (note 8), pp. 691-698.

23）　自由権規約第2条第1項（「各締約国は、（略）この規約において認められる権利を尊重し及び確保することを約束する」）、欧州人権条約第1条（「締約国はその管轄内にあるすべての者に対し、この条約の第1節に規定する権利および自由を保障する」）、米州人権条約第1条第1項（「この条約の締約国は、（略）これらの権利および自由の自由かつ安全な行使を確保することを約束する」）。一般に、「尊重」義務は国家が個人の権利を侵害しないことにより果たされるのにたいして、「確保」義務は国家にたいして積極的義務を課すものである。

24）　欧州人権条約第2条第1項（「すべての者の生命に対する権利は法律によって保護される」）、米州人権条約第4条第1項（「すべての人はその生命を尊重される権利を有する。この権利は法によって一般には受胎のときから保護される」）、自由権規約第6条第1項（「すべての人間は生命に対する固有の権利を有する。この権利は法律によって保護される」）、児童の権利条約第6条第1項（「締約国は、すべて

保、身体の統一と自由、プライバシーの権利などについても積極的義務が問題となるが、これらの権利には合法的な制限を加えることや合法的にそこから脱逸することが認められている。これにたいして、生命への権利はそのような制限・逸脱の対象にはなっていない。したがって、この生命への権利が、人道的救援を確保するためのもっとも有力な権利となる得る。

人権条約の当事国は、他のアクターによる生命への権利の侵害にたいして保護を提供するという積極的義務を負っている[25)]。規約人権委員会は、「生命に対する固有の権利」という考えは制限的に解釈すべきではなく、この権利の保護は諸国が積極的措置をとることを求めている。たとえば諸国は、幼児死亡率の低下、平均余命の増大のためのあらゆる措置、とりわけ栄養不良や伝染病を除去するための措置をとるべきである、と述べている[26)]。この論理にしたがえば、国はIDPにたいして、彼らが生命を維持するための援助を提供しなければならない。したがって、この「あらゆる措置」には、IDPの苦しみを緩和するために人道援助を受け入れる措置も含まれることになろう。

さらにこの「あらゆる措置をとる義務」には、もしその国の資源がそれを必要とする人々を保護するのに十分ではない場合には、外からの援助を受け入れ

の児童が生命に対する固有の権利を有することを認める」)。自由権規約第 6 条第 1 項の準備作業によれば、本条は国家の不当な行為から個人を保護することだけに関係すべきとの意見もあったものの、多くは、公の当局のみならず私人の不当な行為から生命を保護するよう国は要請されていると考えていた（10 GAOR Annexes, UN doc. A/2929 Ch. VI (1995), para. 4）。

25)　国家が負う積極的義務のなかには、私人（個人だけでなく武装集団もここに含まれる）による権利侵害から個人を保護する義務が含まれる。これは重要な国際人権法の原則であり、国家責任法の観点からは、相当の注意義務にあたる。すなわち、政府は、私人による人権侵害が予想される状況において、合理的な侵害防止措置をとらなければならない。この原則は、学説のみならず欧州人権裁判所判決および規約人権委員会の見解においても明言されている。以下を参照。D. SHELYON, “State responsiblity for covert and indirect forms of violence”, K. E. MAHONEY and P. MAHONEY (eds.) *Human Rights in the 21st Century : A Global Challenge,* Martinus Nijhoff, 1993, p. 272.

26)　CCCR, *General Comment 6*, the Right to Life, 16th session, 30 Apr. 1982, para. 5.

る義務も含まれる。国連総会決議 43／131、45／100 によれば、自然災害その他の緊急事態の犠牲者に人道的援助を与えることなく放棄することは、人命への脅威および人間の尊厳への侵害を構成する[27)]。したがって、IDP へのそのような救援を認めない政府は、自身が当事国であり、生命への権利を保障している主要な普遍性・地域的人権条約に違反していることになる[28)]。

このような IDP への援助を受け入れる義務は、通常の積極的義務（たとえば人命の喪失を予防するための措置、警察力や司法制度を整える措置など）に比べて国家の負担は少ないはずである。なぜならば、IDP 関連における国家の義務の積極的要素は外からの支援を受け入れることのみだからである。ただし、このような「IDP への援助を受け入れる義務」を「生命への権利を確保する積極的義務」に含める解釈が諸国によって受け入れられたとしても、国際人道法においてと同様、人権条約を批准していない国もまた、そのような義務を負うかどうかという問題が生じる。そこから慣習性としてのこのような義務が存在するか否かを検討することが必要となるだろう。

おそらくは、慣習法としての生命への権利――これを否認することは困難であると思われる――もまた、この権利を確保・保護するという積極的義務を含むものとなるだろう。なぜならば、自由権規約はこれを「固有の」権利と規定しているからである。つまり、この権利は自由権規約以前から存在するのであって、自由権規約によって創設されたものではない。つまり、この「固有の」という言葉は、この権利が条約上のものにとどまらず慣習法上のものでもあることを示している。その意味で自由権規約第 6 条は慣習法を宣言したものであり、そこでの積極的義務は慣習法上の義務でもある。このような解釈からは、諸国は、慣習国際法上も、第三者（私人）による生命への権利の侵害から、個人を保護するという積極的義務を負っていることになる[29)]。

27）　決議 45／100 の前文 6 項。

28）　Francis M. DEN, *Compilation and Analysis of Lggal Norms,* UN Doc, E/CN. 4/1996/52/Add, 2, 5 Dec. 1995, para. 363.

29）　H. A. KABAALIOGLU, “the obligations to respect and to ensure the right to life”, B.

もっとも、多くのIDPの生命への権利が侵害されているアンゴラ、コロンビア、コンゴ民主共和国、スーダンなどはいずれも自由権規約当事国であるから、生命への権利に関連する積極的義務の慣習国際法性を論じることは、理論上はともかく、実際上の意義は乏しい。重点は、「自由権規約および地域条約上の生命への権利を保護する義務」におかれることになる。理論上は、自由権規約における生命への権利が、当該国の手段がそれを必要とする人々を保護するのに十分ではないときに国際社会からの救援を受け入れる義務を含むものと構成することができる。しかし実際には、後で紹介する「指針」および「原則宣言」を除いて、生命への権利の効果的保護とIDPへの人道的救援の受け入れ義務とをリンクさせる試みは、学説上も国家実行上も十分になされているとはいえないのが現状である。

(2)　経済的、社会的、文化的権利と人道的救援

自由権規約、欧州人権条約、米州人権条約は、いずれも緊急時の適用除外を認めているが、社会権規約は、そのような逸脱条項をもっていない。しかしながら、そこでの義務は通常、漸進的に達成される義務である。ただし、社会権規約委員会の一般意見によれば、経済的社会的文化的権利にかんする「意図的な後退措置（deliberately retrogressive measures）」は、規約が提供する権利全体および「利用可能な手段を最大限用いる」という文脈に照らして、十分に正当化されなければならない[30)]。それでは、社会権規約第2条第1項にいう「利用可能な手段を最大限用いること」とは何を意味するのだろうか。同項の規定は以下のとおりである。

「この規約の各締約国は、立法措置その他のすべての適当な方法によりこの

G. RAMCHARAN (ed.), *The right to life international Law,* Martinus Nijhoff, 1985, p. 160 ; DINSTEIN, Y., "the right to life, physical integrity and liberty", HENKIN L. (ed.) *the international bill of rights : the Covenant on Civil and Political Rights,* Columbia University Press, 1981, pp. 114-115.

30)　CESCR, *General Comment n. 3* (1990), The nature of state obligations, UN Doc. E/C. 12/1990, 14 dec. 1990, para. 9.

規約において認められる権利の完全な実現を漸進的に達成するため、自国における利用可能な手段を最大限用いることにより、個々に又は国際的な援助及び協力、特に経済上及び技術上の援助及び協力を通じて、行動をとることを約束する。」[31]

社会権委員会によれば、「利用可能な手段を最大限用いること」とは、「国内にある手段」ならびに「国際協力と援助を通じて国際社会から提供される手段」の双方を指す。同委員会は、開発のための国際協力および経済的社会的文化的権利の実現のための国際協力はすべての国の義務である、と強調する。この観点からは、ある国が規約上の義務にしたがっているか否かを決定するさいには、他の手段とならんで国際援助という手段も最大限用いられているかどうかが考慮されなければならない。つまり、協力義務には、援助を受け入れてそのような協力の試みに応える義務も含まれるのである[32]。

さらに規約第11条第1項は、生活水準および食糧の確保について以下のように規定する。

「1　この規約の締約国は、自己及びその家族のための相当な食糧、衣類及び住居を内容とする相当な生活水準についての並びに生活条件の不断の改善についてのすべての者の権利を認める。締約国は、この権利の実現を確保するために適当な措置をとり、このためには、自由な合意に基づく国際協力が極めて重要であることを認める。」

この第11条第1項についての社会権委員会のコメントによれば、内戦その他の非常事態において人道的食糧支援へのアクセスを妨害することは食糧への権利の侵害を構成する。同様に、委員会は、諸国は懲罰的措置として健康サービスへのアクセスを制限すること――たとえば武力紛争時に国際人道法に違反

31）「経済的、社会的、文化的権利の分野における米州人権条約への追加議定書（サン・サルバトル議定書、1998年）」第1条は、本項と同一の文言からなる。児童の権利条約第4条は、「諸国は利用可能な手段を最大限用いて、かつ必要な場合には国際協力の枠内で、経済的、社会的、文化的権利を実施するための措置をとらなければならない」と規定している。

32）　CESCR, *General Comment n. 3, op. cit.* (note 30), para. 13.

するかたちで――を控えることによって、健康への権利も尊重しなければならないと述べる[33]。このような主張は、容易にIDPの文脈に適用できる。それはたとえば、国が国際組織の提供する健康サービスまたは食糧支援へのアクセス（水へのアクセスを含む）を否認または制限する、あるいは、そのような活動が同国の領域内で行われるのを妨げる、といった場合である。すでに現地にいる組織から犠牲者が援助を受け入れるのを妨げることと、そのような組織がその国に入るのを妨げることとのあいだに基本的な違いがあるだろうか。そのような違いは、少なくとも犠牲者の立場からは存在しない。それどころか、むしろ後者のほうがより重大な社会権規約違反を構成することもあり得る。このような観点からは、人道的救援の申し出を受け入れることの拒絶は、この第11条第1項および健康を享受する権利を定める第12条への違反を構成する、という解釈は十分成り立つ。しかし、他方で、第11条第1項にある「国の自由な合意」という言葉が、このような推論を制約することになる。

より一般的レベルでいえば、社会的経済的文化的権利は、IDPへの国際的援助の申し出を国は受け入れなければならないことを意味する。ここで鍵となる概念は「人権を実現する義務」である。たとえば、社会権委員会は、食糧への権利を実現する（促進する）義務は、食糧の安全を含めて生計を確保するために、国が人々の資源・手段へのアクセスおよび人々の資源・手段の利用を強化する活動に従事しなければならないことを意味する、と述べる。同委員会によれば、国は、個人または集団が十分な食糧への権利を享受できないときにはいつでも、利用可能なあらゆる手段を用いて彼らの「食糧への権利」を直接実現・提供する義務を負っている。さらに同委員会は、この義務は自然災害その他の災害の犠牲者、すなわちIDPにもあてはまると述べている[34]。

33） CESCR, *General Comment n. 12* (1999), The Rigtht to Adequate Food, UN doc. E/C. 12/1999/5, 12 May 1999, para. 19 ; *General Comment no. 15* (2002), the right to water, UN Doc. E/C. 12/2002/11, 20 Jan. 2003, para. 44 (c) ; *General Comment n. 14* (2000), the rigth to the highest attainable standard of health, UN doc. E/C. 12/2000/4, 4 July 2000, para. 34.

34） CESCR, *General Comment no. 12, ibid.*, para. 15 ; *General Comment no. 15, ibid.*,

こうして、もしある国において、食糧への権利に関連して負っている義務を実現するために国際的援助が必要ならば、その国はそのような援助の申し出を受け入れなければならない。委員会は、国の作為・不作為が権利侵害を構成しているか否かを決定するさいには、義務にしたがう能力がなかった場合と、したがう意思がなかった場合とを区別することが重要であると述べている。さらに委員会は、もし国がみずからの手段が制約されているために食糧・水へのアクセスを確保できないでいる人々にたいして食糧・水へのアクセスを提供することができなかったと主張する場合には、その国は「最低限の義務を満たす試みのなかで利用可能なすべての手段を用いるためのあらゆる努力が払われたことを」立証しなければならない、とも述べている[35)]。第2条第1項および最大限利用可能な手段についての上述のことがらを考慮に入れるならば、このような場合、国は、国の手の及ばない理由のために義務を実施することができなかったこと、ならびに、必要な食糧の取得・アクセスを確保するために国際的支援を求めたがうまくいかなかったことを示さなければならない。委員会が強調するのは「どのような状況のもとに置かれようと、国は、第12条に関連する逸脱不可能な中核的義務の不遵守を正当化することはできない」ということである[36)]。そのような義務のひとつは、差別なく保健施設、食糧、サービスへのアクセスを確保する義務である。したがって、もし国に十分な保健サービスをIDPに提供する意思または能力がなく、かつ同時に、そのようなサービスを提供しようとする国際組織にアクセスを認めないならば、その国は保健サービスへのアクセス権を確保するという、社会的経済的義務のなかでの中核的義務を実現していないことになる。

フランシスコ・M・デンはこの点について以下のように述べている。「社会権規約の当事国は、少なくともIDPの生存のためのニーズに深刻な影響を及ぼす差し迫った人道問題のさいに、国際的援助の申し出への不合理な拒絶を控

---

paras. 25-29.

35）　*ibid.*, para. 17. この観点からは、国家の側に立証責任があることになる。

36）　CESCR, *General Comment no. 14*, *ibid.*, paras. 32, 47.

える義務、そしておそらくは合理的な申し出を受け入れる義務を負っている。条約のもとで認められた生存権を実現するために必要な国際協力・援助の申し出を受け入れること拒絶することは、少なくとも『意図的な後退措置』を構成するものとみなされるだろう。」[37]

規約の文言は、このようなデンの解釈が妥当であることを示している。とりわけ彼が、第2条第1項の文言と「最大限用いられるべき手段」には国際的援助を通じて入手可能な手段が含まれるという社会権委員会の解釈を考慮に入れ、かつ、そのような手段の利用と「意図的な後退措置」とを結びつけている点についてそういえる。さらに、社会権規約委員会の解釈を考慮に入れれば、食糧への権利および健康への権利は、国にそのような援助を提供する能力・意思がない場合、IDPのために国際援助を受け入れるという国家の義務の基礎をなすものである。社会権規約委員会が採択した最近の一般意見をみるならば、デンの用語法はむしろ控えめであったとさえいえる。いずれにしろ、援助の申し出を受け入れる国家の義務という彼の示唆がレクス・フェレンダとしての価値をもつことは疑いない。さらに、国際援助の拒絶を「意図的な後退措置」ととらえる彼の考え方は、とりわけ国際援助が「最大限利用可能な手段」の一部とみなされるという事実を考慮に入れるならば、無視し得ない重みをもつものといえよう。

他方で、彼の主張を裏づけるこの分野での国家実行が少ないことは、彼の主張を弱めている。しかしながら、生命への権利との関連で規約人権委員会が述べたことと比較すれば、社会権規約委員会は健康・食糧への権利などの生存権とかかわる国の義務をより明確に述べている。それゆえに、経済的社会的権利は、IDPのための援助を受け入れる義務の観点からは生命への権利の場合よりも強固な論拠を提供しているように思われる。人権侵害が恒常化しているからといって、そのような人権とそれに対応する義務が存在しない、ということにはならないのである[38]。

37）　DEN, *Compilation and Analysis, op. cit.* (note 28), para. 365. DEN はここでの議論を、*General Comment, no. 3,* にもとづいて展開している。

Ⅲ　国連法・一般国際法からみたIDPへの人道的救援[39]

(1)　国連法からみた人道的救援

国連憲章第1条第3項は、国連の目的としての国際協力を以下のように述べる。

「経済的、社会的、文化的又は人道的性質を有する国際問題を解決することについて、並びに人種、性、言語又は宗教による差別なくすべての者のために人権及び基本的自由を尊重するように助長奨励することについて、国際協力を達成すること。」

この国際協力義務は、1970年の友好関係宣言において確認され[40]、さらに憲章第55、56条もこれを繰り返している。IDP状況の多くが人権侵害から引き起こされていることを思えば、第55条にいう「すべての者の人権と基本的自由の尊重と遵守」の促進という協力の目標にIDP問題は当然含まれることになる[41]。さらに第56条は、協力義務を課している。これに関連して、最近の国連総会決議は、「国連憲章に十分にしたがって、人権分野および人道的性質の国際問題の解決における国際協力を促進することを、すべての国が厳粛に誓約する」ことを確認している[42]。ただし、この事項が国内管轄権内にあると認識されるかぎり、協力義務は、憲章第2条第7項とともに考えられなければならない。したがって、国連総会決議は、繰り返し、「人権尊重を促進し人道問題を解決するさいに、国は、憲章第2条にあげられた諸原則に十分にしたがわなければならない。とりわけ主権平等を尊重し、国の領土保全や政治的独立にたいする武力行使・威嚇を慎まなければならない」ということを強調してき

38)　Katja LUOPAJÄRVI, *op. cit.* (note 8), p. 698.

39)　*ibid.*, pp. 698-706.

40)　友好関係宣言（2625XXV）の第4原則「憲章にしたがって国が相互に協力すべき義務」を参照。

41)　Katja LUOPAJÄRVI, *op. cit.* (note 8), pp. 698-699.

42)　たとえば以下の決議を参照。57/217 (2002), 56/152 (2001), 55/101 (2000).

た[43]。

しかし、このような文言には、多くの国が反対してきた。その理由は、たとえば、ニュージーランドやカナダによれば、これらの表現が人権より主権を尊重すべきであるといっているようにみえ、かつ、主権の背後で生じている人権侵害を覆い隠してしまうから、というものだった[44]。いずれにしても、これからの決議では、領域国の主権に配慮して、国内事項への干渉の禁止（第2条第7項）と人権促進のための協力義務（第1条第3項）とが均衡をとっていることがわかる。

デンは、この協力義務が、人道的救援に関するふたつの国連総会決議（43／131、45／100）の基礎をなくしているという。これらの決議は、人道的緊急時に犠牲者に救援を提供する主要な責任が領域国にあることを確認している。デンによれば、協力義務はその系として、それが申し出られかつ必要なときに国際援助を受け入れる義務を含んでいる[45]。これらの決議は、当該国の主権および上記の主要な責任を確認しているのである。他方でデンは、国際社会は人道的救援の申し出を受け入れる義務を認めることに慎重であり続けてきた、とも述べている。したがって、彼も述べるとおり、一方では、諸国はIDPを含む人道問題を憲章にしたがって解決する協力義務を負い、人道的救援という国際協力はそれが適当に行われた場合には違法な干渉とみなされるべきではない。他方では、この協力義務は主権・領土保全を尊重しなければならない。かくして、これらふたつの対立する利益はたがいに均衡が図られなければならない。

43）　たとえば、57/217 (2002), para. 2.

44）　UN Press release, GA/SHC/3727, 19 nov. 2002.　決議57/217およびそれに先立つ類似の決議は、コンセンサスによって採択されず、投票に付されている。たとえば、57/217は賛成93、反対51、棄権17で採択されている（UN Doc. A/57/556/Add. 2, para. 67）。

45）　DEN, *Compilation and Analysis, op. cit.* (note 28), para. 362.　デンは、世界人権宣言第22条（「すべての者は、社会の構成員として、社会保障についての権利を有し、かつ、国内的努力及び国際的協力により、ならびに各国の組織及び資源に応じて、その尊厳および人格の自由な発展に不可欠な経済的、社会的および文化的権利の実現を求める権利を有する」）に依拠しつつ、論述している。

理論上は、公平で無差別なやりかたで人道的救援を提供するための国際協力は、国の領域主権と両立しないものではないから、国際協力義務のなかに公平・無差別な人道的救援を受け入れる義務が含まれる、ということができよう。

しかしながら、そのような国家実行が欠如しており、かつ多くの国が人道的救援を受け入れる義務を認めることに積極的ではないことを考慮すれば、理論上はともかく、国連憲章に由来するそのような義務が慣習国際法上のものとして依存するということは時期尚早といわざるを得ない[46)]。

(2) 一般国際法からみた人道的救援

すでにみたように、文民に援助を提供するという権利は、国際的・非国際的武力紛争の場合、国際人道法のなかに明記されている。1949年のジュネーブ諸条約が結ばれる以前においても、赤十字国際委員会は、自らの規程に依拠して救済活動を行ってきた。ただしその活動は、主要交戦国の同意を必要とした。その規程上、赤十字国際委員会は、IDPを含む国内的混乱の犠牲者を救援するために役務を提供するイニシアティブをとる資格が与えられている。しかしながら、諸国政府の側は、赤十字国際委員会のそのようなイニシアティブを当然に受け入れるよう義務づけられてはいない。したがって諸国政府は、赤十字国際委員会へのアクセスを「適法に」拒絶することができることになる[47)]。

ここで問題となるのは、国際社会の側には人道的救援を提供する権利でけがあるのか、あるいはそれにとどまらず、そのような義務もあるのか、ということである。もしそのような義務があるとした場合、それは国家の義務なのか、あるいは、国際組織の義務なのか。両者がともにあるとして、両者は違うのか

---

46) 西海真樹「人道的救援と国連」(大内・西海編『国連の紛争解決機能とその限界』中央大学出版部、2002年) Ⅰ(2) (本書第Ⅲ部第4章) を参照。

47) そのもっとも顕著な例が、第2次世界大戦中のナチスによるユダヤ人迫害とそれへの赤十字国際委員会の対応・限界である。以下を参照。Jean-Claude FAVEZ, *Une mission impossible ?*, Payot Lausanne, 1988.

同じなのか。このような法的問題がそこに生じる。

ジュネーブ諸条約共通第3条は、赤十字国際委員会が役務を提供することができる（may）、と規程するのにたいして、上で検討した第1追加議定書第70条第1項、第2追加議定書第18条第2項は、いずれも、救済活動が実施されるものとする（shall）、と規定する。したがってジュネーブ条約では権利が、追加議定書では義務がそれぞれ考えられていることになる。

そのような義務は、議定書当事国のあいだだけに適用されるのか、あるいはそれを超えて、そのような義務は一般国際法上の義務として第三国にも適用されるのだろうか。

上で検討した国連憲章のもとでの協力義務――国際的援助を受け入れる義務――は、同時にまた、国際的援助を提供する義務の基礎ともみることができる。つまり、協力義務は、人道的性質の国際問題を解決し、人権尊重を促進・奨励するための協力義務も含むものと考えられる。したがって理論的には、国際援助が人権尊重を促進し人道問題を解決するのに寄与する場合には、諸国には、そのような援助を提供することが義務づけられているというこが可能である。これに関連してデンは、国連総会決議43／131、45／100を以下のように評価している。「これらの決議は、自然災害あるいは類似の事態の場合に、国際組織およびNGOが他国に人道的救援を申し出る権利を黙示的に承認している。さらにこれらの決議は、そのような申し出は違法な干渉を構成するものではないという見解を支持している。」[48]

これらふたつの決議はIDPにとってきわめて重要である。他の国際文書で、災害に起因して国内的避難が生じた事態を直接あつかったものはほとんどないからである。しかしながら、デンが指摘するように、これらふたつの決議に引き続く同種の決議においては、外部のアクターがそのような救援を提供する権利は、領域国の同意にしたがわなければならないことが確認されている。たと

48）　DEN, *Compilation and Analysis, op. cit.* (note 28), para. 366. なお、同書があつかった決議以外にも、それ以後に採択された以下の諸決議も参照。45/100 (1990), 55/101 (2000), 56/103 (2001).

えば決議46／182は「主権、領土保全、国の国民的統一は、国連憲章にしたがって十分に尊重されなければならない」と述べている。したがってこの文脈では、人道的援助は関連国の同意または要請にもとづいて、はじめて提供できることになる[49]。

国際人権法のものとでは、援助を申し出る義務は、社会権規約から導かれる。社会権委員会は、繰り返し、「諸国には，IDP状況を含む災害救済・人道救援に協力する義務がある」と述べている。この義務についてコメントするなかで、社会権委員会は、締約国は国際協力の重要な役割を認め、適当な食糧への権利の完全な実現のために共同または個別の行動をとるという誓約を守るべきだと主張する[50]。さらに同委員会は、「この誓約を実施するさいに、締約国は、他国での食糧への権利の享受を尊重するために、食糧への権利を保護するために、食糧へのアクセスを促進するために、そして求められた場合に必要な援助を提供するためにそれぞれ措置をとるべきである」とも述べている[51]。同委員会はまた、IDPを含む状況にも直接言及し、次のように述べている。「諸国は、緊急時に、難民および国内避難民への救援を含む災害救済・人道支援を協力して行うという個別かつ共同の責任を、国連憲章にしたがって負っている。諸国はその能力に応じて、この任務に寄与しなければならない」[52]。このような義務は、健康への権利についての一般意見の中でも再確認されている[53]。同委員会は、国際的な救援の義務を、救援享受国にではなく救援提供国に負わせる傾向にある[54]。もうひとつ、同委員会は、国際援助および国際協力を提供できる地位にある当事国には、途上国が規約上のコア義務を果たすことのできるように、そのような提供を行うことが義務づけられている、というこ

49)　西海「人道的救援と国連」、前掲（註46)、（結）。

50)　CESCR, *General Comment no. 12*, *op. cit.* (note 33), para. 36 ; General Comment no. 15, paras. 31, 34.

51)　*ibid.*

52)　CESCR, *General Comment no. 12*, para. 38.

53)　CESCR, *General Comment no. 14*, para. 40. 児童の権利条約第24条4項も参照。

54)　CESCR, *General Comment no. 12*, paras. 36–37.

とを繰り返し強調している[55]。このような観点に立てば、国際社会は、援助受入国が少なくともコアとなる経済的社会的権利をその管轄下にある人々に確保する義務を果たせるように、援助を提供する義務を負っているということができよう。

ところで、IDPに援助を行うという一般的義務にもとづいて国際的援助が提供されるとき、もしそれが受入国の同意なしに行われた場合、どのような法的結果が生じるのだろうか。領域国の主権を絶対視する立場に立つならば、同意なしに援助が行われた場合、その行為は、領域国の領土保全を侵害するものとなる。また、そのような行為が国家機関によって実施された場合、それは違法な武力行使または干渉とみなされることもあり得る。その場合、そのような一方的救済行為がいつ武力行使を構成するのか。具体的には、軍人、軍用車、軍用機により行われたすべての行為が武力行使を構成するのか否か、という問題が生じる。この点について、ボーテは、以下のように論じている。人道的救済のための非武装の輸送機（軍用・非軍用）の飛行は、武力行使を構成せず、単なる国境侵犯を構成するに過ぎない。さらにその行為は、それに先立つ違法行為（たとえば、救済活動への同意の違法な拒絶）を考慮に入れることにより正当化される。同様に、UNHCR、ICRCなどの国際組織により行われた一方的行為は、それに先立って同意の違法な拒絶があった場合には、もはや違法行為とはみなされない[56]。このようにボーテは、人道的救援が領域国の同意を得ずに一方的に行われた場合、それに先立って領域国政府による同意の違法な拒絶があったときには、そのような一方的な人道的救援は対抗措置を構成し、したがってその違法性は阻却されるととらえている[57]。

55）　CESCR, *General Comment no. 14*, para. 45 ; no. 15, para. 38.

56）　M. BOTHE, "Relif actions : the position of the recipient state", *op, cit.* (note 10)*,* pp. 95-97.

57）　やはりボーテによれば、たとえ救済活動が武力行使を構成していなくても、それが国の軍隊によって行われた場合には、その行為にたいして軍事的対抗措置が許容される。ただし、ここでは均衡性の原則に適当な考慮が払われなければならない。さらに、救済行為が非軍事的にかつ予告された形で行われた場合には、領域国はで

それでは、私的人道団体が領域国の同意なしに救済活動を行った場合はどうか。この場合には、いかなる国際法違反も生じない。なぜならば、自国民によるそのような活動、あるいは、自国領土からのそのような活動を防止する義務をいずれの国も負っていないからである。これらの同意なしでの一方的行為にたいして、領域国はどのような措置をとることができるだろうか。やはりボーテによれば現行法上、私的団体の救済活動への対抗措置には、国境での救援団体の抑留・退去命令が含まれる。救援物資は押収され、救援団体のスタッフは拘束され・訴追されることがあり得る。ただしそれらの手続にかんする被拘束者の人権が尊重されなければならないことはもちろんである[58)]。

このように、IDPへの国際的救援が領域国の同意なしに与えられた場合には、国際法上、領域国はいくつかの対抗措置に訴える資格をもつ、と考えることはたしかにできるだろう。領域国の主権を絶対視する立場にたてば、これは当然の帰結でもある。しかし逆に、無差別で公平・中立な救援活動を行おうとする私的人道団体にたいして、領域国が正当な理由なくその受入を拒むことは、すでにみたように既存の国際人道法・人権法に抵触する行為であるから、上記のような措置をとることは二重の意味で国際義務違反となると主張することもまた、理論的には十分可能である。ICJニカラグア判決の論理によれば、公平、無差別で厳密に人道的な援助は違法な干渉を構成しないから、国際違法行為とはならない[59)]。したがって、それは被援助国に対抗措置に訴える資格を付与するものではない。さらに武力紛争下で援助への同意が違法に拒絶された場合、一方的救済行為は、ジュネーブ条約および追加議定書の尊重を確保することを意図したものとみなされるから、そのように私的人道団体によるIDPの救済活動は適法な行為である。このような議論は基本的に国際的武力紛争に

きるだけ軍事的対抗措置を控え、軍艦や軍用機の使用を控えるべきである。救援提供への許可が求められ、それが違法に抑制された場合には、救援物資を運ぶ軍用機への攻撃は権利濫用となる、という（BOTHE, *ibid.*）。

58)　*ibid.*

59)　CIJ, *Recueil,* 1986, pp. 124-125, paras. 242-243.

あてはまるものであるが、ジュネーブ諸条約共通第1条は、当事国にたいして、共通第3条を含む条約規定の尊重を確保することを求め、共通第3条は、役務を提供する国際赤十字委員会の権利に言及していることを考慮すれば、当事国は、国際的武力紛争の場合だけでなく、国内的武力紛争においても、共通第3条を確保する義務を通じて、適法な救済行為を受け入れる義務を負っているということになろう。

以上述べたことを要約すると以下のようになる。国・政府当局は、国際人道法が適用可能な状況において、十分な根拠を示すことなく、適法な人道的救援への同意の付与を恣意的に拒絶することはできない。国際人道法のもとで、国は、国際的武力紛争・国内的武力紛争において適法な人道援助を受け入れる義務を負っている。さらに、国際人権法のもとでの「生命への権利」にはその国自身の手段が援助を必要とする人々を保護するのに十分でない場合に国際社会からの援助を受け入れる義務を含むものと解釈される。社会権規約のもとでの経済的・社会的権利とりわけ適当な生活水準への権利および健康への権利は、IDPの生存に深刻な影響をおよぼすような差し迫った人道問題が生じているとき、国際的援助の合理的な申し出を受け入れる義務を意味するものと理解される。公平・無差別に行われる人道援助を受け入れる義務はまた、国連憲章のもとでの協力義務からも導かれる。

ただし、諸国は、このような人道援助を受け入れる義務を承認することに消極的である。さらに、IDPに援助を申し出る義務が、ふたつの追加議定書、社会権委員会の一般意見、憲章下での協力義務から導き出される。そのような援助が厳密に人道的なものであって、公平・無差別に配分される場合には、それは国際法に違反するものではなく、したがって被援助国にたいして対抗措置に訴える資格を付与するものではない。武力紛争の場合において、援助への同意付与が違法に拒絶された場合には、一方的な救済活動は、それが無差別、公平、中立といった諸原則を満たしている限り、ジュネーブ条約および追加議定書の尊重の確保を意図した行動であるとみなすことができる。

Ⅳ　「指針」および「原則宣言」における人道的救援[60)]

さて、IDPにかんする「指針」および「原則宣言」は、この人道的救援をどのように規定しているのだろうか。そして、その規定振りは、上に考察した人道的救援の法的現状に照らしてどう評価することができるだろうか。

(1)「指針」および「原則宣言」中の人道的救援規定

「指針」の人道的救援にかんする規定は以下のとおりである。

第4節　人道的救援に関する原則

原則24　1　すべての人道的救援は、人道、公平、無差別の原則にしたがって実施されなければならない。

2　国内避難民への人道的救援は、とりわけ政治的および軍事的理由により逸脱してはならない。

原則25　1　国内避難民に人道的救援を提供する主要な責務と責任は、領域国当局にある。

2　国際人道団体および他の適当な行為体は、国内避難民を救援するための役務を申し出る権利を有する。そのような申し出は、非友好的行為または国内事項への干渉とみなされてはならず、誠実に考慮されるべきである。申し出への同意は、とりわけ関連当局が必要な人道的救援を提供することができないか、あるいは提供する意思がない場合には、恣意的に抑制されてはならない。

3　すべての関連当局は、人道的救援の自由通過を許可しかつ促進し、ならびに、そのような救援の提供に従事している者にたいして、国内避難民への迅速で妨害されることのないアクセスを許可しなければならない。

60)　Katja LUOPAJÄRVI, *op. cit.* (note 8), pp. 706-712.

原則26　人道的救援、救援物資の輸送および提供に従事する者は、尊重され保護されなければならない。彼らは襲撃その他の暴力行為の対象とされてはならない。

原則27　1　国際人道団体およびその他の適当な行為体は、救援を提供するときに、国内避難民の保護の必要性と人権に十分な考慮を払わなければならず、ならびに、それらについて適当な措置をとらなければならない。そのさいに、これらの団体および行為体は、関連する国際基準および行動綱領を尊重しなければならない。

2　前項は、国内避難民を保護する任務を有する国際組織、または、国が役務提供を要請した国際組織が負っている国内避難民を保護する責任を損なうものではない。

他方、「原則宣言」のなかの人道的救援に関わる規定は、以下のとおりである。

第2節　国内避難民の権利

第3条2　国内避難民は、自由かつ安全に、国、事実上の当局、正当に認められた国際組織から、あらゆる人道的救援および保護を求め、かつ受ける権利を有する。

第3節　国と国際社会の権利義務

第10条1　領域国当局は、法律上の当局であると事実上の当局であるとを問わず、その管轄権内の国内避難民を保護し救援する主要な責任を有する。

2　本宣言を実施するにさいして、国と国際社会は、国連憲章および諸国間の友好関係と協力に関する国際法の原則に関する宣言（1970年）にしたがって、すべての国の領土保全と国内事項不干渉の原則を尊重する。

3　国、事実上の当局または国際社会により、国内避難民に適当に提供された人道的救援・保護は、国内避難民所在国の国内事項への干涉とみなされてはならない。

第13条1　国、事実上の当局および政府間（地域的なものを含む）・非政府間国際組織は、国内避難民の苦しみを緩和するために、人道的救援を申し出ることができ、または、その提供を要請されることがありうる。そのような救援は、人道、公平、無差別の原則にしたがって実施されなければならない。

2　救援の要請は、国、事実上の当局および関連国際組織によって、それぞれが有する手段および国内避難民のニーズを考慮に入れ、かつ、国際協力、負担共有、信義誠実の精神で考慮されなければならない。救援の申し出、要請およびそれらの受諾のいずれも、非友好的行為とみなされてはならない。

3　申し出られまたは要請された救援には、とりわけ、食糧、飲料水、衣服、住居その他の避難所、身体的・精神的医療および公衆衛生などの、生存にとって基本的に必要なものの提供が含まれる。

4　人道的救援・保護が申し出られ、要請され、提供されあるいは受け入れられるとき、それらはいつも統治組織または関連当局の地位にかかわりなく行われなければならない。

（2）「指針」および「原則宣言」の法的性質

「指針」は、デンの指揮のもとで法律専門家チームにより作成され、1995年に人権委員会に提出された「法規範の編纂と分析」（Compilation and Analysis of Legal Norms）と題する報告書[61]にもとづいている。同報告書は人権法、人道法、類推による難民法を検討したうえで、現行法は実質的にIDPをカヴァーしているものの、IDPの保護・救援のための適切な基礎を備えていない分野が

61）　DEN, *Compilation and Analysis of Legal Norms, op. cit.* (note 28). さらに1998年2月には同報告書の第2部が提出された（*Compilation and Analysis of Legal Norms, Part II: Legal Aspects Relating to the Protection against Arbitrary Displacement,* UN Doc. E/CN. 4/1998/53/Add. 1, 11 February 1998）。

ある、さらに現行法規則はさまざまな国際文書のなかに分散しているため、IDPにたいして適切な保護と救援を効率的に提供できる状態にはない、との結論に達した[62)]。人権委員会と国連総会は、同報告書を歓迎するとともに、これにもとづいてIDPの保護・救援のための適切な規範枠組を策定するようデンに要請した[63)]。デンと法律専門家チームは、新たな法をつくるのではなく、分散した諸規則を集めそれらを明確化して単一の規範枠組にまとめることにした。こうして、IDPに適用し得る既存の人権法、人道法および類推による難民法を法典化したものが「国内避難民にかんする指針」[64)]である。

これにたいして、「原則宣言」は、IDP委員会に付託された次のような任務を遂行したものである。

「国内避難民に関連する任意の法律問題について、とくに国際人権法・国際人道法にもとづく国内避難民の保護に関連する法律問題について、および、難民と国外避難民に適用される国際法と国内避難民とのあるべき関係について、研究し報告すること」[65)]。その後、1996年のヘルシンキ大会（第67会期）において最初の草案が提出され、さまざまな検討・修正を経て、2000年のロンドン大会（第69会期）において出された最終草案が、ILA総会で採択された。それが「国内避難民に関する国際法原則宣言」[66)]である。IDP委員会の資料Report and Draft Declaration for Consideration at the 2000 Conference（2000, March）がその序で述べているように、この「原則宣言」は国際法、人権法、人道法のもとでのIDPの地位に焦点をあてている。その意味で、「原則宣言」

62）E/CN. 4/1998/53/Add. 2, Introductory note to the Guiding Principles, 7.

63）1996/52 of 19 April 1996, 50/195 of 22 December 1995.

64）Report of the Representative the Secretary-General, Mr. Francis M. DENG, submitted pursuant to Commission resolution 1997/39, Addendum, *Guiding Principles on Internal Displacement, UN Doc, E/CN. 4/1998/53/Add. 2, 11 February 1998.*

65）*International Law Association Report of the 67 th Conference Held at Helsinki, 12 to 17 August 1996,* p. 506, para. 2.

66）Declaration of International Law Principles on Internally Displaced Persons, in *International Law Association Report of the 69 th Conference Held in London* 25-29th July 2000, pp. 794-821.

は「指針」とのあいだに相互に補完し強化し合う関係を有している[67]。

以上のことから、「指針」および「原則宣言」のいずれも、IDPにかんする新たな法を創造するものではなく、いずれの文章も既存の国際法、人権法、人道法、難民法に散在しているIDP関連の法規範を体系化したものということができる。それでは、本章のⅠおよびⅡでの考察に照らしてみた場合、これらふたつの文書中の人道的救援にかんする規定は、どのように評価することができるだろうか。

(3)「指針」および「原則宣言」中の人道的救援規定の評価

「指針」第25条2項は、他の指針と同様、さまざまな状況に適用されるさまざまな現行国際法規にもとづいて作成されたものである。とりわけ同項には、武力紛争状況に適用される現行国際法、具体的にはジュネーブ条約共通第3条第2項、第1追加議定書第70条第1項、第2追加議定書第18条第2項が反映している。さらにそこにはニカラグア事件判決も反映している。同項は、「人道、公平、無差別の原則にしたがって実施される人道的救援は非友好的行為または干渉とみなされてはならない」と述べているからである。

しかしながら、武力紛争時の場合——この場合には有効な拒絶理由として軍事的必要が含まれ得る——を別にすれば「恣意的に抑制されてはならない」という文言の意味は不明確である。社会権規約が適用される場合、援助にたいして「恣意的な抑制された同意」とみなされるものの敷居は比較的低い（つまり比較的容易に恣意的とみなされる）。とりわけ、コア権利の不遵守は、「いかなる状況下においても」正当化し得ない。さらに、「最大限利用可能な手段」が国際協力を通じて入手可能な手段を含むという事実、および、経済的・社会的コア権利を確保するために国際協力を得ようと努めたがうまくいかなかったことについて国が立証責任を負うという事実は、少なくとも社会権委員会の解釈に

67）International Law Association, London Conference (2000), Committee on Internally Displaced Persons, *Report and Draft Declaration for Consideration at the 2000 Conference*, p. 3.

もとづく社会権規約においては、同意の拒絶が恣意的ではなかったということを示す基準として、より厳格なものを採用していることを示すものである。さらに生命への権利が「至上の権利」として位置づけられていること、この権利に関連していくつもの積極的義務が導き出されてきたという事実を考慮すれば、「指針」第25条第2項にいう「恣意的に抑制されてはならない」との文言は表現としてはむしろ弱すぎるのではないだろうか。上途の社会権規約の実行を視野にいれるならば、「恣意的に」という言葉は、国際人道法において通常求められるものよりも、より厳格に解釈されるべきである。したがって、国際人道法・国際人権法上のルールと「指針」第25条第2項とを比較した場合、後者は曖昧であり、現行法を解釈するさいの指針として多くのものを提供することはできないと思われる。むしろ状況は逆であって、国際人権法を含む現行法の方がより多くの指針を含んでおり、現行法のもとで蓄積されてきた解釈・ルールにもとづいて、「指針」第25条第2項が初めて正しく解釈される、ということになってしまう。

さらに、「指針」第25条は、救援のみを扱っており、保護については扱っていない。指針第3条は、「その国当局は、保護および人道的救援をIDPに提供するという主要な義務と責任を負う」と述べているが、第25条第1項は、この義務を人道的救援についてのみ繰り返している。したがってIDPの最も重要な権利のひとつである「人権侵害および人道法違反からの保護を受ける権利」がここで明確にされていないことも問題である。以上に述べたことがらは、同意の性質にかんする規定をもたない「原則宣言」についても、基本的にそのままあてはまるだろう[68]。

最後に「指針」「原則宣言」の法的地位について一言しておきたい。「指針」は繰り返しさまざまな国連総会決議や人権委員会決議において言及され、多くの国、人権・開発・人道機関により歓迎されている。いくつかの国は、指針をIDPの規範的基準とみることを支持している（EU諸国）。さらに、指針の権威

68）　Katja LUOPAJÄRVI, *op. cit.* (note 8), pp. 706-708.

的性格を受け入れ、国内法によりそれを実施している国もある（アンゴラ、ブルンジ、コロンビアなど）。しかしながら、指針に公然と反対する国々は少ないものの、いくつかの国は、きわめて決然とした態度で指針を遠ざけ、指針の非拘束的性格に注意を喚起し、指針に述べられた諸原則にたいして、いくつかの決議が不適当な輪郭を付与しようとしていることへの懸念を表明している（インド、スーダン）。

指針の重要性にかんする諸国の不一致ならびに指針に言及するさいの言葉の曖昧さを考慮に入れれば、指針の慣習法的地位を肯定することは時期尚早といえよう。関連する決議は、慣習法の将来の発展に影響を及ぼし得るから、将来、指針の内容が慣習法の地位を獲得することもあり得る。文書としての指針の法的地位と、指針に含まれる様々な原則の法的地位とは区別されなければならない。それでも文書全体としての法的地位の変化がその文書に含まれる諸原則の法的地位に影響を及ぼすことは明らかである。IDPにかんする諸決議は、指針第25条第2項の慣習法的地位にかんしていかなる指針も提供していない。指針第25条第2項が依拠している諸条約上の規定が、どのような慣習法的地位にあるのかが不明確である以上、この問題は、現時点では未解決のままであるというしかない。

ところで、特別の保護の対象としてIDPを導入することは、文民住民の保護の範囲を狭めることにならないか、という懸念が表明されることがある。武力紛争時には、IDPは文民住民の一部をなす。したがって、IDPとみなされない人々は指針の保護は受けないものの、一般に国際人道法のもとでの保護と救援を受ける資格をもつ。また、国内避難民ではないが差別のために保護を受けられないでいる戦争犠牲者、人権侵害犠牲者、自然災害犠牲者とは別に、追加的人権保護の対象としてIDPのみを選り分けることが適当かどうか、との疑問が呈されることもある。さらには、IDPという用語が不可避的に与える雑多な性格は、IDPにたいして、信頼を置くことのできない評価や誇張された数を与えることになる。その結果、IDPへの人道的対応の調整は不適切で貧弱なものになってしまう可能性がある。意味上の混同が実施レベルにおける混同を生じさせることが大いにあり得る。

ある国が条約上の義務、人道法または人権法により拘束される場合、指針は行動綱領とみなされるべきであり、ときには、現行条約上の義務を解釈するさいの指針とみなされるべきである。しかしながら、指針第25条2項の曖昧な文言では、現存する条約規定を解釈するさいの「指針」となることはほとんどあり得ない。諸国が人権条約、人道条約を批准していない場合には、指針はきわめて貴重である。そのような場合、指針はまさに拘束力のないがゆえに、非批准国にとってより容易に受け容れられるだろう。しかしながら、あるルールが、人権条約を批准している国としていない国とで異なる地位を有するということが当惑をもたらすこともまた確かである。指針がなくてもそのような状況はあり得る。しかし、関連条約を批准した国が指針上の規範に言及し、その結果、現行の国際法ルールが侵食されてしまう、という危険を無視することはできないだろう。

一方で、不完全ではあるが犠牲者への人道的アクセスの問題を規律する拘束力のある条約や慣習法があり、他方で、ある程度まで現行法の内容を反映した（しかし同時に不明確な法的地位にとどまる）諸原則の集合体があることは、ときに混乱をもたらす。その結果、曖昧な内容の非拘束的指針に言及することにより、その背後に横たわっている拘束力ある条約・慣習法が損なわれ、その結果、現行法がすでに付与している法的保護の範囲が狭まってしまう危険がある。このことは十分留意されるべきだろう[69]。

結

IDPへの関心が増大するにつれて、庇護権（難民としての権利）が弱まるといわれてきた。とりわけ西側諸国は、移民の流れをコントロールし、難民を本国に閉じ込めるために様々な手段を用いてきた。同時にこれらの国々は、一般に

69）*ibid.*, pp. 708–712.

人道援助を増やし開発援助を迎える傾向にある[70]。つまり諸国は、関係国の経済開発や統治構造を強化することよりも、いくつかの限られたグループに向けられた資金的業務的活動をより積極的に行おうとしている。IDP問題は、このようなより広く複雑な問題の一部分である。移民の流れの規制、貧困、開発といった問題は、国家主権や不干渉の問題とともに問題の核心をなしている。

一方で、新しい「積極的な」主権概念が作られつつあり、それは人道援助の提供への国の態度、場合によっては領域国の同意のないIDPの保護への国の態度を変えつつある。他方で、国内避難のさまざまな状況に適用される現存国際法の重要性が強調されるべきであり、諸国はそのような国際法ルールにしたがうことが要請される。本論で考察したように、現代国際法は、領域国の同意のないIDPへの援助提供を正当化するさまざまな規定・解釈をすでに含みもっている。IDPを生じさせた危機の性質に応じて、国際的援助の申し出を受け入れる義務という国際法規範が、国際人道法、国際人権法のなかにみいだされる。また、国連憲章は、人道援助の申し出を受け入れる国家の義務の基礎としても、また、他国および国際社会がIDPへの国際援助を申し出る責務の基礎としても用いることのできる規定を含んでいる。IDPにたいして援助を申し出る一般的責務は、社会権規約からも導きうる。ICJのニカラグア事件判決は、国際援助が厳密に人道的かつ公平で無差別である場合には、それは違法な干渉にあたらず、いかなる意味でも国際法違反ではないという重要な論拠を提供している。援助への同意が武力紛争状況において違法に拒絶されたときになされる一方的救援活動は、ジュネーブ諸条約および第1追加議定書の尊重を確保することを意図した活動であるとさえいい得る。

「指針」および「原則宣言」は、現行国際法とりわけふたつの追加議定書に依拠し、これらをとりいれている。しかしながら、「指針」および「原則宣言」の法的地位はなお不明確であり、同項の文言も漠然としているので、ことIDP

---

70)　このようなIDPを含めた難民概念の変遷とその政治的意味について、以下を参照。阿部浩己「難民保護の法と政治」『人権の国際化　国際人権法の挑戦』、現代人文社、1998年；ギヨーム・ダンドロー『NGOと人道支援』、前掲（註3）、109-111頁。

への人道的救援の提供については、これらの文書よりも、上で論じた現行条約および慣習国際法上の規範の方が有用である。しかしながら、「指針」および「原則宣言」が貴重なのは、武力紛争のレベルには至っていない状況、および、人権侵害が反乱団体のような非国家的アクターによって行われる状況においてである。このような状況においても国際人権法が適用されることはもちろんだが、それは、たとえ非国家的アクターによって違反がなされたとしても国家が人権侵害の責任を負っている場合にかぎられる。これにたいして「指針」および「原則宣言」は、現行諸条約の解釈・適用がカヴァーしていない、非国家的アクターによる人権侵害状況のなかで、当該アクターに倫理的責任を負わせるための手段としては、一定の有用性をもつことが期待できる[71)]。

71）　Katja LUOPAJÄRVI, *op. cit.* (note 8), pp. 712–714.

初出一覧

第Ⅰ部　開　発

第１章　「『開発の国際法』における補償的不平等観念――二重規範論をてがかりにして――」（『熊本法学』53号 1987年）

第２章　「『開発の国際法』論争――南北経済関係における国際法の役割とその限界――」（『法学と政治学の諸相』成文堂 1990年）

第３章　「南北問題と国際立法」（『国際法外交雑誌』95巻6号 1997年）

第４章　「『持続可能な開発』の法的意義」（『法学新報』109巻5・6号 2003年）

第５章　「『天然の富と資源に対する恒久主権』の現代的意義」（『日本国際経済法学会年報』22号 2013年）

第Ⅱ部　文　化

第１章　「持続可能な開発と文化」（『法学新報』119巻5・6号 2012年）

第２章　「文化と国際機構」（『法学新報』120巻1・2号 2013年）

第３章　「UNESCO 文化多様性条約の意義―― Hélène RUIZ-FABRI 論文に即して――」（『グローバルガバナンスと国連の将来』中央大学出版部 2008年）

第４章　"The Cultural Aspects of Sustainable Development" (*Japanese Yearbook of International Law*, International Law Association of Japan, vol. 57, 2015)

第５章　« Réception et Application du Droit International Moderne par le Japon : Son Attitude Évolutive de 1858 à 1945 » (*Select Proceedings of the European Society of International Law* vol. 2 2008, Edited by Hélène Ruiz Fabri, Rüdiger Wolfrum and Jana Gogolin, Hart Publishing, 2010, Used by permission of Bloomsbury Publishing Plc.)

第Ⅲ部　人　道

第１章　「武力不行使原則の現代的変容――民族解放戦争の位置づけをめぐって――」（『法学新報』91巻8・9・10号 1985年）

第２章　「人道的救援権の提唱」（『熊本法学』81号 1994年）

第３章　「人道的救援権の法的構成の試み――フランス語圏の諸学説を手がかりにして――」（『法学新報』102巻5・6号 1996年）

第４章　「人道的救援と国連」（『国連の紛争予防・解決機能』中大出版部 2002年）

第５章　「国内避難民（IDP）への人道的救援―― Katja Luopajärvi の所論に即して――」（『中央ロージャーナル』2号 2005年）

西《にし》 海《うみ》 真《ま》 樹《き》

1955年、東京都生まれ。1980年、中央大学法学部法律学科卒業。1985年、中央大学大学院法学研究科博士後期課程退学。その後、熊本大学法学部講師、同助教授を経て、1995年、中央大学法学部助教授。1996年、同教授（現在に至る）。専門は国際法学。

【主要著書・論文・訳書】

ジャン＝ピエール・コット、アラン・ペレ編『国際連合憲章逐条解説』（共訳、東京書籍、1993年）、『今日の家族をめぐる日仏の法的諸問題』（共著、中央大学出版部、2000年）、『国連の紛争予防・解決機能』（共著、中央大学出版部、2002年）、『国際機構論』（共著、ミネルヴァ書房、2013年）、「国家の二重機能と現代国際法――ジョルジュ・セルの法思想を素材として――」（『世界法年報』20号、2001年）、「介入する権利」（『エリア・スタディーズ　現代フランス社会を知るための63章』、明石書店、2010年）、ギヨーム・ダンドロー『NGOと人道支援活動』（共訳、白水社、2005年）。« Théorie de la pluralité des normes en droit international contemporain », *Toward comparative law in the 21st century,* Institut de droit comparé du Japon, 1998 ; « Application des normes internationales concernant la famille dans l'ordre juridique interne : le cas du Japon », *Droit prospectif*、 presse universitaire d'Aix-Marseille, 2000 ; « Development and Democracy from a Viewpoint of International Law », in MATSUURA Yoshiharu ed., *The Role of Law in Development : Past, Present and Future, Nagoya University CALE Books 2,* 2005 ; « Le droit international comme théâtre d'enjeux » sous la direction d'Emmanuelle JOUANNET, Hélène RUIZ-FABRI et Jean-Marc SOREL, *Regards d'une génération sur le droit international,* Pedone, 2008.

現代国際法論集

開発・文化・人道　　　日本比較法研究所研究叢書（107）

2016年3月15日　初版第1刷発行

著　者　西　海　真　樹

発行者　神　﨑　茂　治

発行所　中　央　大　学　出　版　部

〒192-0393
東京都八王子市東中野742番地1
電話042-674-2351・FAX 042-674-2354
http://www2.chuo-u.ac.jp/up/

© 2016　西海真樹　　ISBN978-4-8057-0807-1　　㈱千秋社

日本比較法研究所研究叢書

1	小島武司 著	法律扶助・弁護士保険の比較法的研究	A 5 判	2800円
2	藤本哲也 著	CRIME AND DELINQUENCY AMONG THE JAPANESE-AMERICANS	菊 判	1600円
3	塚本重頼 著	アメリカ刑事法研究	A 5 判	2800円
4	小島武司 外間寛 編	オムブズマン制度の比較研究	A 5 判	3500円
5	田村五郎 著	非嫡出子に対する親権の研究	A 5 判	3200円
6	小島武司 編	各国法律扶助制度の比較研究	A 5 判	4500円
7	小島武司 著	仲裁・苦情処理の比較法的研究	A 5 判	3800円
8	塚本重頼 著	英米民事法の研究	A 5 判	4800円
9	桑田三郎 著	国際私法の諸相	A 5 判	5400円
10	山内惟介 編	Beiträge zum japanischen und ausländischen Bank- und Finanzrecht	菊 判	3600円
11	木内宜彦 M・ルッター 編著	日独会社法の展開	A 5 判	(品切)
12	山内惟介 著	海事国際私法の研究	A 5 判	2800円
13	渥美東洋 編	米国刑事判例の動向 I	A 5 判	(品切)
14	小島武司 編著	調停と法	A 5 判	(品切)
15	塚本重頼 著	裁判制度の国際比較	A 5 判	(品切)
16	渥美東洋 編	米国刑事判例の動向 II	A 5 判	4800円
17	日本比較法研究所 編	比較法の方法と今日的課題	A 5 判	3000円
18	小島武司 編	Perspectives on Civil Justice and ADR : Japan and the U. S. A.	菊 判	5000円
19	小島・渥美 清水・外間 編	フランスの裁判法制	A 5 判	(品切)
20	小杉末吉 著	ロシア革命と良心の自由	A 5 判	4900円
21	小島・渥美 清水・外間 編	アメリカの大司法システム(上)	A 5 判	2900円
22	小島・渥美 清水・外間 編	Système juridique français	菊 判	4000円

日本比較法研究所研究叢書

23	小島・渥美 清水・外間 編	アメリカの大司法システム(下)	A5判 1800円
24	小島武司・韓相範編	韓国法の現在(上)	A5判 4400円
25	小島・渥美・川添 清水・外間 編	ヨーロッパ裁判制度の源流	A5判 2600円
26	塚本重頼著	労使関係法制の比較法的研究	A5判 2200円
27	小島武司・韓相範編	韓国法の現在(下)	A5判 5000円
28	渥美東洋編	米国刑事判例の動向Ⅲ	A5判 (品切)
29	藤本哲也著	Crime Problems in Japan	菊判 (品切)
30	小島・渥美 清水・外間 編	The Grand Design of America's Justice System	菊判 4500円
31	川村泰啓著	個人史としての民法学	A5判 4800円
32	白羽祐三著	民法起草者 穂積陳重論	A5判 3300円
33	日本比較法研究所編	国際社会における法の普遍性と固有性	A5判 3200円
34	丸山秀平編著	ドイツ企業法判例の展開	A5判 2800円
35	白羽祐三著	プロパティと現代的契約自由	A5判 13000円
36	藤本哲也著	諸外国の刑事政策	A5判 4000円
37	小島武司他編	Europe's Judicial Systems	菊判 (品切)
38	伊従寛著	独占禁止政策と独占禁止法	A5判 9000円
39	白羽祐三著	「日本法理研究会」の分析	A5判 5700円
40	伊従・山内・ヘイリー編	競争法の国際的調整と貿易問題	A5判 2800円
41	渥美・小島編	日韓における立法の新展開	A5判 4300円
42	渥美東洋編	組織・企業犯罪を考える	A5判 3800円
43	丸山秀平編著	続ドイツ企業法判例の展開	A5判 2300円
44	住吉博著	学生はいかにして法律家となるか	A5判 4200円

日本比較法研究所研究叢書

45	藤本哲也著	刑事政策の諸問題	A5判 4400円
46	小島武司編著	訴訟法における法族の再検討	A5判 7100円
47	桑田三郎著	工業所有権法における国際的消耗論	A5判 5700円
48	多喜寛著	国際私法の基本的課題	A5判 5200円
49	多喜寛著	国際仲裁と国際取引法	A5判 6400円
50	眞田・松村編著	イスラーム身分関係法	A5判 7500円
51	川添・小島編	ドイツ法・ヨーロッパ法の展開と判例	A5判 1900円
52	西海・山野目編	今日の家族をめぐる日仏の法的諸問題	A5判 2200円
53	加美和照著	会社取締役法制度研究	A5判 7000円
54	植野妙実子編著	21世紀の女性政策	A5判 （品切）
55	山内惟介著	国際公序法の研究	A5判 4100円
56	山内惟介著	国際私法・国際経済法論集	A5判 5400円
57	大内・西海編	国連の紛争予防・解決機能	A5判 7000円
58	白羽祐三著	日清・日露戦争と法律学	A5判 4000円
59	伊従・山内 ヘイリー・ネルソン編	APEC諸国における競争政策と経済発展	A5判 4000円
60	工藤達朗編	ドイツの憲法裁判	A5判 （品切）
61	白羽祐三著	刑法学者牧野英一の民法論	A5判 2100円
62	小島武司編	ADRの実際と理論 I	A5判 （品切）
63	大内・西海編	United Nation's Contributions to the Prevention and Settlement of Conflicts	菊判 4500円
64	山内惟介著	国際会社法研究 第一巻	A5判 4800円
65	小島武司著	CIVIL PROCEDURE and ADR in JAPAN	菊判 （品切）
66	小堀憲助著	「知的(発達)障害者」福祉思想とその潮流	A5判 2900円

日本比較法研究所研究叢書

67	藤本哲也	編著	諸外国の修復的司法	A5判 6000円
68	小島武司	編	ADRの実際と理論Ⅱ	A5判 5200円
69	吉田豊	著	手付の研究	A5判 7500円
70	渥美東洋	編著	日韓比較刑事法シンポジウム	A5判 3600円
71	藤本哲也	著	犯罪学研究	A5判 4200円
72	多喜寛	著	国家契約の法理論	A5判 3400円
73	石川・エーラース グロスフェルト・山内	編著	共演 ドイツ法と日本法	A5判 6500円
74	小島武司	編著	日本法制の改革：立法と実務の最前線	A5判 10000円
75	藤本哲也	著	性犯罪研究	A5判 3500円
76	奥田安弘	著	国際私法と隣接法分野の研究	A5判 7600円
77	只木誠	著	刑事法学における現代的課題	A5判 2700円
78	藤本哲也	著	刑事政策研究	A5判 4400円
79	山内惟介	著	比較法研究 第一巻	A5判 4000円
80	多喜寛	編著	国際私法・国際取引法の諸問題	A5判 2200円
81	日本比較法研究所	編	Future of Comparative Study in Law	菊判 11200円
82	植野妙実子	編著	フランス憲法と統治構造	A5判 4000円
83	山内惟介	著	Japanisches Recht im Vergleich	菊判 6700円
84	渥美東洋	編	米国刑事判例の動向Ⅳ	A5判 9000円
85	多喜寛	著	慣習法と法的確信	A5判 2800円
86	長尾一紘	著	基本権解釈と利益衡量の法理	A5判 2500円
87	植野妙実子	編著	法・制度・権利の今日的変容	A5判 5900円
88	畑尻剛 工藤達朗	編	ドイツの憲法裁判 第二版	A5判 8000円

日本比較法研究所研究叢書

89	大村雅彦 著	比較民事司法研究	A5判	3800円
90	中野目善則 編	国際刑事法	A5判	6700円
91	藤本哲也 著	犯罪学・刑事政策の新しい動向	A5判	4600円
92	山内惟介 ヴェルナー・F・エブケ 編著	国際関係私法の挑戦	A5判	5500円
93	森勇 米津孝司 編	ドイツ弁護士法と労働法の現在	A5判	3300円
94	多喜寛 著	国家（政府）承認と国際法	A5判	3300円
95	長尾一紘 著	外国人の選挙権 ドイツの経験・日本の課題	A5判	2300円
96	只木誠 ハラルド・バウム 編	債権法改正に関する比較法的検討	A5判	5500円
97	鈴木博人 著	親子福祉法の比較法的研究 I	A5判	4500円
98	橋本基弘 著	表現の自由 理論と解釈	A5判	4300円
99	植野妙実子 著	フランスにおける憲法裁判	A5判	4500円
100	椎橋隆幸 編著	日韓の刑事司法上の重要課題	A5判	3200円
101	中野目善則 著	二重危険の法理	A5判	4200円
102	森勇 編著	リーガルマーケットの展開と弁護士の職業像	A5判	6700円
103	丸山秀平 著	ドイツ有限責任事業会社（UG）	A5判	2500円
104	椎橋隆幸 編	米国刑事判例の動向 V	A5判	6900円
105	山内惟介 著	比較法研究 第二巻	A5判	8000円
106	多喜寛 著	STATE RECOGNITION AND *OPINIO JURIS* IN CUSTOMARY INTERNATIONAL LAW	菊判	2700円

＊価格は本体価格です。別途消費税が必要です。